金融学译丛
FINANCE

货币、银行和金融体系

Money, Banking, and the Financial System

R·格伦·哈伯德 (R. Glenn Hubbard)
安东尼·帕特里克·奥布赖恩 (Anthony Patrick O'Brien) /著
孙国伟 /译

中国人民大学出版社
·北京·

出版说明

　　作为世界经济的重要组成部分，金融在经济发展中扮演着越来越重要的角色。为了加速中国金融市场与国际金融市场的顺利接轨，帮助中国金融界相关人士更好、更快地了解西方金融学的最新动态，寻求建立并完善中国金融体系的新思路，促进具有中国特色的现代金融体系的建立，中国人民大学出版社精心策划了这套"金融学译丛"，该套译丛旨在把西方，尤其是美国等金融体系相对完善的国家最权威、最具代表性的金融学著作，被实践证明最有效的金融理论和实用操作方法介绍给中国的广大读者。

　　该套丛书主要包括以下三个方面：

　　（1）理论方法。重在介绍金融学的基础知识和基本理论，帮助读者更好地认识和了解金融业，奠定从事深层次学习、研究等的基础。

　　（2）实务案例。突出金融理论在实践中的应用，重在通过实务案例以及案例讲解等，帮助广大读者将金融学理论的学习与金融学方法的应用结合起来，更加全面地掌握现代金融知识，学会在实际决策中应用具体理论，培养宏观政策分析和进行实务操作的能力。

　　（3）学术前沿。重在反映金融学科的最新发展方向，便于广大金融领域的研究人员在系统掌握金融学基础理论的同时，了解金融学科的学术前沿问题和发展现状，帮助中国金融学界更好地认清世界金融的发展趋势和发展前景。

　　我们衷心地希望这套译丛的推出能够如我们所愿，为中国的金融体系建设和改革贡献出一份力量。

中国人民大学出版社

2004 年 8 月

目 录

第 1 章 货币和金融体系简介

学习目标

学完本章之后，你应该能够：

1.1 识别金融体系的核心组成部分

1.2 对 2007—2009 年的金融危机提出总的看法

1.3 解释金融危机提出的关键议题和问题

联储能恢复货币的流动吗？

亚利桑那州南部和加利福尼亚州中央谷的广袤地区沃野千里，但这些地区的降雨量却异常地稀少。如果没有一套由水库和渠道组成的精密的灌溉体系，水源就不会流向这些地区，农场主也无法收获大量的莴苣、芦笋和棉花等农作物。虽然在金融体系中流动的是货币而不是水，但金融体系却很像一套灌溉体系。在始于 2007 年的金融危机期间，美国的金融体系陷入了自 20 世纪 30 年代以来前所未有的混乱之中，大量经济部门被切断了其蓬勃发展所必不可少的资金来源。正如切断加利福尼亚州圣华金河谷（San Joaquin Valley）的灌溉水源会中断农作物的生产一样，金融危机也会导致整个经济中商品和服务生产的显著下降。

正如工程师们会设法修复受损的灌溉渠道以恢复水的流动一样，在金融危机期间，美国财政部（Treasury Department）和联储（Federal Reserve, Fed）的官员们采取了强有力的行动以恢复通过银行和金融市场到企业和家庭的货币流动，因为企业和家庭依赖于货币的流动。虽然对这些政策中的某些政策存在争议，但大部分经济学家仍然相信，为了让经济能走出深度衰退，某些政府干预政策是必不可少的。

2007—2009年的经济衰退到底有多严重呢？在危机期间，超过800万人失去了工作，失业率在过去的大约三十年间首次上升到了10%以上。在经济衰退期间毕业的很多大学生难以找到工作，甚至有些人还经常不得不以低于期望值的薪水接受他们并不太喜欢的工作岗位。对于这些毕业生而言，这不仅仅是一时的挫折。研究表明，在经济衰退期间加入劳动力队伍的工人获得的薪水通常比如果他们在经济扩张期间进入劳动力队伍所能获得的薪水低10%。更为糟糕的消息是：在未来十年或更长的时间里，他们的薪水可能仍然会比较低。

金融危机不仅导致了象征着美国工业化的两大支柱的通用汽车（General Motors）和克莱斯勒（Chrysler）的破产，而且造成了像雷曼兄弟（Lehman Brothers）和贝尔斯登（Bear Stearns）这样经营了数十年的华尔街投资银行的消亡。股票价格也出现了暴跌，很多年龄较大的工人发现他们的储蓄缩水了，从而不得不搁置其退休梦想。

第19页的政策透视回顾了联储主席本·伯南克（Ben Bernanke）考虑在2010年末进一步支持经济的三大政策选项。

很少有家庭或企业能免于受到金融危机及其导致的经济衰退的拖累。金融体系在其生活中的重要性是毋庸赘言的。然而，虽然金融体系是非常重要的，但是要理解它却并不容易。正如很多人已经开始意识到的，在过去的10年间，金融体系已经变得日益复杂。为了理解经济中正在发生的事情，你需要掌握在过去只有专业的华尔街投资者才具备的知识。

在本章，我们将对金融体系的重要组成部分做一个概览，并介绍我们在本书中将要探讨的关键议题和问题。

1.1 金融体系的核心组成部分

本书的目的在于为你提供理解现代金融体系必不可少的方法。首先，你应该熟悉金融体系的三大关键组成部分：（1）金融资产；（2）金融机构；（3）联储及其他金融监管机构。

正如棒球场的小贩们喜欢叫嚷的："你不能只报演员而不报节目。"现在，我们将简要地逐一考察这些组成部分，在后续章节中，我们还要继续考察它们。

金融资产

一项**资产**（asset）是个人或企业拥有的多少有些价值的东西。一项**金融资产**（financial asset）是一项金融要求权，这就意味着，如果你拥有一项金融资产，你就拥有了要求其他人支付货币的权利。例如，一个银行支票账户就是一项金融资产，因为其代表了你对银行的要求权，即要求银行支付等于你的银行账户的美元价值的一定数量的货币的权利。经济学家通常将金融资产划分为证券和非证券两大类。**证券**（security）是**可交易**

的（tradable），这意味着其可以在金融市场上进行买卖。**金融市场**（financial market）是买卖股票、债券和其他证券的场所或渠道，如纽约股票交易所。如果你拥有苹果（Apple）或谷歌（Google）的一股股票，那么你就拥有了一项证券，因为你可以在股票市场上出售你的股份。如果你在花旗银行（Citibank）或富国银行（Wells Fargo）拥有一个支票账户，你是无法出售它的。因此，你的支票账户是一项资产而非一项证券。

在本书中，我们将讨论很多金融资产，但下列资产是五种主要的资产类别：（1）货币；（2）股票；（3）债券；（4）外汇；（5）证券化贷款。现在，我们简要地讨论这五种主要的资产。

货币。虽然我们通常视"货币"为硬币或纸币，然而，即使在最狭义的货币的政府定义中也包括了支票账户中的资金。事实上，在经济学家中存在着关于货币的一个非常一般化的定义：**货币**（money）是人们在商品和服务的支付或债务的偿还中愿意接受的任何东西。**货币供给**（money supply）是经济中总的货币数量。正如我们在第 2 章将会了解到的，货币在经济中发挥着重要的作用，关于度量货币的最佳方法是存在一些争议的。

股票（stocks），亦称**股权**（equities），是代表一家公司部分所有权的金融证券。当你购买了一股微软（Microsoft）公司股票时，你就成为了微软公司的股东（shareholder），由于微软发行了数百万股的股票，一股只是其中很小的一部分，但你仍然拥有了部分的微软。当微软公司增发股票时，它正在做着与小企业的业主接纳一个合伙人同样的事情：增加企业的可得资金，即增加其**金融资本**（financial capital），以此来增加企业所有人的数量。作为公司一股股票的所有人，在公司拥有资产和利润的情况下，你就拥有了一项对公司的一份资产和一份利润的法定要求权。企业通常会保留其利润中的一部分作为留存收益并将其余部分按季度以股息的形式支付给股东。

债券。当你购买了企业或政府发行的**债券**（bond）时，你就借给了公司或政府固定数量的货币。**利率**（interest rate）就是借入资金的成本（或贷出资金的报酬），通常被表示为借款数量的一个百分比。例如，如果你从一位朋友那儿借了 1 000 美元，而且约定一年后还给他 1 100 美元，那么这笔贷款的利率就是 100 美元/1 000 美元＝0.10，或者说 10%。债券通常按固定的美元数量支付被称为**息票**（coupons）的利息。当一个债券**到期**（matures）时，债券的出售方需要偿还本金。例如，如果你购买了一个 IBM 公司发行的、年息为 65 美元、到期日为 30 年、面值为 1 000 美元的债券，在随后的 30 年间，IBM 每年会支付给你 65 美元，期末时，IBM 会支付给你 1 000 美元的本金。到期日等于或小于一年的债券是**短期债券**（short-term bonds），而到期日大于一年的债券是**长期债券**（long-term bonds）。债券可以在金融市场上买卖，因此，正如股票那样，债券也是证券。

外汇。一国所购买的很多商品和服务都是产自该国之外的。类似地，很多投资者也会购买外国政府和企业发行的金融资产。为了购买外国的商品和服务或者外国的资产，国内的企业或投资者就必须首先将本国的通货兑换为外国的通货。例如，当进口索尼（Sony）电视机时，消费电子巨头百思买（Best Buy）就要将美元兑换为日元。**外汇**（foreign exchange）是指外国货币的单位。外汇最为重要的买方和卖方是大型银行。银行代表想要购买国外金融资产的投资者进行外币的交易。银行也代表想要进口或出口商品和服务，或想要在外国投资诸如工厂之类的实物资产的企业从事外币的交易。

证券化贷款。如果你没有足够的现金支付汽车或住房的全额价款，那么你可以向银行申请一笔贷款。类似地，如果一位开发商想要建造一座新的办公大厦或大型购物中心，开发商也可以从银行办理一笔贷款。直到大约30年前，银行发放贷款是为了通过收取直到贷款还清前的贷款利息支付而获利。大多数贷款不太可能在金融市场上出售，因此，贷款是金融资产而非证券。于是，正如我们在第11章中将要详细讨论的，联邦政府和金融企业创造了许多类型的贷款市场。银行可以在金融市场上出售的贷款就变成了证券，因此，将贷款转换成证券的过程就是众所周知的**证券化**（securitization）。

举个例子，**抵押贷款**（mortgage）是借款人用于购买住房的一笔贷款，银行可能会同意向借款人发放一笔抵押贷款并将其出售给一家政府担保企业或一家金融企业，这些企业又会将这笔抵押贷款与其他银行发放的类似的抵押贷款归集在一起。这一抵押贷款的归集将会构成一种被称为**抵押贷款支持证券**（mortgage-backed security，MBS）的功能类似于债券的新证券的基础。正如一位投资者可以购买IBM的债券一样，投资者也可以购买政府机构或金融企业发行的抵押贷款支持证券。发放或**发起**（originates）原始抵押贷款的银行仍然收集借款人偿还的利息并将其移交给政府机构或金融企业，从而再将利息分配给那些购买了抵押贷款支持证券的投资者。银行收取服务费来自发起贷款和收集来自借款人的贷款偿还并分配给贷款人的活动。

值得注意的是，储蓄者的金融资产在借款人看来却是金融负债（financial liability）。一项金融负债就是个人或企业应付的一项金融要求权。例如，如果你从银行办理了一笔汽车贷款，从银行的角度看，这笔贷款就是一项资产，因为其代表了你的一份承诺，即在贷款偿还之前每月向银行进行固定的支付。然而，对于借款人，也就是你而言，这笔贷款却是一项负债，因为你欠了银行在贷款中规定的付款。

金融机构

金融体系通过两种渠道来匹配储蓄者和借款人：（1）银行及其他**金融中介**（financial intermediaries）；以及（2）**金融市场**（financial markets）。这两种渠道是根据资金如何从储蓄者或贷款人流向借款人以及参与其中的金融机构来加以区分的。① 资金是通过**金融中介**（financial intermediaries）间接地从贷款人流向了借款人，如银行，或者通过金融市场直接地从贷款人流向了借款人，如纽约股票交易所（New York Stock Exchange）。

如果你从银行获得了一笔贷款来购买汽车，经济学家将这一资金流动称为**间接融资**（indirect finance）。这一资金流动之所以是间接的，是因为银行贷给你的资金来自那些将资金存入银行的支票账户或储蓄账户的人们。从这个意义上说，银行并非直接将其自有资金贷放给了你。另一方面，如果你购买了一家企业刚刚发行的股票，这一资金流动就

---

① 请注意，为方便起见，我们有时候将拥有愿意贷出或投资的资金的家庭、企业和政府称为贷款人（lenders），而将想要利用这些资金的家庭、企业和政府称为借款人（borrower）。这些称谓并不是完全准确的，因为资金的流动并不总是以贷款的形式。例如，购买股票的投资者是在购买一家企业的部分所有权，而非向企业贷出货币。

是**直接融资**（direct finance），因为资金直接从你流向了企业。

储蓄者和借款者可以是国内外的家庭、企业或政府。图1—1表明，金融体系直接和间接地将资金从储蓄者引导到借款者并引导收益从借款者返还给储蓄者。储蓄者以各种形式获得收益，包括股票的股息支付、债券的息票支付以及贷款的利息支付。

金融中介。商业银行（commercial banks）是一国金融体系中最为重要的金融中介机构。商业银行通过接受来自家庭和企业的存款并将这些存款中的大部分用于投资，要么通过向家庭和企业发放贷款，要么通过购买诸如政府债券或证券化贷款之类的证券，而在金融体系中发挥了关键的作用。当家庭想要购买"大件商品"时，如汽车或住房，大多数家庭是依靠从银行借款来实现的。类似地，很多企业依靠银行贷款来满足其短期的信贷（credit）需要，例如支付存货款项或员工薪水的资金需要。企业在支付存货款项或员工薪水的时间与从商品和服务的销售中获得收益的时间之间存在不一致，很多企业依靠银行贷款来消除由这一时间不一致所导致的资金缺口。一些企业也依靠银行贷款来满足其长期的信贷需要，例如企业的实物资产投资所带来的资金需要。

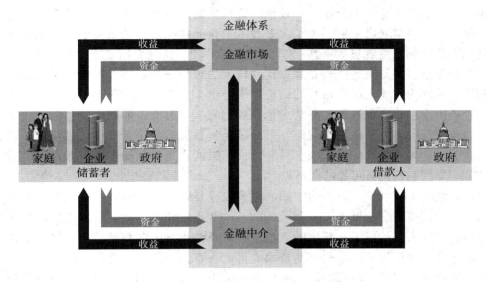

图1—1　通过金融体系的资金流动

金融体系将资金从储蓄者转移到借款人。借款人通过金融体系将收益返还给储蓄者。储蓄者和借款人包括国内外的家庭、企业和政府。

在每一章，**联系实际**（making the connection）专栏会讨论一个新闻故事或与该章内容有关的其他一些应用。

联系实际：典当行融资：银行贷款枯竭会对小企业造成什么影响？

2008年12月的某一天，Ground Up Construction公司的业主为了业务的资金需要而来到了缅因州刘易斯顿的一家典当行。他把他的翻斗汽车作为抵押品（collateral）抵押给了典当行：如果他不能偿还贷款，那么典当行就可以出售他的翻斗汽车。在正常时期，典当行的主要业务是为低收入的个人发放 50～100 美元的以珠宝或者易于出售的其他财产为抵押品的小额贷款。贷款通常是短期的，而利率通常是每月 10%～20%，这大约是银行在一份标准的贷款中收取的利率的 20 倍。为什么一个小企业的业主会支付如此之高的利率呢？因为 2008 年 12 月正处于金融危机的中期，很多当地的银行已经中断了小企业正常的信贷来源。

大企业可以通过在金融市场上出售股票和债券来筹集资金，而小企业却并不拥有这样的选择权。因为投资者收集关于小企业的信息的成本高昂，因此，这些小企业不能发行股票和债券，相反，它们必须依靠银行贷款。银行向企业发放的工商业（commercial and industrial）贷款通常期限较短。企业利用贷款是出于多种原因，包括弥合企业必须向雇员和供应商进行支付的时间与企业从产品销售中获得收入的时间之间的不一致所导致的资金缺口。银行也发放商业房地产贷款，这使得企业可以建造或购买办公建筑、工厂和购物中心。

在过去的 20 年间，银行与小企业的关系已经发生了变化。政府监管一度使得很多银行规模较小。其结果是，银行在一个较小的地理区域内发放了大部分的贷款。在这种情况下，银行的信贷员通常掌握了关于大多数本地企业融资情况的全面的个人知识并利用这些知识来决定是否发放贷款。进入 21 世纪之后，银行法的变化意味着很多小企业可以从地区性甚至全国性的银行获得贷款。这些较大的银行在贷款的发放中通常采用固定的贷款标准，从而为传统上由小银行的信贷员实施个人判断留下了很小的空间。对小企业而言，这类固定的贷款标准既是好消息也是坏消息。一方面，即使在贷款标准没有考虑到企业财务状况的方方面面的情况下，只要满足贷款标准的企业就能获得贷款，这就使得这些企业成为风险较高的借款人。另一方面，未能满足贷款标准的企业可能会被拒绝发放贷款，即使它们极有可能偿还贷款。

然而，到了 21 世纪头 10 年的中期，很多银行开始相信，降低贷款标准从而使得更多的借款人可以符合贷款标准是有利可图的。这些银行相信，由贷款标准的降低导致的较大数量的借款人违约可以被新增的满足贷款标准的借款人的贷款偿还轻松地抵消。在这期间，家庭获得住房、汽车和家具贷款变得更为容易，而企业获得商业房地产和工商业贷款也变得更为容易。不幸的是，在始于 2007 年年中的金融危机期间，贷款违约的家庭和企业的数量被证明远高于银行之前的预测。下页图表示的是，从 2000 年的年初到 2009 年的年末美国所有的商业银行的贷款损失的价值占总贷款的价值的百分比。从图中可以看出，在 2001 年的经济衰退期间，银行的贷款损失经历了一次上升，然而，2007—2009 年间的贷款损失要严重得多。贷款损失在 2008 年的春季开始上升，到 2009 年末，贷款损失达到了 2007 年末的四倍多。

事实上，2007—2009 年间的贷款损失是自 20 世纪 30 年代的大萧条以来最为严重的。部分由于在贷款上遭受了损失，部分由于来自政府银行监管部门的压力，大多数银行收紧了贷款标准，这使得家庭和企业要具备贷款资格就变得更为困难。下页图指出了自 2000 年 1 月到 2010 年 4 月以来总的银行贷款的变动趋势。在 2001 年的经济衰退时期，总的银行贷款只是出现了轻微的下降。而在 2007—2009 年的金融危机和经济衰退期间，银行贷款的下降要剧烈得多。实际上，直到 2008 年秋季的金融危机恶化时期，贷款一直是在增长的。贷款总额从 2008 年 10 月到 2010 年 1 月下降了 10％，从 7.3 万亿美元的峰值降低到了 6.6 万亿美元，而在 2010 年 1 月之后又出现了上升。

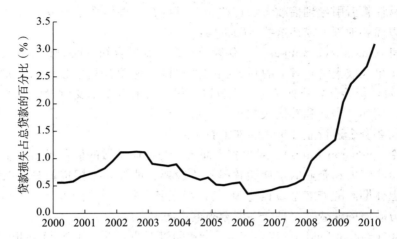

资料来源：Federal Reserve Bank of St. Louis.

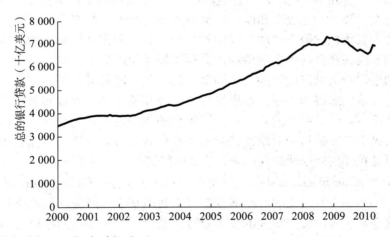

资料来源：Federal Reserve Bank of St. Louis.

　　由于正常资金来源的中断，很多像 Ground Up Construction 这样的小企业为了生存不得不采取一些极端的措施，例如，从典当行贷款、用完信用卡的限额或者向朋友和家庭成员借钱。因此，在危机期间，很多经济学家赞同若银行不增加其对小企业的贷款经济就无法复苏的观点就不足为奇了。

　　资料来源：Gary Fields, "People Pulling Up to Pawnshops Today Are Driving Cadillacs and BMWs," *Wall Street Journal*, December 30, 2008.

　　通过做第 23 页本章末的问题和应用 1.10 来检查一下你的理解。

〰〰〰〰〰〰〰〰〰〰〰〰〰〰〰〰〰〰〰〰〰〰〰〰〰〰〰〰〰〰〰〰〰〰〰〰〰

　　非银行金融中介（nonbank financial intermediaries）。某些金融中介机构，如**储贷协会**（savings and loans）、**储蓄银行**（savings banks）和**信用社**（credit unions）之类的"非银行"虽然通过接受存款和发放贷款以非常类似于商业银行业务的方式进行经营活动，但在法律意义上却是有别于银行的。其他的金融中介机构包括保险公司、养老基金、共同基金、对冲基金和投资银行。虽然这些金融机构乍一看与银行并不十分相近，然而，通过把资金从储蓄者引导到借款者，这些金融机构在金融体系中完成了类似于银行的功能。我们可以简要地逐一描述这些金融机构：

保险公司（insurance company）。保险公司专门签署合约以保护其投保人免于与特定事件（如汽车事故或火灾）有关的财务损失的风险。保险公司向投保人收取**保费**（premiums），接着，保险公司将保费进行投资以获得必要的资金来支付投保人的要求权以及其他的成本。例如，当你和其他人购买了一份汽车保险时，保险公司可能会把你的保费贷放给一家需要资金进行业务扩张的连锁酒店。

养老基金（pension funds）。对很多人而言，为退休所做的储蓄是最为重要的储蓄形式。养老基金将工人和企业的定期缴款投资于股票、债券和抵押贷款等，以获取收益来支付工人在退休期间的养老金。在2010年，养老基金拥有大约10万亿美元的资产，私人、州和地方政府的养老基金是金融证券的重要需求来源。

共同基金（mutual funds）。诸如富达投资集团旗下的麦哲伦基金（Fidelity Investment's Magellan Fund）之类的共同基金通过向投资者出售基金份额来获得资金。接着，共同基金会把这些资金投资于诸如股票和债券之类的金融资产组成的**资产组合**（portfolio），共同基金通常会为其提供的服务收取少量的管理费。通过购买共同基金的份额，储蓄者降低了如果他们要购买众多的单个股票和债券所需要承担的成本。资金只能购买少数个别股票和债券的小储户也可以通过购买共同基金的份额来降低其投资风险，因为大部分的共同基金持有大量的股票和债券。如果发行了股票和债券的企业宣布破产会导致股票和债券变得一文不值，但其对共同基金的投资组合的影响可能是很小的。然而，对一个将其大部分储蓄投资于该公司的股票或债券的小投资者而言，其影响可能是毁灭性的。因为共同基金愿意在任何时候回购其份额，这又使得储蓄者可以很容易地取得现金。

对冲基金（hedge funds）。诸如亿万富翁乔治·索罗斯（George Soros）经营的量子集团（Quantum Group）之类的对冲基金类似于共同基金，因为它们接受投资者的资金并利用这些资金来购买由资产构成的投资组合。然而，对冲基金的投资者通常不会多于99位，所有的投资者均为富有的个人或者像养老基金那样的机构。对冲基金通常比共同基金的投资风险更高并向投资者收取更高的费用。

投资银行（investment banks）。诸如高盛（Goldman Sachs）和摩根士丹利（Morgan Stanley）之类的投资银行不同于商业银行，因为它们并不接受存款，也很少直接向家庭发放贷款。相反，投资银行致力于为企业的股票和债券发行或正在考虑与其他企业进行合并的企业提供建议和咨询。投资银行也从事证券**承销**（underwriting）业务，在承销业务中，投资银行向发行股票或债券的企业保证一个价格，接着，通过以更高的价格出售股票或债券而获利。到20世纪90年代后期，通过深度地介入贷款证券化业务，尤其是抵押贷款的证券化，投资银行提高了其作为金融中介的重要性。投资银行也开始从事**自营交易**（proprietary trading）业务，在自营交易中，投资银行希望通过买卖证券而获利。

金融市场（financial markets）。金融市场是买卖股票、债券和其他证券的场所或渠道。传统上，金融市场一直是实际的场所，如位于纽约市华尔街的纽约股票交易所或位于伦敦的佩特诺斯特广场（Paternoster Square）的伦敦股票交易所（London Stock Exchange）。在这些交易所里，股票和债券是由面对面碰头的证券商来交易的。如今，大多数的证券交易是在证券商之间通过计算机实现的电子交易并被称为"场外"交易。原来代表全美证券商协会自动报价系统（National Association of Securities Dealers Automated Quotations System）的纳斯达克（NASDAQ）市场就是一个场外市场，像苹果和英特尔（Intel）之类的很多高科技企业的股票是在这个市场上交易的。在一个特定市场上出售股票和债券被称为在这个市场上"上市"。例如，通用电气（General Electric）在纽约股票交易所上市交易，而苹果公司是在纳斯达克上市交易的。

经济学家对**一级市场**（primary markets）和**二级市场**（secondary markets）加以区分。一级市场是股票、债券和其他证券首次出售的金融市场。当谷歌在 2004 年首次出售股票时，这被称为**首次公开发行**（initial public offering，IPO），其股票是在一级市场上出售的。二级市场是投资者买卖业已存在的证券的金融市场。一级市场和二级市场是可以在同一个实际或虚拟场所的，例如当在纽约股票交易所或纳斯达克上市的股票进行首次公开发行时。

 联系实际：人们是如何处置其储蓄的？

多数大学生除了支票账户之外，并不拥有很多的金融资产。然而，在进入职业生涯之后，他们可能会逐渐积累起各种各样不同的资产。联邦储备系统（Federal Reserve System）会公布关于家庭金融资产持有状况的季度和年度数据。下表报告了至 2010 年第一季度（Q1），由金融市场提供的诸如股票和债券以及由金融中介提供的诸如银行存款和共同基金份额之类的资产的持有情况。

经过挑选的金融资产的家庭持有情况（占被持有的总的金融资产的百分比，%）

	1990 年	2000 年	2007 年	2010 年第一季度
通过金融市场中的金融资产实现的储蓄				
美国国库券	3.6	1.8	0.7	1.7
机构和政府担保企业（GSE）证券	0.8	1.8	2.1	0.2
州和地方政府证券	4.4	1.6	2.0	2.2
公司债券	1.7	1.9	3.3	4.7
抵押贷款	0.9	0.3	0.3	0.2
商业票据	0.6	0.3	0.4	0.0
公司股权	13.4	24.6	12.0	17.1
非公司组织企业的股权	20.8	14.1	17.4	14.3
通过金融市场中的金融资产实现的储蓄小计	46.2	46.4	38.2	40.6

	1990 年	2000 年	2007 年	2010 年第一季度
通过金融中介中的金融资产实现的储蓄				
银行存款	19.9	10.2	13.3	14.2
货币市场共同基金份额	2.7	2.9	3.0	2.6
共同基金份额	3.5	8.1	11.2	9.5
人寿保险责任准备金	2.7	2.7	2.7	2.8
养老基金责任准备金	22.8	27.6	28.2	27.1
通过金融中介中的金融资产实现的储蓄小计	51.6	51.5	58.4	56.1
杂项金融资产	2.1	2.3	3.5	3.3

资料来源：Board of Governors of the Federal Reserve，*Flow of Funds Accounts of the United Stated*，various issues.

这些数据表明，超过一半的家庭金融资产是通过金融中介持有的。这些数据也反映了经济环境对家庭储蓄的影响。例如，在 20 世纪 90 年代后期，整个股市处于欣欣向荣时期，这导致了在 2010 年下降到 17% 之前，公司股权（股票）在总的家庭金融资产中的比例从 1990 年的 17% 上升到了 2000 年的大约 25%。与 1990 年相比，在 2010 年，家庭储蓄相对较少地以银行存款、国库券（主要是联邦政府发行的债券）以及州和地方政府证券（主要是州和地方政府发行的债券）的形式持有，而是相对较多地以公司债券和共同基金份额的形式持有。自 1990 年之后，银行存款的重要性下降了，但在始于 2007 年的金融危机期间，其重要性上升了，因为家庭在为其储蓄寻找一个安全的港湾。最后需要注意的是，超过四分之一的家庭储蓄是以养老基金账户余额的形式持有。

通过做第 23 页本章末的问题和应用 1.11 来检查一下你的理解。

联储和其他金融监管机构

在 2007—2009 年的金融危机期间，很多人目睹了银行的破产、某些金融资产的市场冻结以及股价的暴跌，他们不禁要问："这是由谁负责的呢？谁掌管着金融体系呢？"从某种意义上说，提出这样的问题是非同寻常的，因为市场制度的核心在于不存在个别人或个别集团的掌管。消费者决定着哪些商品和服务是他们评价最高的，而厂商之间展开相互竞争，从而以最低的价格提供这些商品和服务。没有人会寻思着问："谁掌管着冻结的比萨饼市场？"或者"谁掌管着谷类早餐食品的市场？"在大多数市场中，政府在决定生产什么、如何生产、厂商索价多少或者厂商如何运营等方面的作用是非常有限的。然而，美国和大多数其他国家的决策者们将金融体系视为不同于大多数商品和服务市场。金融体系的不同之处在于，当尽量顺其自然时，金融体系就会经历一段时间的不稳定并导致经济衰退。

美国联邦政府下设多个机构致力于对金融体系的监管，包括：

● 证券交易委员会（Securities and Exchange Commission，SEC）负责监管金融市场；

● 联邦存款保险公司（Federal Deposit Insurance Corporation，FDIC）为银行的存款提供保险；

● 通货监理署（Office of the Comptroller of the Currency）负责监管联邦特许银行；

● 联邦储备系统（Federal Reserve System）是美国的中央银行。

虽然在本书中我们会讨论所有的这些联邦政府机构，但我们会把注意力集中在联邦储备系统上。在后续章节中我们会更为详细地探讨联储的运作，在此之前，我们先给出关于联储的一个概览。

什么是联邦储备系统？

联邦储备系统（通常被称为"联储"，the Fed）是美国的中央银行。国会在 1913 年成立了联储以处理银行体系的问题。正如我们看到的，银行的主要业务是吸收存款并发放贷款。然而，银行可能会陷入困境，因为存款人拥有随时提款的权利，而银行向人们发放的用于购买汽车和住房的很多贷款在几年内是无法得到偿还的。因此，如果大量存款人同时提款，银行可能会不具备必需的资金来满足提款要求。这一问题的一种解决方法是，让一国的中央银行充当**最后贷款人**（lender of last resort），并向银行发放短期贷款为其提供资金来支付存款人。由于国会认为联储在 20 世纪 30 年代的大萧条期间未能履行其作为最后贷款人的职责，国会在 1934 年成立了联邦存款保险公司。联邦存款保险公司为每个账户的银行存款提供上限为 25 万美元的保险。

联储是做什么的呢？

现代的联储已经远远超过了作为最后贷款人的最初角色。尤其是，现在的联储负责执行**货币政策**（monetary policy）。货币政策是指联储为实现宏观经济的政策目标所采取的管理货币供给和利率的行动。这些政策目标包括：较高的就业水平、较低的通货膨胀率、较高的经济增长率以及金融体系的稳定。联储是由理事会（Board of Governors）掌管的，而理事会是由七位成员组成的，七位成员又是由美国总统任命并由参议院批准的。理事会中的一位成员会被指定为主席。当前的联储主席是本·伯南克，他是由小布什（George W. Bush）总统在 2006 年任命的，接着，又被巴拉克·奥巴马（Barack Obama）总统在 2010 年重新任命。联邦储备系统被划分为 12 个地区，每个地区都有一家地区银行，如图 1—2 所示。联邦公开市场委员会（Federal Open Market Committee，FOMC）是联储的主要决策主体。联邦公开市场委员会包括理事会的七位成员、纽约联邦储备银行的行长以及四位来自其他 11 家联邦储备地区银行的行长。

联邦公开市场委员会每年在华盛顿哥伦比亚特区（Washington，D. C.）会晤八次来讨论货币政策。在这些会议上，联邦公开市场委员会为一个特别重要的利率，即**联邦基金利率**（federal funds rate），确定一个目标，联邦基金利率是银行之间相互收取的短期贷款的利率。正如我们在后续章节中将会看到的，联邦基金利率的重要性在于其变动可以导致很多其他利率的变动。

联储被全面地卷入了 2007—2009 年的金融危机中。在对金融危机进行简要的讨论之前，我们通过讨论金融体系提供的核心服务来结束我们对金融体系的概览。

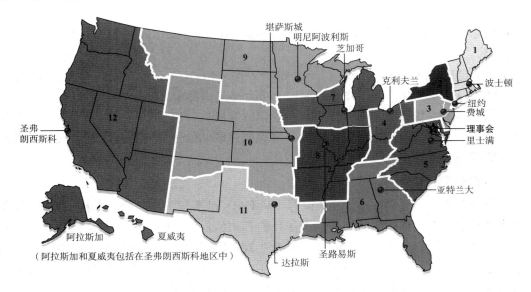

图 1—2　联邦储备系统

联邦储备系统被划分为 12 个地区，每个地区拥有一家位于地图中所示城市的地区银行（district bank）。

金融体系是做什么的？

在本书中，我们要做的远不止于对金融体系的简单描述。我们还要应用经济学的基本方法和工具来分析金融体系是如何运转的。在经济学原理课程中，你已经学习过这些方法和工具，包括需求—供给模型和边际分析。你也学习过了基本的经济理念，即厂商之间展开相互竞争从而为消费者提供其最想要的商品和服务。因此，在讨论金融体系时，考察组成金融体系的银行、保险公司、共同基金、股票经纪人及其他**金融服务企业**（financial service firms）所提供的服务就变得至关重要。

经济学家认为，金融体系为储蓄者和借款人提供了三种核心服务：**风险分担**（risk sharing）、**流动性**（liquidity）和**信息**（information）。金融服务企业以不同的方式提供这些服务，这使得不同的金融资产和金融负债对个别储蓄者和借款人或多或少些吸引力。我们可以简要地逐一考察每一种服务。

风险分担。风险是与你的预期有关的金融资产的价值发生变化的可能性。利用金融体系来匹配个人储蓄者和借款人的好处之一是，金融体系可以实现风险分担。例如，如果你用 200 美元购买了一股苹果公司的股票，在一年的时间里，这一股股票可能会值 100 美元或 300 美元，其价值取决于苹果公司的盈利状况。大多数的个人储蓄者追求的是其资产上的稳定收益，而不是在高低收益之间反复无常地摇摆。提高获得稳定收益的可能性的方法之一是持有资产的组合。例如，你可能同时持有了一些美国储蓄债券、一些股票和一些共同基金份额。虽然在任意特定的时期内，一项资产或资产的集合可能会表现优异，而其他的资产可能会表现不佳，但总体的收益会趋向于平均水平。将财富分割于不同的资产上就是众所周知的**分散化**（diversification）。金融体系是通过允许储蓄者持有许多资产来提供风险分担的。

金融体系提供风险分担的能力使得储蓄者更愿意购买股票、债券和其他金融资产。相应的，这一意愿行为又提高了借款者在金融体系中筹集资金的能力。

流动性。金融体系为储蓄者和借款者提供的第二种服务是流动性，流动性是指一项资产可以很容易地兑换为现金。储蓄者会把金融资产具有的流动性视为一种好处。当储蓄者需要其资产用于消费或投资时，他们希望能够很容易地出售这些资产。流动性较高的资产可以方便快捷地兑换为现金，而流动性较低的或非流动性的（illiquid）资产只有在经过一段时间的延迟或承担一定成本的情况下才能被兑换为现金。例如，如果你想购买食品杂货或衣服，你可以用美元钞票或通过使用与支票账户相关的借记卡轻而易举地完成交易。然而，出售你的汽车则要花费更多的时间，因为私人财产是非流动的。为了出售你的汽车，你可能要承担广告成本或者不得不接受旧车商支付的相对较低的价格。通过持有一家工厂的金融要求权，比方说拥有这家工厂的企业发行的股票或债券，在这种情况下，相对于拥有工厂里的机器而言，个人投资者就拥有了更多的流动性储蓄。相对于把特殊用途的机器转换成货币，投资者把股票或债券转换成货币要容易得多。

一般而言，我们可以说，由金融体系创造的资产（如股票、债券或支票账户）的流动性比实物资产（如汽车、机器或房地产）的流动性更高。类似地，如果你直接向一家小企业贷出了 100 000 美元，你可能无法再出售这笔贷款，因此，你的投资就是非流动的。然而，如果你把 100 000 美元存入银行，接着，银行又向企业发放了贷款，那么你的存款的流动性要比贷款的流动性高得多。

金融市场和金融中介有助于提高金融资产的流动性。例如，投资者可以很容易地出售其持有的政府证券与大型企业的股票和债券，这使得这些资产的流动性非常好。正如我们之前所指出的，在过去的 20 年间，金融体系提高了除股票和债券之外的很多其他资产的流动性。证券化过程已经使得买卖基于贷款的证券成为可能。其结果是，抵押贷款和其他贷款已经成为储蓄者更愿意持有的资产。储蓄者愿意接受具有较高流动性的资产支付的较低的利率，这又降低了很多家庭和企业的借款成本。金融体系效率的一种度量方法是其在何种程度上可以将非流动资产转换成储蓄者愿意购买的流动性资产。

信息。金融体系提供的第三种服务是信息的收集和沟通，或者说关于借款人的实际情况和关于金融资产收益的预期情况。人们居住地的本地银行就是一个信息仓库。本地银行收集借款人的信息以预测其偿还贷款的可能性。借款人需要填写详细的贷款申请书，银行的信贷员会对每个人的财务状况做出判断。由于银行专门从事信息的收集和处理，其信息收集成本要低于你设法收集众多借款人的信息所要支付的成本。银行从贷款上获得的利润部分地补偿了其在信息收集上支付的成本。

金融市场通过决定股票、债券和其他证券的价格同时向储蓄者和借款人传递了信息。当你持有的苹果公司的股票的价格上涨时，你就会知道其他投资者一定是预期苹果公司的利润会比较高。这一信息可以帮助你决定是否继续投资于苹果的股票。同样，苹果公司的经理们可以通过股票的价格来判断投资者是如何评价公司的经营情况的。例如，苹果股价的大幅上扬传递了投资者对公司持乐观看法的信息。苹果公司可能会利用这一信息来决定是否通过出售更多的股票或债券来为公司的业务扩张融通资金。将当前可得信息反映到资产价格中是完善的金融市场的一个重要特征。

在本书的每一章，你都会看到一个**解决问题**（solved problem）专题。这一专题会通过引导你逐步解决货币、银行和金融市场中的一个应用问题来提高你对实际问题的理解。在理解了问题之后，你可以通过做章末出现的相关题目来检查一下你的理解。你也可以在 www. myeconlab. com 上完成相关的**解决问题**并获得辅导帮助。

 解决问题 1.1：证券化贷款提供的服务

我们之前曾指出，证券化贷款是一项重要的新型金融资产，在过去的 20 年间，其重要性也显著提高了。下面简单地讨论一下证券化贷款在何种程度上体现了风险分担、流动性和信息三大核心服务。在你的答案中，一定要解释证券化贷款是什么。

解决问题

第一步　复习本章的内容。这一问题是关于证券化贷款提供的服务的，因此，你也许需要复习"金融资产"这一小节以及"金融体系是做什么的？"这一小节。

第二步　定义证券化贷款。普通（非证券化）贷款在被银行或其他贷款人发放之后不能被再出售。因此，非证券化贷款是金融资产而非金融证券。证券化贷款是已经与其他贷款一起打包过并出售给了投资者的贷款。因此，证券化贷款既是金融资产又是金融证券。

第三步　解释证券化贷款是否提供了风险分担、流动性和信息。证券化贷款提供了全部的三种核心服务。例如，在抵押贷款被证券化之前，借款人可能对贷款违约或中止付款的风险是由银行或其他贷款人承担的。当一项抵押贷款在抵押贷款支持证券中与类似的抵押贷款打包在一起时，证券的购买者共同分担了一次违约风险。因为任何个别的抵押贷款仅仅反映了包括它在内的证券价值中的一小部分，因此，如果借款人对那项个别的抵押贷款违约，证券的购买者仅会遭受少量的损失。

一笔未被证券化的贷款是非流动的，因为它不可以被再出售。一笔证券化贷款可以被再出售，因此，它存在一个二级市场，这使得它具有了流动性。个别投资者不愿意直接向企业或家庭发放贷款的原因之一在于他们缺乏关于借款人财务状况的完全信息。当贷款被证券化时，事实上，投资者可以通过购买证券化贷款向家庭和企业发放贷款而不需要拥有关于借款人财务状况的直接信息。在购买证券化贷款时，投资者依赖于银行或其他**贷款发起人**（loan originator）已经收集了必要的信息。

因此，证券化贷款提供了全部的三种核心金融服务。

加分：发现了一种全新而重要的消费者需求的厂商可以通过出售一种能满足消费者需求的新的产品或服务而获得超额利润。然而，新产品有时候是有瑕疵的。第一个出售一种不需要从墨水瓶中反复填充墨水的钢笔的厂商在一段时间内是非常赚钱的。然而，不幸的是，钢笔出现了漏水问题，公司及其创建者最终被迫走向了破产。证券化贷款提供的服务使得它们受到投资者的青睐。不幸的是，通过 2007—2009 年的金融危机可以发现，这些证券中的一些是漏水钢笔的金融对应物。结果是，某些贷款的发起人，尤其是发放给具有糟糕的信用记录的借款人的那些抵押贷款，在收集信息上做得很不好。当出乎意料的大量借款人发生违约时，基于这些贷款的抵押支持证券的价值急剧下跌，这给投资者带来了巨大的损失。这些证券的流动性急剧下降，其象征的风险分担的程度也比预期的要低得多。在下一节，我们会讨论更多的关于证券化贷款的灾难性后果。

为了进行更多的练习，做一下第 23 页本章末的问题和应用 1.14。

1.2 2007—2009 年的金融危机

我们可以应用本章关于金融体系的概览来简单地讨论 2007—2009 年的金融危机。由于金融危机已经对金融体系产生了深远而持久的影响，在后续章节中，我们还会讨论它。

金融危机的根源

金融危机根源于 2000—2005 年的住房泡沫。**泡沫**（bubble）是一类资产（例如高科技公司发行的股票、石油和其他商品或住房）的价格的不可持续的上涨。图 1—3 展示了住房泡沫的发展及其最终的破灭。图（a）表示的是美国的新房销售量情况。图（b）表示的是凯斯-希勒（Case-Shiller）指数，其度量的是单户住房的价格变化。图（a）表明，新房销售量在 2000 年 1 月到 2005 年 7 月之间上升了 60％，接着，在 2005 年 7 月到 2010 年 7 月之间又下降了令人惊讶的 80％。图（b）表明，住房价格遵循着类似的模式：在 2000 年初到 2006 年初之间上升了将近 90％，接着，在 2006 年初到 2009 年初之间又下降了超过 30％。

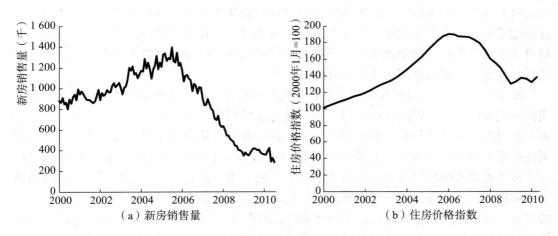

（a）新房销售量　　　　　　　　　　　（b）住房价格指数

图 1—3　住房泡沫

图（a）表明，在 2000—2005 年间，住房泡沫导致了新房销售和住房价格的同时快速上升，随之而来的是从 2006 年早期到 2009 年早期销售量和价格的急剧下跌，接着又进入了缓慢的回升。图（b）表明，住房价格遵循着与房屋销售量类似的模式。

资料来源：U. S. Bureau of the Census；and S&P/Case-Shiller, standardandpoors. com.

住房泡沫是由那些认为新的住宅建设和住房价格会永无止境地持续快速上升的住房购买者和建造者的过度乐观的预期导致的吗？虽然过度乐观的预期在住房泡沫的形成中

可能发挥了一定的作用，然而，很多经济学家认为，抵押贷款市场的变动发挥了更大的作用。抵押贷款是第一种被广泛证券化的贷款。为了提升住房拥有量，国会（Congress）创造了抵押贷款的二级市场，这使得家庭借款购房变得更为容易。国会利用两家**政府担保企业**（government-sponsored enterprise，GSEs），即联邦国民抵押贷款协会（"房利美"，Fannie Mae）（Federal National Mortgage Association）和联邦住房贷款抵押公司（"房地美"，Freddie Mac）（Federal Home Loan Mortgage Corporation）来实现这一目标。房利美和房地美向投资者出售债券并用所得资金购买银行的抵押贷款。到 20 世纪 90 年代，抵押贷款出现了一个巨大的二级市场，借助于房利美和房地美，资金从投资者流向了银行并最终流向了借款购房的人们。

到了 21 世纪，抵押贷款市场已经发生了重要的变化。首先，投资银行成为抵押贷款二级市场的重要参与者。投资银行开始购买抵押贷款，将大量的抵押贷款打包为抵押贷款支持证券，然后将其出售给投资者。抵押贷款支持证券备受投资者的青睐，因为其通常比具有类似信用风险的其他证券支付更高的利率。其次，到 2005 年和 2006 年早期住房泡沫的顶峰时期，贷款人大大放松了获得抵押贷款的标准。传统上，只有那些信用记录良好并愿意支付等于其所购住房价值的至少 20％ 的首付的借款人才能获得抵押贷款。然而，到了 2005 年，很多抵押贷款被发放给了信用记录存在瑕疵的**次级借款人**（sub-prime borrowers）。此外，**次优级借款人**（Alt-A borrowers），即声明但未证明其收入状况的借款人，以及支付非常少的首付比例的借款人发现办理贷款要容易得多。贷款人也创造出了允许借款人在抵押贷款的前几年支付非常低的利率而在随后的时间里支付较高的利率的新型**可调整利率抵押贷款**（adjustable-rate mortgage）。利用这类非传统抵押贷款的借款人违约的可能性要高于利用传统抵押贷款的借款人。为什么借款人会办理可能存在偿还困难的抵押贷款呢？为什么贷款人愿意发放这样的贷款呢？借贷双方同时预期房价会继续上涨，这会降低借款人对抵押贷款违约的可能性，也使得借款人在未来将贷款转变为更为传统的抵押贷款要容易得多。

不幸的是，始于 2006 年的房价下跌导致次级借款人、次优级借款人、拥有可调整利率抵押贷款的借款人以及仅仅支付了少量首付款的借款人违约数量的持续上升。当借款人开始对抵押贷款违约时，很多抵押贷款支持证券的价值急剧下跌，投资者担心的是购买此类证券会让他们亏钱。起初，包括联储主席本·伯南克在内的很多经济学家认为，住房泡沫破灭的余波只会对金融体系造成有限的伤害，但这一预测是错误的。众多商业银行和投资银行持有抵押贷款支持证券，这类证券价值的下降使得这些银行遭受了沉重的损失。向房地产开发商发放过住房建设贷款的商业银行的损失尤为严重。到 2007 年中期，抵押贷款支持证券价值的下降以及商业银行和投资银行遭遇的重大损失在金融体系中引起了混乱。很多投资者拒绝购买抵押贷款支持证券，一些投资者只愿意购买美国财政部发行的债券。银行几乎开始限制对最安全的借款人的信贷发放。经济赖以运行的从储蓄者到借款人的资金流动大大下降了。

从 2008 年春季开始，美联储和美国财政部采取了罕见的政策行动来应对金融危机的影响和始于 2007 年 12 月的经济衰退。虽然美联储传统上只向商业银行发放贷款，但在 2008 年 3 月，美联储开始向一些投资银行发放贷款。同样是在 3 月份，联储和财政部协助摩根大通银行（J. P. Morgan Chase）收购了陷入破产危险之中的投资银行贝尔斯登。联储答应，如果摩根大通愿意收购贝尔斯登，联储就会为摩根大通在贝尔斯登持有的抵押贷款支持证券上遭受的任何损失提供上限达 290 亿美元的担保。联储和财政部确信，贝尔斯登的倒闭具有引起金融恐慌的可能性，因为许多投资者和金融企业将会停止向其他投资银行发放短期贷款。

危机的深化及联储和财政部的反应

部分经济学家和决策者批评联储和财政部的决定，即提前达成了协助摩根大通收购贝尔斯登的决议。他们担心的主要是**道德风险问题**（moral hazard problem），道德风险问题是指如果诸如贝尔斯登之类的金融企业的经理们认为联邦政府会将其从破产中拯救出来，他们将做出风险更高的投资的可能性。联储和财政部在 2008 年 3 月做出拯救贝尔斯登的行动是因为其相信大型金融企业的倒闭会带来更为广泛的负面经济影响。在 2008 年 9 月，当投资银行雷曼兄弟濒临破产时，联储和财政部再一次担心雷曼的倒闭会危及金融体系中的资金流动。

联储和财政部在 9 月 15 日做出了让雷曼兄弟破产的决定。金融市场的不良反应比联储和财政部预想的要强烈得多，这又促使其在两天后决定让联储向美国最大的保险公司美国国际集团（American International Group，AIG）提供 850 亿美元的贷款以交换其80% 的所有权股份，实际上是将公司控制权交给了联邦政府。然而，雷曼兄弟破产的余波具有广泛的负面影响，包括大多数类型的贷款的急剧下降。最终，在 2008 年 10 月，国会通过了**不良资产救助计划**（Troubled Asset Relief Program，TARF），根据该计划，财政部向商业银行提供资金以交换其股票。取得私人商业银行的部分所有权是联邦政府一次前所未有的行动。在 2007—2009 年的金融危机期间，联储和财政部的很多政策是备受争议的，因为其牵涉到金融企业的部分国有化、不会允许大型金融企业破产的隐性担保以及对金融市场前所未有的干预。联储和财政部采取的这些行动是想要恢复从储蓄者到借款人的资金流动。如果资金流动不能提高到一个更为正常的水平，家庭就会缺乏购买住房、汽车和耐用消费品所必需的信贷，企业就会缺乏融通新的厂房和设备投资所必需的信贷，或者说，在很多情况下，甚至缺乏融通存货和雇员薪水所必需的信贷。

大部分经济学家和决策者认为，危机的严重程度证明了联储对创新性政策的应用是正确的，然而，很多人还是担心联储的行为可能会降低其独立性。传统上，美联储主席一直严守着联储对包括财政部在内的其他行政部门和国会的独立性。然而，在金融危机期间，在安排通过一些银行的部分国有化而向商业银行体系注入流动性以及其他的若干政策行动上，联储与财政部是紧密合作的。如果联储和财政部之间的紧密协作继续下去，就为我们提出了一个问题，即联储是否能执行那些独立于当权的政府的政策？

1.3　源于金融危机的关键议题和问题

有关 2007—2009 年的金融危机和经济衰退的细节是引人入胜和非常重要的。然而，更为重要的是，危机让我们明白了金融体系是如何运转的。我们对金融危机的简要描述

提出了一系列我们将在如下章节中予以回答的问题:

第 2 章:货币和支付体系

议题:联储在金融危机期间的行为引起了关于其是否能保持独立性的忧虑。

问题:中央银行应该独立于其他政府部门吗?

第 3 章:利率和收益率

议题:在金融危机期间,诸如抵押贷款支持证券(MBS)之类的资产的利率飙升导致其价格暴跌。

问题:为什么利率和金融证券的价格是反向变动的?

第 4 章:利率的决定

议题:联储应对 2007—2009 年的经济衰退的政策引起了部分经济学家预测通胀会上升并使得长期债券成为一项糟糕的投资。

问题:在做投资决策时,投资者是如何将预期通货膨胀和其他因素考虑进去的?

第 5 章:利率的风险结构和期限结构

议题:在金融危机期间,由于曾经为之后被证明是风险很高的证券给出了高的评级,债券评级机构备受批评。

问题:政府应该更为严密地监管信用评级机构吗?

第 6 章:股票市场、信息和金融市场效率

议题:在金融危机期间,由于担心股票已经变得风险过高,很多小的投资者卖掉了他们的股票投资。

问题:2007—2009 年的金融危机有可能对个人投资于股票市场的意愿造成持久的影响吗?

第 7 章:衍生品和衍生品市场

议题:在 2007—2009 年的金融危机期间,一些投资者、经济学家和政策制定者认为,金融衍生品加剧了危机的严重性。

问题:金融衍生品是"金融大规模杀伤性武器"吗?

第 8 章:外汇市场

议题:在 2007—2009 年的金融危机期间,汇率波动尤为剧烈,联储和其他中央银行采取了协调的政策行动来帮助稳定国际金融体系。

问题:为什么美元的价值在金融危机的巅峰时期会出现飙升呢?

第 9 章:交易成本、不对称信息和金融体系的结构

议题:在 2007—2009 年的金融危机期间,很多经济学家指出,债券市场出现的问题有可能深化经济衰退并延缓经济复苏,因为与股票相比,企业更多地依靠债券作为一种外部融资来源。

问题:为什么与股票相比,企业更多地依靠债券作为一种外部融资来源?

第 10 章:银行经济学

议题:在 2007—2009 年的金融危机期间以及紧随其后,银行倒闭的数量急剧增加。

问题:银行业务是一种风险特别高的业务吗?如果是的话,银行面临哪些类型的风险?

第 11 章：投资银行、共同基金、对冲基金和影子银行体系

议题：在 20 世纪 90 年代和 21 世纪头 10 年期间，银行体系之外的从贷款人到借款人的资金流动增加了。

问题：在 2007—2009 年的金融危机中，影子银行体系发挥了什么作用？

第 12 章：金融危机和金融监管

议题：2007—2009 年的金融危机是自 20 世纪 30 年代的大萧条以来最为严重的。

问题：2007—2009 年金融危机的严重性解释了这些年衰退的严重性了吗？

第 13 章：联邦储备和中央银行业务

议题：金融危机之后，国会就降低联邦储备的独立性展开了辩论。

问题：国会和总统应该被赋予对联储更大的权威吗？

第 14 章：联储的资产负债表和货币供给过程

议题：在金融危机期间以及紧随其后，在美国，银行准备金出现了快速上升。

问题：在 2007—2009 年的金融危机期间和之后，为什么银行准备金会快速上升？决策者应该关心准备金的上升吗？

第 15 章：货币政策

议题：在金融危机期间，联储采取了一系列新的政策工具力图稳定金融体系。

问题：价格稳定仍然应该是中央银行最为重要的政策目标吗？

第 16 章：国际金融体系与货币政策

议题：金融危机引发了关于欧洲中央银行的货币政策的争论。

问题：欧洲国家应该放弃使用共同货币吗？

第 17 章：货币理论Ⅰ：总需求和总供给模型

议题：在从金融危机复苏的过程中，失业率顽固地处于高水平。

问题：如何解释始于 2009 年的经济扩张时期的高失业率？

第 18 章：货币理论Ⅱ：*IS-MP* 模型

议题：到 2008 年 12 月，联储已经将目标联邦基金利率推至接近于 0 的水平。

问题：在何种情况下，通过降低目标联邦基金利率来应对衰退不太可能有效？

在进入下一章之前，阅读下面的**政策透视**，这个专栏是关于联储主席本·伯南克考虑在 2010 年晚些时候进一步扶持经济的三大政策选项的讨论，以及他对短期预算赤字的看法。

政策透视：联储准备提振经济，但政策选项有限

《华尔街日报》

伯南克准备采取下一步行动

ⓐ联储主席本·伯南克告诉国会，如果经济前景出现恶化，他准备采取进一步的行动来支持经济，但考虑到有限的政策选项和对于任何新措施有效性的质疑，他也指出了联储对此的犹豫不决。

在向参议院银行业委员会提交联储的半年度报告时……伯南克先生说，虽然存在被他归咎于金融市场动荡的"有些疲软的展望"，但联储仍然预期经济在今年会表现出适度的增长……

但考虑到前景"非同寻常地不确定"，他说："我们还是准备在价格稳定的前提下，采取必要的进一步的政策行动来帮助经济回到美国生产潜力的充分利用。"

ⓑ投资者因为伯南克先生说经济前景看起来非常不确定但却没有提出支持经济的新的、具体的措施而感到失望，股票价格出现了下跌……

伯南克先生略述了在必要的时候支持经济的三个政策选项。联储可以在口头上强调其长期保持低的短期利率的承诺。为了鼓励更多的贷款，联储可以降低其对银行存放在中央银行的准备金所支付的利率。而且，联储可以再投资来自到期的或预付的抵押证券的收益而不是让它们流出联储的资产负债表，或者进行新的证券购买。

"对此，我们尚未充分考虑，我们需要考虑可能性，"伯南克先生说，"显然，每一种政策选项都有其缺点和潜在的损失。"

……联储正在思考如何向市场和公众强调其打算继续保持低利率。今年早些时候，很多投资者认为利率到 2010 年末会上升。最近对经济的担忧将这种可能性推到了 2011 年……

伯南克先生强调，劳动市场依然是担心的重点。自经济衰退开始以来，美国已经损失了 850 万个工作岗位，他说，2010 年上半年私人部门工资增长的步伐——平均每月100 000——"并不足以实质性地降低失业率"……

ⓒ伯南克先生说，考虑到疲软的经济，近期的大量联邦预算赤字是合适的。他说，给定疲软的私人支出，来自华盛顿的额外的财政支持会有所帮助，但他也承认，如果美国的赤字失控，市场也许会做出负面的反应。

"在我看来，最好的方法是，在近期对经济保持一些财政支持，但要与密切注意解决美国在中期非常明显的财政问题相结合，"伯南克先生说，"我并不认为这只能二选一。如果债务继续积累并变得不可持续……那么可以结束的唯一方法是通过一场危机或其他某种非常糟糕的结果。"

在几乎一半的失业人口已经失业了超过六个月的情况下，伯南克先生指出了持久失业的长期风险。

"失业了很长一段时间的人通常会出现技能退化或变得技能无用……我认为，我们需要非常认真地关注长期失业的影响。"

资料来源：*Wall Street Journal*，excerpted from "Bernanke Prepared to Take New Steps" by Sudeep Reddy. Copyright 2010 by Dow Jones & Company, Inc. Reproduced with permission of Dow Jones & Company via Copyright Clearance Center.

文中要点

在 2010 年 7 月对参议院银行业委员会所作的半年度报告中，联邦储备主席本·伯南克对支持美国经济表示犹豫不决，因为对此类行动的有效性存在质疑。伯南克将经济的当前状态描述为"非同寻常地不确定"。他声明，联储可以强调其保持低利率的承诺、降低联储对为银行保管的准备金所支付的利率，或再投资来自抵押贷款证券的收益（或利用收益来进行额外的抵押证券购买）。关键的担心是劳动市场。伯南克指出，2010 年上半年的工资增长并不足以降低失业率。联储主席说，考虑到疲软的经济，近期的联邦预算赤字是合适的，但也承认如果赤字失控，市场会做出负面的反应。

新闻解读

ⓐ本·伯南克表达了联储采取行动来扩张美国经济的意愿，但其选项有限。联储通常是通过降低贴现率（其对向银行发放的贷款所收取的利率）、降低联邦基金利率或降低准备金要求的某种组合来刺激经济。到 2010 年 7 月，联储已经将一级贴现率降低到了 0.75％、联邦基金利率的目标范围降低到了 0～0.25％。几乎不存在进一步削减的空间。如下表所示，联储 2008 年和 2009 年在利用其贴现窗口向银行体系注入准备金上是非常积极的。与 2007 年只有 200 亿美元相比，2008 年和 2009 年的借入资金总计分别超过了 3.2 万亿美元和 4.9 万亿美元。总借款在 2010 年开始下降。降低准备金要求会增加银行的超额准备金，几乎不会有影响，因为银行并没有贷出其已经拥有的所有超额准备金。

ⓑ伯南克主席提到了支持经济的三种另外的政策选项。一种选项是宣布联储保持短期低利率的意图。虽然这不能降低联邦基金利率的目标范围，但在金融市场上存在一种利率在 2010 年下半年会上升的预期。第二，联储可以降低其在法定准备金上向银行支付的利率（从 0.25％）。这会降低银行利用准备金来创造新的贷款的机会成本。第三种选项是用到期的抵押证券的收益来购买新的证券，这会为还没有完全从金融危机中复苏的房地产市场提供支持。

ⓒ伯南克认可因经济疲软而带来的大量的联邦预算赤字，但建议注意力应该转向控制未来的赤字。

存款性机构从联邦储备的总借款（未作季节性调整）　　　　单位：10 亿美元

	2008 年	2009 年	2010 年
1 月	45.7	563.5	142.1
2 月	60.2	582.5	111.2
3 月	94.5	612.1	91.6
4 月	135.4	558.2	80.2
5 月	155.8	525.4	75.6
6 月	171.3	438.7	69.9
7 月	165.7	367.0	
8 月	168.1	331.5	
9 月	209.1	306.8	
10 月	648.3	265.1	
11 月	698.8	217.3	
12 月	653.6	169.9	
总计	3 206.3	4 938.0	570.6

资料来源：Board of Governors of the Federal Reserve.

严肃思考

1. 2010年7月，大约在本·伯南克向参议院银行业委员会作报告的时候，奥巴马总统将一项为250万人增设340亿美元的失业救济签署为法律。这一行动为那些收到额外救济的人提供了广受欢迎的帮助，但一些批评者认为这也会造成负面的后果。增设失业救济会如何对劳动市场造成不利的影响？

2. 在本·伯南克向国会报告的另一部分中，他声明，联邦公开市场委员会（FOMC）"……继续预期经济环境很可能要求保持极低的联邦基金利率水平……在某些时点上……联邦公开市场委员会将需要取消货币政策支持以预防通货膨胀压力的累积。在这一时间来临的时候，联邦储备将通过提高其对存款性机构在联邦储备银行持有的准备金余额支付的利率来提高短期利率。"（a）提高准备金余额的利率会如何影响银行？（b）为什么伯南克会提及提高准备金余额的利率，而不是提高联邦基金利率，作为一种"预防通货膨胀压力的累积"的手段？

本章小结和问题

关键术语和概念

资产	金融中介	货币供给
债券	金融负债	投资组合
泡沫	金融市场	一级市场
商业银行	外汇	风险分担
分散化	信息	二级市场
息票	利率	证券化
联邦基金利率	流动性	证券
联邦储备	货币政策	股票
金融资产	货币	

1.1 金融体系的核心组成部分

识别金融体系的核心组成部分。

小结

金融体系将储蓄者的资金引导至借款人。金融体系的三大核心组成部分是金融资产、金融机构及联邦储备和其他金融监管部门。最为重要的**金融资产**是货币、股票、债券、外汇和证券化贷款。资金从储蓄者流向借款人的渠道有两种：**商业银行**（和其他**金融中介**）和**金融市场**。通过金融中介的储蓄者到借款人的资金流动被称为**间接融资**，通过金融市场的流动被称为**直接融资**。**一级市场**是股票、债券和其他证券首次出售的市场。**二级市场**是投资者买卖业已存在的证券的市场。最为重要的金融监管部门是**联邦储备**，通常被称为"联储"，联储是美国的中央银行。国会在1913年建立了联储来处理银行体系存在的问题，但现在联储肩负更大的责任，包括执行**货币政策**。金融体系为储蓄者和借款人提供了**风险分担**、**流动性**和**信息**这三大核心服务。

复习题

1.1 【与本章开始的导入案例有关】解释将灌溉水流与金融体系中的资金流动联系起来的类比。当灌溉水源干涸时，农场主会怎么样？当资金流动在 2007—2009 年的金融危机期间枯竭时，美国的企业怎么样了？

1.2 简要定义五大核心金融资产中的每一种。每一种金融资产同时也是金融证券吗？储蓄者视为金融资产而借款人却视为金融负债是可能的吗？

1.3 直接融资和间接融资之间的区别是什么？哪一个涉及金融中介？哪一个涉及金融市场？

1.4 出售新鲜水果和蔬菜的 Dole 食品公司在 2009 年通过实施首次公开发行（IPO），从一家私人公司转变为一家上市公司。在这次 IPO 中购买了股票的投资者是在一级市场还是二级市场完成这些交易的？

1.5 简要解释为什么金融体系是经济中最为高度监管的部门？

1.6 什么是联邦储备？谁任命联储理事会的成员？如何比较联储当前的责任与国会首次创建时的责任？

1.7 简要描述金融体系为储蓄者提供的三大核心服务。

问题和应用

1.8 一位学生谈道：

> 当我支付我的保费时，那笔钱我从来没有拿回来过。我的保费代表了我从保险公司获得的服务的支付。当我把钱存入银行时，如果我想要的话，我总是能随后取出那笔钱。因此，对我来说，我的银行存款代表一项金融投资。因此，银行是金融中介，而保险公司不是。

简要解释你是否同意这位学生的论点。

1.9 总统巴拉克·奥巴马 2009 年 12 月在白宫的一次讲演中说道："最终，在这个国家，我们一起沉浮：银行和小企业，消费者和大公司。"为什么在这句话中，总统要把银行单独提出来？难道超级市场、航空公司、软件公司和很多其他的企业对经济不是同等重要吗？

资料来源：Helene Cooper and Javier C. Hernandez, "Obama Tells Bankers That Lending Can Spur Economy," *New York Times*, December 14, 2009.

1.10 【与第 5 页的**联系实际**有关】如果典当行对贷款收取高利率，为什么人们还向它们借钱呢？假定国会通过法律对典当行就贷款可以收取的年利率施加 10％的上限。这一法律有可能帮助低收入的人吗？简要解释。

1.11 【与第 9 页的**联系实际**有关】家庭将其储蓄投入股票的比例要比债券大得多。你能想得出为什么情况是这样的？

1.12 为什么你可能更喜欢通过银行而不是直接把钱贷给你所居住的城市的个人和企业？

1.13 假定金融中介并不存在，只有直接融资是可行的。这会如何影响一个人购买汽车或住房的过程？

1.14 【与第 14 页的**解决问题 1.1** 有关】在 2007—2009 年的衰退期间，已经取得住房抵押贷款来购买住房的很多人发现他们在对其抵押贷款付款时遇到了麻烦。由于住房价格在不断下降，很多人发现，他们所欠的住房抵押贷款的金额超过了其住房的价格。大量的人选择对其住房抵押贷款违约。《经济学家》杂志的一篇文章中出现了如下讨论这一问题的一段话：

> 由于取消抵押品赎回权（foreclosure，止赎）对贷款人是有成本的，同样，对借款人也是痛苦的，因此，重新商量抵押贷款对双方都是有利的。根据常理，问题的症结在于证券化。当抵押贷款被切割成无数部分时，要让众多的贷款人同意改变贷款条件要困难得多。

为什么对抵押贷款进行重新谈判对借贷双方都有利？证券化如何导致抵押贷款被"切割成无数部分"？为什么证券化使得一笔贷款的重新谈判更为困难？这些困难会如何影响证券化为储

蓄者和借款人提供的服务？

资料来源："Mortgage Mistakes," *Economist*, July 9, 2009.

1.2 2007—2009 年的金融危机

对 2007—2009 年的金融危机提出一个总的看法。

小结

始于 2007 年年中的金融危机导致 2007—2009 年的经济衰退成为自 20 世纪 30 年代的大萧条以来最为严重的一次。金融危机的根源在于 2000—2005 年的住房泡沫。从 2006 年开始的住房价格下跌导致次级贷款和次优级（Alt-A）借款人违约率的不断上升，次优级借款人是那些要么存在有瑕疵的信用历史，要么在申请抵押贷款时并没有证明其收入的人。当借款人开始对抵押贷款违约时，抵押贷款支持证券的价值大幅下跌，这又导致银行和其他金融企业遭受了巨额损失。

在雷曼兄弟投资银行 2008 年 9 月破产之后，金融危机进一步恶化了。联储和财政部通过实施几项前所未有的政策行动来应对这场危机。其中的一项是联邦政府在问题资产救助计划（TARP）下部分地接管商业银行。这些政策行动备受争议。一些决策者和经济学家赞同这些为阻止金融崩溃所必不可少的措施。然而，其他决策者和经济学家质疑这些行动是否代表联邦政府过度地卷入了金融体系，以及这些行动是否相当于"救助"牵涉其中的部分金融企业的管理者和所有者。部分经济学家也怀疑财政部和联储的紧密合作是否可能最终破坏联储的独立性。

复习题

2.1 经济学家所说的"泡沫"是什么意思？为什么很多经济学家认为美国的住房市场在 2000—2005 年间存在泡沫？

2.2 到 21 世纪头 10 年的时候，住房抵押贷款市场发生了哪些显著的变化？什么是"次级抵押贷款"借款人？什么是"次优级抵押贷款"借款人？

2.3 从 2006 年开始的住房价格下跌给金融体系造成了什么问题？

2.4 在处理金融危机时联储和财政部采取了什么行动？什么是道德风险问题？道德风险问题与联储和财政部的行动有何关联？

问题和应用

2.5 为什么泡沫更可能发生在住房市场而不是汽车市场或冰箱市场？

2.6 图 1—3（b）展示了凯斯-希勒住房价格指数。这一指数是由韦尔兹利学院（Wellesley College）的经济学家卡尔·凯斯和耶鲁大学的经济学家罗伯特·希勒构建的。很多经济学家认为美国平均住房价格的变化是难以度量的。准确地度量住房价格可能存在哪些挑战？

2.7 住房抵押贷款二级市场的创建是如何帮助提高住房拥有率的？为什么联邦政府会决定介入住房市场以提升住房拥有率？

数据练习

D1.1 登录经济分析局的网站（www.bea.gov），利用网站上的数据计算从 2000 年到 2009 年每一年 GDP 的百分比变化。用你的数据作图。GDP 的变动恰好对应于图 1—3（b）所展示的凯斯-希勒住房价格指数的变动吗？

第 2 章　货币和支付体系

学习目标

学完本章之后，你应该能够：

2.1　分析物物交换体系的无效性
2.2　讨论货币的四大核心功能
2.3　解释支付体系的作用
2.4　解释美国的货币供给是如何度量的
2.5　应用货币数量论分析长期内货币与价格之间的关系

联储为维护其独立性而斗争

　　2009 年 12 月，美国众议院批准了关于大幅提高国会对联储的监督的立法。立法的支持者们批评联储在 2007—2009 年的金融危机和经济衰退期间的行为。部分人担心，通过让货币供给快速增长，联储正在冒着通货膨胀显著上升的风险。联储主席本·伯南克断言，如果这一立法成为法律，将会显著地降低联储对于其他联邦政府部门的独立性。伯南克辩称，降低联储的独立性实际上会增加高通货膨胀的风险。最终，伯南克的辩护是成功的，立法的最终版本，即所谓的《多德-弗兰克华尔街改革和消费者保护法案》（Dodd-Frank Wall Street Reform and Consumer Protection Act），使联储的独立性几乎未受影响。

　　在美国，关于联储独立性及其对通货膨胀的潜在影响的争论不仅仅是一个政治问题。

在非洲国家津巴布韦，2008 年的通胀率达到了几乎令人难以想象的百分之一百五十亿。该国的中央银行开始印刷面值为 500 亿津巴布韦元的通货，接着开始印刷面值为 1 000 亿津巴布韦元的通货，接着又开始印刷面值为 100 万亿津巴布韦元的通货。津巴布韦非同寻常的通货膨胀率导致了生产和就业的灾难性下降。最终，在 2009 年，为了控制通货膨胀，津巴布韦政府决定放弃本国货币而完全由美元代替。

美国国会降低联储独立性的尝试与津巴布韦政府以孤注一掷的努力在试图控制灾难性通胀中放弃使用本国货币的决定之间存在着联系吗？虽然美国遭受津巴布韦那样的通胀率几乎是不可能的，但正如我们将会看到的，大部分经济学家认为，一国中央银行的独立程度与该国会经历多大的通货膨胀之间存在着联系。这种联系正是为什么政府对货币供给的控制在很多国家会成为一个热门的政治问题的原因之一。

第 43 页的政策透视将讨论从 2010 年 7 月开始的联储作为金融部门的核心监管者的新角色。

资料来源：Luca Di Leo，"Bernanke Continues Fight against More Fed Scrutiny," *Wall Street Journal*，May 26，2010.

关键议题和问题

在第 1 章的结尾，我们指出，始于 2007 年的金融危机提出了关于金融体系的一系列重要问题。在回答这些问题的时候，我们将讨论金融体系的一些非常重要的方面。下面是本章的关键议题和问题：

议题： 联储在金融危机期间的行为引起了关于其是否能保持独立性的忧虑。

问题： 中央银行应该独立于其他政府部门吗？

在第 43 页回答

货币、通货膨胀和一国的中央银行的政策之间的联系是非常重要的，但它们也可能是非常微妙的。在本章，从对货币是什么以及如何度量它的简要讨论开始，我们探讨这些联系。在本章的结尾，我们讨论货币数量论，货币数量论说明了从长期来看货币供给的变化与通货膨胀率之间的联系。

2.1 我们需要货币吗？

经济学家将**货币**（money）非常广义地定义为在商品和服务的支付或债务的清偿中被普遍接受的**任何东西**（anything）。我们需要货币吗？经济的运行需要货币看似是很显然的，然而，回想一下你的经济学导论课程。在关于供求、生产、竞争和其他微观经济主题的讨论中，货币可能并没有被提到。当然，货币便利了所有的买卖活动是不言自明的。然而，在没有提到货币的情况下，你就可以讲述关于市场制度如何运行的故事表明，货币为家庭和企业提供的服务并不总是很显然的。

物物交换

没有货币，经济也可以运行。在经济发展的早期阶段，个人经常是通过相互之间直接交易产出来交换商品和服务的。这种类型的交易被称为**物物交换**（barter）。例如，在美洲殖民地的边远地区，死了一头奶牛的农民可能会用几头猪与邻近的农民进行交易以换取邻居的奶牛。原则上，物物交换经济中的人们可以通过交换商品和服务来满足其所有的需要，在这种情况下，他们并不需要货币。然而，事实上，物物交换经济是无效率的。

物物交换经济的无效率主要有四种原因。首先，买者或卖者必须花费时间和精力搜寻交易伙伴。农民接洽的第一位邻居可能不想用奶牛交换猪。在物物交换体系中，交易的每一方必须想要另一方可用于交易的东西。也就是说，必须存在**需求的双重巧合**（a double coincidence of wants）。由于物物交换经济中花费在搜寻交易伙伴上的时间和精力，**交易成本**（transaction costs），或者说做交易或交换的时间或其他资源的成本是非常高的。无效率的第二种原因在于，在物物交换中，每一种商品都存在很多价格。农民可能会用三头猪交换一头奶牛、10 蒲式耳小麦交换一把犁，或者一张桌子交换一辆手推车。因此，一头牛、一把犁或者一辆手推车的价格是多少呢？答案是，每一种商品都会存在很多价格，对于可能被交换的每一种其他商品都有一个价格。一头奶牛会存在以猪为单位的一个价格、以小麦为单位的一个价格、以小推车为单位的一个价格，等等。仅有 100 种商品的物物交换经济中会存在 4 950 种价格，而具有 10 000 种商品的物物交换经济中会存在 49 995 000[①] 个价格！无效率的第三种来源起因于缺乏标准化：所有的猪和奶牛并不是相同的，因此，以猪为单位的奶牛的价格中将不得不规定动物的大小和其他特征。最后，想象一下积累财富的困难性。在物物交换体系中，积累财富的唯一方法是储存一大堆不同的商品。

货币的发明

物物交换的无效率迫使大部分人只能自给自足。回到美洲殖民地的边远地区，人们自己种植食物、自己建造房屋、自己制作衣服和工具。因为在做每件事情的时候，有些工作一个人会做得很好，而其他工作会做得很差，这样的经济是难以增长的。为了改进物物交换，人们具有识别出一种大部分人在交换中普遍接受的特定产品的动机。换言之，他们具有发明货币的强烈动机。例如，在殖民地时代，兽皮在制作衣服时是非常有用的。田纳西的第一任总督每年收到 1 000 张鹿皮的薪水，州财政大臣每年收到 450 张獭皮。被用作货币而且具有独立于其作为货币的价值的一种商品被称为**商品货币**（commodity money）。从历史上看，一旦一种商品成为被广泛接受的货币，目前并不需要它的人们也愿意接受它。殖民地的农民，或者田纳西的总督，可能并不想要鹿皮，然而，只要他知道他可以用鹿皮购买其他的商品和服务，他就愿意接受它去交换他必须出售的东西。

 联系实际：货币是什么？请问一位出租车司机！

几年前，关于货币，本书的作者之一从前苏联出租车司机那里受益良多。1989 年 8

---

① 这些计算是基于公式的，是为了告诉我们在 N 种商品的情况下我们需要多少价格，即，存在 N 项时的价格数为：价格数＝$N(N-1)/2$。

月，作为一队美国经济学家中的一员，在彼时的苏联，作者造访了莫斯科和彼得格勒（现在的圣彼得堡），与苏联经济学家讨论两国共同面临的一些经济问题。

在莫斯科乘坐出租车往返于会议地和就餐地简直就是一种折磨。主办方发给美国经济学家的是卢布（当时的苏联货币），但苏联商人和出租车司机却试图拒绝接受卢布。出租车司机报出的是一系列令人费解的用美元、德国马克或日元计价的车费。而且，每辆出租车报出的价格各不相同。

当作者向妻子倾诉这种苦恼时，妻子的回应是，她乘坐出租车时并没有遇到困难。她居然是用万宝路香烟而不是货币支付车费的！第二天，作者也使用了万宝路（其他品牌都不行），而且也可以非常成功地完成支付。作者发现，出租车司机可以轻松地把所有的主要货币转换为万宝路等价物。

至少在那段时期，万宝路香烟取代了官方货币（卢布）而成为莫斯科出租车司机最为广泛使用的货币。

通过做第 46 页本章末的问题和应用 1.6 和 1.7 来检查一下你的理解。

货币一旦被发明——正如它已经多次而且在世界多个地方被发明——交易成本就会大幅下降，物物交换中的其他无效率也会大幅降低。人们可以利用专业化的好处，生产他们相对最有能力生产的商品和服务。现代经济中的大部分人都是高度专业化的。他们只做一件事——会计师、教师或工程师——利用赚来的钱购买他们需要的其他各种东西。通过专业化，人们的生产效率比起他们试图自己生产自己消费的所有商品和服务要高得多。现代经济中的高收入水平是基于货币使其成为可能的专业化。

因此，对问题"我们需要货币吗？"的答案是："是的，因为货币使得专业化、高生产率和高收入成为可能。"

2.2 货币的核心功能

货币在经济中发挥了四大核心功能：

1. 货币担当一种交换媒介。
2. 货币是一种记账单位。
3. 货币是一种价值贮藏手段。
4. 货币提供一种延期支付标准。

我们接下来简要讨论这四大功能中的每一项。我们也讨论货币、财富和收入的定义的差别，并考察为什么纸币具有价值。

交换媒介

如果你是一位教师或一位会计师，你会因你提供的服务而获得货币。接着你用这些货币去购买商品或服务。本质上，你是在用你的教学或会计服务来交换食品、衣服、住所或其他商品和服务。但不像物物交换那样，在物物交换中，商品和服务被直接用于交换其他的商品和服务，而你所进行的交换与货币有关。货币在提供一种**交换媒介**（medium of exchange）的服务。换句话说，货币是交换借以发生的**媒介**（medium）。根据定义，因为货币通常被接受为商品和服务的报酬或债的付款，你知道你的雇主付给你的货币在你购买商品、衣服以及其他商品和服务的商店也会被接受。换句话说，你可以专业化生产教学或会计服务，而不必像在物物交换经济中那样想着直接生产你需要用于满足你的需求的其他商品和服务。

记账单位

使用一种商品作为交换媒介提供了另一种好处：不必用很多商品来报出一种商品的价格——像物物交换中那样——每一种商品都有一个用交换媒介报出的单一价格。货币的这一功能赋予家庭或厂商一种**记账单位**（unit of account），或者一种用货币度量经济中的价值的方法。例如，在当今的美国经济中，每一种商品或服务都有一个美元价格。

价值贮藏

货币使得价值更易于被贮藏，从而提供了一种**价值贮藏**（store of value）服务。如果你今天没有用你积累的所有美元来购买商品和服务，你可以持有剩下的美元将来再用。然而，请注意，如果一个经济中的价格随时间上涨很快，那么给定数量的货币可以购买的商品和服务就会下降，货币作为一种价值贮藏的用处也就降低了。

当然，货币只是可以被用于贮藏价值的很多**资产**（asset）中的一种。事实上，任何资产——如苹果股票的份额、国库债券、房地产或雷诺阿（法国印象派画家）的绘画作品——都代表了一种价值贮藏。事实上，诸如股票和债券之类的金融资产相对于货币提供了一种重要的好处，因为它们通常支付利息或者提供价值增值的可能性。其他一些资产相对于货币也具有一些优点，因为它们提供服务。例如，一所房屋为其业主提供了一个睡觉的地方。既然如此，为什么每个人都愿意持有货币呢？答案又回到了**流动性**（liquidity），或者说一种资产可以被交换为货币的难易程度。当然，虽然你将其他资产交换为货币时会招致一些交易成本，但货币本身是具有完美流动性的。例如，当你出售债券或股票份额来购买一辆汽车时，你在线或向你的经纪人支付一笔费用或佣金。如果因为你在国内的其他地方换了一份工作，你不得已而急于出售你的房屋，你就必须向房地产经纪人支付一笔佣金，很可能还必须接受较低的价格以便快速地将房屋交换为货币。为了避免此类交易成本，即使其他资产提供了作为一种价值贮藏的更高的收益，人们还是愿意持有一些货币。

延期支付标准

货币在信用交易中作为一种**延期支付标准**（standard of deferred payment）的能力也是很有用的。货币可以通过提供一种交换媒介和记账单位而便利在一个**给定时点**（given point in time）的交换。货币也可以通过提供一种价值贮藏和延期支付标准而便利**跨时**（over time）的交换。例如，一家家具商店可能会通过承诺 60 天内全额付款而从一家家具生产商那里订购 25 张餐桌。

区别货币、收入和财富

正确认识**货币**（money）、**收入**（income）和**财富**（wealth）之间的区别是非常重要的。我们通常说《福布斯》（*Forbes*）杂志列出的最富有的美国人中的那些个人有很多钱（money）。我们实际上并不是想说他们口袋里装着（或者藏在公寓或游艇里）很多纸币，相反，我们的意思是他们拥有诸如股票、债券或房屋之类的有价值的资产。像其他资产一样，钱（货币）也是财富的一个组成部分，是一个人的资产的价值之和减去这个人的负债的价值。然而，只有当一项资产作为一种交换媒介时，我们才能称之为**货币**（money）。一个人的**收入**（income）等于他或她在一段时间内所赚到的钱。因此，比起收入或财富，一个人通常拥有相当少的货币。在本书中，我们会以恰当的方式小心地使用这三个词汇。

什么可以充当货币？

拥有一种交换媒介使得交易更为容易，进而使得经济可以更为有效地运行。下一个合乎逻辑的问题是：什么可以充当货币？也就是说，哪些资产应该被用于作为交换媒介？我们之前指出过，假如其在支付中被普遍接受，任何资产都可以被用于作为货币。用实用术语来说，一项资产适合作为一种交换媒介，如果它：

- 对大多数人来说是**可接受的**（acceptable）。
- 在质量方面是**标准化的**（standardized in terms of quality），从而任何两个单位都是相同的。
- **耐用的**（durable），从而不会很快被用坏而无法使用。
- 相对于其重量来说是**有价值的**（valuable），从而用于交易中的足够大的数量也可以被轻易地运输。
- **可分的**（divisible），因为商品和服务的价格是不同的。

美国的纸币——联邦储备券——满足所有这些标准。

不兑现纸币之谜

注意，纸币没有内在价值。你可以用一张 20 美元的纸币购买商品和服务，但除此之外，它对你是没有价值的——也许除了作为一个书签。联储发行美国的纸币，但联储并没有义务用黄金或任何其他商品来赎回纸币。诸如纸币之类的除了用作货币之外没有价值的货币被称为**不兑现纸币**（fiat money）。

人们在交换商品和服务中接受纸币部分因为联邦政府指定其为**法定货币**（legal tender），这意味着政府在税收支付中接受纸币并要求个人或企业在债务支付中也接受纸币。然而，现实中，纸币作为一种交换媒介而流通的更为重要的原因是，消费者和厂商相信，如果他们接受纸币，当他们需要购买商品和服务时，他们也能将其花费出去。从根本上说，这是一个自我实现的预期的例子：你视某物为货币，因为你相信其他人也会接受其为支付手段。美国人愿意使用联邦储备系统发行的绿色纸片作为货币使其成为一种可接受的交换媒介。

✓ 联系实际：苹果公司不收我的现金！

如果联邦储备券是法定货币，是不是意味着每一个美国人，包括每一个企业，都必须接受纸币？对这一问题的回答是："不是"，正如加利福尼亚的一位妇女去位于帕洛阿尔托的一家苹果商店并试图用 600 美元的现金购买一个 iPad 时发现的那样。在那一刻，iPad 刚刚发布，苹果公司不想大量出售给那些买了之后又在 eBay、Craigslist 或其他地方重新出售的人。因此，想要买一台 iPad 的顾客必须用贷记卡或借记卡付款，这会使得苹果公司很容易掌握任何试图购买超过每人两台的限制条件的人。

由于联邦储备券是法定货币，债权人在债务的支付中必须接受它们，政府在税收的支付中也会接受它们。然而，这一案例清楚地说明，厂商并不是必须接受现金作为商品或服务的支付。正如美国财政部在其网站上解释的那样：

> 没有联邦法律要求私人企业、个人或组织必须接受现金或硬币作为商品和/或服务的支付……例如，巴士公司可以禁止用便士或美元纸币支付车费。此外，电影院、便利店和加油站可以根据政策拒绝接受大面额的现金（通常是 20 美元以上的纸币）。

试图用现金买一台 iPad 的那位妇女是一位依靠有限的收入度日的残疾人，因此，这一事件给苹果公司带来了负面影响。结果是，苹果公司决定取消用现金购买 iPad 的禁令，只要顾客愿意在购买的时候设立一个苹果账户。此外，苹果公司向原来那位试图用现金支付但遭到拒绝的顾客提供了一台免费的 iPad。

资料来源：Michael Winter, "Apple Ends No-Cash and California Woman Gets Free iPad," usatoday.com, May 20, 2010; and "FAQs: Currency," www.ustreas.gov/education/faq/currency/legal-tender.shtml.

通过做第 47 页本章末的问题和应用 2.8 来检查一下你的理解。

正如我们将看到的，如果消费者和厂商对在购买商品和服务时可以将货币支付出去失去信心，那么货币将不再是一种交换媒介。

2.3 支付体系

货币便利了经济中的交易。引导此类交易的机制被认为是**支付体系**（payments system）。支付体系随时间在演变，从依靠用金币和银币的支付，到用纸币和银行存款账户开列的支票的支付，再到通过电子资金转账的支付。

从商品货币到不兑现纸币的变迁

虽然历史学家对于人类首次使用金属铸币的时间存在分歧，来自中国的记录是大约公元前 1000 年，来自希腊的记录是大约公元前 700 年。自那时之后的几个世纪，买卖双方使用诸如金、银和铜之类的贵金属铸造的铸币作为货币。然而，金、银铸币存在一些缺点。例如，自罗马帝国时代，为了获得额外的资金，政府有时会降低（debase）通货的价值，熔化铸币并用越来越多的价值不高的金属与金银混合来重新铸造铸币。仅仅依靠金币和银币的经济产生了一个麻烦的支付体系。人们在运输大量的金币结算交易方面存在困难，也冒着被抢劫的风险。为了解决这一问题，欧洲从大约公元1500年开始，政府和私人企业——早期的银行——将金币储藏在安全的地方并发行纸质证书。任何收到纸质证书的人都可以要求等量的黄金。如果人们想要黄金，黄金是可以得到的，只要人们对此有信心，纸质证书就可以作为交换媒介流通。事实上，纸币已经被创造出来了。

在现代经济中，诸如美国的联邦储备之类的中央银行发行纸币。美国现代的支付体系是一个不兑现纸币体系，因为联邦储备并不将纸币兑换为黄金或任何其他商品货币。联邦储备发行纸币并持有银行和联邦政府的存款。银行可以使用这些存款与另一家银行结清交易。现在，联储拥有法定的货币发行垄断权。虽然在19世纪私人银行也发行它们自己的通货，但它们不能再这样做了。

支票的重要性

纸币存在缺点。例如，运输纸币来结清大额的商业或金融交易的成本可能是高昂的。想象一下带着一个装满美元纸币的手提箱去买一辆汽车的情形！支付体系的另一个重要创新出现在20世纪早期，即支票（checks）的日益使用。支票是一经请求随即支付存于银行或其他金融机构的货币的承诺。开列支票的金额可以是任意的，用支票结算交易也是一种很方便的方法。

然而，用支票结算交易比用现金结算交易的确需要更多的步骤。假定你的室友欠你50美元，如果她给了你50美元的现金，交易就结清了。然而，假定她给你开了一张50美元的支票。首先你要带着支票去你的银行，接着，你的银行必须向你室友的银行请求付款，接着，你室友的银行必须从她的账户中收账。在美国，每年处理巨大的支票流量要花费掉数十亿美元。使用支票还存在信息成本，卖方需要花费时间和精力来确认开支票的人（买方）的支票账户是否拥有足够的货币来满足支票金额。就卖方而言，与接受美元纸币相比，接受支票需要更多的信任。

电子资金和电子现金

电子通信技术的突破提高了支付体系的效率，降低了支票清算和资金转账需要的时间。交易的结算和清算现在是通过**电子资金转账系统**（electric funds transfer system）来完成的，电子资金转账系统是诸如**借记卡**（debit cards）、**自动清算所**（Automated Clearing House，ACH）交易、**自动取款机**（automated teller machines，ATMs）和**电子货币**（e-money）之类的电脑化的支付—清算设备。

借记卡可以像支票那样使用：超市或零售商店的收银机是与银行的电脑联结在一起的，因此，当顾客使用借记卡购买杂货或其他产品时，他的银行会立刻在商店的账户贷记这一金额并从他的账户中扣除。这样一个系统就消除了与支票有关的买卖双方之间的信任问题，因为是银行的电脑来核准交易。

自动清算所交易包括直接将工资支票存入工人的支票账户及对汽车贷款和抵押贷款的电子支付，在电子支付中，付款是通过电子手段从付款人的账户发送至贷款人的账户。

自动清算所交易降低了与处理支票有关的成本，降低了未达付款（missed payments）的可能性，并降低了贷款人通知借款人未达付款所招致的成本。

30 年前，自动取款机并不存在，从你的支票账户存取款也是不可能的，你需要填写一张存款单或取款单，然后到一位银行出纳员的窗口前排队等候。更为麻烦的是，很多银行只在上午 10 点到下午 3 点之间营业。现在，自动取款机使得你可以在你最为方便的任何时候在你的银行完成相同的交易。此外，由于自动取款机是联网的（如 Cirrus），从而你可以在远离你家所在的银行完成取款。

电子资金转账的范围已经扩展到包括**电子货币**（e-money or electronic money），电子货币是人们通过互联网用于购买商品和服务的数字现金。消费者从一家互联网银行购买电子货币，当消费者完成一次购买时，互联网银行将货币转入店主的电脑。最为熟悉的电子货币形式是 PayPal 服务，而 PayPal 服务是由在线拍卖网站 eBay 所拥有的。个人或企业可以通过从支票账户或信用卡转入资金来开设一个 PayPal 账户。只要卖方愿意接受从买方的 PayPal（或者其他电子货币）账户转入的资金，电子货币的功能就像传统的政府发行的货币。然而，中央银行并不控制电子货币，因此，它本质上是一个私人支付体系。最初开发 PayPal 是为了让在线拍卖的付款更为容易，但近年来，PayPal 和诸如亚马逊的 PayPhrase 之类的其他电子货币提供商已经尝试着获得在线支付的更大的份额。

电子货币的发展是令人兴奋的并导致了一些评论家谈论一个"无现金社会"。一份联储的研究发现，无现金支付占所有支付的比例在持续上升，现在，电子支付在所有无现金支付中占到了超过三分之二。毫不奇怪，签发的支票的数量每年减少了超过 200 万张。然而，实际上，完全的无现金（或无支票）社会是不太可能的，其原因有二。首先，建设电子支付体系的基础设施是成本高昂的。其次，很多家庭和企业担心经常遭受电脑黑客侵入的电子系统中的隐私保护问题。虽然纸币在支付体系中的流动可能会收缩，但不太可能消失。

随着交易结算成本的下降而提高的支付体系的效率对经济是非常重要的。假定银行体系崩溃了，所有的交易——商业和金融——必须用现金完成。你将不得不携带大量的现金为你购买的所有东西支付货款，还会招致保护你的现金的成本。没有银行信贷是可用的，损害了金融体系匹配储蓄者和借款人的作用。支付体系的瓦解提高了交易和信用的成本。例如，很多经济学家谴责银行体系的崩溃加剧了 20 世纪 30 年代大萧条的严重性。经济中支付体系的有效运转是一个重要的公共政策问题。政府通常监管交换媒介并建立安全设施来保护支付体系。

2.4　度量货币供给

家庭、企业和决策者都对度量货币感兴趣，因为正如我们将看到的，货币数量的变化与利率、价格、生产和就业的变化有联系。记得货币提供的功能之一是充当一种交换媒介。如果这是货币唯一的功能，那么货币应该仅仅包括通货、支票账户存款和旅行者支票，因为家庭和企业可以用这些资产轻松地完成商品和服务的购买。

然而，只包括这三种资产会导致对现实世界中货币供给的过窄的度量。很多其他资产也可以用作交换媒介，即使它们不像现金和支票账户存款那样具有流动性。例如，你可以轻松地将你在银行的储蓄账户兑换为现金。同样，如果你拥有货币市场共同基金的份额——这是一个只投资于如国库券之类的短期债券的共同基金——你可以对你的份额的价值签发支票。因此，诸如储蓄账户和货币市场共同基金份额之类的资产可以被视为交换媒介的一部分。

度量货币总量

掌管美国的货币量是联储的部分责任，联储通常公布关于货币供给的两种不同定义的数据。图2—1通过图形说明了这些定义——被称为**货币总量**（monetary aggregate）。

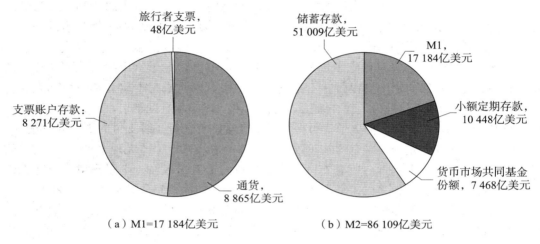

（a）M1=17 184亿美元　　　　（b）M2=86 109亿美元

图2—1　度量货币供给，2010年7月

联储采用两种不同的货币供给度量：M1和M2。M1包括通货、支票账户存款和旅行者支票。M2包括M1中的所有资产，还包括图（b）中所展示的其他资产。

注：在图（b）中，储蓄存款包括货币市场存款账户。

资料来源：Board of Governors of the Federal Reserve System，*Federal Reserve Statistical Release*，H6，September 2，2010.

M1总量　货币供给的狭义的定义是**M1**。如图2—1（a）所示，M1将货币度量为传统的交换媒介：通货、支票账户存款和旅行者支票。直到20世纪80年代初，政府监管还不允许银行对支票账户支付利息，这使其成为通货的近似替代品。自那时起，20世纪70—90年代的银行业金融创新和政府监管放松使得更多类型的账户成为传统银行支票账户的近似替代品。这些新的账户包括在储蓄机构和信用社的支票账户，同时还有在商业银行的生息支票账户。现在对M1的度量包括了可以签发支票的这些其他存款，随同一起的还有被称为**活期存款**（demand deposits）的非生息支票账户存款、旅行者支票和通货。

M2总量　M2是一个比M1更广的对货币供给的度量，包括很多被家庭视为短期投资的账户。尽管不像M1的组成部分那么容易转换为通货，但这些账户还是可以被转换为通货。正如图2—1（b）所示，除了包括在M1中的资产外，M2还包括：

- 金额小于 100 000 美元的定期存款，主要是在银行的存单（certificates of deposits）；
- 储蓄账户；
- 在银行的货币市场存款账户；
- 非机构的货币市场共同基金份额，"非机构的"是指货币市场基金份额是由个人投资者所拥有的，而不是机构投资者，如养老基金。非机构的有时也被称为"零售的"。

联系实际：让我看看货币！

图 2—1（a）表明，在 2010 年 7 月，美国通货的总价值是 8 865 亿美元。包含在 M1 中的通货的价值从学术上说是"发行在外的通货"，包括银行体系之外的所有的纸币和硬币。这一总量代表美国的每一个人拥有超过 2 800 美元。即使假设部分通货是由企业而不是个人持有的，2 800 美元仍然看似比一般个人持有的通货要多得多。大多数人是以支票账户而不是现金的形式持有其大部分希望轻松使用的资金。下图说明了从 1959 年到 2010 年的通货支票账户存款比率，这一比率有助于我们理解随着时间的推移，相对于支票账户存款持有量，人们是如何平衡其现金持有量的。

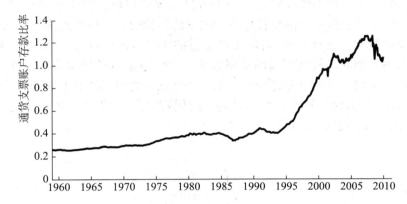

资料来源：Federal Reserve Bank of St. Louis.

注意到这一比率在 20 世纪 90 年代中期开始上升并在始于 2007 年的金融危机期间达到了最高水平，随着金融危机在 2009 年缓解，这一比率略微出现下降。在过去的 15～20 年中，为什么人们显著地提高了以现金的形式而不是存放在银行持有其货币的意愿？答案看似是，自 20 世纪 90 年代中期以来，提高对美国通货的需求的大部分人是在美国之外的。事实上，联储估计，2010 年 7 月 8 865 亿美元的发行在外的通货中的差不多三分之二是被美国之外持有的。在 20 世纪 90 年代期间，许多亚洲、拉丁美洲和东欧国家经历了高的通货膨胀率或与其货币有关的其他问题。在这些国家，很多家庭和企业转向用美元而不是本国货币来执行交易。甚至外国政府的领导人通常也贮藏美国的通货。当美国在 2003 年入侵伊拉克时，美国军队发现萨达姆·侯赛因家族的成员隐藏了数千亿美元的现金。即使美元在大多数国家并不是法定货币，只要大多数家庭和企业愿意接受美元，美元仍然可以用作交换媒介。包括巴拿马、萨尔瓦多和厄瓜多尔在内的部分国家用美元作为其官方货币。正如我们在本章开头所看到的，在 2009 年初，津巴布韦政府接受了美元，放弃了本国货币。

最后，注意到，在图中，对美国通货的需求在金融危机最为严重的 2008 年末出现了飙升，随着危机的缓解，在 2009 年再次开始下降。虽然这一上升部分地由于美国消费者出于担心银行倒闭而将支票账户兑换为通货，但大部分的增加还是来自其他国家的家庭和企业，这些家庭和企业在怀疑其本国货币的稳定性时就会将美元视为安全的避风港。

资料来源：Federal Reserve Bank of New York，"The Money Supply，" July 2008；and Dexter Filkins，"Hussein's Son Took ＄1 Billion Just Before War，Bank Aide Says，" *New York Times*，May 6，2003.

通过做第 49 页本章末的问题和应用 4.9 来检查一下你的理解。

我们使用哪一种货币供给的定义有关系吗？

哪一种定义是对货币供给的准确度量？如果 M1 和 M2 足够接近地一起变动，联储可以使用任意一个来设法影响经济的产出、价格或利率。如果 M1 和 M2 并不是一起变动的，那么它们可能发出了关于货币供给变化的不同信号。

图 2—2（a）说明了从 1959 年 1 月到 2010 年 7 月 M1 和 M2 的水平。注意到 M2 在这些年的增长要比 M1 多得多。这并不令人奇怪，因为存单、货币市场共同基金份额以及只包括在 M2 中的其他资产的增长比通货或支票存款的增长要快得多。经济学家认为，一个经济变量的**变化**（changes）通常比该变量的水平（levels）更为重要。例如，当我们为未来做金融规划时，较之当前的价格水平，我们通常对通货膨胀率更感兴趣——通货膨胀率度量了价格水平的百分比变化。如果我们认为货币供给的变化导致了通货膨胀，那么，如图（b）所示的说明 M1 和 M2 按年率计算的百分比变化的增长率的一幅图形比图（a）中的图形提供了更多的信息。

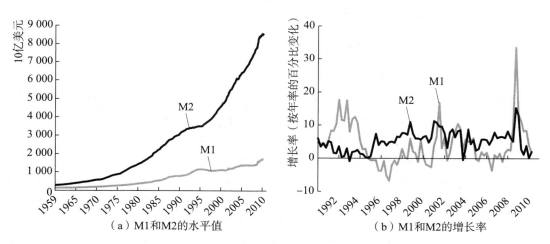

（a）M1和M2的水平值　　　　　　（b）M1和M2的增长率

图 2—2　M1 和 M2，1959—2009 年

图（a）表明，自 1959 年以来，M2 的增长要比 M1 的增长快得多。图（b）利用季度数据展示了自 1990 年以来 M1 和 M2 的年增长率。M1 比 M2 经历了更大的不稳定性。

注：在图（b）中，百分比变化是利用季度数据并被度量为复合年变化率。

资料来源：Federal Reserve Bank of St. Louis.

图 2—2（b）表明 M1 和 M2 的增长率在过去的 20 年中是显著不同的。总的看来，M2 的增长率要比 M1 的增长率稳定得多，M1 的增长率在 1990—1991 年、2001 年以及 2007—2009 年的经济衰退期间出现了飙升，同时，也有几个时期是负的。负的增长率意味着用 M1 度量的货币供给在这些时期实际上是下降了。给定 M1 和 M2 增长率的差异，联储和私人预测者如何决定用哪一种度量来解释诸如经济的总产出、价格水平和利率之类的其他经济变量的变化呢？事实上，哪一种货币供给度量最有助于预测仍然是一个悬而未决的问题。联储的经济学家、学院派经济学家以及金融企业中的私人预测者持续在研究这一问题。在后续章节中，我们将更仔细地考察这一研究。

2.5　货币数量论：货币与价格之间联系的首次审视

关于货币供给增加与价格上涨之间的联系的讨论至少可以追溯到远至公元前四世纪的古希腊哲学家亚里士多德。在 16 世纪，西班牙对墨西哥和秘鲁的征服导致大量黄金和白银输往欧洲并被铸成硬币，从而大大增加了欧洲的货币供给。很多作者指出，伴随着货币供给增加的是价格水平的上涨和购买力（purchasing power）的相应损失，购买力是消费者用货币获得商品和服务的能力。

欧文·费雪与交换方程式

20 世纪初，耶鲁大学的一位经济学家欧文·费雪（Irving Fisher）提出了货币数量论，试图使得货币供给与通货膨胀之间的关系更为明确。费雪是利用**交换方程式**（equation of exchange）来开始他的分析的：

$$MV = PY$$

该方程式表明，货币数量 M 乘以**货币流通速度**（velocity of money）V 等于价格水平 P 乘以实际 GDP 水平 Y。价格水平度量了经济中商品和服务价格的平均水平。存在价格水平的若干种度量方法。这里最为相关的度量是 **GDP 紧缩指数**（GDP deflator），这一指数反映了包含在 GDP 中的所有商品和服务的价格。如果我们用 GDP 紧缩指数乘以实际 GDP，就会得到名义 GDP，因此，交换方程式的右侧等于名义 GDP。费雪将货币流通速度（或者简单地说，流通速度）定义为等于货币供给中的每一美元被花费在包含于 GDP 中的商品或服务上的次数，或者说：

$$V = \frac{PY}{M}$$

例如，在 2009 年，名义 GDP 是 142 560 亿美元，M1 是 16 930 亿美元，因此，2009 年的流通速度（使用货币供给的 M1 度量）是 142 560 亿美元/16 930 亿美元＝8.4。这一结果告诉我们，在 2009 年间，M1 中的每一美元在包含于 GDP 中的商品或服务上平均被花费了 8.4 次。

由于费雪将流通速度定义为等于 PY/M，因此我们知道交换方程式必须始终成立。左边**一定**（must）等于右边。一个理论可能是一个关于世界的错误陈述。因此，交换方程式不是一个理论。费雪是通过断言流通速度恒定而把交换方程式变为**货币数量论**（quantity theory of money）的。费雪认为，一美元被花费的平均次数取决于人们取得收入的频率、购物的频率、企业送出票据的频率以及仅仅非常缓慢地变化的其他因素。因为这一断言可能是正确的，也可能是错误的，因此，货币数量论的确是一个理论。

通货膨胀的数量论解释

为了考察货币供给变动对通货膨胀的影响，我们需要从水平值到百分比变化来重写交换方程式。通过使用一个方便的数学法则，我们可以实现上述目标。该数学法则是：变量相乘的方程等于这些变量的百分比相加的方程。因此，我们可以将数量方程重写为：

$$M \text{ 的百分比变化} + V \text{ 的百分比变化} = P \text{ 的百分比变化} + Y \text{ 的百分比变化}$$

如果欧文·费雪是正确的，也就是说流通速度是恒定的，比方说总是等于 8，那么流通速度的百分比变化等于 0。记得价格水平的百分比变化等于通货膨胀率。考虑到这两个事实，我们可以再一次将数量方程重写为：

$$\text{通货膨胀率} = M \text{ 的百分比变化} - Y \text{ 的百分比变化}$$

这一关系为我们提供了一种思考货币与价格之间关系的有用的方法：假设流通速度是恒定的，当货币量的增长快于实际 GDP 时，就会存在通货膨胀。货币数量的百分比变化越大，通货膨胀就越高。在美国，实际 GDP 的长期增长率是大约每年 3%。因此，数量论指出，如果联储让货币供给以快于这一增长率的速度增加，其结果将是通货膨胀。

 解决问题 2.1：货币和收入之间的关系

一位学生做出如下断言："除非货币供给也增长了，否则总产出价值的增长是不可能的。毕竟，要不是有更多的货币，买卖的商品和服务的价值怎么可能会增加呢？"你是否同意这一论断？

解决问题

第一步　复习本章的内容。这一问题是关于货币增长与收入增长之间的关系的，因此，你也许需要复习"欧文·费雪与交换方程式"这一小节。

第二步　解释在货币供给不增长的情况下经济中的产出是否可以增长。总产出的价值是由名义 GDP 度量的，或者用符号表示为 PY。PY 是交换方程式的左端，因此，若要它增长，左侧的 MV 也必须增长。这位学生断言除非货币增长，否则名义 GDP 不可能增长，但交换方程式告诉我们，倘若 V 增加的话，在货币供给保持不变的情况下，名义 GDP 也会增长。换言之，倘若那些美元被花费的平均次数 V 上升，即使总的美元数保持不变，由名义 GDP 表示的经济中的支出总量也可以增加。

加分：回顾货币与收入之间的关系。正如你在经济学基础课程中学到的，在经济的整体水平上，总生产等于总收入，或者说，GDP＝国民收入。（虽然从技术上说，我们需要从 GDP 中减去折旧来得到国民收入，但这一区别对于大多数宏观经济问题并不重要。）

然而，GDP 或国民收入的值要比货币供给的值大得多。在美国，GDP 的值通常是货币供给的 M1 度量的值的大约 8 倍。

为了进行更多的练习，做一下第 49 页本章末的问题和应用 5.7。

基于数量论的通货膨胀预测有多准确？

注意到数量论的准确性取决于关于流通速度恒定的关键假定是否正确。如果流通速度不是恒定的，那么在货币供给增长与价格水平上涨之间可能不存在紧密的联系。例如，货币数量的上升可能会被流通速度的下降所抵消，从而价格水平不受影响。由于流通速度在短期内可以不规则地变动，我们不会期望数量方程式能提供短期内通货膨胀的好的预测。然而，长期内，货币供给变化与通货膨胀之间存在一种紧密的联系。图 2—3（a）展示了美国每十年的货币供给的 M2 度量的增长与通货膨胀率之间的关系。（我们在这里使用 M2 是因为可以得到 M2 数据的时间比可以得到 M1 数据的时间更长。）由于实际 GDP 增长率和流通速度的变化，M2 的增长率和通货膨胀率之间不存在一种精确的关系。然而，存在明显的模式表明，具有较高货币供给增长率的那些十年也是具有较高通货膨胀率的十年。换言之，不同十年的通货膨胀率的大部分变动可以被货币供给增长率的变动所解释。

图（b）通过考察从 1999 年到 2008 年这十年不同国家的货币供给增长率和通货膨胀率，提供了与数量论一致的进一步的证据。虽然各国的货币供给增长率与通货膨胀率之间

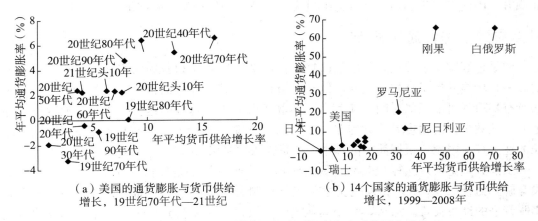

（a）美国的通货膨胀与货币供给
增长，19世纪70年代—21世纪

（b）14个国家的通货膨胀与货币供给
增长，1999—2008年

图 2—3　货币增长与通货膨胀之间在时间上和全球范围内的关系

图（a）表明，大体上，美国的通货膨胀率在货币供给增长最为迅速的那些十年是最高的，通货膨胀率在货币供给增长最慢的那些十年是最低的。图（b）表明，从 1999 年到 2008 年的这十年，货币供给增长和通货膨胀之间不存在一种紧密的关系。然而，在美国、日本和瑞士这些国家，货币供给增长率和通货膨胀率都是低的，而在白俄罗斯、刚果和罗马尼亚这些国家，货币供给增长率和通货膨胀率都是高的。

资料来源：Panel（a）：for 1870s to 1960s，Milton Friedman and Anna J. Schwartz，*Monetary Trends in the United States and United Kingdom：Their Relation to Income，Prices，and Interest rates，1867—1975*，Chicago：University of Chicago Press，1982，Table 4.8；for the 1970s to 2000s：Federal Reserve Board of Governors and U.S. Bureau of Economic Analysis；Panel（b）：World Bank.

并不存在准确的关系，但图（b）表明，货币供给快速增长的国家趋向于具有高的通货膨胀率，而货币供给增长较慢的国家趋向于具有低得多的通货膨胀率。图（b）中没有包括的是我们在本章开始的时候提到的非洲国家津巴布韦的数据。这十年中，津巴布韦的货币供给每年增长超过 7 500%。其结果是，最终在 2008 年达到了百分之一百五十亿的加速通货膨胀。津巴布韦遭遇了恶性通货膨胀——也就是说，超过每年 100% 的通货膨胀率。在下一节，我们讨论恶性通货膨胀会给一国经济造成的问题。

恶性通货膨胀的危险

恶性通货膨胀时期是比较罕见的。一些例子包括：国内战争最后几年的美国南部邦联（Confederate States of America）、20 世纪 20 年代早期的德国、20 世纪 90 年代的阿根廷以及我们在本章开头所看到的近年来的津巴布韦。遭遇恶性通货膨胀的国家会怎么样呢？在这些极端通货膨胀的案例中，价格上涨如此之快，以至于给定数量的货币每天可以买到的商品和服务越来越少。当货币失去价值如此之快时，家庭和企业只愿意持有货币非常短的时间。最终，如果价格上涨速度像津巴布韦 2008 年那样，即使只持有货币几个小时的人们也会发现，在他或她可以花费货币之前，货币已经失去了其大部分的价值。在这些情形中，家庭和企业会完全拒绝接受货币，在这种情况下，货币不再发挥交换媒介的功能。当经济不再使用货币时，维持高生产率所必需的专业化停止了。例如，在德国 20 世纪 20 年代初的恶性通货膨胀时期，很多工人放弃了工作，因为企业支付给他们的货币在他们有时间花掉之前已经失去价值了。毫不奇怪，经济活动大幅收缩，失业飙升。因此而发生的经济困难为阿道夫·希特勒和纳粹党的崛起铺平了道路。

什么导致了恶性通货膨胀？

数量论表明，恶性通货膨胀是由货币供给增长比商品和服务的实际产出快得多引起的。一旦价格开始足够快地上涨，以至于货币失去其大部分的价值，家庭和企业就会设法持有货币尽可能短的时间。换言之，随着货币以越来越快的速度换手，流通速度开始上升。从数量论的角度看，方程左边的 M 和 V 同时快速上升，这意味着，由于 Y 可以增长的速度存在限制，根据简单的算术，通货膨胀率必然飙升。

虽然数量论可以从算术上帮助我们理解恶性通货膨胀是**如何**（how）发生的，但并没有解释**为什么**（why）会发生。中央银行控制着货币供给，从而有办法避免恶性通货膨胀带来的经济灾难。那么，为什么某些中央银行有时候会允许货币供给以非常快的速度增长？恶性通货膨胀的最终原因通常是政府支出超过税收收入，这又会导致政府预算赤字。预算赤字迫使政府借入政府支出与税收收入之间的差额，通常是通过出售债券。高收入国家，如美国、德国和加拿大等，可以向私人投资者出售债券，因为这些投资者对政府偿还利息是有信心的。然而，私人投资者通常不愿意购买发展中国家发行的债券，如津巴布韦等，因为他们对这些政府会偿还债券持怀疑态度。

无法向私人投资者出售债券的政府通常会将债券出售给本国中央银行。在支付债券时，中央银行增加了该国的货币供给。这一过程被称为**政府债务的货币化**（monetizing the government's debt），或者，不太正式地说，通过印钱为政府支出融资。

✔ 联系实际：德国恶性通货膨胀期间的德意志银行

银行不喜欢通货膨胀。因为银行贷出大量的货币，通货膨胀意味着借款人用具有较低购买力的美元还回这些贷款。尤其是，如果通货膨胀率最终高于银行在发放贷款时所预期的，通货膨胀就会减少银行的利润。在恶性通货膨胀时期，银行面临的问题被放大了，因为所有的贷款会用已经失去大部分或全部价值的货币来归还。

最著名的恶性通货膨胀之一发生在 20 世纪 20 年代初的德国。1918 年，当德国在一战中战败时，协约国——美国、英国、法国和意大利，对德国新政府施加了被称为战争赔款（reparations）的惩罚。几年之后，德国政府严重拖欠了赔款的偿还。1923 年 1 月，法国政府派军队进入德国鲁尔工业区，试图直接收取款项。鲁尔的德国工人发起了罢工，德国政府决定通过给工人支付薪水来支持工人的罢工。政府这样做所需的资金是通过向德国国家银行出售债券获得的，这就增加了货币供给。

因此而发生的货币供给增加是非常巨大的：全部流通中的马克（德国通货）数量从 1922 年 1 月的 1 150 千万上升到了 1923 年 1 月的 13 亿，接着，在 1923 年 12 月上升到了 49 700 亿亿，或者说 497 000 000 000 000 000 000。正如数量论所预测的，结果是失控的高通货膨胀率。德国的价格指数在 1914 年为 100，1922 年 1 月为 1 440，1923 年 12 月上升到了 126 160 000 000 000。德国马克变得一文不值。德国政府结束恶性通货膨胀是通过（1）与协约国重新签订一份减少赔款偿还的协议，（2）减少其他的政府支出并增加税收来平衡其预算，以及（3）用新马克替换现在的马克。每一个新马克相当于 1 万亿个旧马克的价值。德国中央银行也被限制发行了总计 32 亿的新马克。

在恶性通货膨胀时期，德意志银行是德国最大的银行，现在也依然是最大的。恶性通货膨胀给银行造成了巨大的压力。由于德国的通货如此之快地失去价值，家庭和企业都希望尽可能快地处理其交易。为了处理这些交易，银行不得不增加相当于一战前水平六倍的雇员。家庭和企业急于借钱来满足其飙升的支出，它们希望可以用购买力已经大幅下降的货币偿还贷款。根据一位经济史学家的研究，对贷款的需求日复一日地按几何速度增长。由于这些贷款中的大部分对银行来说已经无利可图，银行的经理们命令其分支机构大幅减少贷款发放的数量。最终，随着德国货币变得几乎一文不值，德意志银行开始只向那些可以用外国货币或诸如煤炭或小麦之类的实物偿还贷款的借款人发放贷款。

虽然银行遇到了严重的财务压力，但德意志银行却从恶性通货膨胀中崛起为德国更具竞争力的银行。银行的经理们认为，随着货币和金融投资的价值迅速地消失，购买其他的银行会更好，因为购买的是将来会恢复其价值的土地和建筑物。这最终被证明是一个精明的策略。当恶性通货膨胀在 1924 年结束，德国经济重新开始增长时，德意志银行在从经济增长中获利方面处于非常有利的地位。

资料来源：Thomas Sargent，"The End of Four Hyperinflations," in *Rational Expectations and Inflation*，New York：Harper & Row，1986；and David A. Moss，"The Deutsche Bank," in Thomas K. McCraw，*Creating Modern Capitalism*，Cambridge，MA：Harvard University Press，1997.

通过做第 50 页本章末的问题和应用 5.10 和 5.11 来检查一下你的理解。

中央银行应该独立吗？

在现代经济中，恶性通货膨胀主要发生在发展中国家，当发展中国家的中央银行被迫创造非常多的货币来为政府支出融资时，恶性通货膨胀就会出现。然而，高收入国家的中央银行也可能在政治压力下购买政府债券来帮助政府预算赤字融资。中央银行对其他政府部门越独立，越可能抵抗增加货币供给的政治压力，该国的通货膨胀率就越可能较低。

在一篇经典研究中，当时均为哈佛大学经济学家的艾尔波托·艾莱斯那（Alberto Alesina）和劳伦斯·萨默斯（Lawrence Summers），检验了16个高收入国家从1955年到1988年的中央银行独立性程度与该国的通货膨胀率之间的联系。图2—4展示了研究的结论。拥有高度独立的中央银行的国家，如美国、瑞士和德国等，比起那些中央银行几乎不具有独立性的国家，如新西兰、意大利和西班牙等，拥有较低的通货膨胀率。

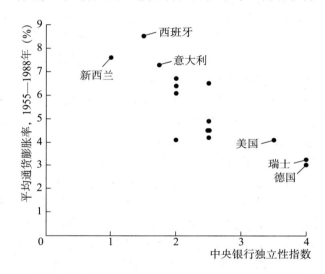

图2—4　中央银行独立性与通货膨胀率之间的关系

就16个高收入国家而言，中央银行独立性程度越高，通货膨胀率越低。中央银行独立性是由一个从1（最小独立性）到4（最大独立性）的指数度量的。

资料来源：*Journal of Money*，*Credit and Banking* by Alberto Alesina and Lawrence H. Summers. Copyright 1991 by Ohio State University Press（Journals）. Reproduced with permission of Ohio State University Press via Copyright Clearance Center.

因此，似乎联储的独立性有助于解释美国在过去20年间相对较低的通货膨胀率。然而，联储在2007—2009年的经济衰退期间的行动导致很多国会议员认为联储的独立性应该被降低。一些议员长期以来就是联储的批评者，并认为在一个民主国家，货币政策应该由国会和美国总统制定并由必须直接对总统负责的官员来实施。在当前的法律下，联储独立运作，因为联储是由七位理事会成员掌管的，理事会成员任期14年且由总统任命，除非他们辞职或任期届满，总统或国会不能替换他们。由于理事会成员不必经过选举，他们不必就其行动对民主国家的最终授权人——投票人——负责。其他国会议员反对联储在经济衰退期间的行动，因为他们认为，这些行动超出了联邦法律授予联储的权力。一些议员尤其担心联储已经导致了货币供给和银行准备金的增加，这有可能造成未来较高的通货膨胀率。

国会在 2010 年就一份金融改革法案展开了辩论。虽然一些早期的提议显著剥夺了联储的独立性，然而，当 2010 年 7 月通过《多德-弗兰克华尔街改革和消费者保护法案》时，联储的权力实际上得到了进一步的提升。法案授予联储额外的监管除了商业银行之外的金融企业的权力，而且联储在新的金融稳定委员会中被授予核心的作用，该委员会被责令要确保不会再发生另一场像 2007—2009 年那样规模的金融危机。然而，《多德-弗兰克华尔街改革和消费者保护法案》的通过看似不太可能结束决策者之间关于联储的独立性是否应该被降低的争论。

回答关键问题

续第 26 页

在本章开始的时候，我们提出了如下问题：

"中央银行应该独立于其他政府部门吗？"

我们已经看到，决策者对这一问题的答案并不一致。一国赋予其中央银行的独立性程度最终是一个政治问题。然而，我们还看到，大多数经济学家认为，独立的中央银行有助于控制通货膨胀。

在进入下一章之前，阅读下面的**政策透视**，讨论联储在 2010 年如何获得额外的监管职责。

政策透视：联储独立性受到威胁，但新法律赋予联储新的权力

《华尔街日报》

联储获得了更大的权力和责任

ⓐ在避开了对其独立性的大部分挑战并获得了监督大型金融企业的新权力之后，联邦储备作为也许是金融部门中最重要的监管者而从美国金融法规的大幅修改的激烈争论中胜出……

就在几个月以前……国会还在谈论剥离中央银行对银行的监督权力……

相反，新的法律赋予联储更大的权力和更好的工具箱来帮助预防金融危机。联储将成为各类大型、复杂金融企业的主要监管者……

ⓑ这并不是国会第一次扩展联储的职能。在大萧条之后，国会于 1946 年通过了《就业法案》，责令联储负责避免出现 20 世纪 30 年代所看到的巨大失业。在 20 世纪 70 年代两位数的通货膨胀之后，联储被正式地赋予促进价格稳定和最大可维持就业的双重要求。在最近的金融危机之后，联储实际上被告知在其职责中加入维护金融稳定。

……"虽然该法案的初衷很好，但我还是对其实施感到担心。如果我是联储，我会因为独自承担并非属于自己的全部责任而感到诚惶诚恐。"芝加哥大学布斯商学院教授 Anil Kashyap 说。

当然，联储仍然与联邦存款保险公司、证券交易委员会以及与其一道在金融稳定委员会中任职的其他机构共同负责对金融体系的监视……新法律要求联储在利用其特别权力向几乎任何人贷款之前都要得到财政部的放行。

……中央银行将决定在大公司威胁到整个金融体系的稳定时，委员会是否应该对分拆大公司进行投票。联储还可以强制大型金融企业——而不只是法律上组织为银行的企业——提高其资本和流动性。联储将拥有对最大的那些对冲基金进行严格检查的权力。

所有这些都会把联储卷入政治争议之中。因其规模而分拆大型银行的决定很可能会将联储置于来自游说者和政治家的相互冲突的压力之下……

ⓒ联储在拯救 AIG 和贝尔斯登中的角色及其默许雷曼兄弟的倒闭导致公众质疑联储的权力并敦促国会考虑削减其权力……

最终，联储在 2008 年金融危机期间的紧急贷款会面临着到 2010 年 12 月会公布的以前的审计结果，而且会要求联储——在两年的延迟之后——公开哪些银行从其贴现窗口贷款……

"基本上，他们最终在所有相关的事情上都胜利了。"前联储理事会理事 Laurence Meyer 说……

……联邦储备理事会将得到第二个副主席的职位，这个岗位负责监督，由白宫来选择……

国会还授权联储可以规定在顾客使用其借记卡时商家必须向银行支付的费用，这又是另一个政治上的烫手山芋。联储拥有 9 个月的时间来收集数据并确定必须是"合理的且与处理这些交易的成本相称的"的此类费用的上限……

资料来源：*Wall Street Journal*，excerpted from "Fed Gets More Power, Responsibility" by Luca Di Leo. Copyright 2010 by Dow Jones & Company, Inc. Reproduced with permission of Dow Jones & Company, Inc. via Copyright Clearance Center.

文中要点

2007—2009 年的金融危机和经济衰退之后，虽然有国会对其独立性的挑战，但联邦储备还是以得到新的权力和责任从关于美国金融法规的彻底检查的争议中胜出。联邦储备与联邦存款保险公司和其他机构一起成为新的金融稳定委员会的成员。现在，联邦储备决定着委员会是否应该对分拆那些威胁到金融体系稳定的公司进行投票，可以强制公司提高其资本和流动性，并可以对大型对冲基金展开例行检查。国会还授权联储可以调整企业在顾客使用其借记卡时向银行支付的服务费。

新闻解读

ⓐ在 2007—2009 年的金融危机和经济衰退之后，国会的议员们举行了听证会以确定危机的原因并提出改革金融体系的立法。联邦储备在危机之前和危机期间的行为受到一些建议削减联储职责的法律制定者和金融分析师的批评。然而，联储最终却被授予了新的权力和职责。

ⓑ在 20 世纪 30 年代的大萧条和 20 世纪 70 年代的两位数的通货膨胀之后，在避免高失业和保持价格稳定上，联储均被赋予了新的职责。

ⓒ很多经济学家认为，要使其制定货币政策，赋予联储独立性就是必不可少的。这

一章提到了一项关于 16 个高收入国家从 1955 年到 1988 年的经济表现的研究。这一研究发现，中央银行的独立性程度越高，通货膨胀率就越低。这项研究的作者还报告了这 16 个国家在 1973 年的"石油冲击"之后时期的经济表现。下表按其中央银行独立性程度的次序列示了这些国家的名字：新西兰排名最低，瑞士排名最高。具有最高独立性程度的两个国家，德国和瑞士，在 1973—1988 年这段时期拥有最低的通货膨胀率。在中央银行独立性方面排名最低的 10 个国家拥有高得多的通货膨胀率。该表还列示了 16 个国家从 1973 年到 1988 年平均的实际 GNP（国民生产总值）增长率。

中央银行独立性与经济绩效：1973—1988 年

国家	平均通货膨胀（1973—1988 年）	平均实际 GNP 增长（1973—1988 年）
新西兰	12.2	1.5
西班牙	12.4	2.0
意大利	12.5	2.4
奥地利	9.5	2.8
英国	6.7	1.6
法国	8.2	2.1
比利时	6.0	1.7
挪威	8.2	3.9
丹麦	8.6	1.9
瑞典	8.3	1.8
平均值	9.3	2.2
加拿大	7.2	3.3
荷兰	4.3	1.7
日本	4.5	3.7
美国	6.4	2.4
平均值	5.6	2.8
德国	3.4	1.8
瑞士	3.1	1.0
平均值	3.3	1.4

资料来源：Alberto Alesina and Lawrence H. Summers, "Central Bank Independence and Macroeconomic Performance: Some Comparative Evidence," *Journal of Money, Credit, and Banking*, Vol. 25, May 1993, p. 161.

严肃思考

1. 上表表明，1973—1988 年间，16 个高收入国家国民生产总值（GNP）增长率的差异比平均通货膨胀率的差异小得多。为什么中央银行的独立性程度对一国的产出增长率几乎没有影响？

2. 就联邦储备新的权力和责任，来自芝加哥大学的 Anil Kashyap 说："……如果我是联储，我会因为独自承担并非属于自己的全部责任而感到诚惶诚恐。"请解释 Kashyap 教授的担心。

本章小结和问题

关键术语和概念

物物交换	M1	专业化
支票	M2	延期支付标准
商品货币	交换媒介	价值贮藏
电子货币	货币总量	交易成本
不兑现纸币	货币	记账单位
恶性通货膨胀	支付体系	财富
法定货币	货币数量论	

2.1 我们需要货币吗?

分析物物交换体系的无效率。

小结

货币是在商品和服务的支付或债务的结算中被广泛接受的任何东西。在**物物交换**经济中，商品和服务是相互之间不使用货币的直接交易，**交易成本**很高。物物交换经济通常通过使用**商品货币**来降低交易成本，商品货币是具有独立于其作为货币使用的价值的被用作货币的一件商品。使用货币使得人们可以利用**专业化**的好处，专业化是高生产率水平所必需的。

复习题

1.1 什么是专业化? 专业化如何提高一个经济的生活标准?

1.2 物物交换体系的成本是什么?

1.3 什么是交易成本? 使用货币如何影响一个经济中交易成本的水平?

问题和应用

1.4 为什么一个人会发现 20 美元的联邦储备券比 20 美元的金币更适宜作为一种货币形式?

1.5 使用鹿皮作为货币和使用美元纸币作为货币之间的关键区别是什么?

1.6 【与第 27 页的**联系实际**有关】在 20 世纪 80 年代末的俄罗斯，用于支付出租车司机的一包包万宝路香烟可以被视为货币吗? 简要解释。如果万宝路香烟是货币，它们是商品货币还是不兑现纸币? 简要解释。

1.7 【与第 27 页的**联系实际**有关】随着第二次世界大战在 1945 年结束，德国货币德意志马克失去了如此多的价值，以至于一个物物交换经济出现了。在这一时期，很多德国人使用美国香烟作为货币。为什么在这种情况下，香烟而不是其他商品会被用作货币?

2.2 货币的核心功能

讨论货币的四大核心功能。

小结

货币为家庭和企业提供了四大关键服务：（1）货币充当**交换媒介**，（2）货币是一种**记账单位**，（3）货币是一种**价值贮藏**手段，（4）货币提供了一种**延期支付标准**。像其他资产一样，货币是**财富**的一个组成部分，财富是一个人的资产的价值之和减去这个人的负债的价值。货币和财富不同于收入，收入等于一个人在一段时期的所得。一项资产作为货币要满足五个标准：（1）它应该是可接受的；（2）它应该具有标准化的质量；（3）它应该是耐用的；（4）它应该相对于其重量是价值高的；（5）它应该是可分的。**商品货币**具有独立于其作为货币的价值，而不兑现纸币除用作货币外是无价值的。不兑现纸币的流通部分是由于政府指定其作为**法定货币**，但主要是由于家庭和企业对保持其价值有信心。

复习题

2.1 什么使得美元钞票成为货币？什么使得个人支票成为货币？什么因素如果有所改变的话会影响到你接受一张美元钞票或一张支票作为货币的意愿？

2.2 货币的四大主要功能是什么？描述每一种功能。

2.3 价值贮藏功能是货币独一无二的吗？如果不是，给出一些其他的价值贮藏的例子。货币要发挥其交换媒介的功能就必须具有价值贮藏功能吗？为什么？

2.4 什么是商品货币？商品货币如何不同于不兑现纸币？

问题和应用

2.5 假定你生活在一个简单的农场经济中，牛奶是被接受的主要的货币形式。就以下几个方面讨论牛奶作为货币的困难之处：

　　a. 交换媒介。

　　b. 记账单位。

　　c. 价值贮藏。

　　d. 延期支付标准。

2.6 朝鲜政府在 2009 年 11 月宣布用一种新货币替换现在的货币。政府只允许人们把有限数量的旧货币兑换为新货币。《华尔街日报》上的一篇文章认为，这一行为相当于没收"其公民的大部分货币和储蓄"。

　　a. 为什么限制可以被兑换为新货币的旧货币的数量的结果是朝鲜政府没收了其公民的大部分货币和储蓄？

　　b. 朝鲜人民可以如何行动以降低政府这一行动的影响？

　　资料来源：Evan Ramstad, "North Koreans Protest Currency Issue," *Wall Street Journal*, December 9, 2009.

2.7 讨论在下列情形中，你的货币、财富还是收入会增加？

　　a. 你的住房价值上升了。

　　b. 你的老板给你加了 10% 的工资。

　　c. 你从银行取出现金并用它买一台苹果的 iPad。

2.8 【与第 31 页的**联系实际**有关】假定国会修改法律要求企业接受纸币交换其出售的所有东西。简要讨论从这一立法中，谁会受益？谁会受损？

2.3　支付体系

解释支付体系的作用。

小结

支付体系由经济中执行交易的各种方式组成。随着时间的推移，支付体系已经从简单变为复杂，从商品货币的使用开始，如金币和银币，发展到使用纸币，再到支票的使用，最后是电子资金和电子货币的使用。在现代经济中，电子资金转账系统包括借记卡、自动清算所（ACH）交易、自动取款机（ATMs）以及电子货币。

复习题

3.1 什么是支付体系？如果支付体系的效率出现下降，对经济的成本会是什么？

3.2 为什么政府开始发行纸币？为什么需要纸币？

3.3 美国有可能成为"无现金社会"吗？简要解释。

问题和应用

3.4 假定公元前 10000 年的一个经济使用一种稀缺的石头作为货币。同时假定由于石头意外地受损或被用作武器，石头的数量随着时间的推移下降了。石头的价值随着时间的推移很可能会怎么样？如果某个人发现了大量的新石头，结果可能会是怎样的？

3.5 一位历史学家曾给出过如下关于三世纪戴克里安（Diocletian）皇帝统治下的罗马帝国的经济的描述：

> 铸币的成色已经变得如此品质低劣以至于实际上一文不值了。戴克里安重新发行好的金币和银币的努力失败了，因为完全没有足够可得的黄金和白银来恢复人们对通货的信心。……戴克里安最终接受了货币经济的统治并修改了税收体系使其基于以货代款的支付。士兵无法按以货代款的方式支付兵饷。

a. 铸币已经变得品质低劣的意思是什么？

b. 为什么政府官员在人们把铸币用作货币之前要恢复人们对铸币的信心？

c. "以货代款"的方式支付的意思是什么？从一个用金币和银币支付的体系转换到一个用以货代款的方式支付的体系会如何影响帝国的经济？

3.6 假定借记卡、ATMs、ACH 交易以及其他形式的电子资金转账并不存在。这会如何改变你购物和付款的方式？经济中的交易成本会受到怎样的影响？

2.4 度量货币供给

解释美国的货币供给是如何度量的。

小结

美国当前所用的货币供给的度量被称为**货币总量**，且由联邦储备系统定义。联储收集和公布关于狭义的货币供给度量 **M1** 和广义的货币供给度量 **M2** 的数据。M1 包括通货、旅行者支票和支票账户存款。M2 包括 M1 中的所有资产，同时还包括价值小于 100 000 美元的定期存款、储蓄存款、货币市场存款账户和非机构货币市场共同基金份额。

复习题

4.1 包括在 M1 中的资产的流动性比包括在 M2 中的资产的流动性高还是低？简要解释。

4.2 自 20 世纪 60 年代以来，货币供给的哪个度量增长得更为迅速，M1 还是 M2？简要解释为什么是这样的。M1 的增长比 M2 的增长更稳定还是更不稳定？

问题和应用

4.3 定义流动性。按流动性最高到流动性最低给下面的资产排序：货币市场共同基金、储蓄账户、公司股票、美元钞票、住房、金条、支票账户。

4.4 解释下列各项是否只包括在 M1 中，只包括在 M2 中，还是同时包括在 M1 和 M2 中：

a. 旅行者支票。

b. 储蓄存款。

c. 存单。

d. 支票账户存款。

4.5 假定你从你的支票账户提取了 1 000 美元并用这些资金在你的银行购买了存单。这些行为会如何影响 M1 和 M2?

4.6 为什么信用卡没有包括在 M1 或 M2 中?

4.7 在 2009 年发布的一份报告中,投资分析师奈德·戴维斯将黄金称为"实物货币"。黄金在美国用作货币吗? 戴维斯的意思是什么?

资料来源:E. S. Browning, "Adjusted for Inflation, Bad Run Looks Worse," *Wall Street Journal*, December 27, 2009.

4.8 为什么外国的家庭和企业在做交易时会更喜欢使用美元而不是本国的货币? 由于使用美元而不是本国货币,外国政府会遇到什么有利之处或不利之处?

4.9 【与第 35 页的**联系实际**有关】解释你是否同意如下说法:

联储认为,M1 中的通货的三分之二实际上在美国之外。如果这是正确的,那么应该重新定义 M1 以排除美国之外的部分通货。否则,M1 提供了一个具有误导性的可能花费在美国的商品和服务上的货币数量的度量。

2.5　货币数量论:货币与价格之间联系的首次审视

利用货币数量论分析长期内货币与价格之间的关系。

小结

历史告诉我们,货币供给增加之后,随之而来的是价格水平的上涨和购买力的相应损失。在 20 世纪初,欧文·费雪提出了**货币数量论**。他首先提出交换方程式:$MV=PY$,其中,M 是货币的数量,V 是流通速度,或者说每一美元花费在包括在 GDP 中的商品和服务上的次数,P 是价格水平,Y 是实际 GDP。费雪是通过假定流通速度为常数而把交换方程式转换为货币数量论的。交换方程式可以被重新表述为:M 的百分比变动+V 的百分比变动=P 的百分比变动+Y 的百分比变动,或者,通货膨胀率=M 的百分比变动-Y 的百分比变动。货币数量论预言,在长期,超过实际 GDP 增长的货币数量增长会带来通货膨胀。美国长期的货币供给增加与通货膨胀之间的关系以及多国的货币供给增加与通货膨胀之间的关系似乎与数量论是一致的。诸如津巴布韦之类的经历过非常高的货币供给增长率的国家同时也遇到了恶性通货膨胀——超过每年 100% 的通货膨胀。

复习题

5.1 什么是交换方程式? 交换方程式是一个理论吗? 简要解释。

5.2 什么是货币数量论? 什么是货币数量论指出的通货膨胀的原因?

5.3 什么是购买力? 购买力如何受到通货膨胀的影响?

5.4 什么是恶性通货膨胀? 恶性通货膨胀的原因是什么?

5.5 简要讨论支持和反对中央银行独立于其他政府部门的理由。

问题和应用

5.6 如果货币供给在 2012 年增加了 4%,通货膨胀率是 2%,实际 GDP 的增长率是 3%,那么流通速度的值在 2012 年一定会怎么样?

5.7 【与第 38 页的**解决问题 2.1** 有关】一位学生做出了如下陈述:"如果一国的货币供给增长了,那么该国的总产出水平也必须增长。"简要解释你是否同意这一陈述。

5.8 在 19 世纪末，美国经历了一段时期的持续的**通货紧缩**（deflation），或者说，不断下降的价格水平。从货币数量论的角度解释通货紧缩是如何出现的。要出现通货紧缩，货币数量一定要下降吗？

5.9 高通货膨胀率如何影响货币的价值？如何影响货币作为一种交换媒介的有效性？

5.10 【与第 41 页的**联系实际**有关】当德国政府在 1924 年成功地结束了恶性通货膨胀时，这对借款人还是贷款人是好消息？简要解释。

5.11 【与第 41 页的**联系实际**有关】英国经济学家约翰·梅纳德·凯恩斯在 1919 年出版了著作《和平的经济后果》（*The Economic Consequences of The Peace*），在该书中，他认为，德国被迫向美国、法国、意大利和英国支付一战赔款会带来破坏性的后果："然而，谁能说出忍耐的限度有多大，或者说，人们最终会以何种方式寻求摆脱其不幸？"德国被迫支付战争赔款与后来的恶性通货膨胀之间的联系是什么？为什么恶性通货膨胀会导致政治动荡？

资料来源：John Maynard Keynes，*The Economic Consequences of The Peace*，New York：Harcourt，Brace and Howe，1920，p. 251.

5.12 【与本章开始的导入案例有关】津巴布韦在 2009 年通过接受美元作为法定货币结束了恶性通货膨胀。这一策略会给津巴布韦政府带来哪些潜在的问题？

5.13 统计证据表明货币供给增长率与通货膨胀率之间在长期的联系是什么？货币供给增长率与通货膨胀率之间的联系在长期还是在短期更为紧密？

5.14 联储主席本·伯南克 2009 年在《华盛顿邮报》的一篇专栏里写过如下一段话：

【国会中降低联储独立性的提议】是与关于中央银行的适当作用的全球共识背道而驰的，并会严重损害美国经济和金融稳定的前景。……我们在不引起通货膨胀大幅上升的情况下采取【货币政策】行动的能力高度依赖于我们摆脱短期政治压力的公信力和独立性。

为什么降低联储的独立性会"损害美国经济和金融稳定的前景"？伯南克所说的"短期政治压力"的意思是什么？为什么联储不独立于短期政治压力会导致"通货膨胀的大幅上升"？

资料来源：Ben Bernanke，"The Right Reform for the Fed," *Washington Post*，November 29，2009.

数据练习

D2.1 登录圣路易斯联储的数据网址（http：//research. stlouisfed. org/fred2/），从分类"Monetary Aggregates"中画出 M2 的变化率，从分类"Consumer Price Indexes（CPI）"中画出 CPI 的变化率。这两个变量之间看似存在一种关系吗？

D2.2 世界银行（www. worldbank. org）记录了利用其**快速询问工具**（quick query tool）可以访问的所有国家的数据。登录世界银行的快速询问工具，选择津巴布韦，然后再选择通货膨胀。画出津巴布韦的通货膨胀率。什么政策导致了这一通货膨胀率？

第 3 章　利率和收益率

学习目标

学完本章之后，你应该能够：

3.1　解释利率如何将现值和终值联系起来

3.2　区别不同的债务工具并理解其价格是如何决定的

3.3　解释债券的到期收益率和价格之间的关系

3.4　理解债券价格和债券收益率之间的反向关系

3.5　解释利率和收益率之间的区别

3.6　解释名义利率和实际利率之间的区别

困境中的银行

从 2008 年开始并持续到 2010 年，美国的银行体系陷入了严重的困难之中。银行破产增加了，2008 年秋季，联邦政府采取了花费超过 2 500 亿美元购买银行部分所有权的前所未有的措施，只有在此之后，包括国内部分最大银行在内的很多银行才幸免于难。银行体系到底怎么了？正如我们在第 1 章中所看到的，商业银行吸收存款并将资金投资于贷款和证券。如果银行投资的价值下降到了所欠存款人的价值之下，银行就要破产（insolvent）并不得不与一家财务状况健康的银行进行合并、自愿关闭或被联邦监管部门关闭。在金融危机期间，破产银行的数量迅速上升，濒临破产的银行的数量上升得更加迅速。美国银行是美国最大的一家银行，到 2009 年 3 月，甚至强大的美国银行也目睹了其股票价格从 18 个月前的价格暴跌了 94％，因为很多投资者认为其濒临破产并很可能倒闭。

为什么那么多银行的投资的价值下降了呢？正如我们在第 1 章指出的，住房市场繁荣的突然崩溃意味着，到 2007 年，越来越多的房屋所有人停止偿还抵押贷款。持有这些贷款的银行目睹了其价值的下降。更重要的是，很多这类贷款已经被证券化了，这意味着，它们已经被转变成了类似于债券的抵押贷款支持证券。由于银行认为抵押贷款支持证券是支付比银行从其他投资中可以获得的更高的利率的安全投资，因而，银行购买了很多这类抵押贷款支持证券。不幸的是，在 2008—2009 年间，这些抵押贷款支持证券的价格下跌了 50％或者更多。银行严重误判了这些债券的违约风险（default risk）和利率风险（interest-rate risk）。

第 77 页的政策透视将讨论债券市场在整个 2010 年的表现。

资料来源：Jason Zweig，"Inefficient Markets Are Still Hard to Beat," *Wall Street Journal*，January 9，2010.

关键议题和问题

在第 1 章的结尾，我们指出，始于 2007 年的金融危机提出了关于金融体系的一系列重要问题。在回答这些问题的时候，我们将讨论金融体系的一些非常重要的方面。下面是本章的关键议题和问题：

议题：在金融危机期间，诸如抵押贷款支持证券（MBS）之类的资产的利率飙升导致其价格暴跌。

问题：为什么利率和金融证券的价格是反向变动的？

在第 77 页回答

在本章，我们将开始探讨债券及类似的证券。债券在金融体系中发挥着重要的作用。理解债券不仅可以帮助我们理解银行体系在 2008—2009 年间突然遭遇的灾难，而且可以帮助我们理解资金从储蓄者转至借款人的一种关键机制。要理解债券，我们首先需要理解利率。事实上，要弄清楚金融体系中几乎每一个问题的含义，对利率的深刻理解都是必不可少的。

3.1 利率、现值和终值

在欧洲中世纪时期，政府通常禁止贷款人对贷款收取利息，部分由于一些人将《圣经》解读为禁止这一行为，部分由于大部分人认为，拥有多余资金的人应该乐于在不收取贷款利息的情况下将其借给贫穷的朋友和邻居来购买基本的生活必需品。在现代经济中，家庭和企业通常借钱来融通与基本生活必需品毫无关系的支出。或许，其结果是，现代经济中不再禁止对贷款收取利息。现在，经济学家将利率视为信贷的成本。

为什么贷款人对贷款收取利息？

如果种苹果的人对苹果收取零的价格，那么几乎不会有苹果的供给。类似地，如果贷款人，也就是信用的提供者，对贷款不收取利息，那么几乎也不会有信用的供给。从你的经济学基础课程中回忆一下**机会成本**（opportunity cost）这个重要的思想，机会成本是你从事一项活动所必须放弃的价值。正如苹果的价格必须抵补供给苹果的机会成本一样，利率也必须抵补供给信用的机会成本。

考虑如下的情形：你向一位朋友发放了 1 000 美元的贷款，你的朋友承诺一年后还回这笔钱。当决定向他收取多少利息时，你需要考虑三个重要事实：（1）到你朋友还钱的时候，价格很可能已经上涨了，因此，比起如果你花费了这笔钱而不是贷放出去可以买到的商品和服务，你只能买到较少的商品和服务。（2）你的朋友可能会不还钱，换言之，他可能会对贷款**违约**（default）。（3）在贷款的这一时期，你的朋友使用了你的钱，但你没有。如果他用这笔钱买了一台电脑，他用了一年的电脑，而你却在等待他向你还钱。换句话说，贷出你的钱还包括今天不能把钱用在商品和服务上带来的机会成本。

因此，我们可以视你对贷款收取的利息为下列原因的结果：

- 对通货膨胀的补偿；
- 对违约风险的补偿——借款人不偿还贷款的可能性；
- 对等待花钱的机会成本的补偿。

关于上述原因，需要注意两点。首先，即使贷款人确信在贷款期间不会出现通货膨胀，以及即使贷款人相信借款人不会有违约的可能性，贷款人还是会收取利息以补偿他们等待他们的钱获得偿还。其次，这三个因素因人而异、因贷款不同而不同。例如，在贷款人认为通货膨胀会比较高的时期，贷款人会收取更多的利息。贷款人也会对看似很可能违约的借款人收取更多的利息。贷款人因等待还钱而要求的报酬也会因时而异、因人而异。

大部分金融交易涉及未来的支付

我们都很熟悉汽车贷款或学生贷款所收取的利率，以及像银行的存单那样的资产所支付的利率。实际上，利率对金融体系的各个方面都是很重要的，这是因为如下的关键事实：**大部分金融交易涉及未来的支付**。当你取得一笔汽车贷款时，你承诺每个月还款，直到贷款被还清为止。但你购买一个通用电气公司发行的债券时，通用电气承诺每年支付你的利息，直至债券到期。我们可以继续列举出很多其他类似的也涉及未来支付的金融交易。金融交易涉及未来的支付这一事实引起了一个问题：怎么可能比较不同的交易呢？例如，假定你需要向你的银行借 15 000 美元来购买一辆汽车。考虑两笔贷款：

- 贷款 A，要求你在未来的 48 个月内每月偿还 366.19 美元；
- 贷款 B，要求你在未来的 60 个月内每月偿还 318.71 美元。

你会更喜欢哪一笔贷款呢？利率提供了回答此类问题的一种方法，因为利率提供了一种**金融现值和金融终值之间的联结**（link between the financial present and the financial future）。在这个例子中，虽然贷款 A 具有较高的月度还款，但具有较低的利率：贷款 A 的利率是 8%，而贷款 B 的利率是 10%。虽然利率在评价一笔贷款时不是唯一要考虑的因素，但却是一个重要的因素。

为了进一步考察利率如何提供金融现值与金融终值之间的联结以及理解如何计算利率，如贷款 A 和贷款 B 的利率，我们需要考察两个关键思想：复利和贴现。

复利和贴现

考虑一个复利的例子。假定你将 1 000 美元存于支付 5% 的利率的银行存单（certificate of deposits，CD）。这一投资的**终值**（future value）是多少呢？终值指的是现在所做的一项投资在未来某一时间的价值。一年后，你会收回你的 1 000 美元的**本金**（principal）——本金是投资或借款的金额，以及你的 1 000 美元所获得的 5% 的利息，或者说：

$$\$1\,000+(\$1\,000\times0.05)=\$1\,050$$

我们可以将上式简洁地重写为：

$$\$1\,000+(1\times0.05)=\$1\,050$$

如果：

$i=$ 利率

本金 $=$ 你的投资的金额（你初始的 1 000 美元）

$FV=$ 终值（你的 1 000 美元一年后会增至的金额）

那么我们可以将表达式重写为：

$$本金\times(1+i)=FV_1$$

（注意到我们将下标 1 加于 FV_1，以表示我们在考察 1 年后的终值。）这是一个重要的关系：公式表明，我们可以通过 1 加上利率乘以投资的本金来计算一年后的终值。

超过一期的复利

假定在一年末，你决定在你的存单上再投资一年，或者说展期（roll over）一年。如果你在第二年再投资你的 1 050 美元，那么你不仅会收到初始的 1 000 美元投资的利息，你还会收到你第一年获得的 50 美元的利息的利息。经济学家将因储蓄随时间积累而从利息上赚取利息的过程称为**复利**（compounding）。**复合利息**（compound interest）是你在任何投资上获得的总金额的一个重要组成部分。

我们可以计算你的初始投资在两年后的终值：

$$[\$1\,000\times(1+0.05)]\times(1+0.05)=\$1\,102.50$$

你在一年后获得的金额×在第二年的复利＝两年后的终值

我们可以将这一表达式简洁地重写为：

$$\$1\,000\times(1+0.05)^2=\$1\,102.50$$

或者，用符号表示为：

$$本金\times(1+0.05)^2=FV_2$$

我们可以继续将你初始的 1 000 美元投资你选择存单展期的任何年数。例如，如果你按相同的利率将存单展期到第三年，那么在第三年末，你会有：

$$\$1\,000\times(1+0.05)\times(1+0.05)\times(1+0.05)=\$1\,000\times(1+0.05)^3$$
$$=\$1\,157.63$$

注意到复利因子（1+0.05）的指数等于复利发生的年数。

一般化我们的结论是有用的：如果你按 5% 的利率将 1 000 美元投资 n 年，n 可以是任意的年数，那么在 n 年末，你会有：

$$\$1\,000\times(1+0.05)^n$$

或者，用符号表示为：

$$本金\times(1+i)^n=FV_n$$

解决问题 3.1A：投资比较

假定你正在考虑将 1 000 美元投资于下列银行存单之一：

● 第一种存单：三年内每年支付 4% 的利率；
● 第二种存单：第一年支付 10% 的利率，第二年支付 1% 的利率，第三年支付 1% 的利率。

你应该选择哪一种存单呢？

解决问题

第一步 复习本章的内容。这一问题是关于复利的，因此，你也许需要复习"超过一期的复利"这一小节。

第二步 计算投资于第一种存单的终值。由于第一种存单每年的利率是相同的，三年后的终值就等于 1 000 美元的现值，也就是你的本金的金额乘以 1 加上利率的三次方：

$$\$1\,000\times(1+0.04)^3=\$1\,124.86$$

第三步 计算投资于第二种存单的终值并决定你应该选择哪一种存单。对于第二种存单，每年的利率是不一样的。因此，你需要对每年使用不同的复利因子：

$$\$1\,000\times(1+0.10)\times(1+0.01)\times(1+0.01)=\$1\,122.11$$

你应该选择具有最大终值的投资，因此，你应该选择第一种存单。

加分： 注意到两种存单三年中获得的平均利率都是 4%。在不先做计算的情况下，当被要求猜测一下这个问题的答案时，很多同学会选择第二种存单。他们认为，第一年收到 10% 的高利率意味着，即使利率在第二年和第三年较低，第二种存单最终还是会得到更高的终值。如下页表所示，虽然第一种存单一年后远远落在后面，但它最终在第三年带来了更高的价值。这个例子展示了复利有时候带来的令人惊讶的结论。

	第一种存单（美元）	第二种存单（美元）
1 年后	1 040.00	1 100.00
2 年后	1 081.60	1 111.00
3 年后	1 124.86	1 122.11

为了进行更多的练习，做一下第 80 页本章末的问题和应用 1.8、1.9 和 1.10。

一个贴现的例子

通过从现在的美元数量开始，并看一下这一数量因复利而在未来会增长到多少，我们刚才已经利用利率连接了金融终值和金融现值。我们可以颠倒该过程并利用利率来计算未来会收到的资金的**现值**（present value）。现值是未来会收到的资金在现在的价值。关键点是这样的：**未来的资金在价值上小于现在的资金，因此，未来的资金必须被减少，或贴现，以得到其现值。** 经济学家将支付的价值因何时收到支付而变化的情形称为**货币的时间价值**（time value of money）。为什么未来的资金在价值上小于现在的资金？因为与贷款人对贷款收取利率的三个原因相同，正如我们之前指出的：（1）未来的美元通常会少于现在的美元可以购买的；（2）承诺未来会支付的美元也许实际上并不会收到；和（3）在等待收到支付时存在机会成本，因为你无法得到如果你现在拥有货币本可以购买的商品和服务的好处。

为了计算现值，我们需要贴现我们直到未来才会收到的资金的价值。要完成这一**贴现**（discounting），我们颠倒刚才讨论过的复利过程。在我们的例子中，假如你在一年后会收到 1 050 美元，你就愿意放弃你的 1 000 美元一年（通过购买一个 1 年期的 CD）。换言之，现值 1 000 美元相当于一年后会收到的终值 1 050 美元。我们可以把故事反过来并问：如果银行承诺一年后支付给你 1 050 美元，你现在愿意支付给银行多少呢？当然，答案是 1 000 美元。这样看的话，对你而言，一年后会收到的 1 050 美元的现值是 1 000 美元。从这个角度看，复利和贴现是等价的过程。我们可以总结这一结论（其中，$PV=$现值）：

复利：$\$1\,000 \times (1+0.05) = \$1\,050$；或 $PV \times (1+i) = FV_1$

贴现：$\$1\,000 = \dfrac{\$1\,050}{1+0.05}$；或 $PV = \dfrac{FV_1}{1+i}$

需要注意的是，虽然 $(1+i)$ 是我们用于计算现在投资的资金的终值的复利因子，但 $1/(1+i)$ 是我们用于计算在未来会收到的资金的现值的贴现因子。

我们可以对任意时期数概括这一结论：

复利：$PV \times (1+i)^n = FV_n$

贴现：$PV = \dfrac{FV_n}{(1+i)^n}$

关于贴现的一些要点

我们在本书中会多次使用贴现未来支付的思想，因此，理解下述四个要点是非常重要的：

1. 现值有时候也被称为"现在的贴现值"。 这一术语强调了一个事实，即，在把未来收到的美元转换为其现在的美元等价值时，我们贴现，或减少未来美元的价值。

2. 将要收到的支付在越久远的未来，其现值越小。 通过考察贴现公式，我们可以明白这一点是正确的：

$$PV = FV/(1+i)^n$$

n 的值越大，分数中分母的值越大，现值越小。

3. 用于贴现未来支付的利率越高，支付的现值越小。 再一次，通过考察贴现公式，我们可以明白这一点是正确的：

$$PV = FV/(1+i)^n$$

由于利率出现在分数的分母中，利率越大，现值越小。从经济学上看，如果在你愿意贷出你的资金之前，你要求较高的利率，你是在说，对你而言，未来较大数量的美元与现在一美元的价值一样大。这也相当于在说，未来每一美元现在对你的价值小于利率较低时对你的价值。

我们可以通过利用表3—1来说明第二点和第三点。表中的各行显示，对于任意给定的利率，收到的支付越是久远，其现值越小。例如，在5%的利率时，你在1年后会收到的1 000美元的支付的现值是952.38美元，但是，如果你在30年后收到支付，那么现值下降到了只有231.38美元。表中各列显示，对于任意给定的你在未来会收到支付的年数，利率越高，支付的现值越小。例如，你在15年后会收到的一笔1 000美元的支付，当以1%的利率贴现时，现值是861.35美元，但是，当以20%的利率贴现时，支付只值64.91美元。需要注意的是，你在30年后会收到的一笔1 000美元的支付，当以20%的利率贴现时，现值只有4.21美元。

表 3—1　　　　　　　　　　　　　　**时间、利率和支付的现值**

	……后会收到的 1 000 美元的支付的现值			
利率（%）	1年（美元）	5年（美元）	15年（美元）	30年（美元）
1	990.10	951.47	861.35	741.92
2	980.39	905.73	743.01	552.07
5	952.38	783.53	481.02	231.38
10	909.09	620.92	239.39	57.31
20	833.33	401.88	64.91	4.21

4. 一系列未来支付的现值只是每一个别支付的贴现值之和。 例如，承诺在1年后支付给你1 000美元和在5年后支付给你另一个1 000美元对你值多少呢？如果我们假定利率为10%，表3—1显示，你在1年后会收到的支付的现值是909.09美元，你在5年后会收到的支付的现值是620.92美元。因此，承诺进行这两项支付的现值等于909.09美元＋620.92美元＝1 530.01美元。

🔍 解决问题 3.1B：合约估值

你可以利用贴现原理对任何涉及一系列未来支付的协议进行估值。例如，职业运动员通常签订涉及若干年内从运动队收到支付的合约。贾森·贝（Jason Bay）在波士顿 Red Sox 队打了 2009 年的棒球赛季。在赛季末，他成为一位自由人，从而他可以跟任何队伍签订新的合约。Red Sox 给他提供了一份未来四年内每年支付 1 500 万美元的合约。最终，贝决定与未来四年内总共支付 6 600 万美元的纽约 Mets 队签订一份四年的合约。体育记者巴斯特·奥尔尼（Buster Olney）认为："Mets 队给贾森·贝的出价被大幅延后，以至于四年合约的真实价值跌至他拒绝的 Red Sox 出价的范围。"奥尔尼说 Mets 合约的支付被延后的意思是什么？他所说的"真实价值"是什么意思？延后支付会如何影响合约的真实价值？

资料来源：Buster Olney，"Trading A-Gon a Matter of Timing，"espn. com，December 17，2009.

解决问题

第一步　复习本章的内容。这一问题是关于贴现未来支付的，因此，你也许需要复习"关于贴现的一些要点"这一小节。

第二步　解释奥尔尼所说的"支付被延后"和"真实价值"的意思是什么。对于"支付被延后"，奥尔尼大概的意思是，Mets 为贾森·贝提供的合约会在合约的前几年支付给他较低的薪水，在后几年支付给他较高的薪水。对于"真实价值"，奥尔尼很可能指的是合约的现值。

第三步　解释延后支付如何影响合约的价值。几位体育记者报道说，贾森·贝与 Mets 的合约会在四年内支付给他 6 600 万美元。这似乎高于 Red Sox 提供给他的 6 000 万美元（四年，每年 1 500 万美元）的合约。虽然他并没有提供细节，但巴斯特·奥尔尼认为，Mets 合约的现值大致上等于 Red Sox 合约的现值，因为 Mets 在合约开始的时候会支付贝较低的薪水，在合约结束的时候会支付较高的薪水。我们知道，进行这些支付在时间上越是久远，支付的现值就越低。因此，如果 Mets 合约支付给贝的 6 600 万美元中的大部分是在合约的第三年和第四年，那么该合约会具有类似于支付的 6 000 万美元被平分为四年每年 1 500 万美元的支付的 Red Sox 合约的现值。

加分：我们可以解出一个数字例子来说明巴斯特·奥尔尼是正确的。如果我们假定利率是 10％，那么 Red Sox 合约的现值等于贝在四年中的每一年会收到的薪水的现值之和：

$$\frac{\$15\,000\,000}{(1+0.10)}+\frac{\$15\,000\,000}{(1+0.10)^2}+\frac{\$15\,000\,000}{(1+0.10)^3}+\frac{\$15\,000\,000}{(1+0.10)^4}=\$47\,547\,982$$

假定 Mets 合约以这种方式来分配总共的 6 600 万美元：第一年 200 万美元，第二年 300 万美元，第三年 2 100 万美元和第四年 4 000 万美元。在这种情况下，Mets 合约的现值会略小于 Red Sox 合约的现值：

$$\frac{\$2\,000\,000}{(1+0.10)}+\frac{\$3\,000\,000}{(1+0.10)^2}+\frac{\$21\,000\,000}{(1+0.10)^3}+\frac{\$40\,000\,000}{(1+0.10)^4}=\$47\,395\,670$$

然而，注意到，在 10% 的利率下，Mets 合约必须被非常大量地延后支付才能与 Red Sox 合约具有类似的现值。

为了进行更多的练习，做一下第 80 页和第 81 页本章末的问题和应用 1.11 和 1.12。

～～～～～～～～～～～～～～～～～～～～～～～～～～～～～～～～

关于符号的简要说明

本书将总是在数字计算中以小数输入利率。例如，5% 是 0.05，而不是 5。显然，未能遵循这一规则会导致你的计算不正确——你是乘以（或除以）0.05 还是 5 是大不相同的。这一警告是如此重要，以至我们给予其小小的一节。

贴现和金融资产的价格

大部分金融资产，如贷款、股票和债券，基本上都是借款人在未来向贷款人进行某些支付的承诺。通过给予我们一种确定未来不同时间会收到的支付的现值的方法，贴现让我们可以比较不同金融资产的价值。尤其是，贴现给予我们一种确定金融资产价格的途径。要明白这一点，考虑一下为什么投资者会想要购买诸如股票或债券之类的金融资产。大概投资者购买金融资产是为了从资产的卖方获得支付。这些支付对投资者值多少呢？支付的价值等于其现值。通过加总所有支付的现值，我们就有了买方将为资产支付的美元数量。换言之，我们已经确定了资产的价格。

3.2 债务工具及其价格

我们在上一节结束的时候的结论是关于金融体系的一个关键事实，因此，重申是值得的：**金融资产的价格等于从拥有资产中会收到的支付的现值**。我们可以将这一关键事实应用于一类被称为**债务工具**（debt instrument）的重要的金融资产。**债务工具**（也被称为**信用市场工具**（credit market instruments）或**固定收益资产**（fixed-income assets））包括银行发放的贷款以及公司和政府发行的债券。股票不是债务工具，因为股票是代表发行股票企业的部分所有权的股权（equity）。债务工具在其条款上可以各不相同，但它们都是 IOUs（I owe you，借条或借据），或者说，借款人向贷款人支付利息和偿还本金的承诺。债务工具采取不同的形式，因为贷款人和借款人具有不同的需求。

贷款、债券和支付时间

存在四种基本的债务工具分类：
1. 简易贷款
2. 贴现债券
3. 息票债券
4. 固定支付贷款

我们可以利用这四种分类来确定借款人向贷款人进行支付的时间的变化。我们知道，支付时间的变化会影响现值，从而影响债务工具的价格。除了描述每一类债务工具外，我们还把贷款或债券的支付表示在一个时间线上，以使得度量资金的流入和流出更为容易。

简易贷款

就**简易贷款**（simple loan）而言，借款人从贷款人收到被称为**本金**（principal）的一定数量的资金，并同意在一个贷款到期的特定日期偿还贷款人本金加上利息。最普通的简易贷款是来自银行的短期企业贷款——被称为**工商业贷款**（commercial and industrial loan）。例如，假定美国银行以10%的利率向Nate's托儿所发放了一笔10 000美元的一年期简易贷款。我们可以在一个时间线上说明这笔交易以展示借款人向贷款人所做的利息和本金支付。一年后，Nate's会偿还本金加利息：10 000美元＋（10 000美元×0.10），或者说11 000美元。在时间线上，贷款人将该笔交易视为如下：

贴现债券

像简易贷款一样，借款人也是在一次支付中偿还**贴现债券**（discount bond）。然而，在这种情况下，借款人在到期日支付贷款人被称为**面值**（face value）的数量，但在开始的时候收到的数量小于面值。对贷款支付的利息是偿还的数量与借入的数量之间的差额。假定Nate's托儿所发行了一年期的贴现债券并收到9 091美元，并在一年之后向债券的买方偿还10 000美元的面值。因此，Nate's托儿所贴现债券的时间线是：

贷款人在该年收到10 000美元－9 091美元＝909美元的利息。因此，利率是909美元/9 091美元＝0.10，或10%。最常见的贴现债券类型是美国储蓄债券、美国国库券和零息票债券。

息票债券

虽然它们都使用"债券"这个词，但**息票债券**（coupon bonds）相当不同于贴现债券。发行息票债券的借款人按定期的时间间隔进行息票形式的利息支付，通常是半年一次或一年一次，并在到期日偿还面值。美国财政部、州和地方政府以及大型企业都发行息票债券。由于其在金融体系中的重要性，你应该熟悉下述与贴现债券有关的术语。

● **面值**（face value or par value）。面值是债券发行人（借款人）在到期日会偿还的数量。典型的息票债券的面值是1 000美元。

- **息票**（coupon）。息票是债券发行人每年向买方支付的固定的美元利息数量。
- **息票率**（coupon rate）。息票率是息票的价值表示为债券面值的百分比。例如，如果一个债券有 50 美元的年息票和 1 000 美元的面值，其息票率是 50 美元/1 000 美元＝0.05，或 5%。
- **当期收益率**（current yield）。正如我们在本章后面将会看到的，在息票债券被发行之后，其经常在金融市场上被转售多次。作为这一买卖的结果，债券价格在某一特定日期会高于或低于其 1 000 美元的面值。当期收益率是息票的价值被表示为债券当期价格的百分比。例如，如果一个债券有 50 美元的息票、1 000 美元的面值和 900 美元的当期价格，其当期收益率是 50 美元/900 美元＝0.056，或 5.6%。
- **到期日**（maturity）。到期日是在债券到期和发行人向买方进行面值支付之前的时间长度。很多政府和公司债券有 30 年的到期日，这意味着，在第 30 年的年末进行最后一次的面值支付之前，发行人在 30 年内每年都会进行息票支付。例如，如果 IBM 发行了一种息票率为 10%、面值为 1 000 美元的 30 年期债券，IBM 会在 30 年内每年支付 100美元并在第 30 年的年末进行最后 1 000 美元的支付。IBM 息票债券的时间线是：

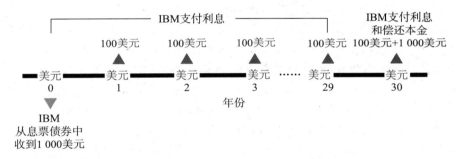

固定支付贷款

在**固定支付贷款**（fixed-payment loan）下，借款人向贷款人进行定期支付（每月一次、每季度一次或每年一次）。每次的支付是等量的且同时包括利息和本金。因此，在到期日，借款人已经完全偿还了贷款，不存在本金的一次性支付。常见的固定支付贷款是房屋抵押贷款、学生贷款和汽车贷款。例如，如果你正在偿还利率为 9% 的 10 000 美元的 10 年期学生贷款，那么你每月的支付大约是 127 美元。支付的时间线是：

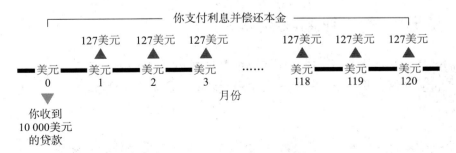

固定支付贷款受到家庭的欢迎，因为只要家庭进行所有的支付，贷款就被完全还清了，因此，不存在需要担心的像简易贷款那样的大额最终支付。固定支付贷款对贷款人

也有好处，借款人在每一次贷款支付中偿还一部分本金，这就降低了借款人对全部本金数量违约的可能性。

虽然大部分债务工具都属于这四种分类，但储蓄者和借款人不断变化的需要已经刺激了具有超过一种类型的特征的新工具的创造。

✓ 联系实际：你想要本金还是想要利息？创造新的金融工具

20 世纪 80 年代之前，美国财政部只发行国库券（国库券是贴现债券）以及国库债券和票据（国库债券和票据是息票债券）。由于利率在 20 世纪 70 年代末开始大幅波动，投资者开始担心，如果利率在息票债券的生命期内下跌了，他们将不得不以低于原始息票率的利率再投资其息票支付。因此，投资者认为，他们会受益于长期贴现债券，在贴现债券上，如果他们将债券持有至到期，他们就会知道确切的收益率。然而，当时只有短期贴现债券。

怀着赚取利润的希望，金融企业对投资者需求的反应是创造出一种新的债务工具。1982 年，投资企业美林证券（现在为美国银行所有）创造了一种新的被称为 TIGR（Treasury Investment Growth Receipt，TIGR）的债券，TIGR 是原理像国库券的一种贴现债券。例如，假如美林证券购买了 100 万美元的息票率为 9% 的 20 年期国库债券。从而，美林证券就有资格在 20 年内每年从财政部收到 1 000 000 美元×0.09＝90 000 美元，再加上 20 年后的 100 万美元的面值。接着，美林证券就可以利用这些支付来向投资者出售 90 000 美元的一年期 TIGR，TIGR 完全由 100 万美元的 20 年期的标的债券来予以支持。投资者收到这些个别利息支付的权利就是我们熟知的国库 "STRIPS"。

财政部不久就意识到提供长期国库券的潜在好处并于 1984 年引入其自身版本的美林创新。被称为 STRIPS（Separate Trading of Registered Interest and Principal Securities）的这些债券允许投资者购买每一份利息支付和债券的面值。例如，个人可以购买由财政部在 20 年内支付的利息。因此，个人实际上可以从政府获得长期贴现债券，同时还有常见的国库息票债券，从而增加了他们的投资选择权。

通过做第 81 页本章末的问题和应用 2.5 来检查一下你的理解。

3.3　债券价格与到期收益率

我们已经看到，债券——或任何其他金融证券——的价格应该等于所有者从债券上获得的支付的现值。我们可以将这一概念用于确定息票债券的价格。

债券价格

考虑一个息票率为 6%、面值为 1 000 美元的 5 年期息票债券。息票率为 6% 告诉我们，债券的买方在 5 年内每年会支付给债券的卖方 60 美元，同时在第 5 年的年末还会有1 000 美元的最后一次支付。（需要注意的是，现实中，息票通常是每年支付两次，因此，息票率为 6% 的债券在 6 个月之后会支付 30 美元并在年末支付另外的 30 美元。为简单起见，我们在整本书中都会假定证券的所有支付都是在年末收到的。）因而，债券价格 p 的表达式是投资者会收到的 6 次支付的现值。

$$p=\frac{\$60}{(1+i)}+\frac{\$60}{(1+i)^2}+\frac{\$60}{(1+i)^3}+\frac{\$60}{(1+i)^4}+\frac{\$60}{(1+i)^5}+\frac{\$1\,000}{(1+i)^5}$$

我们可以利用这一推理得到一个产生息票支付 C、具有面值 FV 和 n 年到期的债券的一般表达式：

$$p=\frac{C}{(1+i)}+\frac{C}{(1+i)^2}+\frac{C}{(1+i)^3}+\cdots+\frac{C}{(1+i)^n}+\frac{FV}{(1+i)^n}$$

点（省略号）表示我们省略了代表第 3 年和第 n 年之间的那些年的项——可以是第 10 年、第 20 年、第 30 年或其他年份。

到期收益率

要利用债券价格的表达式，我们需要关于将要收到的未来支付和利率的信息。通常，我们知道债券的价格和未来的支付，但我们并不总是知道利率。假定你面临着这样一个决策：哪一个是更好的投资：（1）价格为 1 050 美元、息票率为 8% 的一个 3 年期、1 000 美元面值的息票债券，或（2）价格为 980 美元、息票率为 6% 的一个 2 年期、1 000 美元面值的息票债券？在这两项投资之间做出选择的一个重要因素是确定你在每一项投资上会获得的利率。因为我们知道这两种债券的价格和支付，我们可以利用现值计算来找出每一项投资上的利率：

$$债券\ 1:\$1\,050=\frac{\$80}{(1+i)}+\frac{\$80}{(1+i)^2}+\frac{\$80}{(1+i)^3}+\frac{\$1\,000}{(1+i)^3}$$

利用金融计算器、在线计算器或电子表格程序，我们可以求解这一 i 的方程。解是 $i=0.061$，或 6.1%。

$$债券\ 2:\$980=\frac{\$60}{(1+i)}+\frac{\$60}{(1+i)^2}+\frac{\$1\,000}{(1+i)^2}$$

对这个债券而言，解是 $i=0.071$，或 7.1%。

这些计算向我们展示了，即使债券 1 也许看似是一项更好的投资，因为债券 1 比债券 2 具有更高的息票率，但债券 1 较高的价格却意味着其比债券 2 具有明显低的利率。因此，如果你想在你的投资上获得较高的利率，你会选择债券 2。

我们刚才计算的利率被称为**到期收益率**（yield to maturity）。到期收益率使得来自一项资产的支付的现值等于该资产现在的价格。到期收益率是建立在现值概念基础之上的，是金融市场参与者最常使用的利率度量。事实上，除非另有说明，需要注意的是，**金融市场参与者无论何时提到一项金融资产的利率时，利率都是到期收益率**。计算备选投资的到期收益率使得储蓄者可以比较不同类型的债务工具。

牢记贴现和复利之间的密切关系是非常有用的。我们刚才利用贴现公式计算了到期收益率。我们还可以从复利的角度来考虑到期收益率。若要这样做，我们需要问："如果我现在为一个具有一组特定的未来支付的债券支付价格 P，那么我可以投资 P 并得到相同的一组未来支付的利率是多少？"例如，不是计算在 30 年期的国库债券上会收到的支付的现值，我们可以计算为债券支付的资金可以被投资 30 年以得到相同现值的利率。

其他债务工具的到期收益率

我们在 3.2 节看到，存在四类债务工具。我们已经看到了如何计算息票债券的到期收益率。现在，我们可以对其他三类债务工具中的每一类计算到期收益率。

简易贷款

计算简易贷款的到期收益率是简单易懂的。我们需要找出使得贷款人在拥有现在的贷款数量或到期日的最终支付之间感到无差异的利率。再次考虑对 Nate's 托儿所的 10 000 美元贷款。该贷款要求 10 000 美元的本金支付加上从现在开始的一年后的 1 000 美元的利息。我们计算到期收益率如下：

$$现在的价值＝未来支付的现值$$

$$\$10\,000＝\frac{\$10\,000＋\$1\,000}{1＋i}$$

从中我们可以解出 i：

$$i＝\frac{\$11\,000－\$10\,000}{\$10\,000}＝0.10,\text{或}10\%$$

需要注意的是，10% 的到期收益率与简单利率是相同的。从这个例子中，我们可以得到一般结论：对于简易贷款，到期收益率与贷款规定的利率是相同的。

贴现债券

计算贴现债券的到期收益率类似于计算简易贷款的到期收益率。例如，假定 Nate's 托儿所发行了 10 000 美元的一年期贴现债券。我们可以利用与我们在简易贷款情形中所用的相同的方程式来找出贴现债券的到期收益率。如果 Nate's 托儿所现在从出售债券中收到 9 200 美元，我们可以通过设定未来支付的现值等于现在的价值来计算到期收益率，或者说，9 200 美元＝10 000 美元/(1＋i)。求解 i，给出：

$$i＝\frac{\$10\,000－\$9\,200}{\$9\,200}＝0.087,\text{或}8.7\%$$

从这个例子中，我们可以为售价为 P、面值为 FV 的**一年期**（one-year）贴现债券写出一个一般方程式。到期收益率是：

$$i＝\frac{FV－P}{P}$$

固定支付贷款

计算固定支付贷款的到期收益率类似于计算息票债券的到期收益率。回顾固定支付贷款要求结合利息和本金的定期支付，但在到期日没有面值支付。假定 Nate's 托儿所通过从银行取得一笔抵押贷款借了 100 000 美元来购买一个新的仓库。Nate's 必须每年支付 12 731 美元。在支付了 20 年之后，Nate's 就付清了 100 000 美元的贷款本金。由于贷款的价值现在是 100 000 美元，到期收益率可以计算为求解方程所得到的利率：

$$现在的价值＝支付的现值$$

$$\$100\ 000 = \frac{\$12\ 731}{(1+i)} + \frac{\$12\ 731}{(1+i)^2} + \cdots + \frac{\$12\ 731}{(1+i)^{20}}$$

利用金融计算器、在线计算器或电子表格程序，我们可以解出这一方程来找到 $i=0.112$，或 11.2%。一般而言，对于具有固定支付 FP 和 n 年的到期日的固定支付贷款，方程是：

$$贷款价值 = \frac{FP}{(1+i)} + \frac{FP}{(1+i)^2} + \cdots + \frac{FP}{(1+i)^n}$$

概言之，如果 i 是固定支付贷款的到期收益率，现在的贷款数量等于贷款支付以利率 i 贴现的现值。

永续年金

永续年金是息票债券的一种特例。永续年金支付固定的息票，但不像常见的息票债券，永续年金并不到期。永续年金的主要例子是统一公债（consol），统一公债曾经由英国政府发行，但几十年来再没有发行过新的永续年金。现有的息票率为 2.5% 的统一公债还在金融市场上交易。你也许会认为，计算永续年金的到期收益率是很难的，因为息票是永远支付的。然而，实际上，价格、息票和到期收益率之间的关系是很简单的。如果你的代数能力很强，看一下你能否从支付无数息票的息票债券的方程式中导出这一方程式[①]：

$$P = \frac{C}{i}$$

因此，息票为 25 美元、价格为 500 美元的永续年金的到期收益率是 $i=$ 25 美元/500 美元 $=0.05$，或 5%。

❓ 解决问题 3.2：不同类型债务工具的到期收益率

就下列每一种情形，写出你会用于计算到期收益率的方程式。你不必求解 i 的方程式，只需写出恰当的方程式。

---

① 这里是推导过程：统一公债的价格等于买方会收到的无限序列的息票支付的现值：$P = \frac{C}{1+i} + \frac{C}{(1+i)^2} + \frac{C}{(1+i)^3} + \frac{C}{(1+i)^4} + \cdots$代数法则告诉我们，假如 x 小于 1，形如 $1+x+x^2+x^3+x^4+\cdots$ 的无限序列等于 $\frac{1}{1-x}$。在这个例子中，$\frac{1}{1+i}$ 小于 1，因此，我们有如下的统一公债价格的表达式：$P = C\left[\dfrac{1}{1-\frac{1}{1+i}} - 1\right]$。这一表达式可以简化为 $P = \frac{C}{i}$，正如正文中所给出的。

（a）一笔要求在 4 年后支付 700 000 美元的 500 000 美元的简易贷款。

（b）一个价格为 9 000 美元的贴现债券，面值为 10 000 美元，一年后到期。

（c）一个面值为 1 000 美元、价格为 975 美元、息票率为 10％、到期日为 5 年的公司债券。

（d）一笔 2 500 美元的学生贷款，要求在 25 年内每年支付 315 美元。支付在 2 年后开始。

解决问题

第一步　复习本章的内容。这一问题是关于计算不同债务工具的到期收益率的，因此，你也许需要复习"债券价格与到期收益率"这一节。

第二步　写出（a）中的债务工具的到期收益率的方程式。就简易贷款而言，到期收益率是导致贷款支付的现值等于贷款数量的利率。因此，正确的方程式是：

$$\$ 500\,000 = \frac{\$ 700\,000}{(1+i)^4}$$

第三步　写出（b）中的债务工具的到期收益率的方程式。就贴现债券而言，到期收益率是导致债券面值的现值等于债券价格的利率。因此，正确的方程式是：

$$\$ 9\,000 = \frac{\$ 10\,000}{(1+i)}，或 \ i = \frac{\$ 10\,000 - \$ 9\,000}{\$ 9\,000}$$

第四步　写出（c）中的债务工具的到期收益率的方程式。就息票债券而言，如长期公司债券，到期收益率是导致买方收到的支付的现值等于债券价格的利率。还记得，息票率为 10％的债券每年支付 100 美元的息票。因此，正确的方程式是：

$$\$ 975 = \frac{\$ 100}{(1+i)} + \frac{\$ 100}{(1+i)^2} + \frac{\$ 100}{(1+i)^3} + \frac{\$ 100}{(1+i)^4} + \frac{\$ 100}{(1+i)^5} + \frac{\$ 1\,000}{(1+i)^5}$$

第五步　写出（d）中的债务工具的到期收益率的方程式。就固定支付贷款而言，到期收益率是导致贷款支付的现值等于贷款数量的利率。需要注意的是，在这个例子中，在第一年末不存在支付，因此，表达式中通常的第一项被忽略了。因而，正确的方程式是：

$$\$ 2\,500 = \frac{\$ 315}{(1+i)^2} + \frac{\$ 315}{(1+i)^3} + \cdots + \frac{\$ 315}{(1+i)^{26}}$$

为了进行更多的练习，做一下第 82 页本章末的问题和应用 3.9。

3.4　债券价格与债券收益率之间的反向关系

政府和大型企业发行的息票债券通常具有 30 年的到期日。在这 30 年里，投资者很可能会在**二级市场**（secondary market）上多次买卖该债券。一旦债券首次被出售之后，发行债券的公司或政府就不再直接卷入之后的任何交易中了。例如，假定你为通用电气（General Eclectic，GE）发行的债券支付了 1 000 美元。假定该债券具有 1 000 美元的面值和 8% 的息票率。在债券价格等于其面值的任何时候，债券的到期收益率都等于其息票率。你购买该债券大概是因为你认为 8% 是在你的投资上会获得的一个很好的利率了。如果你在某个时点决定卖出你的债券，交易是在你和购买你的债券的那个人之间进行。除了被通知其应该向新的债券所有者而不是你寄送未来的息票支付之外，GE 与交易无关。

债券价格在利率变动时会怎么样？

假定在你购买了债券一年之后，GE 发行了更多的 30 年期债券，但这些新债券具有 10% 而不是 8% 的息票率。为什么 GE 会提高其出售的债券的息票率呢？公司根据债券市场的条件改变其出售的债券的息票率。理想上，公司想要以可能最低的利率借款。但是，贷款人——这个例子中的债券买方——在某些情况下会提高他们贷出其资金所要求的利率。例如，如果债券买方认为未来的通货膨胀会高于他们之前的预期，他们在购买债券之前就会要求较高的利率。

GE 发行具有较高的息票的新债券会对你的债券产生什么影响呢？首先，需要注意的是，一家企业一旦发行了债券，其息票率并不会变动。因此，即使 GE 每年向其新债券的买方支付 100 美元，而你也只能每年固定收到 80 美元。如果你决定卖出你的债券，你会得到什么价格呢？显然，你的债券对潜在的买方有一个缺点——仅支付 80 美元的息票，而新发行的 GE 债券却支付 100 美元的息票。因此，当他或她可以支付 1 000 美元而从 GE 获得息票率为 10% 的债券时，没有投资者会愿意为你的息票率为 8% 的债券支付 1 000 美元。其他投资者愿意支付给你的比 1 000 美元少多少呢？通过回顾一项金融证券的价格等于从拥有该证券中会收到的支付的现值这一基本思想，我们可以回答这一问题。要计算价格，我们需要知道使用什么到期收益率。在你购买债券时，到期收益率是 8%。但债券市场条件已经变化了，以至 GE 不得不提供 10% 的到期收益率来吸引其新债券的买方。如果你想出售债券，该债券必须在二级市场上与新的息票率为 10% 的债券竞争，因此，10% 是用于计算你的债券的新价格的正确的到期收益率。

在计算你的债券的价格时（使用金融计算器、在线计算器或电子表格），需要牢记的是，因为一年已经过去了，你的债券的买方会收到 29 次而不是 30 次息票支付。

$$\$812.61 = \frac{\$80}{(1+0.10)} + \frac{\$80}{(1+0.10)^2} + \frac{\$80}{(1+0.10)^3} + \cdots + \frac{\$80}{(1+0.10)^{29}} + \frac{\$1\ 000}{(1+0.10)^{29}}$$

也许看起来很奇怪，如果持有至到期，具有 1 000 美元面值的债券会只有 812.61 美元的市场价格。然而，需要牢记的是，你或者该债券的新的所有者在 29 年内不会收到 1 000 美元的面值。那么 1 000 美元的支付以 10% 的利率贴现的现值只有 63.04 美元。

如果一项资产的价格上涨，被称为资本利得（capital gain）。如果该资产的价格下跌，被称为资本损失（capital loss）。在我们的例子中，你会遭受 1 000 美元－812.61 美元＝187.39 美元的资本损失。

✔ 联系实际：银行在抵押贷款支持债券上教训惨重

我们在第 1 章看到，银行在金融体系中发挥着关键作用。只有大型企业才能向投资者出售股票和债券，因此，中小企业依靠银行贷款来获得运营和扩张所需的资金。家庭也严重依赖于银行来获得其购买住房、汽车、家具和其他大额购买所需的信贷。当银行在金融危机期间减少贷款时，这就深化了 2007—2009 年的经济衰退。

为什么银行在那些年会有麻烦呢？利率和债券价格之间的反向关系能帮助我们理解这一问题。首先，还记得商业银行业务的基础是从家庭和企业吸收存款并投资这些资金。发放贷款和购买债券是银行从事的最重要的投资。在 21 世纪头 10 年初期和中期的住房繁荣期间，银行向那些信用历史有瑕疵和就在几年前还不符合贷款资格的借款人发放了大量住房抵押贷款。银行还向那些支付很少或没有支付首付款的借款人发放了大量住房抵押贷款。正如我们在第 1 章指出的，很多这类抵押贷款都被证券化了，这意味着，它们被集中起来并变成我们熟知的抵押贷款支持证券这样的债务工具，接着又被出售给了投资者。很多抵押贷款支持证券类似于长期债券，因为它们是根据借款人在标的抵押贷款上所做的支付来支付定期的利息。

在房地产繁荣的鼎盛时期，很多银行大量投资于抵押贷款支持证券，因为其收益率高于具有类似的违约风险水平的其他投资上的收益率——银行大概是这么想的。当房地产价格在 2006 年开始下跌时，借款人开始对其抵押贷款违约。由于借款人停止了其抵押贷款上的支付，抵押贷款支持证券的所有者获得了比其预期的要低的支付。在抵押贷款支持证券的二级市场上，只有当这些证券具有高得多的收益率以补偿较高的违约风险水平时，买方——当他们还能被找到时——才愿意购买这些证券。这些证券较高的收益率意味着较低的价格。到 2008 年的时候，很多抵押贷款支持证券的价格已经下降了 50% 或更多。

到 2009 年初，美国商业银行已经在其投资上遭受了大约 1 万亿美元的损失。在 2010 年，随着房地产市场的稳定和一些抵押贷款支持证券价格的上升，这些损失稍微有所减轻。不过，这些沉重的损失促使了一些银行倒闭。其他银行则因来自联邦政府在不良资产救助计划（TARP）下的资金注入才得以拯救。我们将在第 10 章和第 12 章进一步讨论银行在这些年所遇到的困难以及联邦政府为支持银行体系所做的努力。目前值得指出的是，银行已经再次体会到飙升的利率会对持有现有债务工具的投资者造成破坏性的影响这一教训。

通过做第 83 页本章末的问题和应用 4.9 来检查一下你的理解。

如果你拥有一个长期息票债券，利率上升显然并不是什么好消息。但利率下降会怎么样呢？假定在你购买了一个具有 8% 的息票率的 GE 债券一年后，GE 开始发行具有 6% 的息票率的新债券。GE 之所以能出售具有较低的息票率的债券，是因为投资者预期未来的通货膨胀率会低于他们之前所预期的。在这种情况下，你的债券会吸引投资者，因为其比新发行的债券具有更高的息票率。如果你决定出售你的债券，那么你的债券将在二级市场上与新的息票率为 6% 的债券竞争，因此，6% 是用于计算你的债券的新的市场价格的正确的到期收益率：

$$\$ 1\,271.81 = \frac{\$ 80}{(1+0.06)} + \frac{\$ 80}{(1+0.06)^2} + \frac{\$ 80}{(1+0.06)^3} + \cdots + \frac{\$ 80}{(1+0.06)^{29}} + \frac{\$ 1\,000}{(1+0.06)^{29}}$$

在这个例子中，你会遭受到 1 271.81 美元－1 000 美元＝271.81 美元的资本损失。

债券价格与到期收益率反向变动

这些例子已经展示了两个非常重要之处：

1. 如果新发行债券的利率上涨，现有债券的价格会下跌。

2. 如果新发行债券的利率下跌，现有债券的价格会上涨。

换言之，到期收益率与债券价格反向变动。这一关系必须成立，因为在债券价格方程中，到期收益率在每一项的分母中。如果到期收益率上升，息票支付和面值支付的现值一定下降，这会导致债券的价格下跌。反之，当到期收益率下降时也是成立的。债券价格与到期收益率之间的反向关系背后的经济推理是：如果利率上升，在利率较低时发行的现有债券对投资者变得不受欢迎，其价格下降；如果利率下降，现有债券变得更受欢迎，其价格上升。

最后，注意到，到期收益率与债券价格之间的反向关系对其他债务工具也应该成立。现值，从而任何债务工具的价格，在市场利率上升时下降，在市场利率下降时上升。

二级市场、套利和一价定律

我们考虑一下债券价格和收益率对市场条件变化的调整过程。除了几个关键区别外，债券、股票和其他金融资产市场中的买卖类似于商品和服务市场中的买卖。现在，大部分金融服务的交易都是电子化进行的，买方和卖方通过计算机系统连接在一起，因此，几乎没有面对面发生的交易。大部分交易都是非常迅速地发生，市场开放后的每一秒都有数百万美元的股票和债券交易。大量股票和债券在非常短的期间被交易，因为金融市场中的很多参与者是**交易者**（traders）而不是投资者。

金融市场中的投资者通常计划通过获得他或她购买的证券上的支付来获得收益。例如，微软的一位投资者购买股票是为了获得来自微软的股息支付以及受益于股票价格随着时间的推移的上涨。然而，交易员买卖证券是希望通过利用类似证券价格之间的微小差异而获利。

例如，回忆一下当市场利率下跌到 6% 时，现有的息票率为 8% 的息票债券会怎么样？现有的息票率为 8% 的债券的价格从 1 000 美元上涨到了 1 271.81 美元。这一价格上涨一旦发生，这些债券和新发行的息票率为 6% 的债券的到期收益率就是相同的——6%——因此，两种债券对投资者的受欢迎程度是一样的。如果市场利率保持不变，就不会发生进一步的价格变化。但是，在 8% 的息票债券的价格从一开始到最终上涨到 1 271.81 美元之前的这一段时期会怎么样呢？显然，在这一时期购买息票率 8% 的债券的交易者可以通过，比方说，以 1 260 美元的价格买入债券，并在价格一路上涨到 1 271.81 美元时卖出债券而获利。买入和转售证券从而从价格在短暂时段内的变化中获利的过程被称为**金融套利**（financial arbitrage）。从金融套利中获得的利润被称为**套利利**

润（arbitrage profits）。因有可能获得套利利润而为购买证券竞争时，交易者将价格推高至不再能获得套利利润的水平。由于非常大量的交易者参与金融市场以及电子交易的高速度，证券价格调整非常迅速——通常在几秒钟内——以消除套利利润。经济学家的结论是：金融证券在任意给定时刻的价格几乎不允许或根本不允许有套利利润的机会。换言之，**证券价格会调整以使得投资者在可比较证券上获得相同的收益率**。在我们的例子中，可比较的息票债券的价格将调整以使得具有8％息票率的债券与具有6％息票率的债券有相同的收益率。

这一对金融证券价格如何调整的描述是一个被称为**一价定律**（Law of One Price）的普遍的经济原理的一个例子，一价定律声称，相同的产品在任何地方都应该以相同的价格出售。套利利润的可能性解释了一价定律。例如，如果苹果在明尼苏达的售价是每磅1.00美元，而在威斯康星的售价是1.50美元，通过在明尼苏达购买苹果并在威斯康星转售苹果，你可以获得套利利润。随着你和其他人利用这一机会，苹果在明尼苏达的价格会上涨，而在威斯康星的价格则会下跌。在不考虑运输成本的情况下，套利会导致这两个州的苹果价格相同。

在你阅读本书的时候，需要牢记的是，由于金融套利的存在，除了在非常短暂的时段内之外，可比较证券都应该具有相同的到期收益率。

联系实际：读懂《华尔街日报》上的债券表格

我们可以在《华尔街日报》的网站和雅虎财经（finance. yahoo. com）上找到国库券、国库票据和国库债券以及公司债券的价格和收益率的每日更新。

国库债券和票据

下表包含来自2010年7月16日在二级市场上交易的大量债券和票据中的五种美国国库债券和票据的数据。国库票据具有从其发行日开始的2～10年的到期日。国库债券通常具有从其发行日开始的30年的到期日。

	到期月/年	息票率（％）	买入价	卖出价	变动	卖出收益率
债券 A ——	8/2015	4.250	112:08	112:10	+8	1.706 6
	3/2016	2.375	101:28	101:29	+9	2.019 0
	8/2016	3.000	104:27	104:28	+12	2.145 1
	2/2025	7.625	147:08	147:11	+16	3.461 0
	8/2029	6.125	132:26	132:29	+15	3.704 7

前两列告诉你的是到期日和息票率。例如，债券A（第一行）的到期日是2015年8月15日，息票率是4.250％，因此，其在1 000美元的面值上每年支付42.50美元。随后的三列指的是债券的价格。所有的价格都是按每100美元的面值报告的。冒号后面的数字指的是1美元的三十二分之一。就债券A而言，列出的第一个价格112:08的意思是

"112 又 8/32"，或者说，这一1 000 美元面值的债券的实际价格是 1 122.50 美元。买入价（bid）是你出售债券时会从政府债券交易商处得到的价格。卖出价（asked）是你购买债券时必须向交易商支付的价格。卖出价和买入价之间的差额（我们熟知的买卖价差（bid-asked spread））是交易商的利润率。政府债券市场上的买卖价差很低，象征着低的交易成本以及流动和竞争性的市场。"变动"这一列告诉你的是，买入价较前一个交易日上升或下降了多少。就债券 A 而言，买入价较前一个交易日上涨了 8/32。

最后一列包含使用我们对息票债券讨论的方法和卖出价计算的到期收益率。《华尔街日报》报告使用卖出价的收益率，因为读者感兴趣的是从投资者的角度来看的收益率。因此，你可以从表格包含的信息中构造三种利率：刚才描述的到期收益率、息票率和当期收益率（等于息票除以价格，就债券 A 而言，等于 42.50 美元/1 122.50 美元，或者说 3.79%）。需要注意的是，债券 A 的当期收益率远高于 1.706 6% 的到期收益率。这说明，对于具有短的到期时间的债务工具，当期收益率并不是到期收益率的一个好的替代指标，因为其忽略了预期资本利得和损失的影响。

国库券

下表显示了关于美国国库券收益率的信息。不像国库债券和票据，国库券是贴现债券，而国库债券和票据是息票债券。因此，它们只由其到期日（第一列）所确定。在国库券市场上，遵循着一个非常古老的传统：收益率是以贴现为基础的收益率（或者说贴现收益率）而不是到期收益率报告的。[①] 国库债券和票据的买入价和卖出价这两列报告的是价格，而国库券的买入价和卖出价这两列报告的是收益率。买入收益率是想要向交易商出售国库券的投资者的贴现收益率。卖出收益率是想要从交易商处买入国库券的投资者的贴现收益率。交易商的利润空间是卖出收益率与买入收益率之间的差额。在将国库券投资与其他债券投资作比较时，投资者发现，知道到期收益率是很有用的。因此，最后一列显示了到期收益率（基于卖出价）。

到期日	买入价	卖出价	变动	卖出收益率
2010 年 8 月 12 日	0.143	0.138	−0.013	0.139
2010 年 8 月 19 日	0.150	0.145	−0.005	0.147
2010 年 8 月 26 日	0.155	0.150	−0.003	0.152
2010 年 9 月 2 日	0.155	0.150	−0.003	0.152
2010 年 9 月 9 日	0.160	0.155	不变	0.157

需要注意的是，在前两个表中，到期收益率都随着到期日越久远而上升。正如我们在第 5 章将会看到的，这是债券市场的一个典型模式。

纽约股票交易所的公司债券

下表给出了一些在纽约股票交易所交易最活跃的公司债券的报价。第一列告诉你的

---

① 面值为 FV、购买价格为 P 的一个债券的贴现基础上的收益率是 $[(FV-P)/FV] \times (360/距到期日的天数)$。

是发行债券的公司的名字——就债券 B（第二行）的情况而言，是高盛投资银行。第二列给出了债券的符号。第三列给出了 5.375% 的息票率。第四列给出了到期日，2020 年 3 月。接下来的一列给出了来自三大主要的债券评级公司的债券评级。正如我们在第 5 章将要讨论的，评级为投资者提供了关于该企业会对债券违约的可能性的信息。接下来的三列展示了债券在这一天交易的最高价格、最低价格和收盘价。与国库债券不同，公司债券的价格是以十进制而不是三十进制报告的。因此，这一高盛债券在这一天的最后一次交易中的价格是 1 048.68 美元。"变动"这一列说明了价格从前一天交易结束后的变动。最后一列给出了到期收益率（4.740%）。

	发行人名称	符号	息票率（%）	到期日	穆迪/S&P/惠誉	最高	最低	收盘价	变动	到期收益率（%）
	BP Capital Markets PLC	BP. JE	5.250	11 月	A2/A/BBB	100.770	98.000	99.400	1.400	5.449
债券 B	Goldman Sachs & Co.	GS. IAR	5.375	3 月	A1/A/A+	105.442	100.95	104.868	2.868	4.740
	Citigroup	C. HVK	6.000	12 月	A3/- -/A+	108.480	106.922	107.606	0.466	3.598
	Anadarko Petroleum Corp.	APC. HE	5.950	9 月	Ba1/BBB-/BBB-	99.251	94.249	95.750	−0.418	6.805
	Cox Comm	Cox. GM	7.750	11 月	Baa2/BBB-/BBB	101.800	101.766	101.800	−0.158	1.227

通过做第 84 页本章末的问题和应用 4.10 来检查一下你的理解。

3.5　利率和收益率

当你在做出一项投资时，你最关心的是你在一个给定的通常被称为**持有期**（holding period）的时段内的获利情况。如果你购买了一个债券并持有一年，这一年你在债券投资上的**收益**（return）包括：（1）收到的息票支付，和（2）债券价格的变化，债券价格变化会带来资本利得或损失。通常你最感兴趣的是用收益占投资的百分比来度量你的收益，这就给出了你的**收益率**（rate of return, R）。

例如，再次考虑你用 1 000 美元购买了面值为 1 000 美元、息票率为 8% 的 GE 债券。如果在你购买之后的一年末，该债券的价格上涨到了 1 271.81 美元，那么，在这一年里，你会收到 80 美元的息票支付并得到 271.81 美元的资本利得。因此，你在该年的收益率是：

$$R = \frac{\text{息票} + \text{资本利得}}{\text{购买价格}} = \frac{\$80 + \$271.81}{\$1\,000} = 0.352, \text{或} 35.2\%$$

如果你的债券价格下降到了 812.61 美元，那么你会收到 80 美元的息票支付但遭受

187.39 美元的资本损失。因此，你在该年的收益率会是负的：

$$R = \frac{\$80 - \$187.39}{\$1\,000} = -0.107, \text{或} -10.7\%$$

收益率的一般方程式

我们可以扩展这些息票债券的例子来写出一年的持有期内的收益率的一般方程式。首先，回顾息票债券的**当期收益率**（current yield）是息票除以债券的当期价格。债券的**资本利得或损失率**（rate of capital gain or loss）是资本利得或损失的美元数量除以初始价格。因此，我们可以写出如下一年持有期的收益率的一般方程式：

收益率＝当期收益率＋资本利得率

$$R = \frac{\text{息票}}{\text{初始价格}} + \frac{\text{价格的变化}}{\text{初始价格}}$$

下面是需要指出的关于收益率的三个要点：

1. 在计算收益率时，我们将利用年初的价格来计算当期收益率。

2. 即使你在年末并没有出售债券，你也会招致债券上的资本利得或损失。如果你出售债券，你就有了**实现的资本利得或损失**（realized capital gain or loss）。如果你没有出售债券，你的利得或损失是**未实现的**（unrealized）。在任何一种情况下，你的债券价格已经上涨或下跌了，在计算你的投资收益率时都需要包括进来。

3. 如果你购买一个息票债券，当期收益率和到期收益率都不是你因在一个特定的时段内持有债券会获得的收益率的好的指标，因为它们均未考虑你的资本利得或损失。

利率风险和到期日

我们已经看到，现有债券的持有者在市场利率上升时会遭受资本损失。经济学家将一项金融资产的价格因市场利率的变化而波动的风险称为**利率风险**（interest-rate risk）。但是，所有债券都均等地受到利率风险的影响吗？我们会预期，与距到期日年数较多的债券相比，距到期日年数较少的债券会受到市场利率变化较小的影响。其经济推理是：直到债券到期之前的年数越多，债券买方潜在地收到低于市场息票率的年数就越多，因而，买方愿意支付的价格就越低。

表 3—2 显示，债券价格的运算证实了这一推理。假定在年初，你为一个面值为 1 000 美元、息票率为 6% 的债券支付了 1 000 美元。假定在年末，类似债券的到期收益率已经上升到了 10%。在假定你购买的债券具有不同的到期日的情况下，表 3—2 展示了你的收益率。例如，最上面的一行显示，如果你购买了 1 年期债券，你的收益率等于 6% 的当期收益率。你持有 1 年期债券 1 年并在到期日收到 1 000 美元的面值，因此，市场利率变化并没有影响你。第二行显示，如果你的债券的到期日是 2 年，你会承担大于当期收益率的资本损失，因此，你的收益率将是负的。剩下的各行显示，你的债券的到期日越长，你的收益就越低（更大的负数）。对 50 年的到期日而言，你在拥有债券的第一年的收益率将是 -33.7%。

表 3—2　　　　　　　　　　　　到期日在拥有债券的第一年对利率风险的影响

距到期日的年数	当期收益率（%）	初始价格（美元）	年末价格（美元）	资本利得或损失率（%）	该年的收益率（%）
1	6	1 000	1 000	0	6
2	6	1 000	931	−6.9	−0.9
10	6	1 000	754	−24.6	−18.6
20	6	1 000	659	−34.1	−28.1
30	6	1 000	623	−37.7	−31.7
50	6	1 000	603	−39.7	−33.7

3.6　名义利率对实际利率

在本章中，一直到现在，我们所讨论的所有利率均为**名义利率**（nominal interest rate）。也就是说，利率并没有对由价格水平变动引起的购买力的变动做出调整。事实上，通货膨胀会降低任何投资上的收益的购买力。例如，假定你购买了一个在 20 年内每年支付你 50 美元利息的面值为 1 000 美元的债券。如果你收到的美元的购买力随着时间的推移而下降，事实上，你正在将你的部分利息收入输给了通货膨胀。此外，通货膨胀还导致本金的购买力下降。例如，如果通货膨胀是每年 5%，那么 1 000 美元本金的购买力每年下跌 50 美元。

贷款人和借款人都知道通货膨胀降低了利息收入的购买力，因此，他们将其投资决策基于对购买力变动调整过的利率。这些调整过的利率被称为**实际利率**（real interest rate）。由于贷款人和借款人并不知道贷款期间**真实的**（actual）实际利率会是多少，因此，他们必须基于他们**预期**（expect）的实际利率来做出储蓄或投资决策。因此，要估计预期实际利率，储蓄者和借款人必须决定其预期的通货膨胀率是多少。预期实际利率 r 等于名义利率 i 减去预期通货膨胀率 π^e，或者说[①]：

$$r = i - \pi^e$$

需要注意的是，这一方程还意味着，名义利率等于实际利率加上预期通货膨胀率：$i = r + \pi^e$。

例如，假定你从你的当地银行取得一笔汽车贷款。你愿意支付 3% 的实际利率，且银行愿意接受这一利率。你和该银行均预期通货膨胀率会是 2%。因此，你和该银行对 5% 的贷款利率达成一致。如果真实的通货膨胀率最终是 4%，高于你和该银行所预期的会怎么样呢？在这种情况下，你最终支付的（该银行最终收到的）**真实实际利率**（actual real interest rate）等于 5%−4%=1%，这小于预期的 3% 的实际利率。由于通货膨胀率最终高于你和该银行预期的，你因支付较低的实际利率而获益，而银行因收到较低的实

---

① 要完全说明购买力变动对名义利率的影响，我们应该利用方程 $\frac{1+i}{1+\pi^e}=1+r$。重新整理各项，我们得到 $1+i=1+r+\pi^e+r\pi^e$。或者说，$r=i-\pi^e-r\pi^e$。除了这一项外，这一方程与正文中的方程是相同的。这一项的值通常是相当小的。例如，如果实际利率是 2%，预期通货膨胀率是 3%，那么 $r\pi^e=0.02\times0.03=0.000\,6$。因此，只要通货膨胀率相对比较低，正文中给出的实际利率的方程就是一个近似逼近。

际利率而受损。

我们可以通过指出真实实际利率等于名义利率减去真实通货膨胀率来予以概括。如果真实通货膨胀率**大于**（greater than）预期通货膨胀率，真实实际利率就会小于预期实际利率，在这些情况下，借款人获益，贷款人受损。如果真实通货膨胀率**小于**（less than）预期通货膨胀率，真实实际利率就会大于预期实际利率，在这些情况下，借款人受损，贷款人获益。表 3—3 给出了名义利率、预期实际利率和真实实际利率之间的重要关系。

表 3—3　　　　　名义利率、预期实际利率和真实实际利率之间的关系

预期实际利率＝名义利率－预期通货膨胀率	真实实际利率＝名义利率－真实通货膨胀率	结果
若真实通货膨胀率大于预期通货膨胀率……	真实实际利率就会小于预期实际利率	借款人获益，贷款人受损
若真实通货膨胀率小于预期通货膨胀率……	真实实际利率就会大于预期实际利率	借款人受损，贷款人获益

对整体经济而言，经济学家通常将三个月到期的美国国库券的利率作为名义利率的度量。在图 3—1 中，我们展示了从 1981 年第一季度到 2010 年第一季度这段时期的名义利率、真实实际利率和预期实际利率。为了计算真实实际利率，我们用消费者价格指数的百分比变化作为真实通货膨胀率的度量。为了计算预期实际利率，我们用费城联邦储备银行对职业预测者所做的调查中报告的数据作为预期消费者价格指数的百分比变化。

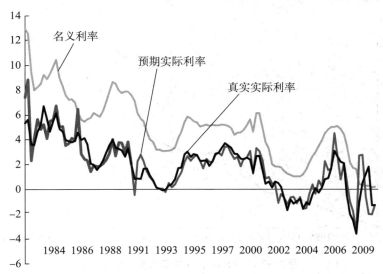

图 3—1　名义和实际利率，1981—2010 年

在该图中，名义利率是三个月的美国国库券的利率。真实实际利率是名义利率减去由消费者价格指数的变化度量的真实通货膨胀率。预期实际利率是名义利率减去由对职业预测者的调查度量的预期通货膨胀率。当美国经济在 2009 年经历通货紧缩时，实际利率高于名义利率。

资料来源：Federal Reserve Bank of St. Louis；and Federal Reserve Bank of Philadelphia.

图 3—1 显示，名义和实际利率往往一起上涨和下跌。该图还显示，真实和预期实际利率彼此间紧密跟随，这暗示着在这一时期的大部分时间里，通货膨胀率的预期都是相当准确的。需要注意的是，在某些时期，尤其是在 2007 年金融危机爆发之后，实际利率是负的。如果投资者预期在投资上会获得负的实际利率，为什么他们还会购买国库券呢？最好的解释是，在金融危机期间，投资者担心的是很多其他投资上有高的违约风险。因此，他们愿意在美国国库券上获得负的实际利率，而不是通过投资公司债券或其他更高风险的证券而冒着损失资金的风险。最后，需要注意的是，名义利率低于实际利率是可能的。要出现这一结果，通货膨胀率必须是负的，这意味着价格水平在下降而不是上升。价格水平持续的下跌被称为通货紧缩。美国在 2009 年的前十个月经历过一段时期的通货紧缩。

1997 年 1 月，美国财政部开始发行指数化债券（indexed bonds）以回应投资者对通货膨胀率对实际利率的影响的担忧。就这些被称为 TIPS（国库通货膨胀保护证券，Treasury Inflation Protection Securities）的债券而言，财政部随着由消费者价格指数度量的价格水平的上升而提高本金。TIPS 的利率保持不变，但由于其被应用于随通货膨胀而增加的本金数量，因此利率也随通货膨胀上升。例如，假定在发行时，10 年期的 TIPS 的本金是 1 000 美元，利率是 3%。如果该年的通货膨胀率是 2%，那么本金增加到 1 020 美元。3% 的利率被应用于这一更大的本金数量，因此，投资者实际上在利息上会收到 0.03×1 020 美元＝30.6 美元。因而，投资者在他或她的初始投资上会收到的真实利率是 3.06%。[1] 如果价格水平随通货紧缩而下降，TIPS 的本金会减少。

图 3—2 将 TIPS 的价值表示为占所有美国国库债券价值的百分比。直到 2009 年之前，TIPS 在所有国库债券中的份额稳步增长。2009 年大量的联邦预算赤字意味着财政部

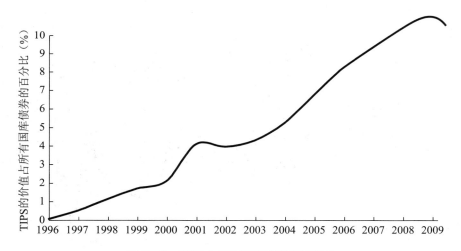

图 3—2　TIPS 占所有国库债券的百分比

直到 2009 年之前，TIPS 占所有美国国库债券的百分比一直在上升。

资料来源：U. S. Treasury, Treasury Bulletin, various issues.

---

[1]　注意这一计算略有简化，因为实际上财政部每个月都会根据通货膨胀调整 TIPS 的本金，但六个月才会为 TIPS 支付一次利息。

不得不出售超过 1.7 万亿美元的新增证券。虽然 TIPS 的总值上升了，但其占所有国库债券价值的百分比却变得较小。

回答关键问题

续第 52 页

在本章开始的时候，我们提出了如下问题：

"为什么利率和金融证券的价格是反向变动的？"

我们在本章已经看到，一项金融证券的价格等于投资者从拥有证券中会获得的支付的现值。当利率上升时，现值下降；当利率下降时，现值上升。因此，利率和金融证券的价格应该反向变动。

在进入下一章之前，阅读下面的**政策透视**，分析 2010 年的债券市场。

政策透视：更高的利率增加了息票，减少了资本利得

《华尔街日报》

剪息票：平静地面对公司债券市场

ⓐ公司债券市场最近躁动不安，因为对欧洲的政府债务违约的担心令投资者再次担心风险。但对于 **2009 年成为有史以来最佳年份的市场来说，这只是一次短暂的中止：债券价格和债务发行这个月都已经出现了飙升。**

2008 年的大溃败极大地伤害了公司债券，2009 年的复苏使其返回到接近于其历史情况。随着好赚的钱基本成为过去，投资者在购买债券之前必须考虑很多问题——既包括宏观经济问题，也包括公司特有的问题。

ⓑ就债券而言，影响最大的通常是利率。**不断上升的利率会压低债券价格，从而利率的大幅上升会将 2010 年变为另一场债券市场溃败。但大部分债券经理认为，直到今年末之前，大的利率变动不太可能。**

相反，他们将过去两个月视为今年怎样预期的好的指示器：**投资者在价格不稳定时期很可能会"剪息票"。这意味着，收益将基于债券支付的利率，而不是债券内在价值大的变动。**

……风险最高的债券在 2008 年损失最为惨重并在 2009 年获利最为丰厚。投资级债券在 2009 年获利 18.7％，而投机级，或"垃圾"债券的回报率是 57.5％……

当支撑了公司信用市场的对全球主权债务市场的担忧导致投资者撤资时，这一恢复在今年 1 月份达到了顶点。在 2 月份的两周的时间里，高收益债券共同基金市场出现了 19 亿美元的资金外流，而且新的债券发行也惨不忍睹。

自此以后，市场重新站稳……债券收益率有些许下降，推高了价格，公司再次进入债券市场。

ⓒ在 **2008 年末和 2009 年初的惨淡时期，债券价格因为对违约的担心而一文不值。投资者担心随着经济的收缩，很多公司会无法继续支付其债务的利息。**

这种担心现在对大部分债券已经不再那么有压力。相反，今年要看的一个关键指标是经济复苏，这会为公司盈利打下基础……

一种令人满意的债券看起来是较高评级的垃圾债券，这些债券免于受到最大的违约风险的影响，但却比高评级债券提供了更高的息票。另一种是中等久期的较高评级的债券。它们现在提供了与较长久期债券类似的收益率，但却非常少地暴露于不断上升的利率风险。

"现在，你承担国库债券和投资级债券的利率风险却得不到什么回报。"位于旧金山的 Osterweis Strategic Income 基金的资产组合经理 Carl Kaufman 说。

还有其他一些备受好评的垃圾债券基金。今年迄今为止被晨星（Morningstar）评为最佳基金的 USAA 高收益机会基金直到 3 月 10 日的回报是 4.55%……偏爱垃圾债券的投资者可以找到很多专注较高评级垃圾债券的不错的基金……交易所交易基金也为投资者提供了购买一种模仿更广泛的市场指数收益的基金。这就限制了来自任何单个公司违约的伤害，但也限制了获得收益的机会。

资料来源：*Wall Street Journal*，"Coupon Clipping：Playing a Calmer Corporate-Bond Market" by Michael Aneiro. Copyright 2010 by Dow Jones & Company，Inc. Reproduced with permission of Dow Jones & Company，Inc. via Copyright Clearance Center.

文中要点

虽然不断下降的价格和较高的利率使得 2008 年对公司债券市场是一个糟糕的年份，但该市场在 2009 年出现复苏。到 2010 年，投资于债券的共同基金的经理们担心利率到年末的时候会再次上升，投资者关注更多的是债券提供的利率而不是资本利得的可能性。在 2008 年和 2009 年初，债券价格下跌了，因为投资者担心疲软的经济会导致一些企业对其贷款违约。在美国经济 2009 年末和 2010 年的扩张之后出现了公司盈利反弹的希望。一些投资者喜欢购买高评级的"垃圾债券"，这些债券比高评级的公司和国库债券提供了更高的息票率和相对低的违约风险。中等久期的公司债券也受到那些担心不断上升的利率会使得更长到期日的债券吸引力下降的投资者的喜爱。

新闻解读

ⓐ2010 年初，投资者担心欧洲可能的政府债务违约的影响。正值公司债券价格和债务发行在 2010 年的第一个月上升之时，希腊政府寻求来自欧盟的金融援助。

ⓑ投资债券的共同基金的经理们预期，如果他们对 2010 年较高的利率的预期得以实现，市场的上涨会是很短暂的。正如这一章所解释的，随着利率的上升，债券价格下跌。下表说明了为什么是这样的。美国财政部向投资者出售国库券、国库票据和国库债券以筹集平衡联邦预算赤字所需的资金。下表展示了 1998 年 12 月和 2010 年 4 月举行的新国库券拍卖的结果。国库券是不向买方提供息票支付的贴现债券。买方支付一个小于其在到期日会收到的面值的价格。表中的价格是按每 100 美元所支付的金额来说明的。1998年 12 月支付的价格比国库券的面值低 4.353 美元。这表示利率是 4.6%。2010 年 4 月支付的价格大约只是比面值小 0.49 美元，这表示利率只有 0.5%。虽然 2010 年初的利率很低，但很多投资者预期在该年的后半部分会上升。较高的利率意味着新债券较高的息票支付，但较低的债券价格会减少资本利得的机会。

美国财政部 1 年期国库券拍卖的结果

发行日	1998 年 12 月	2010 年 4 月
价格	95.647 美元	99.509 61 美元
利息	4.353 美元	0.490 39 美元
利率	4.6%	0.5%

资料来源：Department of the Treasury, Bureau of the Public Debt, www. publicdebt. treas. gov.

ⓒ在 2008 年和 2009 年初，债券价格下跌了，因为投资者担心低迷的美国经济提高了一些公司违约并停止对其债券支付利息的风险。正如本章所解释的，贷款收取利率的原因之一是补偿违约风险。这一风险在金融危机和 2007—2009 年的经济衰退期间急剧上升。实际 GDP 在 2009 年的第三季度和第四季度分别增长了 2.2% 和 5.6%，这是经济正在复苏的一种迹象。违约风险下降了，公司的盈利前景在 2010 年改善了。

严肃思考

1. 本章列举了对贷款支付利率的三个原因。这三个原因中的哪一个导致了债券利率从 2008 年到 2009 年的下跌？

2. 假定 1 年期国库券拍卖的结果是每 100 美元面值的价格是 92 美元。计算这些国库券的买方收到的利率。

本章小结和问题

关键术语和概念

资本利得	贴现	现值
资本损失	股权	收益率
复利	金融套利	实际利率
息票债券	固定收益资产	收益
信用市场工具	固定支付贷款	简易贷款
债务工具	终值	货币的时间价值
通货紧缩	利率风险	到期收益率
贴现债券	名义利率	

3.1 利率、现值和终值

解释利率如何将现值和终值联系起来。

小结

贷款人对贷款收取利率的主要原因是为了补偿（1）通货膨胀，（2）违约风险，和（3）等待花费被贷出资金的机会成本。大部分的金融交易都与未来的支付有关。随着时间的推移，因储蓄积累而获得利息上的利息的过程就是我们熟知的**复利**过程。**终值**是现在做出的一项投资在某一未来时间的价值。**现值**是未来会收到的资金在现在的价值。我们利用贴现来计算现值。经济学家将支付的价值因何时收到支付而变化的情形称为**货币的时间价值**。一项金融资产的价格等于从拥有该资产中会收到的支付的现值。我们可以将这一关键事实应用于确定**债务工具**的价格，债务工具也被称为**信用市场工具**，或**固定收益资产**。

复习题

1.1　贷款人对贷款收取利息的主要原因是什么？

1.2　给出一个要求未来支付的金融交易的例子。

1.3　如果你在每年支付 3% 的利率的银行存单上存入 1 000 美元，那么两年之后你会有多少？

1.4　如果利率是 10%，那么一年后会收到的 1 200 美元的现值是多少？

1.5　定义下列各项：

　　a. 货币的时间价值；

　　b. 现值；

　　c. 贴现。

1.6　金融资产的价格与从拥有该资产中会收到的支付之间的关系是怎样的？

问题和应用

1.7　犹他大学的经济史学家 Norman Jones 曾描述过古希腊哲学家亚里士多德关于利息的观点：

　　　　亚里士多德将货币定义为通过使用而被消费的一种商品。不像那些不会因被使用而受损的房屋和土地，货币要被使用就必须被花费。因此，正如我们不能租赁食物，我们也不能租赁货币。此外，货币也不会繁殖。房屋或牲畜通过使用可以产生新的价值，因此，在其使用上要求回报是合理的。货币是不会繁衍的，因而不应被预期会产生额外的价值，因此，利息是不合乎自然的。

　　　　亚里士多德认为货币"不会繁衍"是什么意思？为什么货币不会繁衍意味着贷款人不应对贷款收取利息？你同意亚里士多德的推理吗？简要解释。

　　资料来源：Norman Jones, "Usury," EH. Net Encyclopedia, edited by Robert Whaples, February 10, 2008, http://eh.net/encyclopedia/article/jones.usury.

1.8　【与第 55 页的**解决问题** 3.1A 有关】假定你在考虑将 1 000 美元投资于下述银行存单之一：

●　存单 1，三年内每年支付 5% 的利率；

●　存单 2，第一年支付 8% 的利率，第二年支付 5% 的利率，第三年支付 3% 的利率。

你应该选择哪一种存单？

1.9　【与第 55 页的**解决问题** 3.1A 有关】再看一下解决问题 3.1A，如果第二种存单前两年支付 1% 的利率，第三年支付 10% 的利率，答案会变化吗？简要解释。

1.10　【与第 55 页的**解决问题** 3.1A 有关】在这个问题中，假定除了在解决问题 3.1A 中所描述的那两种存单外，我们还有你可以投资的第三种存单——前两年支付 3% 的利率，第三年支付 7% 的利率。这一投资的终值与其他两种投资相比怎么样？哪一种是最好的投资？

1.11　【与第 58 页的**解决问题** 3.1B 有关】2010 年，Aroldis Chapman，一位曾从古巴叛逃的棒球运动员，与辛辛那提 Reds 队签署了一份合约。棒球作家 Keith Law 作了如下描述：

　　　　Reds 队把协议的支付大量地向后延迟了，Chapman 在 2010 年只能赚到 100 万美元，全部的 3 000 万美元在随后的 10 年付清。对运动员来说，这并不是一个好的薪资结构，因为现在的 1 美元比明年的 1 美元价值更大……

　　a. 为什么现在的 1 美元比明年的 1 美元价值更大？

　　b. Chapman 的合约的一项条款要求 Reds 队在 2013 年支付给他 500 万美元。假定利率是 10%，Chapman 在 2013 年末会收到的 500 万美元的支付在 2010 年初的现值是多少？

　　资料来源：Keith Law, "Chapman Deal Cincy's Gain, MLB's Blunder," espn.com, January 11, 2010.

1.12 【与第58页的**解决问题**3.1B有关】2010年初，报纸报道说，NBA超级巨星科比·布莱恩特已经签署了一份对其现有合约的续约。在合约的续约下，其薪水在未来几年的情况如下：

2012赛季末：25 244 000美元

2013赛季末：27 849 000美元

2014赛季末：30 453 000美元

为简单起见，假定2012赛季末的薪水从科比·布莱恩特签署合约时的两年后一次付清，2013赛季末的薪水会在三年后收到，2014赛季末的薪水会在四年后收到。报纸报道说，续约的价值是8 500万美元。这是否正确？简要解释。

3.2 债务工具及其价格

区别不同的债务工具并理解其价格是如何决定的。

小结

存在四种基本的债务工具类别：简易贷款、贴现债券、息票债券和固定支付贷款。就**简易贷款**而言，借款人从贷款人那里收到被称为本金的一定数量的资金，并同意在贷款到期时的某一特定日期偿还贷款人本金加上利息。就**贴现债券**而言，借款人在到期日支付给贷款人被称为面值的一定数量，但在开始的时候收到的小于面值。发行**息票债券**的借款人在规定的时间间隔内进行息票形式的利息支付并在到期日偿还面值。就**固定支付贷款**而言，借款人向贷款人进行定期的支付。支付是等量的且同时包括利息和本金。

复习题

2.1 债务工具与股权之间的区别是什么？

2.2 定义并简要解释下列各项：

a. 面值；

b. 息票；

c. 息票率；

d. 当期收益率；

e. 到期日。

2.3 解释下列各项属于哪一类债务工具：

a. 汽车贷款；

b. 美国国库债券；

c. 三个月期美国国库券；

d. 抵押贷款。

问题和应用

2.4 为什么消费者在购买汽车和住房时通常更喜欢固定支付贷款而不是简易贷款？

2.5 【与第62页的**联系实际**有关】什么是STRIPS？为什么STRIPS被创造出来？STRIPS的目的是满足什么需要？

2.6 当公司要借入长期资金时，为什么它们更喜欢以息票债券的形式借款，而不是以固定支付贷款的形式借款？

3.3 债券价格与到期收益率

解释债券的到期收益率与其价格之间的关系。

小结

债券或其他金融证券的价格应该等于投资者从拥有该证券中会收到的支付的现值。**到期收益率**使得来自一项资产的支付的现值与该资产现在的价格相等。当金融市场参与者提到一项资产的利率时，他们通常指的是到期收益率。息票债券的到期收益率使得每年的息票支付和最终的面值支付的现值与该债券的价格相等。对简易贷款而言，到期收益率与贷款上规定的利率是相同的。贴现债券的到期收益率是使得当前的购买价格与未来支付的现值相等的利率。固定支付贷款上的到期收益率使得贷款支付的现值与初始的贷款数量相等。

复习题

3.1　什么是到期收益率？为什么到期收益率与息票率相比是对债券利率更好的度量？

3.2　写出一个说明息票债券价格、息票支付、面值和到期收益率之间关系的表达式。

3.3　写出一个说明简易贷款的借款数量、要求的贷款支付和到期收益率之间关系的表达式。

3.4　写出一个说明贴现债券价格、债券面值和到期收益率之间关系的表达式。

3.5　写出一个说明固定支付贷款的借款数量、贷款的支付和到期收益率之间关系的表达式。

问题和应用

3.6　假定利率是 10％。简要解释你是更喜欢收到（a）从现在开始一年后的 75 美元，（b）从现在开始两年后的 85 美元，还是（c）从现在开始三年后的 90 美元？如果利率是 20％，你的答案会变化吗？

3.7　假定你在考虑订阅 *Economist Analyst Today* 杂志。该杂志的广告说一年的订阅费是 60 美元，或两年的订阅费是 115 美元。你打算至少两年内一直得到该杂志。该广告表明，与购买两个连续的一年期订阅相比，两年期订阅为你节省了 5 美元。如果利率是 10％，你应该订阅一年还是两年的？（假定从现在开始一年后的一年期订阅费还是 60 美元。）

3.8　考虑一个两年期贴现债券的情形——即不支付息票，两年而不是一年之后支付其面值的债券。假定债券的面值是 1 000 美元，价格是 870 美元。债券的到期收益率是多少？（在这个案例中，提供一个数字答案，而不是只写出恰当的方程式。）

3.9　【与第 65 页的**解决问题 3.2** 有关】对于下列各种情形，写出计算到期收益率所需的方程式。你不必求解方程中的 i，只写出恰当的方程式即可。

　a.　一笔 350 000 美元的简易贷款，要求五年后支付 475 000 美元。

　b.　一个贴现债券，价格是 720 美元，面值是 1 000 美元，5 年后到期。

　c.　一个公司债券，面值是 1 000 美元，价格是 950 美元，息票率是 8％，到期日是 6 年。

　d.　一笔 4 000 美元的学生贷款，要求在 20 年内每年支付 275 美元。支付在三年后开始。

3.10　考虑一个以 450 美元的初始价格出售的 1 000 美元面值的债券。该债券在前 10 年并不支付息票，接着，在剩下的 20 年中支付 6.25％的息票。写出一个说明债券价格、息票（以美元数量表示）和到期收益率之间关系的方程式。你不必说明表达式中的每一项，但要确保说明了足够多的项以展示你理解了该关系。

3.11　假定作为允许一条路通过其农场的交换条件，George Pequod 每年从他居住的小镇获得 135 美元的支付。他已经得到承诺：他和未来的土地所有者会永久性地得到这一支付。然而，现在，小镇提供了以下方案，他也接受了：一次性支付 1 125 美元以交换他放弃每年收到 135 美元支付的权利。George 和小镇在达成这一解决方案时所使用的隐含的利率是多少？

3.12　很多退休的人会购买年金。就年金而言，储蓄者支付给诸如伯克希尔·哈撒韦保险公司或西北共同保险公司之类的保险公司一笔一次性的金额，以交换该公司承诺直到储蓄者死亡之前每年支付一定的金额。就普通年金而言，当买方死亡时，不存在对他或她的继承人的最后一次支付。

假定在 65 岁的时候，David Alexander 为一笔年金支付了 100 000 美元，该年金承诺，在其生命的剩余年份里，每年支付给他 10 000 美元。

　　a. 如果 David 在购买了年金后，过了 20 年死去，写出一个使得你可以计算 David 在其年金上收到的利率的方程式。

　　b. 如果 David 在购买了年金后，过了 40 年死去，利率会高于还是低于如果他在 20 年后死去时的利率？简要解释。

3.4　债券价格与债券收益率之间的反向关系

理解债券价格与债券收益率之间的反向关系。

小结

　　公司和政府发行的息票债券通常有 30 年的到期日并在二级市场上交易活跃。一旦债券第一次被出售之后，发行债券的公司或政府就不再直接介入任何后续的交易中了。当市场利率上升时，新发行债券的到期收益率上升。较高的到期收益率降低了现有债券的价格。当市场利率下降时，新发行债券的到期收益率下降。较低的到期收益率提高了现有债券的价格。**金融套利**过程导致可比较证券具有相同的收益率。

复习题

4.1　债券的一级市场与二级市场之间的区别是什么？

4.2　金融证券的资本利得是什么？如果你拥有一个债券，而市场利率上升了，你会经历资本利得还是资本损失？

4.3　简要解释为什么到期收益率和债券价格反向变动？

4.4　投资者和交易者之间的区别是什么？

4.5　什么是金融套利？

问题和应用

4.6　【与本章开始的导入案例有关】一位学生问道：

　　　如果一个息票债券具有 1 000 美元的面值，我不理解为什么拥有该债券的人会以低于 1 000 美元的价格出售它。毕竟，如果拥有者持有债券直至到期，拥有者知道他或她会收到 1 000 美元，因此，为什么要以低于 1 000 美元的价格出售呢？

　　回答该学生的问题。

4.7　下述来自 2010 年 1 月 15 日收盘时的信息是关于面值为 1 000 美元、到期日在 2012 年 10 月 22 日的 IBM 债券的：

息票率：5.050%

价格：1 096.20 美元

到期收益率：2.101%

　　a. 该债券的当期收益率是多少？

　　b. 为什么该债券的到期收益率小于其息票率？

4.8　福特汽车公司曾发行过到期日在 2046 年 11 月 1 日、息票率为 7.4% 的债券以及到期日在 2047 年 2 月 15 日、息票率为 9.80% 的息票债券。为什么福特会发行息票为 74 美元的债券，接着在一年多之后又发行息票为 98 美元的债券？为什么该公司不继续发行具有较低息票的债券？

4.9　【与第 68 页的**联系实际**有关】2009 年初，《纽约时报》上的一篇文章评论道："若无对劣质资产的治愈，正在拖累经济的信贷危机就会挥之不去，因为银行无法恢复重启商业之轮所必需的充足的贷款。"文章中所说的银行有"劣质资产"问题的意思是什么？为什么银行的"充足的贷款"对于"重启商业之轮"是必不可少的？

资料来源：Steve Lohr, "Ailing Banks May Require More Aid to Keep Solvent," *New York Times*, February 13, 2009.

4.10 【与第 70 页的**联系实际**有关】考虑下述关于两种美国国库债券的信息：

	到期日	息票率（%）	买入价	卖出价	变动	卖出收益率（%）
债券 A	2018 - 11 - 15	3.375	100：26	100：27	+1	2.26
债券 B	2018 - 11 - 15	4.750	101：29	101：30	+1	2.26

简要解释具有相同到期收益率的两种债券怎么会有不同的价格。

4.11 考虑下述分析：

债券价格的上涨和下跌与其到期收益率或利率之间有直接的反向关系。随着价格的上涨，收益率下降，反之亦然。例如，一个面值 1 000 美元的债券也许有规定的年收益率——8% 的息票率，这意味着，债券每年向债券持有者支付 80 美元。如果该债券以 870 美元的价格买入，实际的到期收益率是 9.2%（870 美元本金上的 80 美元的年利息）。

你同意这一分析吗？简要解释。

3.5 利率和收益率

解释利率和收益率之间的区别。

小结

你在一项投资上获得的利率和**收益率**之间存在差异，收益率等于当期收益率加上资本利得率。由于市场利率上升会导致现有债券持有者的资本损失，债券的收益率在一个特定时期会是负的。**利率风险**指的是金融资产的价格会因市场利率的变化而波动的风险。债券的到期日越长，其对利率风险的暴露越大。

复习题

5.1 息票债券的到期收益率与收益率之间的区别是什么？

5.2 什么是利率风险？为什么具有较长到期日的债券比具有较短到期日的债券有更大的利率风险？

问题和应用

5.3 假定你以 950 美元的价格购买了一个 10 年期的面值为 1 000 美元、息票率为 4% 的国库债券。如果你在一年后以 1 150 美元的价格卖出了债券，那么你在这一年的持有期的收益率是多少？

5.4 2009 年 10 月，Bay Area Toll Authority 发行了 13 亿美元的具有 40 年到期日的债券来筹集资金以修补旧金山——奥克兰海湾大桥。只有那些足够年轻从而预期在 40 年后债券到期时还会活着的投资者才会对这些债券感兴趣吗？如果市场利率上升，这些债券会是相当好的投资还是相当差的投资？

资料来源：Ianthe Jeanne Dugan, "Build America Pays Off on Wall Street," *Wall Street Journal*, March 10, 2010.

5.5 假定在 2011 年 1 月 1 日，你购买了一个具有下述特征的息票债券：

面值：1 000 美元

息票率：$8\frac{3}{8}$

当期收益率：7.5%

到期日：2015

如果该债券在 2012 年 1 月 1 日的售价是 850 美元，那么在 2011 日历年的持有期中，你在该债券上的收益率是多少？

5.6 假定在市场利率为 6％时你刚好购买了一个息票率为 6％的 4 年期的面值为 1 000 美元的息票债券。一年后，市场利率下降到 4％。这一年你在债券上获得的收益率是多少？

5.7 假定你正在考虑投资于一种具有 1 000 美元的面值和 6％的息票率的 4 年期债券。

a. 如果类似债券上的市场利率是 6％，那么该债券的价格是多少？该债券的当期收益率是多少？

b. 假定你购买了该债券，第二天类似债券上的市场利率下降到了 5％。你的债券的价格现在会是多少？其当期收益率会是多少？

c. 现在，假定自从你购买该债券以来，一年已经过去了，你已经收到了第一次息票支付。另一位投资者现在愿意为该债券支付多少？你在该债券上的总收益是多少？如果另一位投资者在一年前已经按照你在（b）中计算的价格购买了该债券，那位投资者的总收益是多少？

d. 现在，假定自从你购买该债券以来，两年已经过去了，你已经收到了前两次息票支付。这时，类似债券的市场利率未预期到地上升至 10％，另一位投资者会愿意为你的债券支付多少？债券的当期收益率在下一年会是多少？假定另一位投资者已经按照你在（c）中计算的价格购买了该债券。那位投资者在过去一年中的总收益是多少？

3.6 名义利率对实际利率

解释名义利率与实际利率之间的区别。

小结

债券和贷款规定的利率被称为**名义利率**，因其未对购买力的变动做出调整。**实际利率**对购买力的变动做出调整。预期实际利率等于名义利率减去预期通货膨胀率。真实实际利率等于名义利率减去真实通货膨胀率。当真实通货膨胀率超过预期通货膨胀率时，借款人相对于贷款人获益，当预期通货膨胀率超过真实通货膨胀率时，借款人受损。自 1997 年开始，美国财政部一直在发行被称为 TIPS（国库通货膨胀保护证券）的指数化债券。财政部随价格水平的上升而提高 TIPS 证券的本金。

复习题

6.1 贷款的名义利率与实际利率之间的区别是什么？

6.2 真实实际利率与预期实际利率之间的区别是什么？

6.3 什么是通货紧缩？如果借款人和贷款人预期通货紧缩，名义利率会高于还是低于预期实际利率？简要解释。

6.4 什么是 TIPS？

问题和应用

6.5 假定你正打算借入 15 000 美元四年来购买一辆新汽车。简要解释你更喜欢处于下列情形中的哪一种：

a. 你的贷款利率是 10％，你预期年通货膨胀在随后四年中平均为 8％。

b. 你的贷款利率是 6％，你预期年通货膨胀在随后四年中平均为 2％。

6.6 为什么真实实际利率不同于预期实际利率？对你来说，这一可能的差别在你考虑发放一笔 1 年后还回的贷款还是一笔 10 年后还回的贷款时会是更为关注的？

6.7 在 19 世纪末的几十年里，美国的价格水平下降了。这很可能是帮助了还是伤害了那些借款来购买土地的美国农场主？你的答案取决于价格水平下降被预期到还是未被预期到吗？简要解释。

6.8　假定在 2012 年 1 月 1 日，一年期国库券的价格是 970.87 美元。投资者预期通货膨胀率在 2010 年会是 2%，但在该年末，通货膨胀率最终是 1%。国库券的名义利率（以到期收益率衡量）、预期实际利率和真实实际利率分别是多少？

6.9　《华尔街日报》上的一篇文章包含如下内容：

> 如报告所指出的，美国国库债券的价格在星期四上涨了……减轻了价格压力。位于纽约的瑞士信贷（Credit Suisse）的一位利率策略分析师 Ira Jersey 说道，这"看起来好像对通货膨胀的担心正在消失"。

简要解释为什么投资者预期通货膨胀较低时，国库债券的价格会上涨？

资料来源：Deborah Lynn Blumberg, "Treasury Prices Rise on New Data," *Wall Street Journal*, September 5，2008.

数据练习

D3.1　登录 Bloomberg.com 网站并向下滚动到债券部分。10 年期美国国库债券的当前价格和收益率是多少？30 年期美国国库债券的当前价格和收益率是多少？

第 4 章　利率的决定

学习目标

学完本章之后，你应该能够：

4.1　讨论在构建一个投资组合时最重要的因素

4.2　利用供求模型确定债券的市场利率

4.3　利用债券市场模型解释利率的变动

4.4　利用可贷资金模型分析国际资本市场

如果通货膨胀上升，债券还是一项好的投资吗？

史蒂芬斯有限公司（Stephens, Inc.）是位于阿肯色州小石城的一家金融服务企业。2009 年末，负责为公司买卖债券的比尔·特德福德（Bill Tedford）预测通货膨胀率将会从 2009 年的不到 1％上升到 2011 年的 5％。他建议投资者不要购买债券，因为债券的价格会随着通货膨胀率的上升而下降。事实上，2009—2010 年间的债券价格行为让很多金融分析师困惑不解。例如，从 1980 年到 2009 年间，10 年期美国国库票据的平均利率是 7.2％。而在 2010 年 9 月，这一利率仅为 2.7％，或者说还不到过去 30 年间其平均水平的一半。类似地，在相同的时期内，由财务稳健的大公司发行的债券的平均利率是 8.4％。而在 2010 年 9 月末，这一利率仅为 4.5％。正如我们在第 3 章所看到的，市场利率的上升会导致现有债券价格的下降。因此，如果国债和公司债券的利率上升到其历史平均水平，债券投资者就会遭受明显的资本损失。很多金融咨询师警告投资者不要购买风险可能会很高的债券就不足为奇了。

为什么债券的利率在 2010 年如此之低呢？我们从第 2 章了解到，随着美国经济从 2007—2009 年的经济衰退中开始复苏，一些观察家预期联储的政策将导致高的通胀率。正如比尔·特德福德和其他金融分析师所预测的，如果通胀率的确上升了，为什么债券的价格会下降呢？在投资者决定应该投资于何种金融资产时，他们一直在问这些问题。投资者应该如何回答这类问题呢？更一般地说，当做投资决策时，投资者应该如何考虑通胀预期以及诸如风险和信息成本之类的因素呢？

第 114 页的政策透视将讨论 2010 年的利率变动。

资料来源：Jeff D. Opdyke，"A Survey Bond Man Bets on Rising Inflation," *Wall Street Journal*，December 26，2009.

关键议题和问题

在第 1 章的结尾，我们指出，始于 2007 年的金融危机提出了关于金融体系的一系列重要问题。在回答这些问题的时候，我们将讨论金融体系的一些非常重要的方面。下面是本章的关键议题和问题：

议题：联储应对 2007—2009 年的经济衰退的政策引起了部分经济学家预测通胀会上升并使得长期债券成为一项糟糕的投资。

问题：在做投资决策时，投资者是如何将预期通货膨胀和其他因素考虑进去的？

在第 114 页回答

在第 3 章，我们已经了解了如何度量利率以及投资者从哪里可以找到关于利率的信息。在本章，我们将讨论储蓄者如何决定将财富配置于各种替代资产上，如股票和债券。我们也会进一步地分析债券市场并指出，与其他市场一样，均衡的债券价格和利率取决于决定需求和供给的那些因素。

4.1　如何构建一个投资组合

存在很多可供投资者选择的资产，从基本的银行支票和储蓄账户到股票和债券，再到复杂的金融证券。在构建一个投资组合时，投资者应该遵循什么原则呢？我们先考察投资者的目标。你可能会认为投资者会试图获得其投资的尽可能高的收益率。然而，假定你有机会选择一项投资，你预期该投资会获得 10% 的收益率，同时，你认为该投资存在很大的可能性获得 -5% 的收益率。与另一项你认为收益率会是 5% 但不存在负收益率的可能性的投资相比，你会选择第一项投资吗？你有 1 000 美元与你有 100 万美元相比，你的答案会有所不同吗？你 20 岁时与你 60 岁时相比，你的答案会有所不同吗？

组合选择的决定因素

不同的投资者对刚才提出的问题会给出不同的答案。构建一个投资组合有很多种方法。即使收入、财富和年龄相同的投资者通常也会拥有非常不同的投资组合。投资者评价不同的投资组合时有五个基本的标准。这些**投资组合选择的决定因素**（determinants of portfolio choice），有时也被称为**资产需求的决定因素**（determinants of asset demand）是：

1. 储蓄者的**财富**（wealth）或被分配于各种投资的储蓄的总额
2. 一项投资与其他投资相比的**预期收益率**（expected rate of return）
3. 一项投资与其他投资相比的**风险**（risk）程度
4. 一项投资与其他投资相比的**流动性**（liquidity）
5. 一项投资与其他投资相比的**信息获取成本**（cost of acquiring information）

我们现在逐一考察这些决定因素。

财富

回忆一下收入和财富是不同的。**收入**（income）是一个人在一个特定时期（如一年）所赚到的钱。另一方面，财富是一个人拥有的资产（如股票和债券）的总价值减去一个人所欠的所有负债（如贷款或其他债务）的总价值。随着一个人的财富的增长，我们预期这个人的金融投资组合的规模会上升，但不是等比例地增加各种资产。例如，当你刚从大学毕业的时候，你不太可能拥有大量财富，你拥有的唯一的金融资产可能是支票账户中的 500 美元。一旦你找到一份工作，你的财富开始增长，你的支票账户中的金额可能不会增加很多，但你可能会购买一份银行存单和一些货币市场共同基金的份额。随着你的财富继续增长，你也许会开始购买个人的股票和债券。然而，一般而言，当我们把金融市场视为一个整体时，我们可以假定财富的增长会增加对大多数金融资产的需求量。

预期收益率

给定你的财富，你如何决定将哪一项资产加入你的投资组合？你很可能想投资于收益率高的资产。然而，正如我们在第 3 章所看到的，一个特定持有期的收益率包括资本利得率，而资本利得率是只能在期末计算的。假定你正在考虑投资于当前价格为 950 美元、息票率为 8％的 IBM 公司的债券。你知道你在这一年中会收到 80 美元的息票支付，但你不知道 IBM 公司的债券在年末的价格是多少，因此，你不能提前计算你的收益率。然而，你可以计算一个**预期收益率**（我们将其简称为**预期收益**）。

为了保持例子简单，假定你认为到年末的时候只会出现两种可能性：（1）债券的价格是 1 016.50 美元，在这种情况下，你会获得 7％的资本利得率以及 8％＋7％＝15％的收益率；或者（2）债券的价格是 921.50 美元，在这种情况下，你会遭受−3％的资本损失，收益率为 8％−3％＝5％。一个事件发生的概率是事件会出现的可能性，表示为一个百分比。在这个例子中，我们假定你认为两种价格出现的概率均为 50％。一般而言，我们使用下面的公式计算一项投资的预期收益：

$$\text{预期收益}=[(\text{事件 1 出现的概率})＋(\text{事件 1 的值})]$$
$$＋[(\text{事件 2 出现的概率})＋(\text{事件 2 的值})]$$

这一公式可以扩展到考虑投资者认为相关的所有事件。在这个例子中，应用这个公式可以得到：

$$预期收益=0.50×15\%+0.50×5\%=10\%$$

想象预期收益的一种方法是作为长期平均。也就是说，如果你投资于这种债券若干年，你对两种可能的收益率发生的概率的判断是正确的，那么在一半的年份里，你会得到一个15%的收益率，而在另一半的年份里，你会得到一个5%的收益率。因此，平均而言，你的收益率会是10%。当然，这是一个简化的例子，因为我们假定只存在两种可能的收益率，而现实中很可能存在很多种收益率。我们还假定对每一个收益率赋予准确的概率是可能的，而实际中通常是很难做到的。然而，这个例子捕捉到了在金融资产间做决策时的基本思想：投资者需要考虑可能的收益率以及这些收益率发生的概率。

风险

现在假定你正在选择是投资于刚才描述的IBM债券还是投资于你认为有50%的概率获得12%的收益、有50%的概率获得8%的收益的GE债券。GE债券的预期收益是

$$0.50×12\%+0.50×8\%=10\%$$

或者说与IBM债券的预期收益是相同的。虽然预期收益都是相同的，但大多数投资者会更喜欢GE债券，因为IBM债券具有更大的风险。迄今为止，我们已经提到过违约风险和利率风险，但经济学家对风险有一个包括这些以及其他类型的风险的一般定义：风险是一项资产的收益的不确定性程度。特别是，获得一个距离资产的预期收益很远的收益的可能性越大，资产的风险越大。在这两种债券的例子中，IBM债券具有较大的风险，因为投资者可以预期到获得的收益要么高于预期收益5个百分点，要么低于预期收益5个百分点，而投资于GE债券的投资者可以预期到获得的收益只是高于或低于预期收益2个百分点。为了提供一种准确的风险度量，经济学家通过计算一项资产的实际收益若干年内的标准差来度量一项资产收益的波动性。如果你上过统计学课程，回忆起标准差是对一组特定的数的分散程度的一种度量。

大多数投资者都是**风险厌恶的**（risk averse），风险厌恶意味着，在具有相同收益的两种资产中做选择时，投资者会选择具有较低风险的资产。只有当借助获得较高的收益得到补偿时，风险厌恶的投资者才会投资于存在较大风险的资产。由于大多数投资者都是风险厌恶的，在金融市场中，**我们遵循风险和收益之间的权衡**（trade-off between risk and return）。例如，诸如银行存单之类的资产收益率低，但风险也低，而诸如股票份额之类的资产收益高，但风险也高。关于投资者通常是风险厌恶的是有道理的，因为很多个人购买金融资产作为储蓄计划的一部分来满足未来的支出，如买房、支付孩子的大学学费或为退休准备足够的资金。他们希望避免在他们正需要资金的时候资产价值下降。

一些投资者实际上是**风险喜好的**（risk loving），风险喜好意味着投资者更喜欢通过持有一项具有最大化收益的可能性的高风险资产而实现孤注一掷的冒险。在我们的例子中，风险喜好的投资者会被吸引到有50%的概率获得15%的收益的IBM债券上，即使该债券也有50%的概率获得5%的收益。最后，一些投资者是风险中性的（risk neutral），风险中性意味着投资者只是基于预期收益来做投资决策，而忽略了风险。

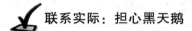 **联系实际：担心黑天鹅**

下面的表格提供了被投资者广泛拥有的四类金融资产从 1926 年到 2009 年这段时期的数据。表中的"小"公司只是就美国的股票市场而言的小。事实上，它们是相当大的，其股票份额的总值在 3 亿～20 亿美元之间。投资者是不愿意购买真正的小公司的股票的，比方说一家当地的餐馆，因为他们缺乏关于这些公司的财务状况的充分信息。"大"公司是包括在标准普尔 500 指数中的 500 家大企业，标准普尔 500 指数是最常见的价值在 100 亿美元以上的企业的平均股票价格。平均年收益率是四类资产中的每一类在这一时期的 84 个年度收益率的简单平均。风险是按年收益率的波动性来度量的，按每一类资产的年收益率在这一时期的标准差计算。

金融资产	平均年收益率（％）	风险（％）
小公司股票	17.3	33.4
大公司股票	11.7	20.6
公司债券	6.5	8.6
美国国库券	3.7	3.8

资料来源：Morningstar/Ibbotson.

表中第 2 列和第 3 列的数据说明了风险和收益之间的权衡。小公司股票的投资者在这些年中获得了最高的平均收益，但也承担了最大的风险。美国国库券的投资者获得了最低的平均收益，但也承担了最小的风险。

表中所用的风险的传统度量给予了我们关于收益率通常的波动范围的一个很好的概念。然而，有时候，远离收益率的通常范围之外的收益率也会出现。例如，在 2008 年金融危机的高潮时期，大股票的投资者遭受了 37％ 的损失。如此大的损失的概率还不到 5％。股票表现如此糟糕是因为住房市场的崩溃引爆了一场金融危机和自 20 世纪 30 年代的大萧条以来最为严重的衰退。Nassim Nicholas Taleb，一位职业投资者和纽约大学的教授，使得用**黑天鹅事件**（black swan event）这一术语指代对社会和经济造成巨大影响的罕见事件广为流行。黑天鹅事件的名称来自直到欧洲人 1697 年在澳大利亚发现黑天鹅之前，他们一直以为所有的天鹅都是白色的。因此，黑天鹅事件是令人惊讶的且有悖于之前的经验。部分经济学家把金融危机看作黑天鹅事件，因为在其发生前，几乎没有人相信这是可能的。

经济学家和投资专家开始考虑是否需要根据 2007—2009 年的金融危机修改风险的传统度量。一些经济学家认为，当投资者在资产中做选择时，他们需要同时考虑可能的收益率范围以及一个不太可能的事件发生时的损失。诸如**预期不足**（expected shortfall）或**条件预期风险**（conditional expected risk）之类的新的风险度量需要复杂的计算，但可以让投资者更好地度量其投资组合在不太可能事件发生后的风险敞口。

金融危机表明对一般投资者在构建投资组合时计算风险比大多数投资者一般认为的要困难得多。

资料来源：Nassim Nicholas Taleb，*The Black Swan：The Impact of the Highly Improbable*，2nd ed.，New York：Random House，2010. and Peng Chen，"Is Modern Portfolio Theory Obsolete?" Morningstar.com，January 15，2010.

通过做第 117 页本章末的问题和应用 1.9 来检查一下你的理解。

流动性

我们从第 2 章了解到，流动性是一项资产可以被交换为货币的难易程度。具有较高流动性的资产有助于储蓄者在时间上平滑支出或紧急提取资金。例如，如果你投资于某一类资产以满足无法预料的医疗支出，你希望如果你需要钱做手术的时候可以迅速出售这些资产。一项资产的流动性越高，该资产对投资者来说就是越想要的。在其他特征相同的情况下，与流动性低的资产相比，投资者会对流动性较高的资产接受较低的收益率。因此，正如风险和收益之间存在权衡一样，流动性和收益之间也存在权衡。你愿意对你的支票账户接受一个非常低的利率（可能是零），因为你可以立即提取这些资金。

信息获取成本

如果投资者在获取关于某些资产的信息时不必花费时间或金钱，投资者会发现这样的资产更有吸引力。例如，联邦政府发行的债券的信息是很容易获得的。每一个投资指南都会解释说联邦政府是极不可能对其债券违约的，联邦政府债券的价格和收益率很容易在《华尔街日报》或诸如雅虎财经（finance.yahoo.com）之类的网站上找到。然而，如果一家新企业发行债券，在决定投资之前，投资者必须花费时间和金钱收集和分析关于该企业的信息。

在所有其他特征相同的情况下，对于信息获取成本较低的资产，投资者会接受较低的收益率。因此，正如风险和收益之间以及流动性和收益之间存在权衡一样，在信息获取成本和收益之间也存在权衡。

我们可以概括我们关于组合选择的决定因素的讨论，即，**一项金融资产悦人心意的属性导致投资者对该资产的需求量上升，一项金融资产不受欢迎的属性导致投资者对该资产的需求量下降**。表 4—1 概括了投资组合选择的决定因素。

表 4—1	投资组合选择的决定因素	
……的上升	导致投资组合中的资产需求量……	因为……
财富	上升	投资者拥有更多的储蓄存量有待配置
一项资产相对于其他资产的预期收益	上升	投资者从持有该资产中获得更多回报
风险（即收益的可变性）	下降	大部分投资者是风险厌恶的
流动性（即一项资产可以被转换为现金的难易程度）	上升	该资产可以被轻松地转换为融通消费的现金
信息成本	下降	投资者必须花费更多的时间和金钱来获取和分析关于该资产及其收益的信息

分散化

在权衡了资产的各种属性后，投资者似乎应该以他或她认为"最优"的一项资产构成的投资组合而告终。然而，事实上，几乎所有的投资者在其投资组合中都包括了多种资产。他们这样做是因为现实世界充满了不确定性，虽然进行过透彻的分析，但投资者还是不能确定一项资产的表现会和预期的一样。为了弥补无法找到一项完美的资产，投资者通常会持有各种类型的资产，如不同企业发行的股份。将储蓄分配在很多资产上被称为**分散化**（diversification）。

投资者可以利用一个事实，即各种资产的收益通常并不是完全一起变动的。例如，你可能会拥有福特汽车公司和苹果公司的股份。在经济衰退期间，由于汽车销售量的下降，福特的股价可能会下降，然而，如果苹果公司推出了一款消费者大量购买的新的流行电子产品，虽然经济在衰退中，但苹果的股价可能会上涨。类似地，如果一种新的处方药出人意料地未能获得联邦政府的批准，制药企业默克（Merck）公司的股价可能会下降，然而，当连锁企业 Red Robin 美味肉饼（Red Robin Gourmet Burgers）公司推出一种由花椰菜和抱子甘蓝制成的肉饼并广受欢迎时，该公司的股价可能会飙升。因此，分散化的投资组合的收益比组成投资组合的个别资产的收益更为稳定。

投资者不能完全消除风险，因为各种资产共有一些被称为市场（或系统）风险的共同风险。例如，经济衰退和经济扩张可以降低和提高所有股票的收益率。在 2007—2009 年的金融危机期间，几乎没有表现好的投资。资产也带有被称为异质（或非系统）风险的自身独特的风险。例如，个别股票的价格会受到诸如科学发现、工人罢工以及不利诉讼之类的影响公司盈利能力的不可预测事件的影响。分散化可以消除异质风险但不能消除系统风险。

✓ 联系实际：在你的投资组合中，你会容忍多大的风险？

虽然所有的投资都是有风险的——经历过 2007—2009 年的金融危机的所有储蓄者都切身体会到这一点——但在构建你的投资组合时，你还是可以采取措施来理解和管理风险。金融规划人员鼓励他们的客户评估自身的金融状况及其在决定一项投资是否合意时承担风险的意愿。

对接受的风险程度作出决定的一个重要因素是你的**时间范围**（time horizon）。你储蓄用于未来几年买房的资金很可能应该投资于诸如银行存单之类的低风险资产，即使这些资产会具有低收益。如果你正在为几十年后的退休而储蓄，你可以从风险较高的投资中获得长期财富的增加，如股份，而不必关注收益的短期可变性。随着你临近退休，你接着可以转向更为保守的投资策略，以避免失去你的大部分储蓄。

下述两种典型的年纪较小者和年纪较大者的金融规划在时间范围和储蓄目标上有所不同。

	年纪较小的储蓄者	年纪较大的储蓄者
描述	年龄小于 50 岁并希望构建一个超过 10 年的金融投资组合	接近退休年龄，投资组合的资金等于或接近于退休所需资金
金融目标	通过赚取高的长期收益积累资金	保存现有资金，获得稍微高于通货膨胀率的收益
组合规划	基于最大化预期收益构建投资组合，对收益的可变性只是给予有限的关注	通过选择安全资产来获得接近于零的通胀后预期收益

最后，在评估你的储蓄计划时，你必须考虑通货膨胀和税收的影响。我们在第 3 章了解到实际和名义利率之间的重要区别。此外，联邦政府对大多数的投资收益征税，一些州和地方政府也是如此。你的**实际税后收益**（real after-tax return）可能显著不同于你的名义税前收益，这取决于具体的投资。很多投资者选择投资于股票，因为他们明白，在长期，投资于诸如美国国库券之类的安全资产只会给他们带来非常小的收益。在第 5 章，我们将进一步考察税收待遇的差别如何影响某一投资的收益。

理解风险、通货膨胀和税收如何影响你的投资可以帮助你减少对市场波动的情绪反应并作出精明的投资决策。

通过做第 117 页本章末的问题和应用 1.10 和 1.11 来检查一下你的理解。

4.2 市场利率与债券的需求和供给

我们可以利用刚刚讨论过的组合选择的决定因素来说明债券的需求和供给的相互作用如何决定市场利率。虽然你从你的经济学基础课程中应该已经熟悉了需求和供给分析，但将这一分析应用于债券市场仍存在一些困难。通常，我们在画一幅需求和供给图形时，用纵轴表示商品或服务的价格。虽然我们对债券的价格感兴趣，但我们也对其利率感兴趣。幸运的是，正如我们在第 3 章学到的，债券的价格 P 及其到期收益率 i 是由一个算术公式联系起来的，该公式是面值为 FV 且 n 年后到期的带息票支付 C 的债券的价格公式：

$$P = \frac{C}{(1+i)} + \frac{C}{(1+i)^2} + \frac{C}{(1+i)^3} + \cdots + \frac{C}{(1+i)^n} + \frac{FV}{(1+i)^n}$$

由于息票支付和面值不会改变，因此，我们一旦决定了债券市场的均衡价格，我们也就决定了均衡利率。用这一方法来说明市场利率是如何决定的，有时候也被称为**债券市场分析法**（bond market approach），我们把债券看做市场中交易的"商品"。债券市场分析法在考察影响债券需求和供给的因素如何影响利率上是最有用的。另一种方法被称为**可贷资金市场分析法**（market for loanable funds approach），把交易的资金看做商品。可贷资金分析法在考察资金需求和供给的变化如何影响利率上是最有用的。正如我们在 4.4 节将会看到的，我们可以利用可贷资金分析法来分析美国和外国金融市场之间的联系。两种分析方法事实上是等价的。像经济学的其他领域一样，我们使用哪一个模型取决于在一个特定的情形下问题的哪一个方面是最为重要的。

债券市场的需求和供给图

图4—1说明了债券市场。为简洁起见，我们假定这是一种到期面值为1000美元的1年期贴现债券的市场。图形表明，这种债券的均衡价格是960美元，均衡债券数量是5000亿美元。我们可以使用第3章中的面值为FV、按价格P出售的1年期贴现债券的公式来计算债券的利率：

$$i = \frac{FV - P}{P}$$

或者，在这个例子中：

$$i = \frac{\$1\,000 - \$960}{\$960} = 0.042，或4.2\%$$

像商品和服务市场一样，我们画出债券的需求和供给曲线，除债券的价格外，保持会影响到需求和供给的所有因素不变。债券的需求曲线表示债券价格和投资者对债券的需求量之间的关系。随着债券价格的上升，债券的利率下降，债券会变得不太受投资者欢迎，从而需求量会下降。因此，债券的需求曲线是向下倾斜的，如图4—1所示。接下来考虑债券的供给曲线。供给曲线表示债券价格与**拥有现存债券的投资者和正在考虑发行新债券的企业供给**的债券数量之间的关系。随着债券价格的上升，其利率下降，现存债券的持有人会更愿意出售债券。一些企业也会发现按较低的利率借款为项目融资变得便宜了，并会发行新的债券。由于这两个原因，债券供给量会上升。

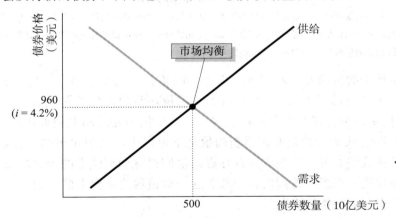

图4—1　债券市场

债券的均衡价格是在债券市场中决定的。通过决定债券的价格，债券市场也决定了债券的利率。在这个例子中，面值为1000美元的1年期贴现债券具有960美元的均衡价格，这意味着其具有4.2%的利率（i）。债券的均衡数量是5000亿美元。

像商品和服务市场一样，如果债券市场当前处于均衡状态，它会保持在那里，如果它不在均衡状态，它会移向均衡状态。例如，在图4—2中，假定当前的债券价格是980美元，高于均衡价格960美元。在这一较高的价格，需求量是4000亿美元（B点），小于均衡的需求量，而供给量是6000亿美元（C点），大于均衡的供给量。其结果是，存在等于 2 000 亿美元的超额债券供给（excess supply of bonds）。投资者正在买入当前价格下他们想买的全部数量，但一些卖方无法找到买方。这些卖方存在降低他们愿意接受的债券价格的激励，从而使得投资者购买他们的债券。这一对债券价格向下的压力会一直持续到价格下降到 960 美元的均衡价格（E 点）。

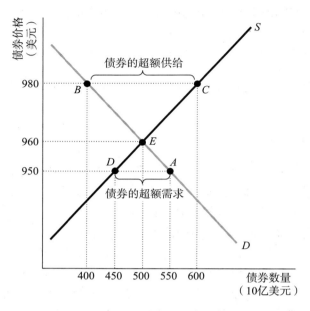

图 4—2　债券市场的均衡

在债券 960 美元的均衡价格处，投资者的债券需求量等于借款人的债券供给量。在任何高于 960 美元的价格，存在债券的超额供给，债券的价格会下降。在任何低于 960 美元的价格，存在债券的超额需求，债券的价格会上升。债券买方和卖方的行为推动债券价格回到 960 美元的均衡价格。

　　现在假定债券的价格是 950 美元，低于 960 美元的均衡价格。在这一较低的价格，需求量是 5 500 亿美元（A 点），大于均衡需求量，而均衡供给量是 4 500 亿美元（D 点），小于均衡供给量。其结果是，存在等于 1 000 亿美元的超额债券需求（excess demand for bonds）。投资者和企业在当前的价格下可以卖出其想卖出的全部数量的债券，但一些买方无法找到卖方。这些买方存在提高他们愿意购买债券的价格的激励，从而使得企业和其他投资者愿意向他们出售债券。这一对债券价格向上的压力会一直持续到价格上升到 960 美元的均衡价格。

解释均衡利率的变动

　　在画图 4—1 中的债券需求和供给曲线时，我们保持除债券价格外影响投资者购买债券的意愿——或企业和投资者出售债券的意愿——的所有因素不变。你可能从你的经济学基础课程中还记得**需求量（或供给量）的变动**和**需求（或供给）的变动**之间的区别。如果债券的价格出现变化，我们是沿着需求（或供给）曲线移动，但曲线并不位移，从而我们得到需求（或供给）量的变动。如果任何其他相关变量——如财富或预期收益率——发生变化，那么需求（或供给）曲线位移，我们得到需求（或供给）的变动。在下一节，我们考察引起债券需求曲线或供给曲线位移的最重要的因素。

导致债券需求曲线移动的因素

在 4.1 节，我们讨论过决定投资者将哪一项资产包括进其投资组合的因素。这五个因素中的任何一个发生变化都会引起债券的需求曲线位移：

1. 财富
2. 债券的预期收益率
3. 风险
4. 流动性
5. 信息成本

财富

当经济处于增长中时，家庭会积累更多的财富。储蓄者越富有，他们可投资于包括债券在内的金融资产的储蓄存量就越高。因此，如图 4—3 所示，保持所有其他因素不变，财富增加会使债券需求曲线向右位移，从 D_1 位移到 D_2，因为储蓄者在任何给定的价格下愿意且能够购买更多的债券。在图中，随着债券需求曲线向右移动，债券的均衡价格从 960 美元上升到 980 美元，均衡债券数量从 5 000 亿美元增加到了 6 000 亿美元。因此，债券市场的均衡点从 E_1 点移动到了 E_2 点。在经济衰退期间，如 2007—2009 年间所发生的，家庭会遭遇财富的下降，保持所有其他因素不变，债券需求曲线会向左移动，同时降低了均衡价格和均衡数量。在图 4—3 中，随着债券需求曲线向左位移，从 D_1 位移到 D_3，均衡价格从 960 美元下降到了 940 美元，债券的均衡数量从 5 000 亿美元下降到了 4 000 亿美元。因此，债券市场的均衡点从 E_1 点移动到了 E_3 点。

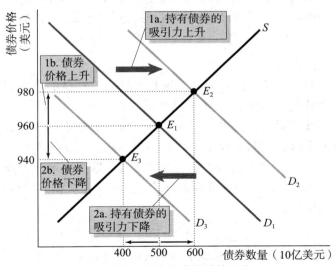

图 4—3　债券需求曲线的位移

保持所有其他因素不变，财富增加会导致债券需求曲线向右移动。随着债券需求曲线向右位移，债券的均衡价格从 960 美元上升到 980 美元，均衡债券数量从 5 000 亿美元增加到了 6 000 亿美元。保持所有其他因素不变，财富减少会使债券需求曲线向左移动，同时降低了均衡价格和均衡数量。随着债券需求曲线向左位移，均衡价格从 960 美元下降到了 940 美元，债券的均衡数量从 5 000 亿美元下降到了 4 000 亿美元。

债券的预期收益率

如果债券的预期收益率**相对于其他资产的预期收益率**（relative to expected return on other assets）上升了，投资者会增加其对债券的需求，债券的需求曲线会向右位移。如果债券的预期收益率相对于其他资产的预期收益率下降了，债券的需求曲线会向左位移。注意到，正是债券的预期收益相对于其他资产的预期收益导致债券的需求曲线发生了位移。例如，如果债券的预期收益保持不变，而投资者判断投资于股票的预期收益会高于他们之前的预期，债券的相对收益会下降，债券的需求曲线会向左位移。

债券的预期收益受到预期通货膨胀率的影响。我们在第 3 章了解到，预期实际利率等于名义利率减去预期通货膨胀率。预期通货膨胀率的上升降低了预期实际利率。类似地，债券的预期实际利率等于名义收益率减去预期通货膨胀率。预期通货膨胀率的上升降低了债券的预期实际收益率，这又会降低投资者购买债券的意愿并导致债券的需求曲线向左移动。预期通货膨胀率的下降会提高债券的预期实际收益率，提高投资者购买债券的意愿并导致债券的需求曲线向右移动。

风险

债券的风险**相对于其他资产的风险**（relative to the riskiness of other assets）上升降低了投资者购买债券的意愿并引起债券的需求曲线向左位移。债券的风险相对于其他资产的风险下降提高了投资者购买债券的意愿并引起债券的需求曲线向右位移。正是债券**相对于**其他资产的感觉的风险在起作用。如果债券的风险保持不变，但投资者判断股票比他们之前认为的风险更高，债券的相对风险就会下降，投资者会增加其对债券的需求，债券需求曲线会向右移动。事实上，在 2008 年末和 2009 年初，很多投资者认为投资于股票的风险上升了。因此，投资者提高了对债券的需求，这就抬高了债券的均衡价格，从而压低了债券的均衡利率。美国 2009 年发行的公司债券的数量飙升到了 2.84 万亿美元，比 2008 年增加了 38%。

流动性

投资者重视一项资产的流动性，因为一项具有较高流动性的资产在投资者需要资金购买汽车或投资于其他资产时能以较低的成本被更快地出售。如果债券的流动性提高，在任意给定价格下，投资者都会需求更多的债券，债券的需求曲线向右位移。债券的流动性下降导致债券的需求曲线向左位移。然而，再一次，正是债券的相对流动性在起作用。例如，在线交易网站在 20 世纪 90 年代首次出现。这些网站使得投资者能以非常低的成本买卖股票，很多股票的流动性因而上升了。其结果是，债券的相对流动性下降了，债券的需求曲线向左位移。

信息成本

投资者评估资产时必须支付的信息成本影响其购买这些资产的意愿。例如，20 世纪 90 年代初，金融信息开始在互联网上要么免费要么以非常低的成本可以轻易地获得。以前，投资者只有通过付钱订阅时事通讯或在图书馆中花费数小时从年报和其他记录中收集数据才能找到这一信息。虽然互联网有助于同时降低股票和债券的信息成本，但似乎对债券的影响更大。由于股票在《华尔街日报》及其他报纸和杂志上更为广泛地讨论，而债券很少被讨论，互联网对债券的可得信息的影响更大。由于信息成本的降低，债券的需求曲线向右移动了。在金融危机期间，投资者开始认为，对于某些类型的债券——尤其是抵押贷款支持证券，他们缺乏足够的信息来度量债券违约的可能性。如果有可能，收集充分的信息的成本似乎也是非常高昂的。由于这些较高的信息成本，债券的需求曲线向左移动了。

表 4—2 概括了债券需求曲线位移的原因。

表 4—2　　　　　　　　　　**导致债券需求曲线移动的因素**

保持所有其他因素不变，……的上升	导致对债券的需求……	因为……	对债券市场均衡的影响的图形
财富	增加	更多的资金被配置在债券上	P 轴，D_1、D_2 向右移动，S；Q 轴
债券的预期收益率	增加	持有债券相对更有吸引力	P 轴，D_1、D_2 向右移动，S；Q 轴
预期通货膨胀	减少	持有债券相对不再有吸引力	P 轴，D_2、D_1 向左移动，S；Q 轴
其他资产的预期收益率	减少	持有债券相对不再有吸引力	P 轴，D_2、D_1 向左移动，S；Q 轴
债券相对于其他资产的风险	减少	持有债券相对不再有吸引力	P 轴，D_2、D_1 向左移动，S；Q 轴
债券相对于其他资产的流动性	增加	持有债券相对更有吸引力	P 轴，D_1、D_2 向右移动，S；Q 轴
债券相对于其他资产的信息成本	减少	持有债券相对不再有吸引力	P 轴，D_2、D_1 向左移动，S；Q 轴

导致债券供给曲线移动的因素

债券供给曲线的位移源于要么影响拥有债券的投资者出售债券的意愿，要么影响企业和政府发行新债券的意愿的因素的变化，而不是债券价格的变化。四个因素在解释债券供给曲线的位移方面是最重要的：

1. 预期实物资本投资的税前盈利性
2. 营业税
3. 预期通货膨胀
4. 政府借款

预期实物资本投资的税前盈利性

大多数企业借入资金是为了融通实际的实物资本资产的购买，如工厂和机器工具，此类资产是企业预期会使用若干年来生产商品和服务的。企业预期投资于实物资产越是有利可图，企业就越想通过发行债券借入更多的资金。20世纪90年代末，很多企业开始认为，投资于向消费者在线销售的网站会是非常有利可图的。其结果是，计算机、服务器和其他信息技术形式的实物资本投资出现繁荣，债券销售也上升了。

图4—4说明了保持所有其他因素不变，企业对实物资本投资盈利性预期的上升是如何随着企业在任意给定的价格下发行更多的债券而导致债券供给曲线向右移动的。在图中，随着债券供给曲线向右位移，从S_1移动到S_2，债券的均衡价格从960美元下降到940美元，均衡债券数量从5 000亿美元上升到5 750亿美元。在经济衰退时期，企业通常开始对其从投资于实物资本中可以获得的利润变得悲观，其结果是，保持所有其他因素不变，债券的供给曲线向左位移，提高了债券的均衡价格，但降低了均衡的债券数量。在图4—4中，随着债券供给曲线向左位移，从S_1移动到S_3，债券的均衡价格从960美元上升到975美元，均衡债券数量从5 000亿美元下降到4 000亿美元。

营业税

营业税也会影响企业对未来盈利性的预期，因为企业关注的是支付税收之后剩下的利润。因此，提高营业税后，企业从新的实物资本投资中可以获得的利润下降了，企业会发行较少的债券。其结果是，债券的供给曲线会向左位移。当联邦政府通过制定一部征收投资税的法律而削减了营业税时，企业的税负减少了其新实物资本支出的一定比例。这些较低的税负提高了企业从新的投资项目中获得的利润，这导致企业发行更多的债券。因此，债券的供给曲线向右位移。

预期通货膨胀

我们已经看到，预期通货膨胀率的上升通过降低在任意给定的**名义**利率下投资者可以获得的预期实际利率而减少了投资者的债券需求。从发行债券的企业的角度看，较低的预期实际利率是有吸引力的，因为这意味着企业对借入的资金用实物衡量的偿还减少了。因此，预期通货膨胀率的上升随着企业在任意价格水平下供给更多的债券数量而导致债券供给曲线向右移动。预期通货膨胀率下降导致债券供给曲线向左位移。

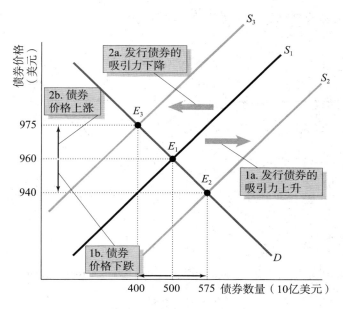

图 4—4 债券供给曲线的位移

保持所有其他因素不变，企业对实物资本投资盈利性预期的上升会随着企业在任意给定的价格下发行更多的债券而导致债券供给曲线向右移动。随着债券供给曲线向右位移，债券的均衡价格从 960 美元下降到 940 美元，均衡债券数量从 5 000 亿美元上升到 5 750 亿美元。如果企业开始对其从投资于实物资本中可以获得的利润变得悲观，那么，保持所有其他因素不变，债券的供给曲线将向左位移。随着债券供给曲线向左位移，债券的均衡价格从 960 美元上升到 975 美元，均衡债券数量从 5 000 亿美元下降到 4 000 亿美元。

政府借款

迄今为止，我们已经重点讨论了家庭和企业的决策如何影响债券价格和利率。政府决策也会影响债券价格和利率。例如，很多经济学家认为，20 世纪 80 年代和 90 年代一连串的大量美国联邦政府预算赤字导致利率稍微高于如若不然的水平。

当我们在美国谈及"政府部门"时，我们不仅包括联邦政府，而且包括州和地方政府。政府部门通常同时是贷款人——在联邦政府向大学生和小企业发放贷款时——和借款人。近年来，由于税收收入已经下降到远远不够支出，联邦政府已经向美国和外国投资者借入了大量资金。其结果是大量的**联邦预算赤字**（federal budget deficits）。图 4—5 说明了自 1960 年以来联邦预算赤字和盈余的变化。除了 20 世纪 90 年代的少数几年税收收入超过政府支出外，在这些年的大多数年份，联邦预算都处于赤字状态。从 2007 年开始的大量赤字部分源于 2007—2009 年经济衰退的严重性。当经济进入衰退时，由于家庭收入和企业利润的下降，税收收入自动下降，联邦政府也自动增加了失业保险和其他失业计划的支出。此外，衰退的严重性导致国会以及乔治·W·布什和巴拉克·奥巴马总统大幅增加支出和削减税收。

我们可以分析政府预算赤字或盈余对债券市场的影响。假定联邦政府在没有增加税收的情况下提高支出。当政府通过发行债券来融通相应的赤字时，债券的供给曲线会向右移动。如果我们现在假定家庭对政府提高支出的反应是保持储蓄不变，那么，在保持其他因素不变的情况下，政府预算赤字的结果是导致债券的均衡价格下降和债券的均衡数量上升。由于债券价格和利率反向变动，均衡利率会上升。

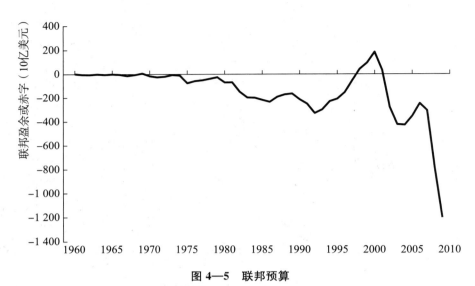

图4—5 联邦预算

　　除了20世纪90年代末的少数几年外，联邦政府通常都积累预算赤字。2007—2009年的经济衰退导致了创纪录的赤字水平，这要求联邦政府通过出售债券大量借款。

资料来源：U. S. Bureau of Economic Analysis.

　　当政府积累赤字时，家庭可能会预测未来并得出结论，在某一时点，政府将不得不提高税收以偿还融通赤字所发行的债券。为了对未来较高的税收支付有所准备，家庭可能会开始增加储蓄。这一增加的储蓄在赤字导致的债券供给曲线向右移动的同时会导致债券需求曲线向右移动。这两种移动对利率的影响可能会相互抵消。在这种情况下，利率对政府借款增加的反应是不会上涨。然而，经济学家的研究表明，家庭并不增加与政府预算赤字上升完全相同的当期储蓄。因此，在所有其他因素不变的情况下，利率对政府借款增加的反应很可能是稍微上升。

　　如果其他因素都不变，我们可以小结如下：政府借款上升将导致债券供给曲线向右移动，降低了债券价格并提高了利率。政府借款下降将导致债券供给曲线向左移动，提高了债券价格并降低了利率。

　　表4—3概括了导致债券供给曲线移动的因素。

表4—3		导致债券供给曲线移动的因素	
保持所有其他因素不变，……的 上升	导致债券的 供给……	因为……	对债券市场均衡的影响的图形
预期盈利性	增加	企业借款融通有利可 图的投资	

保持所有其他因素不变，……的上升	导致债券的供给……	因为……	对债券市场均衡的影响的图形
营业税	减少	税负降低了投资的盈利性	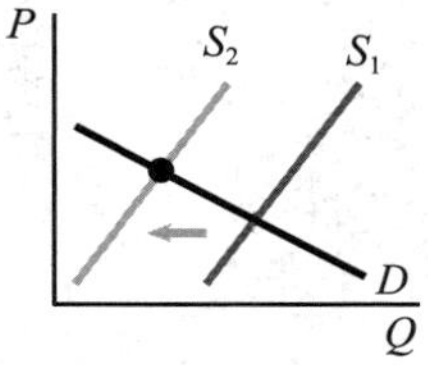
投资税收优惠	增加	政府税收优惠降低了投资的成本，从而提高了投资盈利性	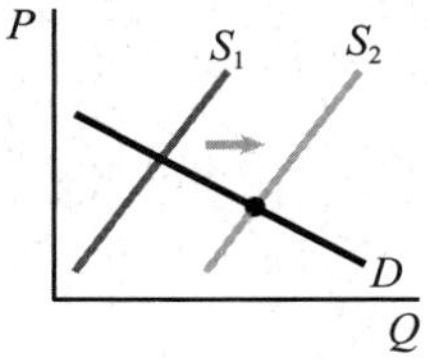
预期通货膨胀	增加	在任意给定的债券价格下，借款的实际成本下降	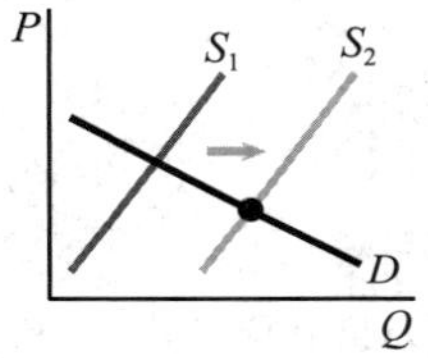
政府借款	增加	在任意给定的利率水平下，经济中更多的债券被提供	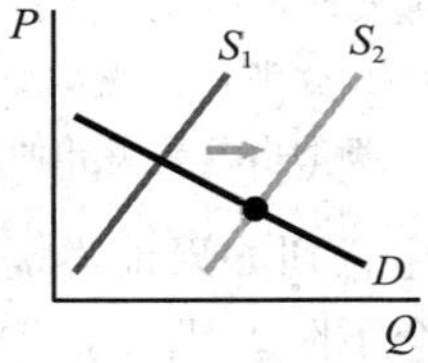

4.3 债券市场模型和利率的变动

利率变动之所以发生是因为债券需求的变动、债券供给的变动或两者兼而有之。在这一节，我们考虑利用债券市场模型解释利率变动的两个例子：（1）**商业周期**（business cycle）中的利率变动，商业周期是指美国和大多数其他国家经历过的交替出现的经济扩张时期和经济衰退时期；（2）**费雪效应**（Fisher effect），费雪效应描述了利率变动对通货膨胀变化的反应。实际上，债券需求和债券供给的很多变动都是同时发生的，因此，经济学家有时候在决定每一条曲线可能移动了多少时会遇到困难。

利率为什么在衰退期间下降？

我们可以利用债券市场图形说明利率在商业周期中的变动。在经济衰退开始的时候，家庭和企业预期生产和就业水平在一段时期内会低于通常的水平。家庭会遭遇财富的不断下降，企业对投资于实物资本的未来盈利性会变得悲观。如图 4—6 所示，持续下降的家庭财富导致债券的需求曲线向左移动，从 D_1 移动到 D_2。图形展示出债券的价格从 P_1 上涨到了 P_2。我们知道，债券的均衡价格上升导致均衡利率下降。

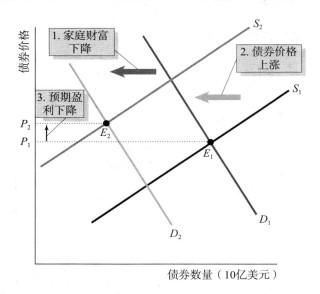

图4—6 经济低迷时期的利率变化

1. 从位于 E_1 的初始均衡，经济低迷减少了家庭的财富，在任何债券价格水平下都减少了债券需求。债券需求曲线向左位移，从 D_1 移动到 D_2。

2. 预期盈利性的下降减少了借款人在任意债券价格水平下的债券供给。债券供给曲线向左移动，从 S_1 移动到 S_2。

3. 在新的均衡 E_2 点，债券价格从 P_1 升至 P_2。

注意到如果债券需求曲线在衰退期间比债券供给曲线向左移动得更多，债券的均衡价格会下降，因此，均衡利率会上升。来自美国数据的证据表明，利率在经济衰退期间通常下跌（在经济扩张时期上涨），这表明在商业周期期间，债券的供给曲线比需求曲线移动得更大。

预期通货膨胀的变化如何影响利率？费雪效应

债券市场的均衡决定了债券的价格和**名义**（nominal）利率。然而，事实上，借款人和贷款人关心的是**实际**（real）利率，因为他们担心的是其付出或收入的资金经通货膨胀效应调整之后的价值。预期实现之后，我们可以通过从名义利率中减去实际的通货膨胀率来计算实际的真实利率。然而，投资者和企业事前并不知道通货膨胀率最终会是多少。因此，他们不得不形成通货膨胀率的预期。因而，债券市场均衡应该反映了借款人和贷款人关于**预期**（expected）实际利率的信念，预期实际利率等于名义利率减去**预期**（expected）通货膨胀率。

20世纪初，耶鲁大学的一位经济学家欧文·费雪认为，如果债券市场均衡表明贷款人愿意接受、借款人愿意付出一个特定的实际利率，如3％，那么预期通货膨胀的任何变化都应该会引起保持实际利率不变的名义利率的变化。例如，比方说当前的名义利率是5％，而预期通货膨胀率是2％。在这种情况下，预期实际利率是3％。现在假定投资者和企业判断未来的通货膨胀率很可能是 4%。费雪认为，其结果会是名义利率从 5% 上升到 7%，这会保持 3% 的预期实际利率不变。或者，更一般地，众所周知的**费雪效应**声称：名义利率随着预期通货膨胀率的变化而一一对应地上涨或下跌。

费雪效应与我们关于债券市场中需求和供给如何调整的理解一致吗？图 4—7 说明的确是一致的。假定债券市场参与者初始的时候预期通货膨胀率会是 2%，市场当前处于由 D_1 和 S_1 相交决定的 P_1 点的均衡。现在假定市场参与者开始认为未来的通货膨胀率会是 4%。正如我们在前一节所看到的，预期通货膨胀率上升会导致债券的需求曲线向左移动，从 D_1 移动到 D_2，因为投资者从拥有债券中获得的预期实际利率会下降。与此同时，预期通货膨胀率上升还会导致债券的供给曲线向右移动，从 S_1 移动到 S_2，因为企业预期对债券支付的实际利率会下降。

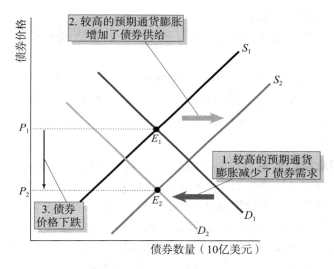

图 4—7　预期通货膨胀和利率

1. 从一个初始的均衡 E_1 点，预期通货膨胀上升减少了投资者的预期实际收益，在任何债券价格水平下都降低了投资者购买债券的意愿。需求曲线向左移动，从 D_1 移动到 D_2。

2. 预期通货膨胀上升在任何债券价格水平都提高了企业发行债券的意愿。债的供给曲线向右移动，从 S_1 移动到 S_2。

3. 在新的均衡 E_2 点，债券价格从 P_1 下降到 P_2。

作为对预期通货膨胀上升的反应，债券的需求曲线和供给曲线都会移动。在新的均衡，债券的价格较低，因此，名义利率较高。在图中，均衡的债券数量并未改变，因为名义利率上升了恰好等于预期通货膨胀率变化的数量。换言之，图形表明费雪效应精确地发挥了作用。实际上，经济学家发现，各种现实世界的摩擦因素导致名义利率并不总是上升或下降恰好等于预期通货膨胀率变化的数量。这些现实世界的摩擦因素包括买卖债券时证券商向投资者索取的报酬以及投资者在债券的某些买卖中必须支付的税收。

不过，对费雪效应的讨论提醒我们关于债券市场的两个重要事实：

1. 较高的通货膨胀率导致较高的名义利率，较低的通货膨胀率导致较低的名义利率。

2. 在**实际**通货膨胀变动出现之前，**预期**通货膨胀的变化可以导致名义利率的变化。

 解决问题 4.1：当通胀率低时，为什么担心债券价格的不断下降？

我们在本章开始的时候看到，即使实际的通货膨胀率在 2009 年末是相当低的，金融顾问比尔·特德福特预测到 2011 年通货膨胀率会上升到 5%。他认为，通货膨胀的这一上升使得债券成为一项糟糕的投资。特德福特并不是唯一提出这一建议的。例如，在 2010 年的第三期，《消费者报告》（*Consumer Reports*）杂志建议其读者"避开长期国库债券"。

a. 解释为什么预期通货膨胀率上升会使得债券成为一项糟糕的投资。确保在你的答案中包括了一幅债券市场的需求和供给图形。

b. 如果直到 2011 年没有预期通货膨胀会上升，投资者会一直等到那时再出售其债券吗？简要解释。

c. 在其建议中，《消费者报告》挑出"长期国库债券"作为其读者应该避开的投资。如果预期通货膨胀会上升，为什么长期债券相比短期债券会是一项糟糕的投资？

资料来源："Get the Best Rates on Your Savings，"*Consumer Reports*，March 2010.

解决问题

第一步　复习本章的内容。这一问题是关于通货膨胀对债券价格的影响的，因此，你也许需要复习"预期通货膨胀的变化如何影响利率？费雪效应"这一小节。

第二步　通过解释为什么预期通货膨胀的上升会使得债券成为一项糟糕的投资回答（a）部分的问题并用一幅图形说明你的回答。我们在本章中已经看到，预期通货膨胀上升会同时影响债券的需求曲线和供给曲线。你的图形应该显示债券的需求曲线向左移动、供给曲线向右移动，以及具有较低价格的新的均衡。如果投资者在债券价格下跌的时期持有债券，投资者会遭受资本损失。

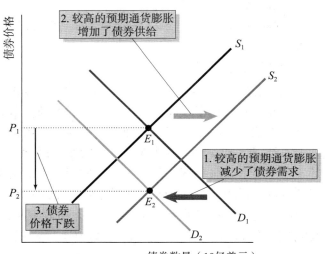

在图形中，均衡价格从 P_1 下降到 P_2，而债券的数量保持不变，如图 4—7 所示。注意到即使纯粹费雪效应并不成立，我们知道债券的价格在新的均衡还是会降低，因为债券需求向左移动，债券供给向右移动，即使移动的大小可能并不一样。

第三步　通过讨论实际和预期通货膨胀对债券价格变化影响的差别回答（b）部分的问题。债券价格的变化源于预期通货膨胀率的变化。当前的通货膨胀预期已经反映到名义利率，从而反映到债券价格中了。例如，如果债券的买方和卖方愿意接受一个 3% 的预期实际利率，那么，如果预期通货膨胀率是 1%，名义利率将是 4%。如果买方和卖方改变了其预期，名义利率会调整。因此，如果特德福特关于未来的通货膨胀将要显著地上升是正确的，那么投资者立刻出售债券是明智的。等待债券投资者和企业调整其预期意味着一直等到名义利率已经上升、债券价格已经下降。到那时，避免从拥有债券中遭受资本损失已经太晚了。

第四步　解释如果预期通货膨胀上升，为什么长期债券是一项特别糟糕的投资。预期通货膨胀上升会同时提高短期债券和长期债券的名义利率。然而，正如我们在第 3 章所看到的，一个债券的到期日越长，由市场利率变化导致的价格变化就越大。因此，如果预期通货膨胀和名义利率上升，长期债券的资本损失会大于短期债券的资本损失。

为了进行更多的练习，做一下第 119 页本章末的问题和应用 3.5 和 3.6。

4.4　可贷资金模型和国际资本市场

在这一章，我们已经从债券需求和供给的角度分析了债券市场。一个等价的分析方法聚焦于可贷资金。在这一方法中，借款人是买方，因为借款人购买资金的使用权。贷款人是卖方，因为贷款人提供被借的资金。虽然两种方法是等价的，但当考察美国和国外金融市场之间的资金流动时，可贷资金分析法更有用。下面的表 4—4 概括了债券市场的两种视角。

表 4—4　　　　　　　　　　　　　　分析债券市场的两种方法

	债券的需求和供给分析法	可贷资金的需求供给分析法
商品是什么？	债券	资金的使用权
买方是谁？	购买债券的投资者（贷款人）	筹集资金的企业（借款人）
卖方是谁？	发行债券的企业（借款人）	供给资金的投资者（贷款人）
价格是什么？	债券价格	利率

可贷资金的需求和供给

图 4—8 说明了债券的需求曲线等价于可贷资金的供给曲线。在图中，我们再次考

虑面值为 1 000 美元的 1 年期贴现债券的情形。在图 (a) 中, 我们展示了债券的需求曲线, 这一曲线与我们在图 4—1 中所展示的是相同的 (虽然我们把它标注为 B^d, 而不是需求 Demand), 债券的价格在纵轴上, 债券的数量在横轴上。在图 (b) 中, 我们展示了可贷资金的供给曲线, 利率在纵轴上, 可贷资金的数量在横轴上。假定在图 (a) 中, 初始的债券价格是 970 美元, 对应于债券需求曲线上的 A 点。在该价格下, 债券的利率等于 (1 000 美元-970 美元)/970 美元=0.031, 或 3.1%, 我们把这一利率在可贷资金供给曲线上表示为 A 点。现在假定债券的价格下降到了 950 美元, 我们在债券需求曲线上表示为 B 点。在这一较低的价格, 债券会有一个较高的价格, 等于 (1 000 美元-950 美元)/950 美元=0.053, 或 5.3%, 我们把这一利率在可贷资金供给曲线上表示为 B 点。从购买债券的投资者的角度看——债券市场分析法——较低的价格提高了债券的需求量。等价地, 从投资者向借款人提供可贷资金的角度看——可贷资金分析法——较高的利率提高了可贷资金的供给量。

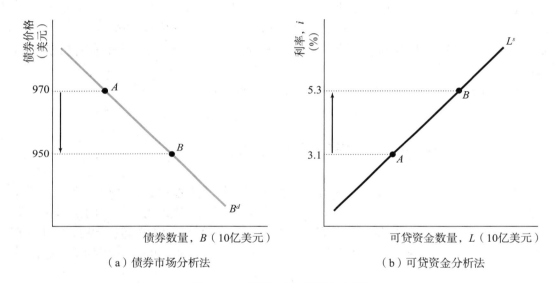

(a) 债券市场分析法　　　　　　　　　　(b) 可贷资金分析法

图 4—8　债券需求和可贷资金供给

在图 (a) 中, 在所有其他条件都相同的情况下, 债券需求曲线 B^d 展示了贷款人的债券需求量与债券价格之间的负向关系。

在图 (b) 中, 在所有其他条件都相同的情况下, 可贷资金的供给曲线 L^s 展示了贷款人供给的可贷资金的数量与利率之间的正向关系。

图 4—9 说明了债券的供给曲线等价于可贷资金的需求曲线。在图 (a) 中, 我们展示了债券的供给曲线。在图 (b) 中, 我们展示了可贷资金的需求曲线。再一次假定在图 (a) 中, 初始的债券价格是 970 美元, 对应于债券供给曲线上的 C 点。在该价格下, 我们知道债券会有一个等于 3.1% 的利率, 我们在可贷资金的需求曲线上表示为 C 点。现在假定债券的价格降至 950 美元, 我们在债券供给曲线上表示为 D 点。在这一较低的价格, 债券会有一个等于 5.3% 的较高的利率, 我们在可贷资金的需求曲线上表示为 D 点。从出售债券的企业的角度看——债券市场分析法——较低的价格减少了债券供给量。等

价地，从企业向贷款人需求可贷资金的角度看——可贷资金分析法——较高的利率减少了可贷资金的需求量。

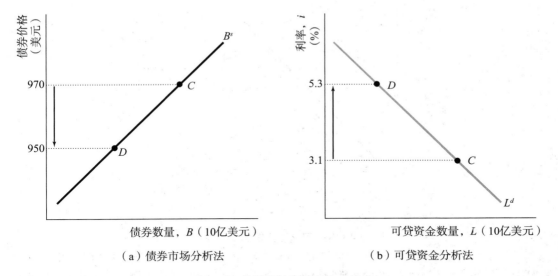

图 4—9　债券供给和可贷资金需求

　　在图（a）中，在所有其他条件都相同的情况下，债券供给曲线 B^s 展示了借款人的债券供给量与债券价格之间的正向关系。

　　在图（b）中，在所有其他条件都相同的情况下，可贷资金的需求曲线 L^d 展示了借款人需求的可贷资金的数量与利率之间的负向关系。

可贷资金视角的债券市场均衡

　　图 4—10 展示了利用可贷资金分析法的债券市场均衡。均衡出现于可贷资金需求量等于可贷资金供给量的时候。在图中，我们假定被交易的资金由一种面值为 1 000 美元的 1 年期贴现债券表示。均衡利率是 4.2%，这一利率是面值为 1 000 美元、价格为 960 美元的 1 年期贴现债券的利率。注意到这一分析给出了与图 4—1 相同的利率，这提醒我们，债券的需求供给模型和可贷资金的需求供给模型是两种等价的方法。

　　注意到我们在第 99 页列举的引起债券需求曲线位移的所有因素也会引起可贷资金供给曲线的位移是非常重要的。类似地，我们在第 102~103 页列举的引起债券供给曲线位移的所有因素也会引起可贷资金需求曲线的位移。

国际资本市场和利率

　　我们还没有直接考虑外国部门如何影响国内利率和国内经济中的可得资金量。事实上，如果预期收益高于其他国家，外国的家庭、企业和政府可能想向美国的借款人贷出资金。类似地，如果美国之外的机会更有利，美国市场的可贷资金会被提走以投资于海外。可贷资金分析法为分析美国和外国债券市场之间的互动提供了一个很好的框架。为了保持问题简单，我们假定利率是预期实际利率——也就是说，名义利率减去通货膨胀率。

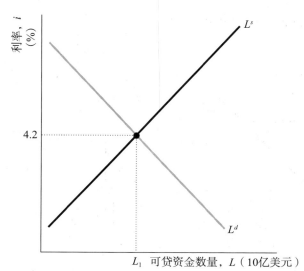

图 4—10　可贷资金市场中的均衡

在均衡利率处，贷款人供给的可贷资金量等于借款人需求的可贷资金量。在任何低于均衡水平的利率处，存在对可贷资金的超额需求。在任何高于均衡水平的利率处，存在对可贷资金的超额供给。贷款人和借款人的行为将利率推至 4.2%。

在一个**封闭经济**（closed economy）中，家庭、企业和政府并不国际性地借贷。现实中，几乎所有的经济都是**开放经济**（open economy），在开放经济中，**金融资本**（或可贷资金）是国际性移动的。借贷发生在**国际资本市场**上，国际资本市场是家庭、企业和政府跨越国境借贷的资本市场。世界实际利率 r_w 是在国际资本市场中决定的利率。开放经济中供给的可贷资金量可以被用于融通国内外经济中的项目。小型开放经济（如荷兰和比利时等）关于可贷资金供给和需求的决策对世界实际利率水平并没有很大的影响。然而，大型开放经济（诸如德国和美国之类的经济体）的借款人和贷款人的行为变化确实影响到世界实际利率水平。在下面两节，我们将考察每一种情形中的利率决定。

小型开放经济

到现在为止，我们一直隐含地假定我们在分析一个封闭经济。在这种类型的经济中，均衡国内利率是由该国的可贷资金需求曲线和可贷资金供给曲线相交决定的，我们忽视了世界利率。在一个开放经济中，世界实际利率不是由任何一个国家的可贷资金的需求和供给曲线决定的，相反，世界实际利率是在国际资本市场上决定的。例如，在国际资本市场上，美国的预算赤字对利率造成的上行压力很可能是有限的。由联邦储备系统理事会的埃里克·恩金和哥伦比亚大学的格伦·哈伯德所做的研究表明，美国政府债务增加 1 000 亿美元会将利率提高 1.5～3 个基点（或者说，在 0.015% 和 0.03% 之间）。[1] 在

---

[1]　Eric Engen and R. Glenn Hubbard, "Federal Government Debt and Interest Rates," in Mark Gertler and Kenneth Rogoff, eds., *NBER Macroeconomic Annual*, *2004*, Cambridge, MA：MIT Press, 2005.

小型开放经济（small open economy）的情形中，供给或需求的可贷资金量太少而不能影响世界实际利率。因此，一个小型开放经济的国内实际利率等于由国际资本市场决定的世界实际利率。例如，如果位于法国南部的小国摩纳哥的国内财富大幅增长，可贷资金的相应增加只会对世界的可贷资金总量产生微不足道的影响，从而对世界利率的影响也是微不足道的。

为什么小型开放经济的国内利率必须等于世界利率呢？假定世界实际利率是4%，但摩纳哥的国内实际利率是3%。摩纳哥的贷款人不会接受小于4%的利率，因为贷款人可以轻易地买到利率为4%的外国债券。因此，国内的借款人必须支付4%的世界实际利率，否则他们无法借到资金。类似地，如果世界实际利率是4%，但摩纳哥的国内实际利率是5%，摩纳哥的借款人会以世界利率4%借款。因此，国内的贷款人将不得不按4%的世界利率贷出资金，否则他们无法找到可以贷出资金的任何人。这一推理说明了为什么对于一个小型开放经济国内和世界实际利率必须是相同的。

图4—11说明了一个小型开放经济的可贷资金的需求和供给曲线。如果世界实际利率（r_w）是3%，国内可贷资金的供给量和需求量是相等的（E点），该国在国际资本市场上既不贷出也不借入资金。相反，假定世界实际利率是5%。在这种情况下，国内供给的可贷资金量（C点）大于国内需求的可贷资金量（B点）。可贷资金的超额供给怎么办？这些资金是按照5%的世界实际利率在国际资本市场上贷出的。由于该国很小，该国必须贷出的资金量相对于世界市场是很小的，因此，该国的贷款人在其他国家找到借款人不会存在困难。

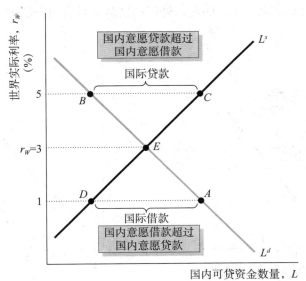

图4—11 一个小型开放经济中实际利率的决定

一个小型开放经济的国内实际利率等于世界实际利率（r_w），在此例中，世界实际利率是3%。

现在假定世界实际利率是1%。如图4—11所示，现在国内需求的可贷资金量（A点）超过了国内供给的可贷资金量（D点）。这一资金的超额需求是如何满足的？通过在国际资本市场上借款。由于该国是小国，其想借入的资金量相对于世界市场是很小的，因此，该国的借款人在其他国家找到贷款人不会存在困难。

我们可以概括如下：一个小型开放经济的实际利率与国际资本市场的利率是相同的。如果国内供给的可贷资金量超过国内需求的可贷资金量，该国将其部分可贷资金投资国外。如果在该利率下国内需求的可贷资金量超过国内供给的可贷资金量，那么该国用来自国外的资金融通其部分国内借款需求。

大型开放经济

很多国家（如美国、日本和德国）的可贷资金需求和供给的变动足够大，以至于确实影响到世界实际利率——国际资本市场上的利率。此类国家被视为**大型开放经济**（large open economy），大型开放经济是大到足以影响世界实际利率的那些经济体。

在大型开放经济情况下，我们不能假定国内实际利率等于世界实际利率。回想起在一个封闭经济中，均衡利率使得可贷资金的供给量和需求量相等。假定我们将世界视为两个大型开放经济——美国经济和世界其他经济。那么，国际资本市场的实际利率使得美国渴望的国际贷款等于世界其他经济渴望的国际借款。

图4—12说明了大型开放经济的利率是如何决定的。图（a）呈现了一幅美国的可贷资金图，图（b）呈现了一幅世界其他经济的可贷资金图。在图（a）中，如果世界实际利率是3%，美国需求和供给的可贷资金量都等于3 000亿美元。然而，我们在图（b）中可以看到，在3%的利率下，世界其他经济的可贷资金需求量是8 000亿美元，而可贷资金供给量仅为7 000亿美元。这告诉我们，外国借款人希望从国际资本市场上借入的资金超过可得资金1 000亿美元。因此，外国的借款人具有向美国的贷款人提供大于3%的利率的激励。

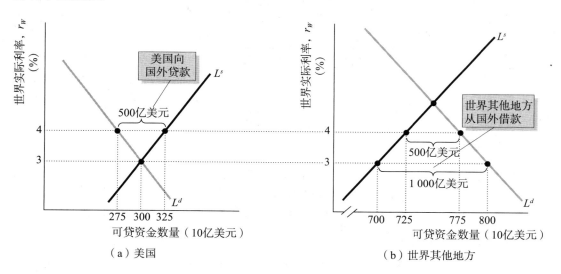

图4—12 大型开放经济中实际利率的决定

大型开放经济中储蓄和投资的变动可以影响世界实际利率。世界实际利率将调整以使得意愿的国际贷款和意愿的国际借款相等。在4%的世界实际利率下，本国经济渴望的国际贷款等于世界其他经济渴望的国际借款。

利率会上升，直到来自美国的可贷资金的超额供给等于来自世界其他经济的可贷资金的超额需求。图4—12说明，当实际利率升至4％，美国可贷资金的超额供给和世界其他经济可贷资金的超额需求都等于500亿美元时，这一相等就实现了。换言之，在4％的实际利率下，美国渴望的国际贷款等于世界其他经济渴望的国际借款。因此，当美国和世界其他经济的实际利率等于4％时，国际资本市场处于均衡状态。

注意到导致大型开放经济的资金需求和资金供给变动的因素不仅会影响到该国的利率而且也会影响到世界的实际利率是非常重要的。

✔ 联系实际：全球"储蓄过剩"导致了美国的住房繁荣吗？

在第1章，我们看到，2007—2009年的金融危机是由住房价格"泡沫"的破灭导致的。我们注意到泡沫的原因之一是给次级和次优级借款人发放的住房抵押贷款的上升，这些借款人在21世纪头10年之前是无法找到愿意给他们发放抵押贷款的贷款人的。然而，一些经济学家认为，抵押贷款非同寻常的低利率对21世纪头10年中期的住房价格快速上涨也发挥了作用。低利率提高了住房需求量，尤其是，低利率为投机于未来的房价上涨的投资者购买多套住房提供了便利。

如何解释21世纪头10年的低利率？为了推动美国经济从2001年的衰退中复苏，联储政策降低了利率并将其维持在非常低的水平，直到2004年中期。一些经济学家认为，联储坚持低利率政策的时间过长，从而助推了住房繁荣。联储主席本·伯南克并不认同这一观点，他认为，是全球因素而不是联储政策应该为21世纪头10年的低利率负主要责任。在接近住房泡沫最鼎盛时期的2005年，伯南克辩称："全球储蓄供给的显著增长——全球储蓄过剩——……可以解释……在今天的世界中的长期利率的相对低水平。"伯南克认为，储蓄过剩部分由于像日本那样的国家的高储蓄率，这些国家的人口老龄化提高了其为退休所做的储蓄准备。此外，全球储蓄水平上升是由于自20世纪90年代末开始，诸如中国和韩国之类的发展中国家提高了其储蓄率。

我们可以利用大型开放经济的可贷资金模型来说明伯南克的论点。在下页图中，我们从世界实际利率等于3％的均衡开始。在图（a）中，在3％的利率下，美国从国外借款2 000亿美元。如果美国借款2 000亿美元，那么世界其他经济必须贷款2 000亿美元，这在图（b）中予以说明。世界其他经济的储蓄增加——伯南克的储蓄过剩——在图（b）中将导致可贷资金的供给曲线向右移动。随着世界其他经济的贷款人愿意贷出的可贷资金量超过美国的借款人愿意借入的可贷资金量，世界实际利率开始下降。不断下降的利率提高了美国的资金需求量，降低了世界其他经济的资金供给量。世界实际利率降至1％，在这一利率水平，美国从国外借入的资金量——4 000亿美元——再次等于世界其他经济愿意贷出的资金量，国际资本市场回到均衡状态。

部分经济学家，尤其是斯坦福大学的约翰·泰勒，质疑关于全球储蓄在21世纪头10年显著上升的论点。泰勒认为，是联储政策而不是全球储蓄过剩助长了美国的房地产泡沫。当我们在第15章讨论货币政策时，我们将回到这一争论。

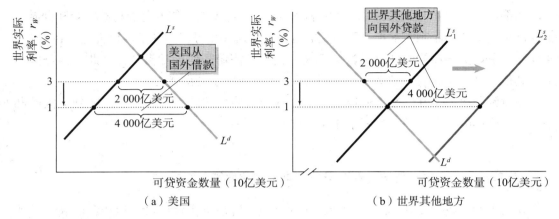

资料来源：Ben S. Bernanke, "The Global Saving Glut and the U. S. Current Account Deficit," Homer Jones Lecture, April 14, 2005（Available at www. federalreserve. gov/boarddocs/speeches/2005/20050414/default. htm）; and John B. Taylor, *Getting off Track*, Stanford, CA: Hoover Institution Press, 2009.

通过做第 121 页本章末的问题和应用 4.11 来检查一下你的理解。

回答关键问题

续第 88 页

在本章开始的时候，我们提出了如下问题：

"在做投资决策时，投资者是如何将预期通货膨胀和其他因素考虑进去的？"

我们在本章中已经看到，由于一系列因素的变化，投资者会提高或降低其对债券的需求。当预期通货膨胀上升时，投资者会降低其对债券的需求，因为对每一种名义利率，通货膨胀率越高，投资者可以获得的实际利率越低。我们已经看到，预期通货膨胀上升导致了较高的名义利率和在其投资组合中持有债券的投资者的资本损失。

在进入下一章之前，阅读下面关于预测债券利率的**政策透视**。

政策透视：投资者预测较高的债券价格和较低的利率水平

《纽约时报》
利率无处可去，只能上行

即使在美国经济前景日渐光明之时，消费者也将要面临……持续的利率上升时期。

"美国人曾坐过一边倒的过山车，" Bill Gross 说，他的投资公司 Pimco 曾参与过推高利率的广泛的政府债务销售，"在利率下跌之时，这曾令人惊恐万分，但现在我们却面临着利率的长期攀升。"

ⓐ较高的利率的影响很可能首先在房地产市场上感受到……"抵押贷款利率不可能较其现在的水平进一步下跌，如果利率上升，我们很可能会看到房地产市场收益的逆转。"哥伦比亚商学院的金融学和经济学教授 Christopher J. Mayer 说……

较高的利率很可能影响消费者的另一个领域是信用卡的使用……随着信用卡违约上

升带来的损失以及支持信用卡的资本更加难以获得，信用卡发行人很可能会提高利率……

同时，预期华盛顿将不得不为借入各种计划所需的资金而支付更多。管理和预算办公室预期基准的 10 年期美国国库票据的利率在今年剩余的时间里会保持在接近 3.9％，但接下来到 2011 年会上涨到 4.5％，到 2012 年会上涨到 5％。

随着投资者将更多的资金从债券上转移出去，以及华盛顿取消直到金融危机之前一直保持低利率的经济生活支持计划，利率的持续上升在加速……

ⓑ除了由日益加强的经济引发的对通货膨胀的担忧，Gross 先生说，他还对国库债券感到担心，因为他担心发行的融通政府巨额预算赤字的新债日益增加的供给会压倒需求，从而进一步推高利率……

上周，随着财政部拍卖掉 820 亿美元的新债，基准的 10 年期国库票据的收益率暂时越过了 4％的心理上的重要临界值。这几乎是政府在 2008 年秋季所支付的两倍……自那时开始的债券收益率的上升逆转了始于 1981 年的下降，当时的 10 年期票据的收益率达到了将近 16％。

从那一最高点开始，稳步下降的利率让联储实现了 30 年的信贷宽松，在此期间，美国消费者借款越来越多，但却设法减少了其收入中用于偿还贷款的部分。

……现在，总的家庭债务是 1981 年的九倍……然而，可支配收入中用于偿还债务的预算部分只是略有增加，从 10.7％增加到 12.6％……

ⓒ利率的长期下降还帮助支持了股票市场；债券之类的投资的较低的利率使得股票更有吸引力……

"利率会永远维持在个位数的低水平这一观念已经把我们宠坏了"，摩根士丹利的利率策略分析师 Jim Caron 说。

没有人预期利率会回到 1981 年的水平。尽管如此，对华尔街的很多人而言，问题不是利率是否会上升，而是上升多少。

……意见一致是显然的，摩根大通证券的全球固定收益策略主管 Terrence M. Belton 这样认为。"每个人都知道利率最终会上涨到更高的水平"，他说。

资料来源：From *The New York Times*，ⓒ April 10，2010 *The New York Times*. All Rights Reserved. Used by permission and protected by the Copyright Laws of the United States. The printing, copying, redistribution, or retransmission of the Material without express written permission is prohibited.

文中要点

随着美国经济在 2010 年从衰退中开始复苏，分析师们预测会出现一段利率上升时期。较高的利率会伤害到已经开始从衰退中复苏的房地产市场。同样，随着信用卡发行人寻求补偿其从信用卡违约中遭受的损失，预期还会出现较高的信用卡债务利率。分析师们之所以预期利率上升是因为，联邦政府被迫出售了更多的债券以融通其预算赤字，而且通货膨胀率很可能也会上升。由于低利率助长了股票价格的上升，较高的利率在未来很可能会延缓股价的上涨。

新闻解读

ⓐ房地产市场对利率变动非常敏感。例如，一笔 200 000 美元的 30 年期抵押贷款在

4.25%的利率下的月还款额大约是984美元。一笔200 000美元的贷款在5.25%的利率下的月还款额大约是1 104美元。月还款额之差大约是120美元，或者说，每年超过1 446美元。房地产市场的大幅下滑是2007—2009年经济衰退严重性的主要原因。

ⓑ对更高的通货膨胀率和联邦政府赤字增加的预期降低了债券价格并提高了利率。下图说明了预期通货膨胀上升对债券和可贷资金市场的影响。预期通货膨胀率的上升使得持有债券对投资者的吸引力下降，从而债券市场的需求下降和可贷资金市场的供给下降。在任何既定的债券价格和利率水平上，预期通货膨胀的上升降低了借款的实际成本。结果是债券供给的增加和可贷资金需求的增加。这些变化的结果是，图（a）中债券的均衡价格从 P_1 下降到 P_2，图（b）中均衡利率从 i_1 上升到 i_2。

ⓒ低利率对于购买证券的投资者代表着低的机会成本。随着利率上升，购买股票变得相对不再具有吸引力。低利率刺激了住房建设支出和企业固定投资并助推了股票的购买。20世纪80年代初的高利率是高通货膨胀率和联邦储备紧缩性货币政策的结果——联储放慢了货币供给增长率以降低通货膨胀率。这一政策在降低通货膨胀上是有效的，但也导致了严重的衰退。虽然分析师们并没有预期利率在2010年末会达到两位数，但他们担心较高的利率会阻碍经济增长。

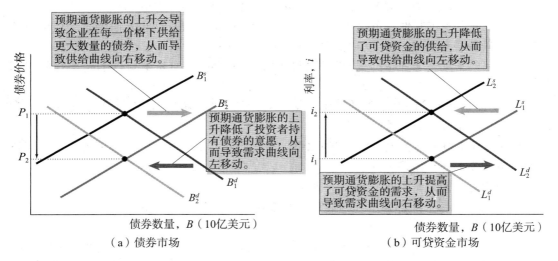

（a）债券市场　　　　　　　　　　　（b）可贷资金市场

严肃思考

1. 本章解释了费雪效应。从这篇文章中引用一段提供了费雪效应的例子的内容。

2. 文章提到，10年期国库票据的利率在1981年几乎达到16%。为什么利率在那一年这么高？

本章小结和问题

关键术语和概念

封闭经济　　　　　　　　异质（或非系统）风险　　　　　　开放经济

分散化	大型开放经济	风险
预期收益	市场（或系统）风险	小型开放经济
费雪效应		

4.1 如何构建一个投资组合

讨论在构建一个投资组合时最重要的因素。

小结

组合选择的决定因素包括财富、预期收益、风险、流动性和信息获取成本。我们通过将每一事件的值乘以事件发生的概率来计算一项投资的**预期收益率**。风险是一项资产收益的不确定性程度。由于大多数投资者都是风险厌恶的，因此，风险和收益之间存在权衡。在很多不同的资产上配置储蓄被称为**分散化**。分散化可以消除**异质（或非系统）风险**，异质风险是一项资产独有的风险，但不能消除**市场（或系统）风险**，市场风险是大部分资产共有的风险。

复习题

1.1 什么是投资组合？

1.2 资产需求的决定因素是什么？

1.3 经济学家如何定义预期收益和风险？

1.4 定义风险厌恶。投资者通常是风险厌恶的还是风险喜好的？

1.5 在什么意义上投资者面临风险和收益之间的权衡？

1.6 市场风险和异质风险之间的区别是什么？

1.7 什么是分散化？分散化如何降低一个金融投资组合的风险？

问题和应用

1.8 谷歌（Google）的创始人拉里·佩奇（Larry Page）和谢尔盖·布林（Sergey Brin）在 2010 年出售了其在公司的部分股份。谷歌发布了一个声明说，佩奇和布林的股票出售是"其各自的个人资产分散和流动性的长期战略"。简要解释这一声明的意思。

资料来源：Migued Helft，"Google Founders to Sell，but Are Not Losing Control，"*New York Times*，January 22，2010.

1.9 【与第 91 页的**联系实际有关**】《经济学家》杂志上的一篇文章中谈道："这具有类似黑天鹅事件的性质，从而它们几乎是无法预测的。"什么是黑天鹅事件？为什么它们几乎是不可能预测的？

资料来源："Not Up in the Air，"*Economist*，April 20，2010.

1.10 【与第 93 页的**联系实际有关**】在讨论如何为退休构建一个金融投资组合时，T. Rowe Price 公司的金融规划师克里斯蒂娜·法尔兰德（Christine Fahlund）说道："这完全是权衡。不存在完美的解决方案。"投资者在为退休而储蓄时面临的权衡是什么？

资料来源：Tara Seigel Bernard，"Retire Now，and Risk Falling Short on Your Nest Egg，"*New York Times*，August 16，2008.

1.11 【与第 93 页的**联系实际有关**】一位刚毕业的大学生应该开始构建什么类型的投资组合？简要解释对这些投资者来说什么类型的资产包括在投资组合中可能是一个好的选择。

4.2 市场利率与债券的需求和供给

利用需求供给模型决定债券的市场利率。

小结

市场利率是由债券的需求和供给相交决定的。在画债券的需求曲线和供给曲线时，我们需要保持除了债券的价格之外的会影响到投资者购买债券的意愿或者企业和投资者出售债券的意愿的所有因素不变。下列因素的变化会导致债券的需求曲线移动：财富、债券的预期收益、风险、流动性和信息成本。下列因素的变化会导致债券供给曲线的移动：实物资本投资的预期盈利性、营业税、预期通货膨胀和政府借款。

复习题

2.1 解释为什么下列变化可能会发生：

　　a. 债券的需求曲线向左移动。

　　b. 债券的供给曲线向右移动。

2.2 为什么债券的供给曲线向上倾斜？为什么债券的需求曲线向下倾斜？

2.3 如果债券市场当前的价格高于均衡价格，解释债券市场如何调整至均衡。

2.4 简要解释下列陈述是正确的还是错误的：

　　a. 债券的价格越高，债券的需求量越大。

　　b. 债券的价格越低，债券的供给量越少。

　　c. 随着投资者财富的增加，保持所有其他因素不变，债券的利率会下降。

　　d. 如果投资者开始认为美国政府可能对其债券违约，那么这些债券的利率会下降。

问题和应用

2.5 对于下列每一种情形，解释债券的需求曲线、债券的供给曲线或两者是否会移动。确保说明了曲线会向右移动还是向左移动。

　　a. 联邦储备发布了一份预测说在未来的 5 年内通货膨胀率平均会是 5%。在这之前，联储一直预测 3% 的通货膨胀率。

　　b. 经济经历了一段时期的快速增长，公司利润不断上升。

　　c. 联邦政府积累了一系列的预算盈余。

　　d. 投资者认为股票市场的风险水平下降了。

　　e. 联邦政府对债券买卖按每个债券 10 美元来征税。

2.6 在 20 世纪 70 年代的某些年份里，美国很多债券的实际利率是负的。

　　a. 实际利率怎么会是负的？

　　b. 为什么贷款人在 20 世纪 70 年代愿意接受负的实际利率？

2.7 利用一幅债券需求和供给的图形说明下列各种情形。确保你的图形说明了需求和供给曲线的所有移动、初始的均衡价格和数量以及新的均衡价格和数量。还要确保说明了你的图形中发生了什么。

　　a. 政府积累了大量的赤字，保持所有其他因素不变。

　　b. 家庭认为未来的税收支付会高于当前的税收支付，从而他们提高了储蓄。

　　c. （a）和（b）同时发生。

2.8 美国联邦政府在 20 世纪 90 年代末的几年里积累了预算盈余。保持所有其他因素不变，利用一幅需求和供给图形说明从预算赤字到预算盈余的转变会对债券市场造成什么影响。

2.9 很多经济学家设想股市繁荣是一个预期未来会出现有利可图的商业机会的迹象。利用一幅债券的需求和供给图形来说明股票市场繁荣对均衡利率水平的影响。

4.3 债券市场模型和利率的变动

利用债券市场模型解释利率的变动。

小结

利率波动之所以发生是因为要么债券的需求发生变动，要么债券的供给发生变动或者两者兼而有之。其中，债券市场模型可以被用于解释利率在商业周期中的波动以及利率波动对预期通货膨胀变化的反应。费雪效应认为，名义利率是与预期通货膨胀率的变化——一对应地上升或下降。

复习题

3.1 简要解释在衰退期间利率通常会怎么样。利用一幅债券的需求和供给图形来说明你的答案。

3.2 什么是费雪效应？利用一幅债券的需求和供给图形来说明费雪效应。

问题和应用

3.3 解释在下列各种情形中债券的均衡价格和均衡数量会怎么样。（如果对均衡价格或均衡数量变动的方向不确定，解释为什么。）

　　a. 在国会提高公司所得税的同时经济中的财富增加了。

　　b. 经济经历了商业周期的扩张。

　　c. 预期通货膨胀率上升。

　　d. 联邦政府积累了预算赤字。

3.4 希腊 2010 年 3 月宣布其未来偿付融通政府赤字所出售的债券时可能会遇到困难。《华尔街日报》提到，"对希腊自我融资能力普遍的不确定性……使得希腊政府债券在星期四处于不断上升的压力之中，10 年期的希腊债券的收益率被推至 7% 以上。"

　　a. 解释文章所说的"对希腊自我融资能力普遍的不确定性"的意思是什么？

　　b. 希腊债券"处于不断上升的压力之中"的意思是什么？

　　c. 利用一幅债券市场的需求和供给图形说明为什么希腊政府债券的利率在上升。确保你的图形说明了希腊债券的需求和供给曲线的所有变动。

　　资料来源：Emese Bartha, "Pressure Intensifies on Greek Debt," *Wall Street Journal*，April 8，2010.

3.5 【与第 106 页的**解决问题** 4.1 有关】解决问题 4.3 中提到的《消费者报告》杂志的那篇文章还建议说："如果通货紧缩盛行，债券在 2010 年还是会表现不错的……"

　　a. 什么是通货紧缩？

　　b. 为什么通货紧缩对持有债券的投资者会是好消息？

　　资料来源："Get the Best Rates on Your Savings," *Consumer Report*，March 2010.

3.6 【与第 106 页的**解决问题** 4.1 有关】《华尔街日报》的一篇专栏警告说："对长期债券要保持警惕……我们适时地会遇到通货膨胀风险。较长期债券大多数是有风险的。"预期通货膨胀上升会对债券价格造成什么影响？为什么较长期债券多数是有风险的？

　　资料来源：Brett Arends, "The Deficit: How to Protect Yourself," *Wall Street Journal*，February 4，2010.

3.7 【与本章开始的导入案例有关】假定大多数投资者在 2010 年接受了比尔·特德福特关于未来几年的通货膨胀会比较高的预测。

　　a. 对债券价格和利率会造成什么影响？

　　b. 假定特德福特最终被证明是错误的，通货膨胀率维持在低水平上。获得了最多收益的很可能是谁：在 2010 年购买长期债券的投资者还是出售长期债券的投资者？简要解释。

4.4 可贷资金模型和国际资本市场

利用可贷资金模型分析国际资本市场。

小结

当考察美国和外国金融市场之间的资金流动时，债券市场的可贷资金分析法是非常有用的。在可贷资金分析法中，买方是筹集资金的借款人，而卖方是供给资金的贷款人。在封闭经济中，家庭、企业和政府并不国际性地借贷。几乎所有的经济体都是开放经济，在开放经济中，金融资本（或者说可贷资金）是国际性移动的。世界实际利率是在国际资本市场上决定的利率。在一个小型开放经济中，供给和需求的可贷资金数量太少而不会影响世界实际利率。因此，一个小型开放经济的实际利率等于世界实际利率。一个大型开放经济可以影响世界实际利率。

复习题

4.1 通过对每一种分析法分别解释下列各项来比较债券市场分析法和可贷资金分析法。

a. 商品是什么；

b. 买方是谁；

c. 卖方是谁；

d. 价格是什么。

4.2 在可贷资金模型中，为什么需求曲线是向下倾斜的？为什么供给曲线是向上倾斜的？

4.3 什么时候经济学家最可能利用债券市场分析法分析利率的变动？什么时候经济学家最可能利用可贷资金分析法？

4.4 定义下列各项：

a. 封闭经济；

b. 小型开放经济；

c. 大型开放经济；

d. 世界实际利率。

问题和应用

4.5 美国联邦政府一直在积累非常大的预算赤字。

a. 保持所有其他因素不变，利用可贷资金分析法说明美国的预算赤字对世界实际利率的影响。

b. 现在假定家庭认为赤字会通过不久的将来的较高税收得以融通，预期到要支付这些较高的税收，家庭提高了其储蓄。简要解释你在（a）部分的分析会受到怎样的影响。

4.6 假定在一个大型开放经济中，国内供给的可贷资金量在开始的时候等于国内需求的资金量。接着，营业税上升抑制了投资。说明这一变化如何影响可贷资金的数量和世界实际利率。现在该经济是从国际借款还是从国际贷款？

4.7 在一个小型开放经济中，下列各个事件会如何影响均衡利率？

a. 一场自然灾害对房屋、桥梁和高速公路造成了广泛的破坏，导致投资支出上升以修复受损的基础设施。

b. 预期营业税在未来会上升。

c. 电视正在直播世界杯足球赛，很多人待在家里看球赛，减少了消费支出。

d. 政府推出一种新的储蓄税，基于到每年 12 月 31 日为止人们的投资的价值。

4.8 就一个大型开放经济，重复问题和应用 4.7。

4.9 下列事件会如何影响美国的可贷资金需求？

a. 很多美国城市提高营业税来帮助结束其预算赤字。

b. 手提电脑的广泛使用帮助降低了商业成本。

c. 政府取消了房屋所有人对抵押贷款支付的利息的税收减免。

4.10 写于 2010 年初，《华尔街日报》的一位专栏作家说道："显然，国库市场对赤字还没有感到恐慌：

收益率在这一周几乎没有上升。"

a. 什么是"国库市场"?

b. 为什么国库债券收益率没有上升这一事实说明市场对赤字"还没有感到恐慌"?

4.11 【与第 113 页的**联系实际**有关】我们已经看到,联邦储备主席本·伯南克认为美国在 21 世纪头 10 年中期的低利率是由于全球储蓄过剩而不是联邦储备政策。在接受彭博电视台的阿尔伯特·亨特的采访中,自 1987 年 8 月到 2006 年 1 月担任联储主席的艾伦·格林斯潘也作出了类似的论断。格林斯潘辩称:"长期利率低水平的背后是全球储蓄过剩,因为中国、俄罗斯和其他新兴市场经济体从出口中赚到了比它们可以轻松投资的更多的钱。"

a. 利用可贷资金图形说明格林斯潘关于全球储蓄过剩导致美国的低利率的论断。一幅图形应该说明美国的情形,另一幅图形应该说明世界其他经济的情形。

b. 为什么关于低利率原因的争论会与格林斯潘有关系?

资料来源:Rich Miller and Josh Zumbrun,"Greenspan Takes Issue with Yellen on Fed's Role in House Bubble,"Bloomberg. com,March 27,2010.

数据练习

D4. 1 登录网站 federalreserve. gov。下载自 2005 年到 2010 年的 10 年期国债的数据并绘图。债券收益率在哪个月升至峰顶?债券收益率在哪个月跌至谷底,或者说最低水平?利用债券的需求和供给模型解释债券收益率从峰顶到谷底的下降。

D4. 2 登录 www. gpoaccess. gov,这个网站有《总统经济报告》的统计报表。在你的屏幕的左方,你会看到标题为"Database Features"的一个分类。点击"Downloadable/Reports/Tables"。下载自 1970 年到 2009 年的 10 年期国库债券的利率以及用消费者价格指数的年度变化度量的通货膨胀率的数据。利用这些数据计算实际利率。画出名义利率和实际利率的图形。根据你对实际利率的计算,投资 10 年期美国国债最好的年份是哪些?

第 5 章 利率的风险结构和期限结构

学习目标

学完本章之后，你应该能够：

5.1 解释为什么到期日相同的债券会存在不同的利率

5.2 解释为什么到期日不同的债券会存在不同的利率

在国库券利率如此之低的情况下，为什么还要投资于国库券呢？

为了向投资者出售债券，企业和政府必须首先获得一家信用评级机构的评级。三家最大的评级机构分别是穆迪投资者服务公司（Moody's Investors Service）、标准普尔公司（Standard & Poor's Corporation）和惠誉评级（Fitch Ratings）。这些私人企业通过给出用字母表示的等级来对债券进行评级以反映企业或政府偿付债券的概率，其中，AAA或 Aaa 是最高的评级。2010 年 2 月，穆迪投资者服务公司宣布，由于美国政府正在规划未来十年庞大的财政赤字，政府的 Aaa 债券评级可能会面临"压力"，这令投资者感到大为震惊。当一家评级机构，如穆迪，对一家企业或政府给出了较低的债券评级，这通常发出了该企业或政府发生违约的可能性出现了上升的信号，而违约就是停止对债券的偿付。美国政府竟然变得更可能对其债券违约吗？

美国国库债券出现较低评级的可能性并不是 2010 年债券市场唯一的意外。短期美国国库券的利率非常之低，在大多数情况下还不到 0.25%。如此之低的利率在过去几十年间都未曾出现过。长期美国国库债券的利率在 4.0%~5.0% 之间。当国债可以获得超过 20 倍的利率时，为什么投资者还愿意接受国库券如此之低的利率呢？

在 2010 年，公司债券市场也出现了一些非同寻常的新现象。投资者可以购买通用电气发行的债券并获得 5.6% 的到期收益率，仅仅略高于债券 5.5% 的息票率。或者，投资者也可以购买录像带租赁公司 Blockbuster 发行的债券并获得 97.7% 的超高的到期收益率，远远大于债券 9.0% 的息票率。当通过购买 Blockbuster 的债券可以获得高得多的收益时，为什么投资者还会购买通用电气的债券呢？在本章，我们将更为深入地探讨债券市场，从而我们就可以回答这些问题了。

第 145 页的政策透视讲述了穆迪投资者服务公司和标准普尔公司的经理们就其对抵押贷款支持证券的评级在国会所做的证词。

资料来源：David E. Sanger, "The Debtor the World Still Bets On," *New York Times*，February 5，2010.

关键议题和问题

在第 1 章的结尾，我们指出，始于 2007 年的金融危机提出了关于金融体系的一系列重要问题。在回答这些问题的时候，我们将讨论金融体系的一些非常重要的方面。下面是本章的关键议题和问题：

议题：在金融危机期间，由于曾经为之后被证明是风险很高的证券给出了高的评级，债券评级机构备受批评。

问题：政府应该更为严密地监管信用评级机构吗？

在第 145 页回答

在第 4 章，通过假定我们正在讨论的是一种单一类型的债券以及该债券的市场决定了利率，我们简化了对债券市场的分析。这一简化是非常有意义的，因为它使得我们可以分析影响所有债券的需求和供给的因素。然而，债券市场显然要复杂得多。在本章，通过分析为什么债券的利率会有所不同以及什么导致了利率的因时而变，我们将更为深入地审视债券市场。

在 5.1 节，我们将审视**利率的风险结构**（risk structure of interest rate），利率的风险结构解释了具有相同到期日的不同债券的收益率的差异。接着，我们转向**利率的期限结构**（term structure of interest rate）。在期限结构中，我们将比较债券收益率如何随其到期时间而变化。投资者同时应用上述两种分析再加上市场利率来预测个别债券收益率的未来变动。

5.1 利率的风险结构

为什么具有相同到期日的债券（如 30 年期的所有债券）会有不同的利率，或者说到期收益率呢？

具有相同到期日的债券可能在投资者认为重要的其他特征上有所不同，如风险、流动性、信息成本和税收。具有更为讨人喜欢的特征的债券具有较低的利率，因为投资者愿意接受这类债券较低的预期收益。类似地，具有不太讨人喜欢的特征的债券具有较高的利率，因为投资者对这类债券要求较高的预期收益。经济学家用**利率的风险结构**这一术语来描述具有不同特征但到期日相同的债券的利率之间的关系。

违约风险

不同的债券在**违约风险**（default risk）方面有所不同。违约风险，有时又被称为**信用风险**（credit risk），是债券发行人未来无法偿还利息和本金的风险。例如，假定一个通用电气发行的债券和一个 Blockbuster 发行的债券具有相同的到期日，但 Blockbuster 存在较高的违约风险。在这种情况下，Blockbuster 的债券相比通用电气的债券就会具有较高的利率。

度量违约风险

为了确定一个债券的违约风险，投资者是利用美国国债作为基准的，因为美国国债不存在违约风险。我们假定美国国债不存在违约风险是因为美国政府保证会偿还所有的利息和本金。当然，像所有的其他债券一样，美国国债也存在利率风险。

债券的**违约风险溢价**（default risk premium）是债券的利率和具有相同到期日的国债的利率之间的差额。我们可以把违约风险溢价视为投资者因持有存在一定的违约风险的债券所要求的额外收益。例如，如果你愿意购买一个利率为 5% 的 30 年期的国债，然而，由于 IBM 发行的债券存在一定的违约风险，只有当其利率为 7% 时你才愿意购买 IBM 发行的 30 年期的债券，那么，IBM 债券的违约风险溢价为 7%－5%＝2%。

投资者认为债券发行人无法偿付债券的可能性越大，其要求的违约风险溢价也越高。获取关于债券发行人的**信誉**（creditworthiness）或者说偿付能力的信息的成本可能会很高。因此，很多投资者依靠**信用评级机构**（credit rating agencies），如标准普尔公司、穆迪投资者服务公司或惠誉评级，来为他们提供关于发行债券的公司和政府的信誉的信息。**债券评级**（bond rating）是一个概括了一家评级机构对债券发行人就其债券做出必要偿付的潜在能力的看法的单一统计量。

表 5—1 展示了三家最大的信用评级机构的评级。评级越高，违约风险越低。获得最高的四个评级之一的债券被认为是"投资级"，这意味着它们存在低到中强度的违约风险。获得较低评级之一的债券被称为"非投资级"，或"投机级"、"高收益"或"垃圾债券"。这类债券存在高强度的违约风险。评级机构会公开发布其评级信息并随着发行人信誉的变化而更新评级。我们在本章开始的时候曾看到，在 2010 年早些时候，穆迪发布过一项预警，即如果联邦政府继续达到非常高的年度预算赤字，联邦政府将不得不发行如此之多的债券以至于其继续偿还债券的利息和本金的能力可能会受到质疑。换言之，美国国债会失去其 Aaa 的评级并不再被视为无违约风险。

表 5—1 解释债券评级

	穆迪投资者服务	标准普尔（S&P）	惠誉评级	评级的含义
投资级债券	Aaa	AAA	AAA	最高的信用质量
	Aa	AA	AA	非常高的信用质量
	A	A	A	高的信用质量
	Baa	BBB	BBB	好的信用质量
非投资级债券	Ba	BB	BB	投机
	B	B	B	高度投机
	Caa	CCC	CCC	显著的违约风险
	Ca	CC	CC	非常高水平的违约风险
	C	C	C	特别高水平的违约风险
	—	D	D	违约

注："评级的含义"一列中的条目是对惠誉所使用的描述稍作了修改。其他的两家评级机构具有类似的描述。对于从 Aa 到 Caa 的每一个评级，穆迪增加了一个 1、2 或 3 的数字修饰符。评级 Aa1 高于评级 Aa2，评级 Aa2 高于评级 Aa3。类似地，标准普尔和惠誉的评级增加了一个正号（＋）或负号（－）。评级 AA＋高于评级 AA，评级 AA 高于评级 AA－。

资料来源：Moody's Investors Services，*Moody's Rating Symbols and Definitions*，June 2009；Fitch Ratings，*Definitions of Ratings and Other Forms of Opinion*，January 2010；and Standard & Poor's，*Standard and Poor's Ratings Definitions*，January 5，2010.

违约风险和违约风险溢价的变化

违约风险的变化如何影响债券的利率呢？如果评级机构认为一家企业对其债券的偿付能力下降了，它们就会给债券一个较低的评级。较低的评级通常会导致在任意给定的价格下投资者对该债券需求较少的数量，因此，债券的需求曲线会向左移动。正如我们在第 4 章所看到的，如果需求曲线向左移动，债券的价格就会下降，而其收益率则会上升。在本章开始的时候，我们提到过由 Blockbuster 发行的初始利率为 9.0% 的债券。然而，到了 2010 年 2 月，所有的三家评级机构同时将该债券降级到了非投资级，或者说"垃圾"的地位，因为它们认为 Blockbuster 存在很高的概率无法完成债券的剩余支付。因此，对债券的需求急剧下降，债券的价格也从 1 000 美元下降到了 212 美元。在如此低的价格下，债券的到期收益率达到了非常高的 97.8%。投资者要求大幅的额外收益来补偿债券非常高的风险。换言之，债券的违约风险溢价已经飙升了。

投资者可以判断一大类资产的违约风险已经上升了。例如，在经济衰退期间，公司债券的违约风险通常会上升，这又会引起择优而栖（flight to quality）。择优而栖表明，投资者减少了其对高风险债券的需求并增加了其对低风险债券的需求。图 5—1 展示了这一过程。图（a）说明的是 Baa 评级的公司债券市场。通常而言，在经济衰退期间，随着公司利润的下降，投资者会推断公司偿付其债券的概率下降了。其结果是，Baa 评级的公司债券的需求曲线向左移动，导致均衡价格从 P_1^C 下降到 P_2^C。图（b）说明的是，对不断上升的违约风险的担忧导致美国国库债券的需求曲线向右移动。均衡价格从 P_1^T 上涨到 P_2^T。由于公司债券的价格在持续下跌，公司债券的到期收益率是不断上升的。由于国库债券的价格在持续上涨，国库债券的收益率是不断下降的。因此，违约风险溢价的大小在上升。

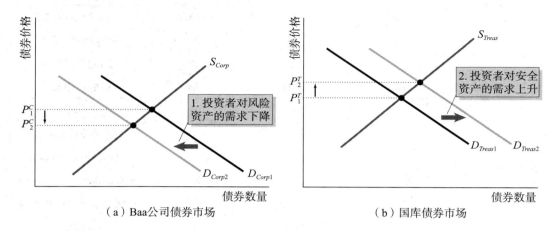

（a）Baa公司债券市场　　　　　　　　　　（b）国库债券市场

图 5—1　收益率中违约风险溢价的决定

　　通过比较与价格 P_1^T 和 P_1^C 相关的收益率，可以看出初始的违约风险溢价。由于较为安全的美国国库债券的价格高于风险较高的公司债券的价格，我们知道，为了补偿投资者承担的风险，公司债券的收益率必须高于国库债券的收益率。随着公司债券违约风险的上升，在图（a）中，对公司债券的需求向左移动。在图（b）中，对国库债券的需求向右移动。公司债券的价格下跌到 P_2^C，国库债券的价格上涨到 P_2^T，因此，国库债券的收益率相对于公司债券的收益率下降了。因此，违约风险溢价上升了。

　　图 5—2 说明的是从 2000 年 1 月到 2010 年 5 月间的 Baa 评级的公司债券的平均利率

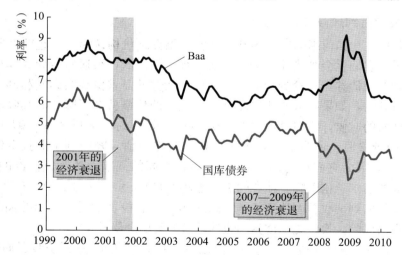

图 5—2　经济衰退期间违约溢价的上升

　　违约溢价在经济衰退期间通常会上升。就 2001 年的经济衰退而言，图形展现了相当典型的模式，公司债券利率与国库债券利率之间的利差从衰退之前的大约 2 个百分点上升到衰退期间的超过 3 个百分点。就 2007—2009 年的经济衰退而言，图形说明了违约风险溢价要得多，从衰退开始之前的不到 2 个百分点上升到 2008 年秋季金融危机顶峰时期的超过 6 个百分点。

　　注：公司债券的利率是 Baa 评级债券的利率。国库债券利率是 10 年期国库票据的利率。

　　资料来源：Federal Reserve Bank of St. Louis.

与国库债券的利率之间的价差。两个阴影区域展示了 2001 年和 2007—2009 年的两次经济衰退。就 2001 年的衰退而言，图形展示了一个非常典型的模式，价差从衰退前的大约 2 个百分点上升到衰退期间的超过 3 个百分点。就 2007—2009 年的衰退而言，图形说明了违约风险溢价的上升要大得多，公司债券和国库债券利率之间的价差从衰退开始之前的不到 2 个百分点上升到 2008 年秋金融危机顶峰时期的超过 6 个百分点，2009 年秋季又跌回不到 3 个百分点。如图 5—1 所预示的，风险溢价的上升是由于公司债券利率上升和国库债券利率下降：Baa 评级的公司债券的平均利率从 2007 年中期的不到 6.5％ 上升到 2008 年 10 月的将近 9.5％，而国库债券的利率则从 2007 年中期的 5.0％ 下降到 2008 年末的不到 3％。

联系实际：信用评级机构存在利益冲突吗？

19 世纪的铁路公司是美国最早发行大量债券的企业。约翰·穆迪在 1909 年通过发布《穆迪的铁路投资分析》（*Moody's Analysis of Railroad Investments*）开始了现代债券评级业务。标准普尔公司的前身是在 1916 年开始发布评级报告的。惠誉评级是从 1924 年开始发布评级报告的。直到 20 世纪初，包括钢铁、石油、化工和汽车在内的很多行业都是通过发行债券来筹集资金，评级机构也扩展到不只对铁路债券进行评级。当时，除非至少一家评级机构给出评级，否则企业出售债券会遇到困难。

直到 20 世纪 70 年代，评级机构因两个关键的原因而遇到了困难。首先，二战后的繁荣意味着对债券发行的违约是相对罕见的，因此，很少有投资者需求评级机构提供的服务。其次，评级机构的商业模式不再可行。评级机构主要是通过向订阅的投资者出售评级来获得收入的。20 世纪 70 年代便宜的复印技术的发展使得这一模式变得困难，因为一个投资者可以订阅一份评级报告，然后将复印件出售或给予没有订阅的投资者。

从 20 世纪 70 年代末开始，几大进展促使了评级机构的时来运转。首先，周期性的衰退和高通货膨胀提高了债券违约的数目，因此，更多的投资者愿意为关于企业信誉的信息而付费。其次，评级机构开始介入外国企业和政府发行的债券的评级，从 20 世纪 70 年代开始这两种债券的数量都在增长。再次，政府在其对银行、共同基金和其他金融企业的监管中开始考虑债券评级。例如，很多共同基金被要求只能持有高评级的债券。最后，评级机构对其服务开始向企业和政府收费，而不是投资者。

最后一项变化带来了一个问题，即评级机构是否面临利益冲突。由于发行债券的企业可以选择雇用任何一家评级机构为其债券评级，为了保住企业的业务，评级机构可能有动机给出高于合理评级的评级。在发行人同意雇用评级机构之前，评级机构为债券发行人提供"评级预演"已经司空见惯了。在住房市场繁荣期间，投资银行发行了很多抵押贷款支持证券和其他复杂证券。当住房市场崩盘时，虽然拥有来自评级机构的高评级，但很多这类证券价格暴跌。部分经济学家和决策者认为，评级机构提供高评级主要是为了确保企业会继续雇用它们。大多数抵押贷款支持证券具有复杂的结构。一些报告指出，评级机构的分析师不愿意向这些证券的发行人争取充分的信息以准确地给出评级，因为分析师们担心这样做可能会得罪发行人。包括许多州政府养老金计划的经理在内的一些投资者起诉评级机构，理由是评级机构未能对投资者履行其提供准确评级的义务。其他经济学家和决策者对评级机构相对宽容，他们认为，评级机构无法预见到房地产危机的严重性或危机会在何种程度上影响抵押贷款支持证券的价值。

国会在 2010 年 7 月通过了《多德-弗兰克华尔街改革和消费者保护法案》，法案包括了影响信用评级机构监管的一些规定。证券交易委员会内部创建了一个新的信用评级办公室来监视评级机构。法案对信用评级机构的利益冲突施加了新的约束，授权投资者在有证据表明评级机构未能收集充分的信息来对证券进行正确评级的情况下提起诉讼，授权证券交易委员会可以注销长期提供不准确评级的评级机构。在法案通过之后，债券市场上立刻出现了相当大的不确定性。由于法案使得评级机构要对其评级的质量负责，评级机构不愿意让企业在必须伴随任何新债券发行的官方文件中使用其评级。然而，除非文件中包括评级，否则一些债券无法出售。在法案通过后的几个星期里，新规则的影响仍然是不确定的。

资料来源：Anusha Shrivastava, "Bond Sales? Don't Quote Us, Request Credit Firms," *Wall Street Journal*, July 21, 2010; David Segal, "Debt Raters Avoid Overhaul After Crisis," *New York Times*, December 8, 2009; Andrew Ross Sorkin, "S. E. C. Urges Changes to Ratings-Agency Rules," *New York Times*, August, 29, 2010; and Richard Sylla, "An Historical Primer on the Business of Credit Rating," in Richard M. Levich et al., eds., *Ratings, Rating Agencies, and the Global Financial System*, Boston: Kluwer Academic Publishers, 2002.

通过第 149 页本章末的问题和应用 1.11 来检查一下你的理解。

流动性和信息成本

除了违约风险的差别之外，流动性和信息成本的差别也会导致利率的差异。由于投资者担心流动性，在其他方面都相同的情况下，较之流动性不足或非流动（illiquid）的投资，投资者愿意对流动性较高的投资接受较低的利率。因此，投资者希望对一项非流动资产获得较高的收益以补偿其牺牲的流动性。

类似地，投资者在乎获取有关一个债券的信息的成本。花费时间和金钱来获取关于一个债券的信息降低了债券的预期回报。如果两种资产在其他方面都相同，投资者会更喜欢持有具有较低信息成本的那一种，还一点也不奇怪。因此，与具有较高的信息获取成本的债券相比，投资者对具有较低的信息获取成本的资产会接受较低的预期收益。

债券的流动性上升或获取与债券有关的信息的成本下降会提高对债券的需求。在一个债券市场图形中，需求曲线会向右移动，提高了债券的价格并降低了债券的利率。类似地，如果一个债券的流动性下降或者如果获取关于该债券的信息的成本上升，对该债券的需求就会下降。在 2007—2009 年的金融危机期间，由于房主对包含在债券中的很多抵押贷款违约，很多投资者变得不愿意购买抵押贷款支持债券了。更糟糕的是，投资者开始意识到，他们并没有完全理解这些债券，而且找到关于债券包含的抵押贷款的类型的信息存在困难。我们可以在一幅债券市场的图形中通过向左移动需求曲线来说明这一情形，这会降低债券的价格并提高债券的利率。

税收待遇

投资者在债券上是以息票支付的形式获得利息收入的。当支付税款时，投资者必须将这些息票计入其收入。然而，各种息票必须支付的税收有所不同，这取决于债券的发行人。税收也根据投资者的居住地而有所不同。投资者关心的是投资的税后收益（after-tax return）——也就是说，支付税收后留给投资者的收益。例如，考虑两个债券，每一个都是 1 000 美元的面值和 8% 的息票率，这意味着它们每年支付 80 美元的息票。假定对通用电气发行的第一个债券，投资者必须对收到的息票支付 40% 的税收。对美国财政部发行的第二个债券，投资者只需要对收到的息票支付 25% 的税收。因此，支付税收之后，投资者从通用电气债券 80 美元的息票中只剩下 48 美元，而国库债券则剩下 60 美元。如果投资者对每个债券都支付了 1 000 美元，忽略这一年中的任何资本利得或损失，那么投资者从国库债券中可以获得 6% 的税后收益（60 美元/1 000 美元＝0.6，或 6%），但从通用电气债券中只获得 4.8% 的税后收益（48 美元/1 000 美元＝0.48，或 4.8%）。如果投资者视两种债券的风险、流动性和信息成本是相同的，显然，投资者会更喜欢国库债券较高的税收收益。

债券的税收待遇有何不同

我们可以考虑三类债券：公司债券、美国国库债券和市政债券（municipal bond），市政债券是州和地方政府发行的债券。联邦、州和地方政府均可对公司债券的息票征税。联邦政府可以对国库债券的息票征税，但州和地方政府不能。通常，联邦、州和地方政府均不能对市政债券的息票征税。公司债券的税收情况稍微有些复杂，因为八个州是没有州所得税的。一些地方政府也没有所得税，或者说，它们对工资和薪金所得征税，但对投资所得不征税。表 5—2 概括了三种类型债券的税收情况。

表 5—2	债券息票支付的税收待遇	
债券类型	是否被州和地方政府征税	是否被联邦政府征税
公司债券	被大部分州和部分城市征税	是
国库债券	否	是
市政债券	否	否

记得债券投资者从拥有债券中可以获得两种类型的所得是非常重要的：（1）来自息票的利息所得，和（2）来自债券价格变化的资本利得（或损失）。利息所得按照与工资和薪金所得相同的税率征税。资本利得按照低于利息所得的税率征税。只有当资本利得已经实现了（realized）才会征税，这意味着，投资者以高于他或她支付的价格出售债券。未实现的（unrealized）资本利得并不征税。例如，如果你用 800 美元买了一个债券，债券的价格上涨到了 900 美元，如果你把债券出售了，你就有了需要纳税的已实现的资本利得。然而，如果你不出售它，你就有了未实现的资本利得，这一利得未被征税。推迟你支付资本利得税的时间是有好处的，因为你将来支付税收的时间越晚，税收的现

值越低。虽然市政债券的利息所得是免征所得税的，但这些债券已实现的资本利得并不
免税。

税收变化对利率的影响

我们已经看到，投资者感兴趣的是从债券中获得的税后收益，而且债券利率按照债
券类型的不同而不同。因此，所得税率的变动会影响利率。图 5—3 说明了联邦所得税率
的变动如何影响市政债券和国库债券的利率。我们假定联邦所得税率在初始的时候是
35%。在图（a）中，我们展示了市政债券市场；在图（b）中，我们展示了国库债券市
场。图（a）中的均衡价格 P^M_1 高于图（b）中的均衡价格 P^T_1，这是市政债券的利率低于
国库债券的利率的常见情形。现在假定联邦所得税率升至 45%。这一较高的税率会使得
享有免税地位的市政债券对投资者更具吸引力，与此同时，这会降低国库债券的税后收
益。在图（a）中，市政债券的需求曲线向右移动，从 D_{Muni1} 移至 D_{Muni2}，将价格从 P^M_1 推
高至 P^M_2 并降低了利率。在图（b）中，国库债券的需求曲线向左移动，从 D_{Treas1} 移至
D_{Treas2}，将价格从 P^T_1 压低至 P^T_2 并提高了利率。如果我们假定除了息票的税收待遇外，
投资者视两种债券具有相同的属性，那么在税率上升之后，债券的利率应该调整，直到
投资者从两种债券上获得相同的税后收益。从这一分析中，我们可以得到所得税率上升
趋于提高国库债券的利率并降低市政债券的利率的结论。

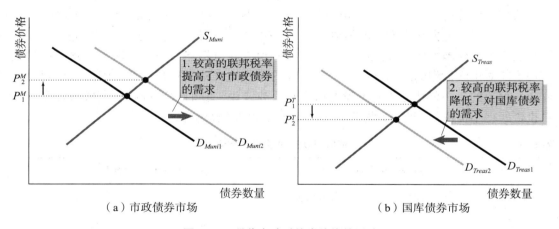

图 5—3　税收变动对债券价格的影响

如果联邦所得税率上升，免税的市政债务对投资者更具吸引力，国库债券的吸引力下降。在图（a）中，市政债
券的需求曲线向右移动，从 D_{Muni1} 移至 D_{Muni2}，将价格从 P^M_1 推高至 P^M_2 并降低了利率。在图（b）中，国库债券的需
求曲线向左移动，从 D_{Treas1} 移至 D_{Treas2}，将价格从 P^T_1 压低至 P^T_2 并提高了利率。

 解决问题 5.1：增值税如何影响利率？

部分经济学家和政策制定者建议取消联邦所得税，代之以增值税（value-added tax，
VAT）。增值税有点像销售税，但不是在消费者到商店购物时征收的，增值税是在生产
的每个阶段随着企业相互之间出售产品征收的。所得税同时适用于个人储蓄所得和任何
投资收益。增值税可以鼓励储蓄和投资，因为增值税既不对储蓄征税也不对投资收益征

税。假定联邦政府取消了联邦所得税并代之以增值税。解释这一政策变化对市政债务、公司债券和国库债券利率的影响。画出三幅图形，每个市场一幅图形，说明你的答案。

解决问题

第一步 复习本章的内容。这一问题是关于所得税率变动对利率的影响的，因此，你也许需要复习"税收变化对利率的影响"这一小节。

第二步 分析税收政策变化对市政债券利率的影响。正如我们在本章所看到的，市政债券的息票是免征州、地方和联邦税的。联邦税率比州和地方税率要高得多，因此，取消联邦所得税会显著降低对市政债券的需求。你的图形应该看起来像下面这样：市政债券的需求曲线向左移动，从 D_1 移至 D_2，导致均衡价格从 P_1^M 降至 P_2^M。市政债券价格下跌意味着债券的利率上升了。

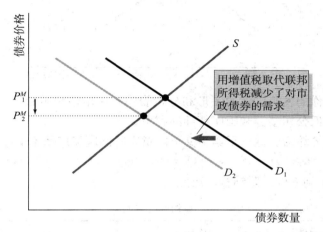

第三步 分析税收政策变化对公司债券利率的影响。公司债券的息票被州、地方和联邦三级政府征税。取消联邦所得税会提高对公司债券的需求。你的图形应该看起来像下面这样：公司债券的需求曲线向右移动，从 D_1 移至 D_2，导致均衡价格从 P_1^C 升至 P_2^C。公司债券价格上涨意味着债券的利率下降了。

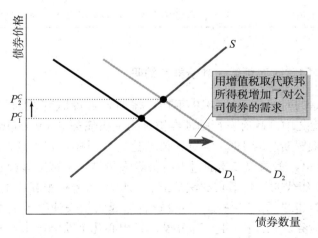

第四步 分析税收政策变化对国库债券利率的影响。国库债券的息票只在联邦层面

征税，不在州或地方层面征税。取消联邦所得税会提高对国库债券的需求。你的图形应该看起来像下面这样：国库债券的需求曲线向右移动，从 D_1 移至 D_2，导致均衡价格从 P_1^T 升至 P_2^T。国库债券价格上涨意味着债券的利率下降了。

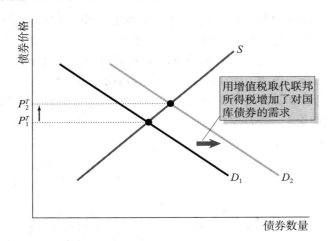

第五步　概括你的发现。 你的图形和分析表明，用增值税替代联邦所得税会提高市政债券的利率，降低公司债券和国库债券的利率。

为了进行更多的练习，做一下第 149 页本章末的问题和应用 1.14。

表 5—3 概括了利率的风险结构的决定因素。

表 5—3		利率的风险结构
债券的……上升	导致其收益……	因为……
违约风险	上升	投资者必须因承担额外的风险而获得补偿
流动性	下降	投资者在出售债券时招致较低的成本
信息成本	上升	投资者必须花费更多的资源来评估债券
税收义务	上升	投资者关心税后收益且必须因支付较高的税收而获得补偿

 联系实际：美国财政部可能对其债券违约吗？

我们在本章开始的时候看到，2010 年初，穆迪警告说联邦政府可能正处于失去其 Aaa 债券评级的危险之中。政府发行的债券被称为**主权债务**（sovereign debt）。主权债务违约曾经发生过。俄罗斯政府 1998 年对其债务违约，同样，阿根廷政府 2002 年也对其债务违约。在 19 世纪，美国很多州通过发行债券大量借款来帮助修建运河和铁路或投资于银行。19 世纪 40 年代初，包括宾夕法尼亚、马里兰和密歇根在内的美国 28 个州和地区中的 9 个对其债券违约了。这些违约给投资者造成的损失使得他们在未来若干年不愿购买这些州发行的债券。在 2010 年，部分投资者担心几个欧洲国家，特别是希腊，可能对其债务违约。

主权债务违约会发生在今天的美国吗？财政部有可能对其债务违约吗？正如我们在本章所看到的，投资者通常将美国的国库债券视为无违约风险的。穆迪并不是警告其预期财政部对其债券的本金和利息偿还存在近在眼前的问题。相反，穆迪是在警告，非常大的预计预算赤字意味着，国库债券的发行数量可能会变得如此之大，以至于利息支付会成为联邦预算不断上升的一个部分。当公司对其债券违约时，这通常是因为它们不再拥有可得资金来支付利息。政府很少存在这一问题，因为政府拥有征税能力来支付利息。此外，如果债券的利息可以用该国的本国货币支付，该国的中央银行可以创造出足够多的货币来让政府偿还其利息和本金。然而，一国还是可能选择对其债务违约，即使它们不是被迫这么做的，因为上述这两个选择可能是痛苦的。提高税收可能会延缓一国的经济增长，或者甚至会把该国拖入衰退。货币供给的快速增长会导致通货膨胀。因此，主权债务违约通常是政策决策，政府判断违约优于其他替代选择。当然，违约也存在不利的后果，因为违约使得政府在未来出售债券时会遇到困难。

　　那么，美国财政部有可能对其债券违约吗？美国和其他地方的投资者在 2010 年并不这么认为，因为他们愿意按照太低以至于不会包含违约溢价的利率购买国库债券。在穆迪发布警告的时候，30 年期的国库债券的利率还不到 5%。相反，在俄罗斯政府 1998 年对其债务违约前不久，俄罗斯政府债券的利率大约是 200%。像查尔斯·狄更斯（Charles Dickens）的《圣诞颂歌》（*A Christmas Carol*）中的尚未到来的圣诞幽灵一样，穆迪正在发出可能会发生某些事而不是确定无疑会发生某些事的警告。

資料来源：David E. Sanger, "The Debtor the World Still Bets On," *New York Times*, February 10, 2010; Abbigail J. Chiodo and Michael T. Owyang, "A Case Study of a Currency Crisis: The Russian Default of 1998," *Federal Reserve Bank of St. Louis Review*, November/December 2002, pp. 7-17; and Richard Sylla and John Joseph Wallis, "The Anatomy of Sovereign Debt Crisis: Lessons from the American State Defaults of the 1840s," *Japan and the World Economy*, Vol. 10, No. 3, 1998, pp. 267-293.

通过做第 149 页本章末的问题和应用 1.17 来检查一下你的理解。

5.2 利率的期限结构

　　我们已经明白了为什么具有相同到期日的债券会存在不同的利率。现在，我们考虑**利率的期限结构**，利率的期限结构是其他方面相似但具有不同到期日的债券的利率之间的关系。期限结构理论试图回答这一问题：为什么具有相同的违约风险、流动性、信息成本和税收特征的债券存在不同的利率，仅仅因为它们具有不同的到期日？最简单的是对国库债券保持除了到期日之外的这些特征不变。因此，分析期限结构的一种常用方法是考察**国库收益率曲线**（Treasury yield curve），国库收益率曲线是具有不同到期日的国库债券的利率在某一特定日期的关系。（回忆一下，到期日小于等于 1 年的国库债券是国库**券**（bills），到期日为 2～10 年的国库债券是国库**票据**（notes），到期日大于 10 年的国库债券是国库**债券**（bonds）。为简单起见，我们通常将所有这些证券统称为国库债券（bonds）。）

图 5—4 画出了相隔两年的两个日期的国库收益率曲线：2009 年 6 月 22 日和 2010 年 6 月 22 日。我们可以注意到关于这两个收益率曲线的几个要点。首先，在这两天，短期债券的利率，或者说收益率，是非常低的。例如，在 2009 年 6 月 22 日，3 个月的国库券的收益率仅为 0.13%，13 个 1% 的百分之一。这些非常低的收益率主要是由于联储采取行动压低短期利率来帮助处理 2007—2009 年的金融危机。我们将在第 15 章中更为详细地讨论联储的这些政策。其次，在这两天，长期债券的利率比短期债券的利率要高得多。例如，在 2009 年 6 月 22 日，虽然 3 个月的国库券的收益率仅为 0.13%，10 年的国库票据的收益率为 3.18%，30 年的国库债券的收益率为 4.10%。

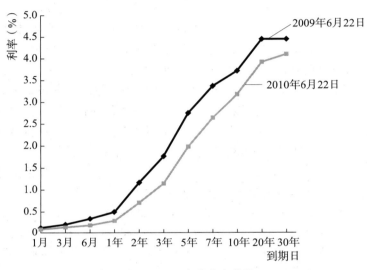

图 5—4　国库收益率曲线

该图展示了 2009 年 6 月 22 日和 2010 年 6 月 22 日的国库收益率曲线。

资料来源：U. S. Department of the Treasury, *Daily Treasury Yield Curve Rates*, www. ustreas. gov/offices/domestic-finance/debt-management/interest-rate/yield. shtml.

长期利率高于短期利率的这一模式是非常典型的。图 5—5 通过说明自 1970 年以来的年份里 3 个月的国库券的利率（灰线）通常低于 10 年的国库票据的利率（黑线）展示了这一模式。当短期利率低于长期利率时，我们得到了一条**向上倾斜的收益率曲线**（upward-sloping yield curve）。然而，仔细检查图 5—5 可以发现，存在一些 3 个月的国库券的利率高于 10 年的国库票据的利率的时期。这些是**向下倾斜的收益率曲线**（downward-sloping yield curve）的时期。由于向下倾斜的收益率曲线很少出现，它们也**被称为反向的收益率曲线**（inverted yield curve）。图 5—5 也说明了关于债券市场的另一个重要事实：不同到期日的债券的利率趋向于一起变动。例如，注意到，在 20 世纪 70 年代，3 个月的国库券的利率和 10 年的国库票据的利率都上升了，到 20 世纪 80 年代初达到最高点，自此之后又同时下降。如果我们画出其他到期日的债券，如 2 年的国库票据和 30 年的国库债券，我们会看到相同的模式。在图 5—5 中，3 个月的国库券的利率与 10 年的国库票据的利率之间的差额在联储将短期利率压至低水平的衰退期间是最大的。

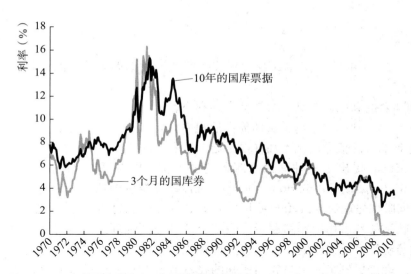

图5—5　3个月国库券和10年国库票据的利率，1970年1月到2010年5月

该图表明，自20世纪70年代以来的大部分时间里，3个月国库券的利率（由灰线表示）一直低于10年国库票据的利率（由黑线表示）。然而，在少数几个时期，3个月国库券的利率曾高于10年国库票据的利率。

资料来源：Federal Reserve Bank of St. Louis.

联系实际：国库券负利率？

在第3章，我们讨论了名义利率和实际利率之间的区别。我们注意到负的实际利率罕有出现。例如，在2008年第三季度，3个月的国库券的名义利率是1.49%，而通货膨胀率是5.23%，因此，实际利率是1.49%－5.23%＝－3.74%。然而，会有负的名义利率吗？你很可能认为"不会"，因为负的名义利率意味着贷款人（lender）实际上是在向借款人（borrower）支付利息以作为借贷款人的钱的回报。贷款人怎么会那样做呢？

事实上，在20世纪30年代的大萧条以及2007—2009年的金融危机时期，有很多投资者愿意向美国财政部支付利息以作为财政部借给他们的钱的回报。换言之，这些投资者通过支付高于国库券面值的价格，愿意接受其购买的国库券的负利率。在大萧条和最近的金融危机期间，国库券的负利率只在短暂时期出现过。在这两个案例中，当实际上所有其他投资看似风险很高时，投资者是在寻找安全的避风港。由于其他短期投资的利率，如银行存单或货币市场共同基金份额，也是很低的，投资者的损失相对很小，从而暂时将其资金配置在无风险的国库券上。

几十年来，国库券的负利率看似是来自大萧条的历史传奇。国库券负利率的再现显示了最近的金融危机的严重性。

资料来源：Deborah Lynn Blumberg，"Some Treasury Bill Rates Negative Again Friday，"*Wall Street Journal*，November 20，2009；and Daniel Kruger and Cordell Eddings，"Treasury Bills Trade at Negative Rates as Haven Demand Surges，"Bloomberg.com，December 9，2008.

通过做第151页本章末的问题和应用2.10来检查一下你的理解。

解释期限结构

我们对图 5—4 和图 5—5 的讨论预示着任何关于利率期限结构的解释应该能说明三个重要事实：

1. 长期债券的利率通常高于短期债券的利率。

2. 短期债券的利率偶尔高于长期债券的利率。

3. 所有到期日的债券的利率往往是一起上涨和下跌。

经济学家已经提出了三种理论来解释这些事实：**预期理论**（expectations theory）、**市场分割理论**（segmented markets theory）和**流动性溢价理论**（liquidity premium theory）或者说**期限优先理论**（preferred habitat theory）。正如我们将会看到的，虽然预期理论最好地反映了债券市场运作的逻辑，但结合了其他两种理论的成分的流动性溢价理论是为大多数经济学家所接受的。在评价这些理论时，两条标准被证明是有用的。首先是逻辑一致性：理论提供了一个与我们所知的投资者行为相一致的债券市场模型吗？其次是预测能力：理论可以多好地解释关于收益率曲线的实际数据呢？下面我们依次考察每一种理论。

期限结构的预期理论

预期理论（expectation theory）提供了理解期限结构的基础。预期理论认为，长期债券的利率是投资者预期在长期债券到期时间内的短期债券的利率的平均。该理论视债券市场中的投资者为基本相同，因为投资者的首要目标都是从其债券投资中获得最高的预期收益。对于一个给定的持有期，该理论假定投资者并不在乎其投资的债券的到期日。也就是说，如果一位投资者打算投资于债券市场 10 年，投资者将寻求最高收益，并不关心其获得的收益是通过在该时期开始的时候购买 10 年期的债券并一直持有至债券到期，还是通过购买 5 年期的债券并持有至 5 年后债券到期，接着再买第二个 5 年期债券。

因此，预期理论的两个关键假定是：

1. 投资者具有相同的投资目标。

2. 对于一个给定的持有期，投资者视不同到期日的债券彼此之间为完美的替代品。也就是说，对投资者来说，持有一个 10 年期债券 10 年与持有一个 5 年期债券 5 年，然后再持有另一个 5 年期债券第二个 5 年是相同的。

这两个假定都不完全准确，因此，虽然预期理论提供了对利率期限结构的重要洞察，但并不是一个完整的解释。然而，在继续进入期限结构的更为完整的解释之前，理解预期理论是必不可少的，因此，我们考虑一个关于预期理论原理的例子。

用于简单例子中的预期理论

假定你打算将 1 000 美元投资 2 年且正在考虑下面两种策略之一：

1. 买入并持有策略。在这一策略下，你购买一个 2 年期债券并持有至到期。我们假定这是一个 2 年期的贴现债券。这一简化使得我们可以避免处理息票支付问题，如果我们考虑这种复杂性，结论也并不会改变。2 年期债券的利率是 i_{2t}，下标 2 指的是债券的到期日，下标 t 指的是时期，时间 t 表示现在。两年之后，1 000 美元的投资已经增长至

$1\,000$ 美元 $\times(1+i_{2t})(1+i_{2t})$，这只是对第 3 章中的复利公式的一个应用。

2. 展期策略。在这一策略下，你现在购买一个 1 年期的债券并持有直至其 1 年后到期。到那时，你再购买第二个 1 年期债券并持有直至其第二年年末到期。注意，在这一策略下，你无法确定你会从一年后的 1 年期债券上获得的利率。相反，你必须依赖于你拥有的关于债券市场的所有信息来形成关于一年后的 1 年期债券的利率的预期（expectation）。1 年期债券现在的利率是 i_{1t}，一年后的 1 年期债券的预期利率（$t+1$ 时点）是 i_{1t+1}^{e}。因此，如果你遵循这一策略，两年之后，你预期你的 1 000 美元的投资会增至 $1\,000$ 美元 $\times(1+i_{1t})(1+i_{1t+1}^{e})$。

要理解的关键点是，在预期理论的假定条件下，**从两种策略中获得的收益必须是相同的**。要明白其中的原因，回忆第 3 章，由于金融套利，证券的价格会调整，从而使得投资者从持有相似的证券中获得相同的回报。根据预期理论，投资者视持有一个 2 年期债券 2 年与持有两个 1 年期债券各 1 年是相似的。因此，套利应该导致从两种策略中获得的回报是相同的。因此，采取任何一种策略的结果都是你的 1 000 美元应该增至相同的数量，我们可以写作：

$$\$1\,000(1+i_{2t})(1+i_{2t})=\$1\,000(1+i_{1t})(1+i_{1t+1}^{e})$$

将括号中的表达式展开并简化，我们可以得到：

$$2i_{2t}+i_{2t}^{2}=i_{1t}+i_{1t+1}^{e}+(i_{1t})(i_{1t+1}^{e})$$

注意到方程左边的 i_{2t}^{2} 和方程右边的 $(i_{1t})(i_{1t+1}^{e})$ 可能是很小的数字，因为这两项均为两个利率的乘积，因此，我们可以进一步简化该式。例如，如果 2 年期债券的利率是 3%，那么 $i_{2t}^{2}=0.03\times0.000\,9$，这是一个非常小的数字，在不显著影响结果的情况下我们可以忽略这一项。如果我们忽略 i_{2t}^{2} 和 $(i_{1t})(i_{1t+1}^{e})$ 并在方程两边同时除以 2，我们得到：

$$i_{2t}=\frac{i_{1t}+i_{1t+1}^{e}}{2}$$

这一方程告诉我们，2 年期债券的利率是现在的 1 年期债券的利率和预期一年后的 1 年期债券的利率的平均。例如，如果现在的 1 年期债券的利率是 2%，预期一年后的 1 年期债券的利率是 4%，那么现在的 2 年期债券的利率应该是 3%（＝(2%＋4%)/2）。

买入并持有策略与展期策略之间的等同性应该对任意的时期数都是成立的。例如，10 年期债券的利率应该等于 10 个 1 年期债券在该 10 年期中利率的平均。因此，我们通常可以说，n 年期债券的利率，n 可以是任意年数，等于：

$$i_{nt}=\frac{i_{1t}+i_{1t+1}^{e}+i_{1t+2}^{e}+i_{1t+3}^{e}+\cdots+i_{1t+(n-1)}^{e}}{n}$$

应用预期理论解释期限结构

注意到，如果预期理论是正确的，那么期限结构为我们提供了关于债券投资者必定预期将来的短期利率会怎么样的信息。例如，如果 1 年期债券的利率是 2%，2 年期债券的利率是 3%，那么投资者一定预期一年后的 1 年期债券的利率是 4%。否则，两个 1 年期债券的利率的平均不会等于 2 年期债券的利率。

图 5—6 说明了三种可能的收益率曲线。我们可以应用预期理论来解释它们的斜率。图 (a) 展示了一条向上倾斜的收益率曲线，1 年期债券的利率等于 2%，2 年期债券的利率等于 3%，3 年期债券的利率等于 4%。2 年期利率是当前的 1 年期利率与预期一年后的 1 年期利率的平均：

$$3\% = \frac{2\% + 预期一年后的 1 年期利率}{2}$$

因此，预期一年后的 1 年期利率等于 $2 \times 3\% - 2\% = 4\%$。

类似地，我们可以计算预期两年后的 1 年期利率，利用我们刚才计算的预期一年后的 1 年期利率：

$$4\% = \frac{2\% + 4\% + 预期两年后的 1 年期利率}{3}$$

因此，预期两年后的 1 年期利率等于 $3 \times 4\% - (2\% + 4\%) = 6\%$。

我们可以得出结论：3 年期债券的利率高于 2 年期债券的利率以及 2 年期债券的利率高于 1 年期债券的利率的原因是因为投资者预期 1 年期债券的利率会从 2% 上升到 3% 再上升到 4%。或者，更一般地，**根据预期理论，一条向上倾斜的收益率曲线是投资者预期未来的短期利率会高于当前的短期利率的结果。**

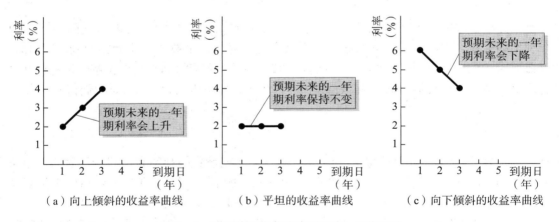

（a）向上倾斜的收益率曲线　　（b）平坦的收益率曲线　　（c）向下倾斜的收益率曲线

图 5—6　利用收益率曲线预测利率：预期理论

在预期理论下，收益率曲线的斜率说明了预期未来的短期利率相对于当前的水平（a）上升、（b）保持不变，或（c）下降。

图 5—6（b）展示了一条平坦的收益率曲线，2 年期和 3 年期债券与 1 年期债券具有相同的利率。在预期理论下，我们可以推断，投资者一定是预期 1 年期债券的利率会保持在 2% 不变。或者，更一般地，**根据预期理论，一条平坦的收益率曲线是投资者预期未来的短期利率会与当前的短期利率相同的结果。**

最后，图 5—6（c）展示了一条向下倾斜的收益率曲线，1 年期债券的利率是 6%，2 年期债券的利率是 5%，3 年期债券的利率是 4%。我们可以应用与向上倾斜的收益率曲线情形中相同的算法来计算预期一年后和两年后的 1 年期债券的利率。计算结果表明，预期一年后的 1 年期债券的利率是 4%，预期两年后的 1 年期债券的利率是 2%。

我们可以得出结论：3 年期债券的利率低于 2 年期债券的利率以及 2 年期债券的利率低于 1 年期债券的利率的原因是因为投资者预期 1 年期债券的利率会从 6% 下降到 4% 再到 2%。或者，更一般地，**根据预期理论，一条向下倾斜的收益率曲线是投资者预期未来的短期利率会低于当前的短期利率的结果。**

预期理论的缺点

预期理论给出了一种关于收益率曲线斜率的内在一致的解释。预期理论解释了为什么我们会看到向上倾斜、向下倾斜和平坦的曲线。预期理论也解释了为什么短期和长期利率趋向于一起上升和下降，如图 5—5 所示。自 20 世纪 40 年代以来，美国的利率变动一直是持久性的：利率的上升或下降往往持续相当长的一段时间。因此，如果现在的短期利率上升，投资者会预期未来的短期利率也是高的，根据预期理论，这也会导致长期利率的上升。

然而，预期理论在解释我们在前面列举的关于期限结构的第一个重要事实方面表现不佳：长期债券的利率通常高于短期债券的利率。换言之，收益率曲线通常是向上倾斜的。预期理论将一条向上倾斜的收益率曲线解释为投资者预期未来的短期利率会高于当前的短期利率的结果。然而，如果收益率曲线通常是向上倾斜的，投资者一定是预期短期利率在大多数时间会上升。这一解释看似不太可能，因为在任意特定时间，短期利率上升或下降的可能性相当。我们可以得出结论：预期理论忽视了关于债券市场中投资者行为的某些重要的东西。

解决问题 5.2A：期限结构中有容易的钱可赚吗？

术语**套息交易**（interest carry trade）有时候被用于说明按较低的短期利率借款并利用借入的资金按较高的长期利率投资。

a. 你会如何建议一位正在考虑遵循套息交易策略的投资者？你会指出这一策略中的什么困难？

b. 如果收益率曲线是反向的，或者说向下倾斜的，套息交易策略仍然可能吗？简要解释。

解决问题

第一步　复习本章的内容。这一问题涉及理解收益率曲线，因此，你也许需要复习"应用预期理论解释期限结构"这一小节。

第二步　利用期限结构的预期理论回答 (a) 部分中的问题。收益率曲线通常是向上倾斜的，因此，短期利率通常低于长期利率。从而，借短贷长看似是一个可行的投资策略。然而，一般的投资者在利用这一策略时会存在困难，因为收益率曲线中使用的较低的短期利率（如国库券的利率）肯定低于一般投资者从银行或其他地方借款的利率。因此，一般投资者借款的利率与投资者投资于国库债券或其他长期债券可以获得的利率之间的差距可能是很小的，也可能是负的。

与个人投资者不同，诸如养老基金和保险公司之类的机构投资者可以按较低的利率借款并按较高的利率投资，因为它们违约的风险较低，贷款人也可以轻松地获取关于它们的信息。然而，在执行这一策略时，这些投资者也面临着展期风险，即随着它们对短期贷款展期，贷款的利率可能已经上升了。例如，如果一家养老基金按 2% 的利率借入1 000 万美元，期限是六个月，再按 4% 的利率投资于 10 年期的国库票据，该养老基金冒着短期利率在六个月结束的时候已经上升到了 2% 以上的风险，从而缩小了养老基金的利润。事实上，如果预期理论是正确的，长期投资到期之前的平均预期短期利率应该大致等于长期投资的利率，这会消除任何来自套息交易的潜在利润。此外，如果利率比预期的更为迅速地上升，长期投资的价格就会下跌，投资者就会遭受资本损失。

第三步　通过解释在收益率曲线反向时套息交易是否仍然有利可图来回答（b）部分的问题。如果收益率曲线是反向的，长期利率低于短期利率，机构投资者可以借入长期资金并按较高的短期利率进行投资。在这种情况下，投资者会遇到**再投资风险**（reinvestment risk），或者说，短期投资到期之后新的短期投资的利率已经下降的风险。例如，一家保险公司通过按 5% 的利率发行长期债券借入 1 000 万美元，并将资金按 8% 的利率投资到 6 个月期的国库券上，保险公司可能会发现，当国库券到期时，新国库券的利率已经下降到了 6%。事实上，再一次，预期理论预言，长期贷款到期之前的平均预期短期利率应该大致等于长期贷款的利率，这会消除任何来自套息交易的潜在利润。

我们可以得出结论：预期理论预示着套息交易策略通常并不是一条致富之道。

为了进行更多的练习，做一下第 151 页本章末的问题和应用 2.8 和 2.9。

期限结构的市场分割理论

市场分割理论通过获得两个相关观察指出了预期理论的缺陷：

1. 债券市场中的投资者并不是都具有相同的目标。
2. 投资者并不是视不同到期日的债券为彼此间完美的替代品。

这两个观察的意义在于，不同到期日的债券市场是相互分离的，或者说是**分割的**（segmented）。因此，一种特定到期日的债券的利率仅由该到期日的债券的需求和供给决定。市场分割理论承认不是所有投资者都是相同的。例如，大企业通常拥有大量的现金，它们想从中赚取利息，但它们也希望现金是即时可得的。如果你正在为这样一家企业管理这笔钱，你很可能会把资金配置到短期国库券上而不是企业的钱会被占用若干年的长期国库票据或国库债券上。类似地，存在只购买国库券、商业票据和其他短期资产且根据监管规则不允许购买长期国库票据或国库债券的货币市场共同基金。

然而，在市场的另一端，购买国库票据和国库债券的一些投资者可能几乎不买国库券。例如，保险公司出售要求公司在投保人死亡时做出偿付的人寿保险单。保险公司的精算师能可靠地估计出在任何特定年份公司可能的支出金额。保险公司利用这些估计购买按时到期的提供偿付保单所需资金的债券。如果你在一家保险公司管理资金，你可能不愿意将那些保险公司在 20 年后需要做出预期偿付的资金投资于国库券。投资于 20 年后到期的债券相比投资于国库券会是一个更好的投资策略。

市场分割理论认为，参与一种到期日债券市场的投资者并不参与其他到期日债券市场。因此，影响国库券或其他短期债券需求的因素并不影响对国库债券或其他长期债券的需求。

此外，市场分割理论还认为，投资者并不视不同到期日的债券为彼此间完美的替代品，因为长期债券有两个缺点：（1）长期债券比短期债券承受更大的利率风险，和（2）长期债券通常比短期债券更难变现。由于这些缺点，投资者需要通过长期债券比短期债券更高的利率以获得补偿。支持市场分割理论的经济学家还认为，想要持有短期债券的投资者（如公司的资金经理）的数量超过想要持有长期债券的投资者（如保险公司）。结果是，短期债券的价格被推高，其收益率相对于长期债券被压低。

因而，市场分割理论为收益率曲线为什么通常向上倾斜提供了一种看似合理的解释：短期债券市场中存在较多的投资者，导致其价格较高、利率较低，而长期债券市场中存在较少的投资者，导致其价格较低、利率较高。此外，购买长期债券的投资者要求较高的利率以补偿额外的利率风险和长期债券较低的流动性。因此，市场分割理论在解释我们关于期限结构的第一个重要事实方面表现不错。

然而，市场分割理论存在一个严重的缺陷：其对关于期限结构的其他两个重要事实并没有给出一个好的解释。从市场分割理论中很难理解为什么短期利率曾经会高于长期利率。换言之，为什么收益率曲线曾经会向下倾斜，即使我们知道只是偶尔发生？如果不同到期日的债券市场的确是分割的（也就是说，彼此间是完全独立的），那么很难理解关于期限结构的第三个重要事实：所有到期日的利率往往一起上涨和下跌。

流动性溢价理论

预期理论和市场分割理论均未提供期限结构的完整解释。本质上，其缺陷源于两种理论均采取极端的立场。在预期理论下，投资者视不同到期日的债券为彼此间完美的替代品，而在市场分割理论下，投资者视不同到期日的债券根本不是替代品。期限结构的**流动性溢价理论**（liquidity premium theory）（或**期限优先理论**（preferred habitat theory））通过结合其他两种理论的洞见而又避免了其极端的假定，从而提供了一种更为完整的解释。

流动性溢价理论认为，投资者视不同到期日的债券为替代品——但不是完美的替代品。恰如市场分割理论，流动性溢价理论假定投资者宁愿要到期日较短的债券而不愿要到期日较长的债券。因此，如果长期债券提供与一连串的短期债券相同的收益率，投资者就不会购买长期债券。然而，与市场分割理论相反，假如投资者从长期债券中获得足够高的收益率，投资者就愿意用长期债券替代短期债券。为了愿意购买长期债券而不是一连串相似的短期债券，投资者所要求的额外利率被称为**期限溢价**（term premium）。因此，流动性溢价理论认为，长期债券的利率是投资者预期的长期债券到期前的平均短期债券利率，加上债券的到期日越长其值越大的期限溢价。

例如，假定 1 年期债券当前的利率是 2%，预期一年后的 1 年期债券的利率是 4%。投资者会刚好愿意购买具有 3% 的利率的 2 年期债券吗？2 年期债券提供了与两个 1 年期债券的预期平均利率相同的利率。然而，由于投资者更喜欢购买 1 年期债券，他们必须被给予较高的利率（比方说 3.25%），作为购买不太喜欢的 2 年期债券的激励。如果 2 年期债券仅提供了3%的利率，他们会改为购买1年期债券。让投资者视2年期债券比1年期债券更具竞争力所需的额外0.25%是期限溢价。

债券的到期日越长，债券的期限溢价越大。因此，5年期债券比2年期债券具有更大的期限溢价，20年期债券比10年期债券具有更大的期限溢价。因而，事实上，流动性溢价理论在把长期债券的利率和短期债券的利率联系起来的预期理论的方程中加入了一项期限溢价。例如，如果i_{2t}^{TP}是2年期债券的期限溢价，那么2年期债券的利率是：

$$i_{2t} = \frac{i_{1t} + i_{1t+1}^e}{2} + i_{2t}^{\mathrm{TP}}$$

或者，更一般地，n年期债券的利率等于：

$$i_{nt} = \frac{i_{1t} + i_{1t+1}^e + i_{1t+2}^e + i_{1t+3}^e + \cdots + i_{1t+(n-1)}^e}{n} + i_{2t}^{\mathrm{TP}}$$

 解决问题 5.2B：利用流动性溢价理论计算预期利率

利用下表中关于不同到期日的国库债券的数据回答问题：

日期	1年	2年	3年
02/19/2010	0.39%	0.95%	1.51%

资料来源：U. S. Department of the Treasury.

假定流动性溢价理论是正确的。如果2年期国库票据在2010年2月19日的期限溢价是0.05%，3年期国库票据的期限溢价是0.10%，那么投资者预期的从当时起两年后的1年期国库券的利率是多少？

解决问题

第一步 复习本章的内容。这一问题是关于应用流动性溢价理论计算预期利率的，因此，你也许需要复习"流动性溢价理论"这一小节。

第二步 利用将长期债券的利率与短期债券的利率联系起来的流动性溢价方程计算投资者预期的2010年2月19日后两年的1年期国库券的利率。根据流动性溢价理论，2年期债券的利率应该等于当前的1年期债券的利率和预期一年后的1年期债券的利率的平均，再加上期限溢价。这一问题告诉我们，2年期国库票据的期限溢价是0.05%，因此，我们可以计算一年后的1年期债券的利率：

$$i_{2t} = 0.95\% = \frac{0.39\% + i_{1t+1}^e}{2} + 0.05\%$$

或者，

$$i_{1t+1}^e = 1.41\%$$

第三步 利用第二步得到的结论计算投资者预期的从2010年2月19日起两年后的1年期国库券的利率。

$$i_{3t} = 1.51\% = \frac{0.39\% + 1.41\% + i^e_{1t+2}}{2} + 0.10\%$$

或者，

$$i^e_{1t+2} = 2.43\%$$

为了进行更多的练习，做一下第 151 页本章末的问题和应用 2.11。

表 5—4 概括了利率期限结构的三种理论的关键方面。

表 5—4		利率期限结构理论	
理论	假定	预言	理论解释了什么
预期	投资者具有相同的投资目标，且对于一个给定的持有期，投资者视不同到期日的债券为彼此间完美的替代品。	长期债券的利率等于这一期间的预期 1 年期债券的利率的平均。	解释了收益率曲线的斜率以及为什么短期和长期债券的利率一起变动，但没有解释为什么收益率曲线通常是向上倾斜的。
市场分割	债券市场中的投资者不是都具有相同的目标，投资者并不视不同到期日的债券为彼此间完美的替代品。	不同到期日的债券的利率是在分隔的市场中决定的。	解释了为什么收益率曲线通常是向上倾斜的，但没有解释为何收益率曲线曾经会向下倾斜或为何不同到期日债券的利率会一起变动。
流动性溢价	投资者视不同到期日的债券为彼此间的替代品——但并不是完美的替代品。	n 年期债券的利率等于这 n 年中预期 n 个 1 年期债券利率的平均加上一个期限溢价。	解释了关于期限结构的所有三个重要事实。

利用期限结构预测经济变量

投资者、商业人员和决策者可以利用利率期限结构中包含的信息来预测经济变量。在预期理论和流动性溢价理论下，收益率曲线的斜率说明了债券市场参与者预期的未来的短期利率。此外，如果预期实际利率的波动很小，那么收益率曲线包含了对未来通货膨胀率的预期。要明白为什么，假定你想知道金融市场对五年后的通货膨胀率的预测。如果预期实际利率保持不变，你可以解释一条向上倾斜的收益率曲线的意思是预期通货膨胀会上升，导致投资者预期未来较高的名义利率。为了对未来的通货膨胀提供一个精确的预测，你还需要估计长期债券的期限溢价。联储和很多其他金融市场参与者利用收益率曲线来预测未来的通货膨胀。

经济学家和市场参与者也注意到利用收益率曲线的斜率来预测衰退的可能性。经济学家已经把注意力集中在了**期限价差**（term spread），期限价差是 10 年期的国库票据收益率与 3 个月的国库券收益率之间的差额。圣路易斯联邦储备银行的 David C. Wheelock

和位于奥马哈的内布拉斯加大学的 Mark E. Wohar 发现，自 1953 年后，在每一次经济衰退中，期限价差都显著收窄了。也就是说，10 年期国库票据的收益率相对于 3 个月的国库券收益率显著下降了。Wheelock 和 Wohar 仔细考察了在短期利率高于长期利率的收益率曲线被反转时期之后发生了什么。除了仅有的一次例外，每次当 3 个月的国库券收益率高于 10 年期国库票据的收益率时，经济衰退在一年之内随之发生。这些结论表明，收益率曲线的斜率是预测经济衰退的一个有用的工具。[①]

通过考察几条实际的收益率曲线，我们可以对为什么收益率曲线在预测经济衰退方面是有用的有所理解。图 5—7 展示了三条收益率曲线：一条是稍微向下倾斜的，一条是稍微向上倾斜的，一条是陡峭向上倾斜的。如果我们应用流动性溢价理论，这三条收益率曲线（2007—2010 年之间的三个特定日期）所讲的是关于金融市场对经济的预期的故事。

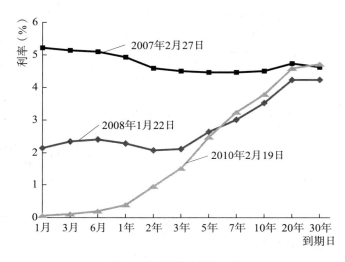

图 5—7　解释收益率曲线

诸如流动性溢价理论之类的期限结构模型帮助分析师们利用国库收益率曲线的数据来预测经济的未来路径。

资料来源：U. S. Department of the Treasury.

2007 年 2 月的收益率曲线是稍微反转的，短期利率高于长期利率。在 2006—2007 年间，联储想维持相对较高的短期利率来应对由持续上涨的石油价格和房地产繁荣的延续效应导致的不断上升的通货膨胀率。然而，市场参与者可能已经预期到了始于 2007 年 12 月的经济衰退。在衰退期间，由于联储希望刺激经济而采取降低利率的行动，利率通常下跌，而短期利率往往比长期利率跌幅更大。在这种情形下，期限结构的流动性溢价理论预言，长期利率应该相对于短期利率下跌，这使得收益率曲线反转。

收益率曲线在 2008 年 1 月的上升斜率在流动性溢价理论下是一条正常的收益率曲线的特征。到那时，经济进入衰退已有两个月了。然而，投资者预期随着经济活动在未来

① David C. Wheelock and Mark E. Wohar, "Can the Term Spread Predict Output Growth and Recessions? A Survey of the Literature," *Federal Reserve Bank of St. Louis Review*, Vol. 91, No. 5, September/October 2009, pp. 419-440.

的恢复，信贷需求会上升，这又会导致利率上涨。换言之，投资者预期未来的短期利率会上涨到高于当时的即期水平。因此，收益率曲线是向上倾斜的。

最下面的收益率曲线来自 2010 年 2 月，当时联储已经采取了政策行动把短期利率压低到了极低的水平。然而，对通货膨胀和政府预算赤字的担忧保持预期未来的短期利率——从而当前的长期利率——相对较高。对通货膨胀的担忧，加上由流动性溢价理论所预言的收益率曲线的正常上升斜率使得收益率曲线的上升斜率相当陡峭。

回答关键问题

续第 123 页

在本章开始的时候，我们提出了如下问题：

"政府应该更为严密地监管信用评级机构吗？"

像我们在本书中会遇到的其他政策问题一样，这个问题没有确切的答案。我们在本章中已经看到，很多投资者依靠信用评级机构来获得关于债券违约风险的重要信息。在 2007—2009 年的金融危机期间，很多债券——尤其是抵押贷款支持证券——最终被证明是存在比信用评级机构所预言的要高得多的违约风险。一些观察家认为，评级机构对那些债券做出了夸张的评级，因为评级机构在由其评级的债券发行企业支付报酬方面存在利益冲突。然而，其他观察家认为，在给出评级时的评级可能是准确的，但是，由于房地产崩盘及其导致的金融危机的超乎预料的严重性，这些债券的信誉大幅下降。

在进入下一章之前，阅读下面的政策透视——讨论穆迪投资者服务公司和标准普尔公司的前雇员关于抵押贷款支持证券的评级在国会的证词。

🦅 政策透视：穆迪和标准普尔的经理们描述授予高评级的压力

《洛杉矶时报》
信用评级公司的管理人员说他们被迫给出高的评级

来自信用评级企业穆迪投资者服务公司和标准普尔公司的管理人员星期五提出新的证据证明，保持其市场份额的管理压力侵蚀了投资级评级的质量，放大了美国的金融危机。

ⓐ在参议院调查常设分委员会前作证时，深深卷入为不可靠的美国住房抵押贷款支持的复杂金融工具赋予投资级评级的前管理人员们，描述了他们是如何被迫给予华尔街想要的东西的……

穆迪前副总裁和高级信用官 Richard Michalek 将评级过程描述为，因能带来超过 100 万美元服务费的协议而"必须说是"的气氛。

标准普尔前执行董事以及房地产抵押贷款池评级组的领导 Frank Raiter 告诉委员会全体成员，分析师们例行公事地寻求来自高层管理人员的关于其被要求予以评级的不可靠的协议的指导。

"我退休了，因为我厌倦了挫折。"他说。

委员会主席 Sen. Carl Levin（民主党）宣读了来自评级机构内部的关于根本不应该被评级的协议的电子邮件。

最惊人的是来自穆迪的执行董事 Eric Kolchinsky 的证词，他在 2007 年掌管着为抵押债务债券评级的部门。CDOs 是由已经打包在一起成为债券并出售给了投资者的美国抵押贷款池支持的证券。

ⓑ**Kolchinsky 叙述了在 2007 年前两个季度他的团队如何通过赋予复杂协议投资级评级——这告诉了投资者它们是相对安全的资产，而为穆迪产生了超过 2 亿美元的收入。然而，到 2007 年夏季末，上级领导告诉 Kolchinsky，一年前发行的债券将要被严重降级。**

这本应该对尚未评级的协议采用新的评级方法，但当他试图那样做时，他却被告知不需要……

"我的经理对于潜在的欺诈拒绝做任何事情，因此，我把该问题反映给了更高级的经理。"Kolchinsky 作证道。他说，问题的反映带来了评级方法的改变。

"我认为这一行动使穆迪免于犯下证券欺诈罪……我知道我所做的很可能会危及我在穆迪的职位。"

他是对的。一个月后，他收到一封询问为什么他的市场份额下滑的威胁性的邮件……在第三季度……Kolchinsky 被撤职并被调到了一个收入较低的岗位……随后，他完全被排挤出去了。

ⓒ**在接受 Levin 的询问时，Kolchinsky 承认，他和他的全体职员曾为复杂的高盛协议评级，该协议这个月成为证券交易委员会起诉高盛欺诈行为的对象。**

SEC 断言高盛公司未能向投资者披露对冲基金巨头 John Paulson 帮助挑选了旨在下注它们会出问题的协议中的抵押贷款。Kolchinsky 说这一信息从未与穆迪分享过……

"从我的角度看，这是我本想知道的事情……这改变了组织的激励。"Kolchinsky 说……

资料来源：ⓒ Tribune Media Services，Inc. All Rights Reserved. Reprinted with permission.

文中要点

2010 年 4 月，穆迪投资者服务公司和标准普尔公司的雇员们在参议院调查常设分委员会前就他们感受到的对抵押贷款池支持的金融工具授予投资级评级的压力作证。穆迪和标准普尔后来大幅下调了这些金融工具的评级。标准普尔的一位前管理人员就公司要求他予以评级的不可靠的协议向高层管理人员表达了担忧。当管理层未对这一担忧做出反应时，该管理人员选择了辞职。穆迪的一位前执行董事承认，他和他的全体职员曾为高盛公司提出一份协议评级，证券交易委员会后来就该协议起诉高盛的欺诈行为。

新闻解读

ⓐ2008 年，美国参议院一个分委员会着手调查始于 2007 年的金融危机。2010 年 4 月，该委员会听取了关于信用评级机构的证词。穆迪的一位前副总裁描述了对金融工具授予投资级评级的压力，虽然他对用于支持这些金融工具的抵押贷款存在担忧。SEC 负

责监管信用评级机构。2007 年生效的《信用机构改革法》禁止 SEC 监管信用评级模型所用的方法。在美国，穆迪、标准普尔和惠誉评级发布了几乎所有的评级。

ⓑEric Kolchinsky 证实，通过在 2007 年为复杂协议授予投资级评级，在为穆迪赚取了超过 2 亿美元之后，他被告知，之前发行的债券会被降级。Kolchinsky 建议对未来的协议使用新的评级方法。信用评级机构向国会分委员会提供了 2004—2007 年间抵押贷款支持证券广泛降级的新的证据。下图说明了这一降级对证券市场的影响。信用评级机构最初授予很多抵押贷款支持证券 Aaa 和 AAA（见表 5—1 对评级的定义）的高评级。这些高评级导致投资者认为证券的违约风险非常低，类似于美国国库债券的违约风险。图（a）表明，在评级机构对证券降级之后，对抵押贷款支持证券的需求从 D_1^M 下降到 D_2^M，价格则从 P_1^M 下跌到 P_2^M。这些证券的收益率上升了。投资者增加了其对更安全的国库债券的需求，这提高了其价格并降低了其收益率。

ⓒEric Kolchinsky 证实，他的职员为穆迪对高盛协议进行了评级，该协议后来成为 SEC 欺诈调查的对象。Eric Kolchinsky 声称，穆迪并不知道用于支持高盛协议的抵押贷款是有意选择会出问题的。

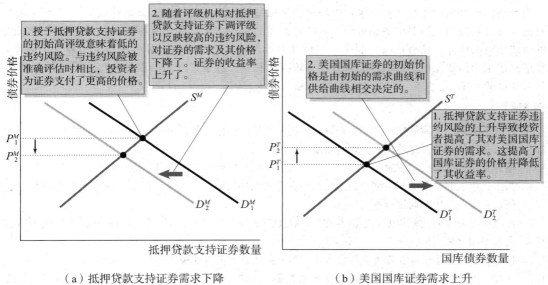

（a）抵押贷款支持证券需求下降　　　　（b）美国国库证券需求上升

严肃思考

1. 这一章描述了利率的风险结构的决定因素。哪些决定因素受到信用评级机构在参议院调查常设分委员会前的证词中所描述的对抵押贷款支持证券的降级的影响？

2. 参议院调查常设分委员会听取了关于评级机构与证券发行企业之间的利益冲突的证据。这一章解释说，冲突源于 20 世纪 70 年代的发展，这导致评级机构从对投资者出售评级转向对为其债券评级的企业出售评级。直到 2007 年，利益冲突才带来信用评级普遍的降级调整。为什么利益冲突没有更早地带来过高的评级和向下的评级调整？

本章小结和问题

关键术语和概念

债券评级	市政债券	期限溢价
违约风险（或信用风险）	利率的风险结构	利率的期限结构
预期理论	市场分割理论	流动性溢价理论（或期限优先理论）

5.1 利率的风险结构

解释具有相同到期日的债券为什么会存在不同的利率。

小结

利率的风险结构是指具有不同特征但到期日相同的债券的利率之间的关系。各种债券在下列关键属性上有所不同：**违约风险**（或信用风险）、流动性、信息成本和息票的税收待遇。债券的违约风险溢价是债券的利率与具有相同到期日的国库债券的利率之间的差额。诸如穆迪和标准普尔之类的信用评级机构进行债券评级，**债券评级**是概括性的单一统计量，该统计量概括了评级机构对债券发行人做出债券要求的偿付的可靠能力的看法。在所有其他因素相同的情况下，存在较高的违约风险的债券会具有较高的利率。变现能力低的债券比变现能力高的债券具有较高的利率。高信息成本的债券比低信息成本的债券具有较高的利率。息票税率高的债券比息票税率低的债券具有较高的利率。

复习题

1.1 什么是利率的风险结构？简要解释具有相同到期日的债券为什么通常并不存在相同的利率。

1.2 什么是违约风险？违约风险是如何度量的？

1.3 债券发行人的信誉的意思是什么？什么是债券评级？主要的信用评级机构有哪些？

1.4 画出一幅说明评级下调对债券的影响的债券需求和供给图形。确保说明了评级被下调之前和之后的债券需求和供给曲线及均衡价格。

1.5 无流动性债券的利率与流动性债券的利率相比怎么样？高信息成本债券的利率与低信息成本债券的利率相比怎么样？

1.6 投资者从债券中可以获得哪两种收入？这两种收入是如何被征税的？

1.7 比较下列债券的息票的税收待遇：休斯敦市发行的债券、通用电气公司发行的债券以及美国财政部发行的债券。

问题和应用

1.8 根据穆迪，"Aaa 评级的债务被判断为具有最高的质量、具有最小的信用风险。"

a. 穆迪所指的"债务"是什么？

b. 穆迪所说的"信用风险"的意思是什么？

资料来源：Moody's Investor Services, *Moody's Rating Symbols and Definitions*，June 2009.

1.9 穆迪对市政债券有一个单独的评级标准。下面是穆迪对其 Aaa 评级的市政债券的定义："评级为 Aaa 的发行人或发行展示了相对于其他的美国市政或免税发行人或发行最高的信誉。"

a. 什么是市政债券？

b. 为什么穆迪对市政债券会有一个单独的评级标准？为什么这些评级会基于相对于其他债券发行人的信誉？

资料来源：Moody's Investor Services, *Moody's Rating Symbols and Definitions*, June 2009.

1.10 一家名为共和国服务的垃圾处理公司在 2010 年发行了 10 年期的票据和 30 年期的债券。根据《华尔街日报》上的一篇文章，10 年期的票据具有超过 10 年期的国库票据 1.40 个百分点的风险溢价，而 30 年期的债券具有超过 30 年期的国库债券 1.65 个百分点的风险溢价。为什么共和国服务公司的 30 年期债券的风险溢价会高于其 10 年期票据的风险溢价？

资料来源：Kellie Geressy-Nilsen, "A Comeback for Corporate Debt," *Wall Street Journal*, March 2, 2010.

1.11 【与第 127 页的**联系实际**有关】根据《纽约时报》上的一篇文章，"对债券评级模型中内含潜在冲突几乎是被普遍认同的。"什么是债券评级模型？债券评级模型中内含哪些潜在的冲突？

资料来源：David Segal, "Debt Raters Avoid Overhaul After Crisis," *New York Times*, December 7, 2009.

1.12 一些经济学家认为，评级机构的一项重要作用是保证债券发行企业的经理们不会按照并不代表债券购买人根本利益的方式使用筹集到的资金。为什么企业的经理们会有与购买企业债券的投资者们不同的目标？评级机构的存在如何减少了投资者和企业经理之间的这一冲突？

1.13 作为旨在应对 2007—2009 年的经济衰退的刺激政策的一部分，国会在 2009 年 4 月批准了"美国建设债券"，州和市可以发行该债券来建设道路、桥梁和学校。然而，不像常规的市政债券，美国建设债券的息票是要纳税的。你预期这些债券的利率会高于还是低于类似的市政债券的利率？简要解释。

资料来源：Ianthe Jeanne Dugan, "Build America Pays Off on Wall Street," *Wall Street Journal*, March 10, 2010.

1.14 【与第 130 页的**解决问题**有关】假定一位以"惩罚富人"为口号参加竞选的候选人在 2012 年的总统大选中获胜。胜选之后，他或她说服国会将联邦个人所得税的最高边际税率提高到了 65%。利用一幅图形说明税率的这一变化对市政债券市场的影响，利用另一幅图形说明对美国国库债券市场的影响。

1.15 罗马尼亚在 2010 年存在大量的预算赤字。为了降低赤字，罗马尼亚政府计划削减退休的政府雇员的养老金。然而，罗马尼亚最高法院裁决削减计划是违反宪法的。根据《华尔街日报》上的一篇文章，"在法院宣布该国的中右政府下令的 15% 的养老金削减计划非法之后，罗马尼亚债券也暴跌了。"

a. 当文章报道说"罗马尼亚债券也暴跌"时，什么下降了：罗马尼亚债券的价格、罗马尼亚债券的收益率还是价格和收益率两者？

b. 为什么罗马尼亚政府无法按计划削减政府支出这一事实会导致罗马尼亚债券暴跌？

资料来源：Gordon Fairclough, "Court Blocks Romania's Austerity Moves," *Wall Street Journal*, June 26-27, 2010.

1.16 【与本章开始的导入案例有关】为什么信用评级机构会声称，如果联邦政府在未来若干年存在高赤字，它们可能会降低美国国库债券的 AAA 评级？较低的评级会对国库债券的利率造成什么影响？

1.17 【与第 132 页的**联系实际**有关】如果投资者开始认为财政部对其债券违约的概率上升了，我们在国库债券市场上会观察到什么现象？画出一幅债券的需求和供给图形说明你的答案。

1.18 正如本章中所提到的，2010 年初，投资者开始担心希腊政府可能会对其债券违约。评级机构数次下调希腊债券的评级。在一次评级下调之后，《华尔街日报》上的一篇文章中提到：

穆迪星期一将希腊债券下调至垃圾级之后，希腊债券对超级安全的德国债券的价差（或者说投资者贷出资金所要求的溢价）在星期四再次暴涨……希腊和德国之间的价差是 671 个基点——或者说 6.71 个百分点，在那一天上升了不到 80 个基点。

a. 穆迪"将希腊债券下调至垃圾级"的意思是什么？什么是希腊债券？什么是垃圾级？

b. 什么是"希腊和德国之间的价差"？为什么穆迪行动的后果是价差上升？

资料来源：*Wall Street Journal*，"Greek Spreads Blow Out … Yes，Again，"By Matt Phipps. Copyright 2010 by Dow Jones & Company，Inc. Reproduced with permission of Dow Jones & Company，Inc. via Copyright Clearance Center.

1.19 债券收益的某些方面的税收待遇可能导致到期收益率是投资者从拥有债券中获得的收益的不准确的度量。假定鲍勃拥有一个 9 年前发行的债券，距到期还有 1 年的时间。债券的到期收益率是 7%，当期收益率是 3%，预期资本利得率是 4%。假定胡安妮塔拥有一个到期收益率为 8% 的新发行的 1 年期债券。如果你是一位承担 33% 的利息所得税率，但 0 的资本利得税率的投资者，你更愿意拥有哪一种债券？简要解释。

1.20 假定在保持收益率不变的情况下，投资者对持有联邦政府发行的债券还是州和地方政府发行的债券是无差异的。（也就是说，他们认为债券在违约风险、信息成本和流动性等方面是相同的。）假定州政府发行了息票为 75 美元的永续年金（或者说永续公债），联邦政府也发行了息票为 75 美元的永续年金。如果州和联邦的永续年金的税后收益率均为 8%，那么其税前收益率是多少？（假定相关的联邦所得税率为 39.6%。）

1.21 什么是垃圾债券？预测随着经济活动水平在商业周期中的上升和下降，垃圾债券的收益率会发生什么变化？利用一幅债券需求和供给的图形说明你的答案。

5.2 利率的期限结构

解释具有不同到期日的债券为什么会存在不同的利率。

小结

利率的期限结构是指其他方面相同但到期日不同的债券的利率之间的关系。通常利用国库收益率曲线来说明期限结构，国库收益率曲线是说明某一特定日期不同到期日的国库债券利率的一幅图形。存在关于期限结构的三个重要事实：(1) 长期债券的利率通常高于短期债券的利率；(2) 短期债券的利率偶尔高于长期债券的利率；(3) 所有到期日的债券的利率往往一起上升和下降。经济学家提出了三种理论来解释期限结构。**预期理论**认为，对于一个给定的持有期，比方说 5 年，长期债券的利率是预期这一时期的短期债券的利率的平均。预期理论解释事实 (2) 和 (3) 表现不错，但不能解释事实 (1)。市场分割理论视不同到期日的债券市场为完全彼此分离的。由于想要持有短期债券的投资者比想要持有长期债券的投资者多，短期债券相比长期债券具有较低的利率。市场分割理论从而可以解释事实 (1)，但在解释事实 (2) 和 (3) 时存在困难。大多数经济学家支持**流动性溢价理论**（或**期限优先理论**），该理论认为，长期债券的利率是预期的短期债券的利率加上**期限溢价**。期限溢价是指，为了愿意购买长期债券而不是一连串类似的短期债券，投资者要求的额外利息。流动性溢价理论成功解释了关于期限结构的所有三个事实。期限结构中的信息在预测未来的通货膨胀率和未来的经济活动水平方面是有帮助的。

复习题

2.1 什么是利率的期限结构？什么是国库收益率曲线？

2.2 关于期限结构的三个关键事实是什么？

2.3 简要描述三种期限结构理论。

问题和应用

2.4 假定你想投资三年来获得最高的可能收益。你有三个选项：（a）将三个 1 年期债券展期，第一年支付 8％ 的利率，第二年支付 11％ 的利率，第三年支付 7％ 的利率；（b）购买一个利率为 10％ 的 2 年期债券，接着，将该债券到期后获得的金额投资于利率为 7％ 的 1 年期债券；（c）购买一个利率为 8％ 的 3 年期债券。假定按年计算复利、无息票支付、没有买或卖债券的成本，你会选择哪一个选项？

2.5 假定你在 2012 年 1 月 1 日有 1 000 美元投资于债券市场。你可以购买利率为 4％ 的 1 年期债券，利率为 5％ 的 2 年期债券，利率为 5.5％ 的 3 年期债券，利率为 6％ 的 4 年期债券。你预期未来的 1 年期债券的利率在 2013 年 1 月 1 日为 6.5％，在 2014 年 1 月 1 日为 7％，在 2015 年 1 月 1 日为 9％。你想将你的投资一直持有至 2016 年 1 月 1 日。下列哪一个投资选择到 2016 年为你提供了最高的收益：（a）2012 年 1 月 1 日购买一个 4 年期债券；（b）2012 年 1 月 1 日购买一个 3 年期债券，2015 年 1 月 1 日购买一个 1 年期债券；（c）2012 年 1 月 1 日购买一个 2 年期债券，2014 年 1 月 1 日购买一个 1 年期债券，2015 年 1 月 1 日再购买另一个 1 年期债券；（d）2012 年 1 月 1 日购买一个 1 年期债券，接着，在 2013 年、2014 年和 2015 年的第一天各购买一个 1 年期债券？

2.6 假定 1 年期国库券当前的利率是 3％，投资者预期 1 年期国库券的利率在未来三年分别是 4％、5％ 和 3％。利用预期理论计算 2 年期、3 年期和 4 年期国库票据当前的利率。

2.7 一位学生说道："1 年期国库券当前的利率是 0.29％，而 30 年期国库债券当前的利率是 4.10％。购买国库债券可以获得高得多的收益率，为什么还会有投资者购买国库券呢？"为该学生的问题提供一个答案。

2.8 【与第 139 页的**解决问题 5.2A** 有关】《华尔街日报》援引一位匿名的亿万富翁投资者的话说："有过不是以失败告终的套息交易吗？"什么是套息交易？为什么套息交易会以失败告终？

资料来源：Robert Frank，"Where Billionaires Are Putting Their Money," *Wall Street Journal*，September 15，2010.

2.9 【与第 139 页的**解决问题 5.2A** 有关】美国国库券的利率通常比美国国库票据和国库债券的利率要低得多。如果当联邦政府借款时想降低支付的利率，为什么财政部不停止出售国库票据和债券从而只出售国库券？

2.10 【与第 135 页的**联系实际**有关】一年后到期的价格为 1 010 美元、面值为 1 000 美元的国库券的到期收益率是多少？如果预期消费者价格指数在这一年会从 250 下降到 245，预期国库券的实际利率是多少？

2.11 【与第 142 页的**解决问题 5.2B** 有关】利用下表中国库债券的数据回答问题：

日期	1 年	2 年	3 年
03/05/2010	0.38％	0.91％	1.43％

资料来源：U. S. Department of the Treasury.

假定流动性溢价理论是正确的，在 2010 年 3 月 5 日，2 年期国库票据的期限溢价是 0.02％，3 年期国库票据的期限溢价是 0.06％，投资者预期两年后的 1 年期国库券的利率会是多少？

2.12 下述来自《华尔街日报》的一篇文章的摘录描述了联储主席本·伯南克在 2006 年对收益率曲线的解释：

> 联储主席本·伯南克……认为，收益率曲线不再像其曾经那样是一个好的衰退预言者。"我不会把当前非常平坦的收益率曲线解释为预示着显著的经济放缓即将来临"，他在去年年初讲道。在过去，当收益率曲线被反转时，短期利率是"相当高的"，但是现在，它们不是。其次，

收益率曲线变平可以来自"期限溢价"的结构下降，即投资者持有长期债务证券相对于短期债务证券所要求的额外收益。

a. 关于利用收益率曲线来预测经济衰退的有效性，在过去，当收益率曲线被反转时，短期利率是"相当高的"，而在伯南克讨论的时期，当收益率曲线是平坦的或反转的，短期利率是相对较低的。这为什么会有关系？

b. 什么是"'期限溢价'的结构下降"？这样的结构下降怎么会与利用收益率曲线预测经济衰退有关呢？

c. 伯南克对收益率曲线的解释正确吗？

资料来源：*Wall Street Journal*，"Fed Paper Looks at Yield Curve-Recession Connection," By Phil Izzo. Copyright 2007 by Dow Jones & Company, Inc. Reproduced with permission of Dow Jones & Company, Inc. via Copyright Clearance Center.

2.13 下述内容来自 2007 年 Vanguard 500 指数基金的年度报告：

联储理事会今年上半年扩大了货币紧缩活动，四次提高了其目标联邦基金利率。接着，联储暂停了其活动，在下半年将利率维持在 5.25% 不变，对通货膨胀的担忧缓解了。债券收益率在下半年下降了，短期收益率高于长期收益率。

a. 经济学家怎么称呼短期利率高于长期利率的情形？

b. 长期债券比短期债券承担更大的利率风险且具有较低的流动性，那么，如果长期债券的收益率低于短期债券的收益率，为什么还会有投资者购买长期债券？

资料来源：The Vanguard Group, *Annual Report for the Vanguard Index 500 Fund*, 2007.

2.14 《华尔街日报》的一位专栏作家在 2009 年末写道："30 年期国库债券当前的收益率大约是 4.4%，10 年期债券的收益率大约是 3.4%。任何人按那种长度的时间、那种类型的条件贷出其货币都在冒着巨大的风险。"以低利率持有国库债券最大的风险是财政部的违约风险吗？或者说，有投资者更为担忧的其他类型的风险吗？

资料来源：Brett Arends, "Are Your Treasury Bonds Safe?" *Wall Street Journal*, December 9, 2009.

2.15 下述内容来自《华尔街日报》的一篇文章，描述了国库债券市场在那一天的情形："国库债券的价格混乱了，收益率曲线的近端上升，较长日期的国库债券价格下跌。"在同一幅图中，画出两条国库收益率曲线，一条说明那一天的情形（如句子中所描述的），一条说明前一天的情形。将一条曲线标注为"今天"，另一条标注为"前一天"。确保你的收益率曲线图中标注了两个坐标轴。

资料来源：*Wall Street Journal*, February 22, 2008.

2.16 2010 年年中，部分决策者和经济学家担心美国经济会滑入另一场衰退，虽然距离上一次衰退的结束还不到一年。《华尔街日报》的一篇专栏分析了"两次触底衰退"出现的可能性："共识是，这不会发生。对此的主要支持证据之一是收益率曲线仍然向上倾斜。"一条向上倾斜的收益率曲线与一场衰退发生的可能性有什么关系？

资料来源：Alen Mattich, "Taking Comfort from a Positive Yield Curve?" *Wall Street Journal*, June 11, 2010.

2.17 联储设定联邦基金利率的目标，联邦基金利率是银行间互相收取的隔夜贷款的利率。虽然联储实际上并不设定联邦基金利率，但这一利率有时候被称为"联储利率"，如下面来自《华尔街日报》的一篇文章的摘录：

2 年期国库票据的收益率——被看做对联储利率方向预期的一个代理——在星期四早上跌至 0.63%，接近创纪录的低水平……

a. "利率方向预期的一个代理"是什么意思？

b. 为什么 2 年期国库票据的利率会提供有关投资者对未来的联邦基金利率的预期的信息？

资料来源：Prabha Natarajan and Matt Phillips，"Stocks Drops；So Do Mortgage Rates，"*Wall Street Journal*，June 25，2010.

数据练习

D5.1 登录 www. federalreserve. gov，在页面的顶端，点击方框 "Economic Research & Data"。选择 "Data Download Program"。下载 1 年期国库券和 10 年期国库票据的收益率。构建一个从 1950 年到现在的收益率图形。识别所有的短期利率高于长期利率的时期。

D5.2 登录 www. bloomberg. com，从页面顶端选择 "the Market Data" 下拉菜单（"the Market Data" 旁向下的箭头）。选择 "Rates and Bonds"，你会看到美国国库债券的利率数据和一条国库收益率曲线。

第 6 章　股票市场、信息和金融市场效率

学习目标

学完本章之后，你应该能够：

6.1　理解股票市场的基本运作

6.2　解释股票价格是如何决定的

6.3　解释理性预期假定与有效市场假说之间的联系

6.4　讨论金融市场的实际效率

6.5　讨论行为金融学的基本概念

为什么股票价格如此易变呢？

似乎每个人都很喜欢苹果公司。从音乐播放器 iPod 到手机 iPhone 再到平板电脑 iPad，苹果公司一件接一件地发布着风行一时的产品。然而，投资于苹果公司是一项多好的投资呢？假如你的祖父在 1995 年曾经给了你 100 股的苹果股票。如果你持有这些股票一直到 2010 年 6 月，那么你的投资会怎么样呢？如下页表所示，你的 100 股股票的美元价值在 2010 年 6 月已经是其 1995 年价值的七倍多。如果你的股票市场投资是分布于一组股票上会怎么样呢？

道琼斯工业平均指数（通常被称为道指）是众所周知的衡量美国股票市场表现的指

标。道指是 30 家大型企业股票价格的平均。如果你在 1995 年曾投资于道指，到 2000 年早期，你的投资已经翻了一倍多了。不幸的是，到 2003 年初，你的投资接着又会下跌超过 25％。然而，好消息来了！从 2003 年初到 2007 年秋，你的投资已经上升了超过 75％……在 2007 年秋季和 2009 年春季之间下跌了超过 50％之前……接着，到 2009 年末，又反弹了大约 50％。因此，你在道指上的投资几乎并不比你只是投资于苹果公司稳定多少。

日期	苹果股票的每股价格（美元）	100 股苹果股票的价值（美元）
1995 年 6 月	37	3 700
1997 年 7 月	13	1 300
2000 年 4 月	132	13 200
2000 年 12 月	14	1 400
2005 年 2 月	91	9 100
2007 年 11 月	191	19 100
2009 年 3 月	85	8 500
2010 年 6 月	278	27 800

　　显然，购买股票并不适合于谨慎的投资者。然而，什么可以解释股票价格的波动呢？更为重要的是，股票市场在金融体系和经济中发挥了什么作用呢？股票市场总是反复无常的，股票价格在过去的 15 年间的波动也是相当大的。股票价格在 2007—2009 年的金融危机期间的暴跌让很多投资者的信心发生了动摇，部分投资者从股市中撤出了所有的投资并发誓再也不进入股市。事实上，在 2000 年购买了股票并一直持有到 2010 年的投资者发现，在这 10 年间，他们在其投资上获得的是负的实际收益。一般来说，较之国债之类的风险较低的投资，你会期望从投资于股票中获得更高的收益。然而，在这些年间，投资者从投资于股票中获得了比低风险投资上可以获得的收益还要低的收益。

　　随着 20 世纪 30 年代大萧条期间股价的大幅下跌，很多投资者永久性地不再进入股票市场。投资者对近些年的股市波动会存在相同的反应吗？若果真如此，这会对金融体系和经济造成什么影响呢？

　　阅读第 177 页的政策透视专栏并讨论投资者对 2010 年的股市波动是如何作出反应的。

关键议题和问题

　　在第 1 章的结尾，我们指出，始于 2007 年的金融危机提出了关于金融体系的一系列重要问题。在回答这些问题的时候，我们将讨论金融体系的一些非常重要的方面。下面是本章的关键议题和问题：

　　议题：在金融危机期间，由于担心股票已经变得风险过高，很多小的投资者卖掉了他们的股票投资。

问题：2007—2009 年的金融危机有可能对个人投资于股票市场的意愿造成持久的影响吗？

在第 177 页回答

股票市场是大企业的一项重要的资金来源。股票市场也是数百万个人投资者为购买大件商品和退休而进行储蓄的场所。储蓄者有时候购买个别股票，但更多的时候，他们的股市投资是采取共同基金或养老基金的形式。在这一章，我们将讨论股票市场运作的基本原理并考察股票价格的决定因素。

6.1 股票和股票市场

正如我们在第 1 章所看到的，通过购买一家公司的股票，投资者成为该公司的部分所有人。作为所有人，有时被称为**股东**（shareholder）的股票持有人拥有对企业的利润及其**股权**（equity）的法定要求权，而股权是企业的资产价值与负债价值之间的差额。由于一家企业的股票所有权代表了对该企业的部分所有权，股票有时候被称为**权益**（equities）。债券代表的是债务而不是股权。大多数企业会发行数百万份的股票。因此，大多数股东只拥有其投资企业的非常少的一部分。

个体业主（sole proprietor）是一家企业唯一的所有者或者与合伙人共同拥有一家企业的人，其对企业的债务负有无限责任。如果企业破产了，企业的债权人可以就所有者的个人资产起诉企业的所有者。持有一家以**公司**（corporation）的形式组织起来的企业的股票的投资者受到**有限责任**（limited liability）的保护。

有限责任是保护公司的所有者不会损失超过他们在公司所做的投资的法律规定。如果你曾经购买了价值 10 000 美元的通用汽车的股票，这就是你在公司破产时会遭受的最大损失。在法律的心目中，公司是与其所有者分开的法"人"。如果没有有限责任的保护，很多投资者会不愿意投资于关键决策是由企业的经理而不是其股东做出的企业。

普通股和优先股

存在两种主要的股票类型：普通股和优先股。虽然两种股票都代表公司的部分所有权，但它们存在一些显著的区别。公司是由**董事会**（boards of directors）管理的，董事会任命公司的高层管理人员，如首席执行官（CEO）、首席运营官（COO）和首席财务官（CFO）。普通股股东选举董事会的成员，但优先股股东在选举中是没有投票权的。

公司通过支付**股息**（dividend）将其部分利润分配给股东，股息通常是按季度支付的。优先股股东收到在公司发行股票时规定的固定股息。普通股股东收到随着公司的盈利能力随时间变化而波动的股息。遭遇亏损的公司可能会决定中止支付股息，但如果公司确实支付股息，在向普通股股东发放任何股息之前，公司必须首先支付承诺给优先股股东的股息。如果公司宣布破产，曾购买过公司债券或曾向公司发放过贷款的债权人——投资者和金融机构——首先获得偿付，接着，优先股股东获得偿付。只有当优先股股东获得偿付之后还有剩余，这些剩余才会支付给普通股股东。

一家企业的普通股和优先股的总的市场价值被称为企业的**市场资本化**（market capitalization）。例如，2010年中期，苹果公司发行在外的股票的总值——从而苹果公司的市场资本化——大约是2 450亿美元。

如何以及在哪里买卖股票

　　虽然美国有超过500万家公司，但只有大约5 100家公司是在美国股票市场上出售股票的**上市公司**（publicly traded companies）。其余的公司，连同数百万家个体企业和合伙企业都是**私人企业**（private firm），这意味着它们并不发行在股票市场买卖的股票。

　　正如"汽车市场"是指买卖汽车的场所，"股票市场"是指买卖股票的场所。就股票的情形而言，由于股票的电子交易已经开始变得日益重要，因此"场所"既包括物理的场所，也包括虚拟的场所。此外，当很多人想到美国的股票市场时，他们想到的是纽约股票交易所（New York Stock Exchange，NYSE）的大楼，纽约股票交易所位于纽约市的华尔街。纽约股票交易所是一个在一个交易场地面对面地买卖股票的**股票交易所**（stock exchange）的例子。交易发生在每个营业日的上午9：30到下午4：00之间的这段时间。很多最大的美国公司（如IBM、麦当劳和沃尔玛等）是在纽约股票交易所的主板（Big Board）上市的。近年来，虽然一些交易仍然在交易所的场地内完成，但纽约股票交易所的很多交易已经开始通过电子方式完成。纳斯达克（NASDAQ）股票市场上的交易完全是电子化的，纳斯达克的名称来自全国证券交易商协会。纳斯达克市场是一个柜台市场或**场外市场**（over-the-counter market）的例子，在场外市场，证券交易商（dealer）通过电脑联结起来买卖股票。场外市场的交易商努力匹配其收到的来自投资者买卖股票的指令。证券交易商维持其交易的股票的一定存货来帮助平衡买卖指令。

　　请牢记一级市场和二级市场之间的区别。与债券市场一样，在股票市场上，大多数的买卖都是投资者之间买卖现有的股票而不是买卖企业提供的新发行的股票。因此，股票和债券的二级市场比一级市场要大得多。

　　传统上，个人投资者是通过在股票经纪人（stockbroker）处建立一个账户来购买股票的，典型的证券经纪人如美林证券（现已成为美国银行的一部分）。经纪人为投资者买卖股票并收取**佣金**（commission）作为自己的报酬。现在，很多投资者通过在线经纪企业买卖个别的股票，如E＊TRADE或TDAMERITRADE。在线经纪人通常相比传统经纪人收取较低的佣金，但它们也不提供传统经纪人提供的投资建议和其他服务。很多投资者更喜欢购买股票共同基金而不是个别股票。由于诸如富达国际投资公司（Fidelity）的麦哲伦基金（Magellan Fund）之类的股票共同基金在其投资组合中持有很多股票，它们为投资者提供了分散化的好处。

　　公开交易的5 100家美国公司只占到了全世界在股票交易所上市交易的公司的大约10％。图6—1展示了按照股票交易的总市值排名的全球最大的10个股票市场。虽然纽约股票交易所仍然是全世界最大的，但外国股票市场的规模一直在快速增长。诸如索尼、丰田和诺基亚之类的最大的外国企业的股份是以**美国存托凭证**（American Depository Receipts）的形式间接地在纽约股票交易所交易的，美国存托凭证是保存在外国的股份收据。一些共同基金，如Vanguard的全球股票基金，也投资于国外企业的股票。通过在外国的一家当地的经纪企业设立一个账户，购买在外国的股票交易所上市的个别股票也是可能的。虽然曾经只有富人直接投资于外国的股票市场，但现在，互联网使得一般投资者研究国外企业和建立国外经纪账户变得非常容易。

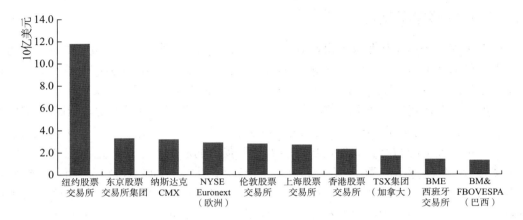

图 6—1　世界股票交易所，2009 年

纽约股票交易所仍然是全世界最大的股票交易所，但其他交易所的规模一直在增长。交易所是根据在交易所交易的股份的总值排名的。

注：虽然各自独立运作，但纽约股票交易所拥有 NYSE Euronext。

资料来源：www.world-exchange.org.

度量股票市场的表现

股票市场的整体表现是用**股票市场指数**（stock market index）衡量的，股票市场指数是股票价格的平均值。股票市场指数的值在一个被称为基年（baseyear）的特定年份被设定为等于 100。由于股票市场指数旨在说明价格随时间的变动，而不是标的股票实际的美元价值，因此，被选为基年的年份是不重要的。最受广泛关注的股票指数是出现在《华尔街日报》网站第一页的三个指数：道琼斯工业平均指数（DJIA）、标准普尔 500 指数（S&P 500）和纳斯达克综合指数（NASDAQ Composite）。虽然道指只是 30 家大企业的股票价格平均，包括可口可乐、微软和沃尔特·迪士尼，但却是很多个人投资者最为熟悉的指数。标准普尔 500 指数包括了道指中的 30 家企业，还包括其他 470 家大企业发行的股票，每一家公司的市值至少是 35 亿美元。标准普尔公司的一个委员会选择各个企业代表美国经济中的不同行业。由于这些企业的规模是如此之大，以至其股票的总值占到了所有公开交易的美国企业总值的 75%。纳斯达克综合指数包括在纳斯达克场外市场交易的 2 750 种股票。在纳斯达克综合指数中的某些企业，如微软和英特尔，也被包括在道琼斯指数和标准普尔 500 指数中，但纳斯达克指数包括了很多未被包括在其他指数中的较小的科技企业。

虽然这三个股票指数是不同公司的股票价格的平均值，但图 6—2 表明它们大体上是一起变动的。所有的三个指数在 20 世纪 90 年代末期都显著地上涨了，并在 21 世纪头 10 年初期达到了顶峰。股票价格在 20 世纪 90 年代末期的大部分上涨是由"互联网繁荣"推动的，在这期间，投资者狂热地认为，很多新的在线企业在与传统的"砖头水泥"商店竞争时会变得极具盈利性。一些互联网公司，如亚马逊公司（Amazon.com），的确成功了并变得有盈利能力，但其他公司并没有，如 Pets.com、eToys.com 和 Webvan.com 等。由于纳斯达克综合指数比其他两个指数包含了更多的互联网股票，因此，其在 2000 年初飙升至一个特别高的峰值。由于投资者开始确信很多互联网公司不会变得具有盈利能力，所有三个指数均大幅下挫，而纳斯达克指数的下跌是最为严重的。2001 年的经济衰退也加剧了股票价格的普遍下跌。

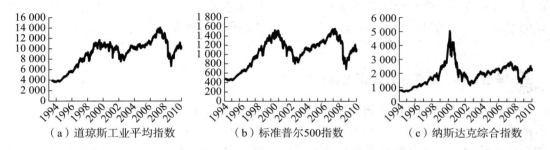

（a）道琼斯工业平均指数　　　　（b）标准普尔500指数　　　　（c）纳斯达克综合指数

图 6—2　股票市场的波动，1994 年 1 月—2010 年 6 月

　　美国股票市场的表现可以通过股票市场指数得以反映，股票市场指数是股票价格的平均值。最受广泛关注的股票市场指数是道琼斯工业平均指数、标准普尔 500 指数和纳斯达克综合指数。图形表明，所有三个指数都遵循着大致类似的模式，而纳斯达克指数在 2000 年初达到了其再也没有接近达到的顶峰。

　　道琼斯指数和标准普尔 500 指数从互联网崩盘中恢复了，到 2007 年秋达到空前的高度。纳斯达克指数至今没有再次接近达到其在 2000 年初所达到的高度。始于 2007 年 12 月的金融危机和经济衰退导致所有三个指数均大幅下跌，直到 2009 年春，三大指数才开始部分恢复。用华尔街的行话来说，股票价格上涨超过 20％ 被称为**牛市**（bull market），而股票价格下跌超过 20％ 则被称为**熊市**（bear market）。因此，在图形所涵盖的这一时期，美国的股票市场经历了三次牛市和两次熊市。

股票市场的表现对经济有影响吗？

　　图 6—2 说明股票市场经历过大幅的涨跌。这些涨跌影响拥有股票的投资者的个人财务状况，但这些涨跌影响更广泛的经济吗？经济学家认为，股票价格波动通过影响家庭和企业的支出而影响经济。不断上涨的股票价格会带来支出的增加，不断下降的股票价格会降低支出。支出的上升可以带来就业和生产的增加，而支出的下降会带来生产和就业的减少。股票价格变化通过几种渠道对支出产生影响。

　　首先，大公司利用股票市场作为业务扩张所需资金的一项重要来源。较高的股票价格使得企业通过发行股票融通诸如工厂和机器之类的实物资本投资或研发支出更为容易。较低的股票价格使得企业融通这类支出更为困难。其次，股票占到了家庭财富的一个很大的部分。当股票价格上涨时，家庭的财富也会增加；当股票价格下跌时，家庭的财富也会减少。例如，股票价格从 1995 年到 2000 年的上涨增加了 9 万亿美元的财富，而股票价格从 2000 年到 2002 年的下跌蒸发了 7 万亿美元的财富。类似地，股票价格从 2007 年秋到 2009 年春的下跌蒸发了 8.5 万亿美元的财富。家庭在其财富增加时支出较多，在其财富减少时支出较少。因此，股票价格波动会对家庭的消费支出造成很大的影响。

最后，股票价格波动最为重要的后果可能是其对消费者和企业预期的影响。股票价格的大幅下跌通常伴随着经济衰退。意识到这一事实的消费者在看到股票价格的大幅下跌时，可能会对其未来的收入和工作变得更为不确定。加州大学伯克利分校和奥巴马政府经济顾问委员会的前主席克里斯蒂娜·罗默认为，1929 年的股市崩盘在导致 20 世纪 30 年代的大萧条方面发挥了重要的作用。罗默认为，股市的崩盘增加了消费者对其未来收入的不确定性，这导致他们大幅减少了在耐用消费品上的支出，如汽车、家具和家用电器。这些支出下降导致了受影响行业中的生产和就业下降，这又进一步恶化了业已开始的经济下滑。通过提高不确定性，股票价格波动也会导致企业推迟实物投资上的支出。

✔ 联系实际：你还愿意投资美国股市吗？

2007—2009 年的金融危机给了美国股票市场一记重击。道琼斯指数从其 2007 年 10 月的大约 14 000 点的峰值下跌至 2009 年 3 月的大约 6 500 点，将近 54％的下跌。标准普尔 500 指数和纳斯达克综合指数也遭遇了类似的下跌。很多小投资者开始退出股票市场也毫不奇怪。从 2008 年第三季度到 2009 年第一季度之间，家庭赎回的股票共同基金份额超过其购买的股票共同基金份额 8 350 亿美元。在这一时期，家庭持有的共同基金的价值下降了差不多 2 万亿美元。

随着道琼斯指数从 2009 年 3 月开始恢复，部分个人投资者重返股票市场，但很多投资者没有回来。2010 年 3 月，《纽约时报》的一篇文章谈道："史上最强劲的牛市之一本周来到其第一个周年纪念，个人投资者对美国股票的憎恨几乎还是像去年 3 月当市场跌至 12 年来的最低点时一样。"从 1999 年到 2009 年的这段时期对股票市场投资者来说是一段非常糟糕的时期。在这些年里，2000—2002 年和 2007—2009 年都有熊市，总的看来，主要的股票指数在 2009 年末低于其在 1999 年末的水平。股票市场在这 10 年的糟糕表现有可能永久性地令个人投资者讨厌美国的股票市场吗？

加州大学伯克利分校的 Ulrike Malmendier 和斯坦福大学商学研究生院的 Stefan Nagel 的一项研究表明，投资者参与股票市场的意愿受到其一生中经历的收益率的影响。美国历史上最糟糕的熊市发生在 1929—1932 年间，当时的道琼斯指数下跌了 89％。Malmendier 和 Nagel 发现，即使几十年后，经历过那一时期的投资者还是不愿意投资股票市场。例如，当股票价格在 20 世纪 60 年代快速上涨时，经历过 20 世纪 30 年代的那些年龄较大的投资者比年龄较小的投资者在股票上的投资要少得多。相反，在 20 世纪 80 年代初，经历过股票市场在 20 世纪 70 年代的糟糕表现的年轻投资者在股票市场上的投资要少于经历过 20 世纪 60 年代的牛市的那些年龄较大的投资者。Malmendier 和 Nagel 的发现表明，股票市场从 1999 年到 2009 年的糟糕表现可能对股票市场参与在很长时间内都会有负面的影响，尤其是在年轻投资者中间。

股票市场不是一个公平竞技场的印象可能会进一步降低个人投资者对股票市场的参与。在 2007—2009 年的金融危机期间，很多事件可能已经导致部分投资者对美国的股票市场的公平性失去信心。例如，伯纳德·麦道夫从投资者手里骗取了数十亿美元并在 2009 年被判入狱 150 年。其他几个诈骗性的投资计划也受到了广泛的关注。2010 年 5 月

6 日，纽约股票交易所经历了"瞬间暴跌"，道琼斯指数在仅仅几分钟内下跌了 1 000 点，几分钟之后又收复了 700 点。虽然瞬间暴跌的原因还不是非常清楚，但似乎是由电脑交易驱动的。很多个人投资者将瞬间暴跌解释为大的机构投资者在损害个人投资者利益的情况下操纵市场。可以引证一位投资者的反应："我几乎懵掉了。天都要塌下来了，不管怎样，我再也不想跟它有任何关系了。"

2010 年初的一项民意调查显示，虽然那些被调查者中的 24% 对当地的银行几乎没有任何信心，但 67% 的被调查者对华尔街几乎没有任何信心。欧洲大学学院的 Luigi Guiso 及其合作者的一项研究表明，个人投资者对股票市场信任度的不同有助于解释各国股票市场参与度的差异。

美国金融体系在未来几年里的一个重要问题是：对股票市场主要是负面印象的年轻投资者是否会比年纪较大的投资者更不愿意参与股票市场？经济学家还会继续争论的问题是：如果由个人投资者执行的股票市场交易份额相对于由诸如养老基金和对冲基金之类的机构投资者执行的份额继续萎缩，会对市场效率造成哪些影响？

资料来源：Quote from individual investor is from E. S. Browning, "Small Investor Fell Stocks, Changing Market Dynamics," *Wall Street Journal*, July 12, 2010; Tom Lauricella, "Stock's Run Draws Yawns from Buyers," *New York Times*, March 8, 2010; Ulrike Malmendier and Stefan Nagel, "Depression Babies: Do Macroeconomic Experience Affect Risk-Taking?" forthcoming, *Quarterly Journal of Economics*; Luigi Guiso, Paola Sapienza, and Luigi Zingales, "Trusting the Stock Market," *Journal of Finance*, Vol. 63, No. 6, December 2008, pp. 2557-2600; Board of Governors of the Federal Reserve System, *Flow of Funds Accounts of the United States*, June 5, 2008, and December 10, 2009; and Zogby Interactive, "Voter Confidence in Big Banks, Corporations, and Wall Street Even Lower Than That of Government," zogby.com, February 18, 2010.

通过做第 180 页本章末的问题和应用 1.11 来检查一下你的理解。

6.2　股票价格是如何决定的

我们已经看到，股票指数是波动起伏的，但什么决定了构成这些指数的个别股票的价格呢？在第 3 章，我们讨论过关于金融市场的一个关键事实：一项金融资产的价格等于从拥有该资产中将会收到的支付的现值。在那一章，我们将这一法则应用于债券的价格，但这一法则同样适用于股票，正如我们在下面几节将会看到的。

投资股票一年

个人投资者购买股票并不是试图控制其购买股票的公司，投资者将公司控制权交给了由其董事会监督的经理们。相反，投资者视购买股票为一项金融投资，他们希望从中获得一个高的收益率。假定你打算投资微软股票一年。在这一年，你期待收到一份股息，而且在年末的时候，如果你选择出售，你可以按那时候的市场价格将股票卖掉。企业是按季度发放股息的，但为了简单起见，我们假定企业在年末发放一次股息。假定你预期微软会支付 0.60 美元的股息且微软股票价格在年末会是 32 美元。对投资者而言，股票的价值等于这两项美元金额的现值，这两项金额有时候也被称为从拥有股票中得到的现金流（cash flow）。

在第 3 章，我们看到了债券市场的投资者在计算一个债券的现值时是如何利用利率来贴现未来的支付的。类似地，你需要利用一个贴现率来计算来自股票的现金流的现值。不是利用银行存单的利率来贴现现金流，对你而言，利用一个代表你对与投资微软股票风险相当的替代投资的预期收益率来贴现是有意义的。站在投资者的视角看，经济学家将这一收益率称为**股权必要收益率**（required return on equities），r_E。从企业的视角看，这是它们要吸引投资者就必须支付的收益率，因此也被称为股权资本成本（equity cost of capital）。股权必要收益率和股权资本成本是同一个收益率——只是从投资者和企业不同的视角来看的。

我们可以把股权必要收益率想象为无风险利率和风险溢价之和，无风险利率通常用国库券的收益率来度量，风险溢价反映了投资股票比投资国库券风险更高。包含在股权必要收益率中的风险溢价被称为股权溢价（equity premium），因为它代表为了让投资者投资股票而不是国库券，投资者必须获得的额外收益。个别股票的股权溢价，如微软股票，具有两个组成部分：一个组成部分代表系统风险（systematic risk），系统风险来源于影响所有股票的股票市场整体价格波动，如股票价格在 2007—2009 年的金融危机期间的下降；另一个组成部分是非系统（unsystematic）或异质（idiosyncratic）风险，非系统风险来自个别股票的价格波动，而这一价格波动并不是由股票市场整体价格波动引起的。非系统风险的一个例子是，微软的股票价格因一个新版本的 Windows 销量不佳而下降。

假定考虑到这些因素后，要让你愿意投资于微软，你要求 10％ 的收益率。在这种情况下，对你而言，两笔美元金额的现值——预期股息和预期年末的股票价格——是：

$$\frac{\$0.60}{1+0.10}+\frac{\$32}{1+0.10}=\$29.64$$

如果当前的微软股票价格低于 29.64 美元，你应该买入股票，因为股票的价格小于你从拥有股票中会收到的资金的现值。如果价格高于 29.64 美元，你不应该买入该股票。

如果我们站在投资者整体的角度看，而不是单个投资者的角度，那么我们会预期股票现在的价格 P_t 等于预期年末支付的股息 D^e_{t+1} 和预期年末的股票价格 P^e_{t+1} 的现值之和，再用市场的股权必要收益率 r_E 贴现：

$$P_t=\frac{D^e_{t+1}}{1+r_E}+\frac{P^e_{t+1}}{1+r_E}$$

注意到，我们用上标 e 表示投资者并不是确定性地知道企业会支付的股息和企业的股票在年末的价格。

投资股票一年的收益率

对于一年的持有期，债券投资的收益率等于债券的当期收益率加上债券的资本利得率。我们可以采取类似的方法计算股票投资的收益率。正如息票除以当前的价格是一个债券的当期收益率，预期年股息除以当前的价格是一个股票的**股息收益率**（dividend yield）。一个股票的资本利得率等于股票价格在一年内的变化除以年初的价格。因此，投资股票的预期收益率等于股息收益率加上预期资本利得率：

$$收益率 = \frac{预期年股息}{初始价格} + \frac{预期价格变化}{初始价格}$$

或

$$R = \frac{D_{t+1}^e}{P_t} + \frac{P_{t+1}^e - P_t}{P_t}$$

在年末，通过用实际收到的股息替换预期股息、用年末股票的实际价格替换预期价格，你可以计算你的实际收益率。例如，比方说你用 30 美元购买了一股微软的股票，微软支付了 0.60 美元的股息，微软的股票在年末的价格是 33 美元。在这一年你的收益率是：（0.60 美元/30 美元）+（33美元－30美元）/30 美元＝0.02＋0.10＝0.12，或 12%。

✔ 联系实际：政府应该如何对股息和资本利得征税？

当投资者从股票投资中收到股息和资本利得时，他们必须将其作为应税所得予以报告。经济学家和政策制定者对股息和资本利得的最优征税方法争论不休。公司利润要缴纳公司利润税，公司利润税是在公司向其股东分配利润前支付的。由于股东对其收到的股息必须支付个人所得税，结果是**股息的双重征税**（double taxation of dividends）。这一双重征税存在若干影响：首先，由于股息同时在个人层面和企业层面被征税，投资者从购买股票中获得的收益减少了，这又降低了个人以股票投资的形式进行储蓄的动机并提高了企业的融资成本。其次，由于企业向股东分配的利润被二次征税，企业存在保留利润而不是向股东分配的激励。较之如果股东收到股息后会做出的投资，若企业被迫做出收益较低的投资，留存利润可能是无效率的。最后，由于企业可以从利润中扣除其对贷款和债券的利息支付，股息的双重征税给予企业可能接受过高水平的债务而不是发行股票的激励。

一些经济学家曾经建议通过合并企业和个人所得税来取消股息的双重征税。在这一方案下，出于避税的目的，企业会将其所有的利润分配给股东，甚至那些不以股息形式分配的利润。企业所得税会被取消，个人将负责支付公司利润应付的所有税收。虽然这一方案能消除双重征税问题，但需要对当前的税收体系进行广泛的修改，因而没有得到来自决策者的大力支持。

只有当投资者出售一项资产并实现了利得时，资本利得才被征税。一些经济学家认为，对资本利得征税导致了**锁定效应**（lock-in effect），因为投资者可能不愿意出售存在大量资本利得的股票。投资者必须对其没有经过通货膨胀调整的名义利得支付税收这一事实会进一步强化投资者持有股票的激励。如果很多投资者被锁定在其当前的投资组合中，那么这些组合的价格就会不同于不存在资本利得税时应有的价格，这可能会向投资者和企业发出误导性的信号。

国会在 2003 年将持有至少一年的股票和其他资产的股息税和资本利得税同时从 35%

降低到了 15%。由于 15% 低于 35% 的最高个人税率，这一减税降低了源于股息的双重征税和资本利得税的无效率。然而，一些决策者曾批评较低的股息税率，因为这会对税后收入的分配产生不利的影响。例如，位于收入分配最顶端的家庭从股息和资本利得中获得其收入的四分之三。因此，股息和资本利得的低税率降低了高收入家庭相对于低收入家庭支付的税率，因为低收入家庭可能严重依赖于按正常税率征税的工资收入。巴拉克·奥巴马总统和国会中的民主党领导人在 2010 年提议提高股息和资本利得税以降低其认为的不公平。

效率和公平之间的权衡是经济政策中反复出现的一个问题。决策者通常必须平衡可以提高收入和增长的改进经济效率的需要与更公平地分配收入的愿望。

资料来源：Robert D. Hershey, Jr., "With Rules in Flux, It's a Tough Time for Tax Strategies," *New York Times*, February 14, 2010; and "Top-Earning U.S. Households Averaged $345 Million in 2007, IRS Says," Bloomberg.com, February 18, 2010.

通过做第 181 页本章末的问题和应用 2.10 来检查一下你的理解。

股票的内在价值

现在考虑一位打算投资股票两年的投资者的情形。我们在投资一年的情形中所用的逻辑可以被直接扩展至投资两年的情形：股票的价格应该等于投资者预期在两年中获得的股息支付的现值加上预期股票在两年末的价格的现值之和：

$$P_t = \frac{D_{t+1}^e}{(1+r_E)} + \frac{D_{t+2}^e}{(1+r_E)^2} + \frac{P_{t+2}^e}{(1+r_E)^2}$$

我们可以继续考察越来越长年数的投资，这会得到类似的公式，最后的预期价格项被推至越来越远的未来。最终，正如我们在讨论债券时所发现的，一股股票的价格应该反映从拥有股票无论多少时期中会收到的所有支付的现值。事实上，经济学家视一股股票的 **内在价值**（fundamental value）等于预期直至无限的未来会收到的所有股息的现值：

$$P_t = \frac{D_{t+1}^e}{(1+r_E)} + \frac{D_{t+2}^e}{(1+r_E)^2} + \frac{D_{t+3}^e}{(1+r_E)^3} + \cdots$$

其中，省略号（…）表明股息支付会一直持续下去。由于我们在考察一个无限的股息支付流，方程中不再存在一个最终的价格项 P^e。

不支付股息的企业会怎么样呢？比方说苹果公司和沃伦·巴菲特管理的伯克希尔·哈撒韦公司，沃伦·巴菲特也许是近几十年以来最知名和最成功的投资者了。在投资者预期企业最终会开始支付股息的假定下，我们可以运用相同的公式计算企业的内在价值。投资者很可能不会购买一家预期永远不会支付股息的企业的股票，因为在这种情况下，投资者预期永远也不会收到他们在企业利润中的相应份额。

戈登增长模型

上面给出的一股股票的内在价值公式对于试图评估股票价格的投资者并不是很有用，

因为这一公式要求预测无数的股息。幸运的是，当时是麻省理工学院的一位经济学家的戈登（Myron J. Gordon）在 1959 年提出了估计股票内在价值的方便方法。戈登考察的是投资者预期一家企业的股息会以一个恒定的比率 g 增长的情形，恒定的比率可以是比方说 5%。在这种情况下，上述方程中的每一个股息项都会比前一年收到的股息高出 5%。利用预期股息会以一个恒定的比率增长这一假定，戈登提出了一个说明当前的股票价格、当期支付的股息、预期股息增长率和股权必要收益率之间关系的方程。这一方程被称为**戈登增长模型**（Gordon growth model）：

$$P_t = D_t \times \frac{(1+g)}{(r_E - g)}$$

例如，假定微软公司正在支付投资者会立即收到的每年每股 0.60 美元的股息。预期股息会以每年 7% 的不变比率增长，投资者投资于微软股票要求的收益率是 10%。那么，一股微软股票当前的价格应该是：

$$\$0.60 \times \frac{(1+0.07)}{(0.10-0.07)} = \$21.40$$

关于戈登增长模型，有几点需要注意：

1. 模型假定投资者在当期收到第一次股息——也就是说，投资者立刻收到第一次股息而不是在年末。

2. 模型假定股息增长率是不变的。这可能是不太现实的，因为投资者可能会认为股息会以一种不均匀的模式增长。例如，微软的利润——及其支付的股息——也许在推出一个新版 Windows 的那些年份比随后的那些年份增长得更快。不管怎样，不变的股息增长在分析股票价格时是一个有用的近似。

3. 要使用这一模型，股票的必要收益率必须大于股息增长率。这是一个合理的条件，因为如果一家企业的股息以一个快于股权必要收益率的比率增长，该企业最终会变得大于整个经济，当然，这不可能发生。

4. 投资者关于企业未来盈利能力从而其未来股息的预期在决定股票价格时是至关重要的。

❓ 解决问题 6.1：应用戈登增长模型

戈登增长模型对计算一只股票的价格是一个有用的工具。应用模型回答下述两个问题：

a. 如果通用电气当前正在支付每股 0.40 美元的年股息，其股息预期会以每年 7% 的比率增长，投资者购买通用电气股票要求的收益率是 10%，计算每股通用电气股票的价格。

b. IBM 股票的价格在 2010 年 3 月为每股 127 美元。当时，IBM 正在支付每股 2.20 美元的年股息，如果投资者购买 IBM 股票要求的收益率是 0.10，投资者一定在预期 IBM 的股息以什么速度增长？

解决问题

第一步　复习本章的内容。这一问题是关于应用戈登增长模型计算股票价格的，因此，你也许需要复习"戈登增长模型"这一小节。

第二步　通过将戈登增长模型公式应用于（a）部分所给的数字计算通用电气的股票价格。戈登增长模型公式是：

$$P_t = D_t \times \frac{(1+g)}{(r_E - g)}$$

代入问题中所给的数字，使得我们可以计算通用电气股票的价格：

$$\$0.40 \times \frac{(1+0.07)}{(0.10-0.07)} = \$14.27$$

第三步　通过将戈登增长模型公式应用于（a）部分所给的数字计算预期 IBM 的股息增长率。在这一问题中，我们知道股票的价格但不知道预期股息增长率。要计算预期股息增长率，我们需要将所给的数字代入戈登增长公式并求解 g：

$$\$127 = \$2.20 \times \frac{(1+g)}{(0.10-g)}$$

$$\$127 \times (0.10 - g) = \$2.20 \times (1+g)$$

$$\$12.70 - \$127g = \$2.20 + \$2.20g$$

$$g = \frac{\$10.50}{\$129.20} = 0.081，或 8.1\%$$

我们的计算表明，投资者一定是在预期 IBM 的股息以每年 8.1% 的比率增长。

为了进行更多的练习，做一下第 181 页本章末的问题和应用 2.11。

6.3　理性预期和有效市场

戈登增长模型表明，投资者关于企业未来盈利能力的预期在决定股票价格时发挥了至关重要的作用。事实上，预期在整个经济中都发挥着重要的作用，因为很多交易要求参与者预测未来。例如，如果你正在考虑取得一笔住房抵押贷款，你同意对贷款在 30 年内支付 6% 的固定利率，那么你将需要预测诸如你的未来收入（你能负担得起抵押贷款的还款吗）、未来的通货膨胀率（贷款的实际利率会是多少）和房子所在的邻近地区的未来发展（该城市会延长一条公交线路从而使得到市区更方便吗）之类的事情。

适应性预期和理性预期

经济学家曾花费了大量的时间研究人们是如何形成预期的。早期的预期研究聚焦于对过去的信息的利用。例如，一些经济学家假定投资者对一家企业的股票价格的预期仅仅依赖于股票过去的价格。这一方法被称为**适应性预期**（adaptive expectation）。某些股票分析师使用众所周知的**技术分析**（technical analysis）这一适应性预期形式。这些分析师认为，股票价格历史上的特定模式很可能会重现，因而可以被用于预测未来的价格。

现在，大多数经济学家对适应性预期方法持批评态度，因为适应性预期假定人们忽视了在做预测时有用的信息。例如，20 世纪 70 年代末，通货膨胀率从 1976 年到 1980 年一直在上升。如果只根据其过去值来做通货膨胀预测，任何人都会预期通货膨胀会低于其最终出现的水平。通货膨胀率从 1980 年到 1983 年每年都在下降。在这一时期，如果只根据其过去值来预测通货膨胀，任何人都会预期通货膨胀会高于其实际发生的。通过考虑诸如联储政策、石油价格波动或其他影响通货膨胀的因素之类的附加信息而不是仅仅依赖于通货膨胀的过去值，任何人都会做出更准确的预测。

卡内基·梅隆大学的约翰·穆斯（John Muth）在 1961 年提出了一种新的方法并将其命名为**理性预期**（rational expectation）。在理性预期下，人们是利用所有可得信息来做预测的。穆斯认为，没有利用所有可得信息的某些人就不会是在理性地行动。也就是说，这个人不会是在尽他或她的最大努力来实现准确预测的目的。例如，在预测一家企业的股票价格时，投资者不仅会利用股票过去的价格，而且会利用任何有助于预测企业未来盈利能力的其他信息，如企业的管理质量、企业可能在开发的新产品，等等。如果股票市场中足够多的投资者和交易者都具有理性预期，股票的市场价格应该等于对预期未来股息现值的最佳猜测，正如我们之前所看到的，这就是股票的内在价值。因此，如果市场参与者具有理性预期，他们可以假定他们观察到的股票价格代表了股票的内在价值。

对经济学家而言，理性预期意味着预期等于利用所有可得信息的价格的最优预测（最佳猜测）。注意到虽然我们在说明关于股票的理性预期，这一概念可以应用于任何金融证券。如果股票市场参与者具有理性预期，那么对股票未来值的预期应该等于最优的（最佳猜测）价格预测。当然，我们说投资者具有理性预期并不等于说他们可以预测未来。换言之，最优预测是最优的（optimal），但也许是不正确的。

为了更为准确地说明这一点，假定在今天收盘的时候，P_{t+1}^e 是股票市场上对苹果股票明天的收盘价格的最优预测。如果 P_{t+1} 是苹果股票在明天收盘时的实际价格，那么我们看到 $P_{t+1}^e = P_{t+1}$ 几乎是不可能的。为什么不可能呢？因为市场参与者在明天很可能会获得关于苹果公司的额外信息——也许 iPad 在上个月的销量低于之前的预测——这会改变他们关于苹果股票内在价值的看法。因此，很可能会存在一个**预测误差**（forecast error），预测误差是苹果股票的预测价格和苹果股票的实际价格之间的差异。然而，没有人可以准确地预测这一误差的大小，因为误差是由做预测时尚未可得的**新**（new）信息引起的。如果做预测时该信息是可得的，理性预期告诉我们，该信息已经被包括到预测中了。将这一思想作一个更正式的表达：

$$P_{t+1} - P_{t+1}^e = 无法预测的误差_{t+1}$$

因此，当作出一个预测时，我们可以相当肯定预测最终会低于或高于被预测变量的实际值，但我们无法判断误差会是多大，甚至是正的（即我们的预测太低）还是负的（即我们的预测太高）。

有效市场假说

正如约翰·穆斯最初所提出的，理性预期的概念适用于人们在做预测的任何时候。

理性预期在金融市场中的应用就是我们所熟知的**有效市场假说**（efficient markets hy-pothesis）。关于股票市场，有效市场假说声称，当投资者和交易者在形成关于未来股息支付的预期时利用了所有的可得信息，股票的均衡价格等于市场对股票内在价值的最优预测——给定可得信息下的最佳预测。我们怎么能确定市场会如同有效市场假说所预言的那样运作以及均衡价格会等于内在价值？

一个有效市场假说的例子

考虑一个例子。假定现在是星期一早上的 10:14，微软股票的价格是每股 17.80 美元，公司当前正在支付今年每股 0.50 美元的股息，预期其股息会以每年 7% 的比率增长。在 10:15，微软发布了新的销售信息，其最新版本的 Windows 的销售量比预期的要高得多，公司预期较高的销售量会一直持续到未来。这一消息促使你和其他投资者向上修正你们对微软的年股息增长率的预测，从 7% 修正到 8%。在这一较高的增长率下，微软未来股息的现值从 17.80 美元上升到 27 美元。从而，这一新信息促使你和其他投资者买入微软的股份。这一需求上升会导致微软的股票价格持续上涨直至达到 27 美元，这是该股票的新的内在价值。当市场价格高于或低于关于一个股票的内在价值的最优预测时，理性预期提供了获利的激励。知情交易者的自利行为以这种方式促使可得信息被包括到市场价格中。

有效市场假说要求所有的交易者和投资者都具有理性预期吗？实际上并不是这样。从第 3 章可知，为了从价格在短暂时间内的变化中获利而进行的证券买卖过程被称为**金融套利**（financial arbitrage）。从金融套利中获得的利润被称为**套利利润**（arbitrage prof-its）。在竞相购买可能获得套利利润的证券中，交易者会把价格推至不再能获得套利利润的水平。只要存在一些具有理性预期的交易者，新信息所带来的套利利润会给予他们将股票价格推至其内在价值的激励。例如，在刚才讨论过的例子中，一旦关于微软的新信息成为可得信息，交易者就可以获得等于每股 9.20 美元的套利利润，或者说是旧的内在价值与新的内在价值之间的差额。即使少数几个知情交易者之间的竞争也足以迅速地将价格推高至新的内在价值。

虽然根据有效市场假说一股股票的价格是基于所有可得信息，这个例子说明股票的价格每天、每小时和每分钟都会变化。由于股票价格反映了关于其内在价值的所有可得信息，随着影响内在价值的消息变得可资利用，其价格经常地变化。注意到影响投资者持有一只股票或其他金融资产的意愿的任何事情都会影响该股票的内在价值。因此，我们预期如果新信息导致投资者改变关于风险、流动性、信息成本或从拥有股票中得到的收益的税收待遇的看法，股票的价格就会变化。

"内部信息"怎么样？

有效市场假说假定公开可得信息被包括到股票价格中了。但是，并非公开可得的信息会怎么样呢？例如，假定一家制药企业的经理们收到消息，一种重要的新的治疗癌症的药物出人意料地获得政府的批准，但这一信息还没有公开发布。或者假定美国劳工统计局的经济学家们已经完成了上个月的通货膨胀率的计算，结果表明通货膨胀比投资者的预期要高得多，但这一信息也还没有被公开发布。关于一项证券的并非公开可得的相关信息被称为**内部信息**（inside information）。有效市场假说的一个强的版本认为即使内部信息也被包括到股票价格中了。然而，很多研究表明，通过基于内部信息的交易获得高于平均收益率的收益是可能的。例如，制药企业的经理们可以买入他们公司的股票并从一旦关于药物获得通过的信息发布后的股票价格上涨中获利。

然而，有一个重要的规定：基于内部信息的交易——众所周知的**内部人交易**（insider trading）——是非法的。根据由证券交易委员会执行的《美国证券法》，企业的雇员不可以基于尚未公开可得的信息买卖企业的股票和债券。他们也不可以向那些会利用信息买卖股票和债券的其他人提供信息。证券交易委员会在 2010 年起诉了 Galleon 对冲基金的经理，理由是他曾从内部信息交易中获利，而这些内部信息是从几家公司的雇员处获得的。

股票价格可预测吗？

有效市场假说的一个关键含义是股票价格是不可预测的。要明白为什么，假定现在是下午 4:00，这一天的股票交易已经结束了，苹果股票的收盘价是 253 美元，你正在试图预测苹果股票明天的收盘价。你的最优预测是什么呢？有效市场假说指出是 253 美元。换句话说，股票明天的价格的最优预测就是股票今天的价格。为什么？因为今天的价格反映了当前可得的所有相关信息。虽然苹果股票的价格在明天收盘时不可能真的是 253 美元，但你今天没有可以让你预测会高于还是低于这一价格的信息。

股票价格遵循**随机游走**（random walk）而不是可预测，这意味着，在任意给定的一天，其上涨和下跌的可能性是相同的。我们确实能观察到股票连续几天上涨，但这并不与股票价格服从随机游走的思想相矛盾。即使在我们抛一枚硬币的时候，正面和反面出现的可能性是相同的，我们也许还是会连续几次抛出正面或反面。

有效市场和投资策略

理解有效市场假说有助于投资者明确组合配置策略，同时，也有助于投资者明确交易策略和评估财务分析的价值。下面我们逐一考察这些策略。

组合配置

只要所有的市场参与者拥有相同的信息，有效市场假说预言交易过程会消除高于平均利润的机会。换言之，你也许确信苹果公司会从销售 iPad 中获得非常高的利润，但如果其他每一个投资者也拥有这一信息，投资苹果股票会给你提供高于从投资另一个股票中可以获得的收益是不可能的。因此，只买一只股票而让你的储蓄冒险并不是一个好的策略。相反，你应该持有一个资产的分散化组合。这样的话，可能对一个股票的价格产生不利影响的消息可以被会对另一个股票的价格产生有利影响的消息所抵消。如果 iPad 的销售量令人失望，苹果的股票价格就会下跌，然而，如果麦当劳的一种新的素食汉堡的销量高于预期，麦当劳的股票价格就会上涨。由于你无法提前知道会发生什么，持有一个股票和其他资产构成的分散化投资组合是有好处的。

交易

如果价格反映了所有可得的信息，经常性地买卖个别股票并非一个有利可图的策略。

投资者不应该反复地把资金从一只股票移至另一只股票，或者说搅动（churn）一个投资组合，尤其是因为每一次买卖都会招致佣金形式的交易成本。最好是在一个长的时间内买入并持有一个分散化的投资组合。

金融分析师和股票推荐

像那些受雇于诸如美国银行美林证券（Bank of American Merrill Lynch）和高盛之类的华尔街企业的金融分析师可以分成两大类：依赖于过去的股票价格模式来预测未来的股票价格的技术分析师以及为了预测未来的股票价格而依赖于预测企业未来利润的基本面分析师。我们曾提到过，技术分析依赖于适应性预期。经济学家认为，技术分析对于预测股票价格不可能是一个成功的策略，因为技术分析忽视了除了过去的股票价格外所有可得的信息。

基本面分析看似与理性预期方法更为一致，因为基本面分析利用了所有可得的信息。然而，基本面分析对于预测股票价格可能是一个成功的策略吗？很多金融分析师认为是的，因为他们利用基本面分析来建议其客户买入哪一只股票。当在有线新闻节目中推荐股票或接受财经报纸的采访时，他们也是使用基本面分析。然而，有效市场假说指出，金融分析师推荐的股票不可能胜过市场。尽管分析师也许非常擅长哪家公司拥有最好的管理、最激动人心的新产品以及未来最大的获利能力，但其他投资者和交易者也知道所有这些信息，这些信息已经包括到股票价格中了。

投资于分析师和投资者预期未来会高度盈利的企业也许并不比一家他们预期盈利很差的企业更好，这看似很荒谬。如果投资者对投资任何一家企业的股票都要求 10% 的收益率，盈利能力很高的企业发行的股票比盈利能力较差的企业发行的股票的价格要高得多。事实上，我们知道，更具盈利能力企业的股票价格必须足够高，较无盈利能力企业的股票价格必须足够低，从而投资者预期在任何一项投资上都能获得 10% 的收益率。这一情形与债券市场中的情形是一样的。如果两个债券在风险、流动性、信息成本和税收待遇方面对投资者似乎是相同的，那么投资者之间寻求最佳投资的竞争会确保两个债券具有相同的到期收益率。若一个债券具有 60 美元的息票，另一个债券具有 50 美元的息票，具有较高息票的债券也会有一个足够高的价格，从而使其与具有较低息票的债券具有相同的到期收益率。

因此，有效市场假说预示着盈利能力较高企业的股票相比盈利能力较低企业的股票不会是一项更好的投资。

✓ 联系实际：你会相信谁：我还是一只投飞镖的猴子？

普林斯顿大学的一位经济学家伯顿·马尔基尔（Burton Malkiel）在其《漫步华尔街》（*A Random Walk Down Wall Street*）一书中使得有效市场假说广为流行，自该书1973 年首次出版以来，销量已经超过了 100 万本并发行了多个版本。在该书的早期版本中，马尔基尔对有效市场假说做了如下描述："走向其逻辑极致，该理论意味着，一只蒙着眼睛的猴子向报纸的财经页面投飞镖可以选出一个与经过专家仔细挑选过的投资组合表现一样好的投资组合。"

1988 年，《华尔街日报》决定通过举办一场比赛来检验马尔基尔的观点。每个月（后来改为每六个月），《华尔街日报》要求四名金融分析师各选出一只股票。并没有蒙着眼睛的猴子可资利用，《华尔街日报》要求它的记者们随机地向贴在办公室墙上的股票列表投飞镖。（马尔基尔有幸投了第一枚飞镖。）接着，《华尔街日报》比较了分析师们选择的四只股票的表现和随机挑选的一只股票的表现。

14 年后，《华尔街日报》结束了比赛并宣布了结果。总的看来，有 142 个时期的分析师的挑选和与之相对的随机挑选。142 个时期中有 87 个时期分析师挑选的股票价格胜过随机挑选的股票价格。显然，《华尔街日报》收集的证据表明，与有效市场假说相反，金融分析师比蒙着眼睛的猴子更会挑选股票。

然而，马尔基尔认为，比赛结果是带有欺骗性的。首先，《华尔街日报》只看股票价格的变化，忽视了支付的股息。然而，正如我们在本章前面所看到的，投资者持有股票获得的收益率同时包括股息收益率和资本利得率。分析师挑选的股票的股息收益率只有1.2%，而随机挑选的股票的股息收益率是 2.3%。分析师还选择了高于平均风险的股票。由于在金融市场上存在风险和收益的权衡，分析师挑选的股票的较高的收益率部分是为了补偿其较高的风险。最后，有证据表明，分析师挑选的股票的较高收益率完全是由于分析师挑选了这些股票这一事实。《华尔街日报》有超过 150 万份的发行量，因此，很多投资者关注了这场黑板比赛。随着一些投资者获悉了分析师挑选的股票，他们变得确信这些就是要投资的好股票。关于这一影响很大的证据来自分析师挑选的股票价格的大部分上涨是在《华尔街日报》文章印刷出版的两天内这一事实。把这些事实考虑进来逆转了比赛的结果，随机挑选稍微领先于分析师的挑选。

作为一个整体，华尔街的金融分析师兢兢业业且学识渊博，他们提供了关于企业财务状况、企业经理人能力以及新产品成功可能性的好的信息。然而，并没有明显的证据表明他们在选择最值得投资的股票方面是可以一贯成功的。

资料来源：Burton G. Malkiel, *A Random Walk Down Wall Street*, New York: W. W. Norton & Company, 2007 (first edition, 1973); and Georgette Jasen, "Journal's Darkboard Retires After 14 Years of Stock Picks," *Wall Street Journal*, April 18, 2002.

通过做第 183 页本章末的问题和应用 3.9 来检查一下你的理解。

 解决问题 6.2：投资分析没有价值吗？

金融分析师通常建议投资者买入他们认为价格会快速上涨的股票，卖出他们认为价格要么会下跌要么缓慢上涨的股票。下面的摘录来自《彭博新闻》上的一篇文章，描述了股票市场分析师一年内在成功预测价格方面表现怎么样：

JDS Uniphase 的股票在分析师中具有最多的"卖出"建议，该股票今年是比微软公司更好的投资，而微软却具有最多的"买入"建议。

该文章继续说道："投资者说，JDS Uniphase 是一个华尔街分析师基于过去的事件，而不是基于盈余前景和潜在的股份收益来提出建议的例子。"简要解释你是否同意这些投资者的分析。

解决问题

第一步　复习本章的内容。 这一问题是关于你能否期待金融分析师成功地预测股票价格的，因此，你也许需要复习"股票价格可预测吗？"这一小节。

第二步　利用你对有效市场假说的理解来解决问题。 从有效市场假说的观点来看，在这一年内，JDS Uniphase 的股票价格比微软的股票价格上涨得更多是毫不奇怪的。虽然微软公司也许比 JDS Uniphase 公司拥有更好的管理人员和更强的盈利能力，但其股票的价格在年初的时候也相应地较高。在年初的时候，投资者一定是在预期从投资任何一家公司的股票中获得类似的收益。哪一家公司最终会证明是更好的投资取决于这一年当中的事件，而这些事件投资者在年初的时候是不能预见的。随着这些事件逐渐显现，这些无法预见的事件对 JDS Uniphase 公司更有利，因此，从事后来看，JDS Uniphase 公司是更好的投资。

文章中引用的"投资者"的分析从有效市场的观点来看是不正确的。要点并不在于分析是"基于过去的事件，而不是基于盈余前景和潜在的股份收益"。即使分析师将其预测基于企业的盈余前景，他们也不会更成功，因为关于企业盈余前景的所有可得信息都已经包括到企业的股票价格中了。

资料来源：Scott Lanman，"Analyst Ratings Based on Past Missing Marks，"Bloomberg.com，September 23，2003.

为了进行更多的练习，做一下第 183 页本章末的问题和应用 3.11。

6.4　金融市场的实际效率

很多经济学家认为，大多数金融市场中的资产价格波动是与有效市场假说一致的。例如，芝加哥大学的尤金·法玛（Eugene Fama）和其他经济学家的实证研究为有效市场假说关于股票价格变化不可预测的结论提供了支持。

其他分析师——尤其是提供投资建议的积极交易者和个人——对有效市场持较为怀疑的态度，尤其是股票市场是否有效。他们指出了金融市场理论上的行为与导致这些分析师质疑有效市场假说合理性的实际行为之间的三大差异：

1. 一些分析师认为，市场中的**定价偏差**（pricing anomalies）使得投资者一向可以获得高于平均的收益率。根据有效市场假说，高于平均收益率的这些机会不应该存在——或者至少不应该经常存在或存在很长时间。

2. 这些分析师也指出了利用可得信息某些价格变化可预测的证据。根据有效市场假说，利用公开可得的信息，投资者不应该能预测未来的价格变化。

3. 这些分析师还认为，股票价格变化有时候比股票内在价值的变化看起来更大。根据有效市场假说，证券的价格应该反映其内在价值。

定价偏差

有效市场假说认为，通过买卖个别股票或几组股票，投资者不能始终获得高于平均的收益率。然而，一些分析师认为，他们已经识别出可以带来高于平均收益率的**股票交易策略**（stock trading strategies）。从有效市场假说的角度看，这些交易策略是**偏差**（anomalies），或者说与假说不一致的结果。分析师和经济学家经常讨论的两个偏差是**小公司效应**（small firm effect）和**一月效应**（January effect）。

小公司效应指的是从长期来看投资小公司比投资大公司带来较高的收益率这一事实。正如我们在第4章所看到的，在1926—2009年间，投资小公司股票会带来17.3%的平均年收益率，而投资大公司的股票仅会得到11.7%的平均年收益率。一月效应指的是股票收益率在某些年份的一月份异常高这一事实。

定价偏差象征着有效市场假说的一大瑕疵吗？经济学家的观点各不相同，但很多经济学家出于几个原因怀疑这些定价偏差是否真的与有效市场假说不一致：

● **数据挖掘**。通过仔细搜寻数据并建立能获得高于平均（above-average）的收益率的交易策略总是可能的——只要我们当时有那样的想法！考虑某些轻浮妄动的交易策略时，如反映NFC效应的交易策略，这是显而易见的。当华尔街的几位分析师发现股票市场往往在来自全国橄榄球联合会（National Football Conference，NFC）的一支队伍赢得超级杯的那些年份上涨，而在来自美国橄榄球联合会（American Football Conference，AFC）的一支队伍获胜时则下跌，他们发现了NFC效应。当然，这一效应代表无关事件之间的偶然相关。作为股票市场表现的一个预言者，NFC效应近年来的表现很糟糕。例如，来自NFC的纽约巨人队在2008年赢得了超级杯，但道琼斯指数却下跌了超过35%。更为严肃地说，即使数据挖掘能发现一种可以获得高于平均收益率的交易策略，但是，一旦这一策略变得众所周知，再想获得高收益就不可能了。因此，毫不奇怪，一旦一月效应在20世纪80年代获得广泛报道之后，这一效应就基本上消失了。

● **风险、流动性和信息成本**。有效市场假说并不是预言所有的股票投资都应该获得相同的预期收益率。相反，有效市场假说预言，在对风险、流动性和信息成本的差异做出调整之后，所有股票投资都应该具有相同的收益率。因此，即使小公司股票上的投资比大公司股票上的投资获得过较高的平均年收益率，这些投资也承担了高得多的风险水平。此外，很多小公司股票的市场流动性低，而且相比大公司股票市场存在较高的信息成本。因此，一些经济学家认为，在小公司股票投资上的较高收益实际上只是对投资者承担较高风险、较低流动性和较高信息成本的补偿。

● **交易成本和税收**。图书、杂志和新闻报纸上某些流行的股票交易策略是相当复杂的，并要求在一年内买卖很多个别股票或几组股票。当计算这些交易策略的收益率时，提倡这些交易策略的作者很少考虑买卖所需的所有成本。每次买入或卖出一只股票时，投资者都必须支付佣金，这一成本应该从投资者基于该策略所获得的收益中减去。此外，当投资者以高于其买入价格的价格卖出一只股票时，投资者会招致对资本利得的征税。在计算收益率的时候，支付的税收也应该被考虑进来。考虑到交易成本和税收消除了想象中的利用很多交易策略所获得的高于平均的收益率。

均值回复

有效市场假说认为，利用现时可得信息，投资者不能预测股票价格的变化，只有消息（news）可以改变价格和收益率。有效市场假说因此与我们所熟知的**均值回复**（mean reversion）现象不一致，均值回复是最近一直在获得高收益的股票在未来经历较低收益以及最近一直在获得低收益的股票在未来获得高收益的趋势。如果这一模式是足够广泛存在的，那么投资者可以通过买入那些收益率最近一直较低的股票或卖出那些收益率最近一直较高的股票而从他或她的投资组合中获得高于平均的收益率。

另一方面，某些投资者声称，通过遵循一种众所周知的动量投资（momentum investing）策略可以获得高于平均的收益率，动量投资几乎是均值回复的对立面。动量投资是基于这样一种思想，即股票波动会存在持久性，价格正在上涨的股票从而更有可能上涨而不是下跌。因此，如果你遵循华尔街谚语："趋势是你的朋友"，那么当股票正在上涨时，这也许就是买入的建议，而当股票正在下跌时，这就是卖出的建议。

虽然经济学家对均值回复和动量交易的看法各不相同，但认真的研究表明，实际上，基于任何一种观念的交易策略在长期内获得高于平均的收益率都是存在困难的，尤其是考虑到交易成本和税收时。

过度波动

有效市场假说告诉我们，一项资产的价格等于市场对其内在价值的最佳估计。实际市场价格的波动从来不应该大于内在价值的波动。耶鲁大学的罗伯特·希勒估计了包括在标准普尔 500 指数中的股票在几十年间的内在价值。他的结论是：这些股票价格的实际波动要远大于其内在价值的波动。经济学家对希勒的结论在技术上的准确性是有争议的，因为对股票内在价值的估计和其他一些问题是存在分歧的。然而，很多经济学家认为，希勒的分析的确就有效市场假说是否精确地适用于股票市场提出了疑问。原则上，希勒的结论可以被用于获得高于平均的收益率，例如，通过在股票价格高于其内在价值时卖出股票，而在股票价格低于其内在价值时买入股票。然而，实践中，利用这一交易策略的尝试并不能始终产生高于平均的收益率。

我们可以概括如下：来自经验研究的证据通常确认股票价格反映了可得信息。然而，对股票价格中的定价偏差、均值回复和过度波动的考察产生了对股票价格波动是否仅仅反映了内在价值波动的争论。

✓ 联系实际：2007—2009 年的金融危机驳斥了有效市场理论吗？

正如我们已经看到的，在 2007—2009 年的金融危机期间，主要的股票指数均大幅下挫。2007 年 10 月—2009 年 3 月间，道琼斯工业平均指数下跌了 54%，标准普尔 500 指数下跌了 57%，纳斯达克综合指数下跌了 56%。有效市场假说指出这些价格下跌应该反映这些股票内在价值的下降。包含在这些指数中的企业的内在价值有可能真的下降了超过 50% 吗？毕竟，这些企业并没有受到危机的破坏。除了少数几个例外，这些企业依然存在，其工厂、办公大楼、研发人员和其他资产基本上未受影响。

然而，股票价格下跌也许与投资者关于未来的股息增长率和投资股票所涉及的风险程度的预期的大幅改变是一致的。当投资者认为某一类投资的风险已经变得更高时，他们提高了对该类投资所要求的预期收益率。因此，投资者有可能在金融危机期间提高了股权必要收益率 r_E，并降低了预期股息增长率 g。戈登增长模型指出，r_E 的上升和 g 的下降会导致股票价格的下跌。从而，有效市场假说的支持者会认为，股票价格的大幅下跌是由投资者对关于股票风险上升和较低的未来股息增长率的新信息的反应引起的。然而，怀疑有效市场假说的经济学家认为，投资者可以得到的新信息并不足以解释股票价格的下跌幅度。

通过做第 184 页本章末的问题和应用 4.7 来检查一下你的理解。

6.5 行为金融学

在过去的 20 年中，一些经济学家认为，即使有效市场假说是正确的，能带来高于平均的收益率的交易策略也是极其罕见的，但更好地理解投资者如何做决策还是可以带来收益的。**行为经济学**（behavioral economics）研究人们看似并没有做出经济上理性的选择的情形。**行为金融学**（behavioral finance）这一新领域应用行为经济学的概念来理解人们在金融市场中是如何做决策的。

当经济学家说消费者、企业或投资者在"理性地"行为时，经济学家的意思是，给定其可以得到的信息，他们在采取适合于实现其目标的行动。然而，存在很多人们似乎并不是在这个意义上理性行动的情形。为什么人们会非理性地行动呢？最明显的原因是，也许他们并没有意识到其行动与目标不一致。例如，存在证据表明，人们经常对其未来的行为抱有不切实际的幻想。虽然一些人可能有减肥的目标，他们也许会决定今天吃巧克力蛋糕，因为他们打算将来遵循一种更为健康的饮食习惯。不幸的是，他们也许会继续每天吃蛋糕，从未实现其减肥的目标。类似地，一些人会继续吸烟，因为他们打算将来某个时间戒掉它。然而，那个时间永远也没有到来，他们最终遭受吸烟的长期健康影响。在这两种情形中，人们的当前行为与其长期目标是不一致的。

一些企业曾注意到，人数上比预期的要少的雇员在加入我们所熟知的 401(k) 的退休储蓄计划。虽然这些雇员有充分储蓄从而享受舒适的退休的长期目标，但他们却在短期内花掉了实现其目标所需的那些钱。然而，如果企业自动地把雇员加入这些退休计划并给予他们放弃储蓄计划的选择权，大多数雇员还是会留在储蓄计划中。对一个完全理性的雇员来说，关于是否通过 401(k) 计划来储蓄的决策应该与加入还是退出雇主已经为雇员加入的储蓄计划所牵涉的少量文书工作无关。然而，实践中，自动将雇员加入储蓄计划意味着，要放弃储蓄计划，雇员必须面对其花费更多的短期行为与其舒适退休的长期目标之间的不一致性。大多数雇员选择留在储蓄计划中而不是面对其不一致性。

行为金融学还有助于解释技术分析在某些投资者中的流行，技术分析是试图根据过去的价格模式来预测未来的股票价格。研究表明，当把随机选择的数字生成的股票价格图展示给投资者时，很多人认为他们发现了持久性的模式，即使实际上并不存在。这些研究结论可以解释即使价格正如有效市场假说所指出的那样实际上是服从随机游走的，一些投资者为什么还是会认为他们从过去的股票价格图中看到了有用的模式。

投资者还表现出不愿意通过卖出失败的投资来承认错误。一旦价格已经下跌的一只股票被卖出，就无法否认投资该股票是错误的。只要投资者继续持有一只亏损的股票，即使股票价格继续下跌的可能性相当大，投资者还是可以寄希望于最终价格得以恢复，输者成为赢者。研究表明，投资者卖掉价格正在上涨的股票——从而"锁定"收益——比卖掉价格曾经下降的股票的可能性更大。从避税的目的看，这与有效策略是相反的，因为只有在股票被卖出时资本利得才被征税。因此，推迟到将来再出售价格已经上涨股票、卖出价格已经下跌的股票从而获得现时的税收收益才是合理的。

噪音交易和泡沫

行为金融学还提供了很多投资者对其采取一项投资策略的能力展示出过度自信的证据。当被要求估计其投资收益率时，很多投资者报出了一个远高于他们实际获得的收益率的数字。过度自信的一个后果是**噪音交易**（noise trading），噪音交易涉及投资者对好消息或坏消息做出过度反应。噪音交易可以来源于投资者对其理解一条消息重要性的能力的夸张看法。例如，噪音交易者可能拼命卖出其前景受到《华尔街日报》或《财富》杂志不利描述的企业的股票。当然，有效市场假说认为，报纸或杂志上的信息是即时可得的，在噪音交易者读到文章时早已被包括进股票价格中了。然而，来自噪音交易者的卖出压力可以将股票价格压低至超过其内在价值的下降。

难道更知情的交易者不能从噪音交易者中获利吗？也许这样做是有困难的，因为由噪音交易者带来的价格波动上升会提高市场的风险。在噪音交易者过度反应之后，相信有效市场假说的投资者无法确定价格返回内在价值需要多少时间。

噪音交易也会导致**羊群行为**（herd behavior）。在羊群行为下，相对非知情的交易者模仿其他投资者的行为而不是尽量基于内在价值交易。互相模仿的投资者会助长一种投机性**泡沫**（bubble）。当泡沫出现时，一项资产的价格上涨到其内在价值之上。泡沫一旦形成，即使投资者知道资产的价格高于资产的内在价值，投资者还是会购买资产，但不是持有而是以一定的利润迅速出售。就泡沫而言，"博傻理论"（greater fool theory）开始起作用：只要随后有更大的傻瓜以更高的价格购买资产，那么购买价值高估的资产的投资者就不是傻瓜。股票市场在20世纪90年代末的互联网繁荣期间，一些投资者知道，Pets.com和其他互联网企业永远也不可能获利，但他们还是购买这些股票，因为他们预期能以比他们支付的价格更高的价格出售它们。在某一点，随着大量投资者最终开始担心价格高于其内在价值太多并开始出售股票，泡沫就破灭了。正如图6—2的纳斯达克综合指数所显示的，互联网泡沫一旦破灭，股票价格急速下跌。

行为金融学对有效市场假说是多大的挑战呢？

如果金融市场中的很多参与者都是噪音交易者并表现出羊群行为，而且如果资产价格泡沫是常见的，那么有效市场假说还是分析这些市场的最好的方法吗？尤其是金融危机期间股票价格经历了大幅震荡之后，关注有效市场假说精确性的经济学家中的怀疑论就增多了。质疑金融市场中的交易者和投资者在何种程度上表现出理性预期的行为金融学研究增加了这一怀疑论。正如我们之前指出的，在泡沫期间，如20世纪90年代末在互联网股票价格上所发生的，对更为知情的投资者而言，将股票价格压低至其内在价值也许是有困难的。在互联网股票达到其顶峰之前的一两年，做空互联网股票的一些投资者损失惨重，即使互联网股票价格已经远远超过其内在价值——很多情况下为零。

虽然很少的经济学家现在还认为资产价格持续地反映内在价值是可以信赖的，很多经济学家还是认为，投资者希望通过遵循交易策略在长期内获得高于平均的收益率是不可能的。行为金融学正在进行的研究继续努力融合投资者的实际行为与经济学家传统上假定的金融市场中普遍的理性行为。

回答关键问题

续第156页

在本章开始的时候，我们提出了如下问题：

"2007—2009年的金融危机有可能对个人投资于股票市场的意愿造成持久的影响吗？"

我们已经看到，随着股票市场指数下跌超过50%，很多投资者在金融危机期间损失惨重。虽然在2009年春股票价格开始上涨之后，一些投资者重返市场，但很多投资者并没有。即使在那些返回股票市场的投资者当中，2010年持续的市场动荡再次将一些投资者送出市场。学术研究表明，经历过熊市的个人投资者通常会在随后的年份里不愿意投资股票市场。例如，20世纪30年代的大萧条对股票市场投资的影响也许一直持续到了20世纪60年代。因此，2007—2009年的金融危机对个人投资者很可能会存在长久的影响。

在进入下一章之前，阅读下面的**政策透视**——讨论投资者在2010年是如何对股票市场的波动做出反应的。

政策透视：价格收复失地，但投资者仍然躲避股票

《华尔街日报》

混乱之后的强劲牛市

美国股票价格在第一季度继续重整旗鼓，从2月份的大量抛售中收复失地……

道琼斯工业平均指数上涨了4.1%……这标志着道指连续第四个季度上涨以及自1999年以来第一季度最好的表现……

ⓐ一直以来，股票投资者品味着这种波动的滋味，但这在未来的一段时间里有望退去……随着中国首次采取行动逆转其经济刺激计划、欧洲与巨额的预算赤字作斗争以及美国不安定的政治氛围占据着报纸的头版头条，市场动荡不已……

明显缺席股票市场恢复的是个人投资者，他们继续将资金投入债券共同基金，同时在很大程度上避开了美国的股票基金。资金向固定收益证券市场的涌入——外加联储对抵押贷款支持证券疯狂购买的撞击作用（knock-on effect）——帮助提升了投资级和高收益债券的收益率。

在第二季度到来之时，随着联储逐渐尝试着结束其计划并最终逆转前所未有的信贷

宽松，股票也许面临着本年度最大的障碍……如果中央银行对信贷市场支持的取消不能平缓地进行，股票也许还会遭受另一场下跌。

……"我想这会是一条颠簸之路，但最终会是令股权投资者感到愉悦之路。"Eaton Vance 的首席股票投资官 Duncan Richardson 说……

ⓑ虽然有诸如房地产之类的弱点，但为股票提供支撑是美国经济处于好转中的逐步确认。"人们实际上已经放弃了有可能二次触底重回衰退的念头"，巴克莱资本的股票策略分析师 **Barry Knapp** 说……

较高利率的可能性隐含着改善中的经济的下降趋势。廉价资金在过去一年里已经助推了风险较高的投资的恢复。关键的问题是，利率何时会上升以及股票对此会做出怎样的反应。

越来越多的分析师，如 LPL 金融（LPL Financial）的首席市场策略师 Jeff Kleintop，认为……联储会通过取消其承诺保持低利率"更长时间"的政策声明来采取第一步的紧缩措施。Kleintop 先生认为，股票应该可以经受住这一消息，他认为这会是今年 10 月或 11 月利率上升的信号……

ⓒ为股票提供支撑的是企业资产负债表的可靠状态。根据几种度量指标，公司保险箱中从未曾有过更多的现金，**Strategas Research Partner** 的首席投资策略师 **Desenat Trennert** 指出。

在第四季度，未分配的公司利润——本质上是公司产生的但不分配的现金流——达到空前的高度……

最近几周的证据表明，公司也许会开始少量地发放一部分现金……通过更高的股息，对股票是一种积极的趋势……

资料来源：*Wall Street Journal*，"Bull Muscles Through Tumult" by Tom Lauricella. Copyright 2010 by Dow Jones & Company, Inc. Reproduced with permission of Dow Jones & Company, Inc. via Copyright Clearance Center.

文中要点

虽然 2 月份出现了下跌，但股票价格在 2010 年第一季度出现了上涨，这是道琼斯工业平均指数连续第四个季度的上涨。然而，投资者担心股票市场在今年剩下的时间里会下跌，因为中国开始逆转其经济刺激计划、欧洲各国政府正在与预算赤字作斗争，以及美国面临不确定的政治氛围。虽然市场在 2009 年和 2010 年初出现了恢复，但个人投资者很大程度上避开了美国的股票、基金转向了债券。对股票价格进一步上涨的支撑来自日益确信美国经济正在巩固且另一场衰退不太可能。对利率会随着经济的增长而上升以及联邦储备会开始收紧货币政策有一些担忧。然而，公司的资产负债表因未分配利润的创纪录水平而得到加强表明股票价格会继续上涨。

新闻解读

ⓐ尽管股票市场从 2009 年开始一直到 2010 年第一季度出现了恢复，但与股票基金相比，个人投资者更喜欢债券共同基金。下页表帮助解释了个人投资者不愿意投资于股票市场。表中列示了 2004—2009 年最后一个交易日收盘时的道琼斯工业平均（DJIA）指数和标准普尔（S&P）500 指数的值。表中还列示了每个指数的年度百分比变化。虽

然两个指数在 2009 年都经历了稳健的上涨，但这些是在 2008 年的大幅下跌之后发生的。
2009 年末，两个指数还远低于其在 2007 年末所达到的水平。

日期	DJIA	DJIA 的百分比变化	S&P500	S&P500 的百分比变化
2004 年 12 月 31 日	10 783	—	1 212	—
2005 年 12 月 30 日	10 718	−0.6	1 248	3.0
2006 年 12 月 29 日	12 463	16.3	1 418	13.6
2007 年 12 月 31 日	13 265	6.4	1 468	3.5
2008 年 12 月 31 日	8 776	−33.8	903	−38.5
2009 年 12 月 31 日	10 428	18.8	1 115	23.5

资料来源：google. com/finance and finance. yahoo. com.

在整个 2009 年，很多投资者都担心所谓的二次触底——紧随 2007—2009 年经济衰退之后的另一场衰退。虽然房地产支出继续萎缩，但实际 GDP 在 2009 年第三季度和第四季度以及 2010 年第一季度出现了增长。这导致一些投资分析师认为在 2010 年另一场衰退的可能性很小。但分析师们还担心利率在该年的下半年会上升。较高的利率会延缓消费者和企业支出并造成股票吸引力的下降。

有关较高的公司利润的报告对股票总是看涨的，而且第四季度的未分配公司利润处于创纪录的水平。企业用利润来投资新的建筑物和机器并向股东支付股息。

严肃思考

1. 2010 年 1 月初，一股沃尔玛股票的价格是 53.45 美元，股票的股息是每股 1.21 美元。假定以 53.45 美元的价格购买了沃尔玛股票的某个人认为，到 2010 年末价格会上涨到 60 美元，而且股息会保持在 1.21 美元。该股票的股息收益率是多少？投资者对沃尔玛股票的预期收益率是多少？

2. 经济学家曾研究过预期如何影响投资者的决策。假定大部分投资分析师在 2009 年初对很多股票的内在价值做出了积极的评价，但一些投资者根据股票价格在 2008 年的整体下跌而避免购买股票。经济学家会把这种行为视为适应性预期还是理性预期的证据？

本章小结和问题

关键术语和概念

适应性预期	有效市场假说	上市公司
行为金融学	金融套利	随机游走
泡沫	戈登增长模型	理性预期
公司	内部信息	股权必要收益率
股息	有限责任	股票交易所
股息收益率	场外市场	股票市场指数

6.1 股票和股票市场

理解股票市场的基本运作。

小结

通过购买一家企业的股票，投资者成为该企业的部分所有人。公司的股东拥有**有限责任**，不会失去超过他们在公司所投资的数量。公司通过支付**股息**将部分利润分配给股东。只有大约 5 100 家企业是在美国的股票市场上出售股票的**上市公司**。纽约股票交易所是一个**股票交易所**的例子，股票在交易所的交易场地面对面地买卖。纳斯达克是一个**场外市场**的例子，证券商在场外市场通过电脑联结起来买卖股票。股票市场的整体表现是通过**股票市场指数**来度量的，股票价格指数是股票价格的平均值。最受广泛关注的股票指数是道琼斯工业平均指数、标准普尔 500 指数和纳斯达克综合指数。股票价格波动不仅影响企业通过出售股票融资的能力，还会影响到家庭和企业的支出。

复习题

1.1 股票为什么被称为"股权"？债券也是股权吗？

1.2 为什么有限责任对购买股票的投资者是重要的？

1.3 定义下列各项：

    a. 优先股；

    b. 股息；

    c. 市场资本化；

    d. 有限责任。

1.4 股息在什么方面类似于债券的息票？股息在什么方面不同于债券的息票？

1.5 什么是上市公司？股票交易所与场外市场之间的区别是什么？

1.6 三大最为重要的股票市场指数是什么？

1.7 股票价格波动如何影响经济？

问题和应用

1.8 一位学生做出了如下说明："道琼斯工业平均指数当前是 10 900 点，而标准普尔 500 指数是 1 200 点。因此，DJIA 中的股票价格几乎是标准普尔 500 指数中的股票价格的五倍。"简要解释你是否同意这位学生的推理。

1.9 一位学生说道："135 000 000 股通用电气公司股票昨天在纽约股票交易所以平均每股 15 美元的价格被出售了。这意味着，通用电气刚刚从投资者那里收到略高于 20 亿美元的投资。"简要解释你是否同意这位学生的分析。

1.10 关于投资者沃伦·巴菲特的一篇文章做出了如下说明：

> 在去年的金融危机中，巴菲特先生花费 145 亿美元购买了三家美国绩优公司的优先股，箭牌、通用电气和高盛。然而，这些企业并没有免费得到巴菲特先生的投资，优先股承诺非常高的股息支付。

为什么巴菲特会选择投资这些企业发行的优先股而不是普通股？

资料来源：Michael J. De La Merced, "Berkshire Bets on U. S. with a Railroad Purchase," *New York Times*, November 3, 2009.

1.11 【与第 160 页的**联系实际有关**】Ulrike Malmendier 和 Stefan Nagel 曾指出，投资者参与股票市场的意愿受到其一生中所经历的收益率的影响。你认为对这一影响的解释完全是心理上的吗？也就是说，投资者只是变得害怕投资股票市场了吗？或者说，个人投资者在熊市之后购买较少的股票、牛市之后购买较多的股票还有其他原因吗？

6.2 股票价格是如何决定的

解释股票价格是如何决定的。

小结

在决定股票价格时，我们可以应用如下关键事实：一项金融资产的价格等于投资者从拥有该资产中会收到的支付的现值。一股股票的内在价值等于投资者预期从拥有该股票中会收到的股息的现值。投资者利用**股权必要收益率** r_E 来计算股息的现值。对于一个特定的持有期，从拥有一股股票中得到的收益率等于股息收益率加上资本利得率，**股息收益率**是预期年股息除以当前的价格。**戈登增长模型**表明，如果投资者预期一家企业的股息会以不变的增长率 g 增长，那么该企业的股票价格是按照如下的公式与当期股息 D_t、股息增长率以及股权必要收益率相关的：

$$P_t = D_t \times \frac{(1+g)}{(r_E - g)}$$

复习题

2.1 一项金融资产的价格与投资者从拥有该资产中会收到的支付之间的关系是什么？

2.2 什么是股权必要收益率？股权必要收益率与股权资本成本之间的关系是什么？

2.3 用文字和符号写明股票投资收益率的两个组成部分。

2.4 一股股票的内在价值是什么？

2.5 写出戈登增长模型的公式。戈登增长模型做了哪些关键假定？

问题和应用

2.6 假定高盛公司当前的股票价格是每股 142 美元。你预期该企业年末会支付每股 1.40 美元的股息，你预期在那个时候股票会以每股 160 美元的价格出售。如果你对投资该股票要求 8% 的收益率，你应该买它吗？简要解释。

2.7 假定在年初，你以 120 美元的价格买了一股 IBM 的股票。如果在这一年间，你收到了 2.50 美元的股息，IBM 的股票在年末以 130 美元的价格出售，你从投资该股票中获得的收益率是多少？

2.8 假定预期一家公司会永远支付每年每股 20 美元的股息。如果投资者对投资该股票要求 10% 的收益率，那么其价格是多少？

2.9 假定一位朋友开办了一家软件销售企业。软件非常畅销，企业迅速成长到足够大，从而可以发行股票。你朋友的企业承诺在未来的 50 年里每年每股支付 5 美元的股息，到那个时候，你朋友打算关闭企业。该企业的股票当前以每股 75 美元的价格销售。如果你相信该公司真的会像它说的那样支付股息，而且你对做这项投资要求 10% 的收益率，你应该购买该股票吗？简要解释。

2.10 【与第 163 页的**联系实际**有关】《华尔街日报》的一篇专栏谈道："很多人购买股票是希望获得利润，立刻获得现金股利。"如果股东渴望股息，为什么一些企业，如苹果，不支付股息，即使那些确实支付股息的企业也很少支付超过 2% 的股息收益率？

资料来源：Jason Zweig，"Why You Should Get a Bigger Slice of Earing,"*Wall Street Journal*，March 13，2010.

2.11 【与第 165 页的**解决问题 6.1 有关**】假定可口可乐公司当前正在支付每股 1.75 美元的股息，预期股息会以每年 5% 的比率增长，投资者购买可口可乐公司股票要求的收益率是 8%。计算可口可乐股票每股的价格。

2.12 道琼斯工业平均指数在 2010 年 5 月份下跌了将近 8%，这是自 1940 年以来 5 月份的最差表现。

引用 HIS Global Insight 的一位金融分析师布莱恩·白求恩的话说:"投资者在对其感觉到的高风险要求较高的溢价。"

a. 说投资者在要求"较高的溢价"是什么意思?

b. 为什么较高的溢价会导致较低的股票价格?

资料来源:Kelly Evans,"Upbeat Analysis Ignore Bumps in the Road,"*Wall Street Journal*,June 1, 2010.

6.3 理性预期和有效市场

解释理性预期假定与有效市场假说之间的联系。

小结

投资者对企业未来盈利能力的预期在决定股票价格中发挥了至关重要的作用。一种早期的理解预期的方法是众所周知的**适应性预期**,适应性预期假定投资者关于一家企业的股票价格的预期仅仅取决于该股票过去的价格。近年来,经济学家通常采用**理性预期**的方法。在理性预期下,人们利用所有可得的信息来做预测。众所周知的**有效市场假说**是理性预期在金融市场的应用,该假说声称,当投资者和交易者在形成关于未来股息支付的预期时利用所有可得的信息,股票的均衡价格等于市场对股票内在价值的最优预测。有效市场假说的一个含义是,股票价格不是可预测的,而相反是服从随机游走的,这意味着股票是等可能性地上涨或下跌。根据有效市场假说,金融分析师关于购买哪些股票的建议很可能是没有用的,因为那一信息已经被包含到股票价格中了。

复习题

3.1 适应性预期与理性预期之间的区别是什么?

3.2 什么是有效市场假说?

3.3 根据有效市场假说,股票价格是可以预测的吗?什么是随机游走?

问题和应用

3.4 假定你买了一台 iPad,你很喜欢它,而且你认为它会是一款畅销产品。你预期苹果的利润会因为 iPad 的畅销而大幅增长,你应该投资苹果吗?

3.5 《华尔街日报》上的一篇文章作了如下观察:

公司展望:稳健的盈利和收入增长。标准普尔 500 指数中的公司有望报告大约 37% 的年盈余增长率,大大高于 7%~8% 的历史平均水平……这对股票应该是个好消息——除非收益可能已经反映到价格中了。

作者说"收益可能已经反映到价格中了"的意思是什么?如果收益已经反映到价格中了,且你是根据该文章包含的信息购买的股票,你有可能从你的投资组合中获得高于平均的收益率吗?

资料来源:*Wall Street Journal*,"Strong Earnings Season Appears Baked In" by Kelly Evans. Copyright 2010 by Dow Jones & Company, Inc. Reproduced with Permission of Dow Jones & Company, Inc. via Copyright Clearance Centre.

3.6 丰田汽车公司在 2010 年召回了数百万辆汽车,以修复一个潜在的危险问题,就是大家熟知的突然加速问题。在《华尔街日报》的一篇文章中,詹姆斯·斯图亚特给投资者提出了如下建议:"丰田公司的股票价格在最近的 1 月 19 日超过了 90 美元。在星期四的收盘价为 78.18 美元,令我吃惊的是,这是该情况下的小幅下跌。如果我拥有这只股票,我会抓住机会就逃掉。"有效市场假说的信奉者有可能遵循斯图亚特的建议吗?

资料来源:James B. Stewart,"Toyota Recall Should Warn Investors Away,"*Wall Street Journal*,February 3, 2010.

3.7 下述是来自路透社的一份商业报道："在线零售商 Overstock.com……宣布了令人吃惊的季度利润，其股价上涨了 34%，跳升至近两年来的最高点。"

a. 一家企业的利润与其股票价格之间的关系是什么？

b. 如果 Overstock.com 的利润上升并不是令人吃惊的，那么公告对其股票价格的影响会有所不同吗？简要解释。

资料来源：Brad Dorfman，"Overstock Posts Unexpected Profit，Shares Jump,"reuters.com，May 4，2010.

3.8 假定预期苹果公司的利润增长会是微软公司的两倍。哪家公司的股票会是更好的投资呢？简要解释。

3.9 【与第170页的**联系实际**有关】Henry Blodget 在互联网繁荣期间在美林公司工作。纽约的首席检查官指控 Blodget 在公开场合称赞互联网股票，而在私底下却贬低同一只股票。在一场协商解决中，Blodget 拒绝承认其不道德行为但却接受终身禁止进入证券行业。他已经从事了广泛的财经问题的评论工作，包括如下建议：

投资者的问题是：即使选股通常不利于收益，但却是极其有趣和好玩的。如果你曾打算放弃这种坏习惯，那么，第一步就是要理解为什么选股是极少成功的。

什么是"选股"？为什么选股通常不利于投资者获得的收益？为什么选股是极少成功的？

资料来源：Henry Blodget，"Stop Picking Stocks—Immediately,"Slate.com，January 22，2007.

3.10 财经作家迈克尔·刘易斯曾引用一位基金经理迈克尔·波里的话说："我也立即接受了没有哪个学院能教会如何成为一个伟大的投资者这一思想。如果有可能，它会是全世界最受欢迎的学院，将有无法想象的高学费。因此，这一定是不可能的。"你同意波里的推理吗？简要解释。

资料来源：Michael Lewis，*The Big Short*：*Inside the Doomsday Machine*，New York：W. W. Norton，2010，p. 35.

3.11 【与第171页的**解决问题 6.2**有关】《华尔街日报》上的一篇文章指出，在投资股票或投资股票和债券的数千家共同基金中，从1999年到2006年，只有31家曾设法获得了每年高于标准普尔500指数的收益率。

a. 管理这31家共同基金的那些人有可能特别擅长选择会提升价值的股票或者他们有可能特别幸运吗？

b. 如果你获悉这31家共同基金中仅有14家在2007年获得了高于标准普尔500指数的收益率，你对（a）部分的回答会有所改变吗？简要解释。

资料来源：Jaclyne Badal，"Riding the Storm,"*Wall Street Journal*，January 3，2008.

3.12 【与本章开始的导入案例有关】在开启本章中提到，"在2000年购买了股票并一直持有到2010年的投资者发现，在这10年间，他们在其投资上获得的是负的实际收益。"如果投资者获得了负的实际收益，为什么投资者在那些年会投资股票呢？

6.4 金融市场的实际效率

讨论金融市场的实际效率。

小结

一些经济学家怀疑股票市场是否真的是有效市场。这些经济学家指出了金融市场的理论行为与其实际行为之间的三大差别：（1）定价偏差，定价偏差指的是投资者可以利用交易策略获得高于平均收益率的可能性，如购买小公司发行的股票。（2）均值回复，均值回复指的是最近一直获得高收益的股票在未来获得低收益以及最近一直获得低收益的股票在未来获得高收益的趋势。（3）过度波动，过度波动指的是股票的实际价格似乎比其内在价值的波动更大这一事实。经济学家对这些对有效市场的明显偏离是否可以在有效市场的框架内得以解释是有争议的。研究已经表明，在长期，在金融市场中利用交易策略来获得高于平均的收益率是有困难的。

复习题

4.1 什么是定价偏差？投资者会如何利用定价偏差来获得高于平均的收益率？

4.2 什么是均值回复？投资者会如何利用均值回复来获得高于平均的收益率？

4.3 什么是过度波动？投资者会如何利用过度波动来获得高于平均的收益率？

4.4 为什么有效市场假说的支持者并不信服金融市场的理论和实际行为之间的差异真的使得假说无效？

问题和应用

4.5 根据《华尔街日报》上的一篇文章，"如高科技之类的周期性部门通常在一个牛市的第二年领先，根据记录是在 3 月初。"

a. 什么是牛市？

b. 如果科技类企业发行的股票的确在一个牛市的第二年表现好于其他股票，这是一种定价偏差吗？

c. 通过在一个牛市的第二年购买科技类股票，你有可能可以获得高于平均的收益率吗？

资料来源：Jonathan Burton, "As Tech Stumbles, Some See an Opening," *Wall Street Journal*, February 23, 2010.

4.6 华尔街有一句古老的谚语："5 月卖，再走开"。这一谚语意味着股票价格通常在整个夏季的月份里通常表现不好。《华尔街日报》的一位博客作者解释了这一推理：

"5 月卖，再走开"说的是什么呢？这一定是那里有远程交易系统。其思想是让交易员走开、去度假、学校放假了等等，所有这些因素一起造成从 5 月到 9 月是一个清淡的（或最糟糕的）市场。

a. "5 月卖，再走开"是定价偏差的一个例子吗？简要解释。

b. 如果"5 月卖，再走开"是一种定价偏差，你如何能利用这一定价偏差来获得高于平均的收益率？

c. 定价偏差有可能一直持续下去吗？

资料来源：James Altucher, "The Truth About 'Sell in May and Go Away'," *Wall Street Journal*, May 3, 2010.

4.7 【与第 174 页的**联系实际有关**】《经济学家》杂志的一位专栏作家认为：

过去的十年曾给予有效市场理论一系列重击，该理论的思想是资产价格正确地反映了所有可得信息。20 世纪 90 年代末，无利润或几乎无盈利的那些互联网公司的价值高达数十亿美元，投资者在 2006 年大幅低估了与美国次级抵押贷款捆绑在一起的投资组合的风险。

a. 解释这位专栏作家讨论的事件也许会如何与有效市场假说不一致。

b. 即使有效市场假说是正确的，这些事件还是有可能发生吗？

资料来源：Bullonwood, "The Grand Illusion," *Economist*, May 5, 2009.

4.8 遵循一种"动量交易"策略的共同基金就是华尔街所熟知的"momos"。共同基金经理会如何利用动量交易策略呢？为什么基金经理会预期获得高于平均的收益率？

6.5　行为金融学

讨论行为金融学的基本概念。

小结

行为经济学领域是研究人们看似并没有做出经济上理性的选择的情形。行为金融学是应用行为经济学思想来理解金融市场话题的一个研究领域，如工人为退休储蓄不足、技术分析在某些股票市场投资者中的流行以及投资者不愿意承认资本损失等。行为金融学还可以帮助我们理解噪音交易，噪音交易涉及投资者对好消息或坏消息过度反应。羊群行为可以带来金融市场泡沫，在泡沫的情况下，资产价格上涨到其内在价值之上。经济学家对行为金融学的发现在何种程度上削弱了有效市场假说的基础是有争议的。

复习题

5.1 什么是行为金融学？它与行为经济学的关系是什么？

5.2 当经济学家将投资者描述为理性地行为时，他们的意思是什么？

5.3 什么是噪音交易？

5.4 什么是羊群行为？羊群行为是如何导致金融市场中的泡沫的？

问题和应用

5.5 某些共同基金已经发起了试图在选择股票时利用来自行为金融学的洞察力的行为金融基金。根据《纽约时报》上的一篇文章，"情绪导致投资者以系统性的方式误判事件的影响……识别这些模式并对其反向交易，基金经理表示，让他们得以提升绩效。"这些基金经理采取的策略与有效市场假说一致吗？

资料来源：Conrad de Aenlle, "When Emotions Move the Markets," *New York Times*, October 10, 2009.

5.6 前联储主席艾伦·格林斯潘曾辩称，在泡沫破灭之前识别泡沫是非常困难的。什么是泡沫？为什么泡沫会难以识别？

5.7 英国经济学家约翰·梅纳德·凯恩斯曾写道，投资者在决定做什么投资时通常并不依赖于计算期望价值：

> 除了投机以外，还有其他不稳定因素起因于人类特征。我们之积极行动，有一大部分，与其说是决定于冷静计算（不论是在道德方面、苦乐方面或经济方面），不如说是决定于一种油然自发的乐观情绪。假使做一件事之后果，须过许多日子之后方才明白，则要不要做这件事，大概不是先把可得利益之多寡，乘以得此利益之或然性，求出一加权平均数，然后再决定。大多数决定做此事者，大概只是受一时血气之冲动——一种油然自发的驱策。不管企业发起缘起做得如何坦白诚恳，假使说企业之发起，真是因为缘起上所举理由，则只是自欺欺人而已。企业之依赖精确较量未来利益之得失者，仅较南极探险之依赖精确较量未来利益之得失者，略胜一筹。故设血气衰退，油然自发的乐观情绪动摇，一切依据盘算行事，企业即将委顿而死；虽然长惧损失与希图利润，二者同样缺乏合理基础。[*]

如果投资者在做投资时确实依赖于"一时血气之冲动"而非期望值，有效市场假说还正确吗？简要解释。

资料来源：John Maynard Keynes, *The General Theory of Employment, Interest, and Money*, London: Macmillan, 1936, p. 162.

5.8 在《纽约》（*New York*）杂志的一篇文章中，Sheelah Kolhatkar 提出了一个让人感兴趣的问题：

---

[*] 本书英文版此处仅摘录了《就业、利息和货币通论》中的几句话，因原著语言较为晦涩，为了不影响读者理解，此处完整摘录了《就业、利息和货币通论》中的一段话（译林出版社，2011，第138～139页）。——译者注

例如，数周前，投资管理公司 Vanguard 发布数据表明，在市场底部，男人比女人更可能卖出股票。有可能是女性能更好地掌握华尔街的涨跌而不受其情绪的妨碍吗？

a. 什么是"市场的底部"？

b. 在市场底部卖出股票是一个好主意还是坏主意？简要解释。

c. 如果问题（b）的答案是"好主意"，那么这与有效市场假说一致吗？简要解释。

资料来源：Sheelah Kolhatkar，"What If Woman Ran Wall Street，" *New York*，March 21，2010.

数据练习

D6.1 登录 finance. yahoo. com 网站，点击道琼斯指数。选择"Historical Prices"并下载道指直到 1929 年的月度数据。利用 Excel 电子表格绘制这些数据的图形并对你看到的任何明显的模式、趋势或波动展开评论。

D6.2 登录 finance. yahoo. com 网站，找到下列各企业的每股股息：

a. Microsoft；

b. Apple；

c. Coca-Cola。

要找到 Microsoft 和 Coca-Cola 的每股股息，点击 Dow，接着点击 Components。要找到 Apple 的每股股息，点击 S&P 500，接着点击 Components。哪家公司支付最高的股息？哪家企业没有支付股息？为什么一家企业会不支付股息？为什么投资者会购买不支付股息的企业的股票？

第 7 章　衍生品和衍生品市场

学习目标

学完本章之后，你应该能够：

7.1　解释什么是衍生品并区别利用衍生品对冲和投机

7.2　定义远期合约

7.3　讨论如何利用期货合约对冲和投机

7.4　区别看涨期权和看跌期权并解释如何应用它们

7.5　定义互换并解释如何利用互换降低风险

金融衍生品有多危险呢？

沃伦·巴菲特（Warren Buffett）是总部位于巴菲特的老家内布拉斯加州奥马哈的伯克希尔-哈撒韦公司的首席执行官（Chief Executive Officer，CEO）。《财富》（Fortune）杂志在 2010 年估计其财富达到 470 亿美元，这使得其成为世界第三大富豪。伯克希尔-哈撒韦公司的股票在 1990 年 1 月的每股售价为 6 950 美元，而在 2010 年 3 月，每股售价达到了 124 065 美元（已经从 2007 年 12 月的 150 300 美元的峰值降下来了）。巴菲特也成功地使得购买了其公司股票的很多个人投资者变得非常富有。

巴菲特的很多精明的投资为其赢得了"奥马哈先知"（Oracle of Omaha）的绰号，因此，投资者会认真阅读其每年写给伯克希尔-哈撒韦公司股东的公开信。这些信件的流行部分地源于巴菲特关于金融市场中的最主要问题的强烈表态。2002 年的公开信也不例外，巴菲特对金融衍生品发表了强烈的谴责。他将其称为"定时炸弹，不仅对交易各方，而且对经济体系"。他得出结论："衍生产品是金融大规模杀伤性武器，带来了虽然现在潜伏但是可能致命的危险。"尽管巴菲特提出了警告，但金融衍生品市场的规模在 2002—2007 年间还是出现了爆炸性增长。在 2007 年金融危机爆发的时候，正如巴菲特警告过的，金融衍生品发挥了重要的作用。

但是，金融衍生品到底是什么呢？直到最近，金融衍生品似乎还只是金融体系一个相对很小的部分，很多个人投资者几乎不知道它们的存在。事实上，在其在 2002 年的公开信中谴责衍生品之前，巴菲特就解释了衍生品是什么，因为他怀疑阅读他每年的公开信的那些即使经验相对丰富的投资者很可能对衍生品也知之甚少。正如我们在本章将会看到的，衍生品的范围从相对简单到极端复杂。（巴菲特形容某些更复杂的金融衍生品是由"有时候，因此似乎是疯子"设计的。）所有衍生品的共同特征在于它们从标的资产中衍生它们的价值。这些资产也许是商品，如小麦或石油，或金融资产，如股票或债券。

尽管有巴菲特的谴责，但衍生品在金融体系中还是发挥着有益的作用。衍生品市场为投资者提供他们在其他地方无法获得的风险分担、流动性和信息服务。事实上，正如我们将看到的，巴菲特的批评实际上指向在金融危机之前的若干年里某些更奇异的衍生证券被使用的方式。

阅读第 210 页的政策透视，讨论 2010 年的立法如何使得金融衍生品市场出现了显著的变化。

资料来源：Warren Buffet，"Chairman's Letter," in *Berkshire Hathaway*，*Inc. 2002 Annual Report*，February 21，2003；and "The World's Billionaires," fortune.com，March 10，2010.

关键议题和问题

在第 1 章的结尾，我们指出，始于 2007 年的金融危机提出了关于金融体系的一系列重要问题。在回答这些问题的时候，我们将讨论金融体系的一些非常重要的方面。下面是本章的关键议题和问题：

议题：在 2007—2009 年的金融危机期间，一些投资者、经济学家和政策制定者认为，金融衍生品加剧了危机的严重性。

问题：金融衍生品是"金融大规模杀伤性武器"吗？

在第 210 页回答

我们在本章描述的衍生证券——期货合约、期权合约和互换——从标的资产衍生其价值。为了理解为什么投资者在其投资组合中包含衍生品，我们描述衍生品有益于交易双方的情形、每一类衍生品的作用和好处以及在买卖衍生品时投资者所采取的策略。某些衍生品在市场上交易，产生流动性和信息并提供结算交易的共同安排。

7.1 衍生品、对冲和投机

衍生品（derivative）是从一项标的资产（如股票或债券）衍生其经济价值的金融证券。大多数衍生品旨在使投资者和企业从标的资产的价格变动中获利。衍生品的一种重要用途是**对冲**（hedge），或减少风险。例如，考虑负责生产 Tropicana 橘子汁的经理的情形。假定经理担心橘子价格未来可能会上涨，从而降低了出售橘子汁的利润。对 Tropicana 而言，利用若橘子价格上涨则其价值会上升的衍生品来对冲这一风险是可能的。如果橘子价格确实上涨了，Tropicana 在其购买高价格的橘子上的损失会被衍生品价值的上升所抵消。如果橘子的价格下跌了，Tropicana 会从购买橘子的成本下降中获利，但会在衍生品价值上遭受损失。

在这个例子中，对 Tropicana 而言，似乎并不存在来自利用衍生品的净收益。但是，从第 4 章可知，经济学家将一项金融投资的风险度量为资产收益的不确定性程度。类似地，生产橘子汁的一种关键风险是橘子的价格会波动，从而导致从出售橘子汁中获得的利润的波动。由于衍生品降低了橘子汁利润的不确定性，Tropicana 发现它们是有价值的。换句话说，即使利用衍生品降低了 Tropicana 受益于橘子价格下降的程度，但利用衍生品也降低了来自橘子价格上升的损失，因此，Tropicana 受益于风险的净减少。

类似地，一位投资者也许购买了 10 年期的国库票据，并打算在 5 年后出售该证券来支付孩子的大学学费。投资者知道，如果利率上升，票据的市场价格会下跌。该投资者可以通过达成一项在利率上升时会获得利润的衍生品交易来对冲这一风险。如果利率下降而不是上升，该投资者会受益于国库票据价格的上升。但是，该投资者在衍生品交易上会遭受损失。然而，再一次，该投资者接受这一交换条件，因为他或她实现了风险的净减少。

事实上，衍生品可以作为对标的资产价格变动的一种保险。保险在经济体系中发挥着重要的作用：如果保险可用于一项经济业务，那么就会发生更多的该项业务。例如，如果没有可用的火灾保险，由于在发生火灾的情况下人们会遭受到沉重的未保险损失，因此，很多人会害怕拥有自有住房。较低的住房需求会导致较少的住房建设。火灾保险的可得性提高了住房建设的数量。类似地，如果投资者不能对冲金融投资的风险，他们会从事较少的投资，金融体系中的资金流动会降低。企业和家庭的资金获取机会减少，这又会延缓经济增长。

衍生品也可以被用于投机（speculate），或者说对资产价格波动下金融赌注。例如，假定即使你与橘子生意的唯一关系是在每天早晨吃早餐时喝一杯橘子汁，但你对农作物报告和长期天气报告的仔细研究让你确信橘子价格在未来会上涨。价值随着橘子价格的上涨而上升的衍生品会给予你一个从你对橘子市场极好的洞察中获利的机会。当然，如果你的洞察是错误的且橘子价格下降了，你会输掉你的赌注。

一些投资者和政策制定者认为，"投机"和"投机者"对金融市场没有好处。但是，事实上，投机者通过发挥两种有用的作用来帮助衍生品市场运作：首先，对冲者（套期保值者）可以向投机者转移风险。像在其他市场中一样，在衍生品市场中，交易一定存在两方面。如果对冲者向投机者出售衍生证券，在购买证券时，投机者已经接受了来自对冲者的风险转移。其次，对衍生品市场的研究业已表明，投机者提供了必不可少的流动性。也就是说，如果没有投机者，就不会有市场有效运作所必需的足够数量的买方和卖方。像其他证券一样，除非存在一个容易出售证券的市场，否则投资者会不愿意持有衍生证券。

在下面几节中，我们考察最重要的衍生品类型及其在金融市场运行中所发挥的作用。

7.2　远期合约

企业、家庭和投资者经常制定会受到期货价格或好或坏影响的计划。例如，一位农场主也许会种植在几个月之内不会被收割的小麦。农场主的盈亏将取决于小麦被收割时的小麦价格。一家银行也许会发放四年期的利率为 6％的汽车贷款，只要银行对存款支付的利率维持在 3％或之下，这笔贷款就是有利可图的。如果存款的利率上升到 4％，银行在贷款上就会亏钱。

远期合约（forward contract）给予企业和投资者一个机会来对冲取决于未来价格的交易上的风险。远期合约使得**远期交易**（forward transactions）成为可能，远期交易是现在达成但未来结算的交易。一般而言，远期合约指的是现在的一份按规定的价格在未来某一特定日期交换给定数量的诸如石油、黄金或小麦之类的**商品**（commodity）或诸如国库券之类的金融资产的协议。从历史上看，远期合约首先出现在农业市场上。农产品的供给取决于天气，因此经常会出现大幅波动。此外，对农产品的需求通常是无弹性的。回顾你的经济学原理课程，当需求无弹性时，供给的波动导致均衡价格的大幅波动。

例如，考虑一位在 3 月份播种并预期会出产 10 000 蒲式耳小麦的农场主的情形。农场主可以出售其可用于立即交割的小麦在 3 月份的价格被称为**现货价格**（spot price）。假定现货价格是每蒲式耳 2.00 美元。农场主担心的是，当她在 7 月份收获小麦时，价格已经下跌到 2.00 美元之下了，因此，她在她的小麦上获得的会少于 20 000 美元。当通用磨坊（General Mills）购买小麦来制作小麦制品和其他早餐谷物食品时，它有相反的担心：通用磨坊的经理担心的是，小麦的价格在 7 月份已经上涨到 2.00 美元之上了，从而提高了其生产谷物的成本。农场主和通用磨坊的经理可以通过达成一份远期合约来对冲小麦价格的不利变动，在远期合约下，农场主答应，在被称为**结算日**（settlement date）的未来某一天，以每蒲式耳 2.00 美元的价格，向通用磨坊出售 10 000 蒲式耳的小麦，结算日是约定的交割必须发生的日期。合约双方现在已经锁定了未来在结算日其会收到或支付的价格。

虽然远期合约提供了风险分担，但它们有流动性和信息问题。由于远期合约通常包含对达成一项交易的特定买方和卖方专用的条款，出售该合约是困难的，因为一个买方必须接受相同的条款。因此，远期合约往往是非流动的。此外，远期合约还受到违约风险的影响，因为买方或卖方也许不能或不愿意履行合约。例如，在前面的例子中，通用磨坊也许在签署合约之后不久就宣布破产了并会无法向农场主进行支付。在这种情形中，违约风险通常被称为**交易对手风险**（counterparty risk）。交易对手是在交易的另一方的个人或企业。因此，从卖方的角度看，买方是交易对手，从买方的角度看，卖方是交易对手。交易对手风险是买方不履行他或她对卖方的义务，或卖方不履行他或她对买方的义务的风险。由于交易对手风险的存在，远期合约的买方和卖方在分析潜在的交易伙伴的信用状况时会招致信息成本。

7.3 期货合约

期货合约（futures contracts）首先出现在商品市场，从而在保持远期合约的风险分担好处的同时提高了流动性并降低了风险和信息成本。期货合约在几个方面不同于远期合约：

1. 期货合约是在交易所交易的，如芝加哥交易所（Chicago Board of Trade，CBOT）和纽约商品交易所（New York Mercantile Exchange，NYMEX）。

2. 期货合约通常规定一些将被交割的标的资产，但并不固定在结算日资产交割时的价格。相反，价格随着合约在交易所的买卖而连续变化。

3. 期货合约在被交割的标的资产数量和可用合约的结算日方面是标准化的。

由于期货合约根据其交易所在的交易所的规则被标准化，因此，期货合约缺乏远期合约的某些灵活性。例如，虽然小麦远期合约的买方和卖方可以选择他们想要的任何结算日，CBOT 提供每年只有五个结算日的小麦期货合约。但对很多投资者和企业而言，期货合约是有吸引力的，因为其具有减少的交易对手风险和较低的信息成本，同时还有更好的流动性。交易对手风险被降低是因为交易所充当匹配买方和卖方的**清算所**（clearhouse）（或称**清算公司**（clearing corporation）），交易所——而不是买方和卖方——作为每一笔交易的交易对手。例如，在 CBOT 购买期货合约的某个人是把 CBOT 作为交易对手，这就极大地降低了违约风险。把交易所作为交易对手还降低了信息成本，因为期货合约的买方和卖方无须投入资源来确定交易伙伴的信用状况。最后，减少的风险和信息成本与合约条款的标准化一道提高了投资者买卖期货合约的意愿。很多期货合约市场是高度流动的，有大量的买方和卖方。

用商品期货对冲

假定我们之前考虑的农场主想要利用期货合约对冲下降的小麦价格。农场主在 3 月份种植小麦，当时的小麦现货价格是每蒲式耳 2.00 美元，这是农场主在那时可以出售小麦的价格。农场主担心当她在 7 月份收获小麦时价格可能已经下跌了。CBOT 提供结算日在 7 月份的小麦期货合约。假定合约中的期货价格（futures price）是 2.20 美元。期货价格比当前的现货价格高出 0.20 美元，因为期货合约的买方和卖方一定是在预期 7 月份的现货价格会高于 3 月份的现货价格。买方和卖方也许将其小麦价格会上涨的预期基于诸如政府农作物报告和长期的天气预报之类的信息。

CBOT 的每一份小麦期货合约都被标准化为 5 000 蒲式耳，因此，为了对冲价格下跌，农场主应该卖出两份小麦期货合约，因为她预期会收获 10 000 蒲式耳的小麦。要出售合约，她需要利用一位能够在 CBOT 为她执行交易的注册期货经纪人。通过出售小麦期货，农场主在期货市场上取得**空头**（short position）。如果他或她已经承诺出售或交割标的资产，那么这个人就处于空头。如果通用磨坊的一位经理由于担心未来的小麦价格会上涨而购买了该合约，那么他在期货市场上取得了**多头**（long position），这意味着他现在拥有了买入或收到标的资产的权利和义务。需要注意的是，农场主在小麦的现货市场上是多头，因为她拥有打算在收获之后出售的小麦，而通用磨坊的经理在小麦的现货市场上是空头，因为他打算买入小麦来完成他的早餐谷物食品的生产业务。我们可以对这一要点总结如下：

对冲表现为在期货市场上取得空头以抵消现货市场上的多头，或在期货市场上取得多头以抵消现货市场上的空头。

随着与预测在结算日小麦的未来现货价格有关的信息变得可得，小麦期货合约的价格在每天的交易期间变动。随着交割时间的临近，期货价格越来越接近于现货价格，最终在结算日等于现货价格。为什么在结算日现货价格必须等于期货价格？因为如果两种价格之间存在差异，套利利润成为可能。例如，如果小麦的现货价格在期货合约的结算日是 2.00 美元，但期货价格是 2.20 美元，那么投资者可以在现货市场上买入小麦的同时卖出期货合约。期货合约的买方将不得不在 2.20 美元的价格下接受交割，这会使得投资者在每一蒲式耳的小麦上可以获得 0.20 美元的无风险利润。事实上，出售新的期货合约的投资者会压低期货价格，直到其等于现货价格。只有这时才消除了套利利润。

继续我们的例子，假定在结算日，小麦的期货价格和现货价格均为 1.80 美元。为简单起见，假设农场主在同一天收获并出售她的小麦。为了履行她的期货市场义务，农场主可以进行**交割结算**（settlement by delivery）或**平仓结算**（settlement by offset）。在利用平仓结算而不是实际交割小麦时，她会通过买入两份期货合约来结束其在 CBOT 的头寸，从而抵消其在 3 月份卖出的两份合约。她是以 20 000 美元（＝2.00 美元/蒲式耳×10 000 蒲式耳）的价格卖出合约的。通过以 18 000 美元（＝1.80 美元/蒲式耳×10 000蒲式耳）的价格将其买回，她在期货市场上赚到 2 000 美元。在现货市场上，她以18 000 美元的价格卖出她的小麦，因而，比在 3 月份的现货市场上本来可以得到的少了2 000 美元。由于这 2 000 美元的损失被她在期货市场上的 2 000 美元的利润所抵消，她已经成功地对冲了小麦市场上价格下跌的风险。

注意到，通用磨坊的经理处于反向的头寸。在结算其在期货市场的头寸时，他会以每蒲式耳 1.80 美元的期货价格出售两份合约，从而遭受 2 000 美元的损失——因为他在3 月份购买合约时的期货价格是每蒲式耳 2.00 美元。但是，他在现货市场上购买小麦会比他本来按照每蒲式耳 2.00 美元的 3 月份的现货价格要少花 2 000 美元。若小麦的现货价格上涨了而不是下跌了，农场主在其期货市场头寸上会损失资金，但在现货市场上会获得利润，而通用磨坊的经理在期货市场上会获得利润，但在现货市场上要接受损失。

我们可以将期货合约买方和卖方的盈亏概括如下：

买方的利润（或损失）＝结算时的现货价格－购买时的期货价格

卖方的利润（或损失）＝购买时的期货价格－结算时的现货价格

注意到，期货市场是一个零和博弈（zero-sum game），这意味着，若卖方获利，则买方一定遭受恰好相同数量的损失，若卖方受损，则买方会获得恰好相同数量的利润。

（为了确保你理解了这一点，复习一下农场主和通用磨坊的例子来核实一下一方的得利即为另一方的受损。）表7—1概括了这一利用商品期货合约对冲价格波动风险的例子。

表 7—1   **用商品期货合约对冲**

	小麦农场主	通用磨坊经理
关心的是……	较低的小麦价格	较高的小麦价格
通过……对冲风险	出售期货合约	购买期货合约
在期货市场的头寸是……	空头	多头
在现货市场的头寸是……	多头	空头
如果小麦价格上涨……	她在期货市场亏损但在现货市场获利	他在期货市场获利但在现货市场亏损
如果小麦价格下跌……	她在期货市场获利但在现货市场亏损	他在期货市场亏损但在现货市场获利

正如我们在本章开始的时候所指出的，也许最初看起来好像用期货合约对冲并没有什么用处，因为买方和卖方能预期到，在其期货头寸上发生亏损的可能性与盈利的可能性是大致相当的。事实上，给定存在与买卖期货合约有关的成本，我们例子中的农场主和通用磨坊经理可能看起来还让自己的境况更糟了。然而，记住，利用期货合约降低收益的方差的确减少了风险。投资者和企业愿意为风险的减少而付费，这就是为什么他们会利用期货合约对冲。

✔️ **联系实际：农场主应该担心《多德-弗兰克华尔街改革和消费者保护法案》吗？**

在2007—2009年的金融危机期间，一些政策制定者和经济学家认为，衍生品的使用动摇了金融体系。在国会于2010年7月通过《多德-弗兰克华尔街改革和消费者保护法案》时，法案包含了对衍生品交易的一些限制。尤其是，该法案要求之前曾在场外交易的一些衍生品代之以在交易所交易。

正如我们已经看到的，农场主经常使用期货合约，因为天气和其他因素引起了大部分农产品市场价格的大幅波动。虽然《多德-弗兰克华尔街改革和消费者保护法案》基本上没有影响在有组织的交易所（如芝加哥交易所）交易的期货，但一些农场主的担忧是，该法案授予了负责监管期货交易的联邦机构——商品期货交易委员会（Commodity Futures Trading Commission，CFTC）制定新规则的权力。尤其是，农场主担心为了交易期货，他们也许不得不提供更多的抵押品，这会提高利用这些合约对冲风险的成本。此外，一些农场主通过使用由小型社区银行或专门的农业银行为其安排的远期合约对冲风险。农场主担心这些银行也许不再被允许提供远期合约。佐治亚州的参议员 Saxby Chambliss 反对监管农业区的小型银行的衍生品交易："突然，对待它们将要像对待高盛或那些华尔街重要企业那样。"

金融改革法案最终是否会使得农场主对冲农产品的价格波动风险更为困难仍然有待观察。《多德-弗兰克华尔街改革和消费者保护法案》的最终版本让一些衍生品交易免于新的监管，倘若交易服务于明确的商业目的。就该法案的很多其他方面而言，对衍生品交易的最终影响取决于该法案批准的新的监管细则。到 2010 年末，在 CFTC 完成制定与衍生品合约的交易有关的新的监管规则以及农场主获悉其是否还能像往常那样开展业务之前，似乎还有一段时间。

资料来源：Victoria McGrane and Fawn Johnson, "Financial Overhaul Bill Passes Key Senate Hurdle," *Wall Street Journal*, July 15, 2010; Michael M. Phillips, "Finance Overhaul Casts Long Shadow on the Plains," *Wall Street Journal*, July 14, 2010; and Edward Wyatt and David M. Herszenhorn, "Bill on Finance Wins Approval of Senate Panel," *New York Times*, April 21, 2010.

通过做第 215 页本章末的问题和应用 3.15 来检查一下你的理解。

用商品期货投机

我们已经给出了一个企业参与到小麦市场并想利用期货来降低其商业运作中的风险的例子——农场主和通用磨坊。与小麦市场无关的一些投资者可以利用小麦期货来对小麦价格投机。例如，假定现在是 3 月份，在仔细研究了与预测未来的小麦供求有关的所有信息之后，你的结论是：小麦价格在 7 月份会是每蒲式耳 2.50 美元。如果 7 月的小麦期货的期货价格是每蒲式耳 2.20 美元，那么通过购买它们你一定会获利。当然，尽管你实际上并不想在 7 月份接受小麦交割，但通过在 3 月份和 7 月份的结算日之间的某一点出售小麦期货来结清你的头寸，你一定会获利。如果你确信小麦的现货价格在 7 月份会低于当前的期货价格，你可以卖出小麦期货，并在结算日或结算日之前以较低的价格买回它们。

然而，需要注意的是，由于你在现货市场上没有抵消性头寸（offsetting position），小麦价格的反向变动会导致你接受损失。例如，如果你买了小麦期货，但小麦的价格下跌了，而不是上涨了，那么你将不得不在亏损的情况下结清你的头寸。类似地，如果你卖出小麦期货且小麦价格上涨了，你还是要在亏损的情况下结清你的头寸。

正如我们在本章开始的时候所指出的，投机者通过增加必要的流动性在期货市场中发挥了重要的作用。如果没有投资者，大部分期货市场不会有足够的买方和卖方来参与，进而降低了对冲者（套期保值者）可得的风险分担。

用金融期货对冲和投机

虽然期货合约首先出现在商品市场，如小麦和石油市场，但金融资产的期货交易是 1972 年引入的。现在交易的大部分期货都是金融期货。广泛交易的期货合约包括国库券、国库票据和国库债券的期货；诸如标准普尔 500 和道琼斯工业平均之类的股票指数期货；诸如美元、日元、欧元和英镑之类的货币期货。金融期货合约受商品期货交易委员会（CFTC）通过的交易所规则的监管。CFTC 监控潜在的价格操纵和交易所的操作行为。

利用金融期货对冲风险的过程非常类似利用商品期货对冲风险的过程。考虑下面的利用金融期货对冲利率风险的例子。假定你拥有国库票据但关心如果利率上升则暴露于票据价格下跌的风险。注意到，你本质上处于与我们前面例子中的小麦农场主相同的情形，因为你想要对冲价格下跌。像小麦农场主一样，你在现货市场上是多头——你拥有国库票据。

因此，要对冲价格下跌风险，你应该通过出售国库票据的期货合约实现在期货市场上的空头。正如你所担心的，如果市场利率上升，则你的票据价格下降，期货价格也会下降。你可以通过买入期货合约抵消你之前的出售来结清你的期货头寸。由于你买合约的价格低于你卖合约的价格，你获得了利润，抵消了你的国库票据价格下跌带来的损失。

谁会愿意作为这一交易的另一方？也就是说，谁会愿意购买你想出售的期货合约？例如，考虑预期在6个月后会收到养老金缴款的一个公司的养老基金经理的情形。该经理想要将缴款投资于国库票据，但也许担心票据的利率到那时已经下降了，降低了他希望在投资上获得的收益。担心国库票据利率的下跌与担心其价格的上涨是同一件事情，因此，养老基金经理正如我们之前例子中的通用磨坊经理。养老基金经理在国库票据的现货市场是空头，因此，要对冲价格上涨风险，该经理需要通过购买国库票据的期货合约在期货市场上成为多头。如果国库票据的利率下降且其价格上升，该经理就能通过出售期货合约抵消其之前的购买来结清他的国库票据期货头寸。由于他卖合约的价格高于他买合约的价格，他获得了利润，抵消了在他购买国库票据时会获得的较低收益。表7—2概括了如何利用金融期货对冲利率风险。

认为自己对未来利率的可能路径有极好的洞察力的投资者可以利用期货市场来投机。例如，如果你确信国库票据的利率未来会低于国库票据期货的当前价格所隐含的利率，那么你可以通过购买国库票据期货而获利。如果你是正确的，未来的利率最终果然低于预期的利率，期货价格会上涨，你可以通过出售国库票据的期货合约以一定的利润结清你的头寸。如果你预计投机未来的利率会高于预期，你可以出售国库票据的期货合约。

表7—2   利用金融期货对冲利率风险

	拥有国库票据的投资者	打算在6个月后购买国库票据的养老基金经理
关心的是……	较低的国库票据价格（较高的利率）	较高的国库票据价格（较低的利率）
通过……对冲风险	出售期货合约	购买期货合约
在期货市场的头寸……	空头	多头
在现货市场的头寸……	多头	空头
如果国库票据价格上涨（利率下降）……	在期货市场上亏损，但在现货市场上盈利	在期货市场上盈利，但在现货市场上亏损
如果国库票据价格下跌（利率上升）……	在期货市场上盈利，但在现货市场上亏损	在期货市场上亏损，但在现货市场上盈利

 联系实际：读懂金融期货列表

《华尔街日报》在线报告关于每个交易日期货合约的信息。下面是美国国库债券的利率期货的例子。报价是芝加哥交易所（CBOT）交易的 10 年期美国国库票据期货在 2010 年 8 月 10 日的收盘价。报价针对的是支付 6％的息票且面值为 100 000 美元的国库票据的标准化合约。第一列说明了合约交割月。第一行合约的交割日是 2010 年 9 月。随后的五列展示了价格信息：最后价，是前一天最后一笔交易的价格；前一天的价格变化；当天的开盘价；当天的最高价；当天的最低价。关于价格，有两个关键点需要注意：（1）它们是按每 100 美元的面值报价的；（2）撇号后面的值是三十二分之一。例如，第一行的合约的"最后价"是每 100 美元的面值是 124 又 31.5/32 美元或 124.984 375 美元。在一个 100 000 美元的合约中有 1 000 个面值 100 美元的合约。因此，合约的价格是 124.984 375 美元×1 000＝124 984 38 美元。由于价格高于 100 000 美元，我们知道，合约的到期收益率一定小于 6％的息票率。

10 年期美国国库票据期货　　　　　　　　　　　　　　　　　　　　　　单位：美元

月份	最后价	变化	开盘价	最高价	最低价	交易量	未结算
9 月 10 日	124′31.5	0′15.0	124′16.0	124′21.0	124′09.5	1 188 910	1 906 926
12 月 10 日	124′03.5	0′15.0	123′20.0	123′23.5	123′14.5	11 682	36 619
3 月 11 日	123′03.0	0′16.5	123′04.0	123′03.0	123′03.0	1	64
6 月 11 日	122′00.0	0′17.0	122′00.0	122′00.0	122′00.0	0	34
9 月 11 日	117′22.5	0′17.0	117′22.5	117′22.5	117′22.5	0	0

　　"交易量"这一列告诉你的是前一天交易的合约的数量。在这个例子中，1 188 910 份 2010 年 9 月份的合约被交易。"未结算"（open interest）报告了发行在外的合约的数量，也就是说，至今尚未结算。对于 2010 年 9 月的合约，这一数量是 1 906 926。

　　你可以从这些报价中得到有用的信息。利率期货合约告诉你的是市场参与者对未来利率的预期。需要注意的是，2010 年 12 月的期货价格低于 2010 年 9 月的，这告诉你的是，期货市场投资者预期长期国库债券利率会上升。

　　虽然没有展示，但你还可以找到国库券和国库债券以及外国货币的利率期货报价。金融期货的上市列表还给出了关于股指期货的报价，如标准普尔 500 指数的期货合约。投资者利用股指期货来预期整体的股票市场波动。

　　资料来源：*Wall Street Journal*，August 10，2010.

　　通过做第 215 页本章末的问题和应用 3.16 来检查一下你的理解。

 解决问题 7.1：低利率时的对冲

　　在 2007—2009 年的金融危机期间，国库券、国库票据和国库债券以及很多公司和市政债券的利率跌到了非常低的水平。Jane Williams 是位于加利福尼亚州帕罗奥图的 Sand Hill 咨询公司的金融顾问和首席执行官。2010 年初，《华尔街日报》的一篇文章引用 Williams 的话说："债券会是本年度表现最差的投资……"。

a. 什么会造成债券是一项差的投资？

b. 怎样才可能对冲投资债券的风险？

解决问题

第一步　复习本章的内容。这一问题是关于对冲投资于债券的风险的，因此，你也许需要复习"用金融期货对冲和投机"这一小节。

第二步　通过解释债券何时构成一项差的投资回答（a）部分的问题。当利率上升时，债券是一项差的投资，因为较高的市场利率导致现有债券的价格下跌。由于利率在2010年初相当低，很多金融投资者预期市场利率很可能会上升，从而对债券持有者造成损失。

第三步　通过解释怎样才可能对冲投资债券的风险回答（b）部分的问题。我们已经看到，投资者可以利用期货市场来对冲投资于债券的风险。在这种情形中，由于投资者担心的是利率上升和债券价格下跌，对投资者而言，合适的对冲是出售期货合约，如CBOT现有的那些国库票据和国库债券的期货合约。拥有债券的投资者在债券的现货市场上是多头，因此，合适的对冲要求他们通过出售期货合约在债券的期货市场上取得空头。个人投资者可以通过利用注册的期货经纪人出售合约，期货经纪人会在CBOT发出卖出指令。很多股票经纪人也是期货经纪人。一些经纪人是所谓的全服务经纪人，全服务经纪人不仅提出交易建议和提供研究支持，而且还执行交易。另一些经纪人是贴现经纪人，贴现经纪人对执行交易收取较低的佣金，但通常并不提供建议。个人投资者有时候会通过买入投资于衍生品合约的共同基金份额而不是买卖合约本身来对冲投资于债券的风险。

资料来源：Shefali Anand, "Bracing for a Rise in Interest Rates," *Wall Street Journal*, March 1, 2010.

为了进行更多的练习，做一下第216页本章末的问题和应用3.17。

期货市场的交易

正如我们已经看到的，期货合约的买方和卖方是与交易所打交道，而不是像在远期合约的情形中那样彼此之间直接打交道。为了降低违约风险，交易所要求买卖双方都要向**保证金账户**（margin account）提交被称为**保证金要求**（margin requirement）的一笔初始存款。例如，在CBOT，美国国库票据的期货合约被标准化为100 000美元面值的国库票据，或等价的每个面值1 000美元的100个票据。CBOT要求这些合约的买方和卖方在保证金账户中为每一份合约存入至少1 100美元。

在每个交易日结束的时候，根据合约的收盘价，交易所执行每日的结算，这就是我们熟知的**盯市**（marking to market），在结算中，资金从买方的账户转移到卖方的账户，反之亦然。例如，假定你以100的价格购买了一份国库票据的期货合约。从第195页的**联系实际**专栏中，我们知道，这一价格意味着你为该合约支付了100 000美元。假定你在你的保证金账户中只存入了CBOT要求的最低的1 100美元，卖方也在他或她的账户中存入了相同的金额。第二天，在市场交易结束的时候，你的合约的价格上涨到了101，也许因为新信息导致交易者认为利率在未来会低于他们之前的预期（因此，国库票据的价格会较高）。由于你的合约的价值已经上升了 1 000 美元，交易所会将 1 000 美元从卖方的账户转移到你的账户。卖方的账户余额下降到了 100 美元。这一数量在**维持保证金**（maintenance margin）之下，维持保证金有时候小于初始保证金，但在国库票据期货合约的情况中，维持保证金也是 1 100 美元。卖方会收到**补充保证金通知**（margin call），补充保证金通知是来自交易所的命令，要求卖方向他或她的账户中加入足够的资金以达到 1 100 美元的维持保证金水平。由于准备金要求和盯市，交易者很少对期货合约违约，这就限制了交易者对损失的暴露。

表 7—3 概括了期货市场中买方和卖方的活动。

表 7—3 期货市场中的买方和卖方

	期货合约的买方	期货合约的卖方
义务……	在结算日买入标的资产	在结算日交割标的资产
利用期货合约对冲……	打算购买标的资产和想要为价格上涨投保的某个人	想要为价格下跌投保的标的资产所有者
利用期货合约投机……	认为标的资产的价格会上涨的投资者	认为标的资产的价格会下跌的投资者

7.4 期权

期权是另一类衍生品合约。期权的买方有权按一个规定的价格在一个规定的时段内买入或卖出标的资产。**看涨期权**（call option）授予买方按**协议价格**（strike price）（或**执行价格**（exercise price））在期权**到期日**（expiration date）之前的任何时间买入或卖出标的资产的权利。例如，如果你买入一份协议价格是 200 美元且到期日是 7 月的苹果股票的看涨期权，那么你有权按 200 美元的价格在 7 月的到期日之前的任何时间买入一股苹果股票（通常是该月的第三个星期五）。

看跌期权（put option）授予买方按协议价格卖出标的资产的权利。例如，如果你买入一份协议价格是 200 美元且到期日是 7 月的苹果股票的看跌期权，那么你有权按 200 美元的价格在 7 月的到期日之前的任何时间卖出一股苹果股票。需要注意的是，此处描述的期权是**美式期权**（American option），投资者可以在到期日之前的任何时间执行美式期权。投资者只可以在到期日执行**欧式期权**（European option）。

就期货合约而言，买方和卖方拥有对称的权利和义务。也就是说，卖方必须交割标的资产，买方必须在交割日按期货价格接受交割。相反，就期权合约而言，买方有权利，卖方有义务。例如，如果看涨期权的买方行使他或她买入标的资产的权利，那么看涨期权的卖方别无选择，只能履行出售资产的义务。然而，看涨期权的买方没有义务执行它，相反，也许会选择让期权未被执行而到期。类似地，如果看跌期权的买方行使他或她的出售标的资产的权利，那么看跌期权的卖方别无选择，只能履行买入资产的义务。

期权既在场外交易，又在诸如芝加哥期权交易所（CBOE）和纽约股票交易所（NYSE）之类的交易所交易。在交易所交易的期权被称为**上市期权**（listed option）。美国交易的期权合约包括个别股票的期权、股票指数期权、股票指数期货合约的期权、利率期货期权（如美国国库票据和国库债券的期货合约）、货币期权以及货币期货期权（如日元、欧元、加拿大元和英镑的期货合约）。期货和期权合约之间的一个重要区别是，当你购买期货合约时，由于合约是盯市的，资金每天都在转手。然而，就期权合约而言，资金只有在期权被执行时才转手。

为什么你会买入或卖出期权？

假定苹果股票的当前价格是每股 200 美元，但你认为在来年的某个时点价格会上涨到 250 美元。你可以购买苹果的股票，并在价格像你预期的那样上涨时获利。这一策略有两种潜在的不利之处：直接购买股票将需要一笔可观的投资，而且，如果苹果的股价下跌而不是上涨，你又会面临可能相当大的损失。作为一种备选方案，你可以购买允许你按照比方说 210 美元的协议价格购买苹果股票的看涨期权。期权的价格会比标的股票的价格低得多。此外，如果苹果的股票价格从未上涨到 210 美元之上，你可以不执行期权而让期权到期，你的损失只是期权的价格。

如果苹果的股票正在以每股 200 美元的价格出售，你确信其价格会下跌，那么你可以从事**卖空**（short sale）。就卖空而言，你从你的经纪人处借入股票，现在将其出售，并计划在股票价格下跌后将其买回——偿还你的经纪人。然而，如果苹果股票价格上涨了而不是下跌了，你会因不得不按照高于你的出售价格来购回股票而损失资金——这被称为"轧平空头"（covering a short）。如果苹果的股价飙升，你在轧平你的空头时会面临巨大的损失。另一方面，如果你购买一个协议价格为每股 190 美元的看跌期权，你会从苹果股票的价格下跌中获利，而如果价格上涨，你可以让期权过期并把你的损失限制在期权价格。

图 7—1 说明了购买苹果股票的期权的潜在损益。我们假定期权的买方为期权支付一个价格，但在买入或卖出标的股票时不会招致任何成本。我们假定看涨期权和看跌期权的价格均为每份 10 美元。虽然期权的买方可以在任何时间执行期权，为简单起见，我们聚焦于拥有期权的收益如何随着到期日的股票价格的变化而变化。[①] 在图（a）中，我们说明了买入协议价格为 210 美元的看涨期权的收益。当到期日的苹果股票的价格在 0～210 美元之间时，期权的拥有者不会执行期权并会遭受等于 10 美元的期权价格的损失。随着苹果的股票价格上涨到每股 210 美元以上，期权的拥有者从执行期权中会获得正的金额。例如，如果价格是 215 美元，期权拥有者可以执行期权，以 210 美元的协议价格从期权出售者手中买入一股苹果股票，以 215 美元的价格在市场上将该股份出售并获利 5 美元。由于期权拥有者为期权支付了 10 美元，他或她有 5 美元的净损失。如果苹果股票的价格是 220 美元，期权拥有者得失相当。对高于 220 美元的价格，期权拥有者获得利润。例如，如果苹果的股票价格是 250 美元，期权拥有者执行期权，以 210 美元的价格买入一股股票，在市场上以 250 美元的价格卖出该股份，并获得 30 美元（＝40 美元－10 美元）的利润。苹果股票价格上涨得越高，看涨期权买方的利润越大。

---

① 我们可以将图形视为说明了苹果股票在到期日之前达到的最高价格的情形——图（a）——或最低价格的情形——图（b）。

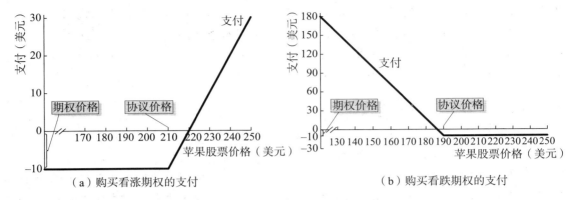

(a) 购买看涨期权的支付   (b) 购买看跌期权的支付

图 7—1 拥有苹果股票期权的收益

在图（a）中，我们说明了买入协议价格为 210 美元的看涨期权的收益。当苹果股票的价格在 0～210 美元之间时，期权的拥有者不会执行期权并会遭受等于 10 美元的期权价格的损失。随着苹果的股票价格上涨到每股 210 美元以上，期权的拥有者从执行期权中会获得正的金额。对高于 220 美元的价格，期权拥有者获得利润。

在图（b）中，我们说明了买入协议价格为 190 美元的看跌期权的收益。当苹果股票的价格为 0 时，看跌期权拥有者获得最大收益。随着苹果股票价格的上涨，拥有看跌期权的收益下降。在价格为 180 美元时，看跌期权拥有者得失相当。在价格高于 190 美元的协议价格的情况下，看跌期权的拥有者不会执行期权并会遭受等于 10 美元的期权价格的损失。

在图（b）中，我们说明了买入协议价格为 190 美元的一份看跌期权的收益。当苹果股票的价格为 0 时，看跌期权拥有者获得最大收益。[1] 期权拥有者会以 0 的价格买入一股苹果股票，执行期权，并将股票以 190 美元的价格出售给看跌期权的卖方。减去 10 美元的期权价格，期权的买方剩下 180 美元的利润。随着苹果股票价格的上涨，拥有看跌期权的收益下降。在价格为 180 美元时，看跌期权拥有者刚好得失相当，因为期权所有者会从执行期权中获得 10 美元，这会刚好抵消 10 美元的期权价格。在价格高于 190 美元的协议价格的情况下，看跌期权的拥有者不会执行期权并会遭受等于 10 美元的期权价格的损失。

表 7—4 概括了基本的看涨期权和看跌期权的关键特征。

表 7—4   **基本的看涨期权和看跌期权的关键特征**

	看涨期权	看跌期权
买方	有权在到期日或到期日之前按协议价格购买标的资产	有权在到期日或到期日之前按协议价格出售标的资产
卖方	有义务在买方执行期权时按协议价格卖出标的资产	有义务在买方执行期权时按协议价格买入标的资产
谁会买它？	预期标的资产价格会上升的投资者	预期标的资产价格会下降的投资者
谁会卖它？	预期标的资产价格不会上升的投资者	预期标的资产价格不会下降的投资者

---

① 当然，事实上，只有在企业破产时，股票才会有 0 的价格。在这种情况下，股票的交易会停止。因而，一个更加现实的情形是，仍然足够高的使得股票交易得以发生的低价格。

期权定价和"金融工程师"的出现

期权的价格被称为**期权费**（option premium）。如果期权被执行，期权卖方受损。例如，假定你出售了一份以 35 美元的协议价格购买微软股票的看涨期权。若该看涨期权的买方执行期权，我们知道，微软股票的市场价格一定高于 35 美元。在这种情况下，你有义务以低于其当前价格的价格出售微软股票，因此，买方的所得就是你的损失。因而，毫不奇怪，期权费的大小反映了期权会被执行的概率，同样地，汽车保险费反映了交通事故的风险。

我们可以将期权费看做被分成两部分：期权的内在价值及其时间价值。期权的**内在价值**（intrinsic value）等于期权买方立即执行期权可以得到的收益。例如，当微软股票的市场价格是 40 美元时，如果一份微软股票的看涨期权的协议价格是 35 美元，则该期权的内在价值是 5 美元，因为买方可以立即执行期权，以 35 美元的价格从卖方买入一股微软股票，然后在市场上以 40 美元的价格转售该股份。具有正的内在价值的期权被说成是**实值的**（in the money）。如果标的资产的市场价格大于协议价格，那么看涨期权是实值的；如果标的资产的市场价格小于协议价格，那么看跌期权是实值的。如果标的资产的市场价格在协议价格之下，看涨期权是**虚值的**（out of the money，或者说，underwater）；如果标的资产的市场价格在协议价格之上，看跌期权是虚值的。如果市场价格等于协议价格，看涨期权和看跌期权是**平价的**（at the money）。需要注意的是，由于买方并不是必须执行期权，因此期权的内在价值永远不会小于零。

除了其内在价值外，期权费还有**时间价值**（time value），时间价值是由距离到期日的时间长度和股票价格在过去的易变程度决定的。到期日越远，期权内在价值上升的可能性越大。例如，假定微软股票的看涨期权的协议价格是 35 美元，当前的市场价格是 30 美元。如果期权明天到期，微软股票的市场价格上涨到 35 美元之上的可能性是很小的。但是，如果期权 6 个月后才到期，可能性就要大得多。我们可以得出结论：在所有其他因素相同的情况下，期权到期日在时间上越是久远，期权费越高。类似地，如果标的资产价格的波动率很小，期权内在价值因大幅的价格波动而显著上升的可能性是很小的。但是，如果标的资产价格的波动率很大，可能性要大得多。因此，在所有其他因素相同的情况下，标的资产价格的波动率越大，期权费越高。

计算期权的内在价值是简单易懂的，但准确确定期权费如何受到**直到期权到期前的时间或标的资产价格的波动率**的影响要困难得多。事实上，困难是如此之大，以至于期权在很多年都是交易清淡——即投资者很少买入或卖出期权——因为华尔街企业和其他职业投资者不确定如何对其定价。1973 年，当时还是芝加哥大学的经济学家的费希尔·布莱克（Fischer Black）和迈伦·斯科尔斯（Myron Scholes）在《政治经济学报》（*Journal of Political Economy*）上发表了一篇利用复杂的数学来解出最优期权定价公式的学术论文时，突破发生了。布莱克-斯科尔斯公式（Black-Scholes formula）的出现恰好与芝加哥期权交易所的建立同时发生并带来了期权交易的爆炸性增长。

布莱克-斯科尔斯公式甚至具有更为广泛的重要性，因为该公式向华尔街企业展示了复杂的数学建模可以让这些企业对复杂的金融证券定价。结果是，华尔街企业雇用了很多拥有经济学、金融学和数学高级学位的人来建立企业可以用于定价和评估新证券的数学模型。这些人便成为众所周知的"火箭科学家"或"金融工程师"。

 联系实际：读懂期权列表

期权合约的报纸和在线列表包含很多与期货列表相同的方法。然而，根据标的资产是直接要求权（例如，债券或股票份额）还是期货合约（例如，股票指数期货合约），对个别期权有一些差异。

下面显示的报价是微软股票份额的期权合约。列表提供了2010年8月10日的协议价格为24.00美元的看跌期权和看涨期权的信息。在前一天，一股微软股票的收盘价是25.61美元。事实上，有很多不同协议价格的可得的微软股票的看跌和看涨期权，我们在这里只列出了四种。第一列给出了期权的到期日。第二列给出了协议价格。接下来的三列给出了关于看涨期权的信息，最后三列给出了关于看跌期权的信息。

微软的看涨和看跌期权（MSFT）
标的股票价格：25.61 美元

到期日	协议价格	看涨期权			看跌期权		
		最后	交易量	未结算	最后	交易量	未结算
8 月	24.00	1.64	396	30 854	0.09	530	24 033
9 月	24.00	1.85	190	2 335	0.33	115	10 230
10 月	24.00	2.07	145	11 222	0.55	39	39 440
1 月	24.00	2.71	7	10 375	1.31	96	14 695

"最后"这一列给出了前一天最后的合约交易价格。例如，第一行列出的8月合约的"最后"价格是1.64美元。"交易量"这一列提供了关于那一天有多少合约被交易的信息，"未结算"这一列提供了关于发行在外的合约数量的信息——即还没有执行的合约。注意到，到期日相同的看涨期权比看跌期权具有较高的价格。由于协议价格低于标的价格，看涨期权都是实值的，而看跌期权是虚值的，这些较高的价格正反映了这一事实。还注意到，对看涨和看跌期权而言，到期日越是久远，期权的价格越高。

资料来源：*Wall Street Journal*，August 10, 2010.

通过做第217页本章末的问题和应用4.9来检查一下你的理解。

解决问题 7.2：解释期权列表

利用下述的亚马逊（Amazon.com）股票的看涨和看跌期权信息回答问题。在你的答案中，除了期权和股票的价格之外，忽略与买卖期权或标的股票有关的任何成本。

亚马逊（MSFT）

标的股票价格：93.60 美元

到期日	协议价格	看涨期权			看跌期权		
		最后	交易量	未结算	最后	交易量	未结算
10 月	105.00	0.03	341	3 863	11.52	55	1 511
11 月	105.00	1.73	1 509	6 799	13.30	12	289
1 月	105.00	3.59	73	8 453	13.60	14	584
4 月	105.00	6.70	3	152	17.30	1	125

a. 为什么看跌期权的售价比看涨期权高？

b. 为什么到期日为 4 月份的看涨期权的售价比到期日为 1 月份的看涨期权高？

c. 假定你购买了到期日为 4 月份的看跌期权。简要解释你是否会立即执行期权。

d. 假定你按列表中的价格购买了到期日为 11 月份的看涨期权，并在亚马逊股票价格为 122 美元时执行了期权。你的利润或亏损是多少？

e. 假定你按列表中的价格购买了到期日为 4 月份的看涨期权，股票价格保持在 93.60 美元。你的利润或亏损是多少？

解决问题

第一步 复习本章的内容。这一问题是关于解释期权列表的，因此，你也许需要复习"期权定价和'金融工程师'的出现"这一小节以及"联系实际：读懂期权列表"。

第二步 通过解释为什么看跌期权的售价比看涨期权高来回答（a）部分的问题。注意到，105 美元的协议价格高于 93.60 美元的标的股票价格。因此，看跌期权都是实值的，因为如果你执行一份看跌期权，你可以在市场上按 93.60 美元的价格购买一股亚马逊股票，并按 105 美元的协议价格将其出售给看跌期权的卖方，从而获利 11.40 美元（＝105 美元－93.60 美元）。看涨期权都是虚值的，因为当你可以按 93.60 美元的价格在市场上购买一股股票时，你不会想要执行你的期权从看涨期权的卖方处按 105 美元的价格购买一股亚马逊股票。因此，看涨期权的内在价值为零且其价格均低于看跌期权的价格。

第三步 通过解释为什么到期日为 **4 月份**的看涨期权的售价比到期日为 **1 月份**的看涨期权高来回答（b）部分的问题。期权价格代表期权的**内在价值**（intrinsic value）加上其**时间价值**（time value），时间价值代表了影响期权被执行的可能性的所有其他因素。到期日越远，期权内在价值上升的可能性越大，期权的价格就越高。因此，由于两种看涨期权具有相同的协议价格，到期日为 4 月份的看涨期权会比到期日为 1 月份的看涨期权具有更高的价格。

第四步 通过解释你是否会立即执行到期日为 **4 月份**的看跌期权来回答（c）部分的问题。如果你购买了到期日为 4 月份的看跌期权，你可以在股票市场上按 93.60 美元的价格购买一股亚马逊股票并按 105 美元的价格将股票卖给看跌期权的卖方，获利 11.40 美元。但看跌期权的价格是 17.30 美元，因此，你不会购买看跌期权并立即执行期权。

只有当你预期在看跌期权的到期日之前，亚马逊的股票价格会足够地下降以至于看跌期权的内在价值大于 17.30 美元，你才会购买看跌期权。

第五步 **通过计算在亚马逊股票价格为 122 美元时你从购买到期日为 11 月份的看涨期权并执行期权中获得的利润或亏损来回答（d）部分的问题。**如果你执行到期日为 11 月、协议价格为 105 美元的看涨期权，当亚马逊的股票价格是 122 美元时，你会获得 17 美元，再减去 1.73 美元的期权价格，从而得到 15.27 美元的利润。

第六步 **通过计算如果亚马逊的股票价格维持在 93.60 美元，你从购买到期日为 4 月份的看涨期权中获得的利润或亏损来回答（e）部分的问题。**如果亚马逊的股票价格未能上涨并维持在 93.60 美元，到期日为 4 月份的看涨期权会一直是虚值的。因此，你不会执行期权，相反，要承担等于 6.70 美元的期权价格的损失。

为了进行更多的练习，做一下第 217 页本章末的问题和应用 4.9。

利用期权管理风险

企业、银行和个人投资者可以利用期权和期货对冲来自商品或股票价格、利率和外汇汇率波动的风险。期权与期货相比的不利之处在于比较昂贵。但期权的重要好处在于，如果价格向与对冲相反的方向变动，购买期权的投资者也不会遭受损失。例如，我们之前看到，如果你拥有国库票据并希望对冲其价格下跌，你可以通过出售国库票据期货来达到目的。但国库票据价格上涨又会怎么样呢？你在你的国库票据持有上有利得，但你在你的期货头寸上遭受损失。你已经对冲了你的风险，但你无法从国库票据价格上涨中获利。

你可以通过**买入**（buying）国库债券看跌期权，而不是**卖出**（selling）国库债券期货来对冲风险。如果国库票据价格下跌，你可以执行你的看跌期权并以协议价格出售，从而最小化你的损失。如果国库票据价格上涨，你可以让你的看跌期权到期而不执行它们，从而保有来自价格上涨的利得。由于期权合约可以预防不利结果，而又不限制来自有利结果的利得，它们比期货合约更像保险。期权这一保险的一面正是期权价格为什么被称为期权费的原因。（保单的买方向保险公司进行的支付就是我们熟知的保费。）

在用期权对冲和用期货对冲之间做选择时，企业或投资者必须权衡使用期权通常的较高的成本和期权提供的额外的保险好处。作为一位期权的买方，与期货合约相比，你承担较少的风险，因为你会招致的最大损失是期权费。然而，需要注意的是，期权的卖方在他或她的损失上并没有上限。例如，如果国库票据价格下跌到非常低的水平，看跌期权的卖方仍然有义务按照协议价格买入，即使协议价格远在当前的市场价格之上。

很多对冲者并不是买入基于标的资产的期权，而是基于该资产的期货合约的期权。例如，在前面的例子中，不是通过买入国库票据上的看跌期权来对冲国库票据价格的下跌，你可以买入国库票据期货上的看跌期权。买入和卖出**期货期权**（futures options）相比买入和卖出标的资产的期权有诸多好处。国库票据和国库债券的期货期权是交易所交易证券，从而比国库票据和国库债券的流动性更好，因为国库票据和国库债券通常必须通过交易商交易。类似地，期货合约的价格在交易所对投资者是易得的，而投资者必须从交易商处收集国库票据和国库债券的价格。

联系实际：恼人的 VIX！

投资者都不喜欢波动性。一项资产的价格波动越大，投资者承担的风险越大。我们在第 6 章看到，在 2007—2009 年的金融危机期间，股票价格变得相当易变，很多个人投资者的反应是出售其股票投资并退出市场。有可能度量出投资者预期的未来波动性程度吗？

一种构建这样一个度量指标的方法是利用期权价格。目前在范德堡大学（Vanderbilt University）任教的 Robert E. Whaley 于 1993 年指出，诸如标准普尔 500 指数之类的股票市场指数的期权价格隐含地包含了一种投资者对未来市场波动性预期的度量。波动性的度量是隐含的——而不是明确的——因为期权价格包括期权的内在价值加上包括波动性在内的影响投资者执行期权的可能性的其他因素。Whaley 提出了一种分离期权价格中代表投资者对波动率的预测的那一部分的方法。

芝加哥期权交易所（CBOE）利用标准普尔 500 指数的看跌和看涨期权构建了被称为 VIX 的市场波动率指数（Market Volatility Index）。VIX 迅速成为最普遍采用的对美国股票市场在随后的 30 天中的预期波动率的度量。很多人将 VIX 称为"恐惧度量"，因为当投资者预期股票价格的波动率会上升时，他们增加了对期权的需求，从而推高其价格并提高 VIX 的价值。下面的图形展示了 VIX 从 2004 年 1 月到 2010 年 7 月的波动。

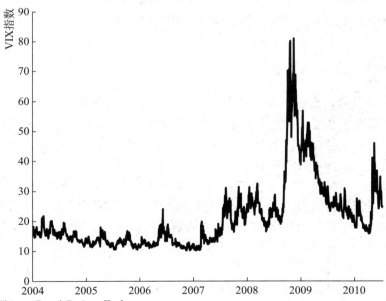

资料来源：Chicago Board Options Exchange.

直到 2007 年中期，VIX 的值通常在 10～20 之间，这意味着，投资者正在预期，在下一个 30 天内，标准普尔 500 指数会以年率上涨或下跌 10%～20%。接着，随着金融危机在 2007 年的爆发，VIX 开始上升，在雷曼兄弟破产之后的 2008 年 10 月和 11 月达到创纪录的 80 的水平。VIX 的上升是由投资者抬高期权价格推动的，因为投资者在面对预期波动率上升时试图对冲股票市场投资。VIX 直到 2009 年 12 月才跌回到 20 以下。2010 年 5 月再次急剧上升，因为市场经历了另一段波动时期。

2004 年 3 月，CBOE 开始交易 VIX 期货，2006 年 2 月，开始交易 VIX 期权。期望对冲市场波动率上升的投资者会购买 VIX 期货。类似地，期望市场波动率上升的投机者会买入 VIX 期货。期望市场波动率下降的投机者会卖出 VIX 期货。

VIX 指数为度量投资者正在预期市场上的波动性有多大并对冲这一波动性提供了一种方便的工具。

资料来源：Robert E. Whaley, "Understanding VIX," *Journal of Portfolio Management*, Vol. 35, Spring 2009, pp. 98-105; Robert E. Whaley, "Derivatives on Market Volatility: Hedging Tools Long O-verdue," *Journal of Derivatives*, Vol. 1, Fall 1993, pp. 71-84; and Associated Press, "Wall Street's Fear Gauge Sinks to 2-Year Low," *New York Times*, March 23, 2010.

通过做第 218 页本章末的问题和应用 4.14 来检查一下你的理解。

7.5 互换

虽然期货和期权合约的标准化提升了流动性，但这些合约无法被调整以满足投资者和企业的特殊需要。这一问题刺激了互换合约（swap contract）或称互换的发展。互换（swap）是两个或两个以上的交易对手在某一未来时期交换——或称互换——几组现金流的协议。从这个意义上说，互换类似于期货合约，但作为交易各方的私下协议，其期限是灵活的。

利率互换

考虑一个基本的，或称"普通的"（plain vanilla）**利率互换**（interest-rate swap），即交易双方同意在一个指定时段内互换被称为**概念本金**（notional principal）的固定美元数量的利息支付的一份合约。概念本金被用作计算的基础，但并不是实际上在交易双方之间转移的数量。例如，假定富国银行与 IBM 达成一份持续 5 年并基于 1 000 万美元的概念本金的互换。IBM 同意 5 年内在 1 000 万美元上向富国银行支付每年 6% 的利率。作为回报，富国银行同意向 IBM 支付可变或浮动利率。在利率互换下，浮动利率通常是基于国际银行之间相互贷款的利率。这一利率就是我们熟知的 LIBOR，LIBOR 表示伦敦银行间拆借利率（London Interbank Offered Rate）。假定在协商好的互换条件下，浮动利率被设定在等于 LIBOR 加上 4% 的利率。图 7—2 概括了互换交易中的支付。

如果第一次支付是基于 3% 的 LIBOR 利率，那么 IBM 应付给富国银行 600 000 美元（=10 000 000 美元×0.06），富国银行应付给 IBM 公司 700 000 美元（=10 000 000 美元×(0.03+0.04)）。取两项支付的差额，富国银行向 IBM 支付 100 000 美元。一般而言，交易双方只交换净支付。

为什么企业和金融机构会参与利率互换？一个动机是向更愿意承担风险的一方转移利率风险。在我们的例子中，IBM 在互换之后暴露于更大的利率风险，但因预期到收益而愿意承担这一风险。在第一笔支付上，与其支付的相比，IBM 从富国银行获得了额外的 100 000 美元。或者说，也许一家拥有大量诸如可调整利率抵押贷款之类的浮动利率资产的银行希望与一家拥有大量的固定利率抵押贷款的银行达成一份利率互换。银行和其他企业通常有获取浮动利率或固定利率资产的充分的商业理由。互换使其可以保留这些资产的同时改变其获得的固定和浮动支付的组合。此外，正如已经指出的，互换比期货或期权更灵活，因为它们可以被定制以满足交易各方的需要。互换比交易所交易还提供了更多的隐私，互换几乎不受政府监管的约束。最后，互换可以签署很长的时期，甚至可以长达 20 年。因此，互换比金融期货和期权提供了更长期的对冲，而期货和期权通常在一年或短于一年内结算或到期。

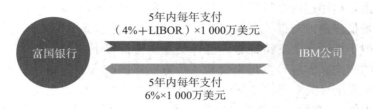

图 7—2 互换交易中的支付

　　富国银行与 IBM 达成了一份持续 5 年并基于 1 000 万美元的概念本金的互换。IBM 同意 5 年内在 1 000 万美元上向富国银行支付每年 6％的利率。作为回报，富国银行同意向 IBM 支付浮动利率。在这个例子中，IBM 应付给富国银行 600 000 美元（＝10 000 000 美元×0.06），而富国银行应付给 IBM 公司 700 000 美元（＝10 000 000 美元×(0.03＋0.04)）。取两项支付的差额，富国银行向 IBM 支付 100 000 美元。通常，交易双方只交换净支付。

　　然而，不像期货和在交易所交易的期权，就互换而言，交易各方必须确信其交易伙伴的信誉。这一问题导致互换市场由确定信誉所需时间很短的大型企业和金融机构主导。此外，像远期合约一样，互换并不像期货和期权那样有流动性。事实上，互换很少被再出售。

货币互换和信用互换

　　在利率互换中，交易各方交换固定利率和浮动利率债务上的支付。在**货币互换**（currency swap）中，交易各方交换以不同货币标价的本金数量。例如，一家法国企业也许有欧元并希望将其交换为美元。一家美国企业也许有美元并愿意将其交换为欧元。

　　一个基本的货币互换有三个步骤。首先，交易双方交换两种货币的本金数量。（注意与利率互换的区别，在利率互换中，双方交易相同的货币，通常只交换净利息数量，而不是本金。）其次，双方交换协议有效期内的定期利息支付。最后，双方在互换结束时再次交换本金数量。

　　为什么企业和金融机构会参与货币互换呢？一个原因是，企业也许在借入其本国货币上拥有比较优势。那么，它们可以与国外交易对手交换收入以获得投资项目所需的外国货币。与各自直接借入所需的货币相比，以这种方式，双方也许都能更便宜地借款。

　　在**信用互换**（credit swap）中，与基本的利率互换情形一样，交换的是利率支付，但目的在于降低违约风险，或称信用风险，而不是利率风险。例如，蒙大拿州一家对开采铜矿的企业发放很多贷款的银行也许会与堪萨斯州一家对种植小麦的农场主发放很多贷款的银行达成信用互换。蒙大拿州的银行担心，如果铜的价格下跌，这一行业中的一些贷款人也许会对其贷款违约，而堪萨斯州的银行担心，如果小麦价格下跌，这一行业中的一些贷款人也许会对其贷款违约。银行可以通过交换一些这类贷款的支付流来降低其风险。蒙大拿州的银行通过对采矿企业发放较少的贷款，而对农场主发放较多的贷款来分散化其贷款组合这一备选方案也许难以实现，因为很多银行专门对那些与之有长期关系的企业发放贷款。堪萨斯州的银行在分散化其投资组合时也会面临类似的困难。

信用违约互换

20世纪90年代中期，银行家信托公司（Bankers Trust）与 J. P. 摩根投资银行达成了**信用违约互换**（credit default swap）。这一名称多少有些误导性，因为不像我们迄今为止所讨论的互换，信用违约互换实际上是一种保险。在2007—2009年的金融危机期间，信用违约互换是最普遍地与抵押贷款支持证券和抵押债务债券（CDOs）联合使用的，抵押债务债券类似于抵押贷款支持证券。抵押贷款支持证券上的信用违约互换的发行方用承诺在证券违约时向买方进行支付来交换从买方获得的收入。例如，买方也许会购买基于面值为1 000美元的抵押贷款支持证券的信用违约互换，作为交换，每年要向信用违约互换的卖方支付20美元。如果抵押贷款支持证券的发行方未履行预定的本金或利息偿还，债券违约了，其价值会大幅下降。如果该债券的价格降至300美元，信用违约互换的买方会从卖方收到700美元。

到2005年，一些投资者变得确信，包含在抵押贷款支持证券和抵押债务债券中的很多次级抵押贷款很可能会违约，并决定通过购买基于这些证券的信用违约互换进行投机。这些投资者是在投机，而不是投保，因为他们大部分人并不拥有他们正在购买的信用违约互换所基于的标的抵押贷款支持证券。美国最大的保险公司美国国际集团（AIG）发行了大量的基于抵押贷款支持证券的信用违约互换。以后见之明观之，相对于实际风险，AIG只对买方收取了相对很小的数量。AIG发行的信用违约互换的数量令该企业易于受到美国房地产市场下跌的影响，因为房地产市场下跌会导致对企业正在发行的作为抵押贷款支持证券基础的抵押贷款的违约。AIG似乎低估了其正在承担的风险程度，显然因为其依靠标准普尔和穆迪对很多这类证券所授予的高评级，像评级机构一样，其内部模型并没有考虑到全国性的住房价格下跌。

到2008年9月，AIG发行信用违约互换所基于的证券的价格似乎已经出现大幅下跌。但AIG与信用违约互换的买方之间在这一点上存在一定的分歧，因为当时，标的证券的交易不再活跃，因此难以确定其真实价格。买方坚持要求AIG提供抵押品，从而买方可以抵消AIG造成的交易对手风险并确保收到他们认为因标的证券价格下跌他们应该得到的支付。由于AIG缺乏足够的抵押品，其被推到了破产的边缘。财政部和联邦储备判断，如果AIG破产并对其债务违约，包括其对信用违约互换持有人支付的义务，金融体系就会受到严重破坏。因此，联邦储备借给AIG850亿美元，以交换联邦政府接收该公司80%的所有权。然而，AIG的损失上升了，最终，其从联邦政府获得了1 820亿美元的资金。2010年末，通过将分支机构出售给大都会人寿保险公司（MetLife）和英国保诚集团（Prudential UK）以及其持有的金融资产的价格反弹，AIG最终也许能够偿还其从联邦政府获得的所有资金。来自除了AIG之外的企业的信用违约互换的数量在2005—

2006 年间也增加了，甚至在房地产市场的价格已经开始下跌的时候。在房地产繁荣的最后一个月，发行的次级抵押贷款的数量开始少于对抵押贷款支持证券和 CDOs 的需求。一些商业银行、投资银行和其他金融企业决定通过出售基于它们的信用违约互换来对这些证券下正面的赌注。它们的推理是：证券的价格还会维持在高水平，因此企业无须对信用违约互换的买方支付任何东西。企业将赚到来自它们会从买方收到的支付的利润。对这些企业来说不幸的是，标的证券的价值出现了暴跌，企业对信用违约互换的买方负有巨额的支付义务。

金融界的很多人，包括经济学家和政策制定者，对发行在外的信用违约互换的数量表示担心。由于信用违约互换是在场外交易的，而不是在交易所交易的，因此，对其没有可靠的统计数据。不仅基于证券的信用违约互换被出售，而且基于公司的信用违约互换也被出售。基于同一证券或公司的多种信用违约互换已经被出售也是非常可能的。因此，对一种证券的违约或一家企业的破产会给曾出售过基于该证券或企业的多家企业带来巨额损失。AIG 和其他企业以及投资者在信用违约互换上遭受的沉重损失深化了金融危机，并导致政策制定者考虑对这些衍生品加以监管。[①]

✓ 联系实际：衍生品是"金融大规模杀伤性武器"吗？

我们已经看到，衍生品在金融体系中可以发挥重要的作用，尤其是通过方便风险分担。那么，为什么沃伦·巴菲特将其视为"金融大规模杀伤性武器"呢？需要注意的是，巴菲特所指的并不是我们在本章所关注的期货合约和交易所交易的期权这类衍生品。相反，他指的是那些不在交易所交易的衍生品。这些衍生品包括远期合约、非上市的期权合约以及信用违约互换。

巴菲特发现了与这些衍生产品有关的三大问题：

1. 这些衍生品交易清淡（thinly traded）——也就是说，它们并不是经常被买卖——这使得难以确定其价值。缺少市场价值使得难以评估买方或卖方的财务健康状况。此外，某些这类衍生品的交易商利用由模型预测的价格而不是可能并不存在的实际市场价格将其盯住市场。这意味着，交易商向买方或卖方的账户加入资金——无论哪一方受益于价格变化——并从另一方的账户减去资金。从其衍生品价值上升中获利的一方可以将获利作为收入计入其财务报表。巴菲特认为，由于用于估计价格变化的模型也许是不准确的，因此，增加的收入很可能也是不准确的。

2. 很多这类衍生品并不受严格的政府监管的约束，因此，企业不会预留准备金以抵消潜在的损失。AIG 遭遇到这一问题：当该企业必须为其信用违约互换的买方提供抵押品时，它并没有资金这样做，因此需要从联邦储备和财政部借款。

3. 这类衍生品并不是在交易所交易的，因此，它们包含了巨大的交易对手风险。回

---

① 对信用违约互换在金融危机期间的发展的一个趣味十足的说明出现在 Michael Lewis, *The Big Short*: *Inside the Doomsday Machine*, New York: W. W. Norton & Company, 2010。（需要注意的是，该书再现了与投资者有大量污言秽语的对话。）关于抵押债务债券（CDOs）的一个出色的信息来源是一篇哈佛大学本科高年级论文：Anna Katherine Barnett-Hart, "The Story of the CDO Market Meltdown," Harvard College, March 19, 2009。

忆一下，就交易所交易的衍生品而言，交易所提供清算所服务并作为买方和卖方的交易对手。通过担当双方的交易对手，交易所显著地降低了违约风险。在金融危机期间，对交易对手风险的担忧导致某些衍生品市场的交易枯竭了，因为潜在的买方担心违约风险。在雷曼兄弟于 2008 年 10 月宣布破产并对其很多合约违约后，这一点变得尤为明显。

很多经济学家和政策制定者与巴菲特关心的是一样的。在 2010 年，作为对金融危机的反应，国会通过了《多德-弗兰克华尔街改革和消费者保护法案》。在该法案下，很多衍生品现在必须在交易所买卖。经济学家对交易对手风险的下降和透明度的上升是否会抵消标准化这些衍生品合约所带来的灵活性损失争论不休。

资料来源：The best source for Warren Buffet's views on derivatives is the "Chairman's Letter," in Berkshire Hathaway's Annual Report for the years 2002-2010.

通过做第 219～220 页本章末的问题和应用 5.10 和 5.11 来检查一下你的理解。

回答关键问题

续第 188 页

在本章开始的时候，我们提出了如下问题：

"金融衍生品是'金融大规模杀伤性武器'吗？"

我们已经看到，期货和交易所交易的期权在金融体系中发挥了重要的作用并提供了重要的风险分担服务。沃伦·巴菲特认为，一些不在交易所交易的衍生品对金融危机的爆发责无旁贷。虽然并不是所有的金融衍生品都是金融大规模杀伤性武器，但政策制定者已经制订了旨在确保一些衍生品的使用不会动摇金融体系的新的监管法律。

在进入下一章之前，阅读下面的**政策透视**，讨论《多德-弗兰克华尔街改革和消费者保护法案》很可能会如何影响衍生品市场。

政策透视：交易员对新的衍生品规则的影响感到不确定

《华尔街日报》

焦点集中在彻底检查衍生品的不利影响上

纽约（道琼斯）——随着联邦机构准备制定由参议院在星期四通过的新金融立法，监管者和衍生品市场的参与者正在关注其实施……

ⓐ潜在的不利后果中首要的是对商业终端用户的影响，即利用场外互换对冲业务风险且已经被准予免除集中清算、交易所交易和保证金提交的非金融企业。

虽然新规则明确地对准银行，其过度杠杆和自营交易业务加剧了金融危机，但其客户最终很可能因为银行将某些新的成本转嫁给客户而为互换支付更多……

另一个不利影响是美国监管机构之间或美国与其他国际监管者之间的套利机会。欧洲到目前为止似乎与美国一致，但除了日本以外的亚洲对该问题相对保持沉默。然而，财政部副部长 Neal Wolin 打消了这些对监管套利的担忧……"我不接受前提，"他说，"我们并不是唯一关注衍生品监管的国家。全世界还会有其他的我认为不会为竞技场之间的差异留有机会的措施。"……

⑥还有必要定义什么是主要的互换参与者以及与其有关的关键问题，如发行在外的互换的大量头寸、显著的交易对手敞口或高杠杆度的构成情况。

什么样的交易是足够标准化的从而符合集中清算的条件，对此的定义至今尚未完全解决。所谓的互换执行设施的定义也没有解决，如果有在一个认可的电子交易平台交易的强制命令，这会是对在交易所交易的一种重要的备选方案。Cleary，Gottlieb，Steen & Hamilton 公司的合伙人爱德华·罗森说，对于互换执行设施的构成是怎样的仍然是"非常非常不明确的"，而且定义也"随着该法案的几乎每一个新草案而变化"。

在所谓的 push-out 规定下，该规定强迫银行分拆某些互换业务，客户也许会被迫与信誉不及商业银行的几个不同的交易对手进行交易。客户从而也会失去银行分支机构之间差额支付的好处。

"几个月以来，我们一直在努力构想如果立法得以制定，我们会做什么，并在与衍生品市场有关的领域增加我们的资源。"SEC 的交易和市场部主任 Robert Cook 说。

商品期货交易委员会（CFTC）的主席 Gary Gensler 说："为此我们需要明显更多的储备。但我们在 6～7 个月前已经在某些关键的现货市场雇人了。"

ⓒCFTC 已经确定了 30 个制定规则的主题领域，并已经为每一个领域指定了团队。CFTC 已经在 9 月份安排了一系列的公开会议，并邀请了交易商、投资者、交易和清算所来提供他们的想法。Gensler 承认，CFTC 并不拥有很多专门技术的领域之一是数据存储，而交易执行细节则存储其中……

资料来源：*Wall Street Journal*，from "Focus Intensifies on Adverse Impact of Derivatives Overhaul" by Kathy Burne. Copyright 2010 by Dow Jones & Company，Inc. Reproduced with permission of Dow Jones & Company，Inc. via Copyright Clearance Center.

文中要点

政府监管部门和衍生品市场参与者在 2010 年 7 月考虑的是国会通过的新金融监管立法的实施会如何影响他们。虽然利用场外互换来对冲风险的非金融企业被准予免除集中清算和交易所交易，但这些企业最终还是会支付更多，因为银行设法将因立法而招致的较高的成本转嫁给客户。虽然一些人担心该法案会带来美国监管机构之间或美国与其他国际监管者之间的套利机会，但一位财政部的官员声称这一结果是不太可能的。关于立法存在很多不确定性。法案并没有定义重要的术语，如"主要的互换参与者"，而且也没有规定哪些交易符合集中清算条件。随后的规则制定协商计划在 360 天内完成。负责监控衍生品市场的证券交易委员会和商品期货交易委员会开始雇用新的职员并准备投入到大量的规则制定的主题领域。

新闻解读

ⓐ国会于 2010 年 7 月通过的金融改革立法允许非金融企业（例如，农场主）不受要求银行通过集中的交易所而不是场外交易所来交易衍生品的新监管规则的约束。但是，如果银行将源于立法的较高成本转嫁给客户，新的衍生品交易规则也许还是对非金融企业有消极影响。虽然改革法案会影响银行和金融的其他方面，但衍生品市场交易的新规则的重要性是由市场规模而定的。下页表说明，43 个国家在 2009 年 12 月有价值超过 614 万亿美元

的场外衍生品交易。这一总额指的是达成但尚未结清的协议的名义或本金值。

43 个国家场外市场的未结清数量（10 亿美元）

	2009 年 12 月
总合约	614 674
外汇	49 196
利率	449 793
股权连接	6 591
商品	2 944
信用违约互换	32 693
未分类	73 456

资料来源：Bank for International Settlements，www. bis. org.

ⓑ虽然法案获得通过并且签署为法律，但还有很多会影响到衍生品市场的尚未解决的问题。例如，法案并没有定义形成"显著的交易对手风险"或"高杠杆度"的"重要的互换参与者"。

ⓒ该法案将监控和管制衍生品市场的一个关键任务指派给了商品期货交易委员会。CFTC 主席 Gary Gensler 是衍生品交易改革和更高透明度的积极倡导者。CFTC 负责在 30 个不同领域制定衍生品交易规则，这是高达超过 2 300 页的复杂立法的产物。预期协商还需要超过 1 年的时间才能完成。

严肃思考

1. 文章提到，金融改革法案的一个可能的消极结果是"美国监管机构之间或美国与其他国际监管者之间的套利机会"。解释一下这一担忧。

2. 关于衍生品交易的新规则的支持者认为，要求更多的衍生品交易通过正式的交易所会提高金融稳定性并改善透明度。要求衍生品更多地使用正式的交易所的批评者会怎么认为？

本章小结和问题

关键术语和概念

看涨期权	期货合约	看跌期权
对冲	结算日	交易对手风险
利率互换	空头	信用违约互换
多头	投机	信用互换
保证金要求	现货价格	货币互换
盯市	协议价格（执行价格）	衍生品
期权	互换	远期合约
期权费		

7.1 衍生品、对冲和投机

解释什么是衍生品并区别用其对冲和用其投机。

小结

衍生品是从标的资产衍生其价值的金融证券。衍生品的一项重要用途是**对冲**，或者说，减少风险。衍生品也能被用于**投机**，或者说，在资产价格波动上下赌注。投机者提供了衍生品市场所需的流动性。

复习题

1.1 什么是衍生品？

1.2 对冲和投机之间的区别是什么？

1.3 为什么生产玉米的农场主想要对冲不稳定的玉米价格？

问题和应用

1.4 如果买卖衍生品合约的人只有对冲者，衍生品市场会更好吗？简要解释。

1.5 在下列各种情形中，你从价格波动中面临什么风险？如果衍生证券有助于你对冲这一风险，衍生证券必须符合哪些条件？

  a. 你是一位生产玉米的农场主。

  b. 你是一位玉米面包的生产商。

  c. 你正在购买国库债券以融通你孩子将来的大学学费。

7.2 远期合约

定义远期合约。

小结

远期合约通常指的是，现在的一份按规定的价格在未来某一特定日期交换给定数量的诸如石油、黄金或小麦之类的商品或诸如国库券之类的金融资产的协议。商品或金融资产可以被立即出售的价格被称为**现货价格**。远期协议的交割必须发生的日期被称为结算日。由于远期协议是有关各方之间的私人协议，它们会遇到**交易对手风险**，交易对手风险是合约的一方会违约并未能买入或卖出标的资产的风险。

复习题

2.1 什么是远期交易？什么是远期合约？

2.2 什么是现货价格？什么是结算日？

问题和应用

2.3 《华尔街日报》的观点专栏评论道："投机者通过承担其他人不想承担的风险来获得利润。如果没有投机者，投资者会发现难以迅速对冲或出售其头寸。"在何种意义上投机者通过承担风险而获利？为什么没有投机者会使得投资者难以迅速对冲或出售其头寸？

资料来源：Darrell Duffie, "In Defense of Financial Speculation," *Wall Street Journal*, February 24, 2010.

2.4 什么是交易对手风险？远期合约涉及什么交易对手风险？为什么达成远期合约的投资者和企业愿意接受交易对手风险？

7.3 期货合约

讨论期货合约如何被用于对冲和投机。

小结

由于期货合约是根据其交易的交易所的规则标准化的，它们缺乏远期合约的某些灵活性。然而，标准化具有提高流动性的重要好处。期货市场的空头指的是出售或交割标的资产的承诺。期货市场的**多头**有买入或接受标的资产的权利或义务。对冲，或者说降低风险，指的是在期货市场上取得空头来抵消现货市场的多头，或者在期货市场上取得多头来抵消现货市场的空头。通过在期货市场上取得头寸而没有现货市场的抵消性头寸，投机者试图从价格利得中获利。为了降低违约风险，期货交易所要求买卖双方同时在**保证金账户**（margin account）中存入一笔被称为**保证金要求**的初始存款。在每一个交易日结束的时候，根据合约的收盘价，交易所执行每日的结算，这就是我们熟知的**盯市**，在结算中，资金从买方的账户转移到卖方的账户，反之亦然。

复习题

3.1 远期合约和期货合约之间的关键区别是什么？

3.2 商品期货与金融期货之间的区别是什么？为每一种给出两个例子。

3.3 期货市场上的空头和多头之间的区别是什么？

3.4 给出一个关于某个人利用商品期货对冲的例子，给出一个关于某个人利用金融期货对冲的例子。

3.5 对冲和投机之间的区别是什么？给出一个关于利用商品期货和利用金融期货对冲的例子。

3.6 定义下述各项：保证金账户、保证金要求、盯市。

问题和应用

3.7 为什么期货市场起源于农业市场？农场主会买入还是卖出期货合约？通过这样做，农场主希望得到什么？通用磨坊会买入还是卖出小麦的期货合约？通过这样做，其希望得到什么？

3.8 根据《华尔街日报》上的一篇文章，进口以美元定价的商品的加拿大企业"买入保证其可以按固定的价格将加拿大元兑换为美元的期货合约……"你同意期货合约使得固定标的资产的价格成为可能吗？

资料来源：Phred Dvorak and Andy Georgiades，"Strong Loonie Sets off a Retail Tiff，"*Wall Street Journal*，May 19，2010.

3.9 《华尔街日报》上的一篇文章引用一位原油期货市场参与者的话说："我们很少看到人们购买保护"。
a. 在原油期货市场上，人们是从什么上"购买保护"的？
b. 人们如何利用原油期货市场来"购买保护"？

资料来源：Brian Baskin，"Spring Oil Rally Seems Less Likely This Year，"*Wall Street Journal*，March 9，2010.

3.10 《华尔街日报》上的一篇文章指出：

虽然其他航空公司都在努力维持运营，但西南航空却一个季度接一个季度地发布源于其广泛的对冲计划的积极结果，该航空公司是少数几家适当地对冲燃油成本的航空公司之一。

简要解释为什么西南航空公司想要对冲燃油成本以及它会如何做。你的答案应该包括对冲的定义。

资料来源：David Gaffen，"Four at Four：The Stock Market Turns Into the NBA，"*Wall Street Journal*，October 16，2008.

3.11 《华尔街日报》上的一篇讨论石油价格往往在春季上涨的文章评论道："对冲基金和其他投机者经常集体搭便车几乎已经成为一个年度传统。"如果你想利用原油期货市场投机原油价格会上涨，你会如何做？

3.12 根据《华尔街日报》上的一篇文章，在2008年的最后一个季度，沃尔特·迪士尼公司"在为公司的旅游线路的燃油对冲上亏损了"。为什么迪士尼想要从事原油对冲？该公司会如何做？迪士尼怎么会在燃油对冲上亏损？

资料来源：Brian Baskin, "Spring Oil Rally Seems Less Likely This Year," *Wall Street Journal*, March 9, 2010.

3.13 假定你是一位生产小麦的农场主，回答下述问题：

a. 现在是 9 月份，你打算收割 50 000 蒲式耳的小麦并准备在 11 月份出售。小麦当前的现货市场价格是每蒲式耳 2.50 美元，现在的 12 月的小麦期货价格是每蒲式耳 2.75 美元。你应该买入还是卖出小麦期货？如果每份小麦期货合约是 5 000 蒲式耳，你会买入或卖出多少合约？在买入或卖出期货合约中，你会支出或收入多少？

b. 现在是 11 月份，你按每蒲式耳 2.60 美元的现货价格出售了 5 000 蒲式耳的小麦。如果期货价格是 2.85 美元，你结清了你在期货市场的头寸，在你的期货市场头寸上，你的损益是多少？你完全对冲了小麦市场价格波动的风险了吗？给出一个数字解释。

3.14 《华尔街日报》上的一篇讨论镍市场的文章包含下述内容：

　　镍的价格的大幅上涨展示了供给和需求的轻微变动如何能带来像镍、橘子汁和可可豆那样的小型市场的动荡。根据主要交易所的未结算合约，镍是一个大约 120 亿美元的市场，而原油市场是 2 800 亿美元。

a. 文章所说的市场"动荡"的意思是什么？

b. 给定关于"小型市场"的这一信息，与像原油市场那样的较大市场的参与者相比，对这些小型市场的参与者而言，拥有可用的期货合约的价值更高还是更低？

c. 文章所说的"主要交易所的未结算合约"的意思是什么？为什么这会是对一种商品的市场规模的度量？

资料来源：Liam Pleven, "How the Nickel Rally Got Its Start," *Wall Street Journal*, March 26, 2010.

3.15 【与第 193 页的**联系实际**有关】《华尔街日报》上的一篇文章讨论了一些农场主对衍生品的监管会使其对冲风险更为困难的担心，描述了"利用衍生品对冲其为饲料支付的价格及其从公牛中得到的价格"的饲养场业主的情形。这位饲养场业主会如何利用期货合约来对冲这些价格风险？

资料来源：Michael M. Phillips, "Finance Overhaul Casts Long Shadow on the Plains," *Wall Street Journal*, July 14, 2010.

3.16 【与第 195 页的**联系实际**有关】考虑下面的在芝加哥交易所交易的 10 年期国库票据期货的上市列表。国库票据的一份期货合约为 10 年期、利率为 6%、票据的面值为 100 000 美元。

10 年期美国国库票据期货

月份	最后价	变化	开盘价	最高价	最低价	交易量	未结算
2012 年 12 月	108′18.5	0′03.5	108′13.0	108′21.0	108′06.5	564 322	2 380 328
2013 年 3 月	108′07.0	0′05.5	108′00.0	108′05.0	107′26.0	4 325	118 728
2013 年 6 月	107′27.0	0′05.5	107′27.0	107′27.0	107′21.5	2	19
2013 年 9 月	107′21.5	0′05.5	107′21.5	107′21.5	107′21.5	0	0
2013 年 12 月	107′21.5	0′05.5	107′21.5	107′21.5	107′21.5	0	0

a. 如果在这一天你购买了 2012 年 12 月到期的两份合约，你付了多少钱？

b. 期货合约的"未结算"是什么意思？2013 年 3 月到期的合约的"未结算"是多少？

c. 如果你是一位预期利率会下降的投机者，你会已经购买了还是出售了这些期货合约？简要解释。

d. 假定你卖出了 12 月份的期货合约，一天后，芝加哥交易所通知你其已经将资金贷记到你的保证金账户上了。在那一天，利率发生了什么变化？简要解释。

3.17 【与第 196 页的**解决问题** 7.1 有关】假定你是一位拥有 10 000 美元的美国国库票据的投资者。

　　a. 你会更担心市场利率上升还是下降？简要解释。

　　b. 你会如何对冲你在（a）部分所识别出的风险？

3.18 芝加哥商品交易所（CME）提供标准普尔 500 指数的期货合约：

　　　CME 的标准普尔 500 期货合约的规模是合约的乘数（250 美元）乘以当前 CME 标准普尔 500 期货水平。例如，如果指数水平是 1 400，那么合约的价值是：250 美元×1 400＝350 000 美元。

　　合约是由买卖双方之间的现金支付来结算的。

　　a. 哪类投资者会发现这一期货合约在对冲中是有用的？简要解释这些投资者会如何用其对冲。

　　b. 哪类投资者会发现这一期货合约在投机中是有用的？简要解释这些投资者会如何用其投机。

3.19 根据《经济学家》杂志上的一篇文章：

　　　1958 年，美国生产洋葱的农场主指责投机者应为其农作物价格的波动负责，并游说一位来自密歇根州名叫吉拉德·福特的国会议员禁止洋葱期货交易。在得到这位未来总统的支持之后，他们成功了。自那以后，洋葱期货就被禁止了。

　　有可能是禁止交易洋葱期货合约降低了洋葱价格的波动性吗？生产洋葱的农场主作为一个整体因禁止期货交易而境况变得更好了吗？

　　资料来源："Over the Counter, Out of Sight," *Economist*, November 12，2009.

7.4 期权

区别看涨期权和看跌期权并解释如何使用它们。

小结

　　期权的买方有权按规定的价格在规定的时段买入或卖出标的资产。**看涨期权**授予买方在期权到期日之前的任何时间按**协议价格**（或者说**执行价格**）买入标的资产的权利。看跌期权授予买方按协议价格卖出标的资产的权利。在交易所交易的期权被称为**上市期权**（listed options）。预期标的资产价格会上涨的投资者期待通过买入看涨期权而获利。预期标的资产价格会下跌的投资者期待通过买入看跌期权而获利。期权的价格被称为**期权费**。期权费包括期权的内在价值加上期权的时间价值，期权的时间价值捕获了影响期权被执行的可能性的其他因素的影响，如预期期权价格的波动率。现代期权定价理论始于 1973 年布莱克-斯科尔斯模型的提出。在对冲风险时，期权相对于期货的缺点是更为昂贵，但是，它们的优点是，如果价格向与对冲相反的方向变动，它们也不会带来损失。很多对冲者购买衍生自标的资产的期货合约的期权，而不是标的资产的期权。

复习题

4.1 定义下列各项：

　　a. 看涨期权；

　　b. 看跌期权；

　　c. 协议价格；

　　d. 到期日。

4.2 期权的买方和卖方的权利和义务怎样不同于期货的买方和卖方的权利和义务？

4.3 什么是期权费？什么是期权的内在价值？除了内在价值外，哪些其他因素会影响期权费的大小？

4.4 什么是布莱克-斯科尔斯模型？谁是金融工程师？

4.5 投资者可以如何利用期权来管理风险？

4.6 为什么某个人会购买衍生自标的资产的期货合约的期权而不是购买标的资产本身的期权？

问题和应用

4.7 一个在 2010 年年中发布到《华尔街日报》网站的视频的标题是："股权也许已经上涨太多，买看跌期权吧"。

a. 什么是股权？

b. "股权也许已经上涨太多"的意思是什么？

c. 如果股权已经上涨太多，为什么购买看跌期权会是一个好想法？

资料来源：Anil Kumar, "Equities May Have Rallied Too Much, Buy Puts," wsj. com, July 15, 2010.

4.8 2010 年 4 月末，苹果公司股票是以每股超过 260 美元的价格出售的。下述内容出现在《华尔街日报》的一个专栏里，列举了苹果公司面临的也许会导致该公司的股票价格下跌的问题：

这些问题中的某些是会迅速爆发的问题。其他问题，如果确实出现，也需要更多的时间。但是，如果你是一位苹果公司的紧张不安的投资者，你的备选方案是什么？当然，你可以卖掉一些股票并取得利润。但是，如果你还不想这么快就放弃苹果公司，这里还有另一个意见：你可以利用"看跌"期权购买一些保险。

a. 买入看跌期权是如何为股票价格下跌提供保险的？

b. 如果你担心股票价格会下跌，比较买入看跌期权和卖出股票各自的支持和反对的理由。

资料来源：Brett Arends, "Seven Reasons Apple Share Holders Should Be Cautious," *Wall Street Journal*, April 23, 2010.

4.9 【与第 202 页的**联系实际**和**解决问题** 7.2 有关】利用下述关于 IBM 股票的看涨和看跌期权回答问题。

IBM						标的股票价格：90.78 美元	
		看涨期权			看跌期权		
到期日	协议价格	最后	交易量	未结算	最后	交易量	未结算
11 月	95.00	4.81	4 103	3 692	9.00	910	3 555
1 月	95.00	7.50	464	3 328	11.00	140	14 624
4 月	95.00	10.30	62	843	14.50	1	1 441
11 月	100.00	2.90	10 879	3 321	11.30	67	6 363
1 月	100.00	5.80	161	10 996	13.80	32	17 021
4 月	100.00	7.90	33	1 163	15.20	12	2 251
11 月	105.00	1.70	1 710	6 946	14.30	94	1 852
1 月	105.00	3.80	326	7 429	16.90	17	11 530
4 月	105.00	5.80	11	964	17.80	25	1 484

a. 4 月到期、协议价格为 95 美元的看涨期权的内在价值是多少？

b. 1 月到期、协议价格为 105 美元的看跌期权的内在价值是多少？

c. 简要解释为什么协议价格为 105 美元的看涨期权比协议价格为 95 美元的看涨期权的售价要低（对所有到期日）？而协议价格为 105 美元的看跌期权比协议价格为 95 美元的看跌期权的售价要高（对所有到期日）？

d. 假定你购买了 1 月到期、协议价格为 105 美元的看涨期权。如果你在 IBM 的股票价格为 130 美元时执行期权，你的盈利或亏损会是多少？

e. 假定你按列表中的价格购买了 4 月份到期的看跌期权，IBM 的股票价格维持在 90.78 美元。你的盈利或亏损会是多少？

4.10 一份金融出版物上的一篇文章评论道："预期股票价格波动率越高，看跌和看涨期权的价格就会越高。"简要解释这一评论背后的推理。

4.11 《华尔街日报》上的一篇文章包含下述内容：

期权交易者在星期五迅速取得零售公司的头寸……塔吉特公司（Target）是该行业交易最活跃的公司之一，投资者取得 68 000 份看涨期权……27 000 份看跌期权……期权交易者似乎对塔吉特公司是采取看涨方法的……

"看涨方法"是什么意思？为什么期权买入的数据表明交易者是在采取看涨方法？

资料来源：Tennil e Tracy，"Retail Report Puts Target in Sights，"*Wall Street Journal*，February 3，2009.

4.12 下述内容出现在《华尔街日报》的一篇文章中：

瑞士信贷集团的股权衍生品策略分析师 Sveinn Palsson 提出在公司的股权上采取"扼杀"策略。该策略指的是，分别以高于和低于当前的股票价格卖出看涨和看跌期权……就 Abercrombie & Fitch 公司的情况而言，Palsson 建议卖出 8 月到期、协议价格为 85 美元的看涨期权和 8 月到期、协议价格为 65 美元的看跌期权，收取 5.30 美元的组合期权费。

在这篇文章发表的时候，Abercrombie & Fitch 公司的股票的售价是 71.70 美元。要让这一"扼杀"策略有利可图，瑞士信贷的策略分析师一定是一直在预期 Abercrombie & Fitch 公司的股票会怎么样？

资料来源：Tennille Tracy，"Traders Expect Weak Economy to Wear Down Teen Clothiers，"*Wall Street Journal*，April 24，2008，p. C5.

4.13 假定道琼斯工业平均指数高于 10 000 点的水平。如果道指下降到了 6 000 点，谁会获得最大收益：曾购买过看涨期权的投资者、曾出售过看涨期权的投资者、曾购买过看跌期权的投资者还是曾出售过看跌期权的投资者？谁会受到最大伤害？

4.14 【与第 205 页的**联系实际有关**】CBOE 网站引用一家投资咨询公司 CEO 的话说："VIX 指数是度量投资者情绪的一种重要和流行的工具……"简要解释 VIX 指数在何种意义上是对投资者情绪的一种度量？

资料来源：www.cboe.com/micro/vix/introduction.aspx.

7.5 互换

定义互换并解释其如何被用于降低风险。

小结

互换是两个或多个交易对手之间在某一未来时期交换几组现金流的协议。互换类似于期货合约，但互换是交易对手之间的私人协议并有灵活的条款。就**利率互换**而言，交易各方同意交换被称为概念本金的固定的美元数量上的利息支付。通常，交易各方会用固定利率支付流交换浮动利率支付流。在**货币互换**中，交易各方交换以不同货币标价的本金数量。在**信用互换**中，互换利率支付的目的是降低违约风险，或者说，信用风险，而不是像基本的利率互换那样降低利率风险。**信用违约互换**的名称容易让人产生误解，因为它们实际上是保险的一种形式，而不是互换。债券的信用违约互换的发行人从买方收到付款以交换在证券违约时向买方进行支付的承诺。信用违约互换与金融危机关系密切，因为一些企业——最明显的就是美国国际集团（AIG）——发行了对抵押贷款支持证券的信用违约互换，但却没有足够的准备金来抵消房地产泡沫破灭时招致的损失。

复习题

5.1 什么是互换？互换在哪些方面不同于期货合约？

5.2 什么是利率互换？其发挥的用途是什么？

5.3 什么是货币互换？

5.4 什么是信用互换？信用互换在哪些方面不同于货币互换？

5.5 什么是信用违约互换？信用违约互换在金融危机期间带来了什么困难？

问题和应用

5.6 假定你管理着一家曾以固定利率发放过很多贷款的银行。你担心通货膨胀也许会上升，而贷款的价值则会下降。

    a. 为什么通货膨胀上升会导致你的固定利率贷款的价值下降？

    b. 你会如何利用互换来降低你的风险？

5.7 2010年7月，Bloomberg.com上的一篇文章指出："根据信用违约互换的交易员，保护欧洲公司债券免于违约的成本下降了。"给定这一声明，信用违约互换的价格怎么样了？在欧洲，公司债券的价格怎么样了？

    资料来源：Michael Shanahan，"Corporate Bond Risk Falls in Europe，Credit Default Swaps Show，"Bloomberg.com，July 9，2010.

5.8 在2010年，对监管投机者对信用违约互换的使用有几项提议，斯坦福大学的达雷尔·达菲在《华尔街日报》的观点栏目中认为：

    投机者也为我们提供了关于投资的内在价值的信息。当基本面看似有利时，他们买入。否则，他们卖出。如果他们的预测是正确的，他们将获利。这使得价格能更准确地预测一项投资的价值，传播有用的信息。例如，希腊有严重债务问题的明显证据是买入对该国违约的CDS保护的价格飙升。

    a. 什么是CDS？

    b. "买入对该国违约的CDS保护的价格飙升"的意思是什么？

    c. （b）中提到的价格飙升如何为投资者提供了有用的信息？

    资料来源：Darrell Duffie，"In Defense of Financial Speculation，"*Wall Street Journal*，February 24，2010.

5.9 【与本章开始的导入案例有关】《华尔街日报》上一篇关于改变管理金融衍生品交易的监管规则的提议的文章包含下述内容：

    SEC和商品期货交易委员会都在寻求更大的权力来管辖场外市场，并希望新的权力可以帮助它们降低场外交易可能对更广泛的体系造成的风险。

    a. 什么是衍生品的"场外市场"？

    b. 文章所说的"更广泛的体系"是什么意思？

    c. 衍生品的场外交易会如何对更广泛的体系造成风险？

    资料来源：Sarah N. Lynch，"Use of Derivatives by Funds Examined，"*Wall Street Journal*，March 26，2010.

5.10 【与第209页的**联系实际**有关】在其对伯克希尔·哈撒韦的股东的一封年度公开信中，沃伦·巴菲特写道，衍生品交易比股票和债券交易有多得多的交易对手风险，因为"正常的股票交易是在几天内完成的，一方得到现金，另一方得到证券。因此，交易对手风险迅速消失……"

    a. 什么是交易对手风险？

b. 为什么衍生品交易比股票和债券交易的交易对手风险更大?

资料来源：Warren Buffett，"Chairman's Letter，" *Berkshire Hathaway Inc. 2008 Annual Report*，February 27，2009.

5.11 【与第 209 页的**联系实际**有关】在其对伯克希尔·哈撒韦的股东的一封年度公开信中，沃伦·巴菲特写道："即使经验丰富的投资者和分析师在分析那些与衍生品合约有密切关系的企业的财务状况时也会遇到严重问题。"为什么投资者分析买卖大量衍生品的企业的财务状况时会遇到困难? 企业买卖什么类型的衍生品有关系吗?

数据练习

D7.1 前往 finance. yahoo. com 并在屏幕左上方的 "Get Quotes" 输入你最喜欢的股票的名字（Apple，Microsoft，Google 或任何股票）。随着你输入股票的名字，注意股票的订单符号并对你选中的股票点击符号。选择屏幕左侧的 "Options" 标签。注意 Yahoo! 是如何突出实值期权的。就这一股票回答下述问题：

a. 这个月、下个月和明年这个月的看涨和看跌期权之间的价格差异是什么?

b. 为什么到期日更远的期权价格上升?

c. 对最早到期的看涨和看跌期权，哪种期权有最高的交易量? 你能利用交易量的数据来确定关于投资者预期股票价格会变动的方向吗? 简要解释。

D7.1 前往 finance. yahoo. com，在屏幕左上方的 "Get Quotes" 输入 VIX 来得到标准普尔 500 的波动率指数。前往历史价格并画出该指数过去五年的图形。波动率在过去五年曾如何变化? VIX 何时位于其最高点? 何时位于其最低点?

第 8 章 外汇市场

学习目标

学完本章之后，你应该能够：

8.1 解释名义汇率和实际汇率之间的区别

8.2 解释外汇市场如何运作

8.3 解释汇率在长期内是如何决定的

8.4 利用需求和供给模型解释汇率在短期内是如何决定的

为什么美联储会把美元借给外国的中央银行？

在 2007—2009 年的金融危机期间，联储采取了前所未有的政策措施。这些政策措施中最为出人意料的一个是在 2007 年 12 月美联储与外国中央银行建立的美元流动性互换额度（dollar liquidity swap lines）。美元流动性互换额度允许联储向外国中央银行提供美元以交换等额的外币。联储和外国中央银行认为这类互换额度是必不可少的，因为在现代全球化的金融体系中，很多美国之外的银行也大量地投资于美元计价的资产。外国中央银行可以利用其通过互换额度从联储获得的美元来向其本国的银行发放美元贷款。

美元流动性互换额度说明了世界金融体系已经相互联系在一起了。联储基本上可以忽略其政策对其他国家经济的影响以及其他国家金融和经济的发展对美国经济的影响这样的时代已经一去不复返了。尽管存在始于 2007 年 12 月的经济衰退，然而，商品和服务的进出口占美国 GDP 的比例仍然达到了创纪录的水平。外国投资者正在购买越来越多的美国政府债券，很多美国投资者也决定通过购买外国的股票和债券来分散化其投资组合。

为了购买其他国家的商品、实物资产或金融资产，人们首先必须兑换货币。当苹果公司从国外供应商购买 iPad 的零部件时，它必须将美元兑换为外国货币。当 Vanguard 公司旗下的欧洲股票指数（European Stock Index）基金要购买瑞士著名的巧克力生产企业雀巢公司（Nestlé）的股票时，类似的外币兑换交易也会发生。Vanguard 在国内银行的美元存款必须被兑换成以瑞士法郎表示的银行存款。汇率度量了以另一种货币为单位的一种货币的价值。由于各类跨国购买数量的增加，汇率波动已经成为世界各国中央银行的决策者们关注的重要方面。

第 240 页的政策透视讨论了 2010 年的欧洲债务危机对美元需求的影响。

关键议题和问题

在第 1 章的结尾，我们指出，始于 2007 年的金融危机提出了关于金融体系的一系列重要问题。在回答这些问题的时候，我们将讨论金融体系的一些非常重要的方面。下面是本章的关键议题和问题：

议题：在 2007—2009 年的金融危机期间，汇率波动尤为剧烈，联储和其他中央银行采取了协调的政策行动来帮助稳定国际金融体系。

问题：为什么美元的价值在金融危机的巅峰时期会出现飙升呢？

在第 240 页回答

在这一章，我们将解释汇率是如何决定的以及汇率为什么会随时间而变化。汇率是围绕着长期趋势做短期波动的。理解这些变化可以说明为什么美国的经济发展，包括美国的利率变动，会引起国际金融市场的动荡。理解汇率的决定因素也提供了理解诸如联储设立美元互换额度之类的新发明的特定背景。

8.1 汇率和贸易

在当今时代，众多的商品、服务和金融资产市场已经全球化了。例如，不管是出口还是进口都出现了巨大的增长。在 2010 年，外国的消费者、企业和政府购买了大约 12% 的美国生产的商品和服务，而美国消费的大约 15% 的商品和服务是产自国外的。这些百分比数字是 20 世纪 60 年代的两倍多。当美国的个人或企业进出口商品或在其他国家进行投资时，他们需要将美元转换为外国货币。**名义汇率**（nominal exchange rate）是以另一国货币为单位的一国货币的价格。例如，在 2010 年 9 月，1 美元可以购买 85 日元或者 13 单位的墨西哥比索。名义汇率通常也被简单地称为汇率（exchange rate）。

美元与外国货币之间的汇率波动会影响美国消费者为外国进口商品所支付的价格。例如，假如索尼 Playstation 3 游戏机在东京的售价为 30 000 日元，而美元与日元之间的汇率为 100 日元＝1 美元，那么 Playstation 3 的美元价格是 300 美元（＝30 000 日元/100 日元/

美元)。如果汇率变动到了 90 日元＝1 美元，即使 Playstation 3 在日本东京的日元价格保持不变，Playstation 3 的美元价格也会上升到 333.33 美元（＝30 000 日元/100 日元/美元）。在这种情况下，日元相对于美元的价值增加了，因为购买一美元只需要较少的日元。

一国货币对另一国货币兑换价值的上升被称为**升值**（appreciation）。当日元对美元升值时，日本企业在美国销售商品和服务会变得更为困难。同样地，日元对美元的升值使得美国企业在日本出售商品和服务更为容易。例如，在汇率为 100 日元＝1 美元时，费城的价格为 1 美元的好时公司（Hershey）的块状糖的日元价格为 100 日元。然而，如果日元升值到 90 日元＝1 美元，块状糖的日元价格仅为 90 日元。需要注意的是，日元对美元发生了**升值**（appreciation）的说法与美元对日元发生了**贬值**（depreciation）或对日元的价值下降了的说法是相同的。

✔ 联系实际：什么因素在决定索尼公司的利润中是最重要的呢？

索尼公司生产消费电子产品，包括游戏机（game consoles）、电视机和蓝光碟片播放机。从长期来看，索尼的盈利能力取决于其开发创新性的新产品、以较低的成本生产产品以及成功地向消费者营销产品的能力。索尼公司取得了大量成功，但也有很多失策，例如，索尼未能意识到苹果公司在 2001 年推出的 iPod 会导致其曾经极为流行的 Walk-man 便携式 CD 播放机销量的大幅下滑。在 2010 年，当索尼预期所有生产的电视机中的 50% 将是兼容 3D 时，索尼期待着其新的 3D 电视机的成功能使其到 2013 年在销售量上成为市场的领导者。

然而，从短期来看又如何呢？短期是对于索尼而言过于短暂从而无法改变其产品线、建造和关闭工厂或者大幅扩张或收缩雇员数量的一段时期。从短期来看，索尼的利润取决于其产品的价格相对于其竞争对手的类似产品的价格。然而，索尼无法完全控制其产品的价格，因为虽然公司位于日本，但其大约 75% 的产品是销往日本之外的。日元与外国货币之间的汇率的波动会影响到索尼产品的外币价格。例如，日元对美元价值的上升会提高 Playstation 3 的美元价格，索尼的蓝光播放机和电视机同样如此。虽然日元的价值上升了，索尼可以而且有时候的确是在美国保持其产品的美元价格不变。例如，虽然在 2009 年的大部分时间和 2010 年早些时候日元的价值上升了，但索尼保持 Playstation 3 的零售价格大约为 299 美元，然而，其结果是产品盈利能力的下降。因为 Playstation 3 的 299 美元的美国价格换得了较少的日元，而在日本生产产品的成本是以日元支付的且不受影响，索尼在 Playstation 3 上的利润就下滑了。

索尼估计日元从 95 日元＝1 美元升值到 85 日元＝1 美元会降低大约 100 亿日元的公司利润。其他的日本企业对日元的升值甚至更为敏感。例如，即使丰田公司在美国组装了很多其在美国出售的汽车，它仍然出口足够多的日本制造的汽车和零部件，这使得其利润在日元对美元的价值每增加 1 日元时就会下滑 250 亿日元。丰田在 2010 年 3 月 31 日结束的年度内报告了大约 200 亿日元的亏损。如果丰田在去年按照平均只多 1 日元的价格购买了美元，那么公司就会盈利而不是亏损。

毫不奇怪，索尼的 CEO Howard Stringer 和其他日本企业的高层管理人员不断地寻找能抵消日元价值波动对公司盈利能力造成影响的方法。

资料来源：Alex Frangos and Yoshio Takahashi，"Yen Heads Lower, at last," *Wall Street Journal*, April 1，2010；Daisuke Wakabayashi，"Sony Pins Future on a 3-D Revival," *Wall Street Journal*, January 7，2010；and Daisuke Wakabayashi and Yuzo Yamaguchi，"Sony CEO Calls for More Streamlining," *Wall Street Journal*, December 4，2009.

通过做第 243~244 页本章末的问题和应用 1.8 和 1.9 来检查一下你的理解。

每一日元的美元数还是每一美元的日元数？

需要注意的是，每种汇率的表示方法有两种：（1）每单位本国货币的外币数量或（2）每单位外国货币的本币数量。例如，我们可以将美元与日元之间的汇率表示为 100 日元＝1 美元或 0.01 美元＝1 日元。这两种表示在数学上是等价的，一个是另一个的倒数。银行或其他金融机构中的专业的货币交易员通常将汇率定价或"报价"为每单位外国货币的本币数量，这些报价被称为**直接标价**（direct quotations）。**间接标价**（indirect quotations）将汇率表示为每单位本国货币的外币数量。

实践中，在财经新闻中报告汇率时存在着一些同时采用直接标价和间接标价的惯例。例如，美元与日元之间的汇率几乎总是报告为每一美元的日元数，而欧元与美元之间的汇率报告为每一欧元的美元数，英镑与美元之间的汇率报告为每一英镑的美元数。很多财经新闻媒体都提供了关于货币"交叉汇率"（cross rate）的表格，如图 8—1 所示，该图提供了 2010 年 7 月的某一天的直接和间接报价。沿着行来阅读，我们得到的是直接标价，而沿着列来阅读，我们得到的是间接标价。例如，美国那一行的第二项说明了该日的汇率是 1 欧元（€）兑换 1.292 7 美元，欧元是大多数西欧国家的共同货币。美元那一列的最后一项说明了汇率也可以表示为每一美元等于 0.773 6 欧元。

	美元	欧元	英镑	瑞士法郎	比索	日元	加拿大元
加拿大	1.054 7	1.363 5	1.613 8	1.003 0	0.081 7	0.012 2	……
日本	86.670	112.04	132.61	82.415	6.710 0	……	82.172
墨西哥	12.917	16.697	19.762	12.282	……	0.149 0	12.246
瑞士	1.051 6	1.359 4	1.609 0	……	0.081 4	0.012 1	0.997 1
英国	0.653 6	0.844 9	……	0.621 5	0.050 6	0.007 5	0.619 7
欧元	0.773 6	……	1.183 6	0.735 6	0.059 9	0.008 9	0.733 4
美国	……	1.292 7	1.530 0	0.950 9	0.077 4	0.011 5	0.948 1

图 8—1　外汇交叉汇率

外汇汇率既可以表示为每单位外币的美元数，也可以表示为每单位美元的外币数。沿着行来阅读，我们得到的是直接标价；沿着列来阅读，我们得到的是间接报价。例如，美国那一行的第二项说明了该日的汇率是 1 欧元（€）兑换 1.292 7 美元。美元那一列的最后一项说明了汇率也可以表示为每一美元等于 0.773 6 欧元。

资料来源："Key Cross Currency Rates," *Wall Street Journal*, July 16, 2010.

图 8—2 展示了自 2000 年以来美元与日元、加拿大元以及欧元之间的汇率的波动情

况。为了一致起见，在每种情形中，纵轴都表示购买一单位的外币需要的美元数。以这种方法展示图形时，汇率上升代表着美元的贬值和其他货币的升值。三个图形的每一个都展示了大致相同的模式：在2008年金融危机的早期阶段，美元一直是贬值的，随即进入了相对较短的升值时期，接着，在2009年的下半年和2010年的早些时候，又进入了贬值阶段。在2010年的早些时候，美元对欧元的升值是由于几个欧洲国家，包括希腊、西班牙、葡萄牙和爱尔兰，经历了严重的财政问题并使得它们放弃欧元这一共同货币成为可能。在本章的后面，我们将会考察导致汇率波动的因素。

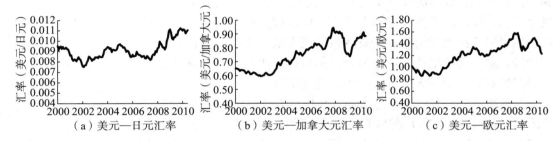

图8—2　汇率的波动，2000—2010年

三个图形分别展示了美元与日元、加拿大元及欧元之间的汇率的波动。由于我们在纵轴上把汇率度量为每单位外币的美元数，汇率上升代表着美元的贬值和其他货币的升值。

资料来源：Federal Reserve Bank of St. Louis.

名义汇率与实际汇率的比较

名义汇率告诉你的是用1美元兑换时你会收到多少日元、加拿大元或欧元，但它们并没有告诉你用1美元可以购买多少另一国的商品和服务。当我们对两国货币的相对购买力感兴趣的时候，我们使用**实际汇率**（real exchange rate），实际汇率度量的是一国的商品和服务可以交换为另一国的商品和服务的比率。为了简单起见，我们考虑一种特定的商品：麦当劳的巨无霸汉堡（McDonald's Big Mac）。假定我们想知道美元和欧元购买巨无霸汉堡的相对能力。假定一个巨无霸汉堡在纽约的售价为4.50美元，在伦敦的售价为5.00英镑，而美元和英镑间的名义汇率为1.25美元＝1英镑。我们可以通过乘以汇率：5.00英镑×1.25美元/英镑＝6.25美元而把伦敦巨无霸汉堡的英镑价格转化为美元价格。因此，1美元在伦敦只能购买到4.50美元/6.25美元＝0.72个巨无霸汉堡。

我们可以总结刚才所做的计算来得到用巨无霸汉堡衡量的美元与英镑间的实际汇率：

$$\frac{\text{实际的巨无霸}}{\text{汉堡的汇率}} = \frac{\text{巨无霸汉堡在纽约的美元价格}}{\text{巨无霸汉堡在伦敦的英镑价格}\times\text{每一英镑的美元数汇率(名义汇率)}}$$

当然，我们对用单个商品衡量的实际汇率不太感兴趣。然而，我们可以采用相同的方法，通过用每一个国家的消费者价格指数替换特定商品的价格来确定两国货币间的实际汇率。回忆一下，消费者价格指数表示的是典型的消费者购买的所有商品和服务的价格的平均以及该国的**价格水平**（price level）。做这一替换就给出了如下用名义汇率和每个国家的价格水平衡量的实际汇率的表达式：

$$美元和英镑间的实际汇率 = \frac{美国的消费者价格指数}{英国的消费者价格指数 \times 每一英镑的美元数汇率(名义汇率)}$$

8.2 外汇市场

从个别消费者或投资者的角度看，汇率可以被用于将一种货币转换为另一种货币。如果你要出国，你就必须把美元转换为加拿大元、日元、欧元、英镑或者其他货币。如果美元的价值相对于这些货币上升了，你在旅行期间就可以购买到更多的其他货币，这使得你可以享用更昂贵的餐饮或者带回更多的纪念品。同样，如果你想购买外国的股票和债券，你就必须把美元转换为合适的货币。同样地，如果美元增值了，你就可以购买到更多的日本、加拿大或者德国的股票或债券。

与其他价格一样，汇率是由需求和供给力量决定的。货币是在全球的**外汇市场**（for-eign-exchange markets）交易的。北美、欧洲和亚洲的大型商业银行的交易员们完成了大部分的外汇买卖。像纳斯达克市场一样，外汇市场是由通过计算机连接在一起的外汇商组成的场外市场而不是一个实际场所。大型商业银行被称为**做市商**（market maker），因为它们愿意随时买卖主要货币。大部分较小的银行和公司不是直接进入外汇市场，而是向大型商业银行支付一笔费用来完成其外汇交易的。交易员通常买卖的是以货币计价的银行存款而不是货币本身。例如，美国银行（Bank of America）的交易员可以通过交易美国银行在巴黎的一家银行中拥有的欧元账户与德意志银行（Deutsche Bank）在东京的一家银行拥有的日元账户来把欧元兑换为日元。大部分外汇交易发生在位于伦敦、纽约和东京以及二级中心香港、新加坡和苏黎世的商业银行之间。

由于每天数万亿美元的交易量，外汇市场成为世界上最大的金融市场之一。除了商业银行，外汇市场的主要参与者还包括投资组合经理和中央银行，如联储。它们昼夜不停地交易着诸如美元、日元、英镑和欧元之类的货币。最繁忙的交易时间是在美国东部时间的早晨，这时纽约和伦敦的金融市场同时开始交易。然而，交易总是发生在某一地。纽约的一位货币交易员可能会在半夜接到有新消息的电话促使其买卖美元或其他货币。

外汇远期合约和期货合约

我们从第7章中了解到，衍生品在金融体系中发挥了重要的作用。现实中存在非常活跃的外汇远期和期货市场。在外汇市场中，**现货市场交易**（spot market transactions）涉及货币或银行存款按当前汇率的即时（受制于两天的结算期）兑换。在**远期交易**（for-ward transactions）中，交易员在当前达成一份在未来某个特定的日期，按照被称为**远期汇率**（forward rate）的汇率水平交易货币或银行存款的**远期合约**（forward contract）。现实中还存在着外汇的期货合约（futures contracts）。期货合约在几个方面不同于远期合约。远期合约是交易员之间达成的在未来任何日期交换任何数量的货币的私人协议，而期货合约在交易所交易，例如芝加哥交易所（Chicago Board of Trade，CBOT），期货合约关于交易货币的数量和交易发生的日期，即**结算日**（settlement date），都是标准化的。对远期合约而言，在合约达成之时，汇率就已经确定了，而对期货合约而言，由于合约是在交易所买卖的，汇率是连续变化的。

交易对手风险（counterparty risk）是指合约的一方发生违约或未能买卖标的资产的风险。期货合约的交易对手风险要小于远期合约，因为在每次交易中，是交易所而不是买方和卖方在作为交易的对手。例如，在CBOT购买了期货合约的人的交易对手是CBOT，这就降低了违约风险。对于很多金融资产而言，交易对手风险的降低意味着更多的交易是采取期货合约的形式而不是远期合约的形式。然而，对外汇而言，这并不成立，因为绝大部分的交易是发生在大型银行之间，大型银行的交易员通常对其交易伙伴不会对远期合约违约是充满信心的。由于银行看重远期合约的灵活性，远期合约形式的外汇交易数量至少是期货合约形式的交易数量的10倍。

在第7章，我们也讨论了期权合约（options contracts）。（欧式）看涨期权给予买方按照预先设定的被称为**执行价格**（strike price）的价格在期权到期日之前的任何时间购买标的资产的权利。看跌期权给予买方以执行价格卖出标的资产的权利。外汇市场上也存在看涨期权和看跌期权。

汇率风险、套期保值和投机

汇率风险（exchange-rate risk）是由于汇率波动导致企业遭受损失的风险。当一家美国企业在外国销售商品和服务时，它会面临汇率风险。例如，总部位于俄亥俄州奥维尔的盛美家公司（Smucker's）是一家生产果酱、果冻和其他食品的企业。假定盛美家在汇率为1.50美元=1英镑的时候向一家英国的连锁超市销售了价值300 000美元的果酱和果冻。盛美家同意现在将果酱和果冻装船，然而，像常见的那样，英国企业是在90天后向盛美家付款的。盛美家同意英国企业可以用英镑支付，因此，盛美家在90天后会收到200 000英镑（=300 000美元/1.50美元/英镑）的支付。

盛美家可以通过达成一份远期合约，或更可能是通过支付一笔费用让其银行完成远期交易来**对冲**（hedge，或称套期保值）或降低其面临的汇率风险。就远期合约而言，盛美家同意现在按照当前的远期汇率卖出其在90天后会收到的200 000英镑并兑换为美元。如果当前的远期汇率与1.50美元=1英镑的即期汇率是相同的，那么盛美家就完全对冲了汇率风险，而成本是银行索取的费用。远期汇率反映了远期市场上的交易员对90天后的美元与英镑间的即期汇率的预期，因此，它可以不等于当前的即期汇率。然而，通常而言，当前的即期汇率与90天后的远期汇率是紧密联系在一起的，这使得盛美家可以对冲掉其面临的大部分汇率风险。

盛美家是在对冲英镑对美元的价值下跌的风险。假如英国的服装生产商博柏利（Burberry）向美国的连锁百货公司梅西百货（Macy's）销售了价值200万英镑的男士上衣。当前的汇率是1.50美元=1英镑，博柏利同意在90天后接受350万美元（=2 000 000英镑×1.50美元/英镑）的付款。博柏利面临着在随后的90天中英镑相对于美元的价值上升的风险，这会降低其90天后从梅西百货收到的350万美元可以兑换到的英镑数量。为了对冲这一风险，博柏利现在可以达成以当前的远期汇率**购买**（buy）英镑的协议。需要注意的是，这与盛美家采取的策略是相反的：为了对冲英镑价值**下降**（fall）的风险，盛美家是在远期市场上**出售**（sell）了英镑；为了对冲英镑价值**上升**（rise）的风险，博柏利是在远期市场上**购买**（buy）了英镑。

套期保值者利用衍生品市场来降低风险，而**投机者**（speculator）利用衍生品市场来下注一种货币的未来价值。例如，如果一位投资者确信欧元的未来价值低于外汇市场上其他人当前的判断，投资者就可以在远期市场上卖出欧元。如果实际上欧元的价值的确下降了，那么欧元在未来的现货价格就会较低，这会使得投资者履行远期合约并获利。类似地，一位确信欧元的未来价值高于外汇市场上其他人当前的判断的投资者可以通过在远期市场上买入欧元而获利。当然，在这两种情形中，如果欧元的价值朝投资者预期的方向反向变动，那么投资者就会在其远期头寸上遭受损失。

企业和投资者也可以利用期权合约来套期保值或投机。例如，担心一种货币价值的下降会超过预期的企业，如我们前例中的盛美家，可以通过买入该货币的看跌期权来对冲这一风险。如果货币的价值下降到了低于执行价格，那么企业可以执行期权并按（高于市场价格的）执行价格卖出货币。类似地，担心一种货币价值的上升会超过预期的企业，如我们前例中的博柏利，可以通过买入该货币的看涨期权来对冲这一风险。如果货币的价值上升到了高于执行价格，那么企业可以执行期权并按（低于市场价格的）执行价格买入货币。

期权合约对套期保值者的好处在于，如果价格向着套期保值相反的方向变动，套期保值者可以放弃执行期权，反之，则可以从有利的价格变动中获利。例如，假如盛美家购买了英镑的看跌期权而不是在远期市场上卖出英镑。由于盛美家可以执行其看跌期权，从而以高于市场价格的执行价格出售英镑，盛美家仍然可以获得以防英镑价值下跌的保护。然而，如果英镑的价值上升了，盛美家可以不执行期权而让看跌期权过期并从兑换英国连锁超市 90 天后支付的 2 000 000 英镑中得到额外的美元而获利。虽然从这个方面看，期权似乎优于远期合约，然而，期权价格（期权费）是高于远期合约的相关费用的。

确信一种货币的价值可能会上升到超过预期的投机者会购买看涨期权，而确信一种货币的价值可能会下降到超过预期的投机者会购买看跌期权。如果货币的价值朝着与投机者希望的方向相反的方向变动，拥有期权合约的投机者不必执行期权。因此，期权合约的有利之处在于，投机者的损失仅限于他或她为期权所付的费用。然而，用期权合约投机的不利之处还是在于其价格高于远期合约的价格。

✔ 联系实际：投机者能压低一种货币的价值吗？

在 2010 年早些时候，一场关于对冲基金的经理们是否在密谋通过压低欧元的价格来获利数十亿美元的争论爆发了。我们从第 1 章了解到，对冲基金类似于共同基金之处在于其接受来自投资者的货币并将资金投资于资产的组合。不同于共同基金，对冲基金通常从事风险较高的投资，对冲基金的投资者少于 100 人，所有的投资者要么是诸如养老基金之类的机构，要么是富有的个人。根据 2010 年 2 月份的《华尔街日报》上的一篇文章，四家对冲基金的经理们在纽约会面并讨论利用衍生品下注欧元价值下跌是否有利可图。出席会议的是乔治·索罗斯经营的一家基金的代表们，乔治·索罗斯曾经因在20世纪90年代早些时候从下注英镑价值下跌中获利10亿美元而闻名遐迩。

在2010年2月的会议期间，欧元和美元间的汇率已经从上一年12月的1.51美元＝1欧元下跌到了1.35美元＝1欧元。部分对冲基金经理相信，在下一年，欧元可能会一路下跌到与美元保持平价，或者说1美元＝1欧元。对冲基金可以通过在远期市场上卖出欧元、卖出欧元期货合约或者买入欧元的看跌期权而从这一下跌中获利。对冲基金可以通过仅仅提供相当于投资价值的大约5％的现金而借入其他的95％来进行这样的投资。这种高杠杆度，或者说在投资中利用借入资金，会放大作为其实际现金投资的一小部分的任何收益的大小。由于欧元价值如此大幅下跌的潜在收益是非常巨大的，一些观察家称之为"毕生事业交易"（career trade），意思是说，如果取得成功，只此一项投资就会使得对冲基金经理们不仅非常富有而且声名远播。

然而，对冲基金经理的行为非法吗？美国司法部认为对冲基金经理们的行为可能是非法的并为此展开了调查。然而，调查的根据并不清楚。基金经理们声称他们只是在交换关于一项投资机会的看法而不是密谋故意压低欧元兑换美元的价值。很多经济学家也怀疑对冲基金的行为可能会对欧元的价值产生很大的影响。在2010年，全球外汇市场每天（per day）买卖的欧元的总价值超过了1.2万亿美元。出席纽约会议的四位对冲基金经理下的是合计只有几十亿美元的看空欧元的长期赌注。

正如我们在下一节将会看到的，诸如欧元和美元之类的主要货币之间的汇率是由少数几个对冲基金经理很可能无法影响的因素决定的，无论这些基金的规模有多大。

资料来源：Susan Pulliam, Kate Kelly, and Carrick Mollenkamp, "Hedge Funds Try 'Career Trade' Against Euro," *Wall Street Journal*, February 26, 2010; Nelson D. Schwartz and Graham Bowley, "Traders Seek Out the Next Greece in an Ailing Europe," *New York Times*, March 3, 2010; and Michael Casey, "Justice Regulators Fall for Conspiracy Theories," *Wall Street Journal*, March 3, 2010.

通过做第 244 页的本章末的问题和应用 2.6 和 2.7 来检查一下你的理解。

8.3　长期汇率

我们已经看到，汇率波动会对企业的盈利能力造成影响。我们现在把注意力转向解释汇率波动的原因。我们从考察长期汇率的决定因素开始。

一价定律和购买力平价理论

我们关于长期汇率的决定因素的分析是从一个被称为**一价定律**（Law of One Price）的基本的经济思想开始的，一价定律宣称同一产品在任何地方都应以相同的价格出售。为了明白为什么一价定律通常是适用的，考虑如下的例子：假定拥有 32GB 内存的 iPhone 4 在休斯敦的商店的售价为 299 美元而在波士顿的商店的售价是 199 美元。生活在波士顿的任何人都可以按 199 美元的价格购买 iPhone 4 并在休斯敦再按

299 美元的价格出售,这可以通过利用 eBay 或 Craigslist,或者通过运输给那些他们认识的休斯敦的某些可以在当地的跳蚤市场出售的人。我们在第 3 章了解到,当类似的证券具有不同的收益率时,**套利利润**(arbitrage profits)机会的存在会引起证券价格的变动,直到类似证券具有相同的收益为止。类似地,iPhone 4 在休斯敦和波士顿之间的价格差异创造了可以通过在波士顿购买便宜的 iPhone 4 并在休斯敦再出售而得到套利利润。如果在波士顿的 199 美元的 iPhone 4 的数量是没有限制的,套利过程会持续下去,直到在休斯敦再出售的 iPhone 4 的增加的供给把那里的价格压低到 199 美元为止。

一价定律不仅对国内贸易的商品成立,而且对国际贸易的商品也是成立的。在国际贸易中,一价定律是**购买力平价理论**(theory of purchasing power parity,PPP)的基础。购买力平价理论认为,汇率波动使得不同货币的购买力均等化。换言之,从长期来看,汇率应该处于使得用等量的任何国家的货币可以购买到相同数量的商品和服务的水平。

考虑一个简单的例子:如果你可以在纽约用 1.50 美元或者在伦敦用 1 英镑买到 2 升的瓶装乐倍(Dr. Pepper),那么购买力平价理论认为美元与英镑间的汇率应该是 1.50 美元=1 英镑。如果汇率不等于由购买力平价理论所给出的值,那么套利利润就可能存在。假定你可以在纽约用 1.50 美元或者在伦敦用 1 英镑买到一瓶瓶装乐倍,但美元和英镑的汇率是 1 美元=1 英镑。你可以把 1 000 万美元换成 1 000 万英镑,然后在伦敦购买 1 000 万瓶的瓶装乐倍,接着再把它们运输到纽约,而在纽约你可以卖到 1 500 万美元。其结果是 500 万美元的套利利润(减去所有的运输成本)。如果美元对英镑的汇率没有反映很多产品的购买力平价,而不仅仅是瓶装乐倍,那么你可以对很多商品重复这一过程,从而变得极其富有。然而,实际上,随着你和其他人试图通过将美元兑换为英镑而获得套利利润,对英镑的需求就会上升,这会使得以美元为单位的英镑的价值上升,直到其达到 1.50 美元=1 英镑的购买力平价汇率。一旦汇率反映了两种货币的购买力,套利利润的机会就会被消除。这一机制似乎保证了汇率会处于其购买力平价的水平。然而,正如我们在下一节将会讨论的,这一逻辑实际上是有缺陷的。

购买力平价对长期汇率的波动做出了重要的预测:如果一国比另一国具有更高的通货膨胀率,高通胀国家的货币相对于低通胀国家的货币就会减值。为了理解这一点,我们再来看一下美元和英镑间的实际汇率的表达式(需要注意的是,这一表达式对任何两个国家都是相似的):

$$\frac{\text{美元和英镑间}}{\text{的实际汇率}} = \frac{\text{美国的消费者价格指数}}{\text{英国的消费者价格指数} \times \text{每一英镑的美元数汇率(名义汇率)}}$$

我们可以整理各项以得到用实际汇率和两国价格水平表示的名义汇率的表达式:

$$\text{每一英镑的美元数} = \frac{\text{美国的消费者价格指数}}{\text{英国的消费者价格指数} \times \text{实际汇率}}$$

购买力平价理论假定实际汇率是不变的。在这种情况下,如果美国的价格水平相对于英国的价格水平上升了,购买 1 英镑所需要的美元数就会上升,这意味着美元对英镑贬值了。这一结果的计算是从上面的表达式得到的。如果右侧分数的分子相对于分母上升了，那么分数就会变得更大，因此，每一英镑兑换的美元数一定会上升。如果我们再次考察单一商品的情形，这一结论背后的经济学含义就更容易理解了。如果一瓶瓶装乐倍在美国的价格从 1.50 美元上升到了 2.00 美元而在英国的价格仍然是 1 英镑，为了保持购买力平价，名义汇率就必须从 1.50 美元＝1 英镑变动到 2.00 美元＝1 英镑。换言之，如果美国的价格平均而言上升得快于英国的价格，那么为了保持购买力平价，美元的价值相对于英镑的价值就必须贬值。

因此，购买力平价理论预测，比方说，如果墨西哥的价格平均而言上升得快于美国的价格，那么墨西哥比索的价值相对于美元的价值就必须下降。否则，墨西哥产品的竞争力会由于其美元价格相对于美国产品价格的上升而下降。（或者，等价地说，美国产品的比索价格相对于墨西哥产品的价格就会下降。）事实上，购买力平价理论的这一预测是正确的。例如，从长期来看，美元的价值相对于诸如墨西哥之类的经历过较高通胀率的国家的货币已经上升了，而相对于诸如日本之类的经历过较低通胀率的国家的货币已经下降了。

购买力平价是一个完整的汇率理论吗？

虽然购买力平价理论通常能对汇率在长期的趋向做出正确的预测，然而，其短期的预测记录却要糟糕得多。现实世界中的三大难题使得购买力平价难以成为对汇率的一种完备的解释：

1. 并非所有产品都可以跨国交易。在商品可以跨国交易的场合，在汇率未能反映其购买力平价的任何时候都可以获得套利利润。然而，大多数国家生产的超过一半的产品和服务都不是跨国交易的。当商品不是跨国交易时，套利就不会促使其价格相同。例如，假定汇率是 1 美元＝1 欧元，但修鞋的价格在芝加哥是在柏林的两倍。在这种情况下，无法买下定价较低的德国服务并在美国再出售，芝加哥人也不打算只为此目的而飞往柏林。由于很多商品和服务不是跨国交易的，汇率就不能准确地反映货币的相对购买力。

2. 产品是差异化的。我们预期相同的产品在世界各地会以相同的价格出售。然而，如果两种产品是相似的而不是相同的，其价格就会有所不同。因此，虽然石油、小麦、铝和某些其他商品本质上是相同的，但汽车、电视机、服装和很多其他商品都是**差异化的**（differentiated），因此，我们不会预期它们在各地会有相同的价格。换言之，对于差异化产品，一价定律并不成立。

3. 政府施加贸易壁垒。大多数国家的政府会对进口商品施加**关税**（tariffs）和**配额**（quotas）。关税是政府对进口商品征收的一种税收。配额是政府对可以进口的商品数量施加的一种限制。关税和配额的影响都是把一种商品的国内价格提高到国际价格之上。例如，美国政府对糖的进口数量规定了配额。因此，美国糖的价格通常是其他大多数国家糖的价格的 2～3 倍。由于配额的存在，不存在合法的途径来买入低价的外国糖并在美国再次出售。因此，一价定律对受关税和配额限制的商品并不成立。

❓ 解决问题 8.1：巨无霸汉堡在各地应该具有相同的价格吗？

《经济学家》杂志记录了麦当劳的巨无霸汉堡在世界各地的价格。下表展示了巨无霸汉堡在美国和其他六个国家的价格，除此之外还有该国货币与美元之间的汇率。

国家	国内的巨无霸汉堡的价格	汇率（每一美元的外币数量）
美国	3.58 美元	—
日本	330 日元	93.2
墨西哥	31 比索	12.1
英国	2.26 英镑	0.65
中国	12.5 元	6.82
俄罗斯	69.5 卢比	29.2
挪威	40.5 克朗	5.90

资料来源："Exchanging Blows，" *Economist*，March 17，2010.

a. 解释表中的统计数字是否与购买力平价理论一致。

b. 解释（a）部分的结论是否意味着巨无霸汉堡市场上存在套利利润。

解决问题

第一步　复习本章的内容。这一问题是关于购买力平价理论的，因此，你也许需要复习"一价定律和购买力平价理论"这一小节以及"购买力平价是一个完整的汇率理论吗？"这一小节。

第二步　通过确定购买力平价理论是否适用于巨无霸汉堡来回答（a）部分的问题。如果购买力平价对巨无霸汉堡成立，那么当我们用汇率将各国的本币价格转换为美元价格时，巨无霸汉堡的美元价格在每个国家应该是相同的，即 3.58 美元。例如，巨无霸汉堡在日本的价格是 330 日元，因此，我们可以通过除以每一美元的日元数而将这一价格转换为美元：330 日元 /（93.2日元/美元）＝3.54 美元。我们可以应用这一步骤来构造一个如下的表格：

国家	本币价格	美元价格
日本	330 日元	3.54 美元
墨西哥	31 比索	2.56 美元
英国	2.26 英镑	3.48 美元
中国	12.5 元	1.83 美元
俄罗斯	69.5 卢比	2.38 美元
挪威	40.5 克朗	6.85 美元

上页表表明，虽然巨无霸汉堡在日本和英国的美元价格接近于美国的价格，但其他国家的巨无霸汉堡的美元价格却与美国的价格显著不同。因此，我们可以得出结论：一价定律，从而购买力平价理论对巨无霸汉堡并不成立。

第三步 通过解释巨无霸汉堡市场是否存在套利利润来回答（b）部分的问题。我们预期一价定律是成立的，因为否则的话，套利利润就是可能的。然而，不太可能通过在北京购买低价的巨无霸汉堡并将其运往西雅图或者通过在莫斯科低价购买巨无霸汉堡并将其运往挪威的奥斯陆而获得套利利润。巨无霸汉堡在送达目的地的时候将会是冰冷且没法吃的一份食品了。正如我们在这一节讨论过的，购买力平价理论未能提供关于汇率的完整解释的原因之一在于，很多商品，如巨无霸汉堡，是不能跨国交易的。

为了进行更多的练习，做一下第 246 页本章末的问题和应用 3.7。

8.4 汇率短期波动的需求供给模型

正如我们在图 8—2 中所看到的，汇率是剧烈波动的。事实上，汇率仅在一天内就波动几个百分点也并不稀奇。由于货币的购买力在几天的时间里只会变化一点点，汇率短期波动的幅度再一次说明了购买力平价理论不可能是汇率的完整解释。

汇率的需求供给模型

经济学家利用需求和供给模型来分析市场价格如何决定。由于汇率是以本币为单位的外币的价格，我们可以通过利用需求和供给来分析短期内影响汇率的最重要的因素。我们在这里考虑的是一个短的时期而且分析的是年通货膨胀率低的国家的货币，因此，假定价格不变是合理的。我们在本章的前面了解到，引起名义汇率相对于实际汇率变化的唯一因素是两国的价格水平。因此，通过假定价格水平是不变的，我们的模型可以同时确定均衡的名义汇率和均衡的实际汇率。

对美元的需求代表了美国之外的家庭和企业对美国商品和美国金融资产的需求。例如，一家想要进口苹果公司的 iPad 的日本电子商店为了付款就必须把日元兑换为美元。美元的需求数量取决于汇率好像是符合逻辑的。汇率越低，把外币转换为美元就越便宜，美元的需求量就越大。例如，汇率为 80 日元＝1 美元比汇率为 100 日元＝1 美元时对美元的需求更大。在图 8—3 中，我们在纵轴上标示汇率。在这种情况下，汇率是每一美元的日元数，然而，我们也可以表示任意两种货币之间的汇率。在横轴上，我们度量美元被兑换为日元的数量。美元兑换日元的需求曲线是向下倾斜的，因为随着汇率的下降，美国商品和金融资产的日元价格会变得相对不再昂贵，对美元的需求量也会上升。

美元兑换日元的供给是由拥有美元的家庭和企业将美元兑换为日元的意愿决定的。美国的家庭和企业为了购买日本的商品和日本的金融资产应该把美元兑换为日元。美元的供给量取决于汇率好像是符合逻辑的。美国的家庭或企业从每一美元中收到的日元越多，日本的商品和日本的金融资产的美元价格就越便宜。因此，汇率越高，家庭和企业兑换美元时收到的日元就越多，美元的供给量就越大。在图 8—3 中，美元兑换日元的供给曲线是向上倾斜的，因为随着汇率的上升，美元的供给量会上升。

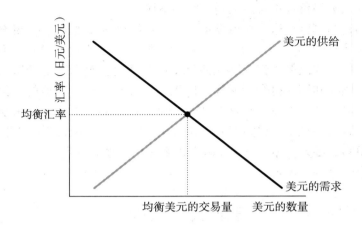

图 8—3　外汇的需求和供给

　　汇率越低，把外币转换为美元就越便宜，美元的需求量就越大。因此，美元兑换日元的需求曲线是向下倾斜的。汇率越高，家庭或企业兑换美元就会收到越多的日元，美元的供给量就越大。美元兑换日元的供给曲线是向上倾斜的，因为随着汇率的上升，美元的供给量会上升。

外汇需求和供给的改变

　　对于需求和供给模型，我们总是假定，需求和供给曲线是通过保持除了汇率之外的所有会影响到家庭和企业对美元的需求或供给意愿的因素不变而得到的。汇率的变动会引起沿着需求或供给曲线的移动，即美元需求量或供给量的变动，但不会引起需求或供给曲线的改变。而其他因素的变化会导致需求或供给曲线的改变。

　　能提高日本家庭和企业购买美国商品或美国资产的意愿的任何因素都会导致美元的需求曲线右移。例如，图 8—4（a）展示了日本消费者增加其对美国厂商销售的平板电脑的需求的影响。随着日本的零售商店增加其对这类电脑的订单，它们一定会提高其对日元兑换美元的需求。图 8—4（a）表明，美元的需求曲线右移了，这导致均衡汇率从 80 日元＝1 美元提高到了 85 日元＝1 美元，均衡的美元交易量从美元$_1$ 提高到了美元$_2$。图 8—4（b）展示了美国消费者增加其对索尼 3D 电视机的需求的影响。随着美国的零售商店增加其对这类电视机的订单，它们一定会供给更多的美元来兑换日元。图 8—4（b）表明，美元兑换日元的供给曲线右移了，导致均衡汇率从 80 日元＝1 美元降低到了 75 日元＝1 美元，均衡的美元交易量从美元$_1$ 提高到了美元$_2$。

　　导致一种货币的需求曲线和供给曲线变动的另一个重要因素是利率的变化。例如，如果美国的利率相对于其他国家的利率上升了，随着外国投资者为了购买美国的金融资产而将其货币兑换为美元，对美元的需求就会上升。需求曲线的右移导致了更高的均衡汇率。事实上，正如我们随后将要讨论的，相对于家庭和企业对外国商品和服务的需求，汇率的短期波动更多地是由投资者为跨国寻找最佳的投资机会而买卖货币所驱动的。

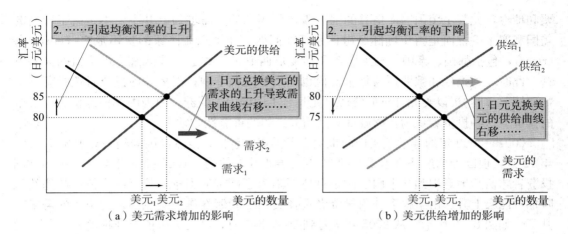

图 8—4　美元需求和供给变化的影响

　　图（a）展示了日元兑换美元需求上升的影响。美元的需求曲线右移，这导致均衡汇率从 80 日元＝1 美元提高到了 85 日元＝1 美元，均衡的美元交易量从美元$_1$提高到了美元$_2$。图（b）展示了美元兑换日元供给上升的影响。美元兑换日元的供给曲线右移了，这导致均衡汇率从 80 日元＝1 美元降低到了 75 日元＝1 美元，均衡的美元交易量从美元$_1$提高到美元$_2$。

金融危机期间的"择优而栖"

　　金融危机引起了美元价值的飙升。度量一种货币相对于其他货币的一般价值的一种方法是计算**贸易加权汇率**（trade-weighted exchange rate），贸易加权汇率是类似于消费者价格指数的一个指数。正如消费者价格指数是用产品在家庭预算中所占的份额来对个别价格进行加权平均，美元的贸易加权汇率是用该国占美国贸易的份额来对每一个别汇率进行加权平均。图 8—5 说明了 1995 年 1 月—2010 年 6 月间的美元贸易加权汇率的变动。指数是在 1997 年 1 月的指数值为 100 的基础上计算的。

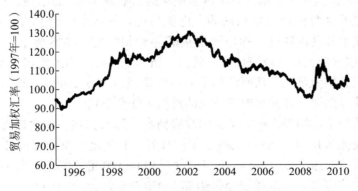

图 8—5　美元贸易加权汇率的变动

　　如图所示，美元价值在 20 世纪 90 年代后期的上升是由外国投资者对美国的股票和债券，尤其是美国国库债券的强大需求所驱动的。在 2007—2009 年的金融危机期间也发生了类似的事情。由于很多外国投资者在美国国库债券上寻求避风港，美元的需求上升了。

　　资料来源：Federal Reserve Bank of St. Louis.

　　如图 8—5 所示，美元价值在 20 世纪 90 年代后期的上升是由外国投资者对美国的股票和债券，尤其是美国国库债券的强大需求所驱动的。需求的上升主要不是由于较高的美国利率水平，而是由于国际金融体系存在问题。几个东亚国家的**货币危机**（currency crises），包括韩国、泰国、马来西亚和印度尼西亚，导致了这些国家货币价值的大幅下跌。此时，阿根廷和俄罗斯的货币价值也经历了大幅下跌，很多外国投资者选择了"择优而栖"，即购买以美元计价的资产，尤其是美国的国库债券，因为国库债券似乎是安全的投资。这些投资者认为，财政部对其债券违约的可能性非常小。

2007—2009 年的金融危机期间也发生了类似的事情。虽然美国的经济衰退始于 2007 年 12 月，但欧洲的经济衰退是直到 2008 年春季才开始的。直到 2008 年夏季，很多欧洲投资者才清楚地意识到几个国家的银行体系陷入了严重的困难，甚至政府债券的违约风险也可能会上升。由于很多外国投资者选择美国国库债券作为避风港，对美元的需求上升了。如图 8—5 所示，从 2008 年 7 月到 2009 年 3 月，美元的价值上升超过了 20%。随着金融危机在 2009 年夏季和秋季逐步缓和，很多投资者开始出售美元并将其投资从美国国库债券中转移出来。在 2009 年 3 月—2010 年 6 月之间，美元的价值下降了大约 10%。

利率平价条件

在任意给定的一天，在外汇市场上，超过 95% 的外汇需求是由投资者购买外国资产而不是家庭和企业购买外国商品和服务的愿望所导致的。以金融投资为目的的巨量外汇需求反映了近几十年来**国际资本流动**（international capital mobility）上升的重要性。很多国家的决策者取消了曾阻碍跨国金融投资的规章制度。互联网使得一国的投资者可以轻松地获取关于其他国家企业的信息。互联网也使得投资者更容易与金融企业建立联系，尤其是经纪企业，来代其对外国企业进行投资。在这一节，我们考察国际资本流动对汇率决定的含义。

假定你打算在一年期的政府债券上投资 10 000 美元。再假定当前一年期的美国国库券的利率是 3%，而当前一年期的日本政府债券的利率是 5%。为了使例子简化，假定你认为除了利率之外这两种债券是相同的。也就是说，你认为它们具有相同的违约风险、流动性、信息成本和其他特征。你应该购买哪一种债券呢？答案似乎很明显：5% 大于 3%，因此，你应该购买日本政府债券。然而，请牢记在心，为了购买日本政府债券，你必须把你的美元兑换为日元，从而承担了一些**汇率风险**（exchange-rate risk）。在你的资金投资于日本债券期间，日元相对于美元的价值可能会下跌。

继续上面的例子，如果你购买了美国政府债券，那么你在一年之后会拥有 10 300 美元（＝10 000 美元×1.03）。假定汇率是 100 日元＝1 美元，为了购买日本的政府债券，你必须把 10 000 美元兑换为 1 000 000 日元（＝10 000 美元×100 日元/美元）。在一年的年末，你在日本政府债券上的投资会带给你 1 050 000 日元（＝1 000 000 日元×1.05）。如果汇率仍然是 100 日元＝1 美元，你可以把日元转换为美元并拥有 10 500 美元（＝1 050 000 日元/（100 日元/美元））。因此，投资于日本显然是更好的。然而，如果日元在这一年的价值下降了 4%，汇率变为 104 日元＝1 美元（需要注意的是，这等价于美元价值上升了 4%），这又会怎样呢？在这种情况下，你投资于日本债券所获得的 1 050 000 日元只能兑换到 10 096.15 美元，因此投资于美国债券会更好。

我们假定金融市场中不存在套利利润。这一假定与美国债券具有 3% 的利率、日本债券具有 5% 的利率，而投资者大体上预期日元贬值 4%（或者，等价地说，美元升值 4%）是一致的吗？这并不一致，因为较之日本的投资，投资者从美国的投资中能获得高得多的收益。这一收益的差异会诱使投资者购买美国政府债券，导致其价格上升、利率下降；诱使投资者出售日本政府债券，导致其价格下降、利率上升。美国债券的利率必须下降多少以及日本债券的利率必须上升多少才能消除获得套利利润的可能性呢？只要**两国利率之间的差异等于日元和美元汇率的预期变化**就足够了。

例如，假定美国债券的利率下降到了 2%，日本债券的利率上升到了 6%，而日元的价值预期相对于美元会下跌 4%。那么，你要么从购买美国政府债券中获得 10 200 美元，要么从购买日本政府债券中获得几乎相同数量的美元：1 060 000 日元 /（100 日元/美元）＝ 10 192.30 美元。①

利率平价条件（interest-parity condition）认为，不同国家的类似债券的利率差异反映了对汇率未来变化的预期。我们可以把这一条件一般化地表述为：

> 本国债券的利率＝外国债券的利率－预期的本币升值

例如，如果一种德国政府债券的利率是 8%，而一种等价的美国政府债券的利率是 6%，那么美元对欧元必然会预期升值 2%。利率平价条件背后的经济推理与在特定国家的国内得到的结论背后的经济推理是相同的，即类似证券的收益率是相同的。如果这一结论不成立，那么投资者就可以获得套利利润。利率平价条件将这一结论扩展到了全球投资中：如果从拥有一项外国资产中得到的预期收益，包括预期的汇率变化，不同于从拥有一项国内资产中得到的收益，那么投资者可以获得套利利润，因为或者这项资产，或者那项资产，相对于其预期收益而言是定价偏低了。

利率平价条件总是成立吗？换句话说，我们能确信不同国家的类似债券的利率差异总是反映了对汇率未来变化的预期吗？实际上，由于几个原因，我们并不能确信：

1. 违约风险和流动性的差异。不同国家的债券之间总是存在着一些对投资者比较重要的差异。例如，美国投资者可能会考虑到德国或日本的政府债券虽然违约风险低，但还是高于美国政府债券的违约风险。类似地，从美国投资者的角度看，美国政府债券是比外国政府债券流动性更好的一项投资。因此，我们所看到的不同国家的债券利率之间的差异是因为债券属性的差异而对投资者的补偿。

2. 交易成本。一般而言，购买外国金融资产的成本，即**交易成本**（transactions costs），高于购买国内资产的成本。例如，比起国内经纪企业或国内网上经纪人对购买国内企业的股票收取的费用，外国经纪企业可能会对购买每股外国企业的股票收取较高的手续费。

3. 汇率风险。正如我们已经说过的，利率平价条件没有考虑投资于一项外国资产的汇率风险。如果你在一年期的美国国库券上可以获得 4% 的收益，或者预期从一年期的

---

① 为什么在日本债券上的投资所获得的美元数量不是恰好等于 10 200 美元呢？答案是只有当汇率的预期变化略小于两国利率之间的差异时，两种投资的收益才是相等的。因此，正文中的讨论陈述了一个只是近似正确的结论。准确地陈述结论会大大增加数学计算，从而使得要点更加难以理解。就我们的目的而言，正文中陈述的结论是一个很好的近似。

德国政府债券上也可以获得 4% 的收益，德国政府债券上的投资带有更多的风险，因为美元对欧元的价值可能比预期的要升值更多。经济学家有时候通过在利率平价公式中包含一项**货币溢价**（currency premium）来反映投资于一项外国资产的额外风险：

本国债券的利率＝外国债券的利率－预期的本币升值－货币溢价

例如，假定一年期的美国国库券的利率是 3%，一年期的德国政府债券的利率是 5%，美元对欧元的预期升值被预期为 1%，美国投资者要求一项一年期的欧元计价的投资相对于一项一年期的美元计价的投资高出 1% 的期望收益率，以使得这两项投资具有相同的吸引力。那么，我们有利率平价：3%＝5%－1%－1%。

 解决问题 8.2：你能从国家间的利率差异中赚到钱吗？

一位投资者给一本在线杂志的财务建议专栏写了如下的内容：

据报纸报道，日本的利率低于 1%，美国国库券当前支付差不多 5% 的利率。为什么并不是每个人都会从日本借钱并将其投资于美国呢？这好像是一件有把握的事情。

这是一件有把握的事情吗？

解决问题

第一步　复习本章的内容。这一问题是关于解释国家间的利率差异的，因此，你也许需要复习"利率平价条件"这一小节。

第二步　通过应用利率平价条件来解释预期的汇率变化与国家间的利率差异之间的关系来回答这一问题。如果利率平价条件成立，那么一个美国债券的利率与一个类似的日本债券的利率之间 4 个百分点的差距意味着投资者一定是预期美元对日元的价值会**贬值** 4%：5%＝1－（－4%）。因此，一项美国投资与一项日本投资的预期收益应该是相同的。如果美元贬值 4%，按 1% 的利率从日本借钱并按 5% 的利率投资于美国的一位美国投资者不会获得任何回报，因为投资者的日元贷款的真实成本是 5% 而不是 1%。此外，投资者还会承担汇率风险，因为美元可能会贬值超过 4%。

资料来源：Bruce Gottlieb, "Can You Earn Dollars by Borrowing Yen?" *Slate*, February 24, 1999.

为了进行更多的练习，做一下第 247 页本章末的问题和应用 4.10。

利率平价条件提供了当一国的利率水平相对于另一国的利率水平上升或下降时汇率会如何变化的一些深刻洞见。例如，假定一个一年期的美国国库券当前的利率是 2%，一个类似的一年期的法国政府债券的利率是 4%，美元对欧元预期会升值 2%。如果联储采取了导致国库券利率从 2% 上升到 3% 的行动，我们预期对美元的需求会上升，因为欧洲的投资者为了能按新的较高的利率投资于美国国库券会试图将欧元兑换为美元。对美元需求的上升会导致汇率上升，在新的均衡处，购买 1 美元需要更多的欧元。

较高的美国利率导致较高的汇率这一结论是与利率平价条件一致的。如果预期的欧元和美元的汇率在从现在开始的一年内保持不变，那么当前汇率（即期汇率）上升意味着升值率就会比较低。在这个例子中，在法国利率保持不变的情况下，美国利率上升

1%意味着美元的预期升值率将从 2%下降到 1%：3%＝4%－1%。

✔ 联系实际：为什么联储在金融危机期间向外国中央银行贷出美元？

在 2007—2009 年的金融危机之前，很多经济学家和决策者在某种程度上一直未能察觉到国外的银行，尤其是欧洲的银行，一直在购买美元计价的资产，尤其是诸如抵押贷款支持证券之类的证券化债务。根据国际清算银行的一项估计，到 2007 年中期，欧洲的银行在非银行的美元投资，即证券上的投资而不是银行的股票和债券上的投资，在 1.1 万亿～1.3 万亿美元之间。

传统上，银行接受来自家庭和企业的存款并利用这些存款或者向家庭和企业发放贷款或者购买政府或公司的债券。（某些欧洲银行也投资于非银行金融中介发行的股票，而根据美国的银行法，美国的银行是不能这样做的。）银行通常购买债券作为长期投资，而相对较少地从事以从短期价格波动中获利为目的的买卖。欧洲银行持有美元计价资产的增加是由于两个新的趋势：首先，在 21 世纪头 10 年，很多银行显著地扩张了其交易业务并开始积极地买卖证券，希望从短期价格波动中获利。其次，证券化，即把抵押贷款和其他工商业和消费者贷款转换为可以在市场上交易的债券，提高了可供欧洲银行投资的美元计价证券的数量。

银行通常会受到期限错配（maturity mismatch）的困扰，因为银行通过接受存款而借短，又通过发放长期贷款而贷长。例如，在美国，富国银行可能会接受支票存款并将其投资于 4～5 年的汽车贷款，而支票存款是存款人可以在任何时间提取的存款。如果存款人提取资金，期限错配可能会对银行造成问题。在现代银行体系中，这一问题是通过两种方式来解决的：首先，政府提供存款保险，存款保险消除了存款人的疑虑，即使在银行破产时，存款人的存款也是安全的。其次，中央银行随时准备向遭遇存款提取的银行发放短期贷款。然而，在 2007—2009 年的金融危机中，非银行金融机构和从事复杂投资活动的银行的期限错配问题昭然若揭，在欧洲银行投资于美元计价的证券时就是如此。

欧洲的银行以三种方式来为其在抵押贷款支持证券和其他美元计价资产上的投资进行融资：从其他银行借入美元、从中央银行借入美元（银行本国的中央银行和其他的中央银行）以及参与外汇互换。通过外汇互换，一家银行将把本币资产的支付，比方说，一个欧元计价债券的支付，与另一家银行或金融企业的美元支付进行交换。银行面临着相当大的融资风险（funding risk），因为这些融资来源的期限与银行用其融通的美元计价资产的期限相比是非常短的。融资风险源于期限错配且指的是长期投资的短期融资会被提取的可能性，就像储户提取银行正在用于融通长期贷款的存款时那样。

在金融危机期间，欧洲银行所依赖的短期美元来源枯竭了。尤其是随着美国投资银行雷曼兄弟在 2008 年 9 月的破产，欧洲银行在延续或展期（rolling over）来自其他银行的短期美元借款上遇到了困难，因为银行变得更为谨慎地对待交易对手风险，即借款人无法偿还短期贷款的风险。此外，很多美国货币市场共同基金也遭遇到股东的赎回，从而没有对其向欧洲银行发放的短期美元贷款进行展期。外国中央银行，尤其是发展中国家的中央银行，在欧洲银行存有美元存款。由于需要美元来支持本国的银行，很过外国中央银行提取了其在欧洲银行的美元存款。欧洲银行在出售其美元计价资产时遇到了困难，因为很多这类资产的市场迅速萎缩，尤其是抵押贷款支持证券和类似证券市场，这使得很多资产缺乏流动性。

为了应对美元短缺，2007年12月，联储与14家外国中央银行同心协力地建立了我们在本章开始的时候提到的美元流动性互换额度（dollar liquidity swap lines）。通过互换额度，外国中央银行可以用等量的外国货币从联储获得美元。接着，中央银行可以把美元贷给遭受美元短缺的银行。在2008年晚些时候金融危机的巅峰时期，美元互换量大约是6 000亿美元。随着金融危机的缓解，外国中央银行对互换额度的使用也减少了。美元互换量在2009年6月下降到了1 000亿美元，并在2010年2月1日，即中央银行同意这一计划期满的日期，下降到了10亿美元。然而，由于投资者开始担心希腊以及可能还有其他国家有可能对其债务违约，在5月份，这一计划被重新启动以应对欧洲的金融问题。

美元流动性互换额度的建立说明了关于现代国际经济的两个关键事实：银行和其他金融企业在外币计价的证券上存在大量的投资以及各国中央银行为了应对金融危机愿意开展政策合作。

资料来源：Patrick McGuire and Goetz von Peter，"The U. S. Dollar Shortage in Global Banking," *BIS Quarterly Review*，March 2009，pp. 47-63；and Linda S. Goldberg，Craig Kennedy，and Jason Mu, "Central Bank Dollar Swap Lines and Overseas Dollar Funding Costs," Federal Reserve Bank of New York，Staff Report，No. 429，revised February 2010.

通过做第247页本章末的问题和应用4.11来检查一下你的理解。

回答关键问题

续第222页

在本章开始的时候，我们提出了如下问题：

"为什么美元的价值在金融危机的巅峰时期会出现飙升呢？"

我们已经了解到，外国投资者购买美国的股票和债券的愿望会提高其他货币兑换美元的需求。美元需求的上升会提高汇率。在自2008年夏季到2009年秋季的金融危机的巅峰时期，很多外国投资者将购买美国政府债券视为相比其他替代品较为安全的投资。因此，美元的价值飙升了20%。

阅读下面的**政策透视**，讨论欧洲债务危机对汇率的影响。

政策透视：在欧洲面临债务危机之时，投资者买入美元并卖出欧元

美联社

对增长和汇率的担忧将欧元压低至接近四年来的最低点

由于对欧洲债务危机的担忧再次燃起，欧元兑美元的汇率在星期五跌至接近四年来的最低点……

相对欧洲16国所用的货币更强势的美元对美国旅游者来说，会转化为更便宜的欧洲

假日游。但是，这会伤害美国的出口商，因为美国制造的产品在这些市场上会更加昂贵。

ⓐ最近在纽约的交易中，欧元下滑到 19 个月以来的 1.235 5 美元的最低点，对美元的汇率接近四年来的最低点。

经济学家说，下滑的欧元反映出对欧洲债务危机会演变为一场雷曼兄弟灾难再次上演的担忧。位于纽约的该投资银行在 2008 年 9 月的倒闭将恐慌传播到了整个金融体系。结果是信贷冻结。

"如果这最终演变为我们在雷曼兄弟之后看到的相同类型的金融危机，人们当时吓得不敢借钱给任何人，那么这对我们来说会是一个严重的问题。"位于纽约的标准普尔的首席经济学家 David Wyss 说。

ⓑ对处理欧洲债务问题的将近 1 万亿美元的救助计划的进一步担忧似乎触发了欧元的下滑。欧洲经济今年已经面临疲软的增长……

"在债务危机达到顶峰之前，欧洲也只是勉强地实现了增长。很难看到这些国家中有多少能免于陷入衰退。"穆迪分析部门的首席经济学家 Mark Zandi 说。

欧元区国家占到全部美国出口的大约 15%。欧元区疲软的增长，与强势的美元一道会降低对美国出口的需求。美国的制造业部门在出口反弹的引领下，已经成为美国经济复苏的一个亮点……

IHS 全球洞察（IHS Global Insight）的一位高级经济师 Brian Bethune 预测，欧洲的债务问题会继续拉低欧元。今年夏天欧元兑美元很可能会达到 1.17 美元/欧元。

美国的利率很可能会下跌，因为外国投资者将资金从欧洲债务中转移出来并投入美国债券中，他说……

石油和其他商品的价格也下跌了，这是对强势美元和欧洲疲软的反应……

"在较高的美元和较低的原油价格的情况下，这就向联储保证了不会有通货膨胀潜伏其中。"Bethune 说。

上周末敲定的紧急融资协议一开始将欧元推到了 1.30 美元。但其对欧洲国家的成本及其对欧洲大陆增长的影响的担忧已经对欧元形成了压力…

如果投资者对银行部门的稳定和贷款意愿感到不安，欧洲未来的增长会受到抑制，位于纽约的 Lily Pond 资本管理有限责任公司的首席策略师 Robert Sinche 说。

这会扩展到欧洲大陆之外。

ⓒ "欧洲货币的解体会对全球市场产生巨大的震动。"UBS AG 的高级外汇策略师 Brian Kim 说。

但是对很多货币市场追踪者来说，这并不是一个现实的忧虑。欧洲货币联盟本身并未处于危险中，纽约梅隆银行的 Michael Woolfolk 说。

"我认为，谈论欧元区的崩溃本身已经过时了。"他说……

资料来源：Used with permission of The Associated Press. Copyright © 2010. All rights reserved.

文中要点

2010 年 5 月，欧元兑美元的汇率接近其四年来的最低水平。强势美元为美国旅游者带来了更大的购买力，但却对美国出口商造成了更高的价格。欧元的下滑是在欧洲国家正面临疲软的经济增长之时试图解决债务问题的将近 1 万亿美元的结果。预期美国的利率会下跌，因为外国投资者将资金从欧洲债务转移到美国债券。美元的强势导致石油价格下跌，这意味着通货膨胀不太可能上升。分析师们担心的是，如果投资者对银行部门的稳定感到忧虑，紧急融资协议会抑制欧洲的增长。

新闻解读

ⓐ欧元对美元的汇率在2010年5月出现下跌，因为投资者对欧洲债务危机的潜在影响感到担心。欧洲联盟和国际货币基金组织最近已经批准了一项7 500亿欧元的计划，以防止希腊政府对其债务违约。这发生在标准普尔决定将希腊债务降级至非投资级或者说"垃圾"地位之后。投资者也担心其他欧洲国家的债务，如葡萄牙和西班牙。这些事件导致了对欧元和欧元计价债务需求的下降。例如，图（a）说明了对欧元需求的下降如何导致了欧元的贬值，从1.300 0美元下降到1.235 5美元。图（b）说明了投资者从欧元转向美元的结果。美元的初始汇率0.769 2欧元等价于欧元的初始汇率为1.300 0美元。对美元需求的增加将美元的价值提高到0.809 4欧元，等价于1.235 5美元的欧元汇率。

ⓑ欧洲救援计划是在欧洲增长前景疲软和投资者对经济衰退的可能性感到担心之时宣布的。16个欧盟国家的实际GDP在2010年第一季度增长了0.2%。这一增长是在实际GDP在2009年下降4.1%之后出现的。欧元的贬值会带来出口的增加，这会推动欧盟的GDP增长并降低美国出口和GDP的增长。

ⓒ债务危机导致一些人怀疑欧洲货币联盟（EMU）是否处于危险之中。欧洲货币联盟是经由形成了欧洲联盟的1992年《马斯特里赫特条约》的规定建立起来的。

严肃思考

1. 假定你拥有一家在欧洲销售电脑的企业。一位欧洲客户向你购买了价值100万美元的电脑，三个月后付款。你同意接受欧元付款。当前的欧元汇率是1.300 0美元，但是你担心欧元在三个月后下跌到1.200 0美元。解释你会如何通过达成一份远期外汇合约来对冲汇率风险。在你的答案中，假定（a）当前的远期汇率是1.300 0美元，且（b）三个月后的即期汇率的确下降到了1.200 0美元。

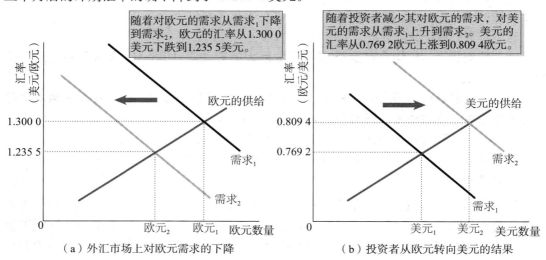

（a）外汇市场上对欧元需求的下降　　　　（b）投资者从欧元转向美元的结果

2. 文章提到，低的原油价格和强势的美元"向联储保证了不会有通货膨胀潜伏其中"。如果联储预期未来几乎没有或根本没有通货膨胀，这会如何影响投资者对未来美元汇率的预期？

本章小结和问题

关键术语和概念

升值	利率平价条件	实际汇率
贬值	一价定律	关税
汇率风险	名义汇率	购买力平价理论（PPP）
外汇市场	配额	

8.1 汇率和贸易

解释名义汇率和实际汇率之间的区别。

小结

名义汇率通常被称为汇率，是以另一国货币表示的一国货币的价格。一国货币交换另一国货币的价值上升被称为升值。一国货币以另一国货币衡量的价值下降被称为贬值。银行和其他金融机构中的货币交易员通常将汇率报价为每单位外国货币的本币数量，这被称为直接报价。间接报价是每单位本国货币的外国货币数量。实际汇率度量一国的商品和服务交换为另一国的商品和服务的比率。

复习题

1.1 名义汇率和实际汇率之间的区别是什么？当一篇报纸文章使用术语"汇率"时，它通常指的是名义汇率还是实际汇率？

1.2 如果日元和美元之间的汇率从 80 日元＝1 美元变为 90 日元＝1 美元，日元对美元升值了还是贬值了？美元对日元升值了还是贬值了？

1.3 汇率的直接报价和间接报价之间的区别是什么？

1.4 假定欧元相对于美元的价值下降了。这对欧洲向美国的出口可能会产生什么影响？对美国向欧洲的出口可能会产生什么影响？

问题和应用

1.5 一位学生做了如下评述：

如果现在购买 1 美元需要 80 日元，那么这表明美国一定是一个比日本富有得多的国家。但购买 1 英镑需要超过 1 美元，这表明英国一定是一个比美国富有的国家。

简要解释你是否同意这位学生的推理。

1.6 如果 2 美元购买 1 英镑，且 2.2 欧元购买 1 英镑，那么购买 1 美元需要多少欧元？

1.7 一位学生做了如下评述："欧元对美元在 2010 年 5 月间大幅贬值。这对游览巴黎迪士尼的游客来说是一个好消息，但对游览佛罗里达奥兰多的沃尔特·迪士尼世界的游客来说却是个坏消息。"简要解释你是否同意这位学生的观点。

1.8 【与第 223 页的**联系实际有关**】如果日元和美元之间的汇率从 80 日元＝1 美元变为 90 日元＝1 美元，这对索尼来说是个好消息吗？对美国消费者来说是个好消息吗？对日本消费者来说是个好消息吗？

1.9 【与第 223 页的**联系实际**有关】根据一篇关于索尼对其 2010 年利润的预测的文章,"索尼仅从汇率中就遭受了 400 亿日元的损失……"索尼预测日元的价值相对于其他货币是下降还是上升? 简要解释。

资料来源:Hiroko Tabuchi,"Despite Lower Sales,Sony Trims Annual Loss and Predicts a 2010 Profit,"*New York Times*,May 13,2010.

1.10 《经济学家》杂志 2010 年的一篇文章中说道:"欧元的下滑意味着欧元区成员国将依靠外部需求,而不是自身的需求来恢复其经济。"

    a. 文章所说的"欧元的下滑"是什么意思?

    b. 欧元的下滑与使用欧元的各国依靠外部需求来恢复经济之间的联系是什么?

资料来源:"Learning to Crawl,"*Economist*,June 24,2010.

1.11 假定一部苹果的 iPhone 在美国要花费 200 美元,在英国需要 65 英镑,在日本需要 35 000 日元。如果汇率是 1.5 美元=1 英镑、100 日元=1 美元,那么美元与日元以及美元与英镑之间的实际汇率是多少?

8.2 外汇市场

解释外汇市场如何运作。

小结

与其他价格一样,汇率是由需求和供给的力量决定的。货币是在全世界的**外汇市场**交易的。外汇市场是场外市场,交易员通过计算机联结在一起。在外汇市场上,**即期市场交易**是按当前的汇率交换货币。在**远期交易**中,交易员今天达成一份在一个特定的未来日期,按照被称为**远期汇率**的汇率交换货币或银行存款的**远期合约**。期货合约在几个方面不同于远期合约。远期合约是交易员之间在未来任意日期交换任意数量的货币的私人协议,期货合约是在交易所交易的,如芝加哥交易所,在交换的货币的数量和交换发生的**结算日**方面都是标准化的。就远期合约而言,汇率在达成合约之时即被固定下来,就期货合约而言,汇率随着合约在交易所的买卖而连续变化。当一家美国企业向外国出售商品和服务时,它会遇到汇率风险。对冲者可以利用外汇衍生品市场降低风险,投机者利用衍生品市场对一种货币的未来价值下赌注。

复习题

2.1 将外汇市场描述为一个"场外市场"的意思是什么?

2.2 外汇市场上的即期交易和远期交易的区别是什么?

2.3 外汇远期合约与外汇期货合约的关键区别是什么? 为什么在外汇市场上远期合约比期货合约的使用更为广泛?

2.4 什么是汇率风险? 如何利用远期、期货和期权合约对冲汇率风险?

2.5 投资者如何利用远期、期货和期权合约对一种货币的未来价值进行投机?

问题和应用

2.6 【与第 228 页的**联系实际**有关】假定你确信加拿大元的价值相对于美元会上升。基于这一确信,你可以采取什么方法来获得利润?

2.7 【与第 228 页的**联系实际**有关】根据《华尔街日报》上的一篇文章,在 2009 年末,"12 月 9—11 日间,一些大型的欧洲和美国银行通过买入一年期的欧元看跌期权做了欧元看涨期权的熊市。"

    a. 什么是"看涨期权的熊市"?

    b. 什么是看跌期权?

c. 银行如何预期通过买入看跌期权获利？

根据同一篇文章，12 月份，"根据摩根士丹利，对欧元的熊市对赌已经上升到了 60 000 份期货合约的创纪录的水平……这是自 1999 年以来的最高水平。"

d. 什么是"熊市对赌"？

e. 这些投资是买入还是卖出欧元期货合约？

资料来源：Susan Pulliam, Kate Kelly, and Carrick Mollenkamp, "Hedge Funds Try 'Career Trade' Against Euro," *Wall Street Journal*, February 26, 2010.

2.8 假定生产梅赛德斯-奔驰汽车的戴姆勒 AG 公司向美国进口商出售了价值 500 万欧元的汽车。如果当前的汇率是 1 欧元＝1.22 美元，戴姆勒同意接受 90 天后支付 610 万美元，回答如下问题：

a. 戴姆勒面临什么汇率风险？

b. 戴姆勒有什么可选方法来对冲这一汇率风险？

c. 给出一个戴姆勒如何对冲这一汇率风险的例子。

2.9 假定美国 Halliburton 公司按 25 000 万日元的价格向日本小松公司购买了建筑设备。设备要运到美国，一年后付款。当前的汇率是 1 美元＝100 日元。1 年期美国国库券当前的利率是 6％，1 年期日本政府债券的利率是 4％。

a. 如果 Halliburton 公司现在将美元换成日元并将日元在日本投资一年，为了在一年后有 250 000 万日元，现在需要兑换多少美元？

b. 如果 Halliburton 公司签署了一份远期合约，同意一年后按 1 美元＝98 日元的汇率购买 25 000 万日元，如果它打算按美国的利率 6％投资美元，那么它现在需要多少美元？

c. 如果 Halliburton 公司现在按美国的利率 6％投资美元，没有签署任何其他类型的合约，该公司知道现在需要多少美元来履行一年后的设备合约吗？简要解释。

d. （a）～（c）描述的哪一种方法提供了对汇率风险的对冲？哪一个没有？哪一种方法可能是 Halliburton 公司比较喜欢的？

e. 为了使得（a）和（b）中的结果是等价的，（b）中的远期合约汇率必须是多少？

8.3 长期汇率

解释长期汇率是如何决定的。

小结

一价定律声称，相同的产品在任何地方都应该按相同的价格出售。**购买力平价理论**认为汇率会变动，以均等化不同货币的购买力。虽然购买力平价理论通常能对长期汇率的变动做出正确的预测，但其在短期的记录却要糟糕得多，原因如下：不是所有的产品都可以在国际范围交易的、产品是差别化的、政府会施加贸易壁垒。关税是政府对进口征收的一种税。配额是政府对一种产品可以进口的数量施加的限制。

复习题

3.1 什么是一价定律？它与购买力平价理论有什么关系？

3.2 购买力平价理论是一种长期还是短期的汇率决定理论？

3.3 根据购买力平价理论，如果英国的价格水平上涨比加拿大的价格水平上涨要缓慢得多，那么英镑与加拿大元之间的汇率在长期内会发生什么变化？

3.4 什么是关税？什么是配额？关税和配额对购买力平价理论的影响是什么？

问题和应用

3.5 根据对专业外汇交易员的一项调查，购买力平价理论被视为"学术术语"。为什么外汇交易员在他们日复一日的货币交易中发现购买力平价理论并没有什么用？

资料来源：Cheung，Yin-Wong，and Menzie David Chinn，"Currency Traders and Exchange Rate Dynamics：A Survey of the U. S. Market，"*Journal of International Money and Finance*，Volume 20，Issue 4，August 2001，pp. 439-471.

3.6 根据 2010 年中期发行的《纽约时报》上的一篇文章，"欧元在星期五的交易中大约是 1 欧元＝ 1.25 美元，但仍然高于购买力平价。"

a. 说一种货币高于购买力平价是什么意思？

b. 如何判断一种货币是高于还是低于购买力平价？

资料来源：Jack Ewing，"Euro Zone Likes a Weaker Currency，Up to a Point，"*New York Times*，May 16，2010.

3.7 【与第 232 页的**解决问题** 8.1 有关】根据《经济学家》杂志，该杂志跟踪记录麦当劳的巨无霸汉堡指数：

毫无疑问，元被低估了。我们的基于购买力平价理论（汇率应该均等化各国一篮子商品的价格）的巨无霸汉堡指数表明，元对美元比公平价值基准低了 49%。

a.《经济学家》杂志所说的价值低估是什么意思？

b. 通过比较巨无霸汉堡在美国的价格和在中国的价格，可以判断元对美元是否被低估了吗？

c.《经济学家》杂志发现中国的巨无霸汉堡按当前的元—美元汇率折算的美元价格是高于还是低于美国的巨无霸汉堡的价格？

资料来源："The Big Mac Index，"*Economist*，March 17，2010.

3.8 根据购买力平价理论，如果下列情况发生，美元相对于墨西哥比索的价值应该发生什么变化？

a. 在未来的 10 年，美国经历了 3% 的平均年通货膨胀率，而墨西哥经历了 8% 的平均年通货膨胀率。

b. 美国对很多进口商品施以关税和配额。

c. 美国进入一段时期的通货紧缩，而墨西哥经历了通货膨胀。

8.4 汇率短期波动的需求供给模型

利用供求模型解释短期汇率是如何决定的。

小结

因为汇率是一种价格，我们可以通过利用需求供给模型来分析影响汇率的最为重要的因素。对美元的需求是由美国之外的家庭和企业对美国的商品和美国的金融资产的需求决定的。交换其他货币的美元供给是由拥有美元的家庭和企业将其兑换为其他货币的意愿决定的。在一幅纵轴度量按每一美元的外币数量表示的汇率，横轴度量美元交换其他货币的数量的图形中，对美元的需求曲线是向下倾斜的，美元的供给曲线是向上倾斜的。**贸易加权汇率**是一个表示汇率的指数值。美元的贸易加权汇率是通过根据该国占美国贸易的份额来为每一个别汇率赋予权重的。**国际资本流动性**指的是可以在其他国家进行投资的难易程度。**利率平价条件**表明，本国债券的利率应该等于等价的外国债券的利率减去预期本国货币对外国货币的升值率。利率平价条件并不总是恰好成立的。投资者通常对持有一笔外币计价的投资要求一个**货币溢价**。

复习题

4.1 再看一下图 8—3 并回答下列问题：

a. 为什么对外汇的需求曲线是向下倾斜的？

b. 为什么外汇的供给曲线是向上倾斜的？

c. 谁会对用美元交换日元感兴趣？

d. 谁会对用日元交换美元感兴趣？

4.2　画出一幅美元交换日元的需求和供给的图形来说明下列各种情形：

a. 苹果的 iPhone 和 iPad 在日本的销量飙升；

b. 一年期的日本政府债券的利率相对于一年期的美国国库券的利率上涨了；

c. 日本政府存在巨额的预算赤字，投资者认为政府可能会对其债券违约。

4.3　什么是美元的贸易加权汇率？如何解释美元的贸易加权汇率在 20 世纪 90 年代末和 21 世纪头 10 年末的上升？

4.4　什么是利率平价条件？利率平价条件如何解释不同国家类似债券的利率差异？

4.5　利率平价条件可能不会恰好成立的主要原因是什么？

问题和应用

4.6　根据《华尔街日报》2010 年 6 月的一篇文章，"由于担心欧元区国家不堪重负的债务和欧元区银行的健康，财政部会继续受益于投资者今年春季开始的 flight-to-safety"。

a. 什么是 "flight-to-safety"？

b. 这篇文章中所描述的 "flight-to-safety" 会如何影响美元和欧元之间的汇率？用一幅展示美元交换欧元市场的需求和供给的图形说明你的答案。

资料来源：Deborah Lynn Blumberg, "Long-Term Treasurys Outperform as Flight to Safety Rolls On," *Wall Street Journal*, June 2, 2010.

4.7　《纽约时报》上的一篇文章声称，"在全球市场上，一种货币比其他货币提供较高利率的主要原因在于补偿投资者承担的汇率风险。"简要解释你是否同意这一观点。

资料来源：Mike Dolan, "Regulators Tackle 'Carry Trade'," *New York Times*, February 10, 2010.

4.8　假定当前日元和美元之间的汇率是 100 日元＝1 美元，在日本，一年期债券的利率是 4%，在美国，类似债券的利率是 3%。根据利率平价条件，投资者预期一年后的日元与美元之间的汇率是多少？

4.9　假定当前的汇率是 1.5 欧元＝1 英镑，但预期一年后会是 1.35 欧元＝1 英镑。如果英国一年期政府债券当前的利率是 4%，利率平价条件预示着德国一年期政府债券的利率会是多少？假定两种债券之间不存在风险、流动性、税收或信息成本方面的差异。

4.10　【与第 238 页的**解决问题 8.2** 有关】《华尔街日报》的一篇文章是这样描述"套息交易"的："套息交易（carry trade）是从像日本那样的利率低的国家借款，接着将其投资于利率较高的地方，从而将收益揣进口袋。"如果利率平价条件成立，套息交易还有可能获得收益吗？

资料来源：Neil Shah, "Carry Trade Has Euro in Its Grips," *Wall Street Journal*, May 24, 2010.

4.11　【与第 239 页的**联系实际**有关】在对希腊可能对其部分政府债券违约表示担心之后，联储和欧洲中央银行在 2010 年 5 月重开了美元流动性互换额度。联储说，采取这一方法是因为"欧洲的美元短期融资市场资金紧张"。

a. 什么是"欧洲的美元短期融资市场"？

b. 美元流动性互换额度如何缓解这些市场的资金紧张？

资料来源：Sewell Chan, "Fed Intervene in European Debt Crisis," *New York Times*, May 10, 2010.

4.12　【与本章开始的导入案例有关】一篇文章中说道："联储宣布其将开放货币互换额度——从本质上说，这就是印钱并用其交换欧元……"为什么联储和欧洲中央银行会达成这样一份协议？

资料来源：Sewell Chan, "Fed Intervene in European Debt Crisis," *New York Times*, May 10, 2010.

数据练习

D8.1　登录 www.stlouisfed.org/fred2/，在 Categories 下选择"Exchange Rates"。选择"Monthly rates"，画出从 2001 年到 2010 年欧元、日元和加拿大元对美元汇率的图形。根据你的图形回答如下问题：

　　　a. 欧元在哪一年达到其最高值？

　　　b. 在 2007—2009 年的金融危机期间，欧元对美元是升值了还是贬值了？

D8.2　教科书上说，货币汇率并不总是一致报价的。相反，关于货币汇率的报价方式存在某些"传统"，如每单位外币的美元数或每一美元的外币数。登录 www.bloomberg.com，在"Market Data"处，下拉点击"Currencies"。欧元（EUR）、日元（JPY）和英镑（GBP）对美元是如何报价的？其列出的当前汇率是多少？

第 9 章 交易成本、不对称信息和金融体系的结构

学习目标

学完本章之后，你应该能够：

9.1 分析在匹配储蓄者和借款人中存在的一些障碍

9.2 解释逆向选择和道德风险给金融体系造成的问题

9.3 利用经济分析解释美国金融体系的结构

金融市场中的买方要当心了！

2010 年 4 月，华尔街因获悉负责监管证券市场的联邦政府机构证券交易委员会（SEC）正在以民事欺诈为由起诉投资银行高盛而感到震惊。指控中涉及被称为抵押债务债券（collateralized debt obligations，CDOs）的复杂证券。CDOs 通常是由抵押贷款支持证券和其他金融资产组成。

高盛公司曾从 90 种抵押贷款支持证券中构造了标示为 "Abacus 2007-AC1" 的 CDOs，每一种抵押贷款支持证券包括数千笔个人抵押贷款。购买 CDOs 的投资者预期会获得基于抵押贷款支持证券的支付的利息支付，而抵押贷款支持证券接下来又基于取得标的抵押贷款以购买住房的投资者的支付。投资者从 CDOs 中获得的利率高于其从无风险的美国国债中可以获得的利率。在交换这一较高的利率时，投资者接受了人们也许会停止对包括在 CDOs 中的抵押贷款还款的风险，停止还款会降低投资者得到的支付并导

致 CDOs 的价格下跌。即使 Abacus CDOs 的唯一两个买家是老练的机构投资者——一家大型德国银行 IKB 德意志工业银行和一家债券发行企业 ACA 资本公司——但它们还是难以确定标的抵押贷款违约的可能性有多大。买方似乎依赖于债券评级机构穆迪和标准普尔，这两家机构都给了 Abacus CDOs 最高的评级，这表明证券违约的可能性是相当低的。①

然而，IKB 和评级机构均未意识到的是，高盛公司曾让对冲基金公司 Paulson & Co. 的管理人员帮助挑选包含在交易中的抵押贷款支持证券。Paulson & Co. 的管理人员是在寻找不可能违约的可靠的抵押贷款支持证券，从而对冲基金可以安全地投资于 Abacus CDOs 吗？正好相反，证券交易委员会指控这些管理人员选择包括在 CDOs 中的是那些具有最高的违约可能性的最差的抵押贷款支持证券。为什么呢？因为 Paulson & Co. 不是要投资于这些 CDOs，而是打算押注于这些 CDOs 的价值会下跌。Paulson & Co. 计划利用信用违约互换（credit default swap, CDS）合约来下这些赌注。如果发行 CDS 合约所基于的标的债券的价格下跌，那么发行方必须向买方进行一笔支付。Paulson & Co. 从基于 Abacus CDOs 发行的 CDS 合约的投资中获得了可观的收益，这让该企业赚到了超过 10 亿美元。不幸的是，Abacus CDOs 的买方损失了 10 亿美元，因为就在该 CDOs 被发行的几个月里，该 CDOs 的标的抵押贷款的违约出现飙升，CDOs 的价格暴跌。CDS 合约的卖方，后来被苏格兰皇家银行收购的一家荷兰银行 ABN Arno，也损失了接近 10 亿美元。

证券交易委员会（SEC）起诉高盛公司是因为，SEC 认为高盛公司应该告知投资者，打算下注 CDOs 下跌的一家对冲基金曾帮助它把证券打包在一起。最终，高盛公司同意向 SEC 支付一笔 5 亿美元的罚金来解决这场诉讼，但不承认任何不道德行为。

该案件体现了金融市场中重要的不对称信息问题。不对称信息是指市场交易中的一方比另一方拥有更多的信息的情形。在这个例子中，高盛公司作为 Abacus CDOs 的卖方，显然比买方拥有更多的信息。为什么 IKB 不是直接投资于抵押贷款而是购买高盛公司打包在一起的 CDOs？正如我们将要讨论的，投资者在进行个别投资时经常面临非常高的交易成本，因此，投资者——包括诸如 IKB 之类的机构投资者——依靠高盛公司之类的金融中介机构。Abacus CDOs 的例子还提出了一个问题，即当金融证券变得非常复杂而且让很多投资者（即使是老练的机构投资者）难以理解时，金融市场是否还能运行良好？

第 268 页的政策透视将讨论债券评级机构在 Abacus 案例中的角色。

资料来源：Aaron Lucchetti and Serena Ng, "Abacus Deal: As Bad as They Come," *Wall Street Journal*, April 20, 2010; Gregory Zuckerman, "Paulson Point Man on CDO Deal Emerges as Key Figure," *Wall Street Journal*, April 19, 2010; and Sewell Chan and Louise Story, "Goldman Pays ＄550 Million to Settle Fraud Case," *New York Times*, July 15, 2010.

---

① 需要注意的是，Abacus CDOs 从技术上说是"合成 CDOs"，这意味着它们实际上并不包含标的抵押贷款支持证券。相反，CDOs 的价格会随着指定的抵押贷款支持证券的价格的变化而变化。从投资者可以获得的收益或损失的观点看，CDOs 和合成 CDOs 之间并不存在实际的差异。

关键议题和问题

在第 1 章的结尾，我们指出，始于 2007 年的金融危机提出了关于金融体系的一系列重要问题。在回答这些问题的时候，我们将讨论金融体系的一些非常重要的方面。下面是本章的关键议题和问题：

议题：在 2007—2009 年的金融危机期间，很多经济学家指出，债券市场出现的问题有可能深化经济衰退并延缓经济复苏，因为与股票相比，企业更多地依靠债券作为一种外部融资来源。

问题：为什么与股票相比，企业更多地依靠债券作为一种外部融资来源？

在第 268 页回答

在本章，我们分析诸如不对称信息和交易成本之类的因素如何解释金融体系的结构。尤其是，我们考察什么可以解释关于金融体系的某些关键事实。

9.1 匹配储蓄者和借款人的障碍

一些人有可供贷出的资金，而一些人愿意借入资金。把储蓄者和借款人集中起来是金融体系的任务。把储蓄者和借款人集中起来做成一笔造福于双方的生意——贷出货币——看似很简单。然而，正如我们在前面几章中已经看到的，金融体系可能是相当复杂的。为何会如此复杂呢？通过考虑使得储蓄者难以找到他们愿意并能够贷出资金的借款人以及借款人难以找到愿意向他们发放贷款的储蓄者的一些障碍因素，我们可以开始回答这一问题。

小的投资者面临的问题

假定你从做兼职中省下了 500 美元，而且你希望将其投资。你应该把你的资金投资到股票上吗？股票经纪人会告诉你，相对于你购买的规模而言，你必须支付的佣金是很大的，因为你只投资了少量的资金。如果你试图通过购买各种不同股票的少数几股来实现分散化，那么这一成本会是相当高的。你应该改为转向债券市场购买比方说微软公司发行的债券吗？不幸的是，在该债券的面值是 1 000 美元的情况下，你的资金甚至买不起一张债券。

由于在金融市场上无运气可言，你寻找另一种方法来投资你的资金。方便的是，你室友的表弟正好需要 500 美元来为苹果的 iPad 开发一个新的应用程序。他提出如果你把500 美元贷给他一年，他会支付给你 10% 的利率。但是，你怎么知道他是不是真的擅长写应用程序呢？如果他的应用程序失败了，你怀疑他不会还款。也许你应该挑出其他借款人并看一下他们会把你的钱用在什么地方。接着你发现了另一个问题：你在法学院的一位朋友告诉你，要草拟一份清楚地说明贷款条件的合约——如果借款人不还款，你会拥有哪些权利——很可能需要花费 300 美元，这就超过了你必须投资的资金的一半。在听到这个消息之后，你决定不再想投资你的 500 美元这件事了。这不仅对你是一个坏消息，而且对在设法从其他个人投资者处筹集资金面临相同困难的应用程序开发者也是一个坏消息。

这个例子说明了**交易成本**（transactions costs）的概念，交易成本是从事一项直接的金融交易的成本，如购买股票或债券，或发放一笔贷款。在这个例子中，交易成本包括与你的资金的借款人草拟一份合约你必须支付的法律费用以及你设法找到一项有利可图的投资所花费的时间。这个例子还说明了**信息成本**（information costs）的概念，信息成本是储蓄者为确定借款人的信誉以及监控他们如何使用获得的资金所招致的成本。由于交易成本和信息成本的存在，储蓄者从其投资中获得较低的回报，而借款人必须为他们借入的资金付出更多。正如我们刚才已经看到的，在某些情况下，这些成本意味着资金完全不会贷出或借入。虽然交易成本和信息成本降低了金融体系的效率，但它们也为个人和企业创造了可以降低这些成本的获利机会。

金融中介如何降低交易成本

高的交易成本使得个人储蓄者不可能直接把钱借给借款人。出于同样的原因，需要借入资金的中小企业——或出售企业的部分所有权以筹集资金——不可能找到愿意给它们投资的个人。其结果是，小的投资者和中小企业都求助于诸如商业银行和共同基金之类的金融中介机构以满足其金融需求。例如，诸如 Putnam 投资公司旗下的 Voyager 基金之类的共同基金向很多个人投资者出售份额并把资金用于投资股票和债券的分散化的投资组合。虽然只有 500 美元可供投资的投资者发现在不招致巨大的交易成本的情况下难以购买一个分散化的投资组合，但共同基金以低的交易成本提供分散化。类似地，投资者还可以从一家商业银行购买一张存单。接下来，该商业银行可以利用这笔资金向家庭和企业借款人发放贷款。

银行、共同基金和其他金融中介怎样才能充分地降低交易成本从而既可以满足储蓄者和借款人的需要又能赚取利润？金融中介机构可以利用**规模经济**（economies of scale），规模经济是指由于生产的一种商品和服务的数量的增加导致平均成本的下降。例如，国库债券的经纪商对投资者购买价值 100 万美元的债券所收取的费用并不比他们对购买价值 1 万美元的债券收取的费用高多少。通过买入一个购买价值数百万美元的债券的债券共同基金的价值 500 美元的份额，个人投资者可以利用规模经济的好处。

还存在金融中介利用规模经济的其他方式。例如，由于银行发放很多贷款，它们依靠标准化的法律合约，因此，签署这些合约的成本在很多贷款中分摊了。类似地，银行贷款官员们把他们的时间投入到贷款的评估和处理中，因此，通过这一专业化，他们可以高效地处理贷款，减少了所需要的时间——进而每笔贷款的成本。金融中介还利用了提供金融服务的复杂的计算机系统的好处，如自动取款机网络提供的那些服务。

要理解金融中介还能如何帮助降低信息成本，我们需要更深入地考察信息成本的本质。这是下一节的任务。

9.2 逆向选择和道德风险问题

当储蓄者借钱给借款人时，一个需要考虑的关键事项是借款人的财务状况。储蓄者不会借钱给那些不可能还钱的借款人。对储蓄者而言不幸的是，财务状况糟糕的借款人有一种对储蓄者掩饰这一事实的动机。例如，正在向投资者出售债券的一家公司也许知道其销售额正在迅速地下降，但债券的买方可能缺少这一信息。**不对称信息**（asymmetric information）描述了一项经济交易中的一方比另一方拥有更好的信息的情形。在金融交易中，借款人通常比贷款人拥有更多的信息。

经济学家在源于不对称信息的两个问题中做了区分：

1. **逆向选择**（adverse selection）是投资者在进行一项投资之前区分低风险的借款人和高风险的借款人时遇到的问题。

2. **道德风险**（moral hazard）是投资者核实借款人正在像预定的那样使用其资金时遇到的问题。

有时候，源于不对称信息的成本可以是如此之大，以至于投资者只借钱给那些明显低风险的借款人，如联邦政府。然而，更一般地，存在对不对称信息问题的实用的解决方法，金融市场或金融中介以此降低进行投资决策所要求的信息成本。

逆向选择

加州大学伯克利分校的乔治·阿克洛夫（George Akerlof）是首位分析逆向选择问题的经济学家。他是在二手车市场的情形中分析这一问题的。阿克洛夫因其对信息经济学的深入研究而被授予诺贝尔经济学奖。阿克洛夫注意到二手车的卖方总是比潜在的买方拥有更多关于车的真实状况的信息。一个"柠檬"，或者说维护不当的一辆车——例如，没有定期更换润滑油——会损害汽车的引擎，即使是训练有素的汽车修理师也难以察觉。潜在的买方愿意为二手车支付的价格将会反映买方对汽车的真实状况缺少完全的信息。考虑一个简单的例子：假定你正在 2008 年生产的二手的本田 Element 汽车市场上。再假定你和其他买家愿意为一辆好的、妥善维护的汽车支付 15 000 美元，但只愿意为一个柠檬支付 7 000 美元。不幸的是，你无法判断柠檬和好的汽车，但你曾读过一份在线报告，该报告指出，大约 75% 的二手 2008 款本田 Element 是妥善维护的，而其他的 25% 是柠檬。在第 4 章，我们介绍过期望收益的概念，期望收益是通过将每一事件发生的概率乘以每一事件的值加总计算得到的。在这个例子中，我们可以计算从那些可供出售的汽车中随机挑选一辆 2008 款本田 Element 带给你的期望值：

$$期望值＝（汽车是好汽车的概率）×（好汽车的价值）$$
$$＋（汽车是柠檬的概率）×（柠檬的价值）$$

或者说，

$$期望值＝（0.75×\$15\ 000）＋（0.25×\$7\ 000）＝\$13\ 000$$

对你来说，愿意为本田 Element 支付的价格等于期望值 13 000 美元看似是合理的。不幸的是，你很可能会遇到一个很大的问题：从你的角度看，给定你不知道任何可供出售的特定汽车是好汽车还是柠檬，13 000 美元的出价似乎是合理的。然而，买方却知道他们是在出售好汽车还是柠檬。对好汽车的卖方来说，13 000 美元的出价比汽车的真实价值低了 2 000 美元，卖方会不愿意出售。但是，对柠檬的卖方来说，13 000 美元的出价比汽车的真实价值高出 6 000 美元，卖方会非常愿意出售。由于柠檬的卖方对其出售的汽车比买方知道得更多，二手车市场遇到了逆向选择：可供出售的大部分二手车都是柠檬。换言之，由于不对称信息，二手车市场已经逆向地选择了可供出售的汽车。还要注意的是，逆向选择问题降低了进入市场和在市场中出售的二手车的整体质量，因为几乎没有好的汽车可供出售。根据阿克洛夫对二手车市场的逆向选择的分析，我们可以得出结论：信息问题降低了市场的经济效率。

为了降低逆向选择的成本，汽车经销商充当了买方和卖方之间的中介。为了维护其在买方中的声誉，与个别卖方相比，经销商很少愿意利用关于它们正在出售的二手车质量的私人信息，而个别卖方在其一生中很可能最多只会出售几辆二手车而已。其结果是，经销商同时按照它们的真实价值出售好的汽车和柠檬。此外，政府监管规则要求汽车经销商向消费者披露关于汽车的信息。

金融市场中的"柠檬问题"

逆向选择问题如何影响股票和债券市场把资金从储蓄者引导到投资者的能力呢？首先看一下股票市场。举一个简单的例子，类似于我们刚才用于汽车市场的例子。假定存在好的企业和坏的企业，或者说柠檬企业。企业知道它们是好的企业还是柠檬，但是，根据可得信息，潜在的投资者无法判断其差别。从第 6 章可知，一股股票的内在价值应该等于投资者预期到无限的未来会收到的所有股息的现值。假设给定你对未来会支付的股息的预期，你认为好企业发行的股票的价值是每股 50 美元，但柠檬企业发行的股票的价值只有每股 5 美元。根据你对《华尔街日报》和财经网站的阅读，你确信，提供可供出售的股票的 90% 的企业是好企业，10% 的企业是柠檬企业，但你缺少确定任何特定企业是好企业还是柠檬企业的信息。

你可以利用这些假定条件来计算在所有出售股票的企业中随机选取的一家企业发行的一股股票对你的期望值：

$$期望值 = (0.90 \times \$50) + (0.10 \times \$5) = \$45.50$$

因此，你愿意为一股股票支付 45.50 美元，但是，对于一家好的企业，这一价格低于股票的内在价值。以如此低的价格出售股份是在以低于其内在价值的价格出售企业的部分所有权——这是股票份额所代表的。因此，好的企业会不愿意以这一价格出售股票。然而，柠檬企业会非常愿意以这一价格出售股票，因为这一价格超过了其股份的真实价值。由于柠檬企业利用它们对自己的企业的真实价值比投资者知道得更多，像二手车市场一样，股票市场也会遇到逆向选择。

股票市场中的逆向选择的后果之一是很多中小企业不能或不愿意发行股票。这些企业会无法找到愿意购买它们的股份的投资者——因为投资者会担心购买到最终被证明是一家柠檬企业的股票——或者不愿意以远低于内在价值的价格出售股份。结果是，在美国，只有大约 5 100 家企业是**上市公司**（publicly traded），这意味着它们不能在股票市场上出售股票。这些企业都足够大，从而投资者可以从诸如华尔街分析师的报告和财经记者的文章之类的消息来源中轻松地找到关于其财务状况的信息。这一信息有助于投资者克服逆向选择问题。

逆向选择也出现在债务市场中。正如投资者在不确定企业是好企业还是柠檬时，投资者不愿意购买企业的股票，同样，投资者也不愿意通过购买它们的债券把钱借给它们。由于借钱给柠檬企业的风险大于借钱给好企业的风险，如果投资者拥有关于每一家企业的财务状况的完全信息，投资者会愿意以低的利率借钱给好企业，以高的利率借钱给柠檬企业。然而，由于不对称信息，投资者通常不愿意以高的利率发放任何贷款。投资者的推理通常是，随着债券利率上升，愿意支付高利率的更大比例的企业是柠檬企业。毕竟，面临破产的企业的经理有充分的理由愿意支付非常高的利率借入可以用于融通高风险投资的资金。如果投资不成功，经理们不会比他们以前的境况更糟：企业还是会面临破产。然而，比起把资金投入到低风险的投资中，购买债券的投资者的境况会是非常糟糕的。换言之，随着利率上升，潜在的借款人的信誉很可能会恶化，造成逆向选择问题更严重。由于投资者意识到这一问题，他们很可能会减少他们愿意发放的贷款的数量，而不是把利率提高到资金需求量和供给量相等的水平。这一贷款限制就是众所周知的**信贷配给**（credit rationing）。当贷款人配给信贷时，企业——不管它们是好企业还是柠檬——也许难以借到资金。

概言之，在二手车市场上，逆向选择导致劣质汽车把优质汽车挤出市场。在股票市场中，逆向选择造成除了最大的那些企业外所有的企业都难以出售股票。在债券市场中，逆向选择导致了信贷配给。

逆向选择对经济是成本高昂的。当投资者难以获得关于优质企业的信息时，这些企业的融资成本上升。这种情况促使很多企业的成长主要是通过**内部资金**（internal funds）的投资，内部资金是企业曾经赚取的利润或者从企业的所有者处筹集到的资金。自第二次世界大战以来，美国的企业从内部筹集到其所需资金的超过三分之二。由于受到逆向选择问题影响最严重的企业都是经济的动态新兴部门中的较年轻的企业，如软件和生物技术，实物资本增长、就业和生产的机会很可能是受到限制的。

减少逆向选择的努力

金融市场参与者和政府曾采取措施来设法减少金融市场中的逆向选择问题。随着1929年10月股票市场的大崩盘，在纽约股票交易所出售股票的很多企业并没有向投资者披露关于企业财务状况的至关重要的信息或者曾经故意地就企业的真实状况误导投资者变得显而易见。国会的反应是于1934年成立证券交易委员会来监管股票和债券市场。证券交易委员会要求上市公司在其必须采用标准的会计方法准备的财务报表中报告其业绩，如资产负债表和利润表等。此外，企业必须披露**实质信息**（material information），实质信息是如果为人们所知就很可能会影响到企业股票价格的信息。证券交易委员会所要求的信息披露降低了逆向选择的信息成本，但其因若干原因而未消除信息成本。

首先，一些优质企业也许太过年轻，以至于没有可供潜在的投资者评估的很多信息。其次，柠檬企业会设法呈现尽可能好的信息，从而投资者会高估其证券的价值。再次，关于如何报告利润表和资产负债表上的某些项目的看法会存在合理的差异。例如，在2007—2009年的金融危机期间，很多银行和其他金融企业在其资产负债表上有已经变得非流动的资产，如贷款和抵押贷款支持证券。这些资产的市场"失灵"了，这意味着，在这些市场中，几乎没有或根本没有买卖发生。在这种情况下，投资者通过阅读这些企业的资产负债表难以发现这些资产的真实价格。最后，关于信息是否实质的解读可以是很微妙的。例如，一些投资者批评苹果公司，因为该公司延迟披露其 CEO 史蒂夫·乔布斯曾在 2009 年 4 月接受过肝脏移植手术这一信息。虽然苹果公司的代表认为乔布斯的健康问题是一个私人问题，但一些投资者认为，这个问题本来应该更为充分地披露，因为这会影响该公司未来的盈利能力，从而影响其股票价格。

私人企业已经通过收集关于企业的信息并把信息出售给投资者来设法减少逆向选择的成本。只要收集信息的企业工作出色，购买信息的储蓄者就能更好地判断借款人的质量，改善贷款的效率。虽然投资者必须为信息付钱，但如果信息使其可以赚到更高的收益，他们还是可以从中受益的。诸如穆迪投资者服务公司、标准普尔、价值线（Value Line）和邓百氏（Dun & Bradstreet）之类的企业专门从各种来源收集信息，包括企业的利润表、资产负债表和投资决策，并将其出售给订阅者。买家包括个人投资者、图书馆和金融中介机构。你可以在你的大学图书馆或在线找到一些这类出版物。

私人信息收集企业能帮助最小化逆向选择成本，但它们不能消除这一成本。虽然只有订阅者为收集的信息付钱，但其他人无须付费就可以从中受益。在没有付费的情况下获准使用信息的个人是**搭便车者**（free rider）。也就是说，他们获得了与那些为信息付费的人一样的好处，但却不招致成本。影印和散布私人信息收集企业准备的报告是轻而易举的——或扫描报告并将其发布到互联网上——因此，对于每一个付费的订阅者也许都存在很多的搭便车者。事实上，由于私人信息收集企业最终免费为很多投资者提供其服务，它们无法收集到与其不必面对搭便车问题时同样多的信息。事实上，正如我们在第 6 章所看到的，在债券评级中，穆迪和标准普尔被迫从向投资者收取关于债券发行企业信誉的信息费用的业务模式转向对发行企业收费。

利用抵押品和净值减少逆向选择问题

不管是由于政府监管导致的直接信息披露，还是由于私人信息收集企业的努力带来的间接信息披露，都没有消除逆向选择，因此，贷款人通常依靠为了帮助减少这一问题而设计的金融合约。如果一家企业的业主在其企业中只投入了少许的自有资金，要是他们对债券违约或未能偿还贷款，他们并不会失去很多。为了使得企业利用其不对称信息的成本更为高昂，贷款人通常要求借款人抵押其部分资产作为**抵押品**（collateral），如果借款人违约，贷款人就认领抵押品。例如，拥有一间仓库的一家企业在发行债券时也许必须抵押仓库作为抵押品。如果该企业未能支付债券的息票，投资者可以没收仓库并将其出售以抵补他们在债券上的损失。只有诸如微软公司和通用电气公司之类的非常大的著名企业才可以出售**信用债券**（debenture），信用债券是没有特定抵押品而发行的债券。

净值（net worth）是企业资产的价值与其负债的价值之间的差额，净值像抵押品一样，为贷款人提供了相同的担保。当企业净值高时，企业的经理把借入资金用于高风险投资时损失较多。另一方面，低净值企业的经理损失较少。因此，投资者通常是通过将其贷款限制在高净值企业上来降低逆向选择的可能性。

最后，然而，逆向选择成本使得企业难以从金融市场中筹集到资金。除了高的交易成本之外，逆向选择成本是很多企业在其需要外部融资时求助于金融中介的另一个原因。

金融中介如何减轻逆向选择问题

金融中介，尤其是银行，擅长于收集关于借款人的违约风险的信息。银行从长期经验中知晓借款人——家庭和企业——的哪些特征很可能是违约风险的好的预测指标。银行依赖的某些信息对于任何金融机构都是广泛可得的。这些信息包括信用报告和 FICO 信用得分，该信用得分是由现在被称为 FICO，以前被称为 Fair Isaac 的一家企业收集的。然而，个别银行还可以获取关于特定贷款人的并不是普遍可得的信息。银行根据关于借款人的私人信息来评估信用风险的能力被称为**关系银行业务**（relationship banking）。例如，一家当地的银行也许在若干年内一直在向一家当地的汽车经销商发放贷款，因此，该银行必定已经收集到其他潜在的贷款人难以获得的关于该汽车经销商的信誉的信息。

银行从存款人处筹集资金，利用其关于借款人的信誉的出众的信息，它们把存款借给那些代表低风险的借款人。由于银行比个别储蓄者更能区别优质借款人和柠檬，银行可以通过对贷款收取比其向存款人支付的较高的利率获得利润。由于存款人知道交易成本和信息问题使得他们难以将其资金直接贷放给借款人，因此，存款人愿意接受这一低利率。

银行可以从其关于借款人的私人信息中获利，因为在关系银行业务下，它们持有很多它们发放的贷款。因此，投资者难以通过观察银行发放哪些贷款并复制它们而获利。银行可以从收集关于当地企业和家庭的信息中获利，因为其他投资者难以在这一贷款业务上与银行竞争。银行从关系银行业务中获得的信息优势使其可以降低逆向选择成本并解释了银行在向企业提供外部融资中所扮演的关键角色。

✔ 联系实际：证券化加大了金融体系中的逆向选择问题吗？

在本章开始的时候讨论过的关于高盛公司的 Abacus 抵押债务债券（CDOs）的有趣的事件似乎是一个鲜活的逆向选择的例子。购买 Abacus CDOs 的大型德国银行 IKB 认为，该投资具有足够高的利率以抵消 CDOs 的标的抵押贷款可能违约的风险。然而，根据证券交易委员会，IKB 未被告知 Paulson & Co. 的管理人员帮助挑选了 Abacus CDOs 中的抵押债券并打算下注该 CDOs 的价值会下跌。从而，这些管理人员希望 CDOs 中包含具有最大违约可能性的抵押贷款支持证券。因此，根据证券交易委员会，IKB 预期是优质的 CDOs 却被设计为一个柠檬。

Abacus CDOs 是由证券化（securitization）过程产生的，证券化涉及将诸如住房抵押贷款之类的贷款打包为可以在金融市场上出售的证券。证券化在过去 15 年中的增加也许已经导致了逆向选择的加大。正如我们已经看到的，在关系银行业务下，银行具有获取关于潜在借款人的信息并利用这一信息向家庭和企业发放贷款的激励。在关系银行业务下，银行获得基于银行支付给存款人的利率与银行从贷款上获得的利率之间的差额的利润，银行持有大部分贷款直至到期。证券化把银行的焦点从关系型银行业务转向了所谓的发起—配售（originate-to-distribute）业务模式。在这一模式下，银行仍然发放贷款，但不是将其持有至到期，银行要么自己将这些贷款证券化，要么将其出售给会被证券化的其他金融企业或政府机构。在任何一种情况下，银行只是短暂地持有贷款而不是将其持有至到期。在发起—配售模式下，银行的获利方式包括银行从发起贷款中所收到的服务费，以及银行从处理它们从借款人那里收到的并转交给证券持有人的贷款偿还中所收取的服务费。

一些经济学家和政策制定者认为，发起—配售模式已经降低了银行区别优质借款人和柠檬借款人的激励。换言之，这一模式已经降低了银行减少逆向选择的激励。一旦一笔贷款被证券化了，如果借款人违约，是证券所有者而不是发起贷款的银行遭受大部分的损失。此外，一些经济学家认为，银行可能会利用其信息优势廉价卖清高风险的贷款，而把低风险的贷款留在自己的投资组合中。购买证券化贷款的投资者是难以评估包括在证券中的贷款的风险程度的。与发起贷款的银行相比，诸如穆迪和标准普尔之类的评级机构也只有很少的关于包含在证券中的贷款的风险程度的信息。证券化为金融体系提供了一定的好处：证券化允许进一步的风险分担，证券化提高了贷款市场中的流动性，证券化降低了借款人对贷款支付的利率，证券化使得投资者可以分散化其投资组合。证券化的坏处是其或许已经无意中加大了逆向选择问题。

卡内基·梅隆大学的 Antje Berndt 和凯斯西储大学的 Anurag Gupta 研究了发起—配售模式对逆向选择问题的影响。他们考察了从 2000 年初到 2004 年末这一时期银行对公司发放的贷款。他们发现，与银行贷款没有被出售的那些公司或者没有从银行借入资金的那些公司相比，银行贷款最终被证券化的那些公司在其贷款被出售之后的三年间明显缺乏盈利能力。Berndt 和 Gupta 的结论似乎表明，银行要么在发放它们打算证券化的贷款时粗心大意，要么更可能出售它们发放给无利可图的企业的贷款。

在 2010 年 7 月通过的《多德-弗兰克华尔街改革和消费者保护法案》中，国会提出了证券化加大了金融体系中的逆向选择的可能性。该法案要求出售某些抵押贷款支持证券及 CDOs 的银行和其他金融企业至少保留发行的全部证券的 5%，尽管还存在一些关于规定如何被执行的问题。关于证券化的影响的争论很可能还会继续下去。

资料来源：Antje Berndt and Anurag Gupta，"Moral Hazard and Adverse Selection in the Originate to Distribute Model of Bank Credit," *Journal of Monetary Economics*，July 2009，Vol. 56，No. 5，pp. 725-743；and Dennis K. Berman，"Do Sold-off Corporate Loans Do Worse?" *Wall Street Journal*，November 19，2008.

通过做第 273 页本章末的问题和应用 2. 15 和 2. 16 来检查一下你的理解。

 解决问题 9. 1：为什么银行要实行信贷配给？

2010 年春季，《经济学家》杂志上的一篇文章对美国的银行贷款进行了如下评述：

……小企业，产生新的工作岗位的经济部门，并不能获得信贷。全国独立企业联合会表示，能使用信贷的小企业主的百分比在过去一年中下降了 20%，申请新的信贷额度的那些企业主中只有 38% 的人获得通过。

a. 为什么银行不愿意向小企业发放贷款？如果银行认为某些贷款是高风险的，为什么银行不是仅仅收取较高的利率来补偿风险？

b. 此处涉及的时期是在一场深度衰退结束后不久这一事实有关系吗？

资料来源：From "Buttonwood's Notebook," *The Economist*, March 30, 2010. Reprinted with permission of The Economist.

解决问题

第一步　复习本章的内容。 这一问题是关于逆向选择和信贷配给的，因此，你也许需要复习"逆向选择和道德风险问题"这一小节。

第二步　通过解释对银行而言提高贷款利率如何能加大道德风险问题回答（a）部分的问题。 我们已经看到，贷款人会不愿意提高其对借款人收取的利率，因为高利率也许会吸引信誉不足的借款人。也就是说，较高的利率也许会加大逆向选择。虽然银行擅长搜集关于借款人的信息，但与借款人相比，银行对借款人的真实财务状况还是知道得较少。一家濒临宣布破产的小企业也许会把银行贷款视为财务上的救命稻草，且与借款人的财务状况较好相比，其较少关心必须支付高的利率。

第三步　通过讨论涉及的时期是临近一场深度衰退的末期是否有影响来回答（b）部分的问题。 在金融危机期间，很多银行是通过限制其为借款人提供的贷款的数量，而不是提高其对贷款收取的利率实行了信贷配给。在所有衰退期间，由于工人们失去了他们的工作，企业遭受了销售量和利润的下降，家庭和企业的财务状况会恶化。结果是柠檬借款人的数量相对于优质借款人的数量上升了。因而，银行在发放贷款时不得不更为谨慎并避免有可能会加大其逆向选择问题的行为——如提高贷款利率。

为了进行更多的练习，做一下第 273 页本章末的问题和应用 2.17。

~~~~~~

道德风险

即使在贷款人已经搜集了关于借款人是优质借款人还是柠檬借款人的信息之后，贷款人的信息问题还没有结束。在贷款人对看似是优质借款人发放了贷款之后，仍然存在借款人不像预定的那样使用资金的可能性。当借款人有隐藏信息或以一种并不与贷款人的利益相一致的方式行为的动机时，这种情况，也就是众所周知的**道德风险**（moral hazard），更有可能发生。道德风险因不对称信息而出现：关于借入的资金实际上会被如何使用，借款人比贷款人知道得更多。

股票市场中的道德风险

如果你购买了一家企业的股票，你希望企业的管理人员最大化利润，从而你的投资的价值会上升。不幸的是，监控该企业的管理人员是否真的在这样做对一个个人投资者是极为困难的，这是一个明显的道德风险问题的基本原理。在你购买微软公司最近发行的股票的时候，你无法判断该企业会把你的资金精明地用在新版本的 Windows 的研发上，还是会将其浪费在经理人员新浴室的黄金水龙头上。研发上的投资很可能会提高微软公司的利润和你的回报，但黄金水龙头却不能。

大型上市公司的组织结构导致**所有权和控制权的分离**（separation of ownership from control）。也就是说，从法律上看，股东拥有企业，但企业实际上是由高层管理人员——

首席执行官（CEO）、首席运营官（COO）、首席财务官（CFO），等等经营的。在大部分大型公司中，高层经理人员只拥有该企业股票的很小的一个比例，通常不到5％。虽然股东们关心的是经理们管理好企业以至最大化股东投资的价值，但经理们也许有其他的目标。一些高层经理被指责为"好大喜功者"，即使在公司较小的情况下会更有盈利能力，他们感兴趣的还是通过成长和对其他公司的收购使得公司尽可能地大。其他的高层经理们看似更为关心使用公司的喷气式飞机和在昂贵的度假胜地举办会议，而不是企业的利润。经济学家把经理们会追求不同于股东的目标的可能性称为**委托—代理问题**（principal-agent problem）。股东作为企业的所有者是**委托人**（principal），而被雇用来完成所有者的愿望的高层经理们是**代理人**（agent）。

经理们甚至有低报利润的动机，从而他们可以减少他们所欠股东的股息并保留资金的使用权。由于证券交易委员会要求经理们发布根据普遍接受的会计原则准备的财务报表，低报的问题在某种程度上减少了。联邦法律已经使得谎报或窃取属于股东的利润成为一条会被处以大额罚金或有期徒刑或两者并处的联邦罪行。高层经理们谎报企业真实财务状况的引人注目的案例——包括21世纪头10年初的安然公司和世通公司案例——表明罚金和监禁条款还不具有充分的威慑作用。

投资者选举董事会代表他们控制公司。不幸的是，董事会并不是针对股票投资中的道德风险问题的完全的解决方案。首先，董事会通常并不是经常地碰面——通常每年只有四次——而且通常依靠高层管理人员向他们提供的信息。即使高度勤勉负责和富于怀疑精神的董事会也不能指望对企业知道得与高层经理一样多。因此，对董事会成员而言，通常难以判断经理们是否在代表股东的最大利益而行动。董事会不能使用利润率作为对高层经理绩效的唯一度量，因为除了经理们的努力程度之外的其他因素也决定着一家企业的利润率。例如，一场经济衰退会导致企业遭遇经理们无法避免的损失。其次，董事会并不总是独立于高层经理。即使是股东选举董事会成员，但很多股东很少关注这类选举，CEO们有时候可以在投票中成功地推举对他们有利的候选人。某些董事会包含公司供应商的CEO。由于担心他或她会通过取消合同实施报复，这些董事会成员也许会不愿意反对CEO。近年来，诸如养老基金之类的机构投资者在董事会选举中的作用日益上升已经帮助减少了道德风险问题。例如，加利福尼亚公共雇员退休系统（CalPERS）设置了公司治理主任的职位，此人负责确保养老基金投资的公司尊重股东们的利益。然而，大部分经济学家认为，公司董事会可以减轻但不能消除道德风险问题。

最后，一些董事会已经通过利用**激励合约**（incentive contract）更好地协调高层经理的目标和股东的目标来努力减轻道德风险。在某些激励合约下，经理的部分报酬取决于企业的绩效。例如，一位CEO也许只有在企业达到某一利润指标时才能获得他或她的全部报酬。其他的激励合约为高层经理们提供了期权合约。期权允许经理们以高于授予期权那一天的市场价格的价格购买企业的股票。期权赋予经理们一种让企业更具盈利能力的激励，这会提高该企业的股票价格并使得期权更有价值。虽然期权合约可以减轻道德风险，但通过引导经理们做出不符合股东最大利益的决策，它们也会不时地提高道德风险。例如，如果高层经理们的报酬取决于企业的利润，他们也许会从事能提高企业的短期利润但也会危害企业的长期前景的高风险投资。

一些经济学家认为，某些金融企业的高层经理在金融危机期间从事了比他们在正常情况下风险更高的投资，因为他们的部分报酬取决于其企业的短期利润。当董事会为高层经理提供股票期权时，类似的问题也会存在。在 21 世纪头 10 年，几家企业的高层经理被发现将其股票期权合约的起算日追溯至更早的日期。经理们不是让合约反映赠与期权的那一天的公司股票价格，而是操纵合约，让其看似是在更早的日期赠与的，而当时的股票价格要低得多。结果是，即使从实际赠与期权的时间开始企业的股票价格并没有上涨，经理们还是能从期权中获得大量的金额。证券交易委员会把将起算日追溯至更早的日期的行为视为欺诈行为，因此，从事这一活动的几位管理人员被宣告有罪并被判入狱。

债券市场中的道德风险

债券市场中的道德风险要少于股票市场中的道德风险。当你购买一股股票时，你是在依靠该企业的高层管理人员最大化利润。他们是否这样做对于你和董事会都是难以核实的。然而，当你购买一个债券时，你只需要该企业的高层管理人员进行息票支付和债券到期时的最终面值支付。经理们是否在最大化利润和你没有关系。换言之，监控企业的管理人员的成本对于作为债券持有人的投资者比作为股票持有人的投资者要低得多。

即使投资者在购买债券时比在购买股票时遭受较少的道德风险，购买债券也并不是完全没有这一问题。由于债券使得企业可以保留超过债券应付的固定还款的所有利润，与代表债券投资者的最大利益相比，企业的经理具有一种承担更高的风险以获取这一利润的动机。例如，假定你和其他投资者购买了一家软件企业发行的债券，该企业在为苹果公司的 iPhone 和 iPad 开发应用程序方面非常成功。你期待该企业会利用资金来开发新的应用程序。相反，该企业的管理人员决定将资金用于风险高得多的业务上，开发一种新的平板电脑与 iPad 竞争。在很可能失败的情况下，该企业会被迫破产并无法履行其向你承诺过的付款。

投资者设法减轻债券市场中的道德风险的一种关键方法是把**限制性条款**（restrictive covenant）写入债券合约中。限制性条款要么对借款人获得的资金的用途施加限制，要么要求在借款人的净值下降到一定水平之下时借款人要还清债务。作为第一种类型的限制性条款的一个例子，企业也许会被限制将来自债券发行的资金用于购买仓库或工厂建筑物。第二种类型的限制性条款的目的是阻止企业的经理承担太多的风险。经理们知道，如果他们在高风险投资上遭遇损失，企业的净值也许会下降到触发条款的水平之下。必须付清也许还有若干年才到期的债券发行对企业来说可能是困难的并会导致董事会质疑经理们的能力。

虽然限制性条款可以降低风险，但它们也有缺点，它们使得债券更为复杂并会降低债券在二级市场的可销售性。监控企业是否真的在遵守限制性条款的成本进一步妨碍了债券的可销售性和流动性。限制性条款无法足够细化以保护贷款人免受每一种借款人可能从事的高风险活动的影响。

金融中介如何减轻道德风险问题

正如金融中介在减轻金融体系中的逆向选择程度上发挥着重要的作用，金融中介在减轻道德风险上也发挥着重要的作用。商业银行擅长于监控借款人，而且已经开发了有效的技术来确保其贷放的资金实际上被用于其指定的用途上。例如，当你取得一笔贷款来购买一辆汽车时，银行通常是通过给你一张写给汽车经销商而不是写给你的支票来提供资金的。类似地，如果一家比萨饼店的业主取得一笔贷款来扩展她的业务，银行很可能是分阶段地让与资金，要求提供每个建设阶段已经完成的证明。银行贷款通常包含限制性条款。例如，如果你取得一笔贷款来购买一辆新汽车，你会被要求参与最低金额的对偷盗和碰撞的保险，保单的签署通常使得你在一场事故之后从保险公司收到的支票上同时会出现银行的名字和你的名字。如果你取得一笔贷款来购买一幢住房，你将必须参与对住房的保险，在没有首先偿还你的抵押贷款的情况下，你不能出售住房。

在某些国家，在为企业提供资金时，银行还有另外的方法来克服道德风险。例如，在德国，诸如德意志银行之类的银行可以购买企业的股票并将其雇员安排在企业的董事会中。这一措施赋予银行更多地获取信息并使得监控经理们的行为更为容易。然而，在美国，联邦监管规则禁止银行购买非金融企业的股票，即进行**股权投资**（equity investment）。

其他金融中介已经演化到填补由于禁止银行进行非金融企业的股权投资所留下的金融体系中的空白。**风险资本企业**（venture capital firm），如 Kleiner Perkins Caufield & Byers 或 Matrix，从投资者处筹集资金并利用资金来进行对小型启动企业的投资，通常是高科技行业。风险资本企业经常会取得一家启动企业的大量的所有者权益，通常将自己的雇员安排在董事会中或者甚至让他们担任经理。这些措施可以减轻委托—代理问题，因为风险资本企业拥有更大的能力来严密地监视经理们。企业的经理们或许在乎大投资者的愿望，因为让一个大投资者卖掉在公司的股份可能会使得公司难以从新的投资者那里筹集到资金。此外，当投资一家非上市企业时，风险资本企业避免了搭便车问题，因为其他投资者无法复制风险资本企业的投资策略。

风险资本企业把年轻的企业作为目标。**私募股权企业**（private equity firm）（或称**公司重组企业**（corporate restructuring firm）），如 Blackstone 或 Kohlberg Kravis Robert & Co.（KKR），成为成熟企业的大投资者。通常，它们把那些经理们似乎没有在最大化利润的企业作为目标。通过在董事会中取得席位，它们可以监控高层经理们并努力让他们遵循新的政策。在某些情况下，它们会取得企业的控制权并替换高层管理人员。私募股权和公司重组企业已经帮助建立了一个**公司控制权市场**（market for corporate control），通过提供一种开除未能完成股东的心愿的高层管理人员的方法，其可以减轻金融体系中的道德风险。

联系实际：为什么庞氏骗局那么多？

在 20 世纪 20 年代的波士顿，一位意大利移民查尔斯·庞齐（Charles Ponzi）有一个一定曾经看似聪明（要不是非法）的主意：创办一家被称为证券交易公司的金融企业，该企业会为储蓄者从一项仅 45 天就到期的投资上提供令人难以置信的 45％ 的回报率。在其他类似的投资只提供 5% 的年利率的情况下，庞齐的提议必定会吸引很多投资者。事实上，在庞齐建立他的企业之后不久，来自大大小小的储蓄者的数百万美元就大量地涌到了。但是，庞齐怎么可能以一种足以赚到满足其对投资者的承诺而又能盈利的方式投资这笔钱呢？

庞齐告诉投资者，他会把他们的资金用在一种与国际往来息票有关的套利策略上。这些息票可以在发行国以邮资的价格购买，接着被用于在另一个国家购买邮资。庞齐告诉投资者，他可以通过在邮资价格很低的意大利购买息票并在邮资价格高得多的美国兑换它们而获得高收益。然而，事实上，庞齐并没有投资他们的资金的打算。相反，他打算利用来自新投资者的资金来支付对现有投资者承诺的利息并偿还坚持要收回其资金的任何投资者。只要他可以继续吸引新的投资者，而且，只要很少有投资者在 45 天之后要求收回其资金，他就可以安全地继续该计划，吸收足够的资金来负担诸如布置精美的住宅和昂贵的汽车之类的奢侈品。最终，质疑他的投资策略的一连串的报纸文章导致要回他们的资金的投资者汹涌而来，庞齐的计划失败了。庞齐受到指控并被判入狱。他的名字已经进入了"庞氏骗局"这一短语中，庞氏骗局是一个金融诡计，指的是一个人策划一种利用来自新的投资者的资金支付现有投资者的利息的骗局。

庞氏骗局是一种极端形式的道德风险，是人们策划的向投资者许诺高收益而实际上却打算利用资金来中饱私囊的骗局。虽然自 20 世纪 20 年代以来每隔几年就有一个新的庞氏骗局被曝光，但在 2007—2009 年的金融危机期间的庞氏骗局的数目似乎特别多。最引人注目的当属伯纳德·麦道夫策划的一个庞氏骗局。麦道夫是一家华尔街投资公司的广受尊敬的领袖，因此，当麦道夫在 2008 年 12 月因欺诈而受到指控时，人们感到大为震惊。麦道夫曾向投资者承诺，在遵循一种与金融衍生产品有关的复杂的策略下，他可以从为他们投资的基金上获得每年 8%～12% 的稳定的收益率。事实上，麦道夫一直在策划一个庞氏骗局，而且几乎没有进行过任何他所声称的投资。他被判在联邦监狱服刑150 年。在同一时期被发现的其他一连串令人侧目的庞氏骗局导致《华尔街日报》的一位专栏作家将美国称为"我们的庞齐国家"。

关于近年来庞氏骗局增加的程度还没有可靠的统计数据，部分由于只有那些被曝光的骗局会被计算在内。存在的一种趋势是，在金融市场进入低迷时期骗局被暴露之前，骗局可能已经进行了若干年。随着金融资产价格的下跌，庞氏骗局中的投资者可能会开始要回他们的资金，要么为了抵补他们在其他投资上遭受的损失——这也正是发生在麦道夫身上的情况——要么因为投资者整体上变得对投资感到不安并希望以现金的形式持有其资金。然而，如果庞氏骗局的数目真的已经增加了，那么存在两种可能的解释。首先，很多合法的投资在金融危机到来之前的几年里获得了高收益，因此，策划庞氏骗局的人们提供的甚至更高的收益也看似是可信的。其次，抵押贷款支持证券、CDOs、信用违约互换合约和其他新开发的金融证券的复杂性使得策划庞氏骗局的人们的声明对很多小的投资者看似更合理。

从根本上说，避免陷入一场金融骗局的最好方法是遵循永远不要投资于你不理解的事物这一古老的忠告。

资料来源：Mitchell Zuckoff, *Ponzi's* Scheme：*The True Story of a Financial Legend*，New York：

Random House, 2006; Ashby Jones, "Our Ponzi Nation," *Wall Street Journal*, April 21, 2010; Greg Griffin, "Colorado Seizes Assets of Hedge-Fund Manager Accused of Ponzi Scheme," *Denver Post*, April 28, 2010; and Clifford Krauss, "Indicted, Texas Financier Surrenders," *New York Times*, June 19, 2009.

通过做第 272 页本章末的问题和应用 2.20 来检查一下你的理解。

9.3 关于美国金融体系结构的结论

我们已经看到，交易成本和信息成本对从储蓄者到借款人的资金流动形成了明显的障碍。我们还看到金融体系如何适应以最小化交易成本和信息成本的影响。金融体系明显不同于没有交易成本和信息成本时的情形，注意到这一点非常重要。对关于美国金融结构的一些关键事实的考察说明了这一点。

图 9—1 展示了在 2005—2009 年间中小企业最重要的外部融资来源。这些企业依靠各种类型的贷款和**贸易信贷**（trade credit）。贸易信贷指的是供货商将订购该企业的产品装船的同时同意在稍后的日期接受付款的常见情形——通常是在 30 天～90 天之后。例如，一家住房改善商店也许会收到交货的一批剪草机但在其需要向制造商支付该笔货款之前还有 60 天的时间。图 9—1 说明了抵押贷款是到目前为止对这些企业最重要的外部资金来源，来自银行的非抵押贷款则是第二重要的。

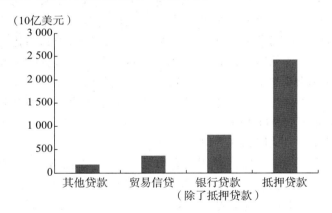

图 9—1　中小企业的外部资金来源

中小企业依靠贷款——尤其是抵押贷款——和贸易信贷作为其主要的外部资金来源。

数据是 2005—2009 年间对非农业和非公司企业的平均年度总量。

资料来源：Board of Governors of the Federal Reserve System, *Flow of Funds Accounts of the United States*, March 11, 2010.

图 9—2 说明了公司的外部资金来源。在美国，公司占到了所有企业销售额的超过 80%，因此，其资金来源尤其重要。图（a）显示了公司的外部资金来源在 2005—2009 年末的未偿还平均值。图（a）显示了**存量值**（stock value）——即这些变量在一个时点的总值。由于它们是存量值，它们不仅反映了公司正在如何满足其当前的融资需要，而且反映了它们在过去曾如何满足这些需要。例如，公司拥有的发行在外的债券总值包括

一些也许在过去的几十年中曾发行过的。图（b）展示了这些资金类别的**净**（net）变动。例如，净的新债券发行等于公司在该年已经发行的新债券的价值减去在该年到期并已经偿还的债券的价值之后的差额。净的新股票发行等于发行的新股份的价值减去企业已经从投资者那里回购的股份的价值之后的差额。图（b）中的值是 2005—2009 年间的平均值。图 9—2（a）表明，公司已经发行的股票的价值远大于债券的价值或贷款的价值，而图（b）则表明，与股票相比，债券和贷款这些年间在企业的外部融资来源中要重要得多。

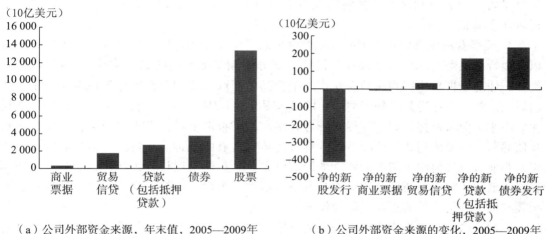

（a）公司外部资金来源，年末值，2005—2009年　　　（b）公司外部资金来源的变化，2005—2009年

图 9—2　公司的外部资金来源

图（a）说明了以 2005—2009 年末未偿还平均值表示的公司的资金来源。图（b）说明了这些资金类别的净变动。图（a）表明，公司已经发行的股票的价值远大于债券的价值或贷款的价值，而图（b）则表明，与股票相比，债券和贷款这些年间在企业的外部融资来源中要重要得多。

数据是非农业、非金融公司企业的，单位是 10 亿美元。

资料来源：Board of Governors of the Federal Reserve System，*Flow of Funds Accounts of the United States*，March 11，2010.

我们可以利用我们在 9.1 节对交易成本的讨论、在 9.2 节对信息成本的讨论以及图 9—1 和 9.2 节中的信息来讨论金融体系的三大关键特征：

1. 来自金融中介的贷款是中小企业最重要的外部融资来源。正如我们已经注意到的，较小的企业通常不得不从内部——来自业主的个人资金或者来自企业赚取的利润来满足其大部分的融资需要。图 9—1 表明，对较小的企业而言，贷款是到目前为止最重要的外部资金来源。较小的企业无法直接向储蓄者借款，因为在小额储蓄者试图直接向企业发放贷款时的交易成本太高。由于源于不对称信息的逆向选择和道德风险问题，较小的企业无法出售债券或股票。由于金融中介——尤其是商业银行——可以同时减轻交易成本和信息成本，因此，它们可以提供一种通道，而资金借此可以从储蓄者流向较小的企业。

2. 与债券市场相比，股票市场对公司而言是一种不太重要的外部资金来源。股票市场每天的动向通常是财经新闻上的头条新闻。《华尔街日报》的网站上突出地显示了一个栏目，展示了每一个主要的股票市场指数每分钟的变化。然而，股票市场的大部分交易是与买卖现有股份有关的，而不是关于新股发行的销售额。与现有股份的销售额相比，新股份的销售额是非常小的。如图 9—2（b）所示，近年来，公司实际上从投资者回购的股票比其发行的股票要多。图（b）还表明，对公司而言，贷款和债券是最重要的外部信贷种类。为什么公司是如此地更愿意通过出售债券和取得贷款来从外部筹集资金——债务合约——而不是通过出售股票——股权呢？正如我们之前讨论过的，与股权合约相比，道德风险对债务合约的影响并不大。也许对企业的高层经理实际上是否会最大化利润有所怀疑的投资者或许对经理能支付债券或贷款上到期的固定还款还是有信心的。

3. 债务合约通常要求抵押品或限制性条款。 除非家庭可以提供抵押品，否则它们难以从银行借入资金。家庭从银行取得的大部分大额贷款是用购买的物品作为抵押品的。例如，住房抵押贷款用购买的房屋作为抵押品，而汽车贷款用汽车作为抵押品。正如之前讨论过的，企业通常也处于类似的情形。图 9—1 表明，与来自其他商业贷款的资金相比，中小企业从抵押贷款上筹集的资金要多得多。很多公司债券也指定了在企业未能对其债券履行必要的还款的情况下债券持有者可以占有的抵押品。贷款和债券通常还包括规定企业可以如何使用借入的资金的限制性条款。虽然与股权合约相比，债务合约遭遇较轻的道德风险，但债务合约仍然具有一些潜在的风险。抵押品和限制性条款的目的是减轻与债务合约有关的道德风险的程度。

储蓄者希望从其投资中获得最高的利率，而借款人则希望支付最低的利率。交易成本和信息成本在储蓄者和借款人之间打进楔子，降低了储蓄者收到的利率并提高了借款人必须支付的利率。通过降低交易和信息成本，金融中介可以为储蓄者提供更高的利率，为借款人提供更低的利率，而且还能获得利润。

商业银行、投资银行和其他的金融企业一直在通过加速从储蓄者到借款人的资金流动来寻求获得利润的方法。这些方法中的一些方法与开发新的金融证券有关。正如我们在本章开始的时候所看到的，在 2007—2009 年的金融危机期间，对某些这类证券及其如何交易的质疑出现了。我们将在第 12 章回到这一问题上，到时候我们考察金融创新与金融监管之间的相互影响。

联系实际：Abacus CDOs 的问题是什么？

我们已经注意到，在开启本章中讨论过的 Abacus 抵押债务债券（CDOs）的例子看似是一个极端的逆向选择的例子：包含在高盛公司的 CDOs 中的抵押债券是在一家对冲基金的管理人员的帮助下挑选的，而这家对冲基金的管理人员打算下注该 CDOs 的价值会下降。因此，根据证券交易委员会起诉高盛公司民事欺诈的陈诉，该 CDOs 的潜在购买者会在无意中购买到在构建的时候就设计为价值会下跌的证券。这一案件引发了广泛的讨论，讨论触及我们在本章已经提到过的一些重要内容。我们已经看到，国会在 1934 年建立证券交易委员会的一个关键原因是为了提高企业必须向潜在投资者提供的信息的数量。在这一案件中，证券交易委员会认为，高盛公司有义务告知德国银行 IKB 和其他潜在投资者 Paulson & Co. 打算在该 CDOs 发行之后购买关于该 CDOs 的信用违约互换合约。

然而，高盛公司却认为其实际上并不是在出售 CDOs，相反的，是在充当它们的做市商（market maker）。也就是说，高盛公司是在把买方和卖方集合起来。高盛公司认为，虽然法律要求做市商对被交易的证券提供准确的描述，但做市商通常并不向证券的买方透露卖方的计划或意图，也不会向卖方透露买方的计划和意图。金融证券的做市商处于类似于房地产经纪人的情形：房地产经纪人有义务确保在房地产清单中对房屋的描述是准确无误的，但并没有义务告诉潜在的买方，比方说，卖方因为要到一个遥远的州从事一份新的工作而必须迅速地出售房屋。此外，在所谓的"大人物"辩护中，高盛认为，在协议中遭受损失的企业——IKB、ACA 资本和高盛自身——都是经验丰富的投资者，应该有能力评估相关的风险。正如《华尔街日报》的一篇文章所指出的，在 21 世纪头 10 年，"IKB 在复杂金融工具上投资了数十亿欧元，其中，与高盛的协议只是一个相对很小的部分。"最终，负责 Abacus CDOs 的一位高盛经理 Fabrice Tourre 辩称，他们事实上并没有有意设计价值会下跌的 CDOs。在国会的证词中，Tourre 指出，随着次级抵押贷款的价值下跌，虽然 Abacus CDOs 的价值迅速下跌，但几乎所有类似的 CDOs 均未能幸免。此外，他还指出，高盛也持有了一些 Abacus CDOs，而不是全部出售，其结果是，高盛在该协议上也损失了超过 1 亿美元。

尽管如此，接受高盛公司的辩护的一些经济学家和政策制定者对此类证券对金融体系可能产生的负面影响提出了质疑。一些人怀疑的是，投资银行在担任做市商的同时又对客户的买卖投资提供建议是否会存在利益冲突。许多政策制定者怀疑的是，如果高盛和其他投资银行继续其过去的商业习惯，它们是否还能保持其客户的信任。如果投资者对大型金融机构失去信任，这会破坏金融体系的资金流动。对于即使是经验丰富的机构投资者是否真的能理解非常复杂的证券的细节也是存在疑问的，比方说 Abacus CDOs。换言之，由于这些证券的信息成本是非常高的，因此，它们缺乏透明度（transparency）。高盛公司的首席执行官 Lloyd Blankfein 在国会前的证词中评述道，对证券交易委员会而言，更为严密地监控诸如 Abacus CDOs 之类的复杂证券的销售额是合适的。

Abacus CDOs 的例子是金融危机期间导致国会对金融体系的监管方式做出重大转变的很多事件之一。我们将在第 12 章讨论这些最重要的变化。

资料来源：Michael Corkery，"Did Paulson Undermine Goldman's 'Big Boy' Defense?" *Wall Street Journal*，April 22，2010；Carrick Mollenkamp and Laura Stevens，"German Bank：Victim or a Contributor?" *Wall Street Journal*，April 22，2010；Fabrice Tourre，"Testimony of Fabrice Tourre Before the Permanent Subcommittee on Investigations，"April 27，2010；Lloyd C. Blankfein testimony from United States Senate Committee on Homeland Security and Government Affairs，Permanent Subcommittee on Investigations，"Hearings on Wall Street and the Financial Crisis：The Role of Investment Banks，"April 27，2010；关于 Paulson 让高盛将 Abacus CDOs 集合在一起的原因的讨论，参见 Gregory Zuckerman，*The Greatest Trade Ever*，New York：Broadway Books，2009，pp. 179-182。

通过做第 274～275 页本章末的问题和应用 3.8 和 3.9 来检查一下你的理解。

回答关键问题

续第 251 页

在本章开始的时候，我们提出了如下问题：

"为什么与股票相比，企业更多地依靠债券作为一种外部融资来源？"

我们已经看到，债券市场和股票市场都会遇到道德风险问题。在这两种场合中，投资者都不得不担心一旦企业获得了投资资金，企业不会把资金用于其预定的用途上。然而，与投资者购买企业的股票时相比，在投资者购买企业的债券时，道德风险问题要轻得多。其结果是，与股票相比，投资者更愿意购买债券，这就解释了为什么债券对企业来说是一种更为重要的外部融资来源。

在进入下一章之前，阅读下面的**政策透视**，讨论债券评级机构在 Abacus 的案例中所扮演的角色。

政策透视：评级降级对抵押贷款支持证券的投资者来说来得太晚了

《华尔街日报》

Abacus 协议：说有多糟就有多糟

名为 Abacus 2007-AC1 的抵押贷款协议成为在星期五的高盛集团公司诉讼案的中心……是房地产危机中表现最差的抵押贷款协议之一。

在协议达成之后还不到一年，Abacus 选择的所有债券就都被降级了……

ⓐ**关于 Abacus 的新闻凸显了评级机构对抵押贷款支持债券的失策，以至于很多人认为是信贷危机的原因。**

穆迪投资者服务公司和标准普尔评级服务公司均对 Abacus 协议赋予曾经受到尊敬的 **3A 评级。**

参议院调查常设分委员会说……它将举行关于评级企业在金融危机中的作用的听证会。听证会的举行正值监管部门正在制定改进评级体系的新规则之时。

他们的解决方案包括取消评级在监管中的作用，从而让投资者自己来做研究。另一项努力是：让由投资者付费的新兴评级企业更容易与大型评级企业竞争，而大型评级企业是由债券发行人付费来对每个债券进行评级的。

当前的建议"并没有真正重视根本性问题，根本问题是激励"，斯坦福大学法学院教授 Joseph Grundfest 说，"应该让投资者来掌控该过程。"

ⓑ**Abacus 协议可以充当对评级哪里出错的证据甲（Exhibit A）*** ……在协议达成之后的大约 6 个月……**Abacus 中 83% 的房地产抵押贷款证券被降级了**……

"在没有评级的情况下，它们不可能成交。"2006 年离开企业的一位前穆迪分析师 **Jack Chen 说**……

加利福尼亚占到了贷款的大约 22%……平均而言，借款人的首付款还不到 **7%。**一

---

* 当庭首先出示的或主要的证据，也指重要的人证或物证。——译者注

些人的借款超过其房屋的价值。

到 2009 年 5 月为止，债券投资者的初始投资被一扫而空。

在穆迪公司，2007 年初，关于公司是否应该对像 Abacus 那样的 CDOs 协议发布较低的评级或根本没有评级的内部争论一直在酝酿着。CDOs 是抵押债券或其他资产组成的资产池。

当时，负责为 CDOs 评级的一位执行董事向他的老板表达了他的担忧……穆迪说……在对由其支持的 CDOs 发布更严厉的评级之前，还需要看到更多的关于抵押债券恶化的证据。

在降级之前等待更多的数据的决定使得表现最差的 CDOs 的很多部分以 3A 的评级得以发行……

©SEC 断言，高盛在没有充分披露一家名为 **Paulson & Co.** 的对冲基金公司为该协议挑选了房地产抵押贷款支持证券并接着下注其会下跌的情况下，出售了 **Abacus** 协议……

一位 **Paulson & Co.** 的雇员解释说，"评级机构、CDOs 的经理和承销商都有动机保证游戏进行下去，但"真金白银"的投资者既没有分析工具也没有制度框架来采取行动"……

在寻找次级抵押贷款债券来下注其下跌时……Paulson & Co. 选出了具有使得打包为债券的贷款更可能出问题的特征。合适的候选者包括在房地产繁荣时期发放的大量贷款、向具有糟糕的信用评分的借款人发放的贷款以及利率可调整的贷款……

资料来源：*Wall Street Journal*，excerpted from "Abacus Deal: As Bad as They Come" by Aaron Lucchetti and Serena Ng. Copyright 2010 by Dow Jones & Company, Inc. Reproduced with permission of Dow Jones & Company, Inc. via Copyright Clearance Center.

文中要点

2010 年 5 月，在房地产危机期间出售的表现最差的抵押贷款协议之一的 Abacus 2007-AC1 成为一场起诉出售该协议的投资银行高盛的诉讼案的焦点。在协议达成之后不到一年，为 Abacus 2007-AC1 挑选的所有债券都被降级了。评级机构通过对 Abacus 协议以及与其类似的其他协议赋予最高的评级而助推了金融危机。虽然穆迪投资者服务公司的管理层在 2007 年考虑对 Abacus 和其他抵押债务债券协议发布较低的评级，但当时并没有做出修正。结果是，表现最差的 CDOs 的很多部分以 3A 评级得以发行。SEC 起诉高盛在没有披露对冲基金公司 Paulson & Co. 曾帮助挑选了房地产抵押贷款支持证券的情况下故意出售 Abacus 协议。该企业，Paulson & Co.，明确地挑选了很可能出问题的抵押债券并下注其会下跌。

新闻解读

ⓐ第 5 章描述了债券评级机构如何通过对具有明显的违约风险的抵押贷款支持证券赋予投资级评级而助长了金融危机。这是一个应用不对称信息的例子：关于被打包进 Abacus 2007-AC1 的证券的违约风险，评级机构比高盛公司拥有的信息少。购买了 Abacus 2007-AC1 和其他 CDOs 的那些人是这一不对称信息的受害者。协议的复杂性使得甚至对于知识丰富的投资者都难以评估其净值。第 5 章解释了最大的评级机构就其服务对

高盛公司和其他证券承销商而不是投资者收费。一些批评者将投资者遭受的很多损失归咎于这一利益冲突。

ⓑAbacus 协议并不是唯一遭受巨大损失的 CDOs，但却是这些协议中表现最差的。下表说明了评级机构在 2008 年 2 月是如何降级了被打包以形成五种 CDOs 的几乎所有的资产的（包括 Abacus 2007-AC1 中的 90 种债券）。到 2009 年 5 月，曾购买过具有投资级评级的证券的那些投资者损失惨重。

所选的 CDOs 从 2007 年 7 月到 2008 年 2 月的表现

协议名称	承销商	被降级资产的百分比（%）	资产余额
Abacus 2007-AC1	高盛	100	20 亿美元
Static Residential CDO 2006-C	德意志银行	100	7 500 万美元
ACA ABS 2007-2	UBS	100	7 500 万美元
Static Residential CDO 2006-B	德意志银行	99	9 970 万美元
Tabs 2007-7	UBS	98	23 亿美元

资料来源：*Wall Street Journal*, excerpted from "Abacus Deal: As Bad as They Come" by Aaron Lucchetti and Serena Ng. Copyright 2010 by Dow Jones & Company, Inc. Reproduced with permission of Dow Jones & Company, Inc. via Copyright Clearance Center.

ⓒSEC 选出 Abacus 协议来采取法律行动，因为有证据表明，高盛公司在未告知投资者一家名为 Paulson & Co. 的对冲基金公司帮助挑选了包括在 CDOs 中的证券但接着又下注其下跌的情况下，将 CDOs 出售给了投资者。换言之，Paulson & CO. 故意挑选了具有高违约风险的证券。依赖于评级机构对 Abacus CDOs 进行评估的投资者避免了评估 90 种抵押债券的交易成本，但在财务上却遭受了损失。

严肃思考

1. 2010 年 6 月 2 日的《华尔街日报》的一篇社论批评了 SEC 对全国公认统计评级组织（NRSRO）的指定，该社论认为，这创建了排除了那些"并不寻求政府批准和不想寻求政府批准"的较小评级企业的"NRSRO 卡特尔"。于是，该日报接着签署了一份要求国会废除拥有 NRSRO 地位的企业（例如，穆迪和标准普尔）的 NRSRO 地位的建议。《华尔街日报》的建议会如何有益于投资者？

2. 斯坦福法学院教授 Joseph Grundfest 批评了一些改革证券评级的建议，他认为，"应该让投资者掌控该过程"。根据他的评论，Grundfest 会同意《华尔街日报》关于终结 SEC 的 NRSRO 指定的建议吗？

3. 来自对冲基金公司 Paulson & Co. 的职员帮助为 Abacus 2007-AC1 协议挑选了更可能出问题的抵押贷款支持证券。这些证券中的超过 20% 是在加利福尼亚发放的贷款，而且很多都是可变利率而不是固定利率抵押贷款。为什么 Paulson & Co. 会希望为 Abacus 2007-AC1 选择在加利福尼亚发放的可变利率贷款？

本章小结和问题

关键术语和概念

逆向选择	道德风险	关系银行业务
不对称信息	净值	限制性条款
抵押品	委托—代理问题	交易成本
信贷配给	规模经济	私募股权企业（或公司重组企业）
风险资本企业	信息成本	

9.1 匹配储蓄者和借款人的障碍

分析匹配储蓄者和借款人的障碍。

小结

由于**交易成本**和**信息成本**的存在，小投资者很少直接贷放资金。交易成本是进行一项直接投资的成本，如购买股票或债券，或发放一笔贷款。信息成本是储蓄者在确定借款人的信誉和监控借款人如何使用资金时所招致的成本。由于存在**规模经济**，银行和其他金融中介可以部分地降低交易成本，规模经济指的是由于数量上升所导致的平均成本下降。银行通过使用标准化的贷款合约、拥有专业化的贷款官员和利用复杂的计算机系统在发放贷款中实现规模经济。

复习题

1.1 为什么只拥有少量投资资金的储蓄者很少直接向个人和企业发放贷款？

1.2 什么是交易成本？什么是信息成本？

1.3 什么是金融中介？为什么金融中介对金融体系很重要？

1.4 什么是规模经济？规模经济在帮助金融中介降低交易成本方面发挥着什么作用？

问题和应用

1.5 在处理与发放贷款有关的交易成本中，金融中介相比小储蓄者拥有哪些优势？

1.6 互联网的发展是如何影响金融体系中的交易成本和信息成本问题的？

1.7 大型银行在发放贷款中相比小型银行有哪些优势？

9.2 逆向选择和道德风险问题

解释逆向选择和道德风险给金融体系造成的问题。

小结

很多金融交易受困于**不对称信息**，因为交易的一方比另一方拥有更好的信息。经济学家对源于不对称信息的两个问题做了区分。**逆向选择**是投资者在区分低风险的借款人和高风险的借款人时遇到的问题；道德风险是投资者在核实借款人像预定的那样使用资金时遇到的问题。由于经济学家首先将逆向选择的概念应用于二手车市场，因此，有时候这也被称为**柠檬问题**（lemons problem）。个人投资者在区分优质企业和柠檬企业时存在困难并怀疑其投入企业的所有资金也许并没有被用于预定的用途。因此，个人投资者通常只愿意投资大型企业，关于大型企业的可得信息是丰富的。贷款人通常限制对借款人的贷款，这被称为**信贷配给**，因为贷款人认为，提高利率会导致逆向选择问题更为严重。国会在 1934 年建立了证券交易委员会来监管企业必须向投资者提供的信息。债券和贷款中的逆向选择通过**抵押品**要求——即如果借款人违约，贷款人根据权利要求的资产得以减轻。只有大型公司可以发行**信用债券**，信用债券是在没有具体的抵押品的情况下发行的债券。对借款人要有高净值的要求也可以减轻逆向选择，而净值是企业资产的价值与其负债的价值之间的差额。银行通过**关系银行业务**减轻逆向选择，关系银行业务是指银行根据私人信息评估信用风险的能力。股票市场中的道德风险部分地源于**委托—代理问题**，在委托—代理问题中，股东在法律上拥有企业，但企业的高层经理们经营企业，而且也许会采取并不符合股东的最大利益的行动。投资者设法减轻债券市场中的道德风险的一种重要方法是将限制性条款写入债券合约。**限制性条款**要么对借款人获得的资金的使用施加限制，要么要求在借款人的净值下降到一个特定水平之下时，借款人就必须偿还债券。金融体系中的道德风险借助**风险资本企业**和**私募股权企业**（或称公司重组企业）而得以减轻，风险资本企业从投资者处筹集资金并把资金用于对小型启动企业的投资，而私募股权企业则投资于成熟企业。

复习题

2.1 道德风险和逆向选择之间的区别是什么？道德风险和逆向选择是如何使得信息不对称的？

2.2 解释"柠檬问题"。柠檬问题如何导致很多企业是从银行借款而不是从个人投资者借款？

2.3 什么是信贷配给？为什么贷款人要实行信贷配给而不是提高其对贷款收取的利率？

2.4 什么是证券交易委员会？为什么会成立证券交易委员会？证券交易委员会对美国金融体系中的不对称信息水平的影响是什么？

2.5 什么是抵押品？银行在发放汽车贷款中是如何利用抵押品来减轻逆向选择的？

2.6 什么是净值？净值在贷款人减轻逆向选择问题的努力中发挥着哪些作用？

2.7 什么是关系银行业务？银行和借款人是如何从关系银行业务中受益的？

2.8 什么是委托—代理问题？委托—代理问题是如何涉及道德风险概念的？

2.9 风险资本企业与私募股权企业之间的区别是什么？它们在金融体系中发挥什么作用？

问题和应用

2.10 一篇报纸文章的作者向租房人提供建议说："房东总是比你知道得更多"。

　　a. 你同意这一陈述吗？如果同意的话，房东知道哪些潜在的租房人可能不知道的？

　　b. 如果该陈述是正确的，其对住宅租赁市场的含义是什么？

　　c. 住宅租用市场在哪些方面与二手车市场是相似的？在哪些方面又有所不同？

　　资料来源：Marc Santora，"How to Be a Brainy Renter," *New York Times*，June 3，2010.

2.11 在一个二手车的停车场上，一辆里程表上显示只行驶了 200 英里的几乎全新的汽车正以该车原始价格的一半出售。销售人员告诉你，该车是"来自帕萨迪纳的一位年纪稍大的女士开过的"，这位女士是两个月前购买这辆车的，但接着发现她"不喜欢车的颜色"。销售人员向你保证该车处于非常好的状态，而且未出现过任何大的问题。这里出现的是哪种类型的不对称信息问题？你如何才能避开这一问题？

2.12 《经济学家》杂志上的一篇文章评论道："保险公司通常怀疑购买保险的人正是最可能获得赔偿的人"。

　　a. 经济学家是怎么称呼这里描述的问题的？

　　b. 如果保险公司的怀疑是正确的，其对保险市场的影响是什么？

　　资料来源："The Money Talks," *Economist*，December 5，2008.

2.13 【与本章开始的导入案例有关】在讨论 Abacus CDOs 的案例中，《华尔街日报》的常务副主编 Alan Murray 评论道："如果你缺乏好的信息、缺乏透明度，市场就无法运转。CDO 正是严重缺乏透明度。"

a. 在这个例子中的"透明度"是什么？

b. 为什么在缺乏好的信息和透明度的情况下金融市场无法运转？

c. 在 Abacus CDOs 的例子中，缺乏哪些信息？谁缺乏信息？

资料来源：*Wall Street Journal News Hub* on wsj. com，April 19，2010.

2.14 《华尔街日报》的一位专栏作家 Brett Arends 认为："现在，你看待出售投资的金融企业的方式很可能应该与看待出售二手车的人的方式是一样的"。你应该如何看待出售二手车的人？为什么你会需要以相同的方式看待出售金融投资的人？

资料来源：Brett Arends，"Four Lessons from the Goldman Case，" *Wall Street Journal*，May 2，2010.

2.15 【与第 257 页的**联系实际**有关】联邦储备货币事务部的前主任 Vincent Reinhart 在《华尔街日报》上写道：

证券化的问题在于其淡化了个体责任。抵押贷款的经纪人可以轻易地变得与初始贷款的后果无关。需要联邦监管来确保抵押贷款的发起人履行在用贷款产品匹配潜在的借款人时有关的应尽勤勉。

a. 什么是证券化？

b. 证券化为什么导致抵押贷款的经纪人变得与贷款决策的后果无关？

c. 什么是应尽的勤勉？在该上下文中，Reinhard 所说的联邦监管应该要求抵押贷款的发起人履行应尽的勤勉的意思是什么？

资料来源：Vincent Reinhart，"Securitization and the Mortgage Mess，" *Wall Street Journal*，July 18，2008.

2.16 【与第 257 页的**联系实际**有关】在问题和应用 2.15 所引用的专栏中，Vincent Reinhard 还谈道："通过为人们提供购买住房融资的各种替代方法，普遍的房产所有权成为可能。贷款通过资产证券化从银行到投资者的转移帮助打开了这些机会。"更全面地解释美国的住房抵押贷款的证券化曾经是如何促进"普遍的房产所有权"的？

资料来源：Vincent Reinhart，"Securitization and the Mortgage Mess，" *Wall Street Journal*，July 18，2008.

2.17 【与第 258 页的**解决问题** 9.1 有关】Yves Smith 管理着广受欢迎的财经博客 nakedcapitalism. com。在他的一篇博文中，他注意到："Amex（American Express，美国运通）正在对尽早偿还 Amex 已经停止的信用额度产品的企业账户提供非常大的余额削减（20%）"。Smith 担心 Amex 的提议会将该信用卡公司暴露于逆向选择。简要解释你是否同意这一观点。

资料来源：Yves Smith，"Credit Card Defaults Stabilizing，" nakedcapitalism. com，August 18，2009.

2.18 简要解释在下述哪种情形中道德风险很可能是一个不太重要的问题：

a. 经理被支付 150 000 美元的统一薪水（flat salary）。

b. 经理被支付 7 500 美元的薪水加上企业利润的 10%。

2.19 据一篇新闻故事报道，住房建筑商 KB Home 的前 CEO 被指控"在将股票期权的起算日追溯至更早的日期的诡计中的四项罪名"。该文章继续指出：

股票期权允许雇员在一个未来日期以预先设定的价格购买企业的股票。KB Home 的 CEO 将其期权的执行价格回溯到过去股票价格低的某一日期……

a. 公司为什么会用股票期权作为高层经理报酬的一部分？

b. 在期权合约中，什么是"执行价格"？为什么这位经理想要把他的期权的起算日追溯至更早的日期？

c. 从 KB Home 的投资者的角度看，这里涉及哪个信息问题？

资料来源：Associated Press，"Former KB Home CEO Convicted in Backdating Trial，"April 21, 2010.

2.20 【与第 262 页的**联系实际有关**】根据《华尔街日报》上的一篇文章：

> 美国证券交易委员会（SEC）星期三正式提出对投资公司 GTF Enterprise Inc. 的控告……SEC 的陈诉指控 Gedrey Thompson 和 GTF 对缺乏经验的投资者策划了出价欺诈和庞氏骗局。证券交易委员会的陈诉中说道，Thompson 和他的合作人"通过许诺高的但错误的投资收益率，尤其是保证的本金安全性，欺骗了至少 20 位投资者在 GTF 投资超过 800 000 美元"。

a. 什么是庞氏骗局？

b. 庞氏骗局的操纵者是如何设法维持其运转的？投资者应该如这篇文章所指出的因为他们相信可以迅速致富而受到指责吗？

资料来源：Fawn Johnson，"SEC Says New York Investment Firm GTF Defrauded Investors，"*Wall Street Journal*，May 26, 2010.

9.3 关于美国金融体系结构的结论

利用经济分析解释美国金融体系的结构。

小结

金融体系已经在降低交易成本和信息成本方面有所适应。其结果是下述金融体系的三大关键特征：（1）来自金融中介的贷款是中小企业最为重要的外部资金来源；（2）与债券市场相比，股票市场是公司的不太重要的外部资金来源；（3）债务合约通常要求抵押品或限制性条款。

复习题

3.1 什么是中小企业最重要的资金来源？什么是中小企业最重要的外部资金来源？

3.2 公司最重要的债务融资方法是什么？

3.3 股票市场是最为广泛报道的金融市场，而且是很多投资者在考虑"投资"时首先想到的。那么，为什么股票市场不是公司最重要的融资来源？

3.4 列举金融体系的三大关键特征并对每一特征提供一个简要的解释。

问题和应用

3.5 考虑收入保险的可能性。在收入保险的情况下，如果一个人失去工作或没有得到如预期般的提升，他会在他的保险保护下得到补偿。保险公司为什么不提供这种类型的收入保险？

3.6 如果每个人都是高度诚实的，金融中介还会有作用吗？

3.7 描述导致企业更严重地依赖内部资金而不是外部资金以融通其成长的金融体系中的一些信息问题。这些信息问题意味着与经济上的最优相比，企业可以在扩张上花费更少吗？简要解释。

3.8 【与第 266 页的**联系实际有关**】在一次高盛公司的首席执行官 Lloyd Blankfein 作证的国会听证会上，来自阿肯色州的参议员 David Pryor 质问 Blankfein："客户为什么会相信高盛？"Blankfein 的回答是，高盛公司是在担任 Abacus CDOs 的做市商，做市商不应该对确定每一个投资者购买和出售的证券是否合适负责："如果做市商必须确保对投资者有好处，市场就无法运转。"

a. 什么是做市商？

b. 与为客户提供投资建议的金融企业相比，做市商有不同的职责吗？

c. 你同意 Blankfein 所说的"如果做市商必须确保对投资者有好处，市场就无法运转"吗？简要解释。

资料来源：United States Senate Committee on Homeland Security and Government Affairs，Permanent Subcommittee on Investigations，"Hearings on Wall Street and the Financial Crisis：The Role of Investment Banks," April 27，2010.

3.9 【与第 266 页的**联系实际**有关】在对 Abacus CDOs 的案例做评论时，《华尔街日报》的专栏作家 Brett Arends 提出了如下观点："作为一种经验法则，一种金融产品越复杂，协议就越糟糕。"你同意吗？与一种较为简单的金融产品相比，为什么一种更为负责的金融产品很可能对投资者是一个更糟糕的协议？

资料来源：Brett Arends，"Four Lessons from the Goldman Case," *Wall Street Journal*，May 2，2010.

数据练习

D9.1 在线经纪公司通常按每笔交易收取交易佣金。这意味着，对 5 000 美元的股票购买与 100 美元的股票购买收取相同的佣金。登录下述在线经纪公司并比较它们的交易佣金：AMERITRADE，E-TRADE 和 ScottTrade。哪家公司的交易佣金最高？假定你有 200 美元可供投资，假定股票市场一年的预期收益率是 5%，交易成本影响你购买股票的决策吗？（记住，不论买入交易还是卖出交易，你都要支付交易佣金。）

第 9 章 交易成本、不对称信息和金融体系的结构

第 10 章　银行经济学

学习目标

学完本章之后，你应该能够：

10.1　理解银行的资产负债表

10.2　描述商业银行的基本业务

10.3　解释银行如何管理风险

10.4　解释美国商业银行业的发展趋势

当本地银行停止贷款时会怎么样？

马克·瓦格纳（Mark Wagner）是宾夕法尼亚州里海山谷（Lehigh Valley）的一位由农场主转变而来的住宅开发商。在 20 世纪 90 年代，他成功地将其家族农场的一部分开发为有几百套住房的住宅区。在 21 世纪头 10 年初的住房繁荣期间，瓦格纳决定开发其大部分的剩余农场。到 2007 年，被他称为"梦之地"的一个开发项目获得了当地政府的批准，该项目包括了 850 套住房和几个商业区。恰逢此时，住房市场和整体经济同时陷入了低谷，瓦格纳不得不中止其开发工作。然而，到 2010 年年中，该地区的就业和收入出现了上升，对住房的需求也开始复苏。

瓦格纳准备好了开始建设。然而，在他可以开始建造和出售房屋之前，他需要花费数百万美元来铺设下水道和水管、修建道路以及平整土地等等。像大多数企业家一样，瓦格纳需要信贷来为其业务融资。正如我们在第9章所看到的，中小企业无法直接通过金融市场借助出售股票和债券来获得资金。相反，它们不得不依靠银行贷款来满足其信贷需要。不幸的是，瓦格纳意外地遭遇了在从2007—2009年的金融危机中复苏的过程中普遍存在的问题：银行在发放贷款方面变得极其谨慎。

虽然拥有作为住房开发商的非常好的记录和对其新开发项目深思熟虑的计划，瓦格纳仍然无法说服任何一家当地的银行发放其所需要的贷款。他是这样评价银行的："它们不给任何人发放贷款。它们都是满腹狐疑的。要是有人给我1 000万美元，我就会重新开工。"瓦格纳最终断定他将不得不在其土地上至少再种植一年的农作物："也许到明年我就可以造房子而不是种庄稼了。"

瓦格纳并非在获得信贷上遇到困难的唯一的一个人。虽然银行在2010年增加了其对企业和消费者的贷款，但它们还是继续拒绝那些就在几年前它们一直愿意发放贷款的信用记录存在瑕疵的借款人。银行还是不愿意贷款给那些诸如建筑业之类的受经济衰退打击尤为严重的行业。正如我们在第9章所看到的，很多小企业利用建筑物（商业房地产）抵押来获得贷款。2007—2009年之间，商业房地产的价值下降了超过三分之一，这就降低了企业通过利用其建筑物作为抵押品可以借到的资金数量。

第303页的政策透视讨论了较高的利率如何降低银行的利润。

资料来源：Matt Assad, "Arrested Development," (Allentown, PA) *Morning Call*, May 8, 2010; and Sudeep Reddy, "Banks Keep Lending Standards Tight," *Wall Street Journal*, May 4, 2010.

关键议题和问题

在第1章的结尾，我们指出，始于2007年的金融危机提出了关于金融体系的一系列重要问题。在回答这些问题的时候，我们将讨论金融体系的一些非常重要的方面。下面是本章的关键议题和问题：

议题： 在2007—2009年的金融危机期间以及紧随其后，银行倒闭的数量急剧增加。

问题： 银行业务是一种风险特别高的业务吗？如果是的话，银行面临哪些类型的风险？

在第303页回答

在第9章，我们讨论了为什么银行对于金融体系功能的有效发挥至关重要。在这一章，我们将更为深入地审视银行如何开展业务及其如何获取利润。接着我们会考察银行在管理风险中面临的问题。近年来，银行遭遇了来自其他的以较低的风险为储蓄者和借款人提供类似服务的金融机构的竞争。我们将在第11章探讨非银行金融企业日益上升的重要性。我们通过描述银行为应对来自其他金融企业的竞争所开展的一些业务活动以及考察金融恐慌对银行所造成的部分影响来结束本章。

10.1 商业银行业务基础：银行资产负债表

商业银行业务是一项商业活动。银行通过提供服务来满足市场需要并通过向客户收取该服务的费用而获得利润。商业银行的核心业务活动是接受来自储蓄者的存款并向家庭和企业发放贷款。为了获得利润，银行需要对其从存款人处获得的资金较其发放的贷款支付较少的成本。我们通过考察银行的**资金来源**（sources of funds）（主要是存款）和**资金运用**（uses of funds）（主要是贷款）来开始对银行业务活动的讨论。银行的资金来源和资金运用反映在其**资产负债表**（balance sheet）上。资产负债表是说明个人或企业特定日期的财务状况的报表。表 10—1 是将国内所有银行的数据合并而得到的整个美国商业银行体系的合并的资产负债表。通常，资产负债表说明了每一个科目的美元价值。为了便于说明，我们已经把美元值转换成了百分比的形式。表 10—1 展示了一张资产负债表的典型布局，它是基于如下的会计恒等式：

资产＝负债＋所有者权益

表 10—1   美国商业银行合并的资产负债表

资产（资金运用） （占总资产的百分比，%）		负债＋银行资本（资金来源） （占总负债加上资本的百分比，%）	
准备金和其他现金资产	7.5	存款	64.9
证券	19.9	支票存款	5.6
美国政府和机构	13.4	非交易存款	59.3
州和地方政府及其他证券	6.5	小额定期存款（小于	
		100 000 美元的 CDs）加上	
贷款	59.7	储蓄存款	44.1
工商业	9.6	大额定期存款（大于	
房地产（包括抵押贷款）	35.0	100 000 美元的 CDs）	15.2
消费者	11.3	借款	17.2
银行间	1.1	从美国银行的借款	1.5
其他贷款	2.7	其他借款	15.7
交易性资产	1.5	其他负债	6.1
其他资产	11.4	银行资本（或所有者权益）	11.8

数据是截至 2010 年 3 月 28 日美国所有在国内注册的商业银行的情况。

资料来源：Federal Reserve Statistical Release H. 8，May 7, 2010.

    一项**资产**（asset）是个人或企业拥有的有价之物。一项**负债**（liability）是个人或企业所欠之物，或者，换言之，是对个人或企业的一项要求权。所有者权益（shareholders' equity）是企业的资产价值与负债价值之间的差额。所有者权益代表了在企业倒闭、资产出售和债务偿还之后留给企业所有人的美元数量。对上市公司而言，所有者就是股东。所有者权益也被称为企业的**净值**（net worth）。在银行业中，所有者权益通常被称为**银行资本**（bank capital）。银行资本是所有者通过其对银行股票的购买所投入的资金加上银行的累积留存利润。前面的会计恒等式告诉我们，企业资产负债表的左方必须始终具有与其右方相同的价值。我们可以视银行的负债和资本为其资金来源并视银行的资产为其资金运用。

银行负债

最重要的银行负债是银行从储蓄者处获得的资金。银行利用资金来进行投资或向借款人发放贷款。由于储蓄者的需要各不相同，银行提供了一系列的存款账户。较之其他持有资金的方式，银行存款为家庭和企业提供了一定的好处。例如，与持有现金相比，存款提供了以防被盗的更高的安全性，而且还可能支付利息。与国库券之类的金融资产相比，存款的流动性更高。可开支票的存款提供了一种方便的支付方式。下面我们介绍一下存款账户的主要类型。

支票存款

银行为储蓄者提供了**支票存款**（checkable deposits），支票存款是存款人可以开支票的账户。支票存款也被称为**交易存款**（transaction deposits）。支票存款有很多种类型，部分是由银行业监管决定的，部分是由银行经理为满足家庭和企业的需求而提供量身定做的支票账户的意愿决定的。活期存款和 NOW 账户是最重要的支票存款类型。活期存款（demand deposits）是银行并不支付利息的支票存款。NOW（negotiable order of withdrawal）账户是支付利息的支票账户。企业通常持有大量的活期存款余额，部分由于美国银行业监管不允许它们持有 NOW 账户，而且还因为活期存款代表一种可以以非常低的交易成本使用的流动资产。

银行一经请求就必须支付所有的支票存款。换句话说，只要存款人的存款额度达到支票的数额，银行就必须立刻将存款人的支票兑换为现金。最后，需要注意的是，支票存款是银行的负债，因为银行有义务一经请求就向存款人支付资金。但是，支票存款却是家庭和企业的资产，因为即使银行实际占有这些资金，家庭和企业仍然拥有这些资金。一个会计处理而已：虽然起先也许看似很奇怪，但重要的是，要理解同一支票账户可以同时是家庭或企业的一项资产和银行的一项负债。理解这一点有助于你更好地理解本章后面的一些讨论。

非交易存款

储蓄者仅仅利用其存款中的一部分来进行日常交易。银行为那些愿意牺牲即时使用其资金以换取较高利息支付的储蓄者提供了非交易存款（nontransaction deposits）。最重要的非交易存款类型是储蓄账户、货币市场存款账户（money market deposits accounts，MMDAs）和**定期存款**（time deposits）或存单（certificate deposits，CDs）。对于储蓄账户——曾经普遍被称为**存折账户**（passbook account）——存款人取款前必须给银行 30 天的提示期。然而，现实中，银行通常放弃这一要求，因此，大部分存款人预期能即时使用其储蓄账户的资金。MMDAs 是储蓄账户和支票账户的一种混合物，因为它们支付利息，但存款人每个月只能对这些账户开出三张支票。

不像储蓄存款，CDs 具有通常从几个月到若干年的指定的到期日。银行通过要求储蓄者放弃应计利息的一部分来惩罚那些在到期日之前提取资金的储蓄者。CDs 的流动性低于储蓄账户，但却为存款人支付较高的利率。小于 10 万美元的 CDs 被称为**小面额定期存款**（small-denomination time deposits）；等于或大于 10 万美元的 CDs 被称为**大面额定**

期存单（large-denomination time deposits）。价值 10 万美元或之上的 CDs 是可转让的（negotiable），这意味着在到期日之前，投资者可以在二级市场上买卖它们。

只有有限储蓄资金的家庭通常更喜欢将其资金保存在支票存款和小额定期存款中，因为这些存款受到**联邦存款保险**（federal deposit insurance）的保护，联邦存款保险对高达 25 万美元的账户余额提供政府担保。存款保险赋予银行在获得来自小额储蓄者的资金时胜过其他金融中介的优势，因为，比方说，货币市场共同基金份额没有这种联邦担保。在第 12 章，我们将讨论联邦存款保险的起源及其对金融体系带来的成本和收益。

借款

银行通常拥有较通过吸引存款人的资金来融资的更多的发放贷款的机会。为了利用这些机会，银行是通过借款来融资的。如果银行借入资金所支付的利率低于其通过向企业和消费者贷出资金所收取的利率，那么银行就可以从这一借款中获利。借款包括**联邦基金市场**（federal funds market）的短期贷款、来自银行的国外分支机构或其他的子公司或分公司的贷款以及联邦储备系统的贴现贷款（discount loans）。联邦基金市场是银行向其他银行发放短期贷款（通常只是隔夜）的市场。虽然这一名称预示着与政府资金有关，事实上，联邦基金市场上的贷款却是银行自己的资金。这些银行间贷款的利率被称为**联邦基金利率**（federal funds rate）。

在**回购协议**（repurchase agreement）下——也就是我们所熟知的"repos"或 RPs——银行出售诸如国库券之类的证券并同意回购它们，通常是在第二天。银行利用回购协议从工商企业或其他银行借入资金，使用标的证券作为抵押品。购买证券的一家公司或另一家银行在没有显著的流动性损失的情况下获得利息。回购协议通常是在大型银行或公司之间达成，因此，**交易对手风险**（counterparty risk）的程度，或者说，交易的另一方对其债务违约的风险被认为是很小的。然而，在金融危机期间，显而易见，即使一家大型企业也会迅速地走向破产，导致其回购协议的交易对手遭受重大损失或延迟得到其资金，或两者兼而有之。正如我们在第 12 章将要讨论的，在雷曼兄弟的回购协议的交易对手中的担忧进一步促使该投资银行走向破产，导致了金融危机恶化。

✓ 联系实际：支票账户令人难以置信地收缩

在 1960 年，不支付利息的普通活期存款占到了超过一半的商业银行负债。下页图展示了从 1973 年 1 月到 2010 年 6 月这段时期支票存款占所有银行负债的比例。支票存款在 1973 年占银行负债的不到三分之一，而现在它已经缩小到了大约 10%。

支票账户吸引力的大幅下降可能看似特别令人感到困惑，因为它们现在比在 20 世纪 60 年代和 70 年代在某些方面更加具有吸引力。在 20 世纪 60 年代和 70 年代，唯一存在的支票账户是不支付利息的活期存款。付息的 NOW 账户是由 1980 年生效的银行监管的变化所批准的。此外，由于在那个时代不存在 ATMs，为了从你的支票账户提取资金，你需要前往银行、排队和填写取款单。银行通常只在从星期一到星期五的上午 10:00 到下午 3:00 的"银行家时间"开放。如果商店或餐馆拒绝接受支票，消费者就无法使用其账户中的资金来完成这些支付。现在，借记卡使得即使从一个不接受支票的商店购物时消费者使用其支票账户中的资金也成为可能。

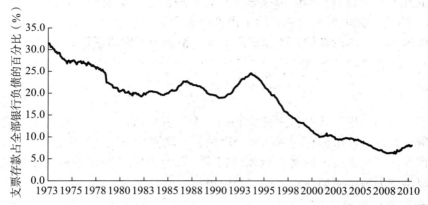

资料来源：Federal Reserve Bank of St. Louis；and Board of Governors of the Federal Reserve System.

　　支票账户提供的改进的服务并没有被提供较高利率的替代资产所抵消。下图说明了家庭和企业 2010 年各种短期金融资产的持有量。需要注意的是，储蓄账户和小额定期存款（小于 10 万美元的 CDs）的价值是支票存款价值的六倍多，而货币市场存款账户的价值是支票存款价值的两倍多。

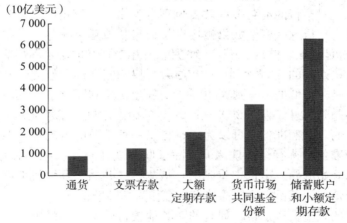

资料来源：Federal Reserve Bank of St. Louis；and Board of Governors of the Federal Reserve System.

　　相对于其他金融资产，家庭比过去持有较少的支票账户，部分由于我们在第 4 章讨论过的财富效应：由于财富随着时间的推移而增加，家庭已经更有能力持有诸如 CDs 之类的资产，其在 CDs 上的资金会被占用一段时间，但它们从 CDs 上可以获得较高的利率。1971 年首次引入的诸如 Vanguard's Prime Money Market Fund 之类的货币市场共同基金近年来已经取得了巨大的增长。像其他共同基金一样，它们向投资者出售份额并利用资金来购买金融资产。在这个例子中，它们只买货币市场——或者说短期——资产，如国库券和公司发行的商业票据。货币市场共同基金比银行存款账户支付更高的利率，但也只允许开出有限数量的支票，因此，它们是银行支票账户强大的竞争对手。

　　然而，2007—2009 年的金融危机表明，支票账户对家庭和企业仍然有用。随着经济衰退深化、收入下降以及投资大量金融资产感受到的风险上升，支票存款占所有银行负债的比例上升了。支票账户仍然为家庭和小企业提供了一个安全的避风港，因为它们的资金到高达 25 万美元的联邦存款保险上限都是安全的。

通过做第 307 页本章末的问题和应用 1.6 来检查一下你的理解。

银行资产

银行资产是银行用其从存款人处收到的资金、其借入的资金、其初始时候从其股东处获得的资金及其经营中留存的利润所获取的。一家银行的经理们构建一个资产的组合，该组合不仅反映了该银行的顾客对贷款的需求，而且反映了银行平衡收益与风险、流动性和信息成本的需要。我们现在讨论主要的银行资产。

准备金和其他现金资产

银行持有的最具流动性的资产是**准备金**（reserve），准备金包括**备用现金**（vault cash）——银行手头上的现金（包括 ATMs 中的）或在其他银行的存款——以及银行在联邦储备系统的存款。由于得到了国会的授权，联储要求银行持有其活期存款和 NOW 账户（但不是 MMDAs）的一定百分比作为**法定准备金**（required reserve）。银行持有的除了要求的那些准备金之外的准备金被称为**超额准备金**（excess reserve）。银行长期以来一直抱怨联储未能对银行的准备金存款支付利息相当于一笔税收，因为至少对于法定准备金，银行并没有获得这些资金如果被用于发放贷款或购买证券可以得到的利息。国会在 2006 年的回应是批准联储从 2011 年 10 月初开始对银行的法定和超额准备金存款支付利息。在金融危机期间的 2008 年 10 月，国会授权联储立即开始支付利息，联储也确实这样做了。利率是非常低的——到 2010 年 10 月为止是 0.25%——而且，当然，银行在备用现金上不能赚到利息。直到 2007—2009 年的金融危机，超额准备金已经下降到了非常低的水平。然而，超额准备金可以为银行提供一种重要的流动性来源，在金融危机期间，银行的超额准备金持有量出现飙升。除了联储现在对银行准备金账户支付利息外，正如我们在本章开始的导入案例中看到的，从危机一开始以及危机期间，很多银行对发放贷款是非常谨慎的，相反它们宁愿持有资金作为超额准备金。

另一项重要的现金资产是银行拥有的对其他银行就未收到的资金的要求权，这被称为**待收现金项目**（cash items in the process of collection）。假定你的住在西雅图的姑妈蒂莉为了你的生日寄给你 100 美元的支票。蒂莉姑妈的支票是从她在西雅图的银行的支票账户中开出的。如果你把支票存入你在纳什维尔的银行，这张支票成为一笔待收现金项目。最终，你的银行会从西雅图的银行收取资金，待收现金项目会被转变为你的银行的资产负债表上的准备金。

小型银行通常在其他银行保持存款以获得外汇交易、支票托收或其他服务。这一被称为**代理银行业务**（correspondent banking）的功能的重要性在过去 50 年中已经下降了，因为金融体系已经为小型银行提供了获得这些服务的其他方法。

证券

适销证券（marketable securities）是银行在金融市场中交易的流动资产。银行被允许持有美国财政部和其他政府机构发行的证券、首次发行获得投资级评级的公司债券以及某个有限数量的州和地方政府发行的市政债券。由于其流动性，银行持有的国库债券有时候也被称为**二级准备金**（secondary reserves）。在美国，商业银行不能把支票存款投资于公司债券或普通股。过去10年间，银行提高了其抵押贷款支持证券的持有量。抵押贷款支持证券在2010年占到银行持有的证券的56％。在2007—2009年的金融危机期间，很多抵押贷款支持证券价值大幅下跌，这导致很多银行遭受了沉重损失以及一些银行的倒闭。

贷款

最大的一类银行资产是贷款。贷款相对于适销证券是非流动的而且要承担更大的违约风险和更高的信息成本。因此，贷款的利率高于适销证券的利率。表10—1表明，大部分银行贷款可以分为三大类：（1）企业贷款——被称为工商业贷款（C&L贷款）；（2）消费者贷款，向消费者发放的主要用于购买汽车、家具和其他商品的贷款；和（3）房地产贷款，包括抵押贷款和以房地产为抵押品所支持的任何其他贷款。为购买住房而发放的抵押贷款被称为住房抵押贷款（residential mortgage），而为购买商店、办公室、工厂以及其他商业建筑物而发放的抵押贷款被称为商业抵押贷款（commercial mortgage）。

图10—1表明，自20世纪70年代初以来，银行发放的贷款类型已经发生了显著的变化。房地产贷款大幅增加了，从1973年占银行贷款的不到三分之一增长到2010年占银行贷款的三分之二。工商业贷款在1973年还是最大的一类贷款，已经从超过银行贷款的40％下降到了不到20％。企业取得工商业贷款要么是为了融通长期投资，如机器和设备的购买等，要么是为了满足短期需要，如存货融资等。相反，从20世纪70年代末开始，之前使用工商业贷款的一些企业开始通过发行垃圾债券来满足它们的长期融资需要。正如我们在第5章所看到的，垃圾债券是从债券评级机构获得低于投资级评级的债券。新发行的垃圾债券市场在20世纪70年代末一旦出现，很多企业就发现这些债券的利率低于它们对银行的工商业贷款所支付的利率。商业票据市场在20世纪80年代的发展意味着银行也失去了很多企业曾一直使用的工商业贷款这一市场。

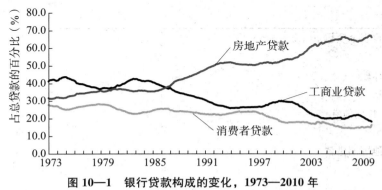

图10—1　银行贷款构成的变化，1973—2010年

银行发放的贷款类型自20世纪70年代初以来已经发生了显著的变化。房地产贷款已经从1973年不到银行贷款的三分之一增长到了2010年占银行贷款的三分之二。工商业（C&L）贷款已经从超过银行贷款的40％下降到了不到20％。消费者贷款已经从占所有贷款的27％下降到了不到20％。

数值是在国内注册的美国银行总的工商业贷款、消费者贷款和房地产贷款所占的份额。总贷款不包括银行间贷款或其他贷款。

资料来源：Federal Reserve Statistical Release H. 8，July 30，2010.

工商业贷款重要性的下降已经从根本上改变了商业银行业的本质。传统上，我们可以把商业银行业概括为接受资金作为支票存款并将这些资金贷放给企业。工商业贷款通常是银行可以赖以作为其利润基础的低风险贷款。银行通常向它们通过长期关系已经收集到私人信息的企业发放工商业贷款。此外，这些贷款通常也是做过很好的抵押安排。这两项因素同时降低了贷款违约的可能性。银行发放贷款时通常并不面临很多竞争，这就保持了贷款的利率相对比较高。由于对工商业贷款的需求已经下降，银行被迫将其资金用在风险更高的用途上，尤其是住房和商业房地产贷款。房地产泡沫从 2006 年开始的破灭表明，用房地产贷款替代工商业贷款已经提高了典型的银行贷款组合的风险程度。

其他资产

其他资产包括银行的实物资产，如计算机设备和建筑物等。这一类别还包括从已经对贷款违约的借款人那里收到的抵押品。随着住房泡沫的破灭，由于借款人和开发商对它们的抵押贷款违约，很多银行最终拥有了大量的住房和住房用地。

银行资本

银行资本，也被称为所有者权益或银行净值（bank net worth），是银行的资产价值与其负债价值之间的差额。就 2010 年整体的美国银行体系而言，银行资本大约是银行资产的 12%。银行资本等于银行股东通过其购买银行发行的股票所投入的资金加上累积的留存利润。注意到，随着银行的资产或负债价值的变动，银行资本的价值也会变动。例如，2007—2009 年的金融危机期间，很多银行发现其拥有的贷款和证券的价值下降了。其资产价值的这一下降导致了资本价值的下降。

 解决问题 10.1：构造一个银行资产负债表

下列科目来自截至 2009 年 12 月 31 日一家美国银行的实际资产负债表。

单位：10 亿美元

现金，包括待收现金项目	121
非付息存款	275
在联邦储备的存款	190
商业贷款	253
（银行发行的）长期债券	439
房地产贷款	460
商业票据和其他短期借款	70
消费者贷款	187
证券	311
付息存款	717
建筑物和设备	16
其他资产	685
其他负债	491

a. 利用这些科目构造一个与表 10—1 类似的资产负债表，资产在资产负债表的左侧，负债和银行资本在右侧。

b. 银行资本占其资产的百分比是多少？

解决问题

第一步 复习本章的内容。这个问题是关于银行资产负债表的，因此，你也许需要复习"商业银行业务基础：银行资产负债表"这一小节。

第二步 通过利用这些科目来构造该银行的资产负债表回答（a）部分的问题，记住银行资本等于资产的价值减去负债的价值。

单位：10 亿美元

资产		负债和银行资本	
现金，包括待收现金项目	121	非付息存款	275
在联邦储备的存款	190	付息存款	717
商业贷款	253	商业票据和其他短期借款	70
房地产贷款	460	长期债券	439
消费者贷款	187	其他负债	491
证券	311	总负债	1 992
建筑物和设备	16	银行资本	231
其他资产	685		
总资产	2 223	总负债＋银行资本	2 223

第三步 通过计算银行的资本占其资产的百分比回答（b）部分的问题。

总资产＝22 230 亿美元

银行资本＝2 310 亿美元

$$银行资本占资产的百分比 = \frac{22\ 230\ 亿美元}{2\ 310\ 亿美元} = 0.104, 或 10.4\%$$

为了进行更多的练习，做一下第 307 页本章末的问题和应用 1.8。

10.2 商业银行的基本业务

在这一节，我们考察银行如何通过匹配储蓄者和借款人来获得利润。当存款人将一笔资金存入支票账户且银行利用这笔钱来发放一笔贷款时，该银行已经将储蓄者的一项金融资产（一笔存款）转换为借款人的一项负债（一笔贷款）。像其他工商企业一样，为了发展，银行获得投入品，增加投入品的价值，然后交付产出品。为了进一步分析银行业务的基本特征，我们将利用一个仅仅说明每一笔交易带来的资产负债表变化的简化的资产负债表。

尤其是，我们将利用一个我们熟知的 **T 账户**（T-account）这一会计工具，T 账户说明了资产负债表项目的变动。先看一个简单的例子，假定你用 100 美元的现金在富国银行开了一个支票账户。其结果是，富国银行获得了 100 美元的备用现金，富国银行将备用现金列为一项资产并计为其准备金的一部分。由于你可以在任何时候去富国银行的分支机构或 ATMs 上提取你的存款，富国银行将你的 100 美元列为一项支票存款形式的负债。我们可以利用一个 T 账户来说明由此带来的富国银行的资产负债表的变化：

富国银行

资产		负债	
备用现金	＋100 美元	支票存款	＋100 美元

你存在富国银行的 100 美元怎么样了？通过回答这一问题，我们可以看到银行是如何获取利润的。假定在收到你的 100 美元的存款之前，富国银行并不持有超额准备金，再假定银行业监管要求银行将其支票存款的 10％作为准备金持有。这意味着，100 美元中的 10 美元是法定准备金，而剩下的 90 美元是超额准备金。为了反映法定准备金和超额准备金之间的差异，我们将富国银行作为准备金持有的余额重新写为：

富国银行

资产		负债	
法定准备金	＋10 美元	支票存款	＋100 美元
超额准备金	＋90 美元		

银行作为现金保有的准备金并不支付利息，以在联储的存款保有的准备金仅支付较低的利率。此外，支票存款对银行产生了费用：银行必须向存款人支付利息并支付维护支票账户的成本，包括档案保管和维修 ATMs。因此，为了产生收入，银行会希望利用其超额准备金来发放贷款或购买证券。假定富国银行利用其超额准备金购买价值 30 美元的国库券并发放价值 60 美元的贷款。为了简单起见，这个例子中的单位是非常小的（想象成数千美元会更符合现实）。我们可以通过如下的 T 账户说明这些交易：

富国银行

资产		负债	
准备金	＋10 美元	支票存款	＋100 美元
证券	＋30 美元		
贷款	＋60 美元		

富国银行已经利用你的 100 美元存款向美国财政部和其发放贷款的个人或企业提供了资金。通过利用你的存款，该银行获得了生息资产。如果富国银行从这些资产中获得的利息大于该银行就你的存款向你支付的利息加上为你的存款提供服务的其他成本，那

么富国银行会从这些交易中获得一笔利润。银行从其资产中收到的平均利率与其对负债支付的平均利率之间的差额被称为银行的**利差**（spread）。

为了获得成功，银行必须做出审慎的贷款和投资，从而使其获得足够高的利率以抵补其成本并获得利润。这一打算也许听起来很简单，然而，在过去 10 年中，银行要获得利润却并不容易。正如我们已经看到的，很多银行购买了抵押贷款支持证券，这些证券的价值在房地产泡沫破灭之后大幅下跌。此外，很多银行，尤其是社区银行，向商业房地产开发商提供了大量的贷款。2007—2009 年经济衰退的严重性意味着非常多的借款人对其贷款违约了，迫使银行承担这些投资上的损失。

✔ 联系实际：贷款损失和银行利润之间并不简单的关系

银行家们理解其贷款承担着利息的违约风险，或者说借款人不完全偿还贷款的风险。当借款人不偿还一笔贷款时，银行的资本——或净值——下降了。在贷款的期限内，如果银行判断借款人有可能违约，银行就必须减记（write down or write off）贷款。换言之，银行从其资产负债表的资产中部分地或全部地降低贷款的价值。

银行留出其资本的一部分作为贷款损失准备金（loan loss reserve）来预计未来的贷款损失。利用贷款损失准备金使得银行可以避免在其报告的利润和资本中出现大的波动。银行每次增加贷款损失准备金时，就降低了当期的利润。因此，当一笔坏的贷款真的被注销时，银行的利润和资本并不会进一步地下降。在 2007—2009 年的金融危机期间，由于银行预料到与抵押贷款有关的贷款的减记，银行预留了大量的贷款损失准备金。2009 年，仅花旗集团一家就有 370 亿美元的贷款损失准备金，而摩根大通银行预留了超过 300 亿美元的贷款损失准备金。随着经济在 2010 年的复苏，由于贷款违约的可能性出现下降，一些贷款的价值上升了。这使得银行可以减少其贷款损失准备金，这又提高了其报告的利润。

虽然银行在金融危机期间积累的大量贷款损失准备金看似因其贷款组合的违约风险的上升而显然是合理的，但是在其他时期，证券交易委员会曾质疑银行是不是在"额外准备"。证券交易委员会的工作人员认为，银行有时候会在违约相对很少的经济扩张时期将其贷款损失准备金提高到超过合理水平。接下来，银行可以在经济衰退时期动用准备金，从而平滑其报告的利润。如果真是这样的话，这种做法相当于"操纵收益"，这在会计准则下是被禁止的，因为虽然通过保持企业的报告利润平稳会使得一家企业的管理看起来很好，但这也许会给投资者带来关于该企业利润的误导性看法。

监管者在 2010 年还在考虑银行应该如何确定合理的贷款损失准备金水平。

资料来源：Eric Dash, "Citigroup, in Turnaround, Reports $4.4 Billion in Profit," *New York Times*, April 19, 2010; Eric Dash, "J. P. Morgan Chase Earns $11.7 Billion," *New York Times*, January 15, 2010; and Michelle Clark Neely, "High Loan Loss Reserves: Virtue or Vice?" Federal Reserve Bank of St. Louis *Monetary Trends*, March 1999.

通过做第 308 页本章末的问题和应用 2.9 来检查一下你的理解。

银行资本和银行利润

正如所有其他企业一样,银行的利润也是其收益与其成本之间的差额。银行的收益主要来自其证券和贷款的利息及其对服务收取的费用,如信用卡、维护支票账户以及执行外汇交易等。银行的成本是其向存款人支付的利息、其对贷款或其他债务所支付的利息及其提供服务的成本。银行的**净利息收益率**(net interest margin)是银行从证券和贷款中收到的利息与银行对存款和债务支付的利息之间的差额除以银行收益性资产的总价值。[①] 如果我们从银行的收费中减去银行提供服务的成本,再除以银行的总资产,再加上银行的净利息利润率,我们会得到银行从每一美元的资产上获得的总利润的表达式,这被称为银行的**资产收益率**(return on assets,ROA)。ROA 通常是根据**税后利润**(after-tax profit)来衡量的,或者说是在银行已经支付了税收之后剩下的利润:

$$ROA = \frac{税后利润}{银行资产}$$

银行的股东拥有银行的资本而且关心银行的经理们从其投资中可以获得利润。因此,股东通常不是根据 ROA 而是根据**股权收益率**(return on equity,ROE)来对银行的经理们做出评价的。股权收益率是每一美元的股权或者说银行资本的税后利润:

$$ROE = \frac{税后利润}{银行资本}$$

ROA 与 ROE 是通过银行资产与其资本的比率相联系的:

$$ROE = ROA \times \frac{银行资产}{银行资本}$$

2010 年 4 月末,美国商业银行的总资产是 11.9 万亿美元,银行资本是 1.4 万亿美元,这意味着银行体系整体的资产与资本的比率是 8.5。如果一家银行获得了 2% 的 ROA,且其资产与资本的比率是 8.5,那么其 ROE 就是 17%(=2%×8.5)。然而,如果银行的资产与资本的比率是 15,那么其 ROE 是 30%。正如我们在第 11 章将会讨论的,在 21 世纪头 10 年中期,一些金融企业的资产与资本的比率高达 35。对那些企业而言,一个不太大的 2% 的 ROA 就会转化为一个巨大的 70% 的 ROE!我们可以得出结论:**银行和其他金融企业的经理们也许存在一种保持高的资产资本比率的动机。**

资产资本比率是**银行杠杆**(bank leverage)的一种度量,其倒数(资本与资产的比率)被称为银行的**杠杆比率**(leverage ratio)。**杠杆**(leverage)是对投资者在做出一项投资时使用了多少债务的一种度量。资产资本比率是对银行杠杆的一种度量,因为银行是通过比方说接受存款承担债务来获得资金以积累资产的。高的资产资本比率——高杠杆——是一把双刃剑:杠杆可以将相对小的资产收益率 ROA 放大为大的股权收益率(ROE),但是对损失也同样如此。例如,假定一家银行的资产遭受了 3% 的**损失**(loss)。在资产资本比率是 8.5 的情况下,其结果将是易于处理的 −25.5% 的 ROE。然而,如果

---

① 收益性资产不包括诸如备用现金之类的资产,银行从这类资产中并不能获得收益。

该银行的资产资本比率是 35，其结果将是一个－105％的 ROE。换言之，该银行资产上一个相对小的损失造成的后果是消灭了**所有的**（all）银行资本。我们可以得出结论：高的银行杠杆通过放大由 ROE 度量的利润的波动提高了金融企业的风险暴露程度。

道德风险会从两个方面带来高的银行杠杆。首先，银行的经理们通常是至少部分地根据其为股东提供高的 ROE 的能力来获得报酬的。尤其是，如果经理们自己并不拥有大量的银行股票，他们也许存在一种冒着大于股东所希望的风险的动机。其次，联邦存款保险已经通过降低存款人不得不监控银行经理行为的激励而提高了道德风险。如果其银行因银行经理们承担了过多的风险而倒闭了，存款在存款保险上限之下的存款人并不会遭受损失。因此，银行经理们并不需要担心变得更加高度杠杆化会导致存款人收回其资金。

正如我们在第 12 章将会看到的，为了处理这种风险，被称为**资本要求**（capital requirements）的政府监管已经对商业银行相对于其资本可以获取的资产的价值施加了限制。然而，这些相同的限制尚未应用于其他金融企业，如投资银行等。在 2007—2009 年的金融危机期间，诸如贝尔斯登和雷曼兄弟之类的投资银行中的严重问题因其高的资产资本比率而恶化了。资本要求是否会扩展到商业银行之外的其他金融企业是正在进行中的国际监管讨论的主题。

10.3　管理银行风险

银行除了面临来自资本相对于其资产不足的风险外，还面临其他几类风险。在这一节，我们考察银行如何处理如下三类风险：流动性风险、信用风险和利率风险。

管理流动性风险

流动性风险（liquidity risk）是指银行也许无法通过出售资产或以合理的成本筹集资金来满足其现金需要的可能性。例如，大量的存款收回也许会迫使银行出售相对非流动的贷款，这可能会在销售中遭受损失。银行在管理流动性风险时的挑战是在不牺牲太多的盈利性的情况下降低其风险敞口。例如，银行可以通过持有较少的贷款和证券以及较多的准备金来最小化流动性风险。然而，这样一个战略降低了银行的盈利能力，因为银行在备用现金上不能赚到利息，其在联储的准备金存款也只能赚到较低的利率。因此，银行通常不是通过持有大量的超额准备金，而是通过**资产管理**（asset management）和**流动性管理**（liquidity management）战略来降低流动性风险的。

银行可以通过在联邦基金市场上贷出资金来实施资产管理，通常是每次一天的时间。通常，通过在联邦基金市场上将资金贷放给其他银行，银行可以赚到比将资金保存在联储的存款中更高的利率。第二种选择是利用**逆回购协议**（reverse repurchase agreements），逆回购协议指的是银行在购买一家企业或另一家银行拥有的国库债券的同时，同意在随后的一天卖回这些证券，通常是第二天早晨。（在回购协议下，银行出售国库债券并同意在随后的一天买回这些债券。）逆回购协议事实上相当于从银行到一家企业或其他银行的短期贷款，国库债券则充当抵押品。大部分银行使用联邦基金市场的贷款和逆回购协议的一个组合。由于联邦基金市场的贷款和逆回购协议都是非常短期的，这些资金可以被用于满足存款收回。

银行还可以通过增加其负债——借款——而不是增加其储备来满足存款收回的剧增。负债管理涉及确定需要获得的借款与满足存款收回所必需的资金之间的最佳搭配。银行可以在联邦基金市场上从其他银行借款、利用回购协议从企业或其他银行借款或者通过取得贴现贷款从联储借款。

管理信用风险

信用风险（credit risk）是借款人可能对其贷款违约的风险。我们在第 9 章看到，信用风险会因不对称信息通常导致**逆向选择**（adverse selection）和**道德风险**（moral hazard）问题而出现。由于借款人对它们的财务状况和它们使用借入的资金的真实计划知道得更多，银行也许会发现它们自己无意中向有严重信用风险的借款人发放了贷款，或者向那些打算将借入的资金用于并非它们计划的用途上的借款人发放了贷款。我们现在简要考察银行可以用于管理信用风险的不同方法。

分散化

我们在第 5 章中看到，投资者——不管是个人还是金融企业——可以通过分散化它们的财产来降低它们的风险敞口。如果银行向单一借款人、单一地区的借款人或单一行业的借款人放贷过多，它们将暴露于来自这些贷款的更大的风险。例如，将其大部分贷款发放给了新奥尔良的消费者和工商企业的银行在 2005 年的卡特丽娜飓风之后会在这些贷款上遭受严重的损失。通过在借款人、各地区和各行业中分散化，银行可以降低它们的信用风险。

信用风险分析

在执行**信用风险分析**（credit-risk analysis）时，银行的贷款官员筛选贷款申请人以排除潜在的坏的风险并获得一批信誉卓著的借款人。个人借款人通常必须向贷款官员们提供关于他们的就业、收入和净值的信息。企业借款人要提供关于它们当前和预计的利润和净值。银行通常使用**信用评分系统**（credit-scoring system）来从统计上预测一个借款人是否可能违约。例如，经常变换工作的个人比具有更为稳定的工作历史的那些人更有可能违约。贷款官员们不仅在发放一笔贷款之前要收集信息，而且在贷款期限内还要监控借款人。

从历史上看，企业的贷款利率是基于**银行优惠贷款利率**（prime rate），银行优惠贷款利率是向预期违约风险最低的借款人——所谓的**高质量借款人**（high-quality borrower）发放的六个月期的贷款所收取的利率。根据其信用风险，其他贷款的利率要高于银行优惠贷款利率。风险较高的贷款具有较高的利率。然而，现在，银行对大部分的大中型企业收取的利率反映了不断变化的市场利率而不是既定的银行优惠贷款利率，银行优惠贷款利率通常只是对较小借款人收取的利率。

抵押品

为了对付逆向选择问题，银行一般还要求借款人提供抵押品，或者说在借款人违约的情况下抵押给银行的资产。例如，一位需要银行贷款来创办一家新企业的企业家很可能会被银行要求将她的部分金融资产或她的住房作为抵押品质押给银行。此外，银行也许会要求企业家维持一个**补偿性余额**（compensating balance），即取得贷款的企业必须保留在贷款银行的支票账户中的法定最小金额。

信贷配给

在某些情况下，银行通过信贷配给（credit rationing）来最小化逆向选择和道德风险的成本。在信贷配给中，银行要么同意借款人的贷款申请但限制贷款的规模，或者在当前的利率水平下完全拒绝向借款人发放任何数量的贷款。第一类信贷配给的出现是对可能的道德风险作出的回应。限制银行贷款的规模通过提高借款人偿还贷款以维持一个健全的信用评级的可能性降低了道德风险的成本。银行对它们发行的 MasterCard 和 Visa-Card设置信用上限也是出于同样的原因。在你的信用卡的信用上限是 2 500 美元的情况下，你很可能会偿还银行从而你将来可以再次借款。如果银行愿意给你 250 万美元的信用上限，你也许会被诱惑到花费超过你能偿还的。因此，把借款人的贷款规模限制到小于借款人在当前的利率水平下需求的数量，对银行而言，不仅是理性的，而且是利润最大化的。

第二类信贷配给的出现是对逆向选择问题作出的回应，当借款人只有很少或者根本没有抵押品提供给银行时，逆向选择问题就会出现。如果银行试图提高其收取的利率以补偿这些贷款人带来的较高的违约风险会怎么样呢？如果银行无法区分这一组中的低风险借款人和高风险借款人，银行就遇到了低风险借款人因高利率而退出贷款池从而只留下高风险借款人的风险。因此，将利率维持在较低的水平并完全拒绝向某些借款人发放贷款对银行是最有利的。

监控和限制性条款

为了降低道德风险成本，银行监控借款人以确保它们不会用借入的资金从事未批准的高风险活动。银行要了解借款人是否遵守**限制性条款**（restrictive covenants），或者说，贷款协议中禁止借款人从事某些活动的明确规定。借钱为新设备付款的企业也许会被明令禁止利用这笔钱来发放薪水或为存货融资。

长期商业关系

我们在第 9 章看到，银行根据关于借款人的私人信息评估信用风险的能力被称为**关系银行业务**（relationship banking）。对银行来说，收集关于借款人的前景的信息或监控借款人活动的最好的方法之一是与借款人保持长期的商业关系。通过长时间地观察借款人——通过借款人的支票账户业务和贷款偿还情况——银行可以通过降低其信息收集和监控成本显著地减少不对称信息问题。借款人也可以从与银行的长期关系中获益。客户可以以较低的利率或较少的限制获得信贷，因为银行避免了高昂的信息收集任务。

管理利率风险

如果市场利率的变化导致银行利润或银行资本出现波动，银行就遇到了**利率风险**

(interest-rate risk)。市场利率变化对银行资产和负债价值的影响类似于利率变化对债券价格的影响。更确切地说，**市场利率上升会降低银行资产和负债的现值，市场利率的下降会提高银行资产和负债的现值**。利率变化对银行资产和负债价值的影响部分取决于资产或负债是**可变利率的**（variable rate）还是**固定利率的**（fixed rate）。可变利率资产或负债的利率至少每年变动一次，而固定利率资产或负债的利率变化没有每年一次那么频繁。

表 10—2 展示了假想的 Polktown 国民银行的资产负债表。该表展示了固定利率和可变利率资产和负债的例子。如果利率上升，Polktown 将对其 230 百万美元的可变利率负债支付更多的利息，而只对 150 百万美元的可变利率资产收取更多的利息，因此，其利润会下降。因而，Polktown 面临利率风险。

表 10—2   **假想的 Polktown 国民银行的资产负债表**   单位：百万美元

Polktown 国民银行

资产		负债加银行资本	
固定利率资产	350	固定利率负债	230
准备金		支票存款	
长期可销售证券		储蓄存款	
长期贷款		长期 CDs	
可变利率资产	150	可变利率负债	230
可调整利率贷款		短期 CDs	
短期证券		联邦基金	
		银行资本	40
总资产	500	总负债加银行资本	500

市场利率波动性在 20 世纪 80 年代的显著上升给曾利用来自短期可变利率存款的资金发放固定利率贷款的银行和储蓄贷款协会造成了沉重的损失。市场利率上升还降低了银行资产相对于其负债的价值，进而降低了其资本并导致储蓄贷款协会在 20 世纪 80 年代末倒闭的增加。（关于 1960—2010 年之间每年的银行倒闭数量，见图 10—2。）

度量利率风险：缺口分析和久期分析

银行经理们使用**缺口分析**（gap analysis）和**久期分析**（duration analysis）来度量银行面对利率风险的脆弱程度。**缺口分析**（gap analysis）考察银行可变利率资产的美元价值与其可变利率负债的美元价值之间的差额，或者说**缺口**（gap）。大部分银行具有负的缺口，因为其负债（主要是存款）比其资产（主要是贷款和证券）更可能是可变利率的。例如，从表 10—2 中我们可以看到，Polktown 国民银行的缺口等于 150 百万美元－230 百万美元＝－80 百万美元。为了简化分析，假定 Polktown 所有的可变利率资产和可变利率负债的利率在一年的时间里上升了 2 个百分点。那么 Polktown 在其资产上会获得额外的 0.02×150 百万美元＝3 百万美元，但在其负债上要支付额外的 0.02×230 百万美元＝4.6 百万美元，因此，其利润会下降 1.6 百万美元。我们可以通过市场利率的变化乘以 Polktown 的缺口直接计算 Polktown 利润的下降：0.02×－80 百万美元＝－1.6 百万美元。这一简单的缺口分析传达了关于如何计算银行利润对市场利率变化的脆弱性的基本原理。然而，实践中，银行经理会考虑到不同的资产和负债很可能经历了不同的利率变化这一事实来进行更复杂的缺口分析。

除了影响银行的利润，利率变化会通过改变银行的资产和负债的价值而影响银行的资本。我们在第 3 章看到，一项金融资产的到期日越长，给定的利率变化导致的资产价格变化就越大。在 20 世纪 30 年代，国民经济研究局的一位经济学家弗雷德里克·麦考利（Frederick MaCaulay）提出了**久期**（duration）的概念，作为一种比一项金融资产的价格对利率变化的敏感度的到期日更为精确的度量。[①] 一项特定的银行资产或银行负债的久期越长，市场利率变化导致的资产或负债价值的变化就越大。**久期分析**（duration analysis）度量银行资本对市场利率变化的敏感度。银行的**久期缺口**（duration gap）是银行资产的平均久期和银行负债的平均久期之间的差额。如果银行有一个正的久期缺口，银行资产的久期大于银行负债的久期。在这种情形中，市场利率上升会导致银行资产价值的下降超过银行负债价值的下降，这会减少银行的资本。银行通常有正的久期缺口，因为其资产（主要是贷款和证券）比其负债（主要是存款）具有更长的久期。

我们在表 10—3 中概括了缺口和久期分析。我们可以得到如下结论：不断下降的市场利率对银行来说通常是好消息，因为这会增加银行的利润和银行资本的价值，而不断上升的市场利率对银行来说是坏消息，因为这会减少银行的利润和银行资本的价值。

表 10—3	缺口和久期分析	
大部分银行有……	因此，市场利率上升会……	且，市场利率下降会……
一个正的缺口，和	减少银行利润	增加银行利润
一个负的久期缺口	减少银行资本	增加银行资本

降低利率风险

银行的经理们可以利用多种策略来减少其利率风险敞口。有负的缺口的银行可以发放更多的可调整利率或**浮动利率**（floating-rate）贷款。这样的话，如果市场利率上升，银行必须对存款支付较高的利率，但银行在它们的贷款上也会获得较高的利率。对银行而言不幸的是，很多客户不愿意取得可调整利率贷款，因为虽然贷款降低了银行面临的利率风险，但它们提高了借款人面临的利率风险。例如，如果你利用一笔可调整利率抵押贷款（adjustable-rate mortgage，ARM）购买了住房，如果市场利率下降，你的月度

---

① 出于数学上的考虑，下面给出一个更为精确的久期定义：久期是一项金融资产的支付的到期日的加权和，其中，权重等于支付的现值除以资产的现值。如果我们把时间 t 的一次支付的现值表示为 PV_t，那么一项 T 期后到期的资产的市场价值 MV 是：$MV = \sum_{t=1}^{T} PV_t$，该资产的久期是：$d = \sum_{t=1}^{T} t\left(\dfrac{PV_t}{MV}\right)$。

还款会减少，但如果市场利率上升，你的月度还款就会增加。很多借款人不愿意承担这一利率风险，因此，绝大多数住房抵押贷款是以固定利率发放的。类似地，可调整利率汽车贷款也是很少见的。幸运的是，银行可以出售很多长期贷款作为我们已经讨论过的证券化过程的一部分。此外，很多银行贷款是发放给企业的，而且是利率风险不是很大的短期可变利率贷款。

我们在第 7 章看到，银行可以使用**利率互换**（interest-rate swap），在利率互换中，银行同意用一笔固定利率贷款的支付交换，或者说互换一家公司或另一家金融企业拥有的一笔可调整利率贷款的支付。互换不仅使得银行可以满足其贷款客户对固定利率贷款的需求，而且还能减少利率风险敞口。我们在第 7 章还看到，银行还可以利用有助于对冲利率风险的期货合约和期权合约。例如，假定 Polktown 银行利用来自可变利率存单（CDs）的资金来向当地的一家汽车零部件工厂发放一笔长期固定利率贷款。如果利率上升，Polktown 银行将不得不对 CDs 支付较高的利率，否则资金会被吸引到另一家银行，但不会从固定利率贷款上得到利息支付的增加。要抵消这一利率风险，Polktown 可以出售国库券期货合约。如果市场利率上升，国库券期货合约的价值会下降，这使得 Polktown 可以获得一笔利润以抵消其必须对 CDs 支付的额外的利息。Polktown 还可以利用国库券的看跌期权合约来执行一个类似的对冲。（至于期货和期权合约的更完整的讨论，见第 7 章。）

10.4 美国商业银行业的趋势

美国的商业银行业长期以来曾经历了巨大的变化。在这一节，我们呈现关于银行历史的一个简要的概览，同时考察过去 20 年间的重大发展，包括 2007—2009 年金融危机的影响。

美国银行业的早期历史

对于美国历史中的大部分时期而言，绝大多数银行都是非常小的，而且通常在一个有限的地理区域内经营。在两次早期的尝试建立联邦控制的有全国性分支机构的银行失败之后，在随后的几十年里，所有的银行都是**州银行**（state banks）。这意味着银行必须获得来自州政府允许银行经营的特许或法律文件。1863 年的《国民银行法案》使得银行从通货监理署获得联邦特许成为可能，通货监理署是美国财政部的一个部门。联邦特许银行就是大家知道的**国民银行**（national bank）。美国当前实行**双重银行体系**（dual banking system），在这一体系中，银行可以得到州政府的特许或联邦政府的特许。1863 年和 1864 年的《国民银行法案》还禁止银行利用存款购买非金融企业的所有权。在某些其他国家，这样的禁令并不存在，最明显的是德国和日本。

银行恐慌、联邦储备和联邦存款保险公司

我们已经看到，银行会遭遇流动性风险，流动性风险是由存款人共同地决定提取超过银行即时可得资金的可能性推动的。在当前的银行体系中，这一风险相对比较低，

因为银行存款受到高达 25 万美元的存款保险的保护，这就降低了存款人本来对在银行倒闭的情况下失去其资金的担忧。此外，联邦储备通过向遭遇临时性流动性问题的银行发放贴现贷款发挥着**最后贷款人**（lender of last resort）的作用。然而，在 19 世纪和 20 世纪初的大部分时间里，联邦存款保险公司和联邦储备都不存在。其结果是，银行受到周期性的**银行挤兑**（bank runs）的影响，在银行挤兑中，大量的存款人会判断银行也许处于倒闭的危险之中并会要求收回存款。如果少数几家银行受到挤兑的影响，它们也许能够通过从其他银行借入资金满足存款人对资金的需求。然而，如果很多银行同时遭遇挤兑，结果会是一场**银行恐慌**（bank panic），银行恐慌通常导致银行无法返还存款人的资金并不得不暂停营业。由于家庭和企业无法得到存款和信贷，银行恐慌通常导致经济衰退。1907 年一场特别严重的银行恐慌最终使国会相信需要一个能够担当最后贷款人的中央银行。国会于 1913 年 11 月通过了《联邦储备法案》，联邦储备系统于 1914 年开始运作。

虽然联邦储备系统的建立暂时地终结了银行恐慌，但银行恐慌在 20 世纪 30 年代的大萧条期间再次出现。国会的反应是建立一个由联邦存款保险公司（FDIC）掌管的联邦存款保险体系，而联邦存款保险公司是在 1934 年建立的。所有的国民银行均被要求加入这一体系，州银行可以自行选择是否加入。现在，所有存款人中的大约 99% 是得到全额保险的，因此，即使存在对银行财务状况的质疑，大部分存款人也几乎没有动机来提取资金并导致银行倒闭。联邦存款保险公司通常用两种方法之一来处理银行倒闭：关闭银行并支付存款人，或者购买并取得银行的控制权，同时寻找另一家愿意购买倒闭银行的银行。如果联邦存款保险公司关闭一家银行，它立刻利用银行的资产支付被保险的存款人。如果这些资金不足，联邦存款保险公司用其保险准备金来补足差额，保险准备金来自联邦存款保险公司对被保险银行征收的摊派。在补偿了被保险人之后，所有剩余的资金被支付给未保险的存款人。

联邦存款保险公司更喜欢维持倒闭的银行营业而不是关闭它们。为了维持银行营业，联邦存款保险公司会迅速寻找另一家愿意接管倒闭银行的银行——通常是在倒闭银行被关闭之前。为了进入一个新的地区或得到倒闭银行的存款和贷款客户，另一家银行也许愿意接管倒闭银行。如果联邦存款保险公司不得不购买并取得破产银行的控制权，联邦存款保险公司在过渡中通常会招致成本。一般而言，联邦存款保险公司设法找到一家收购银行承接破产银行的所有存款。在这种情形中，联邦存款保险公司通过以较低的利率提供贷款或购买倒闭银行资产组合中的问题贷款来为收购提供补贴。如图 10—2 所示，在最近的金融危机期间，虽然倒闭的数量到 2010 年 10 月还没有达到 20 世纪 80 年代末的储蓄贷款协会危机中出现的最高水平，但银行倒闭的数量大幅增加。（我们在第 12 章将讨论储蓄贷款协会危机。）最近倒闭的许多银行都是大型金融机构，这需要联邦存款保险公司巨大的支出。联邦存款保险公司主席 Sheila Bair 在 2009 年末宣布其保险准备金已经耗尽了。为了筹集额外的资金，联邦存款保险公司要求银行预付其直到 2012 年的三年的年度摊派。虽然这一行动暂时地恢复了联邦存款保险公司的准备金，但到 2010 年末还不清楚，如果银行倒闭继续处于高位，联邦存款保险公司是否需要动用在美国财政部的紧急信贷额度。

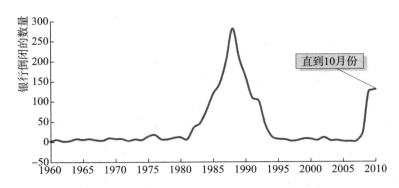

图 10—2　美国的商业银行倒闭，1960—2010 年

美国的银行倒闭数量从 1960 年直到 20 世纪 80 年代中期的储蓄贷款协会危机时都处于低水平。到 20 世纪 90 年代中期，银行倒闭数量已经回到了低水平并一直保持到 2007 年金融危机的爆发。

2010 年的总数是到 10 月份的。

资料来源：Federal Deposit Insurance Corporation.

全国性银行业务的兴起

一系列的联邦法律限制了银行在超过一个州的范围内营业的能力。这些法律中最近的一个是国会于 1927 年通过的《麦克法登法案》。此外，大部分州都是单一制银行州（unit banking state），这意味着，这些州存在禁止银行拥有超过一个分支机构的监管规则。圣路易斯联邦储备银行的 David Wheelock 的研究表明，美国在 1900 年大约有 12 427 家商业银行，其中只有 87 家是拥有分支机构的。相比之下，很多年来，其他大部分国家只有相对很少的银行，每一家银行在全国都有分支机构。

美国很多小的地理上受限的银行体系是政治观的结果，即银行的势力应该通过保持银行较小且银行获得的存款应该只被用于为当地的贷款融资而受到限制。但是，大部分经济学家认为，美国的银行体系是经济上无效率的，因为这一体系未能充分利用银行业中的规模经济。正如我们在第 9 章讨论过的，**规模经济**（economies of scale）指的是由于数量上升导致的平均成本下降。较大的银行能在更大量的交易中分摊其固定成本，如贷款官员的薪水和银行建筑的运营成本等。在现代银行业中，计算机系统也是银行的一项重要的固定成本。把银行限制在一个小的地理区域还因为银行把贷款集中在一个地区从而更大地暴露于信用风险而无效率。

随着时间的推移，对银行业的规模和地理范围的限制逐渐被取消了。在 20 世纪 70 年代中期之后，大部分州取消了设立州内分支机构的限制。国会于 1994 年通过了《瑞格-尼尔州际银行业和分支机构效率法案》，该法案旨在分阶段取消对州际银行业务的限制。位于北卡罗来纳州的国民银行（NationsBank）和位于加利福尼亚州的美洲银行（Bank of America）1998 年的合并造就了第一个分支机构地跨东西海岸的银行。

美国银行业的迅速合并源于这些监管变化。美国在 1975 年有 14 384 家商业银行，而 2009 年只有 6 839 家银行。这一数字仍然比其他大部分国家都高得多，因此，很可能还会发生进一步的合并，银行的数量还会继续减少。银行数量的下降低估了美国银行业的集中度。如表 10—4 所示，最大的 10 家银行现在几乎拥有所有存款的一半。

表 10—4	美国最大的 10 家银行，2009 年
银行	占总存款的份额（%）
美洲银行（Bank of America）	12.4
摩根大通银行（J. P. Morgan Chase）	9.3
Wachovia 银行（Wachovia Bank）	6.0
富国银行（Wells Fargo Bank）	4.9
花旗银行（Citibank）	4.0
美国银行（U. S. Bank）	2.3
阳光信托银行（SunTrust Bank）	1.8
国民城市银行（National City Bank）	1.5
分支银行和信托公司（Branch Banking and Trust Company）	1.4
Regions 银行（Regions Bank）	1.4
前十大银行总计	45.0

资料来源：Federal Deposit Insurance Corporation.

由于国会在 2010 年制定了改变金融监管的法律，一些众议院和参议院的议员建议对银行规模施加限制。他们认为，当银行变得太大时，它们获得了使其可以对存款人支付较低的利率并对贷款收取较高的利率的市场力量。此外，一些经济学家和决策者担心大型银行是"大而不倒"的，这意味着，无论它们的管理有多糟糕，它们的倒闭会造成金融混乱，以至于联邦储备、联邦存款保险公司和美国财政部被迫采取措施以保证它们免于破产。2010 年的《多德-弗兰克华尔街改革和消费者保护法案》并没有具体地限制银行规模，关于"大而不倒"问题的争论仍然悬而未决，我们将在第 12 章再回到这一问题上。

拓展银行业务边界

银行业务在过去的 50 年中已经发生了巨大的变化。从 1960 年到 2010 年间，银行提高了它们从定期存款和大额可转让定期存单上筹集到的资金数量，它们还增加了在联邦基金市场以及来自回购协议的借款。银行还降低了其对工商业贷款和消费者贷款的依赖并提高了其对房地产贷款的依赖。此外，银行已经拓展到了非传统贷款业务以及其收益来自服务费而不是利息的业务。

表外业务

银行已经日益致力于在**表外业务**（off-balance-sheet activities）中产生**服务费收入**（fee income）。诸如接受存款和发放贷款之类的传统银行业务影响银行的资产负债表，因为存款作为负债出现在资产负债表上，而贷款作为资产出现在资产负债表上。表外业务并不影响银行的资产负债表，因为它们既不增加银行的资产也不增加其负债。例如，当银行为客户买卖外汇时，银行因服务而向客户收取一笔费用，但外汇并不出现在银行的资产负债表上。银行还对高收入家庭的**私人银行业务**（private banking）服务收取费用，高收入家庭是那些净值大于等于 100 万美元的家庭。下面我们简要描述银行赖以赚取服务费收入的四种重要的表外业务：

1. **备用信用证**（standby letters of credit）。我们已经看到，在 20 世纪 70 年代和 80 年代，银行在某些商业贷款业务上输给了商业票据市场。随着商业票据市场的发展，大部分的买方坚持要求卖方提供备用信用证。就备用信用证而言，如果必要的话，银行承诺向借款人——商业票据的卖方贷出资金——以还清其到期的商业票据。银行通常收取一笔等于商业票据价值 0.5% 的服务费。现在，不仅公司，而且州和地方政府为了出售商业票据通常也需要备用信用证。使用备用信用证本质上把信用的授予分成了两部分：借助信息收集的信用风险分析和实际的贷款。银行可以有效地提供信用风险分析，而金融市场可以更便宜地提供实际的融资。不像传统的贷款，备用信用证并不出现在银行的资产负债表上。

2. **贷款承诺**（loan commitments）。在贷款承诺中，银行同意在一个指定的时段内向借款人提供一定数量的资金。借款人接下来拥有决定何时或者是否想要取得贷款的选择权。银行则从贷款承诺中赚到一笔费用。费用通常被分成两部分：承诺签署时的**预付费**（upfront fee）和贷款未使用部分的**未使用费**（nonusage fee）。对于实际发放的贷款而言，收取的利率是基准贷款利率之上的一个加成。贷款承诺预先固定了基准利率之上的加成但并没有固定贷款发放时收取的利率。此外，如果借款人的财务状况恶化到一个指定水平之下，银行的贷款承诺也终止了。

3. **贷款销售**（loan sales）。我们已经看到，**贷款证券化**（loan securitization）是美国金融体系的一项重要发展。在证券化的情况下，银行不是在其自己的资产组合中持有贷款，而是把成包的贷款转换为通过金融市场直接向投资者出售的证券。作为自 20 世纪 80 年代以来的证券化趋势的一部分，美国的银行贷款销售市场从几乎一片空白增长到一个显著的规模。**贷款销售**（loan sale）是一份金融合约，在合约中，银行同意把来自一笔标的银行贷款的预期未来收益出售给第三方。贷款销售也被称为**二级贷款参与**（secondary loan participation）。正式地，贷款合约是**无追索权**（without recourse）地出售的，这意味着银行并没有为其出售的贷款的价值提供担保和保险。大型银行主要向本国和外国的银行以及其他金融机构出售贷款。最初，银行只是出售具有低的信息收集和监控成本的短期高质量贷款。然而，逐渐地，银行开始出售质量较低、期限较长的贷款。通过出售贷款，银行将其声誉置于危险之中，而不是它们的资本。在这个市场上，其贷款表现糟糕的银行不太可能还是一个成功的参与者。

4. **交易业务**（trading activities）。银行从数万亿美元的期货、期权和利率互换市场交易中赚取费用。银行在这些市场的交易主要与对冲银行自己的贷款和证券组合或为银行客户提供套期保值服务有关。但是，当预期它们可以从价格的变化中获得利润时，银行有时候也在这些市场上通过买卖进行投机。当然，投机也有亏损的风险。负责交易的银行雇员通常是根据他们赚取的利润而获得报酬的。因此，由于这些雇员冒着比高层管理人员或其股东想要的更大的风险——希望获得更高的利润和更高的报酬，委托—代理问题会出现。在 2007—2009 年的金融危机期间，国会议员开始关注的是证券交易上的损失恶化了某些银行的财务状况。国会在 2010 年考虑将前联邦储备主席保罗·沃克尔提出的建议法律化，沃克尔当时正担任奥巴马总统的经济复苏委员会的主席。在"沃克尔法则"下，银行将不得不放弃为它们自己账户的交易，否则，即使它们在未来的金融危机中需要联邦政府的金融支持，它们也不再符合获得联邦政府金融支持的资格。对这一交易的某些限制在 2010 年的《多德-弗兰克华尔街改革和消费者保护法案》中得以确立。

银行从表外业务中产生服务费收入，但它们也承担着额外的风险。为了评估其在表外业务中的风险敞口，银行已经开发了复杂的计算机模型。一个流行的模型，也就是我们熟知的**在险价值分析法**（value-at-risk approach，VAR approach），利用统计模型估计一个投资组合的价值在某一特定时间段内很可能遭受的最大损失——从而得名"在险价值"。这些模型对银行评估风险是有用的，但在 2007—2009 年的金融危机期间，它们也被证明在保护银行免遭重大损失方面远非可靠，主要是因为它们没有考虑到交易资产中的信用风险。

电子银行业务

廉价的计算机处理技术的开发和互联网的兴起使得很多银行交易的处理方式发生了革命性的变化。电子银行业务的第一个重要发展是自动取款机（ATMs）的普及。ATMs第一次让存款人可以在正常的银行工作时间之外经常地存取资金。不是非要在上午10:00 和下午 3:00 之间到银行去，只要存款人愿意，他们现在可以在凌晨 2:00 提取资金。ATMs 对银行是很有吸引力的，因为 ATMs 一经安装，运营和维护 ATMs 的成本远低于支付银行出纳员的成本。此外，在限制分支银行业务的那些州，ATMs 尤其受到欢迎，因为它们在法律上并不被视为分支机构，因此，ATMs 使得银行可以将其业务拓展到银行本来无法成立分支机构的地区。

到 20 世纪 90 年代中期，**虚拟银行**（virtual banks）开始出现了。这些银行没有砖头水泥式的银行建筑物，相反却在线执行其所有的银行业务。客户可以开立账户、以电子方式支付账单并直接存入其薪水支票——所有这些都是无纸化的。一家在线银行 ING Direct 在美国拥有超过 750 万个存款人。到 21 世纪头 10 年的中期，大部分传统银行也开始提供在线服务，使得存款人可以电子化地而不是通过纸质支票轻松地完成其部分或全部账单的支付，而且通常也无须付费。在电子化处理大量的审批过程的情况下，贷款申请也可以在线进行，然而，借款人通常还是要提供一些纸质文本作为这一过程的一部分。同时，银行已经开始电子化地清算绝大部分的支票。就在几年前，如果你存入一张从另一家银行的一个账户开出的支票，你的银行（或联储，联储为银行提供支票清算服务）要收到付款还必须实际地把支票送到另一家银行。现在，你的银行很可能会通过向另一家银行发送一份支票的电子形式来清算支票。

虚拟银行业务在银行业中已经发挥着日益重要的作用，但砖头水泥式的银行分支机构还在建设，利用支票账户所做的大部分支付依然是通过纸质支票。然而，银行业中用电子替代纸张的趋势看似是显而易见的。

✓ **联系实际：电子银行业务能拯救索马里的经济吗？**

在美国和其他工业化国家，电子银行业务提高了获取在砖头水泥式的银行中可以得到的银行服务的便捷性。然而，在某些发展中国家，在线银行业务也许是唯一可以实现的一种银行业务。自最后一届执政的中央政府1991年倒台以来，东非国家索马里就一直饱受永无休止的内战和包括海盗行为在内的猖獗的暴力活动的困扰。要让一个市场经济得以运行，一国政府需要维持最低水平的秩序。在经营一家商店或开设一家工厂的情况下，企业主的资产会被交战的民兵或匪徒抢走或破坏。由于银行需要持有大量的现金来开展日常业务，它们特别容易遭到抢劫。砖头水泥式的银行在索马里非常少见也就不足为奇了。正如我们已经看到的，银行是家庭和几乎所有的最大的企业的一种关键的信贷来源。银行在发展中国家是不可或缺的，在发展中国家，金融市场功能有限，企业通常很小，以至于无法积累足够的留存收益以融通其自身的发展。这类经济困难使得索马里成为世界上最贫困的国家之一，其2009年的人均GDP仅为600美元。

然而，令人惊奇的是，在过去的三年中，索马里的实际GDP却一直以每年大约2.6%的显著速度在增长。这一增长的原因之一似乎是电子银行业务在索马里的快速扩张。传统的地面传输的有线电话几乎是无法获得的，通过有线电话的服务最多只是零星的。因此，像在其他的发展中国家一样，在索马里，个人和企业几乎完全依靠移动电话。近年来，索马里的企业家意识到他们可以提供虚拟银行服务，因为如此之多的人们拥有移动电话从而使得至少有限的互联网接入成为可能。索马里人现在可以在线维护存款，在无须使用现金的情况下来转移资金，甚至获得小额信贷。移动电话系统运转所必需的远程通信网络似乎是索马里所有交战集团广泛尊重的少数几样事物之一。《经济学家》杂志援引一位企业家的话说："即使军阀们也希望他们的电话可以工作……因此，他们放过了网络。"

虽然电子银行业务看来对索马里近年来所发生的广受欢迎的经济发展功不可没，但该国的其他问题为保持这一增长设置了明显的障碍。

资料来源：Abdinasir Mohamed and Sarah Childress，"Telecom Firms Thrive in Somalia Despite War，Shattered Economy，"*Wall Street Journal*，May 11，2010；and "Eureka Moments，"*Economist*，September 24，2009.

通过做第310页本章末的问题和应用4.9来检查一下你的理解。

金融危机、TARP 和银行的部分政府接管

银行在2007—2009年的金融危机之前发放的很多次级和次优级抵押贷款已经被证券化并再出售给投资者。银行将某些这类证券作为投资持有，如图10—1所示，银行还变得依赖发放房地产贷款。随着金融危机的爆发，住宅房地产抵押贷款的价值首先开始下降，但接下来商业房地产抵押贷款也受到冲击，导致基于这两类抵押贷款的证券的价值下跌。到2008年中期，20个最大的都市区的住房价格已经下跌了超过15%，超过6%的所有抵押贷款——25%的次级抵押贷款——至少过期了30天。抵押贷款支持证券市场出现冻结，这意味着这些证券的买卖已经基本停止了，使得确定这些证券的市场价格变得非常困难。这些证券开始被称为"有毒资产"。

评估银行的资产负债表变得非常困难，因为投资者和银行自己均无法确信这些有毒

资产的真实市场价值。因此，银行资本的真实价值——乃至于一家银行是否仍然拥有正的净值——是难以确定的。2007 年 8 月和 9 月间，银行对其不断恶化的资产负债表的反应是收紧消费者和商业贷款的信贷标准。由于家庭和企业日益难以融通其支出，因而发生的信贷紧缩（credit crunch）进一步导致了始于 2007 年 12 月的经济衰退。

✔️ 联系实际：小企业：信贷紧缩的主要受害者

我们在本章开始的时候看到，即使在 2010 年中期，小企业，如马克·瓦格纳的房地产开发企业，仍然在遭受金融危机带来的信贷紧缩的影响。2010 年 5 月发布的一份国会报告中指出，在过去的一年中，大银行向小企业发放的贷款的下降幅度是所有其他类型的银行贷款的两倍多。这对于这些企业的所有者、为这些企业工作的人们或整体的美国经济都不是一个好消息。

虽然大量的商业新闻聚焦在大型的上市公司上，但小企业在经济中却发挥着关键的作用。根据一个联邦政府部门——小企业管理机构（Small Business Administration）的数据，雇用少于 500 个工人的企业占到了美国 1995—2009 年间创造的工作岗位的 65%。在一个通常的年份中，在美国会有 60 万家新企业开业，在这些新企业中，超过 95% 的企业雇用不到 20 个工人。令人吃惊的是，雇用 20 或少于 20 个工人的企业创造的工作岗位占到了新企业创造的所有工作岗位的超过 85%。

为什么小企业如此难以获得银行贷款呢？一个关键的原因是，很多银行正在通过贷款到期后不续借贷款来积累它们的准备金。很多小企业发现，虽然它们的财务状况并没有恶化，银行还是拒绝续借它们的贷款。很多银行还提高了它们的贷款要求，以至于以前符合贷款标准的企业现在不再符合标准。对很多小企业而言，它们最好的抵押品来源是其赖以运营的建筑物。随着商业房地产价格的持续下跌，以商店或工厂为抵押品的借款变得更为困难。银行收紧贷款标准部分地由于它们担心经济衰退的严重性已经加剧了逆向选择和道德风险问题，这使其更为谨慎，以至于只向最有信誉的借款人发放贷款。

收紧的贷款要求还反映了政府监管部门对银行施加的避免发放高风险贷款的压力的上升。一些小企业还受到很多银行降低企业信用卡的信用上限并取消不满足收紧的信贷要求的小企业的信用卡的决定的打击。虽然利率高企，很多小企业还是利用信用卡来为存货融资或满足其他支出，因此，降低的信用上限严重地影响到它们的经营。即使在 2010 年的前三个月，在经济衰退已经结束的情况下，40% 的银行报告说它们提高了小企业获得信用卡所必需的最低信用评分，三分之一的银行已经提高了它们对未偿还余额收取的利率，15% 的银行提高了它们收取的年费。

联邦政府旨在为小企业提供更多信贷的努力只是部分地有效。奥巴马总统和国会向小企业管理机构提供资金来为银行的一些小企业贷款的偿还提供担保。但是，在 2010 年年中的时候，只有大约 4% 的所有小企业贷款在该计划下获得了担保。美国财政部在**不良资产救助计划**（Troubled Asset Relief Program，TARP）下对地方银行投资的目的部分地在于刺激银行贷款。虽然接受 TARP 下投资的银行看似比没有接受此类投资的银行为小企业提供了更多的贷款，但甚至这些接受过投资的银行的小企业贷款也是下降的。

诸如 Quiznos 三明治店之类的一些专卖店试图通过建立在某种程度上代替传统银行贷款的贷款计划来充当临时的贷款人。

部分由于在信贷紧缩时期难以获得贷款，雇用人数少于 50 人的小企业占到经济衰退时期就业损失的 45%，即使在衰退开始的时候它们的雇用人数小于总雇用人数的三分之一。

资料来源：Emily Maltby，"Bailout Missed Main Street，New Report Says，"*Wall Street Journal*，May 14，2010；Sudeep Reddy，"Banks Keep Lending Standards Tight，"*Wall Street Journal*，May 4，2010；Emily Maltby，"Financing Programs Aim to Help Franchisees，"*Wall Street Journal*，April 29，2010；and "For Want of a Loan，"*Economist*，December 10，2009.

通过做第 310 页本章末的问题和应用 4.8 来检查一下你的理解。

为了解决银行面临的问题，国会于 2008 年 10 月通过了不良资产救助计划（TARP）。TARP 为财政部和联储提供了 7 000 亿美元来帮助恢复抵押贷款支持证券和其他有毒资产市场，其目的在于，对资产负债表上拥有价值数万亿美元的这类资产的金融企业提供救助。不幸的是，并没有找到恢复这些资产市场的好方法，因此，一部分资金反而被用于对银行的"资本注入"。在**资本购买计划**（Capital Purchase Program，CPP）下，财政部购买了数百家银行的股票，从而提高了银行的资本，其效果正如任何新股发行一样。参与银行有义务每年向财政部支付等于股票价值 5% 的股息并发行允许财政部购买等于财政部初始投资价值 15% 的新股的认股权证。虽然财政部的股票购买相当于对数百家银行的部分政府接管，但财政部并没有试图卷入任何一家银行的管理决策中。表 10—5 说明了财政部在该计划下的 10 笔最大的投资。

表 10—5   在 TARP/CPP 计划下获得财政部投资最多的 10 家银行

银行	财政部投资的金额（10 亿美元）
摩根大通（J. P. Morgan Chase）	25
花旗集团（Citigroup Inc.）	25
富国银行（Wells Fargo & Company）	25
美洲银行（Bank of America Corporation）	10
高盛公司（Goldman Sachs）	10
摩根士丹利（Morgan Stanley）	10
PNC 金融服务集团（PNC Financial Services Group, Inc.）	7.579
U. S. Bancorp	6.599
阳光信托银行（SunTrust Banks, Inc.）	4.850
第一资本金融公司（Capital One Financial Corporation）	3.555

资料来源：www.financialstability.gov，"TARP Transactions Reports，"May 14，2010.

一些经济学家和政策制定者批评 TARP/CPP 计划是一个对银行的"救助"或对华尔街的救助。一些经济学家认为，通过向那些曾发放过糟糕的贷款并投资于高风险资产的银行提供资金，财政部正在鼓励有害的商业决策，从而提高了金融体系中的道德风险。还有一个令人担心的问题是，曾接受过财政部投资的银行经理们也许在作出贷款和投资决策时感受到的是来自政治而非商业方面的压力。财政部和联储的官员们担心银行倒闭浪潮会把美国经济推入另一场大萧条，他们认为，考虑到金融低迷的严重性，该计划是正当合理的。随着经济和银行体系开始复苏以及很多银行退回了财政部的股票投资，对该计划的批评减少了。从 2008 年 10 月 1 日到 2009 年 9 月 30 日这一时期，财政部在资本购买计划（CPP）下曾投资了 2 450 亿美元。到 2010 年末，1 920 亿美元已经得到偿还，财政部预计其也许会从投资中赚到一笔利润。

在第 12 章，我们将进一步讨论政府对金融危机的政策反应。

回答关键问题

续第 277 页

在本章开始的时候，我们提出了如下问题：

"银行业务是一种风险特别高的业务吗？如果是的话，银行面临哪些类型的风险？"

在市场体系中，所有类型的业务都面临风险，而且很多还会失败。经济学家和政策制定者之所以特别关心银行面临的风险和倒闭的可能性是因为银行在金融体系中发挥着至关重要的作用。在这一章，我们已经看到，商业银行业的基本业务——从存款人借入短期资金并向家庭和企业贷出长期资金——承担着如下风险：流动性风险、信用风险和利率风险。

在进入下一章之前，阅读下面讨论不断上升的利率对银行利润的影响的**政策透视**。

政策透视：利率飙升威胁银行利润

路透社

美国监管部门警告银行关注利率风险

美国监管部门在星期四敦促银行要保护自身免于受到利率飙升的影响，这会削弱在信贷收缩期间帮助治愈银行体系的轻松的收益。

ⓐ银行通过以低的短期利率借款并投资于像国债那样的更高收益的长期资产，产生了数十亿美元的利润。

来自一组名为联邦金融机构检查委员会（FFIEC）的监管机构的声明警告说，持续上升的利率会挤压上述交易的利润。

声明意味着监管部门在逼迫银行关注其资产负债表并让银行准备依靠自己，因为政府和联邦储备准备逐步减少其对银行体系的特别支持。

Cantor Fitzgerald 的固定收益利率策略部的主管 George Goncalves 说，监管部门担心，一些机构预期利率会在很长时间内保持在历史低值，他认为这会是有错觉的信念。

"正如银行在信贷收缩前认为它们完全对冲了信用和次贷风险一样，很多市场参与者预期联储会永远保持紧急零利率。"Goncalves 说。

大部分的分析师预期联储在 2010 年下半年之前不会提高利率，但很多专家担心当联储确实提高利率时历史会重演。

从 2004 年开始的一系列利率上升触发了最终带来始于 2007 年的信贷收缩的事件。

FFIEC 在一份声明中说："如果一家机构判断其核心收益和资本不足以支持其利率风险水平，那么就应该采取措施来减轻其风险敞口、增加其资本，或两者兼而有之。"

FFIEC 包括联邦储备、联邦存款保险公司、通货监理署和储蓄机构监督办公室。

紧急措施

ⓑ联储在结束于 **2008 年 12 月**的一系列的利率削减中将其基准的联邦基金利率削减至接近于零的水平。在最近的两年里，联储还创建了许多其他紧急贷款便利来帮助对抗 **70 多年来最严重的经济衰退**。

但是，随着利率从历史低值开始攀升，严重依赖于短期资金的银行会发现其短期融资成本加速上升。

拥有较长期的资产也许不再有利可图，这就迫使银行一起出售证券并潜在地再次削弱金融部门。

金融顾问说，银行应该拥有有效的工具来管理它们的利率风险，包括监控系统、压力测试和内部控制。

联邦储备的一位高层的政策制定者在星期四的早些时候说，联储应该更早地收紧政策，而不是更晚，以控制较长期的通货膨胀压力。

ⓒ堪萨斯城联邦储备银行行长 **Thomas Hoening** 在一次会议上说，维持短期利率接近于零实际上会伤害金融市场的复苏过程。

在低的联邦基金利率以及贴现率与超额准备金利率之间利差较小的情况下，银行更倾向于与联储交易，而不是相互之间交易，**Hoening** 说。

文中要点

2010 年初，联邦金融机构检查委员会（FFIEC）敦促商业银行保护自己免于受到可能的利率上升的影响。银行通过以低的利率借入资金并购买诸如国库债券之类的具有较高收益的资产来获得利润。FFIEC 代表联邦储备系统、联邦存款保险公司、通货监理署以及储蓄机构监督办公室。银行监管部门警告说，利率上升很可能出现在 2010 年末。联邦储备从始于 2007 年的金融危机之前的 2004 年开始提高利率，监管部门希望避免一场类似的危机。联邦储备到 2008 年 12 月将联邦基金利率削减至接近于零的水平并发起了一系列的紧急贷款计划，以应对 2007—2009 年的经济衰退。随着经济的复苏，预期利率会攀升，这会提高依靠短期资金来购买长期证券的银行的成本。

新闻解读

ⓐ关于美国银行的利润的证据可以从其资产负债表中发现。表 10—1 的美国银行的

合并资产负债表区别了资产和负债的种类。下面是一个类似的资产负债表，列示了 2010 年 4 月 28 日结束的那一周的资产和负债的美元价值。该表还说明了银行资本（＝资产－负债）的价值，或者说所有者权益，是 13 906 亿美元。银行资本占资产的百分比是 11.8％。在危机之前的 2006 年 3 月，银行资本占资产的百分比只有 8.7％。利率在当时较高。例如，联邦基金利率在 2006 年 3 月是 4.59％，而在 2010 年 4 月是 0.20％。

ⓑ虽然联邦储备对联邦基金利率的削减到 2008 年 12 月结束了，但联储直到 2010 年上半年一直将利率维持在接近于零的水平。联邦公开市场委员会（FOMC）在 2010 年 4 月末的会议结束之后发布的一份声明中包括如下评论：

本委员会会将联邦基金利率的目标范围保持在 0～0.25％之间，并继续预期经济情况很可能要求将特别低的联邦基金利率水平维持更长的时间……除了一项特别流动性便利之外，联邦储备已经结束了所有的危机期间创建的以支持市场的特别流动性便利。定期资产支持证券贷款便利计划在 6 月 30 日结束。

ⓒ堪萨斯城联邦储备银行行长以及 FOMC 成员之一的 Thomas Hoening 对于将联邦基金利率维持在接近于零的水平持批评态度。2010 年 4 月的 FOMC 声明包括如下异议：

对政策行动投反对票的是 Thomas M. Hoening，他认为，继续表达对极低的联邦基金利率水平的预期更长时间不再合理。这提高了长期宏观经济和金融稳定的风险，同时，限制了委员会开始适度提高利率的灵活性。

资料来源：Federal Reserve Statistical Release H. 8，May 7，2010；and Federal Reserve Press Release，April 28，2010.

美国商业银行合并的资产负债表

（经过季节调整、10 亿美元、在 2010 年 4 月 28 日结束的那一周）

资产		负债＋银行资本	
准备金及其他现金资产	1 179.2	存款	7 683.3
证券	2 326.2	借款	2 039.1
美国政府和机构	1 500.6	其他负债	718.9
州、地方政府和其他	825.6	总负债	10 441.3
贷款	6 828.1	银行资本（或所有者权益）	1 390.6
交易资产	260.3	总的负债和银行资本	11 831.9
其他资产	1 238.1		
总资产	11 831.9		

资料来源：Federal Reserve Statistical Release H. 8，May 7，2010.

严肃思考

1. 本文表明，在利率上升，且联邦储备结束了金融危机期间为银行提供支持的计划之后，"监管部门敦促银行关注其资产负债表并准备好自己承担责任"。解释利率上升会如何影响银行利润。

2. 解释 Thomas Hoening 对 "在低的联邦基金利率以及贴现率与超额准备金利率之间利差较小的情况下，银行更倾向于与联储交易，而不是相互之间交易" 的担心。

本章小结和问题

关键术语和概念

资产	联邦存款保险	银行优惠贷款利率
资产负债表	缺口分析	法定准备金
银行资本	利率风险	准备金
银行杠杆	杠杆	资产收益率（ROA）
支票存款	负债	股权收益率（ROE）
信贷配给	流动性风险	备用信用证
信用风险分析	贷款承诺	T 账户
双重银行体系	贷款销售	不良资产救助计划
久期分析	净利息收益率	备用现金
超额准备金	表外业务	

10.1 商业银行业务基础：银行资产负债表

理解银行资产负债表。

小结

商业银行的核心业务是接受来自储蓄者的存款并向工商企业发放贷款。**资产负债表**是说明个人或企业在某一特定日期的财务状况的报表。**资产**是个人或企业拥有的多少有些价值的东西。**负债**是家庭或企业所欠的东西。银行资产的总价值与其负债的总价值之间的差额被称为**银行资本**。**支票存款**是存款人可以开支票的账户。支票存款受到高达 25 万美元的上限的**联邦存款保险**的保护。**准备金**是由**备用现金**和银行在联邦储备的存款组成的银行资产。银行对其活期存款和 NOW 账户必须持有**法定准备金**。银行持有的除了法定准备金之外的准备金被称为**超额准备金**。**可销售证券**（marketable securities）是银行在金融市场上交易的流动资产。

复习题

1.1 定义下列各项：
    a. 资产；
    b. 负债；
    c. 所有者权益。

1.2 根据本章的内容："我们可以把银行的负债视为其资金来源，把银行的资产视为其资金运用。"简要解释这句话的意思。

1.3 定义银行资产负债表的下列各项：
    a. 非交易存款；
    b. 借款；
    c. 银行资本。

1.4 银行发放的贷款类型是如何随时间而变化的？

问题和应用

1.5 如果允许商业银行购买它们发放贷款的企业的大量股票，这会提高还是降低金融体系中的道德风险程度？简要解释。

1.6 【与第 280 页的**联系实际**有关】在 1960 年的时候，联邦监管规则禁止银行对支票账户支付利息。现在，法律上允许银行对支票账户支付利息，然而，支票账户的价值已经从 1960 年超过商业银行负债的 50% 收缩到大约 10%。由于现在的支票账户支付利息，难道它们不应该变得更加受到家庭的欢迎而不是不受欢迎吗？

1.7 【与本章开始的导入案例有关】《华尔街日报》2010 年初的一篇文章中提到："一些小企业主说，如果他们可以得到一笔贷款，他们就可以扩展业务。"在过去的 35 年中，给小企业发放贷款已经成为商业银行业一项更为重要的特征还是不太重要的特征？简要解释。

资料来源：Michael R. Crittenden and Marshall Eckblad，"Lending Falls at Epic Pace," *Wall Street Journal*，February 24，2010.

1.8 【与第 284 页的**解决问题** 10.1 有关】下列科目来自 Rivendell 国民银行（RNB）的资产负债表（单位：百万美元）：

美国国库券	20
活期存款	40
抵押贷款支持证券	30
来自其他银行的贷款	5
工商业贷款	50
贴现贷款	5
NOW 账户	40
储蓄账户	10
在联邦储备的准备金存款	8
待收现金项目	5
市政债券	5
银行建筑物	4

a. 利用这些科目构造一个类似于表 10—1 的资产负债表，资产在资产负债表的左方，负债和银行资本在资产负债表的右方。

b. RNB 的资本占其资产的百分比是多少？

1.9 国会在 2010 年 7 月考虑让联邦政府为小银行设立一个"贷款基金"。美国财政部会把资金贷给银行。银行给小企业贷放的资金越多，财政部向银行收取的贷款利率越低。来自爱达荷州的国会议员被要求就该法案是否会对小企业有所帮助做出评论。下面是他的回应的一部分：

正在挣扎减记其商业房地产资产的银行，其资本受到冲击是不可避免的，这是以非常非常有利的条件提供重置资本。因此，这涉及资产负债表的左方……

a. 来自财政部的贷款会被计入银行资本的一部分吗？

b. 银行的资本是出现在银行资产负债表的左方吗？

资料来源：Robb Mandelbaum，"Can Government Help Small Businesses？" *New York Times*，July 29，2010.

10.2 商业银行的基本业务

描述商业银行的基本运作。

小结

银行通过匹配储蓄者和借款人来获取利润。为了说明银行业务，我们可以利用 T 账户，**T 账户**说明资产负债表项目的变化。要取得成功，银行必须做出谨慎的贷款和投资从而使其可以获得足够高的利率以抵补其成本并赚到利润。银行的**净利息收益率**是银行从其证券和贷款中收到的利率与其对存款和债务支付的利息之间的差额除以银行的资产总值。银行的税后利润除以资产的价值被称为**资产收益率**（ROA）。股东通常是根据银行的**股权收益率**（ROE）来评价银行经理的。ROE 等于 ROA 乘以银行资产与银行资本的比率。资产与资本的比率是**银行杠杆**的一种度量（其倒数——资本与资产的比率——被称为银行的**杠杆比率**）。杠杆是对投资者在做出一项投资时承担了多少债务的一种度量。

复习题

2.1 什么是 T 账户？利用 T 账户说明你在你的支票账户中存入 50 美元的通货对美洲银行资产负债表的影响。

2.2 什么是银行的净利息收益率？银行的净利息收益率与银行的资产收益率之间的关系是什么？

2.3 银行的资产收益率与银行的股权收益率之间的区别是什么？它们之间的关系是什么？

2.4 什么是银行杠杆？银行杠杆与银行的股权收益率之间的关系是什么？

2.5 为什么银行的经理们会希望银行是高度杠杆化的？为什么银行的股东们会希望银行不是高度杠杆化的？

问题和应用

2.6 假定美洲银行向 PNC 银行出售了 1 000 万美元的国库券。利用 T 账户说明这笔交易对每一家银行的资产负债表的影响。

2.7 假定莉娜在阳光信托银行有一个账户，她给乔斯开出一张 100 美元的支票，而乔斯在国民城市银行（National City Bank）有一个账户。利用 T 账户说明在支票清算之后每一家银行的资产负债表会受到怎样的影响。

2.8 假定 Guerneville 国民银行有 3 400 万美元的支票存款，联邦银行（Commonwealth Bank）有 4 700 万美元的支票存款，支票存款的法定准备金率是 10%。如果 Guerneville 国民银行有 400 万美元的准备金，联邦银行有 500 万美元的准备金，每一家银行各有多少超额准备金？现在，假定 Guerneville 国民银行的一位客户给一位房地产经纪人开出一张 100 万美元的支票，房地产经纪人将该支票存入联邦银行。在支票清算之后，每一家银行各有多少超额准备金？

2.9 【与第 287 页的**联系实际**有关】《华尔街日报》的一篇文章中提到，对一些小型社区银行倒闭的反应是：

> 联邦存款保险公司、联邦储备和其他的监管机构正在加强其对地方贷款人的例行检查……作为努力的一部分，监管部门正在要求银行进一步增强其资本和贷款损失准备金……

a. 提高贷款损失准备金会如何降低较小的银行的破产风险？

b. 如果一家银行提高了其贷款损失准备金，它会有更少的可贷资金吗？

资料来源：Emily Maltby, "Tightening the Credit Screws," *Wall Street Journal*, May 17, 2010.

2.10 假定银行资产的价值是 400 亿美元，其负债的价值是 360 亿美元。如果银行的 ROA＝2%，那么其 ROE 是多少？

2.11 假定第一国民银行有 2 000 亿美元的资产和 200 亿美元的股权资本。

a. 如果第一国民银行的 ROA 等于 2%，其 ROE 是多少？

b. 假定第一国民银行的股权资本下降到了 100 亿美元，而其资产和 ROA 不变。第一国民银行现在的 ROE 是多少？

2.12 《华尔街日报》上的一篇文章声称，加拿大皇家银行 2009 年第四季度的 ROE 是 14.5%，已经从 2008 年第四季度的 16.4% 下降了。虽然 ROE 出现了下降，但文章声称，该银行赚取的利润总额高于一年前的利润总额。对一家银行经历了上升的总利润和下降的 ROE 最可能的解释是什么？
资料来源：Tara Zachariah, "Royal Bank of Canada's Net Income Rises," *Wall Street Journal*, December 4, 2009.

2.13 假定你正在考虑投资于一家正在赚取比大部分其他银行都要高的 ROE 的银行。你获悉该银行有 3 亿美元的资本和 50 亿美元的资产。你会成为该银行的一位投资者吗？简要解释。

10.3 管理银行风险

解释如何管理银行风险。

小结

流动性风险指的是银行也许无法通过出售资产或以合理的成本筹集资金的可能性。银行利用资产管理和流动性管理战略来降低流动性风险。**信用风险**是借款人可能对其贷款违约的风险。银行降低其信用风险是通过（1）分散化；（2）信用风险分析，在信用风险分析中，银行的贷款官员们筛选贷款申请以排除潜在的不利风险并获得一组信誉高的借款人（从历史上看，企业的贷款利率是基于**银行优惠贷款利率**，或称**最低银行利率**，该利率是银行对高质量借款人六个月期的贷款收取的利率）；（3）**抵押品**，抵押品是抵押给银行以防借款人违约的资产；（4）**信贷配给**，在信贷配给中，银行同意借款人的贷款申请但限制贷款的规模，或者在当前的利率水平下完全拒绝向借款人发放任何数量的贷款；（5）监控和限制性条款；和（6）长期商业关系。**利率风险**是市场利率的变化会导致银行利润和银行资本波动的风险。银行可以利用**缺口分析**和**久期分析**度量其利率风险敞口。**缺口分析**考察银行可变利率资产的价值与其可变利率负债的价值之间的差额或者说缺口。**久期分析**度量银行资本对利率变化的脆弱程度。银行的久期缺口是银行资产的平均久期与银行负债的平均久期之间的差额。银行可以通过发放更多的可变利率贷款、达成利率互换协议或用期货和期权合约对冲等降低其利率风险敞口。

复习题

3.1 什么是流动性风险？银行如何管理流动性风险？

3.2 什么是信用风险？银行如何管理信用风险？

3.3 什么是利率风险？银行如何管理利率风险？

3.4 缺口分析与久期分析之间的区别是什么？缺口分析和久期分析的目的各是什么？

问题和应用

3.5 在 1933 年之前，不存在联邦存款保险。银行在那些年面临的流动性风险有可能是大于还是小于其现在面临的流动性风险？简要解释。

3.6 准备金要求的存在使得银行更容易对付银行挤兑吗？

3.7 简要解释你是否同意下列表述：

a. "预期利率在未来会上升的银行希望持有更多的利率敏感性资产和更少的利率敏感性负债。"

b. "预期利率会下跌的银行希望其资产的久期大于其负债的久期——一个正的久期缺口。"

c. "如果银行经理预期利率在未来会下跌，他应该提高银行负债的久期。"

3.8 一位女议员提出一份宣布银行的信贷配给为非法的法案。该法案要求每一位申请人均能得到一笔贷款，不管申请人不偿还贷款的风险有多高。她是这样为该法案辩护的：

在这个法案中完全不存在妨碍银行对它们的贷款收取任何它们愿意的利率，它们只是必须给每一位申请人发放一笔贷款。如果银行是精明的，它们会设定它们的利率，从而使得每一笔贷款的预期收益——在考虑到申请人对贷款违约的概率之后——都是相同的。

评价一下该女议员的论据以及该法案对银行体系可能的影响。

3.9　再看一下第 307 页的问题和应用 1.8。如果 RNB 的资产有 5 年的平均久期，其负债有 3 年的平均久期。RNB 的久期缺口是多少？

10.4　美国商业银行业的趋势

解释美国商业银行业的趋势。

小结

联邦特许银行被称为**国民银行**。美国拥有**双重银行体系**，在该体系下，银行可以由州政府或联邦政府特许。银行恐慌导致联邦储备系统在 1914 年的形成和联邦存款保险公司（FDIC）在 1934 年的建立。联邦存款保险公司一般是通过两种方式处理银行倒闭的：要么关闭银行并偿付存款人，要么购买并取得银行的控制权，同时寻找另一家愿意购买倒闭银行的银行。州政府对分支银行业务的限制和联邦政府对州际银行业务的限制的废止带来了银行业的合并和全国性银行的兴起。现在，美国 10 家最大的商业银行持有了将近一半的所有存款。在过去的 50 年中，银行已经扩展了其表外业务，包括：（1）备用信用证，在备用信用证中，银行承诺向借款人贷出资金以偿还到期的商业票据；（2）贷款承诺，在贷款承诺中，银行同意在某一指定的时间段内为借款人提供一定数量的资金；（3）贷款销售，贷款销售是银行同意将来自标的银行贷款的预期未来收益出售给第三方的金融合约；以及（4）交易业务，在交易业务中，银行通过在期货、期权和利率互换市场中的交易赚取费用。近年来，电子银行业务的重要性已经上升，包括在线执行所有银行业务交易的虚拟银行的扩展。2007—2009 年的金融危机导致国会通过了**不良资产救助计划**（TARP），在该计划下，美国财政部对商业银行投资了数千亿美元。

复习题

4.1　什么是州银行？什么是国民银行？为什么说美国拥有一个双重银行体系？

4.2　什么是联邦存款保险公司（FDIC）？为什么要建立 FDIC？

4.3　为什么美国的全国性银行业务出现得比其他国家相对要晚？

4.4　什么是表外业务？列举四种表外业务并简要解释它们是什么。

4.5　什么是电子银行业务？

4.6　什么是不良资产救助计划（TARP）？TARP 是何时以及为什么被创造的？

问题和应用

4.7　评价下面的表述："美国有超过 6 000 家银行，而加拿大只有少数几家。因此，美国银行业一定比加拿大银行业的竞争程度更高。"

4.8　【与第 301 页的**联系实际有关**】2010 年初，《华尔街日报》上的一篇文章描述了对小企业的"卖方融资"（vendor financing）的增加。在卖方融资下，小企业的供应商，或者说卖方，向该企业发放超过通常与该企业购买卖方的产品有关的短期融资。例如，一家女装生产商也许会向一家小型的专卖流行服装的商店发放一笔贷款。为什么小企业在 2010 年初会设法从卖方而不是从银行借款？小企业从卖方借款而不是从银行借款的有利之处和不利之处是什么？对发放贷款的卖方的有利之处和不利之处是什么？

资料来源：Emily Maltby, "Vendors Can Help Financing," *Wall Street Journal*, February 18, 2010.

4.9 【与第 299 页的**联系实际**有关】索马里的企业家已经设法利用移动电话完成了大量的银行业务活动。当完全依赖移动电话和网站时，存在某些难以完成的银行业务活动吗？

4.10 在不良资产救助计划下执行的资本购买计划（CPP）代表联邦政府试图提高银行的资本。为什么联邦政府会认为增加银行资本是重要的？银行资本不足的某些后果会是什么？

4.11 2009 年 9 月，富国银行暗示其希望还回在资本购买计划下收到的 250 亿美元。援引富国银行的首席执行官 John Stumpf 的话说："我们会还回……我们现在正在非常快地赚到资本……我们不希望稀释现有股东。"

a. 银行怎么能"赚到资本"？

b. 银行未能还回联邦政府在资本购买计划下的股票购买怎么会"稀释现有股东"？

资料来源：Zachery Kouwe, "Wells Fargo Signals It May Repay TARP Funds Soon," *New York Times*, September 1, 2009.

数据练习

D10.1 登录 federalreserve. gov，点击"Economic Research & Data"并选择左侧的"Statistical Release and Historical Data"。从这里前往"Bank Assets and Liabilities"下面列出的"Assets and Liabilities of Commercial Banks in the U. S."。考察商业银行从 2005 年到 2010 年的资产和负债。从 2005 年开始，房地产贷款的价值发生了哪些变化？这一变化与金融危机有何关联？

第 11 章　投资银行、共同基金、对冲基金和影子银行体系

学习目标

学完本章之后，你应该能够：

11.1　解释投资银行是如何运作的

11.2　区别共同基金和对冲基金并描述其在金融体系中的作用

11.3　解释养老基金和保险公司在金融体系中的作用

11.4　解释影子银行体系和系统风险之间的联系

什么时候银行不是银行呢？当它是影子银行时！

　　什么是对冲基金？商业银行和投资银行之间的区别又是什么？在 2007—2009 年的金融危机之初，大部分美国人恐怕无法回答这些问题。很多国会议员恐怕也是这样的。抵押贷款支持证券（MBSs）、抵押债务债券（CDOs）、信用违约互换（CDSs）以及在金融证券的新的字母组成集合中的其他名称大部分还是未知的。然而，在金融危机期间，商业银行在将资金从储蓄者引导至借款人中不再发挥主导作用却是显而易见的。相反，各类"非银行"金融机构获得了之前存入银行的资金，同时，它们也在利用这些资金来提供之前由银行提供的信贷。这些非银行金融机构正在使用即使在华尔街闯荡多年的老手通常都无法完全理解的新开发的金融证券。

　　在 2007 年堪萨斯城联邦储备银行的一次会议上，正好在金融危机爆发的前夕，太平

洋投资管理公司（Pacific Investment Management Company，PIMCO）的总裁保罗·麦考利发明了"影子银行体系"这一术语来描述非银行金融企业的全新作用。一年后，在蒂莫西·盖特纳在纽约经济俱乐部的一次演讲中使用了这一术语之后，这一术语变得众所周知。当时的盖特纳是纽约联邦储备银行的行长并在后来成为奥巴马政府的财政部长。

随着金融危机的恶化，三家大型金融企业——贝尔斯登、雷曼兄弟和美国国际集团（AIG）陷入风暴的中心。这些企业中的前两家是投资银行，第三家是保险公司。虽然很多商业银行也被卷入危机之中，但 2007—2009 年在美国历史上首次展现了严重的金融危机不是发端于商业银行体系。非银行金融机构存在的问题使得应对危机变得更为困难，因为决策和监管结构是基于商业银行是最为重要的金融企业这一假定。尤其是，在 1913 年设立了联邦储备系统来稳定和监管商业银行体系。决策者面临的关键问题是：联储在应对涉及很多非银行金融企业的金融危机时应该发挥什么作用及其能发挥什么作用？

第 336 页的政策透视讨论了影子银行体系的金融危机是否会导致金融危机。

资料来源：Timothy F. Geithner，"Reducing Systemic Risk in a Dynamic Financial System，" talk at The Economic Club of New York，June 9，2008；and Paul McCauley，"Discussions，" Federal Reserve Bank of Kansas City，*Housing，Housing Finance，and Monetary Policy*，2007，p. 485.

关键议题和问题

在第 1 章的结尾，我们指出，始于 2007 年的金融危机提出了关于金融体系的一系列重要问题。在回答这些问题的时候，我们将讨论金融体系的一些非常重要的方面。下面是本章的关键议题和问题：

议题：在 20 世纪 90 年代和 21 世纪头 10 年期间，银行体系之外的从贷款人到借款人的资金流动增加了。

问题：在 2007—2009 年的金融危机中，影子银行体系发挥了什么作用？

在第 335 页回答

在这一章，我们将集中描述组成影子银行体系的各种类型的企业。在下一章，我们将会看到金融危机通常是如何发展的并探究什么导致了 2007—2009 年的金融危机。我们也会看到决策者是如何仓促地采取政策来应对一场未曾预料到的金融危机的。

11.1 投资银行业务

当大多数人想到"华尔街"或"华尔街企业"时，他们想到的是投资银行。诸如高盛、美林和摩根大通之类的企业是人们从财经新闻中所熟知的名字。在 21 世纪头 10 年，投资银行的一些员工获得的令人难以置信的高收入鼓舞着很多大学生投身于华尔街。在这一节，我们讨论投资银行的基本原理及其是如何随着时间的推移而变迁的。

什么是投资银行？

商业银行业务的基础是接受存款和发放贷款。相比之下，投资银行业务主要涉及如下业务活动：

1. 提供关于新证券发行的建议；
2. 承销新证券的发行；
3. 为兼并和收购提供建议和融资；
4. 金融工程，包括风险管理；
5. 研究；
6. 自营交易。

前三项业务活动是投资银行业务的核心。后三项业务活动是近期才出现的。下面我们简要地考察每一种业务活动。

提供关于新证券发行的建议

微软公司擅长于生产软件，金宝汤公司（Campbell Soup）擅长于生产汤品，而可口可乐公司擅长于生产软饮料。然而，这些企业中没有一家擅长于掌握错综复杂的金融市场的来龙去脉和各种细节的。企业通常求助于投资银行来提供关于如何通过发行股票或债券或者通过获得贷款来融通资金的建议。投资银行拥有关于投资者当前对各类证券的购买意愿和投资者可能要求的价格的信息。企业自己收集这一信息会存在困难，然而，如果企业想要以低成本融资，这一信息就是必不可少的。

承销新证券的发行

投资银行家们获得收入的一种方式是通过**承销**（underwriting）企业的新股票或债券向公众的销售。在承销业务中，投资银行通常向发行企业保证一个价格，再以较高的价格在金融市场上或直接向投资者出售发行的证券，投资银行保有价格之间的差额，也就是我们所熟知的**价差**（spread）。通常，投资银行可以获得**首次公开募股**（initial public offerings，IPO）所筹集的美元数量的 6%～8%，IPO 表示企业首次向公众出售股票。投资银行通常可以获得**二次发行**（secondary offering）或称**增发**（seasoned offering）所筹集的美元数量的 2%～4%，二次发行表示之前出售过证券的企业的证券销售。为了获得价差，投资银行承担了无法以较高的价格再出售其承销的证券的风险。换言之，如果投资银行误判了市场状态，那么它可能不得不以其向发行企业保证的价格还要低的价格出售证券。

虽然单个的投资银行只能承销相对小规模的股票和债券发行，但是，被称为**辛迪加**（syndicate）的投资银行的联合可以承销大规模的发行。在联合销售中，领导投资银行担任经理并保留价差的一部分，剩余的价差在辛迪加成员和向公众销售证券的经纪企业之间分配。企业一旦选择了为其承销证券的投资银行，投资银行就要完成一个尽职调查过程（due diligence process），在这一过程中，投资银行研究企业的价值。接下来投资银行准备一份**招股说明书**（prospectus），招股说明书是证券交易委员会在允许企业向公众出售证券之前对每一家企业所要求的。招股说明书应该包括潜在的投资者认为与制定购买企业的股票或债券的决策有关的关于企业的所有信息，包括企业的盈利能力和净值，以及企业面临的风险，如悬而未决的法律诉讼等。接着，投资银行进行"路演"，包括对那些也许对购买证券有兴趣的机构投资者，如共同基金和养老基金的拜访。最后，投资银行为股票设定一个其估计会使得被销售证券的数量与投资者需求的数量相等的价格。

承销可以降低贷款人和借款人之间的信息成本，因为投资银行的声誉是发行企业的后盾。投资者通常对承销投资银行在尽职调查过程中已经收集了充分的关于发行企业的信息是有信心的，从而投资者可以在不招致过多风险的情况下购买企业的证券。在2007—2009年的金融危机期间，当投资银行承销的抵押贷款支持证券最终被证明是非常糟糕的投资时，这一投资者信心被动摇了。

为兼并和收购提供建议和融资

较大的企业通常通过收购其他企业或与其他企业合并来实现扩张。小企业也许会认为最快的扩张方式是被另一家企业收购。例如，2006年，在线视频企业YouTube因为缺乏金融资源来应付源于人们向其网站上传受版权保护的内容的法律问题而受到关注。此外，要扩张网站，YouTube的管理人员需要无法靠自己来开发的软件。在最终决定以16.5亿美元的价格将自己出售给谷歌公司之前，YouTube曾考虑被微软公司和雅虎公司收购。

投资银行在兼并和收购（merger and acquisition，M&A）活动中是非常活跃的。它们不仅为买方——"买方委托"——而且为卖方——"卖方委托"——提供建议。通常，投资银行主动接触有关潜在的购买、出售或合并的企业。在为一家寻求被收购的企业提供建议时，投资银行努力寻找一家愿意支付显著高于企业的**账面价值**（book value）的收购企业，账面价值是企业资产的价值减去企业负债的价值。投资银行可以估计企业的价值、引导谈判和准备收购投标。为了实现收购，收购企业也许需要通过发行股票或债券或者通过取得贷款来筹集资金。作为提供建议这一过程的一部分，投资银行帮助安排这一融资。对投资银行来说，为并购提供建议是特别有利可图的，因为不同于承销和大部分其他投资银行业务，投资银行并不需要投入其自有资本。其仅有的主要成本是参与到协议中的银行家的薪水。

金融工程，包括风险管理

投资银行在设计新的证券中发挥了重要的作用，这一过程也被称为**金融工程**（financial engineering）。金融工程通常涉及利用由拥有经济学、金融学和数学高级学位的人开发的复杂数学模型来开发新的金融证券或投资策略。这些人已经成为我们熟知的"火箭科学家"（rocket scientist）或"金融工程师"（quants）。衍生证券，如我们在第7章讨论过的那些证券，是金融工程的结果。正如我们在那一章所看到的，企业可以利用衍生品来**对冲**（hedge）或者说降低风险。例如，一家航空公司可以利用原油的期货合约来降低原油价格的大幅上涨会降低航空公司的利润的风险。正如大部分企业缺乏关于金融市场的知识来恰当地评估通过出售股票和债券的最佳融资方法，大部分企业也需要关于如何最佳地利用衍生品合约对冲风险的建议。投资银行通过为企业构建风险管理策略来提供这种知识以换取一笔服务费。

在金融危机期间和金融危机之后，一些政策制定者和经济学家指责投资银行，因为他们认为，投资银行曾从金融上设计了过于复杂且其风险难以测量的证券，尤其是那些基于抵押贷款的证券。这些新证券的大部分并不是很适合对冲风险。显然，很多商业银行和投资银行的高级经理并没有完全理解他们正在购买、出售和推荐给客户的最近创造出来的衍生产品，包括抵押债务债券（CDO）和信用违约互换合约（CDS）。这些经理明显低估了在房地产价格下跌和人们开始对其抵押贷款违约的情况下这些衍生品的价格会下跌的风险。投资银行的经理通常依靠穆迪、标准普尔和惠誉这些信用评级机构赋予证券的高评级。正如最终所证明的，评级机构的分析师对一些这类证券也是不理解的，且未能准确地度量其风险。

研究

投资银行开展几种类型的研究。投资银行指派研究分析师负责个别大型企业（如苹果公司或通用电气等）或行业（如汽车行业或石油行业等）的研究。这些分析师收集关于企业的公开可得信息，有时候还要拜访和调研企业，并与企业的经理人员进行面谈。投资银行利用收集到的一些研究资料为客户寻找合并或收购的对象，投资银行还通过财经媒体公开一些研究资料作为"研究说明"。研究分析师通常为投资者提供"买入"、"卖出"或"持有"特定股票的建议。近年来，一些分析师开始对他们推荐的股票使用 overweight 这一术语，对他们不推荐的股票使用 underweight 这一术语。大型投资银行中的高级分析师的观点对市场有显著的影响。例如，来自一位高级分析师的一份研究说明对一家企业出乎预料的负面评价会导致该企业的股票价格下跌。

一些分析师专门提供关于金融市场的当前状态的意见，有时候在市场的交易时间实时地提供意见。这些意见可以为投资银行的**交易台**（trading desk）提供有用的信息，交易台是交易员买卖证券的地方。分析师还从事经济研究，撰写关于经济趋势的报告，并提供对宏观经济变量的预测，如国内生产总值、通货膨胀率、就业和各种利率。William Dudley，现在的纽约联邦储备银行行长，拥有加州大学伯克利分校的经济学博士（Ph. D. in economics）学位，曾在高盛公司担任多年的经济研究主管。

自营交易

两项核心的投资银行业务是，为新证券的发行提供咨询并承销新证券的发行以及为并购提供咨询。传统上，从事证券、商业房地产或其他资产的投资是大多数投资银行业务中的一个次要部分。然而，自 20 世纪 90 年代开始，**自营交易**（proprietary trading），或者说，为银行自己的账户而不是客户买卖证券，成为投资银行业务的主要部分以及很多投资银行的重要利润来源。

自营交易将银行暴露于**利率风险**（interest-rate risk）和**信用风险**（credit risk）。如果投资银行持有长期证券，如美国国库债券或很多抵押贷款支持证券，银行被暴露于会导致其长期证券的价格下跌的市场利率上升的风险。然而，在金融危机期间，信用风险是投资银行面临的来自自营交易的最重要的风险是显而易见的。**信用风险**（credit risk）是借款人可能对其贷款违约的风险。抵押贷款支持证券的信用风险——尤其是那些由次级或次优级抵押贷款组成的抵押贷款支持证券——比投资银行或信用评级机构预期的要高得多。在 21 世纪头 10 年中期，投资银行发起了数千亿美元的抵押贷款支持证券。投资银行在承销过程中保留了部分这类证券，还因为它们认为这些证券会是好的投资。

2007 年初，很多这类证券的市场价格开始下跌，到 2008 年，这些证券的市场已经失灵或冻结，使其难以出售。结果是投资银行的巨大损失以及最终的行业重组。投资银行在金融危机期间面临的问题被恶化，因为投资银行曾经利用大量的借入资金来融通其自营交易。利用借入资金提高了杠杆，这又增加了风险，正如我们在下一节将要进一步讨论的。

投资银行的"回购协议融资"和杠杆的上升

商业银行主要通过存款融通其投资。投资银行不吸收存款，因此，它们必须以其他方式融通其投资。一种资金来源是投资银行的资本，资本包括来自股东的资金加上银行在过去的年份里曾经保留的利润。另一种资金来源是短期借款。在 20 世纪 90 年代之前，大部分的投资银行都是以合伙制的形式组建的，它们从事相对很少的自营交易，相反，其业务集中在承销以及为并购提供咨询这样的传统投资银行业务上。投资银行主要通过合伙人的资本或者说股权来融通这些业务活动。然而，在 20 世纪 90 年代和 21 世纪头 10年，大部分大型投资银行都从合伙制转变为上市公司，而自营交易变为一项更为重要的利润来源。

投资银行借款来融通其在证券上的投资及其对企业的直接贷款，包括商业房地产开发商的抵押贷款。通过借款而不是使用资本或者说股权来融通投资提高了投资银行的**杠杆**（leverage）。在投资中利用杠杆是一把双刃剑：来自投资的利润增加了，但损失也上升了。正如我们在第 10 章所看到的，银行资产与其资本的比率是银行的**杠杆比率**（leverage ratio）。由于银行的**股权收益率**（return on equity，ROE）等于其**资产收益率**（return on assets，ROA）乘以其杠杆比率，因此，杠杆比率越高，对于给定的 ROA，ROE 也越高。但是，不管 ROA 是正的还是负的，这一关系都是成立的。

❓ 解决问题 11.1：杠杆的危险

假定一家投资银行正在买入 10 000 000 美元的长期抵押贷款支持证券。考虑该银行可以融通其投资的三种可能的方法：

1. 该银行完全用其股权为投资融资。
2. 该银行通过借入 7 500 000 美元并使用 2 500 000 美元的股权为投资融资。
3. 该银行通过借入 9 500 000 美元并使用 500 000 美元的股权为投资融资。

a. 计算这三种融通投资的方法中的每一种的银行杠杆比率。

b. 对这些融通投资的方法中的每一种，计算银行获得的股权投资收益率，假定：

i. 在买入抵押贷款支持证券之后的一年里，其价值上升了 5%。

ii. 在买入抵押贷款支持证券之后的一年里，其价值下降了 5%。

为简单起见，**忽略**银行从证券上获得的利息、银行对其借入以融通证券购买的资金所支付的利息，以及银行必须支付的任何税收。

解决问题

第一步　复习本章的内容。这一问题是关于杠杆和风险的互动的，因此，你也许需要复习"投资银行的'回购协议融资'和杠杆的上升"这一小节。

第二步 通过计算每一种融通投资的方法的杠杆比率来回答（a）部分的问题。杠杆比率等于资产的价值除以股权的价值。在此案例中，资产的价值是不变的10 000 000美元，但银行是通过三种不同的融通其投资的方法投资不同数量的自有资金——不同数量的股权。如果银行利用融资方法1，银行使用了10 000 000美元的自有资金；如果银行利用融资方法2，银行使用了2 500 000美元的自有资金；如果银行利用融资方法3，银行使用了500 000美元的自有资金。因此，其杠杆比率分别是：

1. $\dfrac{\$10\,000\,000}{\$10\,000\,000}=1$

2. $\dfrac{\$10\,000\,000}{\$2\,500\,000}=4$

3. $\dfrac{\$10\,000\,000}{\$500\,000}=20$

第三步 通过计算三种融通投资的方法中的每一种的银行股权投资收益率回答问题（b）的第一部分。在每一种情况下，银行从抵押贷款支持证券的价格上涨中得到500 000美元的收益。由于银行在三种融资方法下投资的股权数量各不相同，因此，银行的收益率也是各不相同的：

1. $\dfrac{\$500\,000}{\$10\,000\,000}=0.05$，或5%

2. $\dfrac{\$500\,000}{\$2\,500\,000}=0.20$，或20%

3. $\dfrac{\$500\,000}{\$500\,000}=1.00$，或100%

第四步 通过计算三种融通投资的方法中的每一种的收益率，回答问题（b）的第二部分。在此案例中，银行从抵押贷款支持证券的价格下跌中遭受500 000美元的损失。因此，银行的收益率是：

1. $\dfrac{-\$500\,000}{\$10\,000\,000}=-0.05$，或-5%

2. $\dfrac{-\$500\,000}{\$2\,500\,000}=-0.20$，或-20%

3. $\dfrac{-\$500\,000}{\$500\,000}=-1.00$，或-100%

这些结果表明，银行投资的杠杆越大——即银行越是依靠借款而不是投资其自有股权——潜在的利润就越高，且潜在的损失也越高。正如我们将看到的，即使这一问题中最高的杠杆比率——20——也显著地低于大型投资银行在金融危机之前的几年里的杠杆比率。

为了进行更多的练习，做一下第339页本章末的问题和应用1.11。

正如我们在第12章将要讨论的，联邦银行监管对商业银行杠杆比率的大小施加了限制。然而，这些监管措施并不适用于投资银行。其结果是，在21世纪头10年，由于投资银行提高了其用借入资金融通的投资，其杠杆比率上升到显著高于大型商业银行的杠杆比率。图11—1（a）说明了在2007年金融危机开始的时候五家大型商业银行和五家大型投资银行的杠杆比率。作为一个整体，投资银行相比商业银行显然是更加高度杠杆化的。正如我们在下一节将要讨论的，到2008年末，高盛和摩根士丹利是仅有的两家保持独立的大型投资银行。如图11—1（b）所示，在2008年和2009年，高盛和摩根士丹利将其杠杆比率降低到了与商业银行更为一致的水平。这一降低杠杆的过程被称为**去杠杆化**（deleveraging）。

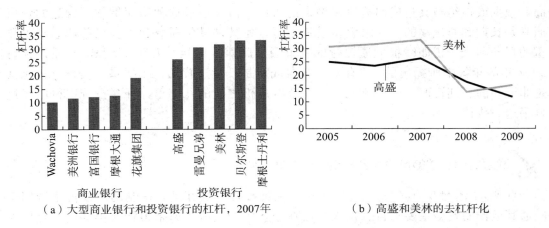

（a）大型商业银行和投资银行的杠杆，2007年　　　　（b）高盛和美林的去杠杆化

图11—1　投资银行的杠杆

图（a）表明，在2007年金融危机开始的时候，大型投资银行比大型商业银行更为高度杠杆化。图（b）表明，在2008年和2009年，高盛公司和美林证券降低了其杠杆比率，或者说去杠杆化了。

资料来源：公司年度报告和年度资产负债表，见 wsj.com。

除了高度杠杆化之外，由于其融通投资的方式，投资银行在金融危机时期易于受到影响。投资银行主要通过发行商业票据或利用**回购协议**（repurchase agreement，或 repo）来借入资金。回购协议是由抵押品支持的短期贷款。例如，一家投资银行可以通过向另一家银行或一家养老基金出售国库券借入资金，与此同时，投资银行同意以略高的价格在第二天或几天内购回国库券。出售时的国库券价格与回购时的国库券价格之间的差额表示贷款的利息。到21世纪头10年中期，投资银行已经开始严重依赖这种"回购协议融资"[①]。

商业票据和回购协议融资都代表了短期贷款。如果筹集到的资金被用于投资抵押贷款支持证券或向比方说商业房地产开发商发放长期贷款，那么投资银行就面临**期限错配**（maturity mismatch），因为其负债的到期日——商业票据或回购协议——短于其资产的到期日——抵押贷款支持证券或贷款。正如我们在第10章所看到的，当其利用短期存款来发放长期贷款时，商业银行通常面临期限错配。期限错配使得商业银行易于受到银行挤兑的影响，在银行挤兑时，存款人想要提取他们的资金但却不能，因为银行已经将大

[①]　雷曼兄弟投资银行在2008年破产。法院任命的一位破产检察官在2010年发布的一份报告中指出，为了降低其资产负债表上报告的资产和债务，该投资银行正如通常所做的那样，将其部分回购协议解释为销售而不是贷款，从而降低了该银行向投资者所呈现出的杠杆化程度。

部分资金投资在非流动的贷款上了。在国会于 1934 年创建联邦存款保险公司之后，银行挤兑在美国已经非常罕见。

但是，购买投资银行的商业票据或与投资银行开展回购协议融资的贷款人并不享有联邦担保。如果一家投资银行倒闭了，贷款人会遭受重大损失，除非贷款是以价值不会下跌的资产做抵押的。这一**交易对手风险**（counterparty risk），或者说，一项金融交易的另一方不履行其义务的风险，在 2007—2009 年的金融危机中发挥了重要的作用。由于投资银行在抵押贷款支持证券上遭受了沉重的损失，贷款人拒绝购买它们的商业票据或拒绝与其达成回购协议融资的协议。由于通过这种短期借款所融通的资产通常是长期和非流动的，几家大型投资银行，尤其是贝尔斯登和雷曼兄弟，遇到了严重的财务困难。正如摩根大通银行的董事会主席兼首席执行官 Jamie Dimon 在该银行 2007 年的年报中所提出的："有一条金融戒律是不能违背的：不要借短贷长——尤其是非流动的长期资产。"[1] 不幸的是，在金融危机之前的几年里，许多投资银行已经违背了这一戒律。

✔ 联系实际：道德风险导致投资银行出轨了吗？

直到 20 世纪 80 年代初之前，所有的大型投资银行都是合伙制的。投资银行用于融通其运作的资金主要来自合伙人自己在企业中的股权。如果银行获得利润，合伙人分享这些利润；如果银行遭受损失，也是合伙人分担这些损失。财经作家 Roger Lowenstein 曾描述过所罗门兄弟投资银行在 20 世纪 70 年代末的情形，由于合伙人对一项表现不好的投资表示担心："企业的资本性账户经常受到侵蚀，导致一位叫做 Alan Fine 的合伙人退出，每天下午，合伙人都会紧张地关注他们会损失多少。"1981 年，通过从合伙制转变为公司制，所罗门兄弟是第一家"上市"的大型投资银行。到金融危机的时候，所有的大型投资银行都变成了上市公司。正如我们在第 9 章指出的，在公司制下，所有权和控制权是分离的，因为虽然股东拥有企业，但高层管理人员实际控制企业。有关的道德风险会导致委托—代理问题，因为高层经理们也许会采取不符合股东最大利益的行动。

减轻道德风险的一种方法是股东监控高层经理的行为。但是，由于投资银行在 21 世纪初开始离开传统业务，如承销和为并购提供咨询，并转向复杂金融证券的交易，如 CDOs 和 CDS 合约，股东和董事会并不理解这些业务或其风险，因而无法有效地监控企业的经理们。一些评论家和政策制定者认为，其结果是，通过提高杠杆和购买最终被证明是高风险的抵押贷款支持证券，投资银行在房地产繁荣时期承担了更多的风险。他们这样做是因为，只要他们还保持企业是合伙制的，高层经理就不必承担重大损失的后果。迈克尔·刘易斯曾作为债券销售人员为所罗门兄弟工作数年，后来成为一名财经作家，他认为：

没有哪家由其雇员拥有的投资银行会把杠杆比率提高到 35 比 1，或购买和持有 500

---

[1] James Dimon，"Letter to Shareholder，"March 10，2008，in J. P. Morgan Chase's Annual Report，2007，p. 12.

亿美元的中间层（mezzanine）CDO。我不信会有哪家合伙制企业会寻求与评级机构博弈……或者甚至允许将中间层CDO出售给其客户。对短期利益的追求不会符合长期利益。

其他的评论家对这一论断表示怀疑。很多投资银行的高层经理在金融危机中也遭受了重大损失，这表明，道德风险问题也许并没有那么严重。两家最为高度杠杆化的投资银行是贝尔斯登和雷曼兄弟，在其价值开始下跌时，两家投资银行仍然持有价值数十亿美元的CDOs，强大的传统导致大部分经理人拥有大量的公司股票。随着这些公司的股票在金融危机期间失去其大部分的价值，很多企业的经理人的个人财富也缩水了。雷曼兄弟破产时的董事会主席和首席执行官 Richard Fuld 从其拥有的雷曼兄弟股票的价值下跌中遭受了大约9.3亿美元的损失。

关于为什么投资银行在金融危机之前的几年里变得高度杠杆化并承担了更多的风险的争论很可能还会继续下去。

资料来源：Michael Lewis，"The End," *Portfolio*，December 2008；Roger Lowenstein，*When Genius Failed: The Rise and Fall of Long-Term Capital Management*，New York：Random House，2000，p. 4；and Aaron Lucchetti，"Lehman，Bear Executives Cashed Out Big," *Wall Street Journal*，November 22，2009.

通过做第339页本章末的问题和应用 1.12 来检查一下你的理解。

投资银行

在20世纪30年代的大萧条之前，联邦政府允许金融企业同时开展商业银行业务和投资银行业务。大萧条自1929年开始并包括一场牵涉到股票价格崩盘和超过9 000家银行倒闭的金融恐慌。作为旨在重组金融体系的一系列法律的一部分，国会于1933年通过了**《格拉斯-斯蒂格尔法》**（Glass-Steagall Act）来从法律上将投资银行业务与商业银行业务分离开来。国会将投资银行业务视为与生俱来地比商业银行业务风险更高。1929年的股票市场大崩盘导致了来自承销业务的巨大损失，因为投资银行被迫按照比它们向发行企业保证的价格要低的价格出售证券。《格拉斯-斯蒂格尔法》还包括关于联邦存款保险体系的规定。国会中的大多数认为，如果联邦政府打算为存款提供保险，它就不应该允许银行利用存款来从事被其视为高风险的投资银行业务。

在《格拉斯-斯蒂格尔法》通过之后，很多较大的银行必须分成独立的商业银行和投资银行。例如，当时的一家商业银行 J. P. 摩根分离出一家投资银行摩根士丹利，波士顿第一国民银行分离出第一波士顿公司，而第一波士顿公司成为一家独立的投资银行。随着几十年的过去以及银行业在20世纪30年代初的无序状态从记忆中淡去，经济学家和政策制定者开始重新思考《格拉斯-斯蒂格尔法》的逻辑依据。理论上，制定《格拉斯-斯蒂格尔法》是为了保护在商业银行有存款的人们免于银行的高风险投资业务。然而，实际上，一些经济学家认为，该法案却保护了投资银行业免于竞争，这使其可以比商业银行业赚取更多的利润。因此，与允许来自商业银行的竞争相比，企业为发行证券被迫支付得更多。到20世纪90年代的时候，国会中的观点逐渐转向废除《格拉斯-斯蒂格尔法》。最终，《格莱姆-里奇-布雷利法》（Gramm-Leach-Bliley Act）（或称《金融服务现代化法》（Financial Service Modernization Act））在 1999 年取代了《格拉斯-斯蒂格尔法》。《格莱姆-里奇-布雷利法》批准新的金融持股公司，允许证券和保险企业拥有商业银行。该法案还允许商业银行参与证券、保险和房地产业务。在 2007—2009 年的金融危机期间，一些经济学家和政策制定者认为，《格拉斯-斯蒂格尔法》的废除是一个错误。他们认为，正如在 20 世纪 30 年代，高风险的投资银行业务曾伤害了商业银行并将政府保险的存款置于危险之中。

在废除《格拉斯-斯蒂格尔法》之后，投资银行业经历了显著的变化。最大的投资银行，众所周知的"华尔街投资银行领导集团"，分为两种类型：诸如 J. P. 摩根、花旗集团和瑞士信贷之类的一些投资银行是拥有广泛的商业银行业务的较大的企业的一部分。诸如高盛、摩根士丹利、雷曼兄弟、贝尔斯登和美林证券之类的其他投资银行是并不从事重要的商业银行业务的独立投资银行。诸如美洲银行、UBS、Wachovia 和德意志银行之类的大型商业银行也有附属投资银行部门。最后，较小的或区域性投资银行，即我们熟知的"精品投资银行"，如黑石集团、Piper Jaffray、Lazard、Raymond James 和 Perella Weinberg，在行业中也发挥着重要的作用。

所有的投资银行都到哪里去了？

2007—2009 年的金融危机对投资银行业产生了深远的影响。随着抵押贷款支持证券价格的暴跌，持有大量的这类证券的企业遭受了沉重的损失。独立投资银行难以渡过危机，部分由于它们依赖于来自机构投资者和其他金融企业的短期借款来融通其长期投资。随着危机的深化，借入短期资金变得困难，这些企业通常以非常低的价格被迫出售资产。此外，由于它们不是商业银行，它们不能通过取得贴现贷款从联储借款来应付暂时的流动性问题。2008 年 3 月，贝尔斯登处于破产的边缘并将自己以非常低的价格出售给了摩根大通银行。其后不久，美林证券将自己出售给了美国银行。10 月，唯一剩下的两家大型独立投资银行高盛和摩根士丹利向联邦储备申请允许它们成为**金融持股公司**（financial holding company），金融持股公司受联邦储备的监管，通过其分支行而符合贴现贷款的条件。作为金融持股公司，高盛和摩根士丹利不仅可以从联储借款，而且，随着国会于 2018 年 10 月通过"不良资产救助计划"，它们还符合美国财政部购买其股票的资本注入的条件。

一些评论家将金融危机对投资银行的影响贴上了"华尔街的终结"的标签，因为大型独立投资银行长期以来一直被视为股票和债券市场中最为重要的金融企业。表 11—1 说明了 11 家大型投资银行在过去 25 年中的命运。虽然行业的结构已经改变，但投资银行业务——承销、为并购提供咨询等等——继续存在于金融持股公司的分支机构、商业银行的附属部门和精品化的投资银行。

表 11—1	华尔街的终结？大型投资银行的命运	
投资银行	命运	年份
第一波士顿（First Boston）	被瑞士信贷（Credit Suisse）收购	1988
所罗门兄弟（Salomon Brothers）	被旅行者（Travelers）收购	1997

续前表

投资银行	命运	年份
Donaldson，Lufkin，& Jenrette	被瑞士信贷收购	2000
PaineWebber	被 UBS 收购	2000
摩根（J. P. Morgan）	被大通银行（Chase）收购	2000
A. G. Edwards	被 Wachovia 收购	2007
贝尔斯登（Bear Stearns）	被摩根大通（J. P. Morgan Chase）收购	2008
高盛（Goldman Sachs）	成为一家金融持股公司	2008
雷曼兄弟（Lehman Brothers）	倒闭	2008
美林（Merrill Lynch）	被美国银行收购	2008
摩根士丹利（Morgan Stanley）	成为一家金融持股公司	2008

瑞士信贷是一家总部位于瑞士苏黎世的银行；旅行者是一家总部位于康涅狄格州哈特福德的保险公司；UBS（最初的瑞士联合银行）是一家总部位于瑞士苏黎世的银行；大通银行是总部位于纽约市的大通曼哈顿银行（Chase Manhattan Bank），现在则被命名为摩根大通银行；Wachovia 是一家总部位于北卡罗来纳州夏洛特的银行，后来与富国银行（Wells Fargo Bank）合并。

资料来源：Tabular adaptation of p. 80 ("The End of the Line") from *The Wall Street Guide to the End of the Wall Street as We Know It* by Dave Kansas. Copyright © 2009 by The Wall Street Journal. Reprinted by permission of HarperCollins Publishers.

 联系实际：那么，你想成为一名投资银行家吗？

在过去的 20 年中，投资银行业一直是世界上回报最丰厚的职业之一。诸如高盛、摩根士丹利和 J. P. 摩根之类的投资银行的高级管理人员近年来已经赚取了数千万美元的薪水和奖金。这一薪水一直备受争议。一些政治评论家认为，来自承销和为并购提供咨询的经济贡献并不值这些管理人员所获得的报酬。一些评论家悲叹，高报酬正在引诱美国太多"最优秀、最聪明"的人进入投资银行业，并远离被他们视为产业中更有生产性的部门、科学以及诸如法律、医学和教育之类的职业。对投资银行高层经理的批评随着金融危机的爆发增加了，一些政策制定者和经济学家认为，投资银行通过推动抵押贷款支持证券的发展而成为金融危机的帮凶。正如我们已经看到的，在金融危机之后，没有一家较大的投资银行作为只从事投资银行业的独立企业而存活下来。

但是，投资银行业务还在继续。商业银行的投资银行部门在承销和为并购提供咨询方面依然非常活跃。很多精品化投资银行和区域性投资银行继续在发展，虽然高盛公司和摩根士丹利现在从技术上说是金融持股公司，但其运作基本上与金融危机之前是一样的。高盛在 2007 年曾获利 176 亿美元，但在 2008 年金融危机最严重的时期亏损 13 亿美元，而在 2009 年又再次获利 198 亿美元。高盛公司的首席执行官 Lloyd Blankfein 在 2009 年获得 960 万美元的薪水和奖金（实际上远低于其在 2007 年获得的 6 860 万美元），

2009 年高盛公司 38 500 名雇员的平均薪水和奖金是 49.8 万美元。因此，对很多刚刚毕业的大学生来说，投资银行的职位仍然是非常有吸引力的，即使可得职位数量自 2007 年以来已经显著减少。

投资银行聘用的刚刚毕业的大学生有时候会接受所谓的"内勤"岗位，在这一岗位上，他们为企业的运作提供行政或技术支持。投资银行业特有的入门级岗位通常被称为分析师（analyst）。这些岗位因为每周需要工作 80 个小时或更多而闻名。分析师的日常职责包括研究行业和企业、向投资银行的客户做介绍、为 IPO 过程提供必要的帮助、起草财务证明文件以及参与到并购的"交易团队"。投资银行通常对其分析师有一种"上去或出去"的方法：在 2～4 年后，投资银行要么把分析师提拔到高级分析师的岗位，要么要求他或她离开公司。拥有 MBA 学位而不是大学本科学位的新雇员，有时候会直接被聘为高级分析师。在投资银行职位阶梯中的较高级的岗位通常被赋予副总裁、董事和执行董事的头衔。

国会在 2010 年的《多德-弗兰克华尔街改革和消费者保护法案》中制定的金融监管变化潜在地降低了投资银行家们获得的报酬。这些变化是否也会降低投资银行业对很多年轻大学生的吸引力仍然有待观察。

资料来源：Salaries, employment data, and profits at Goldman Sachs from Graham Bowley and Eric Dash, "Some See Restraint in Goldman Chief Bonus," *New York Times*, February 5, 2010; and "Key Facts" and "Annual Earnings" for Goldman Sachs Group, Inc., on wsj. com.

通过做第 340 页本章末的问题和应用 1.13 来检查一下你的理解。

11.2　投资机构：共同基金、对冲基金和金融公司

投资银行并不是唯一重要的非银行金融企业。**投资机构**（investment institution）是筹集资金来投资于贷款和证券的金融企业。最重要的投资机构是共同基金、对冲基金和金融公司。特别是，共同基金和对冲基金已经开始在金融体系中发挥日益重要的作用。

共同基金

共同基金（mutual fund）是让储蓄者得以购买包括股票、债券、抵押贷款和货币市场证券在内的金融资产组合的份额的金融中介。共同基金为储蓄者提供降低交易成本的好处。与其个别地购买很多股票、债券或其他的金融资产——每一项都有其自身的交易成本——储蓄者可以通过以一次交易的方式买入基金而购买这些资产一定比例的份额。共同基金通过提供分散化的资产组合而带来风险分担的好处以及流动性的好处，因为储蓄者可以很容易地卖出份额。此外，管理基金的公司——例如，Fidelity 和 Vanguard——擅长收集关于不同投资的信息。

美国的共同基金行业可以追溯到 1924 年组建的马萨诸塞投资者信托公司（由马萨诸塞州金融服务公司管理）。基金的上市因其为退休储蓄实现了分散化的投资组合而突出了

共同基金的有用性。在 1924 年的稍后，State Street 投资公司被组建。1925 年，Putnam 管理公司引入了公司制的投资基金。这三家投资管理者仍然是共同基金行业的主要参与者。

共同基金的类型

共同基金以封闭式或开放式的形式运作。在**封闭式共同基金**（closed-end mutual fund）中，共同基金公司发行固定数量的不可赎回的份额，随后，投资可以在场外市场交易这些份额，正如股票的交易一样。份额的价格随着基金中资产的市场价值的波动而波动——通常被称为净资产价值，或 NAV。由于基金管理质量或份额流动性的差异，基金份额也许会以相对于基金中的资产的市场价值折价或溢价的形式出售。更常见的是**开放式共同基金**（open-end mutual fund），开放式共同基金发行投资者在每天市场收盘之后可以赎回的份额，赎回价格取决于基金中的资产价值。

在过去的 15 年中，**交易所交易基金**（exchange-traded funds，ETFs）已经变得广为流行。ETFs 类似于封闭式共同基金，因为它们像股票一样是在一天里连续交易的。然而，ETFs 与封闭式共同基金的不同之处在于，其市场价格紧密跟随基金中的资产的价格。不像封闭式基金，ETFs 并不是积极管理的，这意味着其持有基金经理并不改变的固定的资产组合。（然而，一些积极管理的 ETFs 正在开始出现。）购买超过一定数量的 ETFs 份额的大型机构投资者拥有将这些份额兑换为基金中的资产的权利。例如，Vanguard 大盘股 ETFs 包含 751 种股票。如果标的股票的价格高于 ETFs 的价格，机构投资者可以通过将 ETFs 兑换为标的股票而获得套利利润。类似地，如果 ETFs 的价格高于标的资产的价格，那么就没有机构投资者会购买 ETFs。由于套利保持 ETFs 的价格非常接近于标的资产的价格，小的投资者可以将其作为一种购买分散化资产组合的便宜的方法。

很多共同基金被称为以资产净值出售的基金（no-load fund），因为它们不收取买方的佣金，或者说"load"。共同基金公司在以资产净值出售的基金上通过收取运营基金的管理费而获得收入——通常是基金资产价值的大约 5%。一种被称为重负基金（load fund）的可供选择的基金同时对买入和卖出份额向买家收取佣金。

投资于股票或债券的共同基金是最大的共同基金类别。诸如 Fidelity、Vanguard 和 T. Rowe Price 之类的大型共同基金公司提供很多股票和债券基金。一些基金持有范围很大的股票或债券，其他的基金专门投资特定行业或部门发行的证券，还有一些其他基金作为指数基金（index fund）投资于一篮子稳定市场的证券，例如标准普尔 500 股票指数中的股票。大型对冲基金公司还提供专门投资外国企业的股票和债券的基金，这为小投资者参与外国金融市场提供了一种便捷的方法。

货币市场共同基金

共同基金中最大的增长是**货币市场共同基金**（money market mutual fund），货币市场共同基金持有高质量的短期资产，如国库券、可转让存单和商业票据。大部分的货币市场共同基金允许储蓄者就其账户签发支票，支票金额要大于规定的金额，比方说 500 美元。货币市场共同基金在小投资者中作为对银行支票和储蓄账户的一种替代已经变得非常流行，银行的支票和储蓄账户通常支付较低的利率。

从 20 世纪 80 年代开始，货币市场共同基金在与商业银行竞争大型企业的短期信贷业务上开始取得成功。企业向基金出售商业票据而不是从银行获得贷款。企业在票据上支付的利率低于银行对贷款收取的利率，但高于货币市场共同基金投资国库券会收到的利率。基金购买商业票据而不是国库券承担了更大的信用风险，但风险被最小化了，因为到期日很短——通常小于 90 天——而且商业票据获得了来自信用评级机构的高评级。到 21 世纪头 10 年的时候，包括投资银行在内的很多金融企业也开始依靠出售商业票据来融通其短期信贷需要。正如我们刚才已经看到的，一些投资银行承担了依靠商业票据为长期投资融资的风险。

2007—2009 年的金融危机表明，市场参与者曾低估了源于商业票据的大量使用的两种风险来源。首先，利用商业票据来为其运营融资的企业，面临着在其现有的商业票据到期时难以出售新的商业票据的风险。这一**展期风险**（rollover risk）会导致企业匆忙寻找替代的信贷来源。其次，货币市场共同基金和其他的商业票据买家面临着它们获得的比国库券稍高的利率并不足以补偿其承担的信用风险的可能性。

由于货币市场共同基金中的资产不仅是短期的，而且可以认为是高质量的，基金保持其净资产价值（NAVs）稳定在 1 美元。否则将基金的净资产价值压低到 1 美元之下的日常的小的价格下降会被基金所吸收，因为基金经理知道，他们会在一个短暂的时段后获得其投资的面值。因此，与其他类型的共同基金不同，买家不必担心本金的损失——差不多大部分的投资者在金融危机之前都是这么想的。令大部分投资者感到震惊的是，Reserve 基金在 2008 年 9 月宣布其 Primary 基金，一家广为人知的货币市场基金，在雷曼兄弟宣布破产并对其商业票据违约的时候损失了如此多的资金，以至于 Reserve 基金不得不"跌破面值"。跌破面值意味着 Reserve 基金将允许基金的净资产价值下降到 0.97 美元，对基金的投资者来说，这意味着 3% 的本金损失。此外，Reserve 基金宣布其延迟允许投资者赎回其份额或对其开支票。一家著名基金的投资者已经遭受到本金损失且无法赎回其份额这一事实导致从其他货币市场基金的大量撤资。这些从货币市场基金恐慌性的撤资导致美国财政部宣布其将担保货币市场基金的持有免于损失，从而确保了其他货币市场基金不会被迫跌破面值。虽然财政部的担保延缓了从货币市场共同基金的撤资，但基金大幅削减了其对商业票据的购买。由于货币市场基金占到了商业票据市场如此大的比例，而且由于很多企业已经变得严重依赖出售商业票据来融通其运作，其对金融体系的负面影响是非常严重的。2008 年 10 月，联邦储备自 20 世纪 30 年代的大萧条以来首次通过直接购买商业票据介入来稳定市场。联储的行动帮助恢复了依赖于商业票据的企业的资金流动。

对冲基金

对冲基金类似于共同基金，因为它们也是利用从储蓄者集中而来的资金进行投资。然而，共同基金和对冲基金之间存在若干区别。对冲基金通常被组织为由 99 个投资者或更少的投资者组成的合伙制企业，所有的投资者要么是富有的个人，要么是机构投资者，如养老基金。由于对冲基金是由相对少数的富有的投资者组成的，因此它们基本上是不受监管的。不受监管使得对冲基金可以进行共同基金无法进行的高风险投资。

对冲基金经常做空（short）其认为价格会下跌的证券，做空的意思是它们从证券商借入证券并在市场上将证券出售，并计划在证券价格下跌之后将其购回。早期的对冲基金的一个典型的交易策略是：将一个证券上的空头与该证券的期货合约上的多头配对，从而对冲基金一定能从该证券价格的上涨或下跌中获利。由于这种类型的策略类似于我们在第7章讨论过的那些传统对冲策略，这些早期的基金因而获得"对冲基金"的称号。然而，现代对冲基金通常进行与投机有关的投资，而不是对冲，因此，它们的名字不再是对其策略的准确描述。虽然关于对冲基金的可靠的统计数据难以获得，但美国在2010年有多达10 000家对冲基金，管理着超过1万亿美元的资产。

对冲基金因几个原因而一直备受争议。首先，虽然共同基金经理通常因管理基金而对基金收取一笔服务费，但对冲基金经理还获得基金所赚取的所有利润的一份。一个典型的对冲基金向投资者收取一笔等于基金资产价值2%的服务费再加上基金所赚取的利润的20%。其次，几家对冲基金曾遭受过给金融体系造成潜在风险的重大损失。最著名的是1998年的对冲基金长期资本管理公司（Long-Term Capital Management，LTCM），其创始人包括均为诺贝尔经济学奖获得者的迈伦·斯科尔斯和罗伯特·莫顿，该对冲基金进行了如果高风险债务的利率相对于低风险债务的利率下跌就会获得收益的高风险投资。对LTCM而言不幸的是，高风险债务和低风险债务之间的利差不是缩小而是扩大了，LTCM被推向了破产的边缘。虽然LTCM只用了40亿美元的股本进行其投资，但通过借款和衍生品合约，其资产持有量的总价值却超过1.1万亿美元。联邦储备担心，如果LTCM宣布破产并对其贷款和衍生品合约违约，该对冲基金的很多交易对手会遭受损失，这又会破坏金融体系的稳定性。因此，纽约联邦储备银行于1998年9月组织了一次救助，其中，16家金融企业同意投资于LTCM以稳定该企业，从而使其投资能以一种不会动摇金融市场的方式被售罄——或者说头寸被"放松"。我们将在第12章讨论在救助LTCM中的联储行为的可能的长期影响。

最后，对冲基金已经因其大量利用卖空而受到批评。卖空会通过增加被出售的证券的数量而导致证券价格的下跌。在金融危机期间，大型投资银行的领导们声称，对冲基金的卖空已经将其股票价格人为地压低到了很低的水平，进而加剧了其财务问题。德国政府在2010年开始担心对一些欧洲政府发行的债券和一些德国金融企业的股票的投机正在动摇欧洲的金融市场。5月，德国政府禁止了对这些证券的"裸"卖空。裸卖空指的是，在未先借入证券的情况下卖空该证券。德国政府还推动欧洲议会通过了一项监管对冲基金的法案。

然而，很多经济学家认为，对冲基金在金融体系中发挥着重要的作用。因为在购买证券的时候，对冲基金可以动员大量的资金并杠杆化资金，因此它们能够迅速地推动价格变化，从而可以纠正市场的无效率。

金融公司

金融公司（finance companies）是通过出售商业票据和其他证券筹集资金并利用这些资金向家庭和企业发放小额贷款的金融中介。在发放贷款之前，金融公司收集关于借款人的违约风险的信息。然而，由于金融公司并不像商业银行那样接受存款，联邦和州政府通常认为监管无须超越对潜在借款人的信息披露和预防欺诈。与其他受监管程度更高的金融机构可以提供的标准化贷款相比，较低的监管程度使得金融公司可以提供量身定做的更为密切地匹配借款人需求的贷款。

三种主要类型的金融公司是消费者金融公司、企业金融公司和销售金融公司。消费者金融公司发放贷款，让消费者可以购买汽车、家具和家用电器；为住房改善融资；以及为家庭的债务提供再融资。与高质量的银行客户相比，金融公司的客户具有较高的违约风险，因此也许会被收取较高的利率。企业金融公司从事代理商业务——即以一定的折扣购买小企业的应收账款。应收账款代表一家企业因赊销的商品和服务被欠的钱。例如，总部位于纽约市的一家企业金融公司 CIT 也许会以 9 万美元的价格从 Axle 轮胎公司购买 10 万美元的短期应收账款。CIT 实际上是借给了 Axle 轮胎公司 9 万美元，当 CIT 收到应收账款时就赚取了 1 万美元。Axle 轮胎公司之所以愿意将其应收账款出售给 CIT 是因为其需要现金来支付存货和劳动的成本，如果 Axle 轮胎公司等待所有客户付款，它也许就会遇到现金流问题。企业金融公司的另一项业务是购买昂贵的设备，如飞机或大型推土机，接着在一个固定的时间长度内将设备租赁给企业。

销售金融公司隶属于制造或销售高价商品的企业。例如，诸如梅西百货和 JC 彭尼（JC Penny）之类的百货公司发行消费者可用于在这些百货公司购物的信用卡。这一方便的信贷获取是这些商场的销售努力的一部分。

很多经济学家认为，金融公司在金融体系中填补了一项重要的空白，因为它们在监控抵押品的价值方面比商业银行有优势，这使其在为消费者耐用品、存货和企业设备提供贷款方面成为不可或缺的参与者。

11.3 契约性储蓄机构：养老基金和保险公司

养老基金和保险公司也许看起来并不是很像商业银行，但它们也是接受来自个人的支付并将其用于投资的金融中介。养老基金和保险公司被称为**契约性储蓄机构**（contractual saving institution），因为个人向它们所做的支付是契约的结果，要么是保险单，要么是养老基金协议。

养老基金

对很多人而言，为退休而储蓄是其最重要的储蓄形式。人们可以以两种方法积累其退休储蓄：通过由雇主发起的养老基金或通过个人的储蓄账户。由于退休是可预测的，因此，**养老基金**（pension fund）可以将工人和企业缴付的资金投资于诸如股票、债券和抵押贷款之类的长期资产，从而在工人退休时提供养老金收益的支付。2010 年，在美国，私人以及州和地方政府养老基金持有大约 10 万亿美元的资产，是资本市场上最大的机构参与者。图 11—2 说明了私人和公共养老基金的投资。美国所有金融资产的大约 20% 是在它们的控制之下，养老基金持有全国上市公司股权的大约 22% 以及公司债券价值的大约 5%。

当你为一家有养老基金的企业工作时，只有在你被授予的情况下，你才能获得养老金收益。**（雇员）获得养老金的权利**（vesting）是为了在退休后获得收益你必须工作的年数。各种养老金计划所要求的获得养老金权利的时期数各不相同。由于三个原因，雇员也许更喜欢通过雇主提供的养老金计划而不是通过储蓄账户来储蓄。首先，与雇员相比，养老基金也许能以较低的交易成本更为有效地管理金融投资组合。其次，养老基金也许能提供诸如终身年金之类的收益，而个人储蓄者自己获得的成本是高昂的。最后，与现金工资相比，养老金的特殊税收待遇可以使得养老金的收益对雇员更有价值。[①]

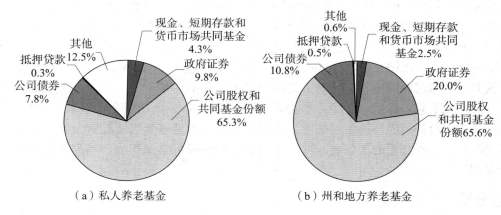

图 11—2　养老基金的资产，2009 年

私人以及州和地方政府养老基金均将其投资集中于股票、债券和其他资本市场证券。

资料来源：Board of Governors of the Federal Reserve System, *Flow of Funds Accounts of the United States*, March 11，2010.

养老金计划之间的一个关键区别是：养老金计划是固定缴款还是固定收益。在一个**养老金的固定缴款计划**（defined contribution plan）中，企业为拥有养老金计划中的资金的雇员进行缴存资金的投资。如果养老金计划的投资是盈利的，退休时期的养老金收入就会高；如果养老金计划的投资是不盈利的，退休收入就会低。在一个**养老金的固定收益计划**（defined benefit plan）中，企业根据每一位雇员的收入和服务的年数向雇员承诺一笔特定的美元收益支付。收益支付也许会、也许不会被指数化从而随着通胀而上升。如果养老金计划中的资金超过承诺的金额，超出部分归管理养老金计划的企业所有。如果养老金计划中的资金不足以支付承诺的收益，则该养老金计划是资金不足的（underfunded），发起企业负责差额部分。虽然固定收益计划曾经更为常见，但现在，大部分的养老金计划都是固定缴款计划。明显的例外是公共雇员的养老金计划——如消防队员和警察——以及在工会中的私人部门雇员的养老金计划。

固定缴款计划的一个部分作为退休储蓄中的一支主要力量已经出现：401（k）计划。

---

① 出于税收的目的，你的养老基金缴存可以从你的当期收入中扣除，对你的雇主而言，其配套缴存是可以税前扣除的。此外，在养老基金的投资收益上，你不会被课税。你的税收一直被延迟到你从你的养老金中获得退休收益。你还有将养老金收益的支付转移至个人退休账户（individual retirement account，IRA）或其他有利的配置计划中的选择权，这可以减少你在养老金计划的一次性支付上应付的税收。

以国内收入服务代码（Internal Revenue Service Code）中予以描述的分节命名，401(k)计划赋予很多雇员成为他们自己的养老金经理的机会。在 401(k) 计划中，雇员可以在年度上限的约束下通过定期的工资扣除进行可免税的缴款，直到退休之前是无须对累积收益支付税收的。一些雇主对雇员的缴款配套至一定的数量。很多 401(k) 的参与者通过共同基金投资，这使其可以以适度成本持有广泛的资产。到 2010 年，401(k) 计划的缴款占到个人储蓄的超过三分之一。

作为对企业在管理养老金计划中遇到的困难的回应，国会于 1974 年通过了《雇员退休收入保障法》（Employee Retirement Income Security Act，ERISA）。这一里程碑式的立法为养老基金的归属和融资制定了全国性的标准，限制了养老金计划对某些类型的高风险投资的持有，并为信息报告和披露制定了标准。该法批准创建养老金收益担保公司（Pension Benefit Guaranty Corporation，PBGC，或 "penny benny"），在一家企业由于破产或其他原因而在固定收益计划下无法满足流动债务的情况下，为养老金收益提供直至一定的美元上限的保险。养老金收益担保公司就养老金负债向企业收取一笔保险费，并拥有来自财政部的隐性的信用额度。固定收益私人养老基金当前的资金不足大大超过了养老金收益担保公司的准备金。这一事实导致一些经济学家担心一场养老保险危机可能为时不远。

保险公司

保险公司（insurance company）是专门签署合约来保护其保险客户免于与诸如汽车事故或住房火灾之类的特定事件有关的财务损失的金融机构。保险公司通过向投保人收取**保费**（premium）获得资金并利用这些资金进行投资。例如，个人也许会每年支付 1 000 美元的保费从一家保险公司获得人寿保险的保单，该公司会利用这些资金向一家正在改造或扩张的连锁酒店发放一笔贷款。保险客户支付保险费来交换保险公司承担在被保险事件发生时的风险，到那时保险公司会支付投保人。保险公司将投保人的保费投资于股票、债券、抵押贷款以及直接向企业贷款，即我们熟知的**私募**（private placement）。

保险业可以分为两类：**人寿保险公司**（life insurance company）出售保单以保护家庭免于来自残疾、退休或被保险人死亡导致的收入损失。**财产和灾害保险公司**（property and casualty company）出售保单以保护家庭和企业免于疾病、偷盗、火灾、意外事故或自然灾难的风险。保险公司只从保单本身上通常是无利可图的，在索赔上的付出要大于其从保费中获得的收入。相反，其利润来自保费的投资。图 11—3 表明，财产和灾害保险公司的资产组合不同于人寿保险公司的资产组合。到 2009 年末，人寿保险公司持有大约 4.8 万亿美元的资产，而财产和灾害保险公司持有大约 1.4 万亿美元的资产。人寿保险公司投资的资金是免税的，而财产和灾害保险公司并不享受这一免税。这一税收差别反映在其资产组合上：财产和灾害保险公司大量地投资于市政债券，因为其收到的利息是免税的，而人寿保险公司则大量地投资于公司债券，因为公司债券支付较高的利率。保险公司的盈利能力在很大程度上取决于其降低与提供保险有关的风险的能力。保险公司盈利能力的关键风险源于逆向选择和道德风险。保险公司拥有几种降低提供保险的风险的方法，包括那些在下面几小节中讨论的方法。

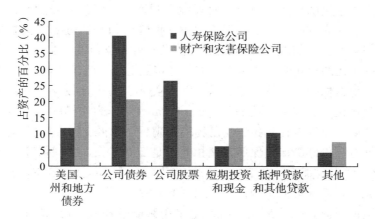

图 11—3　美国保险公司的金融资产

人寿保险公司比财产和灾害保险公司拥有更大的资产组合。财产和灾害保险公司持有更多的市政债券，因为市政债券的利息是免税的，而人寿保险公司则持有更多的公司债券，因为公司债券支付较高的利率。

资料来源：Board of Governors of the Federal Reserve System, *Flow of Funds Accounts of the United States*, March 11, 2010.

风险共同分担

保险公司通过利用**大数定律**（law of large numbers）能可靠地预测它们什么时候会对投保人支付以及需要付出多少。大数定律这一统计概念表明，虽然个人死亡、生病或受伤的风险是无法预测的，但对大量的人们而言，任意此类事件平均发生的概率通常是可预测的。通过发行足够多的保单，保险公司利用风险共同分担（risk pooling）和分散化来估计支付潜在的保险赔偿所需要的准备金规模。被称为**保险精算师**（actuary）的统计学家们编辑概率表来帮助预测一个事件在人群中发生的风险。

通过筛选和基于风险的保费来减轻逆向选择

保险公司遭遇到了逆向选择问题。最渴望购买保险的人们正是那些要求保险支出的概率最高的人们。病重的人可能想要购买大额人寿保险保单，临近地区纵火犯猖獗的人们会想要大额火灾保险保单。为了减轻逆向选择问题，保险公司的经理收集信息来筛选出不好的保险风险。如果你申请一份个人健康保险保单，你必须向保险公司披露关于你的健康历史的信息。类似地，如果你想要购买汽车保险，你必须提供关于你的驾驶记录的信息，包括超速罚单和交通事故。

保险公司还通过收取**基于风险的保费**（risk-based premium）来减轻逆向选择问题，基于风险的保费是根据个人会申请赔偿的概率而收取的保费。例如，与那些驾驶记录无瑕疵的司机相比，保险公司对那些拥有多次交通事故和超速罚单记录的司机的汽车保险保单收取较高的保费。类似地，与年纪较轻的人相比，人寿保险保单的保费对年纪较大的人也是较高的。

通过减扣赔偿、共同保险和限制性条款减轻道德风险

道德风险对保险公司而言也是一个问题，因为一旦投保人拥有了保险，它们也许会

改变其行为。例如，在一家企业为仓库购买了火灾保险保单之后，该企业花钱在仓库里安装自动喷水灭火系统的动机会下降。对保险公司而言，降低被保险事件的发生概率的方法之一是明确投保人的一些资金处于危险中。保险公司是通过要求**减扣赔偿**（deductible）达到这一目的的，减扣赔偿是规定的保险公司并不支付的索赔金额。例如，你的汽车保险上的 500 美元的减扣赔偿意味着，如果你遇到对你的汽车造成 2 000 美元的伤害的一起交通事故，那么保险公司只会支付你 1 500 美元。为了让投保人有进一步压低成本的激励，保险公司也许会提供**共同保险**（coinsurance）作为交换收取较低的保费的一个选项。这一选项要求投保人在减扣赔偿已经得到满足之后再支付索赔成本的一定百分比。例如，如果你拥有一份健康保险保单，减扣赔偿是 200 美元，共同保险或共同支付（co-payment）要求是 20％，那么，在 1 000 美元的索赔上，你要支付 360 美元（＝200 美元＋（0.20×800美元）），而保险公司为你支付剩下的 640 美元。

为了应付道德风险，保险公司有时候也采用**限制性条款**（restrictive covenant），限制性条款要求，如果一项随后的索赔要得到偿付，被保险人的高风险活动必须予以限制。例如，如果一家企业未能依照合同安装和维护烟雾报警器、灭火器或自动喷水灭火系统，那么火灾保险公司也许会拒绝支付该企业的索赔。

保险公司所用的减轻逆向选择和道德风险问题的方法是想要使得投保人的利益与保险公司的利益协调一致。从保险公司成功的方面来看，提供保险的成本降低了。保险公司之间的竞争导致这些成本节约以较低的保险费的形式被转移给了投保人。

联系实际：为什么联储必须救助保险业巨头 AIG？

金融危机中最富戏剧性的事件之一是美国政府于 2008 年 9 月 16 日宣布其打算用 850 亿美元来交换美国最大的保险公司美国国际集团（American International Group，AIG）80％的所有权。最终，联邦政府为该公司安排了总额为 1 820 亿美元的资金以避免其倒闭。（2010 年年中，联储主席本·伯南克声明，他相信 AIG 最终会偿还所有的资金。）在金融危机期间，大部分人对投资银行和商业银行的问题已经变得司空见惯了，但一家大型保险公司被卷入危机却是令人感到惊讶的。毕竟，保险看起来像是一项非常稳定的业务：公司有规律地从保险客户那里收取保险费，对索赔的支付基本上也是可预测的，并从保险费的投资中获得利润。然而，AIG 的业务已经扩展到这些基本的保险业务之外了。

1919 年，Cornelius Vander Starr 在中国创建了 AIG。1926 年，Starr 将其业务扩展到了美国。在 Maurice "Hank" Greenberg 于 1968 年接替 Starr 成为该公司的总裁后，该公司实现了快速成长。AIG 在 2007—2009 年的金融危机期间的问题源于该公司位于伦敦的一个部门——AIG 金融产品部（AIG Financial Products）在 1998 年所做的一项决定。在那一年，AIG 金融产品部开始签署关于 CDOs 的信用违约互换合约。为了交换由买方支付的保险费，信用违约互换要求 AIG 在 CDOs 的价值下跌时支付买方。事实上，AIG 是在为 CDOs 的价值提供保险。起先，签署的信用违约互换所基于的 CDOs 是由相对高质量的公司债务组成，只有很少的抵押贷款支持证券。

然而，在房地产繁荣的鼎盛时期，AIG 发行了价值数千亿美元的基于主要由抵押贷款支持证券组成的 CDOs 的信用违约互换。虽然 CDOs 被信用评级机构赋予高评级，但这些证券中的大部分标的抵押贷款要么是次级的，要么是次优级的。在当时，很多信用违约互换的买家并不拥有被保险的 CDOs，相反，这些买家是打算投机 CDOs 不久会失去价值的对冲基金和其他投资者。尽管如此，AIG 每年还是从保险费中赚到了 2.5 亿美元，虽然房地产价格从 2006 年已经开始下跌，提高了抵押贷款违约上升的风险，但负责伦敦部门的管理人员 Joseph Cassano 仍然持乐观态度。在 2007 年 8 月，引用 Cassano 的话说："毋庸赘言，在考虑到所有的因素之后，我们甚至很难看到我们在所有这些交易中会输掉哪怕一美元的情形。"话音刚落，抵押贷款违约就上升了，导致 CDOs 的价格下跌并让 AIG 不得不对信用违约互换进行大量的支付。到 2008 年 9 月，AIG 在信用违约互换上已经损失了 250 亿美元，而且互换的所有者还坚持要求 AIG 提供防止进一步损失的可能性的抵押品。AIG 并没有足够的资产来用作抵押品并不得不通知联邦储备，如果没有政府的援助，它就需要宣布破产。

为什么联邦政府决定花费数百亿美元来救助一家保险公司呢？AIG 在雷曼兄弟宣布破产之后不久却得以救助并非巧合。在雷曼兄弟的情形中，美国财政部和联邦储备决定不干预。由于该投资银行的交易对手遭受了重大损失，雷曼兄弟的倒闭恶化了金融危机。美国财政部和联邦储备担心如果 AIG 倒闭并对其合同违约，其他企业遭受的损失会恶化金融危机。我们将在下一章进一步讨论这一事件。

资料来源：Christopher Cox, "Swapping Secrecy for Transparency," *New York Times*, October 19, 2008；the quote from Joseph J. Cassano, the AIG executive in charge of the London unit, is from Gretchen Morgenson, "Behind Insurer's Crisis, a Blind Eye to a Web of Risk," *New York Times*, September 27, 2008；and James Bandler, with Roddy Boyd and Doris Burke, "Hank's Last Stand," *Fortune*, October 13, 2008.

通过做第 342 页本章末的问题和应用 3.10 来检查一下你的理解。

11.4 系统风险和影子银行体系

我们已经看到，在 2007—2009 年的金融危机之前的 15 年里，诸如投资银行、对冲基金和货币市场共同基金之类的非银行金融机构已经成为将资金从贷款人引导到借款人的一种日益重要的手段。这些非银行金融机构已经被贴上"影子银行体系"的标签——匹配储蓄者和借款人，但在商业银行体系之外，而且，原则上，降低了借款人的成本，提高了储蓄者的收益。在金融危机的前夕，影子银行体系的规模超过了商业银行体系的规模。[①] 如果有的话，融资渠道的这一变化对金融体系和经济的重要性是什么呢？影子银行体系的发展在金融危机中是否发挥了作用？

在下面的几节中，我们将讨论金融危机之后经济学家和政策制定者所关注的影子银行体系的一些方面。

---

① 蒂莫西·盖特纳在本章开始的导入案例所引用的演讲中指出，在 2007 年，投资银行和对冲基金持有的资产的价值加上资产支持商业票据的价值再加上回购协议大于商业银行持有的贷款、证券和所有其他资产的价值。

系统风险和影子银行体系

在市场体制下，企业通常是在关于欺诈、种族或其他歧视等的一般法律约束下自主自由地运作。然而，正如我们在第10章所看到的，美国从早期年代开始，对银行的金融力量的担忧导致政府以各种方式监管银行，包括限制银行分支机构的数量和禁止州际银行业务。虽然到20世纪90年代，某些这类监管措施已经被取消，但与包括大多数金融企业在内的大部分其他企业相比，银行还是保持着更严密的监管。

在20世纪30年代，股票价格的大幅下跌和普遍的银行倒闭导致联邦政府制定了新的金融监管规则。为了帮助稳定金融体系，国会成立了为商业银行中的存款提供保险的联邦存款保险公司（FDIC）。为了帮助减轻金融市场中的信息问题，国会成立了证券交易委员会（SEC），证券交易委员会被赋予监管股票和债券市场的职责。

在不存在存款保险的情况下，银行经理有避免进行会引起存款人恐慌和危及银行偿付能力的高风险投资的激励。存款人有监控银行如何投资它们的存款以避免在银行倒闭时遭受损失的激励。虽然银行倒闭会对银行的所有者和存款人造成损失，但在市场体制下，损失的可能性总是存在的。此外，正如国会已经意识到的，存款保险的建立通过降低银行经理必须避免高风险投资的激励和降低存款人必须监控银行经理的行为的激励而增加了道德风险。那么，为什么国会要成立FDIC呢？其主要目的不是保护存款人免于在银行倒闭的情况下失去资金的风险。相反，国会是在设法阻止银行恐慌的发生。国会的目的是降低个别银行倒闭导致存款人从其他银行提取其资金这一被称为**传染**（contagion）的过程的可能性。银行挤兑大体上因存款保险而被消除，因为存款人不再有必要担心其支票和储蓄账户在银行倒闭的情况下发生资金损失。因而，本质上，在建立存款保险中，与整个金融体系面临的**系统风险**（system c risk）相比，国会较少地关注个别存款人面临的风险。

存款保险成功地稳定了银行体系，保持了通过银行从存款人到借款人，尤其是依靠银行贷款的那些企业的资金流动。但是，在影子银行体系中并不存在存款保险的等价物。在影子银行体系中，短期贷款采取诸如回购协议、购买商业票据以及购买货币市场共同基金份额而不是银行存款的形式。在金融危机期间，财政部临时向货币市场共同基金份额的拥有者担保他们已经拥有的份额的本金免于遭受损失，但这一计划到2009年9月结束了。除了这一例外，向影子银行发放贷款的投资者和企业在其遭受损失的情况下并不会得到政府的补偿。因此，虽然对商业银行的挤兑基本上已经成为往事，但对影子银行的挤兑却绝对没有。在金融危机期间，影子银行体系遭遇到与商业银行体系在国会于1934年成立FDIC之前的年份里所遭遇的类型相同的系统风险。

监管和影子银行体系

从历史上看，商业银行体系曾是很多企业主要的信贷来源，而且曾经常受到周期性不稳定性的影响。因此，联邦政府曾年复一年地监管商业银行可以持有的资产的类型及其杠杆的大小。诸如投资银行和对冲基金之类的影子银行企业并不受制于这些监管措施。对很多非银行免除其可以持有的资产及其可以拥有的杠杆度的限制曾存在两种主要的逻辑依据：首先，政策制定者并不把这些企业对金融体系的重要性视为与商业银行一样，监管部门并不认为这些企业的倒闭会对金融体系造成伤害。其次，这些企业主要与其他金融企业、机构投资者和富有的私人投资者打交道而不是缺乏经验的私人投资者。政策制定者设想，由于投资银行和对冲基金是与经验丰富的投资者打交道，这些投资者可以在无须联邦监管的情况下维护好他们自己的利益。

国会在 1934 年向证券交易委员会授予广泛的权利来监管股票和债券市场。随着期货合约交易的增长，国会于 1974 年成立了商品期货交易委员会（Commodity Futures Trading Commission，CFTC）来监管期货市场。然而，随着时间的推移，金融创新导致复杂金融证券的开发，这些证券不在交易所交易，因而，也不受证券交易委员会和商品期货交易委员会的监管。到金融危机发生的时候，价值数万亿美元的诸如信用违约互换（CDS）之类的证券是在影子银行体系中交易的，几乎没有任何来自 SEC 或 CFTC 的监管。金融危机显示，这一交易涉及巨大的交易对手风险，尤其是与基于抵押贷款的证券有关的交易对手风险。正如我们在第 7 章所看到的，当衍生品在交易所交易时，是交易所在充当交易对手，这就降低了买方和卖方面临的违约风险。国会在 2010 年将推动更多的衍生品交易进入交易所的监管调整予以法律化。由于某些这类企业变得高度杠杆化，影子银行体系的交易对手风险随着时间的推移也上升了。在高杠杆下，小的损失会被放大，这会提高违约的概率。

影子银行体系的脆弱性

我们可以将影子银行体系的脆弱性总结如下：影子银行体系中的很多企业以一种类似于商业银行的方式运作，因为它们是借短——通过发行商业票据或达成回购协议——贷长。然而，由于若干原因，与商业银行相比，它们更易于招致重大损失，倒闭的可能性也更大。首先，不像银行的存款人，为投资银行和对冲基金提供短期贷款投资者没有联邦保险来避免本金的损失。这使得投资银行和对冲基金像商业银行在 20 世纪 30 年代初那样易于受到挤兑的影响。其次，由于它们很大程度上是不受监管的，因此，影子银行可以投资于风险更高的资产并变得比商业银行更为高度杠杆化。最后，在 21 世纪头 10 年期间，很多影子银行曾进行了在美国的房地产价格下跌时会迅速失去价值的投资。在住房价格开始下跌时，很多影子银行遭受重大损失，某些还被迫走向破产。由于这些企业在金融体系中的重要性的上升，其结果是自大萧条以来最严重的金融危机。

回答关键问题

续第 313 页

在本章开始的时候，我们提出了如下问题：

"在 2007—2009 年的金融危机中，影子银行体系发挥了什么作用？"

虽然我们将在下一章更完整地讨论 2007—2009 年的金融危机，但这一章已经提供了对影子银行体系的作用的一些洞察。很多影子银行，尤其是投资银行和对冲基金，过度地依赖于用短期借款融通长期投资，高度杠杆化，而且持有在房地产价格下跌时会失去价值的证券。当房地产价格真的下降时，这些企业遭受到沉重损失，某些企业还被迫走向破产。由于影子银行对金融体系的重要性，其结果是一场金融危机。

在进入下一章之前，阅读下面的**政策透视**，讨论影子银行体系在 2007—2009 年的金融危机中的作用。

政策透视：影子银行恐慌导致了 2007—2009 年的金融危机吗？

《华盛顿邮报》

解释 FinReg：影子银行挤兑，还是问题背后的问题

ⓐ**2007 年 6 月 20 日，本·伯南克说次贷危机"不会影响整体经济"……并向投资者保证："虽然不断上升的债务拖欠和住房止赎今年会继续对房地产市场造成沉重的压力，但不会削弱美国经济"。**

……耶鲁的经济学家……Gary Gorton 赞同伯南克的看法：次贷还不会大到引起这类危机。在 2005 年和 2006 年，市场发起了大约 1.2 万亿美元的抵押贷款——很大，但还不是美国经济的重要器官。

次贷是危机的触发器，但并不是原因。相反，真正发生的是次贷危机在新式的市场上引起了老式的银行挤兑：影子银行市场……

……影子银行市场是有大量资金的大型银行、机构投资者和其他人从事银行业务的地方……因此，比方说我是 Ezra 银行。我有打算下个月投资的 1 亿美元，但现在我需要将其放在某个地方。我来到了"回购协议市场"，我让贝尔斯登持有我的资金并向我支付利息。它们同意了。但是，我怎么知道贝尔斯登不会只是保存我的资金呢？

ⓑ**正规银行市场中的个人存款者不会有这种担心。政府对我们的存款进行保险。但政府并不对大额的机构存款进行保险。因此，Ezra 银行会向贝尔斯登要求"抵押品"……比方说像 AAA 抵押贷款支持证券。**

这一银行业方式带来了对抵押品的巨大饥渴。正是这一饥渴……推动了对抵押贷款支持证券疯狂的需求。

……FDIC 存款保险的存在是为了阻止银行挤兑……影子银行市场并没有存款保险……

ⓒ**我们在 2008 年遇到的，Gordon 说，是一场银行挤兑。没有人知道哪家银行暴露于次贷危机，从而每个人都冻结了……潜在的问题是，抵押品是"信息敏感的"……信息会出乎预料地改变其净值，接着信心让整个体系都枯竭了。"这是个大肠杆菌问题，"Gordon 说，"当它们召回 1 000 磅的碎肉夹饼时，这让所有地方的肉的销售都停止了，因为没有人知道有多少大肠杆菌或者在哪里。"**

在我们银行的存款不是信息敏感的：一点点小的新信息就会令影子银行市场感到恐惧，而在商业银行市场，大的信息披露也没有什么影响，因为联邦政府对存款提供保险。

为了提供一种类比，考虑免疫系统受损的某个人吃了一块坏掉的鱼并感到非常不舒服。显然，你想做的第一件事情就是治病。但是当好了的时候，你想处理的问题就并没有那么多了……这次让病人感到不舒服的就像让病人容易受到危险疾病的影响一样。把衍生品放在交易所或清算所中在很大程度上能确保系统在以后任何时间都不会再犯同样的毛病，但这并没有解决系统对疾病的脆弱性问题——也就是说，系统对银行挤兑的脆弱性。

解决这一问题需要要么为影子银行体系创造一类可用的、安全的、信息不敏感的抵押品，要么对体系正在用的抵押品进行检查和保险。

资料来源：From *The Washington Post* © April 26, 2010 *The Washington Post*. All rights reserved. Used by permission and protected by the Copyright Laws of the United States. The printing, copying, re-distribution, or retransmission of the Material without express written permission is prohibited.

文中要点

耶鲁大学的经济学家加里·戈登认为，影子银行体系的银行挤兑导致了始于2007年的金融危机。这次银行挤兑是由次级抵押贷款市场不断增加的债务拖欠和住房止赎触发的。政府为商业银行提供存款保险，但并不对影子银行市场的机构存款提供保险。由于没有存款保险，存款人要求高评级的抵押贷款支持证券形式的抵押品。当次级抵押贷款危机爆发时，没有人知道哪家银行的风险是最大的，投资者对影子银行市场中的所有机构都失去了信心。根本性的问题是，抵押品是"信息敏感的"。也就是说，导致影子银行市场巨大破坏的新信息对商业银行体系几乎没有影响，因为联邦银行体系对商业银行存款提供保险。

新闻解读

ⓐ第10章解释说，始于2007年的金融危机的关键是房地产泡沫的破灭，即源于对次级和次优级借款人发放的抵押贷款的大量增加。下表说明了从2004年到2006年发行的新的抵押贷款相关证券（包括私人和政府担保的房地产贷款证券化）和非抵押贷款资产支持证券的价值远远超过新发行的公司债券的价值。虽然本·伯南克在2007年声称次贷市场的危机不会传播到整个经济，但下表却表明，从2007年到2008年，证券化和公司债务的发行都出现了普遍的下降。

单位：10亿美元

年份	抵押贷款类证券的发行量	非抵押贷款资产支持证券的发行量	公司债务的发行量
2004	1 779.0	869.8	780.7
2005	1 966.7	1 172.1	752.8
2006	1 987.8	1 253.1	1 052.9
2007	2 050.3	901.7	1 127.5
2008	1 344.1	163.1	706.2
百分比变化：2007—2008	−34.4%	−81.9%	−37.4%

资料来源：Gary Gorton, "Slapped in the Face by the Invisible Hand: Banking and the Panic of 2007," Paper prepared for the Federal Reserve Bank of Atlanta's 2009 Financial Markets Conference: Financial Innovation and Crisis, May 11-13, 2009, p. 25.

ⓑEzra Stein 将加里·戈登对金融危机的解释描述为影子银行市场中的一场银行挤兑。由于政府并不对影子银行体系中的存款提供保险，企业就需要抵押品，通常以抵押贷款支持证券的形式来说服它们将资金存入影子银行体系——例如，通过回购协议（repos）和商业票据。由于诸如贝尔斯登和雷曼兄弟之类的投资银行在其抵押贷款支持证券上遭受到损失，贷款人开始拒绝购买商业票据或与非银行金融企业达成 repo 融资协议。

ⓒ影子银行体系的银行挤兑是没有人知道哪家银行暴露于次贷危机的结果。戈登将该问题描述为"信息敏感性"抵押品。在商业银行的存款是"信息不敏感的"。也就是说，联邦存款保险使得存款人免于受到那些诸如次级抵押贷款市场的混乱之类的影响影子银行体系的信息变化的影响。

严肃思考

1. 联邦储备在 2008 年同意将以前的投资银行摩根士丹利和高盛公司转变为金融持股公司。为什么这些企业的管理层会选择重组为金融持股公司？

2. 影子银行体系中的银行挤兑现在比 2007 年更可能还是更不可能？简要解释你的答案。

本章小结和问题

关键术语和概念

契约型储蓄机构	保险公司	养老基金
金融公司	投资银行	辛迪加
对冲基金	投资机构	系统风险
首次公开募股（IPO）	货币市场共同基金	承销
共同基金		

11.1 投资银行业务

解释投资银行如何运作。

小结

投资银行业务是集中于**承销**新证券的发行和提供并购建议的一项金融业务。**承销**是投资银行向发行企业保证证券的价格并以一定的利润转售证券的一项业务。**首次公开募股**（IPO）是企业首次向公众出售股票。大型证券发行通常是由被称为辛迪加的一组投资银行承销的。投资银行在设计新的证券中发挥了重要的作用，这一过程被称为**金融工程**（financial engineering）。近年来，投资银行已经开展了更多的自营交易：为银行自己的账户而不是为客户买卖证券。在 21 世纪初，一些大型投资银行开始严重依赖用短期借款为其长期投资融资，而短期借款涉及发行商业票据或参与回购协议。在这一时期，很多投资银行提高了其杠杆并投资于抵押贷款支持证券。"回购协议融资"、杠杆的上升和抵押贷款支持证券上的投资提高了银行面临的风险。在大萧条期间，《格拉斯-斯蒂格尔法》将投资银行业务从商业银行业务中分离出来。国会于 1999 年废除了《格拉斯-斯蒂格尔法》，商业银行重新进入投资银行业。在 2007—2009 年的金融危机期间，所有的大型独资银行纷纷倒闭、与商业银行合并或成为金融持股公司。

复习题

1.1 投资银行与商业银行之间的关键区别是什么？

1.2 投资银行开展哪些业务？这些业务中的哪些被视为投资银行的核心业务？

1.3 什么是首次公开募股？什么是辛迪加？

1.4 什么是金融工程？为什么投资银行有时候因其金融工程业务而受到批评？

1.5 什么是自营交易？

1.6 什么是回购协议融资？什么是杠杆？为什么投资银行在 21 世纪初变得更为依赖于回购协议融资和更为高度杠杆化？

1.7 大型独资银行在 2007—2009 年的金融危机期间变成了什么？

问题和应用

1.8 对英国投资银行家 Siegmund Warburg 的传记的评论表明，Warburg 认为：

> 投资银行业务不应该是关于赌博的，而是应该关于……建立于客户关系之上的金融中介，不应该是投机性交易……Warburg 总是对从投资企业自有资本中获利感到不安，而更喜欢来自咨询和承销服务费的收入。

a. 什么是承销？在什么意义上从事承销的投资银行充当金融中介？

b. 用其自有资本购买证券的投资银行充当了金融中介吗？简要解释。

资料来源："Taking the Long View," *Economist*，July 24，2010.

1.9 在谈到对冲基金长期资本管理公司在 1998 年的倒闭时，《纽约时报》的一篇文章指出：

> 从只有 50 亿美元的资本开始，该基金却能得到 1 250 亿美元的追加资金。利用那一杠杆，该基金估计拥有潜在价值达 1.25 万亿美元的交易头寸。虽然该基金的交易策略表面上是很聪明的，但高杠杆意味着其并没有重视会消灭该基金的原始资本的市场逆转。即使是暂时性的，潜在的 1 万亿美元的头寸冻结也被视为金融体系的巨大风险。

a. 什么是杠杆？这个摘录中的什么信息暗示了长期资本管理公司是高度杠杆化的？

b. 长期资本管理公司的高杠杆为该企业带来了什么风险？其为金融体系带来了什么风险？

资料来源：Anna Bernasek，"Hedge Funds' Heft Raises Increasing Concern About Their Risks," *New York Times*，July 5，2005.

1.10 问题和应用 1.9 中引用的文章还指出，当时的纽约联邦储备银行行长 Timothy Geithner 在 2005 年认为对冲基金的杠杆在上升，"很可能因为竞争压力的上升"。为什么竞争压力会导致对冲基金经理接受更高的杠杆？相同的推理也适用于投资银行的经理吗？简要解释。

资料来源：Anna Bernasek，"Hedge Funds' Heft Raises Increasing Concern About Their Risks," *New York Times*，July 5，2005.

1.11 【与第 317 页的**解决问题** 11.1 有关】假定你打算用 200 000 美元购买一栋住房。在下列各种情形下，计算你在这一投资上的杠杆比率：

a. 你用现金支付全部的 200 000 美元。

b. 你支付 20％的首付款。

c. 你支付 10％的首付款。

d. 你支付 5％的首付款。

现在，假定到年末的时候，住房的价格上涨到了 220 000 美元。就上述各种情形，计算你的投资收益率。在你的计算中，忽略你在抵押贷款上支付的利息以及你从拥有住房中获得的住房服务的所有价值。

1.12 【与第 320 页的**联系实际**有关】投资银行的合伙人将其转变为上市公司的动机是什么？如果成为

上市公司提高了投资银行业务的风险，上市的投资银行如何才能成功地向投资者出售股票？

1.13　【与第 323 页的**联系实际有关**】很多投资银行实施一种"上去或出去"政策：新雇员要么被解雇，要么在几年之内得到提升。很多大型的法律企业和会计企业也采用类似的政策，大学对其职称教员也是这样。然而，大部分企业并不采用这一政策。在一家典型的企业中，在一段短暂的试用期之后，大部分雇员无固定期限地为企业工作，在他们被考虑得到提升之前没有指定的时间。对采用"上去或出去"就业政策的投资银行和其他企业的有利之处和不利之处是什么？这对雇员有利吗？如果对雇员没有好处，投资银行怎么能找到愿意为其工作的人？

11.2　投资机构：共同基金、对冲基金和金融公司

区别共同基金和对冲基金并描述其在金融体系中的作用。

小结

投资机构是筹集资金并投资于贷款和证券的金融企业。最重要的投资机构是共同基金、对冲基金和金融公司。**共同基金**是便于投资者购买金融资产组合的份额的金融中介。封闭式共同基金发行投资者在交易所和场外市场交易的固定数量的不可赎回份额。开放式共同基金发行每天在市场收盘之后可以被赎回的份额。交易所交易基金（ETFs）在整天里连续交易，但是，不像封闭式基金，交易所交易基金持有基金经理并不改变的固定的资产组合。**货币市场共同基金**持有高质量的短期资产，如国库券等。近年来，货币市场共同基金已经成为一种重要的商业票据的需求来源。**对冲基金**是组织为富有的投资者合伙制的进行相对高风险投机性投资的金融企业。**金融公司**是通过出售商业票据和其他证券来筹集资金并利用资金向家庭和企业发放小额贷款的金融中介。金融公司的三种主要类型是消费者金融公司、企业金融公司和销售金融公司。

复习题

2.1　什么是投资机构？投资机构在哪些方面类似于商业银行？它们在哪些方面是不同的？

2.2　开放式共同基金和封闭式共同基金之间的区别是什么？什么是交易所交易基金（ETFs）？交易所交易基金如何不同于封闭式基金？

2.3　什么是货币市场共同基金？简要描述货币市场共同基金在商业票据市场中的作用。

2.4　共同基金和对冲基金之间的关键区别是什么？

2.5　什么是金融公司？金融公司怎么能与商业银行竞争？

问题和应用

2.6　与银行储蓄账户相比，小额储蓄者通常可以从货币市场共同基金中获得较高的利率。那么，银行如何能吸引小额储蓄者？

2.7　财经记者 David Wessel 描述过一家货币市场共同基金 Reserve Primary 基金出现的情况，2008 年 9 月 16 日：

> 下午 4:15，基金发布了一份新闻稿。其资产组合中的雷曼兄弟商业票据已经一文不值了，基金份额的价值已经不足 1 美元了，而只有 97 美分：跌破了面值。该新闻触发了蔓延到 3.4 万亿美元的货币市场共同基金行业的挤兑。

a. 什么是"雷曼兄弟商业票据"？为什么基金资产组合中的雷曼票据一文不值了？

b. "跌破了面值"的意思是什么？为什么其对金融体系影响重大？

c. 什么是"挤兑"？为什么一家货币市场基金跌破面值会导致对其他货币市场基金的挤兑？

资料来源：David Wessel, *In Fed We Trust*, New York：Crown Business，2009，p.207.

2.8　《纽约时报》2010 年初的一篇文章指出："很多汽车贷款已经变得极其昂贵，根据来自联邦储备的

消息，汽车金融公司的贷款利率从去年 12 月的 3.26% 上涨到了今年 2 月的 4.72%。"

a. 什么是汽车金融公司？

b. 利用金融公司而不是银行来融通其顾客的购买，汽车经销商会从中获得什么好处？顾客又会获得什么好处？

资料来源：Nelson D. Schwartz，"Interest Rates Have Nowhere to Go But Up," *New York Times*，April 10，2010.

2.9 考虑下述关于对冲基金的事实：

1. "管理超过 10 亿美元资产的企业持有的行业资产的份额已经逐步从 2006 年的大约 75% 上升到了今年年初的大约 82%……"

2. "然而，研究……表明，与较小和较年轻的基金相比，较早和较大的基金往往带来较低的绝对收益率。"

3. "大型基金较其较小的行业同仁……在 2008 危机年的境遇要好。"

a. 什么是对冲基金？

b. 这三个事实有矛盾吗？或者说，你能对其提供一个一致的解释吗？

资料来源："For Hedge Fund Investors，Does Size Matter?" *New York Times*，July 30，2010.

2.10 在描述对冲基金的工作时，财经记者 Sebastian Mallaby 曾评论道：

研究表明，魅力不足的"价值型"股票相对于过度宣传的"成长型"股票被低估。这意味着，提供给可靠的就就业业的企业的资本过于昂贵，而提供给其浮夸的竞争对手的资本却过于便宜……纠正像这样的无效率是对冲基金的功能。

a. 解释这个摘录中的前两句话的意思：这两类企业的相对价格与其筹集资本的成本之间的联系是什么？谁在向这些企业"提供"资本？

b. 对冲基金如何能纠正这一无效率？

资料来源：Sebastian Mallaby，*More Money Than God：Hedge Funds and the Making of a New Elite*，New York：The Penguin Press，2010，pp. 8-9.

11.3 契约性储蓄机构：养老基金和保险公司

解释养老基金和保险公司在金融体系中所发挥的作用。

小结

养老基金和保险公司被称为**契约性储蓄机构**，因为个人对其所做的支付是契约的结果。**养老基金**将工人和企业的缴款投资于股票、债券和抵押贷款，从而在工人退休时为其提供养老金收益支付。一些养老基金是固定缴款计划，在该计划中，来自雇员的缴款被投资，雇员拥有该计划中的基金，但并不保证具体的现金偿还。其他养老基金是固定收益计划，在该计划中，根据雇员的收入和服务年限，雇员被承诺得到现金收益支付。作为对管理养老金计划中的困难的回应，国会通过了 1974 年的《雇员退休收入保障法》。该法案在有固定收益养老计划的企业破产的情况下，为养老金收益提供一定限额的保险。**保险公司**是专门签署合约来保护其投保人免于与特定事件有关的财务损失风险的金融中介。人寿保险公司出售保单来保护家庭免于源自残疾、退休或被保险人死亡的收入损失。财产和灾害保险公司出售保单来保护家庭和企业免于疾病、偷盗、火灾、事故和自然灾害的风险。保险公司已经开发了很多技术来降低逆向选择和道德风险的成本。

复习题

3.1 什么是契约性储蓄机构？契约性储蓄机构在哪些方面是类似于商业银行的？它们又在哪些方面是有所不同的？

3.2 什么是养老基金？固定缴款养老金计划与固定收益养老金计划之间的区别是什么？

3.3 什么是 401(k) 计划？从利用 401(k) 计划为退休而储蓄中，雇员获得了什么好处？

3.4 保险公司在哪些方面是金融中介？人寿保险公司与财产和灾害保险公司之间的区别是什么？

3.5 简要描述保险公司开发的降低提供保险的风险的技术。

问题和应用

3.6 作为一家大型企业的一名雇员，你可以在固定收益养老金计划和固定缴款养老金计划之间做出选择。从你的观点看，每种类型的计划的优点和缺点各是什么？从你的雇主的观点看，优点和缺点又是什么？

3.7 为什么养老基金有归属期（vesting period）？相对于新雇员立即符合参加养老金计划资格的体系而言，归属期（vesting period）对雇员有什么好处吗？

3.8 假定俄亥俄州的保险公司不愿意为低收入地区附近的企业提供火灾保险，因为临近地区的人为纵火猖獗。假定俄亥俄州的立法机关通过了一部法律声明，保险公司必须为该州的每一家企业提供火灾保险且在设定保险费时不能考虑人为纵火的猖獗。其对俄亥俄州的火灾保险市场的可能影响是什么？

3.9 保险公司从不知道其未来支出的准确金额。那么，为什么保险公司持有大量诸如公司债券或私人贷款之类的相对非流动的长期资产，这些资产在其需要对投保人进行支付时也许难以迅速出售？

3.10 【与第 332 页的**联系实际有关**】在他的《救助国家》一书中，财经博客作家 Barry Ritholtz 对 AIG 和信用违约互换（credit default swaps，CDSs）作了如下评价：

　　姑且将所有的复杂性置之不顾，本质上，CDS 只是关于一家公司是否会对其债券违约的一个对赌。根据 AIGFP（AIG 的金融部门）的计算机模型，任何时候必须对 CDS 进行支付的可能性都不会超过 99.85%。

a. 什么是 CDS？

b. CDS 是如何类似于保险的？

c. 为什么 AIG 的计算机模型会给出该企业必须对其出售的 CDS 进行支付的概率的错误预测？美国 21 世纪初的住房市场与之前的那些年相比有什么不同？这一差别怎么会与 AIG 有关？

d. CDS 可以既是对冲或保险工具又是投机性对赌吗？

资料来源：Barry Ritholtz, *Bailout Nation*, Hoboken, New Jersey：John Wiley & Sons, Inc., 2009, p. 205.

11.4　系统风险和影子银行体系

解释影子银行体系和系统风险之间的联系。

小结

在过去的 15 年中，非银行金融机构，如投资银行、对冲基金和货币市场共同基金，已经成为将资金从贷款人引导至借款人的一种日益重要的手段。这些非银行金融机构已经被贴上了"影子银行体系"的标签。影子银行体系并不受很多限制商业银行行为的联邦监管措施的约束。诸如投资银行和对冲基金之类的非银行会受到挤兑的影响，因为对其发放短期贷款的投资者并没有得到联邦存款保险的保护。与商业银行相比，影子银行还可以投资于更加高风险的资产并更为高度杠杆化。在 21 世纪初，影子银行更加大量投资于基于抵押贷款的证券，这使其易于受到住房价格低迷的影响。金融体系的脆弱性提高了**系统风险**水平，或者说对整个金融体系的风险，而不是对个别企业或个别投资者的风险，而且也许加剧了 2007—2009 年金融危机的严重性。

复习题

4.1　什么是影子银行体系？影子银行体系在哪些方面不同于商业银行体系？

4.2　什么是系统风险？

4.3　什么是对金融企业的"挤兑"？为什么对商业银行的挤兑已经变得罕见，而几家影子银行企业却在金融危机期间遭遇了挤兑？

4.4　简要解释为什么影子银行体系会比商业银行体系更为脆弱。

问题和应用

4.5　在金融危机期间，美国财政部实施了**货币市场基金担保计划**（Guarantee Program for Money Market Funds），这一计划为投资者现有的货币市场共同基金份额的损失提供保险。在解释该计划时，一份财政部声明指出："维持对货币市场共同基金业的信心对保护全球金融体系的完整性和稳定性至关重要。"货币市场共同基金行业为什么如此重要？如果货币市场共同基金有问题，储蓄者不可以只是把钱存在银行里吗？

资料来源：U. S. Department of the Treasury, "Treasury Announces Expiration of Guarantee Program for Money Market Funds," September 18, 2009.

4.6　在对金融危机的解释中，Roger Lowenstein 描述了影响美林投资银行的问题："过高的杠杆，过于依赖短期借款和可疑资产，尤其是房地产。"为什么过高的杠杆对投资银行会是一个问题？为什么过于依赖短期借款对投资银行会是一个问题？

4.7　耶鲁大学教授加里·戈登（Gary Gorton）曾对影子银行使用的回购协议和商业银行的银行存款做了比较。他指出："如果存款人变得担心他们的存款并不安全，他们会通过不重订他们的回购协议来从银行取款。"

　　a. 回购协议在何种意义上类似于银行存款？

　　b. 如果"存款人"拒绝重订他们的回购协议，其对影子银行的后果会是什么？

资料来源：Gary Gorton, "Banking Panics: Déjà Vu All Over Again," *New York Times*, October 5, 2009.

4.8　2008 年 3 月，为了避免贝尔斯登不得不宣布破产，美国财政部和联邦储备安排了摩根大通对贝尔斯登投资银行的收购。《纽约时报》的一位专栏作家指出：

　　　　正是一场老式的银行挤兑促使贝尔斯登求助于联邦政府以期得到拯救……区别在于，贝尔斯登并不是一家商业银行，从而不符合银行在 75 年前当富兰克林·罗斯福用政府担保中止银行挤兑时获得的那些保护的资格。

　　a. 投资银行怎么会受到挤兑的影响？

　　b. 商业银行在 75 年前获得了哪些"政府担保"？

　　c. 这些政府担保是如何中止商业银行挤兑的？

资料来源：Floyd Norris, "F. D. R.'s Safety Net Gets a Big Stretch," *New York Times*, March 15, 2008.

4.9　【与本章开始的导入案例有关】国会和总统于 2009 年成立了金融危机调查委员会来调查金融危机的原因。在该委员会 2010 年的一次听证会上，罗伯特·鲁宾——曾在高盛公司担任高级管理人员、克林顿政府时期的财政部长以及危机时期曾在花旗集团董事会任职——证明："我们金融行业中的所有人均未能看到这场严重危机的潜在性。"为什么金融危机对即使在金融体系中的高级职位任职的人也是难以预测的？金融体系中有什么变化——至少以后见之明观之——也许已经预示了到 2007 年一场金融危机已经变得更为可能了？简要解释。

资料来源：Ezra Klein, "Wall Street Says Washington Doesn't Understand Finance. Well, Neither

Does Wall Street," *Washington Post*，April 19，2010.

数据练习

D11.1 投资公司协会是一个分析美国共同基金业的非营利的私人资助的组织。找到其《投资公司年鉴》（*Investment Company Fact Book*）最近一期的年刊（从 http://www. icifactbook. org/上）。在美国所有的公司股权中，共同基金持有的百分比是多少？比较货币市场基金的小额和机构现金流之间的区别。它们有何不同？你为什么认为它们不同？

第 12 章 金融危机和金融监管

学习目标

学完本章之后，你应该能够：

12.1 解释什么是金融危机以及什么导致了金融危机

12.2 理解发生于大萧条期间的金融危机

12.3 理解什么导致了 2007—2009 年的金融危机

12.4 讨论金融危机与金融监管之间的联系

关于金融危机的混浊水晶球

我们现在明白了，美国住房市场的问题——尤其是次级抵押贷款的广泛应用——最终导致了 2007—2009 年的金融危机以及自 20 世纪 30 年代的大萧条以来最为严重的经济衰退。然而，很多决策者、工商业领袖和经济学家未能预见危机的来临。例如，联储主席本·伯南克在 2007 年 5 月举行的银行业会议的演讲中做了如下评论：

给定当前支撑住房需求的基本面因素，我们认为次贷部门遇到的问题对更广泛的住房市场的影响很可能是有限的，我们并不认为次贷市场会对其他经济部门或金融体系产生显著的溢出效应。绝大部分的住房抵押贷款，甚至包括次级抵押贷款继续表现良好。

直到 2007 年秋季的时候，随着就业的下降以及离衰退的开始仅有几个月的时间，很多经济学家对出现轻微的衰退的可能性甚至都不能确定。援引美国银行首席经济学家的话说："住房市场的金融混乱和延伸的问题显然对经济造成了下行的风险，这是毋庸置疑的。但也存在暗示更长时期的较为缓慢的增长而不是衰退的因素。"类似地，Wachovia银行的一位经济学家认为，"我们看到的关于经济的数据没有预示着经济衰退。这些数据预示着适度的经济增长。"援引全国制造业协会的一位经济学家在2007年11月的话说："大约在下一年，全球经济依然是强劲的。"

很多企业管理人员的预测也被证明是不准确的。商业圆桌（Business Roundtable）对美国大公司的105位首席执行官的一份调查表明，他们在衰退即将开始的2007年年末比在年初的时候对美国经济实际上更为乐观。超过一半的被调查的CEO预期在2008年会增加雇佣，而不是预期会减少雇佣。

问题的关键不是这些人是糟糕的预测者。一般来说，经济衰退是难以预测的，几乎没有人预料到2007—2009年经济衰退的严重性。只有那些从20世纪30年代走过来的极少数人曾经历过与次级抵押贷款市场崩盘导致的金融危机一样严重的金融危机。（有一些决策者、经济学家和CEO们在2007年甚至更早的时候就认为美国经济正在走向衰退。少数人甚至预测会出现严重的衰退。）由于我们在本章讨论金融危机，牢记决策者、金融企业的经理们、投资者以及家庭正在奋力处理前所未有的事件。

阅读第372页的政策透视，讨论国会2010年在《多德-弗兰克华尔街改革和消费者保护法案》的争论期间吵得不可开交的问题。

资料来源：Ben S. Bernanke, "The Subprime Mortgage Market," speech at the Federal Reserve Bank of Chicago's 43rd Annual Conference on Bank Structure and Competition, Chicago, May 17, 2007, on the Web site of the Board of Governors of the Federal Reserve System, www. federalreserve. gov/newsevents/speech/Bernanke20070517a. htm; David Leonhardt and Jeremy W. Peters, "Unexpected Loss of Jobs Raises Risk of Recession," *New York Times*, September 8, 2007; Associate Press, "Growth Slows in Services, but a Recession Is Doubled," *New York Times*, October 4, 2007; Peter S. Goodman, "Companies Bolster Sales Abroad to Offset Weakness at Home," *New York Times*, November 20, 2007; and Floyd Norris, "Pessimism Is Growing in Executive Suites," *New York Times*, December 6, 2007.

关键议题和问题

在第1章的结尾，我们指出，始于2007年的金融危机提出了关于金融体系的一系列重要问题。在回答这些问题的时候，我们将讨论金融体系的一些非常重要的方面。下面是本章的关键议题和问题：

议题：2007—2009年的金融危机是自20世纪30年代的大萧条以来最为严重的。

问题：2007—2009年金融危机的严重性解释了这些年衰退的严重性了吗？

在第371页回答

我们在第11章看到，影子银行体系在过去20年中的崛起已经明显改变了资金从贷款人向借款人流动的方式。在这一章，我们首先考察金融危机的根源和结果，接下来具体考察影子银行体系的问题如何导致了2007—2009年的金融危机。

12.1 金融危机的根源

金融体系的核心功能是方便资金从贷款人流向借款人。金融危机是这一资金流动的明显中断。经济活动取决于家庭借款融通支出的能力，以及企业借款融通其日常业务及在新工厂、机器和设备上长期投资的能力。因此，金融危机通常导致经济衰退，因为家庭和企业在面临借款困难时削减其支出。从内战之前一直到 20 世纪 30 年代，美国大多数的金融危机都涉及商业银行体系。我们在下一节从银行恐慌开始对金融危机的讨论。

商业银行业务的潜在脆弱性

基本的商业银行业务活动是吸收短期存款并利用资金发放贷款和购买长期证券。换言之，银行从存款人借入短期资金并向家庭和企业贷出长期资金。因而，银行存在期限错配，因为其负债的期限——主要是存款——比其资产的期限——主要是贷款和证券要短得多。银行是相对**非流动的**（illiquid），因为存款人可以在任何时候收回资金，而银行也许在出售它们将存款人的资金投资其中的贷款上存在困难。因此，银行面临着**流动性风险**（liquidity risk），因为银行在满足其存款人收回资金的要求时会存在困难。如果相比于银行手头拥有的资金，更多的存款人要求收回资金，银行将不得不借入资金，通常是从其他银行。如果银行无法借款来满足存款收回，那么银行将不得不出售资产来筹集资金。如果一家银行曾发放和购买过价值已经下降的贷款和证券，那么银行也许会**资不抵债**（insolvent），这意味着银行资产的价值小于其负债的价值，从而其净值，或者说资本是负的。一家资不抵债的银行可能无法履行支付其存款人的义务。

银行挤兑、传染和银行恐慌

如果政府未对存款提供保险且没有中央银行，流动性风险对银行是一个特别的问题。1836—1914 年间，美国没有中央银行。1933 年以前，美国没有政府存款保险体系。在那些年，如果存款人怀疑银行发放了糟糕的贷款或其他投资，存款人具有强烈的动机冲向银行提取资金。存款人知道银行只有足够支付一部分存款人的可用现金和流动资产。一旦银行的流动资产消耗殆尽，银行就必须关门歇业，至少是暂时性的，直到其可以筹集到新的资金。一家被迫以大幅折扣价格出售非流动资产来筹集现金的银行也许会变得资不抵债并永久性地关闭大门。一家破产银行的存款人很可能只能收回其部分资金，而且通常只有在一段长的延迟之后才能收回。银行的存款人同时提取资金导致银行关闭的过程被称为**银行挤兑**（bank run）。

注意到，在这一期间，作为一家银行的一位存款人，如果你有任何怀疑银行存在问题的理由，你就会有非常强烈的动机成为第一个收回你的存款的人之一。即使你确信你的银行管理良好且其贷款和投资完好无损，如果你认为银行的其他储户认为银行存在问题，你还是有强烈的动机在其他存款人到达并迫使银行关门之前收回你的存款。换言之，在没有存款保险的情况下，银行的稳定性取决于其储户的信心。在此情形中，如果坏消息——或者即使是错误的谣言——动摇了信心，银行就会遭遇挤兑。

此外，如果没有政府存款保险系统，关于一家银行的坏消息会迅速蔓延并在一个被称为**传染**（contagion）的过程中影响其他银行。一旦一家银行遭遇挤兑，其他银行的储户可能也会开始担心其银行也有问题。这些存款人具有从其银行中取回存款以避免在其银行被迫关门时遭遇损失的动机。这些其他银行将被迫出售贷款和证券来筹集资金以支付存款人。一个关键之处在于，如果多家银行必须出售相同的资产——例如，现代银行体系中的抵押支持证券——这些资产的价格很可能会下跌。随着资产价格的下降，银行的净值受损，一些银行甚至会被迫倒闭。如果多家银行遭遇挤兑，其结果是**银行恐慌**（bank panic），银行恐慌也许会导致系统中的很多银行也许是全部关闭。银行恐慌来自感觉的自我实现：如果存款人认为其银行有问题，银行就会有问题。

传染和银行恐慌中的潜在问题是：银行是根据关于借款人的私人信息来构建贷款组合的，银行收集私人信息来决定发放哪些贷款。由于这一信息是私人的，存款人无法检查信息来确定哪些银行是稳健的、哪些银行是脆弱的。这一情形类似于金融市场中的逆向选择问题，在逆向选择中，贷款人无法区分好的借款人和坏的借款人。由于银行在积累贷款时获得私人信息，存款人在评价其银行的资产组合的质量和区分有偿付能力与无偿付能力的银行时几乎毫无根据。因此，关于一家银行的坏消息会带来对其他银行的财务健康的担心并最终导致银行恐慌。

阻止银行恐慌的政府干预

政策制定者希望保持银行业的健康，因为银行降低了金融体系中的信息成本。财务健康的银行由于流动性问题的倒闭损害了家庭和中小企业获得贷款的能力，从而降低了匹配储蓄者和借款人的效率。

政府拥有两种主要的方法来避免银行恐慌：（1）中央银行可以充当最后贷款人，和（2）政府可以对存款提供保险。在美国，国会对银行恐慌的反应是在1913年建立了联邦储备系统。政策制定者和经济学家认为，银行业需要一个"银行的银行"，或者说**最后贷款人**（lender of last resort）。通过充当最后贷款人的角色，联储是银行在恐慌期间可以求助以获得贷款的最终信贷来源。联储会利用银行的优良的但非流动的贷款为抵押品向有偿付能力的银行发放贷款。政策制定者期待联储只向有偿付能力的银行发放贷款，而让无偿付能力的银行倒闭。

正如我们将会看到的，联储未能阻止20世纪30年代初的银行恐慌，这导致国会在1934年创建了**联邦存款保险公司**（Federal Deposit Insurance Corporation，FDIC）。通过打消存款人的疑虑，即，即使在其银行倒闭时，他们也能收回资金，存款保险有效地结束了美国的银行恐慌时代。图12—1说明了银行恐慌的原因和结果以及政府干预。

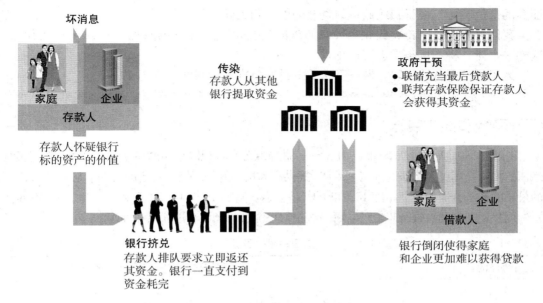

坏消息

家庭　企业

存款人

存款人怀疑银行
标的资产的价值

传染
存款人从其他
银行提取资金

政府干预
● 联储充当最后贷款人
● 联邦存款保险保证存款人
　会获得其资金

家庭　企业

借款人

银行挤兑
存款人排队要求立即返还
其资金。银行一直支付到
资金耗完

银行倒闭使得家庭
和企业更加难以获得贷款

图 12—1　银行挤兑和政府反应

银行挤兑会导致好的银行和坏的银行一起倒闭。银行倒闭是成本高昂的，因为银行倒闭降低了家庭和企业的信贷可得性。

🅠 解决问题 12.1：要求银行持有 100% 的准备金会消除银行挤兑吗？

正如我们在第 10 章所看到的，联储要求银行对其超过一定水平的支票存款持有量持有等于 10% 的准备金。在 20 世纪 50 年代，芝加哥大学的诺贝尔经济学奖获得者米尔顿·弗里德曼曾建议要求银行持有 100% 的准备金。波士顿大学的劳伦斯·J·科特里科夫（Laurence J. Kotlikoff）于 2010 年提出了一个类似的方案。如果银行被要求持有 100% 的准备金，银行将用其资本而非存款来发放贷款和购买证券。简要讨论这一提议会如何影响银行挤兑的可能性。

资料来源：Kotlikoff's account of 100% reserve banking is part of his general proposal for financial reform in Laurence J. Kotlikoff, *Jimmy Stewart Is Dead*, Hoboken, NJ: John Wiley & Sons, 2010.

解决问题

第一步　复习本章的内容。这一问题是关于什么导致了银行挤兑的，因此，你也许需要复习"银行挤兑、传染和银行恐慌"这一小节。

第二步　通过讨论什么导致了银行挤兑以及要求银行持有 100% 的准备金是否会影响挤兑发生的可能性来回答问题。我们已经看到，银行挤兑的原因在于存款人的知识，即银行只将存款的一部分保留为准备金，并将剩余部分贷放出去或进行投资。在一个不存在最后贷款人和政府存款保险的体系中，银行在挤兑中会迅速耗尽其准备金，以至于只有挤兑队伍中的第一个存款人可以完全收回其资金。如果银行持有 100% 的准备金，而不是比方说的 10%，存款人将不必担心在他们选择提取存款时资金是不可得的。在银行做出了糟糕的投资的情况下，存款人也不会面临失去资金的风险，因为银行的贷款和证券的价值不再与银行归还储户的资金的能力相关联。

我们可以得出结论：无论一个 100% 准备金银行业体系的其他优点或缺点是什么，这样一个体系将不再经常遭遇挤兑。

为了进行更多的练习，做一下第 375 页本章末的问题和应用 1. 10。

～～～～～～～～～～～～～～～～～～～～～～～～～～～～～～～～～～～～

银行恐慌和经济衰退

如表 12—1 所示，从 19 世纪初直到 1933 年联邦存款保险公司的建立，美国一直深受银行恐慌的困扰。国民经济研究局（NBER）提供广为接受的美国经济衰退的日期。从 NBER 确定的最早的经济衰退的日期，即 1854 年的经济衰退，直到 1933 年，除了发生在 19 世纪 60 年代初的内战期间的两次银行恐慌外，每一次银行恐慌都与经济衰退联系在一起。

表 12—1	美国的银行恐慌
银行恐慌的日期	银行恐慌是在经济衰退期间发生的吗？
1857 年 8 月	是
1861 年 12 月	否
1864 年 4 月	否
1873 年 9 月	是
1884 年 6 月	是
1890 年 11 月	是
1893 年 5 月	是
1896 年 10 月	是
1907 年 10 月	是
1930 年 10 月	是
1931 年 4 月	是
1931 年 9—10 月	是
1933 年 1—2 月	是

经济衰退日期是根据国民经济研究局的商业周期参考日期确定的，其开始于 1854 年。1873 年 9 月的银行恐慌发生在经济衰退开始之前的那个月。

资料来源：Carmen M. Reinhart and Kenneth S. Rogoff, *This Time Is Different: Eight Centuries of Financial Folly*, Princeton, NJ: Princeton University Press, 2009, Table A. 4. 1; Michael Bordo, Barry Eichengreen, Daniela Klingebiel, and Maria Soledad Martinez-Peria, "Is the Crisis Problem Growing More Severe?" *Economic Policy*, Vol. 32, Spring 2001, pp. 52-82, Web appendix; Michael Bordo and Joseph G. Haubrich, "Credit Crisis, Money and Contractions: An Historical Review," *Journal of Monetary Economics*, Vol. 57, January 2010, pp. 1-18; and National Bureau of Economic Research.

银行恐慌与经济衰退相伴而生并非巧合。银行恐慌能导致生产和就业的下降，要么带来一场衰退，要么恶化现有的衰退。银行破产通过毁灭家庭和企业以存款形式持有的部分财富可以直接影响家庭和企业的支出能力。当银行破产时，银行的股东也会遭受财富的损失。此外，依靠已经破产的银行获得信贷的家庭和企业不再能够使用它们融通其部分支出所需的贷款。通常，在银行恐慌中，即使仍有偿付能力的银行也会减少贷款，因为它们试图积累储备以满足存款人的存款收回。由于之前符合银行贷款标准的家庭和企业不再符合标准，其结果会是**信贷收缩**（credit crunch）。最后，通过破坏支票账户存款，银行破产会导致货币供给的下降。

银行恐慌和经济衰退之间也会存在负反馈。正如我们已经看到的，如果衰退触发了恐慌，银行恐慌会使得经济衰退更为严重。但是随着经济衰退的恶化，在企业盈利能力下滑和家庭收入下降的情况下，更多的借款人可能对其贷款违约，银行持有的证券的价格也可能会下降，这会进一步打击存款人的信心并导致收回存款的增加。提现上升的威胁和符合信用标准的借款人数量的不断下降会导致银行进一步削减其贷款，进而降低了家庭和企业的支出能力，这又深化了经济衰退。

虽然美国经历的金融危机主要是银行恐慌，其他国家还经历过汇率危机（有时候被称为**货币危机**（currency crises））和**主权债务危机**（sovereign debt crises）。

汇率危机

我们在第 8 章看到，正如其他的价格一样，各种货币间的汇率——例如，美元和欧元之间的汇率或日元和澳元之间的汇率——是由需求和供给互动决定的。然而，在某些情形中，有些国家曾试图通过将其货币**盯住**（peg）另一种货币以保持其货币的价值。例如，在 20 世纪 90 年代，许多发展中国家曾盯住其货币对美元的价值。固定汇率可以为与另一个国家存在广泛的贸易联系的一个国家提供巨大的好处。当汇率固定时，商业计划变得容易得多。例如，如果韩元的价值相对于美元上升，韩国的电视机生产商也许不得不提高向美国出口的电视机的美元价格，从而减少了销售量。如果韩元和美元之间的汇率是固定的，这些制造商在做计划时就要轻松得多。

此外，如果一国的企业希望直接向外国投资者借款或间接向外国银行借款，起伏不定的汇率会导致其债务偿还的波动。例如，一家泰国企业可以从一家日本银行借入美元。如果该泰国企业希望用借入的美元在泰国建立一家新工厂，那么它必须将美元兑换为等量的泰国货币泰铢（baht）。当工厂建成并开始生产时，该泰国企业会赚到新增的用于兑换为美元以支付贷款的利息的泰铢。如果泰铢对美元的价值下跌，问题出现了，因为该泰国企业现在必须支付更多的泰铢来购买所需的美元。通过盯住泰铢对美元的价值，泰国政府降低了外币贷款给泰国企业带来的风险。

盯住会遇到问题，尤其是如果盯住汇率最终显著高于在没有盯住的情况下会存在的均衡汇率。图 12—2 说明了几个东亚国家在 20 世纪 90 年代末所遇到的问题，因为这些国家试图在均衡水平之上盯住对美元的汇率。在不存在盯住的情况下，韩元和美元之间的均衡汇率是 E_1，每天均衡的韩元交易量是 Won_1。由于韩国政府在高于均衡水平的 E_2 水平上盯住汇率值，存在等于 $Won_3 - Won_2$ 的韩元超额供给。由于在该汇率水平下想用韩元兑换美元的人比想用美元兑换韩元的人更多，负责维持盯住的韩国中央银行必须利用之前积累的美元储备来购买过剩的韩元，否则盯住是无法维持的。

最终，中央银行会耗尽其持有的美元。为了尽可能长时间地维持盯住，韩国和其他处于类似情形的东亚国家采取了措施以使得其货币更具吸引力。一个关键策略是提高本国的利率。较高的利率旨在吸引外国投资者购买本国的债券，从而提高对本国货币的需求并潜在地保持盯住水平。不幸的是，较高的国内利率同时也抑制了本国企业从事实物资本投资及本国家庭融通住房和耐用消费品支出的借款。最终，20 世纪 90 年代末的东亚货币危机导致了这些国家的经济衰退，这些国家决定放弃其货币盯住。

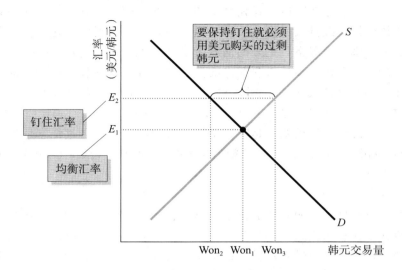

图 12—2　源于东亚货币盯住制的汇率危机

韩国政府盯住韩元对美元的价值。盯住汇率 E_2 位于均衡汇率 E_1 之上。为了维持盯住水平，韩国中央银行必须用美元购买等于 $Won_3 - Won_2$ 数量的过剩韩元。

主权债务危机

主权债务是指一国政府发行的债券。当一国对其债券的利息或本金偿还存在困难时，或者当投资者预期一国未来会存在这种困难时，主权债务危机就出现了。如果主权债务危机导致实际的违约，一国政府也许在一段时间内无法发行债券，这意味着政府将必须完全依靠税收收入来偿还政府支出。即使避免了违约，政府在发行债券时也很可能将不得不支付更高的利率。因此而发生的政府支出减少或税收增加会将一国经济推入衰退。

主权债务危机频繁发生，而且通常是源于下列两种情形之一：（1）长期的政府预算赤字最终导致政府债券所必需的利息偿还占据了政府支出的一个不可持续的很大比例，或者（2）严重的经济衰退提高了政府支出并降低了税收收入，进而导致预算赤字飙升。在 2007—2009 年的经济衰退之后，当投资者开始对其偿还债券利息的能力产生怀疑时，几个欧洲政府，最明显的是希腊政府，被推向了债务危机的边缘。这些国家采取了大幅削减支出和较高的税收来结束其政府预算赤字。

联系实际：为什么 2007—2009 年经济衰退的严重性如此难以预测？

我们在本章开始的导入案例中看到，政策制定者、经济学家和公司的 CEO 们都对美国 2007—2009 年经济衰退的严重性感到大为震惊。令人震惊的一个关键原因在于，美国自 20 世纪 30 年代以来还未经历过一场金融恐慌。商业周期的衰退可以有多种原因。2001 年的经济衰退是由很多企业曾在 20 世纪 90 年代末的"互联网繁荣"期间在信息技术上的过度投资之后的投资支出下降引起的。石油价格的大幅上升也导致了经济衰退。但不管其原因是什么，美国在 1933—2007 年之间的经济衰退并没有伴随着银行恐慌。20世纪 30 年代大萧条的初期的确出现了一系列的银行恐慌。2007—2009 年的经济衰退也伴随着银行恐慌，但主要是在影子银行体系而不是商业银行体系。大萧条和 2007—2009 年的经济衰退都是非常严重的。这两次衰退的严重性是相伴的银行恐慌的结果吗？更一般地，伴随银行恐慌的经济衰退往往比没有涉及银行恐慌的经济衰退更为严重吗？

马里兰大学的卡门·莱因哈特（Carmen Reinhart）和哈佛大学的肯尼斯·罗戈夫（Kenneth Rogoff）收集了多个世纪的关于经济衰退和银行恐慌或银行危机的数据试图回答这一问题。下表说明了美国在大萧条期间以及包括日本、挪威、韩国和瑞典在内的多个其他国家二战后在一次银行危机之后时期的核心经济变量的平均变化。表格说明对这些国家平均而言，银行危机之后的经济衰退是相当严重的。失业率上升了 7 个百分点——例如，从 5％上升到 12％——并在危机开始之后的将近 5 年中继续上升。人均实际 GDP 也大幅下降，一次银行危机之后的平均衰退长度是将近两年的时间。在对通货膨胀进行调整之后，股票价格下跌了超过一半，住房价格下跌了超过三分之一。政府债务飙升了 86％。公共债务增加部分地源于政府支出增加，包括救助破产的金融机构的支出。但大部分债务增加是政府预算赤字的结果，而政府预算赤字源于因经济衰退导致的收入和利润下降带来的税收收入的急剧下降。

经济变量	平均变化	变化的平均持续期	国家数
失业率	＋7 个百分点	4.8 年	14
人均实际 GDP	−9.3％	1.9 年	14
实际股票价格	−55.9％	3.4 年	22
实际住房价格	−35.5％	6 年	21
实际政府债务	＋86％	3 年	13

上表并没有包括美国在 2007—2009 年的经济衰退期间的数据，因为在莱因哈特和罗戈夫汇集他们的数据的时候这次衰退还在继续。下表说明了 2007—2009 年的美国经济衰退相比于二战之后美国其他经济衰退的一些核心指标。

	持续期	实际 GDP 的下降	失业率的峰值
战后衰退的平均值	10.4 个月	−1.7％	7.6％
2007—2009 年的衰退	18 个月	−4.1％	10.1％

与莱因哈特和罗戈夫的发现一致，银行恐慌之后的经济衰退往往是异乎寻常的严重。2007—2009 年的经济衰退是美国自 20 世纪 30 年代的大萧条以来最严重的一次。经济衰退的持续时间将近两倍于以前的战后衰退的平均值，GDP 下降的幅度超过平均值的两倍，失业率的峰值高出平均水平大约三分之一。

由于大多数人并没有发现金融危机的临近，他们也未能预料到 2007—2009 年经济衰退的严重性。

注：在第二个表格中，衰退的持续期是基于 NBER 的商业周期日期，实际 GDP 的下降度量的是从周期峰顶季度到周期谷底季度的简单百分比变化，失业率的峰值是周期峰顶之后任何月份的最高失业率。

资料来源：The first table is adapted from data in Carmen M. Reinhart and Kenneth S. Rogoff，*This Time Is Different：Eight Centuries of Financial Folly*，Princeton，NJ：Princeton University Press，2009，Figures 14.1-14.5；and the second table uses data from the U. S. Bureau of Labor Statistics，the U. S. Bureau of Economic Analysis，and the National Bureau of Economic Research.

通过做第 376 页本章末的问题和应用 1.12 来检查一下你的理解。

12.2 大萧条时期的金融危机

美国在过去 100 年中两次最大的金融危机是伴随着 20 世纪 30 年代的大萧条和 2007—2009 年的经济衰退的两次金融危机。在这一节和下一节，我们将更深入地考察这两次危机。

大萧条的开始

图 12—3 (a) 说明了实际 GDP；企业在工厂、办公建筑和其他实物资本上及家庭在住房建筑上的实际投资支出；以及家庭在商品和服务上的实际消费支出从 1929 年到 1939 年间的波动情况。数据是以相对于其在 1929 年的值的指数值表示的。实际 GDP 在 1929—1933 年间下降了 27%，而实际消费下降了 18%，实际投资下降了令人惊讶的 81%。这些下降是迄今为止 20 世纪最大的。图 (b) 说明了相同年份的失业率情况。失业率从 1929 年到 1930 年上升了三倍，1932 年和 1933 年超过 20%，在大萧条开始之后 10 年的 1939 年仍然高于 10%。

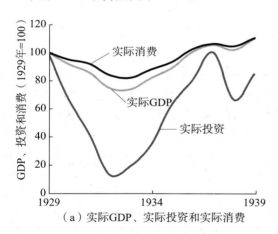
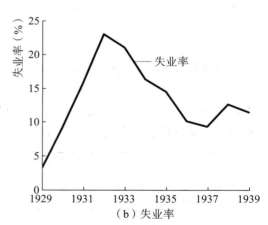

(a) 实际GDP、实际投资和实际消费　　　　(b) 失业率

图 12—3　大萧条

在图 (a) 中，数据是以相对于其在 1929 年的值的指数值表示的。实际 GDP 在 1929—1933 年间下降了 27%，而实际消费下降了 18%，实际投资下降了令人惊讶的 81%。这些下降是迄今为止 20 世纪最大的。图 (b) 说明失业率从 1929 年到 1930 年上升了三倍，1932 年和 1933 年超过 20%，在大萧条开始之后 10 年的 1939 年仍然高于 10%。

资料来源：panel (a)：U. S. Bureau of Economic Analysis；panel (b)：经济史学家收集的对 20 世纪 30 年代期间失业率的各种不同的估计，在此期间，联邦政府没有发布关于失业率的数据。图中所用的估计值可参见 David R. Weir，"A Century of U. S. Unemployment, 1890 - 1990," in Roger L. Ransom, Richard Sutch, and Susan B. Carter (eds.)，*Research in Economic History*，Vol. 14，Westport，CT：JAI Press，1992，Table D3，pp. 341-343.

虽然很多人认为大萧条开始于 1929 年 10 月著名的股市崩盘,但 NBER 确定大萧条的日期始于两个月之前的 1929 年 8 月。图 12—4 展示了标准普尔 500 综合股票价格指数从 1920 年到 1939 年的波动情况。到 1928 年,联储开始担心图中所示的股票价格的快速上涨。随着联邦储备提高利率以降低被视为股票价格中的投机性泡沫,美国的经济增长在 1929 年初放缓,经济最终陷入一场衰退。

图 12—4 标准普尔 500 指数,1920—1939 年

在开始担心股票价格在 1928—1929 年间快速上涨之后,联储提高了利率。股票价格从 1929 年到 1932 年的下跌是美国历史上最大的。

资料来源:Robert J. Shiller, *Irrational Exuberance*, Princeton, NJ: Princeton University Press, 2005, as updated at http://www.econ.yale.edu/~shiller/data.htm.

几大因素进一步加剧了 1929 年秋到 1930 年秋这一时期的经济低迷的严重性。1929 年 9 月—1930 年 9 月间,股票价格暴跌了超过 40%,进而降低了家庭的财富,使得企业通过发行股票筹集资金变得更为困难,并提高了家庭和企业关于其未来收入的不确定性。不确定性的这一上升也许可以解释家庭在诸如汽车之类的耐用消费品以及企业在工厂、办公建筑和其他实物资本支出上的大幅下降。此外,国会于 1930 年 6 月通过了《斯穆特-霍利关税法案》,这导致国外关税的报复性提高,从而减少了美国的出口。一些经济学家还认为,新住房支出上的下降进一步恶化了经济低迷。这一下降源于人口增长的放缓,部分是由国会在 20 世纪 20 年代初通过的限制移民的立法导致的。

20 世纪 30 年代初的银行恐慌

如果始于 1929 年 8 月的经济低迷到 1930 年秋就结束了,这仍然是有记录以来最为严重的衰退之一。然而,经济低迷远未结束,一直持续到 1933 年 3 月。接下来出现了缓慢的复苏,直到始于 1937 年 5 月的另一场衰退开始,这场衰退一直持续到 1938 年 6 月。其结果是,在大萧条开始之后 10 年的 1939 年,很多企业仍然在远低于其产能的水平下生产,而且失业率依然很高。直到 1945 年第二次世界大战结束之后,美国经济还没有恢复正常。

很多经济学家认为,始于 1930 年秋的一系列银行恐慌极大地助推了大萧条的持续时间和严重程度。银行恐慌一波接一波地到来:1930 年秋季、1931 年春季、1931 年秋季以及 1933 年春季。大量小型且分散化不足的银行——尤其是当商品价格下跌时那些持有农业贷款的银行——助长了危机。当一家银行暂时性地或永久性地向公众关闭时，银行中止服务就发生了。图 12—5 展示了从 1920 年到 1939 年间银行中止服务的数量。1933 年的恐慌是最为严重的，数个州宣布了"银行假日"，在假日期间，该州所有的银行都是关闭的。最后，1933 年 3 月就职后不久，富兰克林·罗斯福总统宣布了全国性的银行假期，几乎国内的每一家银行都关闭了。1929 年 6 月在美国营业的 24 500 家商业银行中，仅有 15 400 家银行 1934 年 6 月还在营业。图 12—5 说明了随着联邦存款保险公司在 1934 年的成立，银行中止服务降至低水平。

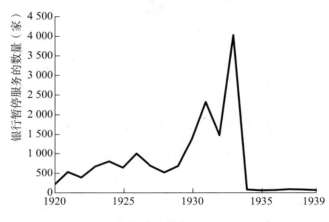

图 12—5 银行中止服务，1920—1939 年

在银行中止服务期间，银行暂时性地或永久性地对公众关闭，在联邦存款保险公司 1934 年成立之后下降到低水平之前，银行中止服务在 20 世纪 30 年代初的银行恐慌时期急剧上升。

我们已经讨论过银行恐慌深化经济衰退的各种方式。此外，在大萧条期间，银行恐慌导致了一个反馈过程，即当时首先由耶鲁大学的欧文·费雪描述的**债务—通货紧缩过程**（debt-deflation process）。费雪认为，由于银行被迫出售资产，那些资产的价格会下降，引起持有该资产的其他银行和投资者遭受净值的下降，导致新的银行倒闭和投资者破产。这些倒闭和破产会带来进一步的资产销售和进一步的资产价格下跌。此外，随着经济衰退的恶化，价格水平下降——正如 20 世纪 30 年代初发生的那样——带有两种负面效应：实际利率上升和债务的实际价值增加。1929—1933 年间，消费者价格指数下降了大约 25%，这意味着，贷款和债券的固定付款不得不用购买力更强的美元支付，增加了借款人的负担并提高了破产的可能性。不断下降的资产价格、持续下跌的商品和服务价格以及不断上升的破产和违约的这一过程会加剧一次经济衰退的严重性。

大萧条期间联邦储备政策的失败

20 世纪 30 年代初的一些银行倒闭源于大萧条的严重性，因为银行在其贷款和证券投资上遭遇损失，变得资不抵债，在那些年中随同很多其他企业一起倒闭了。但是，某些银行倒闭源于体系的不稳定性，因为只是非流动但并不是资不抵债的银行遭遇到挤兑并被迫关门倒闭。具有讽刺意味的是，国会于1913年建立以结束银行恐慌的联邦储备却应对美国历史上最严重的恐慌负责。

为什么联储没有介入以稳定银行体系呢？经济学家提出了四种可能的解释：

1. 无人负责。 当今，联邦储备主席是明确负责的。联储主席同时是理事会和联邦公开市场委员会的主席，联邦公开市场委员会决定着联储最重要的政策。然而，当前的联邦储备系统结构直到1935年之前并未建立，在20世纪30年代初，联邦储备系统内部的权力要分散得多。财政部长和通货监理官都是直接向美国总统报告的，在联邦储备董事会（Federal Reserve Board）中任职，联邦储备董事会是理事会（Board of Governors）的前身。财政部长担任董事会的主席。因此，与现在相比，当时的联储并不独立于政府的执行部门。此外，与现在相比，当时的12家联邦储备地区银行的首脑在经营上要独立得多，纽约联邦储备银行的首脑在体系内几乎拥有与联储董事会首脑相同的影响力。在银行恐慌的时候，纽约联邦储备银行的首脑George Harrison担任公开市场政策会议（Open Market Policy Conference）的主席，公开市场政策会议是当前的联邦公开市场委员会（Federal Open Market Committee）的前身。Harrison经常独立于Roy Young和Eugene Meyer行动，这两位在当年担任联邦储备董事会的首脑。重要的决定要求在这些不同的集团中达成共识。在20世纪30年代早期，一项共识被证明是非常难以达成的，采取决定性的政策行动是非常困难的。

2. 联储不愿意拯救无偿付能力的银行。 建立联储是为了担任由于银行挤兑而遭遇临时性流动性问题的有偿付能力银行的最后贷款人。如果其资产以市场价格来衡量，在20世纪30年代初的银行恐慌中倒闭的很多银行是资不抵债的，很多联储官员认为，采取行动拯救它们会助长银行经理的冒险行为。换言之，联储担心的是现在经济学家所称的道德风险问题。

3. 联储未能理解名义利率和实际利率之间的差别。 联储密切地监视名义利率，尤其是短期贷款的利率，这一利率在20世纪30年代初降到了非常低的水平。很多联储官员认为，这些低利率表明并不存在借款人可得贷款的短缺。然而，经济学家认为，实际利率是比名义利率更好的关于贷款市场情况的指标。在20世纪30年代初，美国经济经历了通货紧缩，1930—1933年间，价格水平以年均6.6％的比率下降。因此，以实际条件衡量，20世纪30年代初的利率比联储的决策者们所认为的要高得多。

4. 联储希望"清除投机过度"。 联储的很多成员认为，大萧条是20世纪20年代末的金融投机的结果，尤其是出现在1928年和1929年的股票价格泡沫。他们认为，只有在过度的后果被"清除"之后，一场持久的复苏才是可能的。一些经济学家认为，联储遵循了据称是由财政部长Andrew Mellon提出的"清算主义者"政策，Andrew Mellon认为，允许价格水平下降与虚弱的银行和企业倒闭是复苏开始之前必不可少的。

✔ **联系实际：美国的银行破产导致了大萧条吗？**

20世纪60年代初，芝加哥大学的米尔顿·弗里德曼和国民经济研究局的安娜·施瓦茨在其《美国货币史——1867—1960年》一书中发布了关于银行恐慌的重要性的有影响的讨论。在那本书以及后来的著述中，弗里德曼和施瓦茨专门挑选出位于纽约市的一家大型私人银行——美国银行（the Bank of United States）1930 年 12 月的倒闭作为特别重要的例子：

　　［该银行］在 1930 年 12 月 11 日的倒闭标志着始于 1929 年 8 月的收缩的特征发生了根本性的变化，从一场没有任何金融危机迹象的严重衰退到一场在 1933 年的银行假日中达到其高潮的灾难，当时所有的银行均关闭一周……

　　美国银行陷入困境部分由于其贷款中异常高的百分比是在房地产上，而房地产到 1930 年秋季的时候遭遇了价格的持续下跌和抵押贷款的违约。此外，美国银行的所有者一直在利用银行的资金来支撑银行的股票价格，两位所有者后来因这种非法行为进了监狱。在银行关闭之前的几周里，纽约联邦储备银行试图安排银行与其他两家纽约市的银行进行合并。当合并的计划失败时，银行被关闭了，成为到那时为止美国倒闭的最大的银行。

　　美国银行的倒闭在当时引起了很多讨论，经济学家一直到现在还在争论这一事件。银行在关闭的时候似乎已经资不抵债了，这是对通过与其他两家银行合并来拯救它的计划失败的合适的解释。然而，存在一些纽约联邦储备银行的首脑 George Harrison 并不支持合并计划的证据，这也许对其他银行拒绝合并起到了一定的作用。经济学家对联邦储备是否应该强有力地推动避免银行倒闭一直存在分歧。

　　很多经济学家对弗里德曼和施瓦茨强调该银行倒闭的重要性是持怀疑态度的。在该银行倒闭之后，其他纽约市的银行并没有遭遇严重的流动性问题，也没有银行倒闭。在下一波银行恐慌到来之前，几个月过去了，那次恐慌中牵涉到的很多银行都是纽约市之外的小银行。此外，那次恐慌与美国银行的倒闭是否存在一些联系还不是很清楚。在美国银行倒闭之后，低评级公司债券的利率的确相对于高评级公司债券的利率开始上涨，但是，再一次，这是不是该银行倒闭的结果并不清楚。

　　美国银行倒闭的细节比起这一事件后来对政策制定者的影响来说是不重要的。尤其是在弗里德曼和施瓦茨的书出版之后，联储内部和外部的很多经济学家开始认为，允许该银行倒闭是一个明显的政策错误。一些经济学家甚至认为，这一事件在导致联储提出"大而不倒"论上是非常重要的，"大而不倒"论认为，大型金融企业是不能允许其倒闭的，因为其倒闭可能会动摇金融体系。这一论点在 2007—2009 年的金融危机期间以及危机之后遭受了激烈的争议。

　　虽然美国银行的倒闭已经过去了 80 多年，但其倒闭的后果继续影响着当前的政策。

资料来源：Milton Friedman and Anna Schwartz, *A Monetary History of the United States*, *1867 - 1960*, Princeton, NJ：Princeton University Press, 1963, pp. 308-313；Friedman quote from Milton Friedman, "Anti-Semitism and the Great Depression," *Newsweek*, Vol. 84, November 16, 1974, p. 90；Alan H. Meltzer, *A History of the Federal Reserve*：*Volume 1*：*1913 -1951*, Chicago：University of Chicago Press, 2003, pp. 323-326；Elmus Wicker, *The Banking Panics of the Great Depression*, Cambridge, UK：Cambridge University Press, 1996；and Arthur J. Rolnick, "Interview with Ben S. Bernanke," Federal Reserve Bank of Minneapolis, *The Region*, June 2004.

　　通过做第 377 页本章末的问题和应用 2.10 来检查一下你的理解。

12.3 2007—2009 年的金融危机

几大因素对导致 2007—2009 年的经济衰退并加剧衰退的严重性是责无旁贷的，包括石油价格从 2004 年的每桶 34 美元上涨到 2008 年的每桶 147 美元。然而，最重要的原因显然是房地产市场泡沫的破灭。

住房泡沫的破灭

新房销售从 2000 年 1 月到 2005 年 7 月间上升了 60%，到 2005 年 7 月的时候，很多经济学家认为住房市场已经形成了**泡沫**（bubble）。回忆一下第 7 章的内容，在泡沫中，一项资产的价格高于其内在价值。我们已经看到，一股股票的内在价值等于投资者预期从拥有该股票中会获得的股息的现值。类似地，一幢住房的内在价值等于房屋所有者预期会获得的住房服务的现值。那么，我们预期住房价格和租金会以大致相同的比率上升。① 因此，如果单元家庭住房（single-family home）的价格相对于单元家庭住房的租金率显著上涨，那么住房市场正在经历一场泡沫的可能性提高了。从 2000 年 1 月到 2006 年 5 月间，住房价格上涨了超过一倍，而租金上升了不到 25%，这提供了泡沫的证据。

由于新房和现有住房价格在 2006 年开始下跌，一些购房者在偿还住房抵押贷款上遇到了麻烦。当贷款人对一些这类贷款取消抵押品的赎回权时，贷款人将住房出售，这导致住房价格进一步下降。曾大量发放次级抵押贷款的贷款人遭受了沉重的损失，一些贷款人已经关门歇业。大部分的银行和其他贷款人提高了其对借款人的要求。这一信贷收缩（credit crunch）使得潜在的购房者更加难以获得抵押贷款，这又导致住房市场的进一步萧条。住房市场的下滑不仅导致房地产建设支出的下降，而且影响到家具、家用电器和住房改进市场，因为住房所有者发现以其价值不断下降的住房为抵押的借款变得更为困难。

对贝尔斯登和雷曼兄弟的银行挤兑

到 2007 年初，包括银行和其他金融企业在内的拥有由次级抵押贷款构成的抵押贷款支持证券的投资者很可能会遭受重大损失已经变得非常清楚了。然而，很多经济学家和决策者同意在本章开始的导入案例中所引用的联储主席本·伯南克的观点，即不断上升的次级抵押贷款并不会对更广泛的经济造成问题。一场金融危机可能正在逼近的第一个强烈的暗示出现在 2007 年 8 月，当时，法国巴黎银行（BNP Paribas）宣布其不会允许其三个投资基金的投资者赎回它们的份额。这些基金曾持有大量的抵押贷款支持证券，而且由于这些证券的交易已经枯竭，确定证券的市场价格进而基金份额的价值已经变得非常困难。

在 2007 年秋季和 2008 年春季的时候，信贷条件恶化了。很多贷款人变得不愿意向

---

① 如果购房者预期未来的租金会上涨，住房价格上涨而当前的租金保持不变是可能的。但是，在 2000—2005 年间，并不存在很多购房者或经济学家所预期的未来租金大幅上升的迹象。

金融企业发放超过非常短的期限的贷款，而且通常坚持要求以政府债券为抵押品。正如我们在第 11 章所看到的，一些投资银行曾用来自银行和其他金融企业的短期借款融通长期投资。这些投资银行处于一种类似于在联邦存款保险公司建立之前的商业银行所处的境遇。尤其是，如果贷款人拒绝续借投资银行的短期贷款，投资银行就在遭遇挤兑。这正是 2008 年 3 月发生在贝尔斯登身上的事情。贷款人变得担心贝尔斯登在抵押贷款支持证券上的投资的价值已经下跌到了该投资银行资不抵债的程度。在联邦储备的帮助下，只有通过让摩根大通银行以每股 10 美元的价格收购，贝尔斯登才从破产中被拯救出来，而就在一年前，贝尔斯登的股价还是 170 美元。

到 2008 年 8 月的时候，危机还在深化，因为将近 25％的次级抵押贷款至少过期了 30 天。9 月 15 日，在财政部和联邦储备拒绝提供必需的资金以吸引私人买方来购买该企业后，雷曼兄弟投资银行申请了破产保护。与此同时，美林投资银行同意将自己出售给美国银行。雷曼兄弟的倒闭标志着危机中的一个转折点。正如第 11 章所提到的，9 月 16 日，一家大型货币市场共同基金 Reserve Primary Fund 宣布由于其持有的雷曼兄弟的商业票据已经遭遇重大损失，通过允许基金份额的价值跌至 0.97 美元，基金将"跌破面值"。随着投资者兑现其份额，这一宣布导致了对货币市场共同基金的挤兑。由于证券化贷款的交易基本停止了，金融体系的很多局部已经冻结，不管是大企业还是小企业甚至在安排短期贷款上也存在困难。

联邦政府对金融危机的特别反应

在金融危机之前，联邦政府的政策制定和监管结构曾聚焦在商业银行体系和股票市场上。这导致政府在处理一场集中在由投资银行、货币市场共同基金、保险公司和对冲基金组成的影子银行体系上的危机时无所适从。此外，正如我们已经看到的，直到完全进入 2007 年，大多数的决策者才意识到次贷危机有可能会演变为一场全面的金融危机。

然而，危机一旦开始，联邦储备、财政部、国会和乔治·W·布什总统就对危机做出了有力的反应。2007 年 9 月 18 日，通过降低联邦基金利率指标，即商业银行对短期贷款相互之间收取的利率，联储开始大幅压低短期利率。到 2008 年 12 月，联邦基金利率接近于零，达到历史上的最低水平。2008 年 9 月，通过让财政部保证向每家企业提供高达 1 000 亿美元的资金以交换两家企业 80％的所有权，联邦政府有效地将负责证券化大部分的住房抵押贷款的政府担保企业房地美和房利美国有化了。财政部将两家企业的管理控制权授予了联邦住房金融总署（Federal Finance Housing Agency）。在同一月份，财政部宣布了一项为这些基金的份额提供 500 亿美元的保险的计划阻止了对货币市场共同基金的挤兑。10 月，联储自大萧条以来首次宣布其将通过**商业票据融资便利**（Commercial Paper Funding Facility）直接向公司发放贷款，即购买非金融企业发行的三个月期的商业票据。

2008 年 9 月，联邦储备和财政部还披露了一项国会将批准 7 000 亿美元用于从金融企业和其他投资者手中购买抵押贷款和抵押贷款支持证券的计划。国会在 2008 年 10 月初通过的**不良资产救助计划**（Troubled Asset Relief Program，TARP）的目标是：重建一个这类证券的市场，从而为资产负债表上有数万亿美元的这类资产的金融企业提供救助。最终，作出一个购买抵押贷款和抵押贷款支持证券的计划被证明是非常困难的，大部分的 TARP 资金被用于直接购买银行的优先股以增强其资本。

这些政策主动象征着美国历史上对金融体系最广泛的政府干预之一。这些主动权在长期内是否会存在意外的负面影响仍然有待观察。但是，大部分经济学家和决策者认为，他们在 2008 年秋和 2009 年春成功地稳定了金融体系。财政部于 2009 年初执行的对 19 家大型金融企业的压力测试（stress test）也有助于稳定金融体系。压力测试旨在衡量如果衰退深化这些企业的情况会怎么样。当压力测试表明这些企业需要筹集不到 1 000 亿美元的新资本从而拥有资源来应对一场严重的经济低迷时，很多投资者的信心得到了恢复。

在危机过去之后，国会开始着手考察掌管金融体系的监管是否需要彻底检查。我们将在下一节讨论 2010 年 7 月国会通过和巴拉克·奥巴马总统签署的《多德-弗兰克华尔街改革和消费者保护法案》。

12.4 金融危机与金融监管

联邦政府对 2007—2009 年金融危机的反应凸显了新的政府金融监管通常是在应对危机中出现的。当我们考察政府在过去的年份里曾制定的监管的不同类型时，我们会发现存在一个有规律的模式：（1）危机，（2）监管，（3）金融企业对新监管的反应，以及（4）监管者的反应。

监管模式中的第一个阶段是金融体系中的一场**危机**（crisis）。例如，如果储蓄者对银行精明地使用其资金的能力失去信心时，由于储蓄者试图取回其资金，一场银行挤兑就会出现。当储蓄者对银行失去信心时，银行就无法履行其作为很多借款人的中介的职能。

当政府介入通过**监管**（regulation）结束危机时，第二阶段就出现了。政府通常是在其感受到金融机构的不稳定以及政治压力使得干预是明智之举的时候介入的。例如，美国和其他国家的政府监管曾通过努力维持银行的盈利性和建立存款保险来对银行恐慌做出反应。

第三个阶段是**金融体系的反应**（response by the financial system）。一个主要的新的监管——如存款保险——带来了金融机构业务活动的变化和创新。例如，一旦存款保险降低了存款人监控银行投资的程度，银行也许就会冒更大的风险。像制造业企业或其他非金融企业一样，创新（服务消费者的新产品或业务线的开发）会赋予一家公司超过其竞争对手的优势。金融创新的动机与其他行业一样：利润。

第四个阶段是**监管反应**（regulatory response）。监管者观察监管对金融机构业务模式变化的影响。尤其是，当金融创新规避了监管限制时，监管者必须修改其政策或寻求新的授权作为一种监管反应。

最后贷款人

我们已经看到，国会创建了联邦储备系统作为最后贷款人在银行恐慌期间为银行提供流动性。然而，我们还看到，当联储面对 20 世纪 30 年代初的银行体系崩溃而袖手旁观时，联储未能通过其首次至关重要的测试。国会对这一失败的反应是建立联邦存款保险公司（FDIC）并重组联储以使得联邦公开市场委员会（FOMC）成为联储的主要决策主体。理事会的主席，而不是纽约联邦储备银行的行长，被指定为联邦公开市场委员会的主席。最后这一变化通过确保位于华盛顿特区的理事会而不是 12 家联邦储备地区银行的行长是体系中的主导力量而有助于联储决策的集中化。

战后以来的成功和"大而不倒"政策的提出

虽然联储在大萧条期间作为最后贷款人的开端并不可靠，但联储在二战后的大部分时期都很好地发挥了这一作用。例如，当曾是美国最大的公司之一的宾州中央铁路公司（Penn Central Railroad）于 1970 年申请破产时，其对 2 亿美元的商业票据违约了。投资者开始怀疑其他大型公司发行的商业票据的质量，并在向商业票据市场提供资金时变得谨慎。联储通过给商业银行提供贷款使得银行向那些通常在商业票据市场借款的企业发放贷款而帮助避免了一场危机。

在 1974 年的一个类似事件中，富兰克林国民银行（Franklin National Bank）开始遭遇持有可转让大额定期存单（negotiable certificate of deposit，CDs）的存款人的挤兑。由于这些存单的价值超过 40 000 美元，从而超过了当时存款保险的上限，投资者担心如果银行倒闭他们会遭受重大损失。其他银行担心它们也会遭遇到持有大额可转让定期存单的储户的挤兑。由于大额可转让定期存单是银行的一项重要的资金来源，银行将不得不快速收回自己的贷款，进而减少家庭和企业可以得到的信贷。联储通过向富兰克林国民银行提供超过 15 亿美元的短期贷款而避免了这一结果，直到联储找到了愿意与富兰克林国民银行合并的另一家银行。联储的迅速行动避免了对金融体系的一记重击。

1987 年 10 月 19 日的股票市场暴跌带来了对 1929 年股市暴跌之后事件的再次重演的担忧。尤其是，很多证券公司受到了股票价格下跌的严重伤害。这些证券公司的倒闭本来会中断纽约股票交易所的交易。在股票市场第二天开始交易之前，联邦储备主席艾伦·格林斯潘向新闻媒体宣布联储准备提供流动性以支持经济和金融体系。与此同时，作为最后贷款人，联储鼓励银行向证券公司发放贷款并向银行提供了贷款。这些行动恢复了银行和投资者的信心并保持了金融市场的平稳运行。

在这些以及其他类似行动中，联储成功地发挥了其作为最后贷款人稳定金融体系的作用，从而避免了 20 世纪 30 年代的失误，当时，联储不愿意拯救无偿付能力的银行导致其在金融体系崩溃时袖手旁观。然而，联储会不会正在开始在相反的方向上犯错呢？原则上，中央银行应该向那些非流动但并不是无偿付能力的银行提供短期贷款。通过向无偿付能力的银行发放贷款，中央银行冒着银行的经理们会过度冒险的风险，因为银行的经理们知道当他们的投资失败且变得资不抵债时，中央银行会拯救他们。换言之，通过向无偿付能力的银行发放贷款，联储提高了金融体系中的道德风险水平。到 20 世纪 80 年代初，最大的那些银行被联储和联邦存款保险公司视为**"大而不倒"**（too big to fail）已经变得非常明显。负责监管国民银行的通货监理官于 1984 年向国会提交了一份被视为"大而不倒"的银行的名录。这些银行中的任何一个的倒闭都被视为将给金融体系造成**系统风险**（systemic risk）。

由于联储和联邦存款保险公司不会允许这些大型银行倒闭，这些银行的储户事实上拥有无限额的存款保险。这意味着，大额存款人，包括大额可转让定期存单的持有人，在这些银行倒闭的时候不会失去任何资金，即使其存款超过了 10 万美元的联邦存款保险上限。因此，这些存款人对银行经理行为的监控以及在银行经理做出鲁莽投资时收回其存款或要求较高的利率的激励要弱得多。

此外，"大而不倒"政策因其不公平而受到批评，因为这一政策对小型银行和大型银行区别对待。当 FDIC 在 1990 年关闭非洲裔美国人拥有的哈勒姆自由国民银行（Harlem's Freedom National Bank）时，其大额存款人——包括诸如黑人联合大学基金（United Negro College Fund）和城市联合会（Urban League）之类的慈善组织——仅获得未保险存款的大约 50%。仅在几个月之后的 1991 年 1 月，大得多的新英格兰银行因其房地产投资组合的失败而倒闭。其大额存款人却受到 FDIC 的全额保护，花费了纳税人大约 23 亿美元。

对不公平和源自"大而不倒"政策的道德风险上升的担忧正是国会通过《1991 年联邦存款保险公司改进法案》（Federal Deposit Insurance Corporation Improvement Act of 1991，FDICIA）的原因之一。该法案要求 FDIC 利用对纳税人成本最小的方法来处理倒闭的银行，这通常意味着关闭银行、偿还银行被保险的存款人以及利用从出售银行的资产中可以筹集到的任何资金来偿还未保险的存款人。由于一家倒闭银行资产的价值几乎总是小于其负债的价值，未保险储户会遭受损失。然而，该法案的确包含了一个对某些情形的例外，在这些情形中，银行的倒闭会引起"对经济环境和金融稳定的严重负面影响"。要启动这一例外，必须得到联邦存款保险公司三分之二的董事、联储理事会三分之二的成员以及财政部长的批准。在 2007—2009 年的金融危机期间，这一例外被证明是非常重要的。

金融危机以及联储作为最后贷款人的更广泛的作用

因为是投资银行，而非商业银行，在金融危机开始的时候受到最直接的影响，决策者面临未曾预料到的挑战。不像商业银行，投资银行不符合直接从联储借款的条件。虽然商业银行的存款受到 FDIC 的存款保险的保护，但其对投资银行的贷款却并未受到保护。我们已经看到，联储是通过向大型投资银行发放贷款以及购买商业票据以确保能满足企业的短期信贷需要来处理这些问题的。此外，财政部向拥有货币市场共同基金份额的投资者提供了临时性的保险。

也许联储行为中最具争议的是 2008 年 3 月与财政部携手安排摩根大通银行收购贝尔斯登以阻止贝尔斯登倒闭的决定。作为安排的一部分，联储同意对摩根大通在贝尔斯登持有的抵押贷款支持证券上可能遭受的高达 290 亿美元的损失提供保护。一些经济学家和决策者批评了这一行为，并表示这一行为提高了金融体系中的道德风险。这一批评也许在联储 2008 年 9 月并不试图拯救雷曼兄弟免于破产的决定中发挥了一定的作用。然而，几天之后，联储向美国国际集团（AIG）保险公司发放了一笔巨额的贷款以交换该企业 80% 的所有权，这事实上是把 AIG 国有化了。事实上，除雷曼兄弟之外，联储、联邦存款保险公司和财政部联合采取行动的结果是，没有大型金融企业因给投资者带来损失而倒闭。"大而不倒"政策似乎又回来了。

2010 年金融大修："大而不倒"政策的终结？

虽然联储、联邦存款保险公司和财政部的行动因帮助恢复了金融体系的稳定而得到一些经济学家和决策者的赞赏，但很多国会议员批评他们认为源于 TARP 以及为阻止大型金融企业倒闭所采取的行动的所谓"救助华尔街"。因此，2010 年 7 月通过的《多德-弗兰克华尔街改革和消费者保护法案》（众所周知的《多德-弗兰克法案》）包含了旨在结束"大而不倒"政策的条款。该法案允许联储、联邦存款保险公司和财政部查封和接管大型金融企业，这意味着企业的资产会以一种不会动摇金融市场的方式被廉价卖清。在此之前，只有联邦存款保险公司拥有这一权力，而且其只能利用这一权力关闭商业银行。其目的在于赋予决策者除了允许大型企业破产或采取行动拯救它之外的第三种选择权。联邦存款保险公司主席 Sheila Bair 预测该法案会导致投资者将资金转向较小的企业，确定较小企业的投资风险的信息成本会比较低。较大的企业将不得不为投资者提供更高的预期收益，从而因"大而不倒"政策的终结而补偿投资者。该法案是否事实上已经结束了"大而不倒"政策仍然有待观察，因为新的法律为监管者留下了重要的实施细节。

图 12—6 在金融危机、监管、金融体系的反应和监管者的反应的背景下概括了联储的最后贷款人角色。

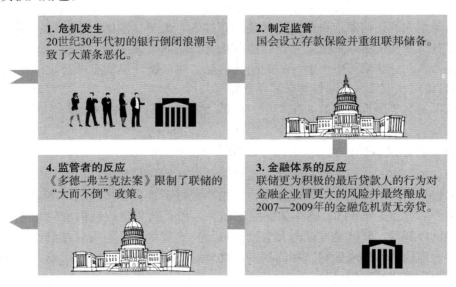

图 12—6　最后贷款人：危机、监管、金融体系的反应和监管者的反应

✔ **联系实际：长期资本管理公司是导致山崩的小石块吗？**

以后见之明观之，看似很明显，很多金融企业在 21 世纪头 10 年中期从事了风险很高的投资，就这些投资而言，这些金融企业并未从其获得的收益中得到很好的补偿。最明显的例子就是抵押贷款支持证券上的投资，商业银行、投资银行和其他金融企业在这一投资上获得的利率仅仅稍微高于这些企业在风险低得多的证券上本来可以获得的利率。为什么这些企业会做出这些高风险的投资呢？部分原因是它们也许低估了与抵押贷款支持证券有关的风险，因为美国自大萧条以来还未曾经历过住房价格全国性的大幅下跌。然而，一些经济学家和决策者却认为，金融企业愿意从事高风险投资是因为它们预期到如果投资最终失败联邦储备会拯救它们免于破产。

为什么这些企业会对联储有如此的信心？一些经济学家指向一个特定事件的结果：联储于1998年介入过对冲基金长期资本管理公司（Long-Term Capital Management，LTCM）的倒闭。长期资本管理公司包括获得过诺贝尔经济学奖的罗伯特·莫顿和迈伦·斯科尔斯作为其合伙人并依靠从事高度杠杆化的投资，如果较高风险债务的利率相对于较低风险债务的利率下跌，该投资会获得利润。对长期资本管理公司而言不幸的是，俄罗斯政府于1998年春季宣布不再偿还其部分债券，这导致高风险和低风险债务之间的价差扩大。虽然LTCM只使用了40亿美元的股权来从事其投资，但通过借款和衍生品合约，其资产持有量的总价值却高达1.1万亿美元。联储担心如果LTCM宣布破产并对其贷款和衍生品合约违约，很多其他金融企业会受到影响，金融体系的稳定性也会被破坏。在艾伦·格林斯潘的支持下，纽约联邦储备银行行长William McDonough召集了一次LTCM的管理层与16家金融企业之间的会议，这16家金融企业同意投资LTCM以稳定该企业，从而使得LTCM的头寸可以被"放松"，或者说在不动摇金融市场的情况下逐步地出售其资产。

联储的行动成功地避免了一场金融危机，但一些批评者认为，联储的干预在长期内存在不利的后果，因为联储让LTCM的所有者以及该企业的交易对手避免了LTCM高风险投资的全部后果。这些批评者还认为，联储的干预给其他企业——尤其是高度杠杆化的投资银行和对冲基金——信心，如果它们在高风险投资上遭遇重大损失，联储会为了它们的利益而介入。在这个意义上，2007—2009年金融危机的原因也许在于联储1998年与LTCM有关的行为。

然而，并不是所有的经济学家或决策者都同意援助LTCM的决定对2007—2009年金融危机之前那些年金融企业经理们的行为有所影响。例如，值得注意的是，虽然LTCM是一家对冲基金，但在金融危机期间，并没有对冲基金获得过来自联储或任何其他联邦政府机构的援助。像联储在1930年不救助美国银行的决定一样，联储在1998年帮助援救LTCM的决定以后很可能会受到争议。

资料来源：Roger Lowenstein, *When Genius Failed：The Rise and Fall of Long-Term Capital Management*, New York：Random House，2000；and Franklin R. Edwards，"Hedge Funds and the Collapse of Long-Term Capital Management," *Journal of Economic Perspectives*，Vol. 13，No. 2，Spring 1999，pp. 189-210.

通过做第380页本章末的问题和应用4.8来检查一下你的理解。

降低银行不稳定性

大萧条的银行危机不仅带来了联邦储备的重组和联邦存款保险公司的建立，而且导致了国会制定了旨在直接提高商业银行体系稳定性的新规则。国会努力实现这一目标的一种方法是减少银行之间的竞争。国会想要降低银行挤兑的可能性并减少银行行为中的道德风险机会。限制竞争的一个理由是其提高了银行的价值，进而降低了银行过度从事高风险投资的意愿。

然而，从长期来看，反竞争的规则并不能提高银行的稳定性，因为这些规则为不受监管的金融机构和市场创造了通过提供银行存款和贷款的近似替代品而与银行竞争的激励。关于反竞争性监管实际上如何导致竞争的一个生动的例子发生在银行对存款支付的利率上限的竞争上。斗争起于《1933 年银行业法案》，这一法案批准了 Q 条例。联储管理下的 **Q 条例**（Q Regulation）就银行对定期和储蓄存款可以支付的利率施加了上限并禁止银行对活期存款支付利息，活期存款当时是唯一的支票存款形式。Q 条例旨在通过限制银行之间为资金的竞争并通过保证银行从贷款收到的利率与对存款支付的利率之间的一个合理的利差来维持银行的盈利性。事实上，该条例迫使银行为生存而创新。

通过对银行可以为存款人支付的利率设定一个上限，国会的目的是授予银行一种在贷款市场上的竞争优势。由于银行支付存款人相对很少，银行可以对贷款收取较低的利率并成为家庭和企业的主要贷款人。但是，一旦市场利率上涨到 Q 条例的利率上限之上，大额和小额存款人都具有从银行存款中提取资金的激励，从而使银行渴求其发放贷款所需的资金。由于持续上涨的通货膨胀率将利率推高到了 Q 条例的上限之上，这一不健康的模式在 20 世纪 60 年代具体化了。尤其是，大公司和富有的家庭用国库券、商业票据和回购协议上的短期投资替代了银行短期存款。货币市场共同基金在 1971 年的引入赋予储蓄者另一种对银行存款的替代选择。

正如我们已经看到的，货币市场共同基金的发展还为**借款人**（borrower）提供了一种新的资金来源。大型且运作规范的企业可以在商业票据市场上筹集短期资金。企业将其显著比例的商业票据出售给了货币市场共同基金。银行从其商业贷款业务输给商业票据市场中遭受了损失，正如我们对逆向选择的分析所预示的，只有高质量的借款人可以成功地出售商业票据，低质量的借款人则留给了银行。储蓄者和借款人退出银行并转向金融市场就是众所周知的**去中介化**（disintermediation），没有储蓄者的资金来发放贷款导致银行失去了收入。

为了规避 Q 条例，银行为储蓄者开发了新的金融工具。花旗银行于 1961 年引入了**大额可转让定期存单**（negotiable certificates of deposit，negotiable CDs）作为一种具有固定（比方说六个月）到期日的定期存款。由于存单的价值至少是 10 万美元，因此存单并不受 Q 条例利率上限的限制。因为存款可以买卖，大额可转让定期存单对商业票据形成了竞争。此外，银行通过开发其支付利息的可转让支付命令账户（negotiable order of withdrawal account，NOW account）试图绕开对活期存款支付利息的限制。拥有一个 NOW 账户的存款人被赋予"可转让支付命令"，即在向其他人转移资金时，存款人可以签字移交。虽然这些可转让支付命令并不叫支票，但它们看起来像支票并被像支票一样对待，因此，NOW 账户事实上是付息的支票账户。银行还开发了**自动转账系统账户**（automatic transfer system accounts，ATS accounts），作为一种帮助大额存款人避免利率上限的手段。通过在每天结束的时候将顾客的支票账户余额"打扫"进一种付息的隔夜回购协议中，ATS 账户事实上是对支票账户支付利息的。

作为对银行业利率管制崩溃的反应，国会制定了两部立法——1980 年的《存款性机构放松监管和货币控制法案》（Depository Institutions Deregulation and Monetary Control Act，DIDMCA）和 1982 年的《戈恩-圣杰曼法案》（Garn-St. Germain Act）。随着 DIDMCA 的通过，国会通过逐步取消 Q 条例与正式承认 NOW 账户和 ATS 账户减轻了银行身上的反竞争性负担——Q 条例在 1986 年彻底消失。此外，法案还取消了抵押贷款和商业贷款的利率上限。国会批准《戈恩-圣杰曼法案》赋予银行一种更有力的对抗货币市场共同基金的武器来帮助逆转去中介化。该法案允许银行提供**货币市场存款账户**（money market deposit accounts，MMDAs），该账户受到 FDIC 存款保险的保护，但却不要求银行为此持有准备金。存款人每个月只被允许开六张支票。这些存款的成本对银行来说是较低的，因为银行不必为其持有准备金或处理很多支票，因此，银行可以做到对其支付比 NOW 账户更高的利率。市场利率与银行的安全和熟悉相结合使得新账户立即受到存款人的欢迎。

图 12—7 概括了应用到利率上限中的金融危机、监管、金融体系的反应和监管者的反应这一过程。

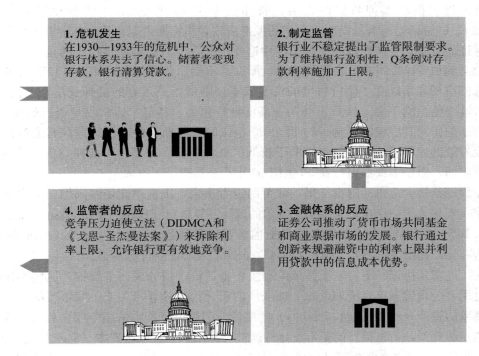

1. 危机发生
在 1930—1933 年的危机中，公众对银行体系失去了信心。储蓄者变现存款，银行清算贷款。

2. 制定监管
银行业不稳定提出了监管限制要求。为了维持银行盈利性，Q 条例对存款利率施加了上限。

4. 监管者的反应
竞争压力迫使立法（DIDMCA 和《戈恩-圣杰曼法案》）来拆除利率上限，允许银行更有效地竞争。

3. 金融体系的反应
证券公司推动了货币市场共同基金和商业票据市场的发展。银行通过创新来规避融资中的利率上限并利用贷款中的信息成本优势。

图 12—7 利率上限：危机、监管、金融体系的反应和监管者的反应

资本要求

联邦政府努力提高银行体系稳定性的一种方法是通过向银行派遣来自联邦存款保险公司、联邦储备和通货监理署的检察官以确保银行正在遵循监管规则。（通货监理署将其检查主要限定在大型国民银行上。）检查之后，银行会收到一份基于如下标准的 CAMELS 评级形式的等级：

资本充足性（Capital adequacy）；

资产质量（Asset quality）；

管理水平（Management）；

收益（Earnings）；

流动性（Liquidity）；

市场风险敏感度（Sensitivity to market risk）。

一份特别差的 CAMELS 评级会带来一份下达给银行的停业（cease-and-desist）命令，要求其改变行为。这样一个体系模仿了私人市场通过在金融合约中嵌入限制性条款来处理道德风险的方法。

关于 CAMELS 分类，资本充足性和资产质量通常受到最高的关注。当银行将其股权资本用于高风险的投资试图提高其股权收益率时，道德风险出现了。监管要求银行持有的最低资本数量降低了道德风险隐患和 FDIC 的银行倒闭成本。在 20 世纪 80 年代的**储蓄贷款协会危机**（savings-and-loan crisis，S&L crisis）之后，监管者提高了其对资本充足的关注。为了推动抵押贷款的发展，联邦法令于 20 世纪 30 年代创建了储贷协会（S&Ls）。储贷协会持有长期固定利率的抵押贷款并用短期定期存款为其融资。虽然这一结构保证储贷协会会从严重的期限错配中遭受损失，但只要利率是稳定的且监管限制了储贷协会和银行可以对存款支付的利率，那么就不会出什么问题。然而，1979 年初，大幅上涨的市场利率提高了储贷协会的资金成本，降低了其现有的抵押贷款资产的现值，并导致其净值急剧下降。储贷协会还是高度杠杆化的，其资本通常仅是资产的 3%，这又放大了损失对其股权的影响。20 世纪 80 年代的一波储贷协会倒闭潮只有通过高昂的联邦政府救助才得以结束。虽然借助于较低的杠杆和较少地集中于抵押贷款，受到的伤害是有限的，但很多商业银行在 20 世纪 80 年代还是遭受了损失。

作为储贷协会危机的附带结果，政策制定者决定解决资本充足性问题。美国联合其他国家一起加入了一个由位于瑞士巴塞尔的国际清算银行（Bank for International Settlement，BIS）发起的计划。**巴塞尔银行业监督管理委员会**（Basel Committee on Banking Supervision）提出《巴塞尔协议》（Basel accord）来监管银行资本要求。

在《巴塞尔协议》下，基于其风险程度，银行资产被分成四个类别。这些类别被用于通过用一个风险调整因子乘以每一项资产的美元价值计算出关于一家银行的一个**经过风险调整的资产**（risk-adjusted assets）的度量。利用银行资本的两个度量相对于其经过风险调整的资产，一家银行的资本充足性就被计算出来了。**一级资本**（Tier 1 capital）主要包括我们一直所称的银行资本：所有者权益。**二级资本**（Tier 2 capital）等于银行的贷款损失准备金、次级债务以及其他几项银行资产负债表项目。正如我们在第 10 章所看到的，银行留出其资本的一部分作为一笔**贷款损失准备金**（loan loss reserve）来预计未来的贷款损失。采用贷款损失准备金使得一家银行可以避免在其报告的利润中出现大的波动。当银行出售债券时，一些债务是**高级债务**（senior debt），而其他的是**次级债务**（subordinated debt，or junior debt）。如果银行倒闭了，拥有高级债务的投资者会在拥有次级债务的投资者之前得到偿付。由于拥有次级债务的投资者具有更强的动机监控银行经理的行为，因此，在《巴塞尔协议》下，次级债务被包括在二级资本中。

银行监管当局是通过计算两个比率来确定一家银行的资本充足性的：银行的一级资本相对于其经过风险调整的资产的比率以及银行的总资本（一级加上二级）相对于其经过风险调整的资产的比率。以这两个比率为基础，银行被分配到五个风险类别中，如表 12—2 所示。注意到，银行的资本比率越高，其杠杆越低，经受短期损失的能力就越高。

表 12—2   **度量银行的资本充足性**

类别	描述	一级资本比率	总资本比率
1	资本非常充足	6%或更高	10%或更高
2	资本充足	4%或更高	8%或更高
3	资本不足	小于4%	小于8%
4	资本明显不足	小于3%	小于6%
5	资本严重不足	小于2%	—

资料来源：Federal Deposit Insurance Corporation.

除了一般银行监管中规定的业务，类别 1 中的银行在其业务上是无限制的。类别 2 中的银行在其业务上必须遵守一定的限制，但并不需要采取任何行动。类别 3、4 和 5 中的银行必须采取措施来提高其资本比率。通常，FDIC 与类别 3、4 和 5 中的一家银行达成一份正式协议，规定必须采取的行动以及完成这些行动的最后期限。类别 5 中的银行必须使 FDIC 确信其拥有一个立即增加资本的计划，否则就会被关闭。需要注意的是，类别 5 中的银行也许是有偿付能力的——其资本也许是正的，因此其资产的价值也许大于其负债的价值——但如果其无法立即筹集到额外的资本，它还是会被关闭。

这些资本要求的实施意味着较低资本比率的银行会被强制关闭或筹集额外的资本，从而提高商业银行体系的稳定性。但是，大型商业银行对这些资本要求的反应是金融创新，金融创新使得这些银行将其部分资产移到资产负债表之外。由于持有诸如抵押贷款支持证券之类的风险相对高的资产要求银行持有额外的资本，诸如花旗集团之类的一些大型银行设立了**特殊投资实体**（special investment vehicles，SIVs）来持有这些资产。SIVs 具有独立于其发起银行的管理和资本。但是，在买卖证券中，SIVs 受益于其与发起银行的联合。到金融危机的时候，有大约 30 家 SIVs，持有大约 3 200 亿美元的资产。随着 SIVs 持有的资产失去价值，发起银行面临困难的选择：是让 SIVs 破产还是将其恢复到银行的资产负债表上？最终，大部分银行选择了第二条路线，在金融危机期间提高了对其资产负债表的伤害，但却保护了其与投资于 SIVs 发行的商业票据和其他债务的客户之间的关系。

在《巴塞尔协议》下，一项要求银行提高资本比率的新协议在 2010 年 9 月达成。但是，给了银行八年的时间来遵守新的规则，大部分大型银行只需要筹集很少的新增资本。虽然从短期来看，新协议似乎不太可能对国际银行体系造成很大的影响，但监管者认为，从长期来看，新协议会降低在未来金融危机中对政府援助银行的需要。图 12—8 概括了就其应用于资本要求的金融危机、监管、金融体系的反应和监管者的反应这一过程。

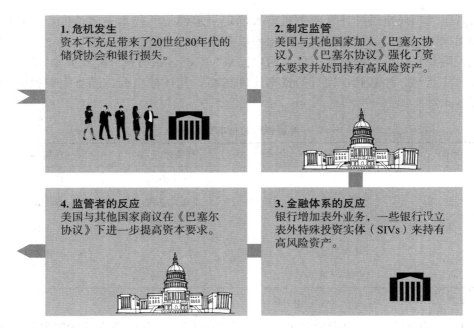

图 12—8 资本要求：危机、监管、金融体系的反应和监管者的反应

2007—2009 年的金融危机以及危机和反应的模式

2007—2009 年金融危机期间以及危机之后的事件符合我们在本章中已经多次看到的危机和反应的模式。显然，房地产市场的崩溃带来了一场比 20 世纪 30 年代的大萧条以来美国金融体系所经历的任何一场危机都要严重的金融危机。住房价格暴跌降低了家庭的净值，导致家庭削减支出以偿还债务。试图借款的那些家庭，包括为抵押贷款再融资的借款，发现难以获得信贷，因为其净值已经下降了而且贷款人已经收紧了贷款标准。很多较小的企业也处于一种类似的境况，因为商业房地产价格大幅下跌，降低了企业在借款时赖以作为抵押品的建筑物的价值。

抵押贷款支出证券和其他与住房有关的资产价格的持续下跌给银行和其他中介机构带来了损失。财政部和联邦储备的初始监管反应是，通过救助 AIG 之类的企业、借助 TARP 对商业银行的资本注入以及联邦储备的积极贷款来稳定金融体系。

银行对危机和监管压力的反应是，通过减少贷款和积累储备努力**去杠杆化**（deleverage）来重建其资本并减少其资产负债表上的不良贷款。此外，随着其重新评估其贷款规则，银行变得更加风险厌恶。很多小企业发现其信贷被切断了，即使与那些它们有着长期关系的银行也是如此。

在危机过去之时，随着《多德-弗兰克华尔街改革和消费者保护法案》（简称《多德-弗兰克法案》）于 2010 年 7 月的通过，国会试图彻底检查对金融体系的监管。我们将在第 13 章进一步讨论这一法案，下面是一些关键的规定：

● 创建下设于联邦储备的消费者金融保护局，以制定旨在在其借款和投资活动中保护消费者的规则。

● 建立金融稳定监管委员会，包括来自所有主要的联邦金融监管主体的代表，包括证券交易委员会和联储。该委员会旨在识别并对金融体系的系统风险采取行动。

● 正如之前讨论过的，结束对大型金融企业的"大而不倒"政策。

● 对联储的运作做出几大改变。

● 要求某些衍生品在交易所而不是在场外市场交易。

● 通过禁止商业银行的大多数自营交易来实施"沃克尔规则"。

● 要求对冲基金和私募股权企业在证券交易委员会注册。

● 要求出售抵押贷款支持证券和类似资产的企业保留至少5％的信用风险。

《多德-弗兰克法案》对金融体系的影响仍然有待观察。但是，若以史为鉴，我们可以确定，金融企业将以旨在降低新规则对其业务的影响的金融创新来做出回应。

图12—9就其应用于2007—2009年的金融危机概括了金融危机、监管、金融体系的反应和监管者的反应这一过程。

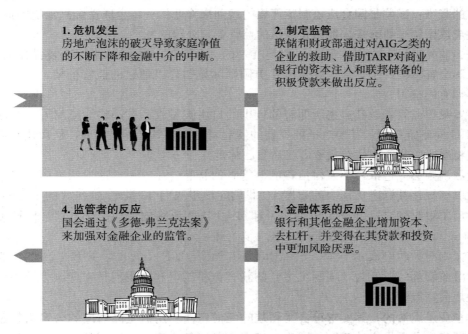

图12—9 2007—2009年的金融危机：危机、监管、金融体系的反应和监管者的反应

回答关键问题

续第346页

在本章开始的时候，我们提出了如下问题：

"2007—2009年金融危机的严重性解释了这些年衰退的严重性了吗？"

我们已经看到，2007—2009年经济衰退的严重性是自20世纪30年代的大萧条以来最为严重的。这也是自20世纪30年代以来第一次伴随着一场金融危机的经济衰退。我们讨论过卡门·莱因哈特和肯尼斯·罗戈夫的研究成果，该研究表明，与金融危机有关的经济衰退通常比未涉及金融危机的经济衰退时间更长、程度更深。我们指出，由于金融危机破坏了从储蓄者到家庭和企业的资金流动，危机导致了支出的显著下降，这也是金融危机使得衰退更加严重的原因之一。因此，很可能2007—2009年的金融危机的严重性解释了经济衰退的严重性。

在进入下一章之前，阅读下面的**政策透视**，讨论与《多德-弗兰克法案》的通过有关的一些问题。

政策透视：国会努力改革金融市场，预防未来的危机

《华尔街日报》
规定不断变动的目标

ⓐ**在对金融监管法案细节的争议之下……每一项对一些人都价值数十亿美元，潜藏着内在的紧张：哪些是国会应该制定严格的规则来降低另一场全球性金融危机的风险的？哪些是应该留给乍看起来未能阻止危机的监管者来处理的？**

……监管者见鬼去吧，但它们不是唯一的。金融体系的每一项防喷装置都失灵了。但是，国会容忍了一个余地大到足以让美国国际集团得以通过的监管框架，监管者未能利用其拥有的权力。

装置赋予监管者较其过去所拥有的较少的自由裁量权。立法将为应对另一个雷曼兄弟或 AIG 而制定规则。其要求抵押贷款的发起者持有违约风险的 5%，从而让它们无法开心地将恶心的贷款出售给投资者然后自己却走开……

左派说国会太过依靠不值得信赖的监管者的智慧。比方说，这迫切要求法律来限制银行可以杠杆化其资产负债表的程度。"我们应该步我们20世纪30年代的祖先的后尘，他们做出了艰难的决定并制定了沿用了超过60年的清晰的法律——直到它们被废止之前。"Sen. Ted Kaufman（D．，Del．，民主党）说。

右派则对大政府表示不满。Sen. Richard Shelby（R．，Ala．，共和党）将新的消费者—金融监管部门贬低为"美国民主党的新官僚机构"和"我们日常金融生活中政府影响的大规模扩展。"

ⓑ**企业是灵活的，其要求符合其利益的任何东西。用衍生品对冲的公司希望国会绑住商品期货交易委员会的手脚，因为它们担心其现任主席会太过积极。但大银行更喜欢较为友好的联邦储备而不是国会来制定其业务范围的规则。**

审慎原则很容易表述："让国会来制定主要的限定原则、让监管部门来填补细节是个好主意。"Kauffman 基金会的副主席 Robert Litan 说道。……但平衡却难以实现——尤其是在事前。当危机出现时，监管部门受到指责。当一切运转良好时，监管部门则经常被指责为太过严厉……

至少两种相互抵消的力量是很明显的。

一个是，当国会制定了太多具体、刚性的规则时，它通常无法让其恢复正常。它缺乏专门知识……"当国会试图太过精确时，它会陷入麻烦，"杜克大学的法学教授 Lawrence Baxter 说，"市场始终在进化"。

ⓒ过去十年的一个明显的教训是，国会没有足够频繁地重新审视金融法律……它只在危机之后才行动。"法令，"Litan 先生说，"就像混凝土……你用它们黏合 10 年或 20 年。"

因此，金融监管法案精明地赋予监管部门广泛的新权力来约束金融机构，而不管其法律形式如何，与过去相比这是一个巨大的变化。

不管国会制定了多少规则，最终，我们将不得不依靠金融监管部门的睿智和正直……但是……国会和监管部门都易于受到来自企业的压力——尤其是关于只有企业才关注的技术问题……

资料来源：*Wall Street Journal*，excerpted from "Regulating a Moving Target" by David Wessel. Copyright 2010 by Dow Jones & Company, Inc. Reproduced with permission of Dow Jones & Company, Inc. via Copyright Clearance Center.

文中要点

在国会于 2010 年春季和夏季努力制定一部金融监管法律之时，美国国会在其寻求避免未来的金融危机之时面临着两个根本性的问题：它应该在多大程度上依靠严格制定的法律，以及在多大程度上将其留给乍看起来未能阻止金融危机的监管部门来自由裁量？悬而未决的立法会赋予监管部门比它们过去拥有的较少的自由裁量权，并会要求抵押贷款发起人在抵押贷款支持证券上有 5% 的违约风险。来自政治左派的批评家认为国会对监管部门太过信任。而来自政治右派的批评家则将立法视为政府作用在民众生活中的扩展。在国会商议期间，两种相互抵消的力量是很明显的：（1）由于市场在不断进化，当国会制定太多刚性的法规时，它通常无法让法规恢复正常；（2）国会没有足够频繁地重新审视金融法规以避免未来的危机。

新闻解读

ⓐ美国国会在 2010 年 7 月通过的金融改革法案——《多德-弗兰克法案》——长达超过 2 300 页。法案反映了这篇文章中所提到的"内在紧张"：哪些会影响到金融市场的严格的法规是国会应该自己来制定的？哪些又是国会应该允许监管部门自由决定来制定这些法规的？如下表所示，监管部门可以决定很多。该法案包括在 10 个不同的联邦机构间的大约 243 页的法规制定表格。法案创建了 10 个机构中的 3 个。据估计，监管部门需要至少一年的时间来完成法规的制定。

ⓑ利用衍生品对冲其业务风险的公司游说国会来限制商品期货交易委员会（CFTC）监管衍生品市场的权力。CFTC 主席 Gary Gensler 曾认为，为了控制作为 2007—2009 年金融危机和经济衰退的重要推手的衍生品的滥用，这需要衍生品市场更大的透明度。但交易员们担心，"更大的透明度"会带来更高的成本，因为很多曾在场外市场发生的交易在未来会被要求在集中的清算所进行。大型银行希望联邦储备，而不是国会，来制定会影响到其未来业务的规则。无须担心被再次任命的那些联邦储备官员们不太可能受到党派游说的影响。

ⓒ金融危机凸显了为了避免未来的危机定期审查金融法规的价值。立法明智地赋予了监管部门对金融机构的权力，而不管其法律形式如何。

联邦机构	估计会制定的新规则的数目
消费者金融保护局*	24
商品期货交易委员会	61
金融稳定监督委员会*	56
联邦存款保险公司	31
联邦储备系统	54
联邦交易委员会	2
通货监理署	17
金融研究办公室*	4
证券交易委员会	95
财政部	9
总计	353

*金融改革法案创建的新机构。

资料来源："The Uncertainty Principle," *Wall Street Journal*, July 14, 2010.

严肃思考

1. 为什么大型银行更喜欢联邦储备而不是国会为制定新的银行监管规则负责？
2. 大型金融企业会如何对源于《多德-弗兰克法案》的某些监管规则做出反应？

本章小结和问题

关键术语和概念

银行恐慌	债务—通货紧缩过程	金融危机
银行挤兑	去中介化	资不抵债
《巴塞尔协议》	传染	联邦存款保险公司（FDIC）
最后贷款人	"大而不倒"政策	

12.1 金融危机的根源

解释什么是金融危机以及什么导致了金融危机。

小结

金融危机是从贷款人到借款人的资金流动的明显中断。由于家庭和企业面临借款困难时会削减其支出，金融危机导致了衰退。银行因其在满足其存款人的取款要求时可能会存在困难而面临流动性风险。一家**资不抵债**的银行——其资产的价值小于负债的价值——也许无法履行其偿还存款人的义务。银行存款人的取款导致银行关闭的过程被称为**银行挤兑**。关于一家银行的坏消息会通过一个被称为**传染**的过程影响其他银行，传染可能会导致很多银行同时遭遇挤兑的**银行恐慌**。一国政府拥有两种方法来避免银行恐慌：（1）在向银行发放贷款中充当**最后贷款人**，或者（2）对银行存款提供保险。国会在 1934 年建立了联邦存款保险公司（FDIC）来对商业银行的存款提供保险。与金融危机有关的经济衰退往往特别严重。除了源于银行恐慌外，金融危机还可能源于汇率危机和主权债务危机。

复习题

1.1 什么是金融危机？

1.2 什么是银行挤兑？银行在遭遇挤兑时一定是资不抵债的吗？

1.3 什么是传染？传染和银行恐慌之间的关系是什么？

1.4 银行恐慌和经济衰退之间的关系是什么？

1.5 政府通常用于避免银行恐慌的两种方法是什么？

1.6 什么是货币危机？什么是主权债务危机？

问题和应用

1.7 在描述发生于 1930 年秋季的银行恐慌时，米尔顿·弗里德曼和安娜·施瓦茨写道：

从 20 年代曾经历过银行倒闭最严重冲击的农业区开始的担忧的传染在存款人中传播。但是，此类传染并不受地理上的限制。

a. 作者所说的"担忧的传染"（contagion of fear）是什么意思？

b. 银行存款人在 20 世纪 30 年代初的时候不得不担忧的是什么？今天的存款人还面临类似的担忧吗？简要解释。

c. 作者所说的"此类传染并不受地理上的限制"的意思是什么？

资料来源：Milton Friedman and Anna Schwartz, *A Monetary History of the United States*, *1867 - 1960*, Princeton, NJ: Princeton University Press, 1963, p. 308.

1.8 一些经济学家和决策者在 2010 年还延续着对欧洲银行状况的担忧，因为在银行的资产负债表上有抵押贷款支持证券和希腊发行的债券。《经济学家》杂志的一篇文章中评论道：

一些银行已经被关在国际借款市场门外了，反映了对它们可能被南欧的不幸所击倒的担忧以及对它们正陷入繁荣年份考虑不周的贷款中的怀疑。对传染的担忧已经提高了其他银行的债务成本。

a. 在这一上下文中，作者所说的"传染"是什么意思？

b. 银行的"债务成本"是什么？传染会如何导致银行债务成本上升？

资料来源："Don't Flunk This One," *Economist*, July 15, 2010.

1.9 《经济学家》杂志上的一篇关于《多德-弗兰克法案》的文章注意到如下一项关于该法案要求某些衍生品的交易从场外市场移至交易所的规定：

该法案通过将衍生品交易移至清算所会进一步降低传染的风险，这会使得确定企业对交易对手的风险敞口更加容易并会保证在违约发生时的偿还。

a. "对交易对手的风险敞口"的意思是什么？

b. 如果确定一家银行或另一家金融企业对交易对手的风险敞口变得更加容易，为什么这会降低传染的风险？

资料来源："In Praise of Doddery," *Economist*, March 18, 2010.

1.10 【与第 349 页的**解决问题** 12.1 有关】波士顿大学的经济学家劳伦斯·科特里科夫曾建议改革银行体系，从而使得所有银行都变成"有限用途银行"。正如他解释道：

银行只行使中间人的职责。它们从不拥有金融资产或借款来投资于任何东西……有限用途银行实际上对支票存款提供 100% 的准备金。这会排除对 FDIC 保险的任何需要和传统银行挤兑的任何可能性……

为什么对支票存款的100%的准备金要求会排除对FDIC保险的需要？如果银行倒闭，存款人还需要担心失去其资金吗？

资料来源：Laurence J. Kotlikoff, *Jimmy Stewart Is Dead*, Hoboken, NJ：John Wiley & Sons, 2010, pp. 123-124, 132.

1.11 《华尔街日报》上的一篇文章报道说："英格兰银行行长Mervyn King星期三警告说银行危机已经变成了一场潜在的主权债务危机，英国和其他国家必须立即解决过度的预算赤字。"预算赤字与主权债务危机之间的关系是什么？

资料来源：Natasha Brereton and Paul Hannon, "BOE King：Potential Risk of Sovereign Debt Crisis," *Wall Street Journal*, May 12, 2010.

1.12 【与第352页的**联系实际有关**】在《这次不一样》一书中，卡门·莱因哈特和肯尼斯·罗戈夫总结道："对战后严重金融危机的后果的考察表明，其对资产价格、产出和就业具有深入而持久的影响。"为什么与金融危机有关的经济衰退会比与金融危机无关的经济衰退更加严重？

资料来源：Carmen M. Reinhart and Kenneth S. Rogoff, *This Time Is Different：Eight Centuries of Financial Folly*, Princeton, NJ：Princeton University Press, 2009, p. 248.

12.2　大萧条时期的金融危机

理解大萧条期间发生的金融危机。

小结

20世纪30年代的大萧条是20世纪最为严重的经济衰退。经济衰退的开始很可能是因为联邦储备提高利率来应对股票价格中的泡沫。从1929年秋季到1930年秋季的经济衰退的严重性是毁灭了财富并提高了不确定性的40%的股票价格下跌、《斯穆特-霍利关税法案》的通过以及新房支出下降的结果。始于1930年秋季的一系列银行恐慌使得经济衰退更加严重。欧文·费雪认为，银行恐慌生成了一个债务—通货紧缩过程，在这一过程中，不断下降的资产价格与持续下跌的商品和服务价格提高了萧条的严重性。联邦储备出于几个原因未能阻止银行恐慌：联储的领导权是分散的，联储不愿意救助无偿付能力的银行，联储未能理解名义和实际利率之间的差别以及联储想要清除被其视为20世纪20年代的投机过度的东西。

复习题

2.1 为什么20世纪30年代的大萧条被视为美国历史上最糟糕的经济衰退？

2.2 20世纪30年代初的银行恐慌在解释大萧条的严重性方面发挥了什么作用？

2.3 什么是债务—通货紧缩过程？其如何加剧了大萧条的严重性？

2.4 简要概括对联储在20世纪30年代初未能介入以稳定银行体系的解释。

问题和应用

2.5 一个商界人士代表团于1930年6月出现在白宫，敦促赫伯特·胡佛总统提出一份经济刺激计划。胡佛告诉他们："先生们，你们晚到了60天。萧条已经结束了。"大萧条是从什么时候开始的？为什么胡佛有理由预期大萧条到1930年6月已经结束了？为什么大萧条比这一时间持续了更长的时间？

资料来源：Arthur M. Schlesigner, Jr., *The Crisis of the Old Older*, Boston：Houghton-Mifflin, 1957, p. 331.

2.6 在其进入政府之前出版的学术研究中，联储主席本·伯南克写道：

在一个没有存款保险的体系中，存款人挤兑和收回资金剥夺了银行贷款的资金，就银行贷款是专业化的和信息敏感的而言，这些贷款并不容易被非银行信贷形式所取代。

a. 银行贷款是"信息敏感的"的意思是什么？

b. 什么是"非银行信贷形式"？为什么银行贷款的"信息敏感"使其难以用非银行信贷形式来取代？

c. 伯南克的观察有助于解释银行恐慌对大萧条的严重性所起的作用吗？

资料来源：Ben S. Bernanke, *Essays on the Great Depression*, Princeton, NJ：Princeton University Press，2000，p. 26.

2.7 在他的回忆录中，赫伯特·胡佛是这样描述他的财政部长对大萧条所作的反应的：

首先是以财政部长 Mellon 为首的"不要管它的清算主义者们"，Mellon 感到政府必须袖手旁观并让衰退自我清算。Mellon 先生只有一个规则："清算劳动、清算股票、清算农场主、清算房地产"。

a. "清算"在这一上下文中是什么意思？

b. 这些观点有助于解释在大萧条的早期年份中的联储行为吗？简要解释。

资料来源：Herbert Hoover, *The Memoirs of Herbert Hoover：Volume 3：The Great Depression, 1929 – 1941*, New York：Macmillan，1952，p. 30.

2.8 2010 年 8 月，《华尔街日报》的一篇文章中写道：

在债券市场中……投资者成群结队地涌向各种债券……从国库债券到"垃圾"债券。其吸引力在于：稳定的利息支付在通货紧缩出现时会变得越来越有价值。

a. 为什么在通货紧缩出现时债券的利息支付会变得更"有价值"？

b. 如果通货紧缩出现，这些债券的名义利率是高于还是低于实际利率？简要解释。

资料来源：Jane J. Kim and Eleanor Laise, "How to Beat Deflation," *Wall Street Journal*, August 7-8, 2010.

2.9 在他的《联邦储备史》一书中，卡内基·梅隆大学的艾伦·梅尔策（Allan Meltzer）描述了联邦储备官员在 1930 年秋季的观点：

大部分政策制定者把短期市场利率大幅下跌视为货币体系当前形势的主要指标……政策是"容易的"，在联邦储备系统政策制定者的经历中从未有过的容易。

a. 说联储政策是"容易的"是什么意思？

b. 在 20 世纪 30 年代初的背景下，低的名义利率是政策容易的一个好的指标吗？为什么联储官员曾经会这样认为？

资料来源：Alan H. Meltzer, *A History of the Federal Reserve：Volume 1：1913 – 1951*, Chicago：University of Chicago Press，2003，p. 315.

2.10 【与第 357 页的**联系实际**有关】明尼阿波利斯联邦储备银行的 Arthur Rolnick 在他们关于美国银行倒闭的解释中认为：

弗里德曼和施瓦茨提出了现在广为人知的"大而不倒"政策的基本理由——即存在一些机构是如此之大，以至于因其对其他经济部分的系统性影响，我们无法承受它们的倒闭。……他们提出，如果联储援救过这些银行，大萧条可能只是一场虽然严重但短暂的衰退。

a. 什么是美国银行？它是何时倒闭的？它为何倒闭？

b. 为什么联储未能拯救美国银行为"大而不倒"政策提供了基本理由？

c. 存在反对 Rolnick 观点的论据吗？

资料来源：Arthur J. Rolnick, "Interview with Ben S. Bernanke," Federal Reserve Bank of Minneapolis, *The Region*, June 2004.

12.3 2007—2009 年的金融危机

理解什么导致了 2007—2009 年的金融危机。

小结

2007—2009 年的经济衰退是美国在二战之后遇到的最为严重的经济衰退。经济衰退最重要的原因是房地产市场泡沫的破灭。美国的新房销售量在 2000 年 1 月—2005 年 7 月间上升了 60%，住房价格上涨超过一倍。住房价格的上涨比住房租金的上涨要高得多这一事实表明住房市场经历过一场泡沫。当泡沫破灭且住房销售量和价格下跌时，很多购房者对其抵押贷款违约了。违约在次级和次优级借款人中尤其普遍，只有少量首付或取得过特殊抵押贷款的借款人也是如此。曾大量投资于抵押贷款支持证券的金融企业遭受了严重的损失且难以借到资金。2008 年秋季，在联储的帮助下，只有被摩根大通银行收购之后贝尔斯登才得以避免破产。2008 年 9 月，雷曼兄弟倒闭。联邦储备、财政部、国会和总统通过旨在缓解金融危机的新政策做出了有力的反应。很多经济学家和政策制定者担心这些政策也许已经增加了金融体系中的道德风险问题。

复习题

3.1 房地产市场存在泡沫是什么意思？简要描述房地产泡沫的破灭对美国经济的影响。

3.2 投资银行怎么会遭受"挤兑"呢？简要描述对贝尔斯登和雷曼兄弟的挤兑对美国经济的影响。

3.3 简要讨论联邦储备和财政部在金融危机期间所采取的行动。

问题和应用

3.4 《纽约时报》的一篇文章援引前联储主席艾伦·格林斯潘的观点在 2010 年辩称：

> 全球房地产价格泡沫是利率较低的结果，但是，正是长期利率刺激了住房资产价格，而不是中央银行的隔夜利率。

a. 什么是"住房价格泡沫"？

b. 为什么长期利率比隔夜利率与住房价格的关系更为紧密？

c. 为什么低的长期利率比低的短期利率更应该为住房泡沫负责对格林斯潘是重要的？

资料来源：Sewell Chan，"Greenspan Concedes That the Fed Failed to Gauge the Bubble," *New York Times*，March 18，2010.

3.5 正好在联储帮助拯救贝尔斯登免于破产之后发行的《纽约时报》上的一篇文章中指出：

> 例如，如果贝尔斯登倒闭了，这会导致向冻结的且买方无处可寻的市场成批地倾销抵押贷款证券和其他资产。这一降价销售会迫使在其账面上持有相同类型证券的依然健在的金融机构标低其资产规模。

a. 为什么贝尔斯登几乎倒闭了？

b. 联邦储备是如何拯救贝尔斯登的？

c. 什么是债务—通货紧缩过程？这一过程提供了关于为什么联邦储备拯救贝尔斯登的某些洞见吗？

资料来源：Gretchen Morgenson，"Rescue Me：A Fed Bailout Crosses a Line," *New York Times*，March 18，2008.

3.6 供职于《纽约时报》的财经记者 Joe Nocera 写道：

> 从那个周末到现在，包括我在内的大多数人把当时的财政部长亨利·保尔森和联邦储备主席本·伯南克允许雷曼破产的决定视为危机中一个最大的错误。

为什么财政部和联邦储备允许雷曼兄弟倒闭？为什么某些人把该决定视为危机中最大的错误？

资料来源：Joe Nocera，"Lehman Had to Die So Global Finance Could Live,"*New York Times*，September 11，2009.

3.7 【与本章开始的导入案例有关】在一篇写于 2010 年 4 月的回顾金融危机的论文中，前联储主席艾伦·格林斯潘辩称：

至少部分地应为金融崩溃的严重性负责的也许是风险经理们未能完全理解提高金融创新但其结果也提高了风险水平的影子银行的出现的影响。更多的风险并没有通过更高的资本得以补偿。

a. 影子银行的出现是如何提高金融体系的风险的？

b. 格林斯潘所说的"更多的风险并没有通过更高的资本得以补偿"的意思是什么？通过持有更多的资本，影子银行本可以潜在地避免的问题是什么？

资料来源：Alan Greenspan，"The Crisis,"April 15，2010，p. 21.

12.4　金融危机与金融监管

讨论金融危机与金融监管之间的关系。

小结

金融监管的实施通常是金融危机的结果。随着时间的推移，已经形成了一个有规律的模式：(1) 危机，(2) 监管，(3) 金融企业对新监管的反应，和 (4) 监管者的反应。国会创建了联邦储备系统作为最后贷款人在银行恐慌期间为银行提供流动性。联储在大萧条期间作为最后贷款人是失败的，这导致国会于 1934 年建立了联邦存款保险公司（FDIC）。联储在第二次世界大战之后的时期成功地充当了最后贷款人，但联储和联邦存款保险公司已经形成了一种**"大而不倒"政策**是显而易见的，在"大而不倒"政策下，不会允许那些最大的商业银行倒闭。国会在通过《1991 年联邦存款保险公司改进法案》（FDICIA）时努力限制"大而不倒"政策，但是，在 2007—2009 年的金融危机期间这一政策又卷土重来。当国会在 2010 年通过《多德-弗兰克华尔街改革和消费者保护法案》时，国会再次对这一政策施加了限制。在大萧条期间，国会试图通过制定 **Q 条例**来提高银行的稳定性，Q 条例对商业银行可以对存款支付的利率施加了限制。Q 条例导致了去中介化，在中介化中，储蓄者和借款人退出银行并转向金融市场。为了规避 Q 条例，银行引入了**大额可转让定期存单和可转让支付命令账户**。当检查银行业务时，联邦监管部门使用一个 CAMELS 评级体系：资本充足性、资产质量、管理水平、收益、流动性和风险敏感性。在监管银行资本要求的《巴塞尔协议》下，资本充足性受到特别重视。资本充足性是通过银行资本与其经过风险调整的资产的比率来判断的。**一级资本**主要是所有者权益，**二级资本**是银行的贷款损失准备金、次级债务和其他的银行资产负债表项目。《多德-弗兰克华尔街改革和消费者保护法案》涵盖了重要的新的金融监管。

复习题

4.1 什么是最后贷款人？最后贷款人是如何与"大而不倒"政策相联系的？

4.2 简要定义下列各项：

　　a. Q 条例；

　　b. 去中介化；

　　c.《巴塞尔协议》；

　　d. 一级资本和二级资本。

4.3 银行开发了哪些金融创新来绕开存款利率上限？

4.4 存款保险是如何鼓励银行冒更大的风险的？

问题和应用

4.5 根据《华尔街日报》2010 年一篇讨论关于《巴塞尔协议》下的商业银行资本要求的文章，"随着新的金融大修立法即将完成，银行的注意力正转向对盈利性至关重要的监管细节。最重要的是：它们必须持有多少资本……？"银行必须持有的资本数量是如何影响其盈利能力的？

资料来源：David Reilly, "Will Growing Pains Bolster Banks?" *Wall Street Journal*, July 12，2010.

4.6　财经作家 Sebastian Mallaby 就对冲基金评论道：

……杠杆也使得对冲基金易于受到冲击的影响：如果其交易不利于它们，它们会以光速穿透其稀薄的资本缓冲，迫使它们快速倾卸头寸——动摇（destabilizing）价格。

a. 对冲基金的交易"不利于它们"的意思是什么？

b. 为什么一家基金的交易不利于它会导致穿透其资本？

c. 一家基金的高度杠杆化与其拥有"稀薄的资本缓冲"之间的联系是什么？

d. 一家基金"倾卸头寸"的意思是什么？

e. 为什么一家基金倾卸头寸会导致价格失去稳定？是什么的价格？

资料来源：Sebastian Mallaby, *More Money Than God*, New York：Penguin Press，2010，p. 10.

4.7　在一篇写于 2010 年 4 月回顾金融危机的论文中，前联储主席艾伦·格林斯潘写道：

某些泡沫的破灭并不会带来严重的经济影响，例如，互联网繁荣以及股票价格在 1987 年春季的快速上涨。其他泡沫的破灭会带来严重的紧缩性后果。那一类泡沫……似乎是金融部门的债务杠杆度的函数，尤其是当债务的到期时间短于其融通的资产的到期时间时。

a. 格林斯潘所说的"债务杠杆"的意思是什么？

b. 为什么若"债务的到期时间短于其融通的资产的到期时间"会有影响？

c. 格林斯潘的分析提供了关于为什么联储在他的任期内不愿意采取行动来对抗资产泡沫的洞见吗？

资料来源：Alan Greenspan, "The Crisis," April 15，2010，p. 10.

4.8　【与第 364 页的**联系实际**有关】在《纽约时报》的一篇专栏中，财经作家罗格·洛温斯坦（Roger Lowenstein）对联储救助长期资本管理公司（LTCM）的决定的长期影响做了如下评论：

"大而不倒"的概念，除了在 1998 年的例外，现在是监管者剧本中的订书钉。含蓄地说，贝尔斯登和其他遇到麻烦的投资银行已经被置于华盛顿的保护伞之下，房地美和房利美也是如此……如果美国资本主义的个体责任要完全实施，创建了长期资本管理公司的自由市场的狂热主义者完全不应该得到信贷。

a. 为什么联储参与了对 LTCM 的救助？

b. 洛温斯坦所说的"个体责任"是什么意思？把个体责任的思想与道德风险的概念联系起来。

c. 决策者在面对道德风险和系统风险时面临哪些权衡取舍？

d. 如果让 LTCM 倒闭，决策者感到会发生什么？

e. 上面的摘录中提到 LTCM 的创办者是"自由市场的狂热主义者"。自由市场原则与"大而不倒"政策之间存在矛盾吗？

资料来源：Roger Lowenstein, "Long Term Capital Management：It's a Short-Term Memory," *New York Times*, September 7，2008.

4.9　就在联储安排摩根大通银行收购贝尔斯登之后不久，《华尔街日报》叙述了导致摩根大通为贝尔斯登支付特别低的价格的这一事件："该银行正在仔细考虑每股 4 美元或 5 美元的价格。'对我来说，这听起来价格很高。'保尔森先生说道，'我认为这笔交易应该以低价成交。'"

a. 为什么财政部长保尔森希望贝尔斯登以如此低的价格出售？

b. 为什么联储操办收购贝尔斯登的决定如此有争议性？

资料来源：Kate Kelly, "Bear Stearns Neared Collapse Twice in Frenzied Last Days," *Wall Street Journal*, May 29，2008.

数据练习

D12.1 登录劳工统计局（Bureau of Labor Statistics）的网站 bls.gov，下载从 2005 年到 2010 年的月度失业数据。点击页面顶端的标签 Databases&Tables，选择左边的 Top Picks。选择 Unemployment Rate，并点击页面底部的 Retrieve data。失业率从其 2005 年的低点到其 2009 年的峰值的变化是什么？这与莱因哈特和罗戈夫的二战后经济衰退的平均数据相比怎么样？

D12.2 登录 www.cia.gov，找到 World Factbook，点击 "Guide to Country Comparisons"。选择 "Public Debt"，该项对各国的债务占 GDP 的比率（debt-to-GDP ratio）进行了排序。两个负债最高的国家是哪两个？美国落在列表中的什么地方？

D12.3 登录圣路易斯联邦储备的经济数据（FRED）网址：research.stlouisfed.org/fred2/，选择 Interest Rate，再选择 Commercial Paper。画出一个月的商业票据利率。商业票据的利率在 2008 年秋季怎么样了？在 2008 年秋季发生的金融恐慌的背景下解释商业票据市场的这一变化。

第13章 联邦储备和中央银行业务

学习目标

学完本章之后，你应该能够：

13.1 解释为什么联邦储备系统的组织方式是那样的

13.2 解释与联储业务有关的关键问题

13.3 讨论美国之外与中央银行独立性有关的问题

联储是金融体系的巨人吗？

2010 年 5 月，美国参议院以 96 比 0 的投票结果通过了向一部全面检查政府对金融体系的监管的法案中添加一项极其不寻常的条款：条款要求对始于 2007 年 12 月处理金融危机的联储紧急贷款计划展开审计。正如我们在第 2 章所看到的，建立了联邦储备系统的《1913 年联邦储备法案》曾打算让联储财务上独立于联邦政府其他部门，而且在一定程度上政治上也独立于其他部门。我们还看到，从一开始就有曾质疑过联储是否应该独立的批评者。一些国会议员曾年复一年地批评联储在一些相对小的项目上的支出，如地区银行大楼，但下令对一项联储计划展开审计却是非同寻常的。审计条款被包括在国会于 2010 年 7 月通过的《多德-弗兰克华尔街改革和消费者保护法案》中。

国会的这一措施表明，由于联储在金融体系中作用已经因金融危机而扩大，其已经处于更严密的监视之中。联储重要性的另一个迹象是金融市场对联邦储备主席的演讲和证词做出反应的方式。例如，2010 年 7 月，很多投资者担心也许美国正在经历一场"二次触底的衰退"。虽然始于 2007 年的衰退到 2010 年中期已经结束了，但一些经济学家预测美国经济在 2010 年末会再次陷入衰退，因此，一些投资者希望当联储主席本·伯南克 2010 年 7 月 21 日在国会前作证时会宣布一些有助于扩张经济的新政策。当伯南克的证词中并没有包括此类政策时，道琼斯工业平均指数立刻暴跌了超过 160 点。毫不奇怪，很多人把联邦储备主席视为在其影响经济和金融体系的能力上仅次于美国总统。

然而，未经选举产生的中央银行首脑应该拥有如此多的权力吗？经济学家和政策制定者已经就此问题辩论了几十年。我们将看到，这一问题在 2010 年关于《多德-弗兰克华尔街改革和消费者保护法案》的争论中发挥了明显的作用。

第 400 页的政策透视将讨论新近进入联储理事会的成员是如何支持扩大联储在金融体系中的作用的。

资料来源：Jonathan Cheng，"Stocks Fall on Fed Outlook," *Wall Street Journal*，July 21, 2010.

关键议题和问题

在第 1 章的结尾，我们指出，始于 2007 年的金融危机提出了关于金融体系的一系列重要问题。在回答这些问题的时候，我们将讨论金融体系的一些非常重要的方面。下面是本章的关键议题和问题：

议题：金融危机之后，国会就降低联邦储备的独立性展开了辩论。

问题：国会和总统应该被赋予对联储更大的权威吗？

在第 400 页回答

在这一章，我们讨论联储的组织和结构及其作为一个经济决策主体的作用。我们还描述联储运作的政治舞台以及在国会正要通过《多德-弗兰克华尔街改革和消费者保护法案》（以下简称《多德-弗兰克法案》）之时所发生的关于中央银行独立性的争论。我们接下来考察包括欧洲中央银行在内的美国之外的中央银行的组织和独立性。

13.1　联邦储备系统的结构

很少有国家的中央银行的结构像美国的联邦储备系统那样复杂。联储的组织形式是由与赋予美国分割的银行体系相同的政治竞争形成的：强大金融机构的提倡者对（versus）那些担心这些强大的机构会滥用其经济力量的人。要理解联储为什么是如此组织的，我们需要回顾美国历史上创建中央银行的早期尝试。

联邦储备系统的创建

在美国赢得独立后不久，财政部长亚历山大·汉米尔顿组建了美国银行（Bank of the United States），美国银行被定为发挥中央银行的功能，但同时有政府股东和私人股东。该银行试图通过采取措施确保地方银行相对于其资本不会发放过多的贷款来稳定金融体系。但该银行迅速招来了敌意。地方银行对该银行对其运作的监督充满敌意。很多有限联邦政府的提倡者对该银行的权力表示怀疑。尤其是西部和南部的农场主和小企业主对该银行干涉其从当地银行获得贷款的能力愤恨不已。国会于 1791 年授予该银行 20 年的特许，使其成为唯一的联邦特许银行。当时所有其他的银行都是从州政府获得特许的。由于缺少足够的国会支持来延长特许，因此，该银行于 1811 年停止运作。部分由于联邦政府为 1812 年的战争融资时遇到的问题，国会中的政治观点转回到需要一个中央银行。国会于 1816 年成立了第二美国银行（the Second Bank of the United States），同样还是 20 年的特许。第二美国银行遇到了很多与第一银行相同的争议。随着延长第二美国银行特许时间的临近，人民党总统安德鲁·杰克逊与第二美国银行行长尼古拉斯·比德尔之间爆发了大规模的政治斗争。虽然国会通过法案再次特许该银行，但杰克逊总统否决了法案，该银行的特许于 1836 年期满。（该银行一度作为宾夕法尼亚的州特许银行幸存了下来。）

　　第二美国银行的消失让美国失去了中央银行，因此，也就失去了银行的官方最后贷款人。私人机构，如纽约清算所，努力填补空白，但 1873 年、1884 年、1893 年和 1907 年严重的全国性金融恐慌——以及相伴而生的经济低迷——在国会中引起了对美国金融体系不稳定的担忧。在 1907 年的金融恐慌和经济衰退之后，国会考虑到政府干预这一选项。很多官员担心，诸如过去曾帮助向遭遇暂时流动性问题的银行组织贷款的纽约金融家 J. P. 摩根之类的银行家，无法应付未来的危机。国会委任国家货币委员会来研究建立中央银行的可能性。国会修改了该委员会的建议，但在伍德罗·威尔逊总统的帮助下，《联邦储备法》于 1913 年得以颁布。

　　《联邦储备法》创建了**联邦储备系统**（Federal Reserve System）作为美国的中央银行。国会中的很多人认为，位于华盛顿特区的统一的中央银行会将太多的经济权力集中于管理该银行的官员之手。因此，法案以三种方式在联邦储备系统内划分经济权力：在银行家和企业利益之间、在州和地区之间以及在政府和私人部门之间。该法案和随后的立法在体系内创建了四大团体，理论上，每个团体被授权履行独立的职责：联邦储备银行、私人成员商业银行、理事会以及联邦公开市场委员会（Federal Open Market Committee，FOMC）。所有的全国性银行——有来自联邦政府特许的商业银行——均被要求加入体系。州银行——有来自州政府特许的商业银行——被给予加入的选择权。《联邦储备法》的初始意图是，给予中央银行对发行在外的通货的数量和在最后贷款人功能下对成员银行的贷款数量——我们所熟知的贴现贷款（discount loan）——的控制权。在 1913 年的时候，总统和国会并没有将联储想象为一个对货币和银行体系的大部分方面拥有广泛的控制权的中央集权化的权威当局。正如我们在这一节的剩余部分将会看到的，随着时间的推移，联储扩展了其在金融体系中的作用。

联邦储备银行

　　作为其在联邦储备系统内划分权力计划的一部分，国会拒绝建立拥有分支机构的单一制中央银行，这曾是第一和第二美国银行的组织结构。相反，《联邦储备法》将美国划分为 12 个联邦储备区，每一个储备区在一个城市拥有一家**联邦储备银行**（Federal Reserve Bank）。（而且，在大多数情况下，新增分支机构在储备区的其他城市。）国会想要实现的是，地区银行的首要功能是向其区域内的成员银行发放贴现贷款。这些贷款是为银行提供流动性，从而以一种分散化的方式完成联邦储备系统作为最后贷款人的任务并终止银行恐慌——或者说，国会希望是这样的！图13—1说明了联邦储备区和联邦储备银行的所在地。乍一看，地图似乎有些奇怪：没有哪个州是（即使加利福尼亚和纽约也不是）单独的联邦储备区。某些州还被储备区边界分开，而经济上相异的州被分在同一个储备区内。大部分联邦储备区包含城市和乡村地区的混合，还考虑到制造业、农业和服务业的利益。这种安排是有意的，是为了防止任何一个利益集团或任何一个州从地区联邦储备银行获得优惠待遇。

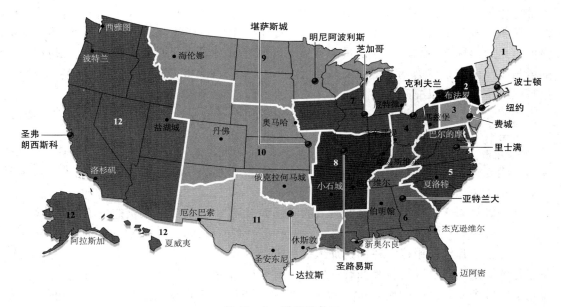

图13—1 联邦储备区

美国被分为12个联邦储备区是有意为之，从而每一个储备区都包含城市和乡村地区的混合以及制造业、农业和服务业的混合。需要注意的是，夏威夷州和阿拉斯加州被包括在第十二联邦储备区中。

资料来源：Federal Reserve Bulletin.

✓ 联系实际：圣路易斯和堪萨斯城？如何解释地区银行的所在地？

严格地说，现在的联储并不是国会在其通过《联邦储备法》时所设想的那样。尤其是，地区联邦储备银行被确定为比其现在所拥有的要高得多的独立性。因此，在该法案的国会辩论时期，地区银行的所在地是一个重要的问题。该法案考虑到设立8～12个储备区，但并没有规定它们的边界或指定联邦储备银行位于哪个城市。这一决策权被授予由财政部长、农业部长和通货监理官组成的储备银行组织委员会。该委员会于1914年4月宣布的储备区边界和联邦储备银行城市至今一直保持不变。

该委员会的选择是有争议的，因为三位委员会成员均由民主党总统伍德罗·威尔逊任命。一些批评者认为，民主党政治决定了该委员会选择哪座城市。例如，唯一拥有两家储备银行的州是密苏里州：堪萨斯城作为第十储备区的联邦储备银行的所在地，圣路易斯作为第八储备区的联邦储备银行的所在地。批评者指出，国会中的民主党发言人来自密苏里州。类似地，《联邦储备法》的发起人之一的民主党参议员卡特·格拉斯的家乡弗吉尼亚州的里士满被授予一家联邦储备银行。直到美国首席检察官最终于1916年裁定只有在国会修正《联邦储备法》的情况下储备区边界和联邦储备银行所在地才能变更之前，说服联邦储备系统的官员推翻该委员会的决定的努力从未间断。

虽然联邦储备银行所在地反映了20世纪初的政治这一观点在经济学家中广为流行，但最近的研究对这一观点表示质疑。纽约州立大学的Michael McAvoy重新考察了储备银行组织委员会的选择，以此来分析政治或经济因素是不是最重要的。他发现，当时，大部分团体对联邦储备银行设于下列六个城市是存在一致意见的：波士顿、芝加哥、纽约、费城、圣路易斯和旧金山。McAvoy估计了一个统计模型来看一下政治变量——如该城市是否由国会中的民主党议员所代表——或经济变量——如城市的人口、银行资本的增长以及由该委员会调查的银行家的偏好——能否预测被选择的城市。McAvoy的结论是：经济变量可以准确地预测被选择的城市，而政治因素却不能。

因此，虽然密苏里州拥有两家联邦储备银行在今天看来也许是很奇怪的，但在1914年似乎是有其经济原因的。

资料来源：Michael R. McAvoy, "How Were the Federal Reserve Bank Locations Selected?" *Explorations in Economic History*, Vol. 43, No. 3, July 2006; and Allan H. Meltzer, *A History of the Federal Reserve*, *Volume I*: 1913-1951, Chicago: University of Chicago Press, 2003, pp. 73-75.

通过做第403页和第404页本章末的问题和应用1.11和2.8来检查一下你的理解。

谁拥有联邦储备银行？在银行加入联邦储备系统时，它们被要求购买它们的地区储备银行的股票。成员银行就其拥有的地区储备银行的股份获得固定的6%的股息。因此，原则上，每个储备区中的作为联邦储备系统成员的私人商业银行拥有地区储备银行。事实上，每一家地区联邦储备银行都是一个私人—政府合资企业，因为成员银行几乎不享有股东通常行使的权利和特别待遇。

1913年的《联邦储备法》的一个指导原则是：一个选民（例如，金融、工业、商业或农业）不能在损害另一个选民的情况下利用中央银行的经济权力。因此，国会限制了地区储备银行董事会的构成。董事代表三个团体的利益：银行、企业和一般公众。成员银行选举三位银行家（A类董事）及三位工业、商业和农业的领导者（B类董事）。联储理事会任命三位公共利益董事（C类董事）。就联邦储备系统的大部分历史而言，地区联邦储备银行的九位董事都在理事会的正式批准下选出了该行的行长。在《多德-弗兰克法案》下，A类董事不再参与银行行长的选举。

12家地区联邦储备银行履行与联储在支付体系、货币供给控制和金融监管中的作用有关的职责。具体而言，地区联邦储备银行：

- 管理支付体系中的支票清算；
- 通过发行新的联邦储备券和从流通中回收损坏的联邦储备券来管理流通中的通货；
- 通过对区内的银行发放和管理贴现贷款来执行贴现贷款；
- 履行诸如检查州成员银行和评估合并申请之类的监督和管理职能；

● 通过收集和发布关于地区商业活动的可得数据及发表银行雇用的职业经济学家撰写的有关货币和银行主题的论文来为企业和一般公众提供服务；

● 成为联邦储备系统首要的货币政策主体——联邦公开市场委员会中的一员。

地区联邦储备银行既直接地（通过发放贴现贷款）又间接地（通过联邦储备会议的成员资格）执行货币政策。理论上，联邦储备银行制定银行在贴现贷款上支付的贴现率并决定个别（成员和非成员）银行被允许借款的数量。然而，实际上，近几十年来，贴现率一直是由位于华盛顿特区的理事会设定的，而且在所有 12 个储备区都是相同的。地区储备银行也通过其在联邦公开市场委员会和联邦顾问委员会中的代表影响政策，联邦顾问委员会是由地区银行家组成的咨询机构。

成员银行

虽然《联邦储备法》要求所有全国性银行必须成为联邦储备系统的成员银行，但州银行被授予加入的选择权，很多银行选择不加入。当前，只有大约 16％的州银行是成员银行。现在，美国所有银行中的大约三分之一属于联邦储备系统，尽管这些成员银行持有所有银行存款的绝大部分。

从历史上看，州银行通常选择不加入联邦储备系统，因为它们认为成员资格成本高昂。尤其是，未加入联邦储备系统的州银行可以避免联储的准备金要求。由于联储对法定准备金并不支付利息，银行认为准备金要求实际上是一种税收，因为银行失去了通过贷放资金本来可以获得的利息。换言之，作为联储的成员以失去利息收入的形式强加给银行明显的机会成本。随着名义利率在 20 世纪 60 年代和 70 年代的上升，联储成员资格的机会成本上升了，更少的州银行选择成为或保持成员。

在 20 世纪 70 年代，联储认为，相对于非成员银行，对成员银行的所谓的准备金税将这些银行置于竞争劣势。联储声称，不断下降的银行成员资格侵蚀了其控制货币供给的能力并敦促国会强迫所有商业银行都要加入联邦储备系统。虽然国会尚未对这一要求制定法律，但 1980 年的《存款性机构放松监管和货币控制法》（DIDMCA）要求所有银行按同样的条件在联储保持准备金存款。这一立法给予成员和非成员银行同等使用贴现贷款和支付体系（支票清算）服务的权利。DIDMCA 实际上模糊了成员和非成员银行之间的区别并终止了联储成员资格的下降。2008 年 10 月，联储开始对准备金向银行支付 0.25％的利率，这就降低了银行持有准备金的机会成本。

 解决问题 13.1：准备金要求对银行的成本有多大？

假定富国银行对支票账户余额支付 3％的年利率，但不得不满足 10％的准备金要求。假定联储对富国银行的准备金持有支付 0.25％的利率，且富国银行在其贷款和其他投资上可以获得 6％的利率。

a. 准备金要求如何影响富国银行在 1 000 美元的支票账户存款上可以获利的数量？除了对存款支付的利息外，忽略富国银行在存款上招致的所有成本。

b. 准备金要求对银行的机会成本在经济衰退时期还是经济扩张时期很可能会更高？

简要解释。

解决问题

第一步 **复习本章的内容**。这一问题是关于准备金要求对银行的影响的，因此，你也许需要复习"成员银行"这一小节。

第二步 **通过计算富国银行的实际资金成本回答（a）部分的问题**。在10％的准备金要求下，富国银行必须持有1 000美元的支票账户存款中的100美元作为在联储的准备金，在准备金上，富国银行获得0.25％的利率。银行可以投资剩下的900美元。因此，富国银行会获得（900美元×0.06）＋（100美元×（100美元×0.0025＝0.25美元）＝54.00美元＋0.25美元＝54.25美元。如果该银行不需要对存款持有准备金，则会赚得1 000美元×0.06＝60美元。因此，准备金要求将富国银行的收益减少了5.75美元，或者说5.75美元/1 000美元＝0.575％。

第三步 **通过解释准备金税在商业周期过程中如何变化来回答（a）部分的问题**。银行在其贷款和其他投资上可以赚取的利率越高，必须持有正在赚取低利率的在联储的准备金的机会成本就越高。正如我们在第4章所看到的，利率往往是在经济衰退时期下降、在经济扩张时期上升。因此，准备金要求对银行的机会成本在经济扩张时期比在经济衰退时期很可能更高。

为了进行更多的练习，做一下第404页本章末的问题和应用1.12。

理事会

理事会（Board of Governors）的总部位于华盛顿特区。理事会的七位成员由美国总统任命并由美国参议院批准。为了保证中央银行的独立性，理事会成员的任期是不可延长的14年任期，且任期是错开的，从而每隔一年的1月31日就有一个任期届满。因此，一位美国总统任命整个理事会是不太可能的。平均而言，总统每隔一年任命一位新成员。在一次不寻常的情况中，巴拉克·奥巴马总统在2010年任命了三位成员。一个人担任理事超过14年是有可能的：如果这个人是从服满一位退休理事的未到期的任期的余下时间开始的，他或她也许会被再次任命一个完整的任期。通过这一方法，艾伦·格林斯潘从1987年到2006年一直担任理事。没有哪个联邦储备区可以被理事会中的超过一位成员所代表。

总统选择理事会中的一位成员来担任主席。主席任期四年，也许还会被再次任命。例如，本·伯南克2006年1月被乔治·W·布什总统任命为主席，2010年1月再次被巴拉克·奥巴马总统任命。

当前，很多理事会成员都是来自商界、政界和学界的职业经济学家。自二战以来，理事会主席来自各种不同的背景，包括华尔街（威廉·麦克莱伦·马丁（William Mc-Chesney Martin））、学术界（阿瑟·伯恩斯（Arthur Burns）和本·伯南克）、企业界（G·威廉·米勒（G. William Miller））、公共服务（保罗·沃克尔（Paul Volcker））和经济预测（艾伦·格林斯潘）。

理事会通过公开市场操作、准备金要求和贴现贷款来执行货币政策以影响美国的货币供给和利率。自 1935 年以来，理事会已经拥有了在国会设定的范围内决定准备金要求的权力。理事会实际上还设定对银行贷款所收取的贴现率。理事会掌握着联邦公开市场委员会 12 个席位中的 7 个，从而影响公开市场操作指导方针的制定。除了其正式职责外，理事会还非正式地影响国内和国际的经济政策决策。理事会主席就经济问题向总统提供建议并在国会前作证，如经济增长、通货膨胀和就业。

理事会对某些金融监管负责。理事会设定保证金要求，或者说，投资者必须以现金支付而不是靠信用购买的证券购买价格的比例。此外，理事会还决定银行持股公司的业务范围并审批银行合并。理事会主席还在新的**金融稳定监督委员会**（Financial Stability Oversight Council，FSOC）中任职，《多德-弗兰克法案》于 2010 年建立了该委员会来监管金融体系。最后，理事会对个别的联邦储备银行行使行政控制权，检查其预算并制定其行长和官员的薪水。

联邦公开市场委员会

由 12 个联储成员银行的成员组成的**联邦公开市场委员会**（Federal Open Market Committee，FOMC）监视联储的公开市场操作。FOMC 的成员包括理事会主席、其他联储理事、纽约联邦储备银行行长和其他 11 家联邦储备银行中的四家银行的行长（轮流担任）。理事会主席担任 FOMC 的主席。只有 5 位联邦储备银行行长是 FOMC 的投票成员，但所有的 12 位行长都出席会议并参与讨论。纽约联邦储备银行的行长总是投票成员。该委员会每年在华盛顿特区举行八次会议。

近几十年来，FOMC 一直位于联储政策制定的中心。正如我们在第 15 章将要讨论的，直到 2007—2009 年的金融危机之前，联储最重要的政策工具一直是设定联邦基金利率指标，联邦基金利率是银行对短期贷款互相收取的利率。在金融危机期间，联储主席本·伯南克需要迅速作出决策并使用新的政策工具。因此，货币政策的焦点离开了 FOMC。随着经济和金融体系回归常态，FOMC 很可能会恢复其之前的重要性。

在每次会议之前，FOMC 的成员都会查阅来自三本书的数据："绿皮书"，是由理事会工作人员准备的，包含未来两年的国民经济预测；"蓝皮书"，也是由理事会的工作人员准备的，包含货币总量的预测和在为备选货币政策提供依据中有用的其他信息；"褐皮书"，是由储备银行准备的，包含每一个储备区的经济情况概要。在每次会议结束的时候，在所有理事会成员和所有地区储备银行行长的意见得以倾听之后，主席伯南克对讨论进行总结。接着，FOMC 对设定联邦基金利率指标进行正式的投票。委员会在一个关于在较高的通货膨胀和较弱的经济之间的平衡或风险的公开声明中概括其观点。通常，理事会工作人员已经为理事会成员准备好三份措辞稍有不同的声明以供选择。在对联储的未来政策感到不确定的时候，声明的准确措词是非常重要的。为了实现其联邦基金利率指标，联储需要通过买卖国库债券来调节银行体系的准备金水平。FOMC 并不是自己为联储的账户买入或卖出债券。相反，FOMC 是向在纽约联邦储备银行的联储交易台发布指示。在那里，国内公开市场操作经理通过与一级交易商（primary dealer）买入和卖出证券完成指示，一级交易商是经营这些证券的私人金融企业。

由于联储最重要的货币政策手段是调整联邦基金利率指标，到 20 世纪 80 年代，联储内部重要的货币政策争论都发生在 FOMC 的会议期间。经济学家和华尔街的分析师都密切关注着每次会议的结果，以期得到关于联储政策方向的线索。然而，在 2007—2009年的金融危机期间，显而易见，联储不能将其行动局限于联邦基金利率指标的变动。与在其他经济衰退中一样，2007 年 9 月初，FOMC 迅速行动来降低指标。但是，到 2008年 12 月，联邦基金利率指标实际上已经降低到零了，但经济继续收缩，且金融体系仍然处于危机之中。

正如我们在第 12 章讨论金融危机时所看到的，联储主席本·伯南克制定了一系列的政策行动，其中的某一些是前所未有的。由于形势瞬息万变，等待下一次 FOMC 会议再来讨论可能的政策行动是不可行的。此外，由于 FOMC 包括所有的理事会成员和 12 位地区银行行长，其人数对于迅速决策是一大障碍。只依靠理事会这一备选方案也是有问题的。国会于 1976 年通过了《政府透明法》（the Government in the Sunshine Act），该法案要求大部分联邦政府机构在会议之前要发布公告。如果四位或多于四位理事会成员碰头来考虑一项政策行动，在该法案下，这被认为是一次官方会议，在没有事先公告的情况下是不能举行的。由于各种事件层出不穷，在伯南克需要迅速作出决定的情况下，对他来说，事先公告的要求使其与超过两位的其他理事会成员会面是不可行的。

其结果是，伯南克依靠由理事会成员 Donald Kohn 和 Kevin Warsh 以及纽约储备区银行行长 Timothy Geithner 组成的一个非正式的顾问团。Geithner 是 FOMC 的成员，但不是理事会成员，因此，他出席会议并没有触犯《政府透明法》的要求。"四个火枪手"，正如他们所获得的称谓，是联储在危机时期重要的政策制定主体。《政府透明法》的法律要求的无意中的结果是，彻底限制了理事会其他成员参与货币政策制定。

资料来源：David Wessel，*In Fed We Trust：Ben Bernanke's War on the Great Panic*，New York：Crown Business，2009.

通过做第 404 页本章末的问题和应用 1.13 来检查一下你的理解。

联储内部的权力和职权

国会将联邦储备系统设计为有制约和平衡，以确保没有哪个团体能控制联储。由于由 12 家储备银行行长组成的理事会议（Governors Conference）与联邦储备理事会（Federal Reserve Board）在华盛顿争夺对体系的控制权，因此，在其前 20 年里，几乎没有对体系的中央（或国家）控制。在 20 世纪 30 年代的严重银行危机之后，很多分析家的结论是：分散化的地区银行体系无法对全国性的经济和金融扰动做出充分的反应。1933 年和 1935 年的《银行法》授予理事会调整准备金要求的职权以及 FOMC 指导公开市场操作的职权。1935 年的《银行法》还将理事会对体系的控制权集中化，授予其在 FOMC 中的大多数席位（12 个中的 7 个）。此外，财政部长和通货监理官从理事会中被排除，从而提高了联储的独立性。

理事会和FOMC发挥了大部分的联储对货币政策的正式影响。然而，很多联储观察家认为，主席的非正式权威、理事会工作人员和FOMC主导了货币政策。换言之，联储内部非正式的权力结构比正式的权力结构更为集中。由于纽约联邦储备银行在FOMC中总是占据一个席位，该银行的行长也是相当有影响力的。图13—2说明了联储内部的组织和权力分配安排。最终，联储主席掌握着体系中的大部分权力。FOMC中的某些理事会成员和地区银行行长也许会挑战主席的议程，但主席的影响依然占据主导。

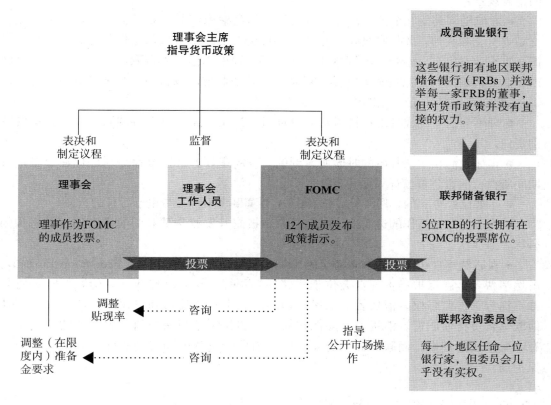

图 13—2　联邦储备系统的组织和职权

1913年的《联邦储备法》建立了联邦储备系统并将一系列的制约和平衡引入体系。然而，与正式结构所暗示的相比，联储内部非正式的权力更多地集中于理事会主席之手。

作为联邦储备银行名义所有者的成员银行在体系内几乎没有实际的影响力。在联邦储备系统内部，所有权（ownership）和控制权（control）的区别是非常清晰的：成员银行拥有联邦储备银行的股份，但这种所有权并没有授予那些私人企业通常授予股东的权力。不管联储的收入如何，成员银行总是获得6%的固定年股息，因此，并不拥有私人公司股东所享有的对企业利润的剩余索取权。此外，因为是位于华盛顿特区的理事会设计政策，成员银行实际上对其在体系中的股份被如何使用是没有控制权的。虽然成员银行选举六位A类和B类董事，但这些选举并不是竞争性选举。联邦储备银行或理事会的官员通常为每个职位提名一位候选人。

《多德-弗兰克法案》下联储的变化

金融危机的严重性以及联储在金融危机期间所采取的前所未有的政策行动导致很多经济学家和政策制定者重新审视联储在金融体系中的作用。在对金融改革的长期争论期间，国会的议员们提出了很多改变联储的结构或其职责的建议。然而，当《多德-弗兰克法案》最终于2010年7月通过时，其对联储的改变是相当小的。下面是该法案影响联储的主要规定：

● 联储随同其他九个监管机构一道成为新的金融稳定监督委员会的一员，包括证券交易委员会和联邦存款保险公司。虽然该委员会在实践中会如何运作仍然有待观察，但国会打算让它提高金融企业的资本要求并提供一种以不会带来金融不稳定的方式关闭破产企业的机制。其目标是避免出现一家大型金融企业破产威胁到整个金融体系稳定的情形，如2008年雷曼兄弟的倒闭。

● 理事会的一位成员现在被指定为负责监督的副主席，负有协调联储监管行动的特别责任。

● 正如我们在本章开始的时候所看到的，政府审计办公室被命令对联储在金融危机期间所执行的紧急贷款计划展开审计。

● 正如已经提到的，联邦储备银行的A类董事将不再参与银行行长的选举。

● 为了提高其运作的透明度，联储被命令披露其发放贷款和买卖证券的金融机构的名称。

● 在联储建立一个新的消费者金融保护局（Consumer Financial Protection Bureau）。虽然消费者金融保护局物理上会位于联储且其预算也来自联储收入，但联储官员对其并不拥有管理监督权。消费者金融保护局的局长由总统任命和参议院批准并独立于其他联储官员行使职责。消费者金融保护局的目的是制定与保护消费者有关的适用于所有金融企业的规则。而联储拥有的某些监管消费者贷款的职责则被转移到消费者金融保护局。

13.2　联储如何运作

政府创建联储来管理银行体系和货币供给。由于缺乏宪法授权，联储在政治舞台上运作，受到来自国会议员和白宫的压力。由于其在货币供给过程中的作用，联储也在经济政策制定中行使权力。在这一节，我们描述联储如何在政治环境中运作，而且，我们还讨论关于中央银行独立性的争论。

处理外部压力

国会希望联邦储备系统的运作在很大程度上能独立于来自总统、国会、银行业和商业团体的外部压力。理事会成员被任命为长期且不可延长的任期，降低了任何一位总统对理事会构成的影响，并降低了理事只是为了取悦总统和国会而采取行动的诱感。

联储的财务独立性使其可以抵抗外部压力。一般而言，联邦机构必须向国会要求其运作所需的资金。国会仔细检查这些预算请求，并可以减少那些已经不再受到众议院或参议院之核心成员重视的联邦机构请求的数量。联储不仅免于这一过程，而且，联储还是一个实际上向财政部上缴资金而不是从财政部获得资金的营利性组织。联储的大部分收入来自其持有的证券的利息，小部分收入来自贴现贷款的利息以及因支票清算和其他服务而从金融机构获得的服务费。联储2009年的净收入超过了500亿美元——即使与美国最大的公司相比，也是一笔巨额的利润。例如，微软公司从2006年到2010年的平均利润每年大约是200亿美元，而IBM在同一时期的平均利润大约是140亿美元。然而，与这些公司不同，联储获得的超过其支出的所有收入均被移交给了美国财政部。

尽管有给予联储独立性的努力，但联储还是没有完全隔离外部压力。首先，总统可以对理事会的成员资格行使控制权。通常，理事们并不是服满其14年的任期，因为他们在私人企业里可以获得更高的收入。因此，担任两届总统的人也许就能任命若干位理事。此外，总统每四年可以任命一位新的主席。没有被再次任命的主席可以作为理事服满他或她的剩余任期，但传统上都会辞去职务，从而给予总统另一个可供填补的空缺。

其次，虽然联储的巨额净收入使其免于向国会申请资金，但联储毕竟还是由国会创建的。美国宪法并没有明确授权一家中央银行，因此，国会可以修改联储的宪章和权力——乃至完全废除联储。国会的议员们通常并不回避提醒联储这一事实。在20世纪70年代中后期，国会强制联储解释其目标和程序。于1975年通过的133号众议院共同决议案（House Concurrent Resolution）要求联储宣布货币总量增长指标。此外，《汉弗莱-霍金斯法案》（Humphrey-Hawkins Act）（正式的称谓是《1978年充分就业和平衡增长法案》）要求联储解释这些指标是如何与总统的经济目标一致的。最近，《多德-弗兰克法案》改变了联储组织和程序的某些方面。不过，实际上，国会并没有限制联储执行独立货币政策的能力。

联储和财政部之间冲突的例子

当选的官员没有货币政策的正式控制权，这曾时而导致联储和总统之间的冲突，总统通常是由财政部长代表。在第二次世界大战期间，罗斯福政府提高了其对联储的控制力。为了帮助融通战时的预算赤字，联储同意将国库债券的利率维持在低水平上：0.375%的国库券利率和2.5%的国库债券利率。只有通过买入没有被私人投资者购买的所有债券，联储才能将利率维持在这些低水平上，从而预先确定（盯住）利率。当战争于1945年结束时，财政部希望继续这一政策，但联储并没有同意。联储担心的是通货膨胀：联储对国库债券的大量购买会提高货币供给增长率和通货膨胀率。战后，政府采取了抑制通货膨胀的价格管制。

联储主席马瑞纳·伊寇斯（Marriner Eccles）尤其反对利率固定政策。他反对杜鲁门政府的要求使其在1948年失去了联储主席资格，但在作为理事的剩余任期中，他继续为联储独立性而战。1951年3月4日，在《财政部—联邦储备协定》（Treasury-Federal Reserve Accord）下，联邦政府正式废除了固定国库债券利率的战时政策。这一协定在重建联储独立于财政部运作的能力中是非常重要的。

然而，财政部与联储之间的冲突并没有因该协定而结束。例如，总统罗纳德·里根和联邦储备主席保罗·沃克尔对谁应该对 20 世纪 80 年代初的严重经济衰退负责争论不休。里根指责联储让利率飙升。沃克尔认为，直到预算赤字——总统和国会的政策行动的结果——降低之前，联储不能采取行动来压低利率。在乔治·H·W·布什和比尔·克林顿政府时期，类似的冲突又出现了，财政部经常努力争取比联储认为合适的更低的短期利率。

在 2007—2009 年的金融危机期间，联储与财政部紧密合作。事实上，这两个部门的合作是如此紧密，以至于一些经济学家和政策制定者担心联储正在牺牲其部分独立性。在 2008 年秋的危机高潮时期，联储主席本·伯南克与当时的财政部长亨利·保尔森之间的频繁磋商是对联储主席独立于政府制定政策这一传统的破坏。如果这样的紧密合作继续下去，联储能否追求那些独立于当权政府的政策就是值得怀疑的。2010 年初的一份建议美国总统任命地区银行行长的提议唤起了对联储独立性的进一步担忧。然而，最终，《多德-弗兰克法案》的法律条款几乎没有削弱联储独立性。

激发联储的因素

我们已经说明了联储对货币政策拥有相当大的权力。我们现在来考察对联储决定如何运用其权力的其他解释。我们考察关于联储动机的两种观点：公共利益观和委托—代理观。

公共利益观

解释企业经理动机的通常的起点是，经理代表其服务的选民——股东——的利益而行动。联储动机的**公共利益观**（public interest view）认为联储也是代表其原始选民——一般大众——的利益而行动，联储寻求实现符合公共利益的经济目标。这些目标的例子包括价格稳定、高就业和经济增长。

证据支持联储的公共利益观吗？一些经济学家认为，就价格稳定而言，似乎并不支持。自二战以来的持续的通货膨胀记录，尤其是 20 世纪 70 年代末和 80 年代初的高通货膨胀率，反驳了联储重视价格稳定的论调。然而，其他经济学家认为，联储关于价格稳定的记录是相对好的，20 世纪 70 年代的高通货膨胀率主要是因为石油价格的飙升，联储最初不确定如何对此做出反应。关于联储对其他经济指标稳定性的贡献也有类似的争论。

委托—代理观

很多经济学家认为组织拥有各种相互冲突的目标。虽然创建政府组织是为了服务公众并履行公共服务，但政府组织也有可能与其声称的使命并不相称的内部目标。事实上，正如私人企业一样，公共组织也面临着委托—代理问题。

回忆一下，当经理（代理人）在其企业中几乎不拥有股份时，其最大化股东（委托人）要求权之价值的激励可能就是弱的。在这种情况下，代理人并不总是代表委托人的利益而行动。戈登·塔洛克（Gordon Tullock）和乔治·梅森大学的诺贝尔经济学奖获得者詹姆斯·布坎南（James Buchanan）明确阐述了诸如联储之类的官僚组织动机的**委托—代理观**（principal-agent view）。这一观点主张，官僚的目标是最大化个人福利——

权力、影响和声望——而不是一般大众的福利。因此，联储动机的委托—代理观预言，在像总统和国会这样的委托人对其施加的约束下，联储为提高其作为一个组织的权力、影响和声望而行动。

如果委托—代理观准确地解释了联储的动机，我们预期联储会为保持其自治而斗争——的确如此。联储经常反抗国会控制其预算的企图。事实上，联储在其自卫中动员选民（如银行家和企业管理人员）方面一直是非常成功的。虽然 2010 年彻底检查金融监管体系立法的最初草案中包括了本来会降低联储独立性及其监管权力的条款，但联储成功地说服了国会从《多德-弗兰克法案》的最终版本中剔除大部分的这类条款。然而，公共利益观的支持者却认为，联储保卫其自治，以便更好地服务于公共利益。

委托—代理观的支持者还认为，联储会避免与那些可以限制其权力、影响和声望的团体之间的冲突。例如，联储可以操作货币政策来帮助不可能限制其权力的现任总统的连任努力。其结果是**政治经济周期**（political business cycle），在政治经济周期中，在一次大选之前，联储会设法降低利率以刺激经济活动来获得竞选连任的现任党派的好感。大选之后，当联储收缩经济活动来降低由其之前的扩展性政策引起的通货膨胀压力时，经济会承担成本——但是，此时，同情联储的总统已经连任了。然而，美国的事实通常并不支持政治经济周期理论。例如，在 1972 年理查德·尼克松总统的连任之前有一次货币供给增长的扩张，但在 1980 年和 1992 年吉米·卡特总统和乔治·H·W·布什总统各自失败的连任努力之前却是一次货币供给增长的收缩。

不过，总统的愿望也许对联储的政策有微妙的影响。一项关于从 1979 年到 1984 年的政治对货币政策变化的影响的研究，度量了政府成员关于渴望的货币政策变化被《华尔街日报》上的文章引用的次数。作者发现，在货币政策变化与来自政府的渴望政策变化的这些信号的次数之间有着紧密的相关性。[①]

对委托—代理观的一种批评强调将联储的意图从外部压力中分离出来：联储自己也许想在一个方向上行动，但国会和总统也许会设法让联储追求其他目标。委托—代理观也未能解释为什么国会让联储通过自我融资实现相对独立。一些经济学家指出，联储也许会通过自我融资为国会带来长期利益。如果自我融资给予联储执行更多的公开市场操作的激励，从而扩张货币供给，财政部会收到更多的国会可以花费的税收收入。

联储独立性

通常，联储独立性的政治问题的出现不是因为对货币政策或联储在执行货币政策中的作用的意见分歧，而是由于公众对联储政策的负面反应。例如，国会于 1982 年引入的减少联储自治权的立法源于公众对高利率的反应。我们现在分析支持和反对联储独立性的理由。

支持联储独立性的理由

支持联储独立性的主要理由是，货币政策——影响通货膨胀、利率、汇率和经济增

---

① Thomas Havrilesky, "Monetary Policy Signaling from the Administration to the Federal Reserve," *Journal of Money, Credit, and Banking*, Vol. 20, No. 1, February 1988, pp. 83-101.

长——过于重要且过于技术性而不能由政治家来决定。由于选举的频率，政治家也许是短视的，只关心短期收益而不顾潜在的长期成本。政治家连任的短期愿望会与国家低通货膨胀的长期利益相冲突。因此，联储不能假定政治家的目标反映了公众的观点。公众有充分的理由希望是联储的专家，而不是政治家，作出货币政策决定。

另一个支持联储独立性的理由是，当选官员对联储的完全控制提高了货币供给中的政治经济周期波动的可能性。例如，那些官员也许会强迫联储通过购买政府债券来帮助财政部借款，这会增加货币供给并助长通货膨胀。

反对联储独立性的理由

货币政策对经济的重要性也是反对中央银行独立性的主要理由。这一观点的支持者声称，在民主政治下，应该是当选官员来制定公共政策。由于公众可以让当选官员对感受到的货币政策问题负责，一些分析家提倡授予总统和国会对货币政策更多的控制权。就货币政策对当选官员而言过于技术性这一观点的反驳是，国家安全和外交政策也需要复杂的分析和高瞻远瞩，但这些职能却委托给了当选官员。此外，联储独立性的批评者还认为，将中央银行置于当选官员的控制之下可以通过协调和统一货币政策与政府的税收和支出政策而赋予利益。

支持更大的国会控制权的那些人所举的例子是联储并没有总是很好地利用其独立性。例如，一些批评家指出，联储在 20 世纪 30 年代的经济收缩时期未能帮助银行体系。很多经济学家引用的另一个例子是，联储在 20 世纪 60 年代和 70 年代的政策过于具有通货膨胀倾向。最后，一些分析家认为，联储忽视了房地产市场在 21 世纪初的泡沫，接着，在泡沫最终于 2006 年破灭时，联储动作太过迟缓而未能限制其对金融体系的影响。

结束语

经济学家和政策制定者对联储独立性的优点并不是意见一致的。然而，在当前的体系下，联储的独立性并不是绝对的，因此，这有时候会让批评者中的一个或另一个团体感到满意。事实上，争论聚焦在限制联储在某些方面的独立性的提议上，而不是取消其正式的独立性。对《多德-弗兰克法案》的广泛讨论给予联储独立性的批评者让许多提议得以考虑的机会。然而，最终，国会中的大多数支持只对法律作出相对很小的改变。

联系实际：终结联储？

美国宪法并没有明确授予联邦政府建立一家中央银行的权力。这一事实在 19 世纪初成为对第一和第二美国银行的争论的一部分。这两家银行的一些支持者将其视为以一种宪法未授权的方式对州施加联邦权力的手段。南方的很多奴隶主反对第二美国银行，部分由于其担心如果联邦政府主张有权建立一家中央银行，联邦政府也会主张有权废除奴隶制。

在 1913 年对《联邦储备法》的争论期间，关于一家中央银行是否符合宪法的问题被再次提出。支持联邦储备合宪性的标准论据是，美国《宪法》第 8 节第 1 条规定，国会有权"铸造货币并调整其价值……"，国会在《联邦储备法》下将这一权力授予联邦储备。联邦法院支持《联邦储备法》的合宪性，特别是在 1929 年的 Raichle 诉纽约联邦储备银行的案例中。

现代反对联储的理由通常并不是基于其假定的违宪性，而是基于独立的中央银行是不是执行货币政策的最佳方法这一问题。在 2008 年的时候，国会议员罗恩·保罗（Ron Paul）竞选共和党的总统提名并激烈地辩称应该废除联邦储备。他的《终结联储》（*End the Fed*）一书成为一部畅销书。他认为废除联储的好处是"阻止商业周期、结束通货膨胀、为所有美国人建立繁荣以及终止政府与银行之间的腐败勾结……"。除了废除联储外，国会议员保罗还赞成重返金本位，并转向我们在第 12 章讨论过的那种 100％准备金银行业。在国会于 2009 年和 2010 年对改革金融体系监管的出路的争论中，废除联储的号召并没有得到很多支持。但对联储实施重大重组或降低其独立性的几项提议却被包括进了法案的早期版本。例如，众议院金融服务委员会投票支持由国会议员保罗发起的允许政府审计办公室（GAO）审计联储的货币政策行动的条款。联储官员断言，允许作为国会左膀右臂的 GAO 来监控其政策行动会趋于大大降低其独立性。法案草案中的另一个条款本来会剥夺联储对银行的大部分监督职权，而且还有另一个条款本来是让总统来任命地区银行行长。但这些条款在 2010 年 7 月成为法律的《多德-弗兰克法案》的最终版本中均未出现。

给定联储的权力及其官员是非选举的这一事实，其角色在经济学家和政策制定者中会继续是一个争论的话题看似是不可避免的。

资料来源：Ron Paul, *End the Fed*, New York：Grand Central Publishing, 2009；Edmund L. Andrews, "Senator Moves to Hold Up Bernanke Confirmation," *New York Times*, December 2, 2009；and Stephen Labton, "Senate Plan Would Expand Regulation of Risky Lending," *New York Times*, November 10, 2009.

通过做第 405 页本章末的问题和应用 2.11 来检查一下你的理解。

13.3 美国之外的中央银行独立性

中央银行独立性程度在各国间大不相同。当我们将联储的结构与加拿大、欧洲和日本的中央银行结构做比较时，一些模式出现了。首先，在中央银行理事会成员供职固定任期的那些国家，没有哪个国家的中央银行理事的任期像联邦储备理事的 14 年任期那么长，意味着美国名义上有更大的独立性。其次，在那些其他国家，中央银行行长拥有比美国的理事会主席的 4 年任期更长的任期，意味着美国的政治控制更大一些。

中央银行的整体独立性程度各不相同。独立的中央银行在没有来自其他政府官员和立法者的直接干预下自由地追求其目标。大部分经济学家认为，独立的中央银行可以更为自由地聚焦于保持低通货膨胀。理论上，欧洲中央银行是极端独立的，反之，日本银行和英格兰银行传统上独立性一直不高，然而，到 20 世纪 90 年代末，两家银行都已经变得更加独立且更为关注价格稳定。

创建于 1694 年的世界最古老的中央银行之一的英格兰银行在 1997 年获得了独立于

政府调整利率的权力。政府在"极端情形"下可以否决英格兰银行,但到目前为止,政府还没有这样做过。然而,财政大臣调整英格兰银行的通货膨胀指标。利率决定权归于货币政策委员会,该委员会的成员包括英格兰银行行长、两位副行长、由行长任命的两位成员(在与财政大臣协商之后)以及由财政大臣提名的四位外部经济专家。

自 1998 年 4 月生效的《日本银行法》授予政策委员会(Policy Board)更多的自主权来追求价格稳定。政策委员会成员包括行长、两位副行长、由内阁提名并由国会批准的六位外部成员,国会是日本的国家立法机关。虽然政府可以向政策委员会的会议派遣代表,但并没有投票权。然而,大藏省(财政部)还保留对日本银行的与货币政策无关的部分预算的控制权。

加拿大银行拥有作为货币政策目标的通货膨胀指标,但该指标是由加拿大银行和政府共同调整的。虽然政府自 1967 年以来一直拥有对货币政策的最终责任,但一般是加拿大银行控制货币政策。财政部长可以指导银行的行动,但这些指示必须是书面的和公开的,到现在为止,还没有发布过。

近年来,推动中央银行独立性以追求低通货膨胀目标的努力增加了。事实上,在大部分的工业化世界,中央银行独立于政治过程作为组织货币当局的方式正在普及。事实上,货币政策执行中的实际独立性程度在各国间各不相同。我们应该从中央银行结构的差异中得到什么结论呢?很多分析家认为,独立的中央银行通过在不提高产出或就业波动的情况下降低通货膨胀,改善了经济绩效。在一项我们在第 2 章讨论过的研究中,艾尔波托·艾莱斯那和劳伦斯·萨默斯发现,在 20 世纪 70 年代和 80 年代,拥有最独立的中央银行的国家也拥有最低的平均通货膨胀率。中央银行独立性低得多的国家有明显更高的通货膨胀率。

什么构成了有意义的中央银行独立性?经济学家强调,政府宣布该国的中央银行是独立的是不够的。中央银行必须能够在没有来自政府的直接干预的情况下执行政策。中央银行还必须能够提出可以保持对其负责的目标。这样一个目标的最主要的例子是通货膨胀指标。加拿大、芬兰、新西兰、瑞典和英国的中央银行有正式的通货膨胀指标,欧洲中央银行也是如此。美国的联储有非正式的通货膨胀指标,但很多经济学家曾敦促联储采取明确的通货膨胀指标。

欧洲中央银行

作为欧洲走向经济一体化的一部分,欧洲中央银行(ECB)被责令为参加欧洲货币联盟,或者说欧元体系,并在用欧元作为其共同货币的 16 个国家执行货币政策。很多欧洲国家的代表于 1991 年 12 月在荷兰的马斯特里赫特签署了一份重要的协议。这一协议详述了在 1994—1999 年之间会完成的渐进的实现货币联盟的步骤。虽然货币联盟直到 1999 年 1 月 1 日才得以实现,但 ECB 的基础已经提前打下了。

ECB 的组织结构在某些方面类似于美联储的组织结构。ECB 的执行委员会在 2010 年由让-克劳德·特里谢主持,特里谢担任 ECB 的主席,有六名专门为该行工作的成员。在咨询过欧洲议会和 ECB 的治理委员会之后,委员会成员(一位副行长和其他四位)由国家和政府首脑根据经济和金融部长委员会的建议任命。执行委员会成员供职不可延长的八年任期。参与 ECB 治理的还包括各成员国家中央银行的行长，每位行长供职至少五年的任期。设计较长的任期是为了提高 ECB 的政治独立性。

原则上，在德意志联邦银行（德国的中央银行）的领导下，在明确的重视价格稳定的要求下，ECB 具有高度的整体独立性，并在执行政策中免于欧盟和各国政府的干预。此外，只有通过变更《马斯特里赫特条约》，ECB 的宪章才可以被改变，这就要求签署原始条约的所有国家的一致同意。然而，法律上的独立性是否足以保证实际上的独立性又是另一个问题。根据联邦储备的历史经验，也许有理由对 ECB 的独立性表示担心。在 1913 年原始的《联邦储备法》中所设想的分散化的中央银行体系导致了体系内的权力争夺，而且在 20 世纪 30 年代初的金融危机期间并没有提供达成一致的机制。国家中央银行在 ECB 中拥有相当大的权力。欧洲中央银行体系（European System of Central Banks，ESCB）的行长们在欧洲中央银行的治理委员会中拥有大多数的投票权。国家中央银行全体比 ECB 拥有多得多的工作人员。

冲突源自何处？虽然 ECB 章程强调价格稳定，但各国曾对扩张性或紧缩性货币政策的好处争论不休。在 2007—2009 年的金融危机期间，这一冲突变得尤为明显，当时，诸如希腊、西班牙和爱尔兰之类的国家遭遇生产和就业的严重下滑并敦促 ECB 采取更为扩张性的政策。而像德国那样在金融危机期间情况较好的国家不愿意看到 ECB 放弃其通胀指标。

欧洲中央银行与 2010 年主权债务危机

欧洲中央银行拥有复杂的使命。不像只为单个国家执行货币政策的联储、英格兰银行或日本银行，欧洲中央银行为使用欧元作为其通货的 16 个主权国家的货币政策负责。2007—2009 年的金融危机以及与之相伴的经济衰退对这 16 个国家的影响程度各不相同。甚至就在欧元硬币和纸币于 2002 年被引入之前，一些经济学家还在对给定参与国经济之间存在差异性的情况下，由一家中央银行控制的单一货币是否可行表示怀疑。通常，在经济下滑时期，一国的中央银行可以根据可能的需要追求尽可能积极的扩张性政策。但在 2007—2009 年的经济衰退期间，作为欧洲货币联盟一部分的 16 个国家不得不依靠欧洲中央银行，而不能追求独立的政策。

经济衰退对一些国家的打击要比其他国家大得多。2010 年年中，德国 7.6％的失业率实际上低于衰退开始之前的失业率，而西班牙、希腊、爱尔兰和葡萄牙的失业率则远高于 10％。失业率高的国家比德国更希望欧洲中央银行采取更为扩张的政策，而官员们却还在强调 ECB 的价格稳定目标的重要性。

经济衰退特别严重的国家还因税收收入下降和政府支出上升而受困于大量的政府预算赤字。要为赤字融资，这些国家就必须发行债券，或者说，**主权债务**（sovereign debt）。到 2010 年春季的时候，希腊已经发行了如此多的债券，以至于私人投资者开始怀疑希腊能否负担得起继续支付这一债务的利息偿还。对于爱尔兰、西班牙和葡萄牙发行的债务的怀疑也出现了。因而发生的**主权债务危机**（sovereign debt crisis）使 ECB 陷入了两难困境：它可以干预来购买一些债务，但这样做会进一步增加欧洲金融体系中的流动性数量，提高对未来更高的通货膨胀的预期。此外，购买债务可能会被视为认可一些政府的不负责任的预算政策，从而提高道德风险。2010 年 5 月 10 日，ECB 通过购买价值 1 650 亿欧元的债务予以干预。ECB 行长让-克劳德·特里谢认为，为了确保受影响的政府仍然能够通过出售债券筹集资金以及保证购买了大量的这些政府债券的欧洲银行的偿付能力，干预是必不可少的。然而，这一行动带来了巨大的争议，德国中央银行行长和 ECB 治理委员会成员阿克塞尔·韦伯（Axel Weber）采取了罕见的公开批评的措施。

虽然到 2010 年 9 月的时候，主权债务危机似乎正在逐渐减弱，但欧洲单一货币实验和单一中央银行最终能否成功仍然令人怀疑。

回答关键问题

续第 383 页

在本章开始的时候，我们提出了如下问题：

"国会和总统应该被赋予对联储更大的权威吗？"

正如我们在本章已经看到的，几乎自联储建立之日起，经济学家和政策制定者就一直对联邦储备应该独立于其他政府部门的程度争论不休。1913 年的《联邦储备法》将财政部长和通货监理官——均为总统任命——安置于联邦储备理事会，并使财政部长成为理事会的主席。国会于 1935 年将这些官员从理事会中排除出去以提高联储的独立性。在 2010 年对金融改革的争论期间，国会对允许总统任命 12 家储备银行行长给予了严肃的考虑，但这一提议并没有进入《多德-弗兰克法案》的最终版本。给定其在金融体系中的重要作用，经济学家和政策制定者还会继续争论联储独立性的好处似乎是不可避免的。

在进入下一章之前，阅读下面的**政策透视**，讨论最近任命的联储理事会成员对联储在金融体系中的作用上升这一问题的观点。

✂ 政策透视：美国参议院质询联储理事会的三位新理事

《纽约时报》

新任联储理事支持扩展职责

ⓐ在参议院批准一项影响深远的对华尔街监管的全面检查的几小时之前……奥巴马总统任命的联邦储备理事会的三位新理事说，他们准备帮助中央银行履行其广泛扩展的职责……

"我们必须协同努力……从而让我们国家不再遭受这样破坏性的金融不稳定事件。"被任命的联储女副主席 Janet L. Yellen 在参议院银行业委员会陈述时说。

……任命正值联储的传统职权被扩大以包括金融稳定性和对所有"系统重要"金融机构的监督，而不只是大的银行。

ⓑ在未能控制次级抵押贷款繁荣之后，联储却得到广泛的新权力这一悖论对 **Yellen 女士**是起作用的……在质询时，她在承认中央银行的不足之处方面表现坦率。

"我们完全未能理解房地产价格下跌会对金融体系造成的影响的复杂性……我们未能

理解抵押贷款标准和承销标准曾如何严重地下降，以及证券化的复杂性和金融体系正在积累的风险……"

"在失业率仍然令人痛苦地处于高位之时，创造新的工作岗位必须是货币政策高度优先的方向。"Yellen 女士说。

第二位新任命者 Sarah Bloom Raskin 指出，失业存在"广泛的社会成本"。她说联储在过去 30 年中控制通货膨胀的成功"在很多美国家庭继续面临失业的威胁时只是部分地成功……"

第三位新任命者、麻省理工学院的经济学教授 Peter A. Diamond 曾教过本·伯南克……"我的研究生涯的中心主题曾是经济如何应对风险……"，Diamond 先生说。

听证会的出席者寥寥无几……该委员会的主席 Christopher J. Dodd 和该委员会的共和党领袖 Richard C. Shelby 都不得不为监管立法进行投票而离开。

ⓒDodd 先生注意到自从他去年为应对金融危机而发布立法草案后，联储的地位令人惊讶地突然好转。"非常坦率地说，那份立法草案企图在其表现糟糕的领域取消联储所有的权力，让其主要为货币政策负责，"他告诉那些新任命者，"然而，随着我们走完立法过程，显然，国会的政治意愿是保留并强化联储的监管作用。"

Raskin 女士说，监管者并没有对导致金融危机的银行资本和银行表外资产的重要性予以足够重视……

指出 Diamond 先生曾将自己描述为一位"正式的行为经济学家"的 Shelby 女士引出了个人金融知识继续会是对 Diamond 先生关注的焦点……

"行为经济学大量利用认知心理学知识，而认知心理学充分认识到经验不足的人们在解读复杂情形时的困难性。"他说。

文中要点

在美国参议院于 2010 年即将通过一项金融改革法案之时，参议院银行业委员会听取了来自三位联邦储备理事会新任命者的陈述。被任命为副主席的 Janet Yellen 承认联储未能预期到房地产价格下跌会如何影响金融体系，并声明创造就业岗位会是货币政策高度优先的方向。理事会的第二位新任命者 Sarah Bloom Raskin 表明了其对失业的社会成本的关注。第三位任命者是来自麻省理工学院的一位经济学教授 Peter Diamond。银行业委员会主席 Christopher Dodd 说，金融立法草案要求取消联储在金融危机期间表现乏善可陈的领域的很多职权。然而，参议院随后支持保留并加强联储的监督作用。Raskin 证实了金融监管者在危机之前未能对银行的资本和表外资产予以足够重视。Peter Diamond 就行为经济学对于理解人们在解读复杂金融事件中存在的困难的关系做了评论。

新闻解读

ⓐ2010 年 7 月，参议院银行业委员会听取了来自联邦储备理事会的三位新任命者

的陈述，理事会因即将通过的金融改革立法而会被赋予新的职责。当时，只有四位理事会成员，包括主席本·伯南克（见下表）。理事由总统任命并由美国参议院批准。参议院银行业委员会投票赞同对 Janet Yellen、Sarah Bloom 和 Peter Diamond 的任命。9 月末，参议院批准了 Janet Yellen 和 Sarah Bloom，但将对 Peter Diamond 的任命送回给了总统。虽然一些参议员担心 Diamond 缺乏宏观经济政策经验，但总统还是再次任命了Diamond。

联邦储备理事会成员，2010 年 7 月

姓名	以前的经历	任期届满
Ben S. Bernanke	普林斯顿大学经济学教授	2020
Elizabeth A. Duke	弗吉尼亚银行总裁	2012
Kevin M. Warsh	总统经济政策特别助理（2002—2006）	2018
Daniel K. Tarullo	乔治敦大学法律中心教授	2022
Donald L. Kohn	金融经济学家	2016（2010 年辞职）

资料来源：http://www.federalreserve.gov/.

ⓑ在她的陈述中，Janet Yellen 批评了联邦储备对金融危机的反应，尤其是联储未能理解房地产价格下跌会对整个金融体系造成的影响。

ⓒ参议院银行业委员会主席参议员 Christopher Dodd 说，法案的早期草案曾取消了联储的很多职权，但在委员会听证之后不久由国会通过并由总统奥巴马签署为法律的该法案实际上扩展了联邦储备的职权。例如，理事会被赋予对金融机构要求"压力测试"并对大型金融机构要求提供清算计划的新增权力。

严肃思考

1. 参议院至少暂时地驳回了奥巴马总统任命的联邦储备理事会的三位人选中的一位。为什么在这些情况下参议院很可能会认真考察总统的任命？

2. 再看一下ⓒ部分引述的来自参议员 Dodd 的话。为什么国会会决定并不大幅削减联储的权力？

本章小结和问题

关键术语和概念

理事会	联邦公开市场委员会	政治经济周期
《多德-弗兰克华尔街改革和消费者保护法案》	联邦储备银行	委托—代理观
联邦储备系统	公共利益观	

13.1 联邦储备系统的结构

解释为什么联邦储备系统是那样组织的。

小结

1913 年的《联邦储备法》创建了**联邦储备系统**来充当美国的中央银行。该法案将美国分为 12 个联邦储备区，每个储备区拥有一家**联邦储备银行**。全国性银行必须加入联邦储备系统，而州银行可以选择是否加入。当银行加入联邦储备系统时，它们被要求购买它们的地区储备银行的股票，但它们几乎没有股东常见的权利和特别待遇。位于华盛顿特区的**理事会**由美国总统任命的七位成员构成。其中的一位成员被任命为主席并供职不可延长的四年任期。由 12 个联邦储备成员银行的成员组成的**联邦公开市场委员会**（FOMC）包括理事会成员、纽约联邦储备银行的行长、其他 11 家联邦储备银行中的四家银行的行长。理事会主席还担任 FOMC 的主席。国会设立联邦储备系统以具有很多正式的制约和平衡机制，但随着时间的推移，权力已经变得集中于理事会。2010 年，《多德-弗兰克法案》虽然在其运作中作了几项较小的改变，但扩展了联储的职责。

复习题

1.1 什么是第一和第二美国银行？这两家银行怎么样了？

1.2 为什么联邦储备系统被分为 12 个储备区？

1.3 全国性银行与州银行之间的区别是什么？哪些银行必须是联邦储备系统的成员？

1.4 什么是理事会？理事会有多少成员？谁任命他们？

1.5 什么是联邦公开市场委员会？其成员是谁？

1.6 《多德-弗兰克华尔街改革和消费者保护法案》下的联储变化是什么？

问题和应用

1.7 当美国自 1836 年以来，一直在没有一家中央银行的情况下运转时，为什么国会于 1913 年通过了《联邦储备法》？

1.8 为什么国会希望成员银行拥有联邦储备银行？当前成员银行与储备银行之间的关系显示出国会实现了其目标吗？

1.9 以下是曾写作过联邦储备历史的卡内基·梅隆大学的经济学家艾伦·梅尔策的观点：

> 在该体系开张营业之前，联邦储备理事会与储备银行之间的紧张关系就开始了……保罗·沃伯格描述过该问题。由理事会主导会让政治考量左右利率决策。由储备银行主导"会……将理事会降低到无足轻重的地位。"

当联邦储备理事会在 1914 年开始运作时，保罗·沃伯格是威尔逊总统的初始任命之一。

a. 为什么国会建立了一个储备银行与联邦储备理事会之间有这一紧张关系的体系？

b. 这一紧张关系在现代联储中得到解决了吗？若是，那么是如何解决的？

资料来源：Allan H. Meltzer, *A History of the Federal Reserve*, *Volume* Ⅰ: 1913 - 1951, Chicago: University of Chicago Press，2003，p. 75.

1.10 圣路易斯联邦储备银行的 David Wheelock 描述了下述大萧条开始时的情景：

> 在 1929 年 10 月股票市场崩盘之后，纽约联邦储备银行利用国库债券的公开市场购买和对商业银行慷慨的贴现窗口贷款来向银行体系注入准备金……虽然联邦储备理事会事后勉强地通过了纽约联储的行动，但很多成员对纽约联储的擅自行动表达了不满。

a. 赞成和反对联邦储备银行独立运作的理由分别是什么？

b. 在现代联储中，储备银行像纽约联储在 1929 年那样行动还是可能的吗？

资料来源：David C. Wheelock, "Lessons Learned? Comparing the Federal Reserve's Responses to the Crises of 1929 - 1933 and 2007 - 2009," *Federal Reserve Bank of St. Louis Review*, Vol. 92, No. 2，March/April 2010，pp. 97-98.

1.11 【与第 385 页的**联系实际有关**】假定国会打算修改《联邦储备法》并成立了一个新的委员会来重

新审视联邦储备的地区边界。该委员会在绘制边界时应该采纳哪些考量？新的边界有可能与原始边界大不相同吗？地区边界的位置现在还像 1914 年那样重要吗？

1.12 【与第 387 页的**解决问题** 13.1 有关】假定美国银行对支票账户余额支付 2% 的年利率，但必须满足 10% 的准备金要求。假定联储就其准备金持有向美国银行支付 0.25% 的利率，美国银行在其贷款和其他投资上可以获得 7% 的利率。

　　a. 准备金要求如何影响美国银行在 1 000 美元的支票账户存款上可以获得的金额？除了其对存款人支付的利息外，忽略美国银行在存款上招致的任何成本。

　　b. 准备金要求对银行的机会成本在高通货膨胀时期还是低通货膨胀时期可能会更高？简要解释。

1.13 【与第 390 页的**联系实际**有关】《政府透明法案》的目的是什么？联储主席伯南克在 2007—2009 年的金融危机期间在规避这一法案的要求时的理由是正当的吗？

13.2　联储如何运作

解释联储运作中涉及的关键问题。

小结

美国《宪法》并没有明确授权一家中央银行的条款，因此，联储必须在经常遭遇来自国会议员和白宫官员压力的政治舞台上运作。由于联储在其国库债券持有上获得数十亿美元，因此，联储是自我融资的，但仍然经常遭遇外部压力。美国总统任命理事会的成员，国会在任何时候都可以修改《联邦储备法》。多年来，联储和美国财政部之间一直存在冲突。经济学家曾提出关于联储动机的两种观点：**公共利益观**认为联储代表一般公众的最大利益行动，而**委托—代理观**则认为联储官员最大化其个人福利，而不是一般公众的福利。如果委托—代理观是正确的，其结果将是政治经济周期，在政治经济周期中，政策制定者在选举前敦促联储降低利率以刺激经济。支持联储独立性的主要理由是，货币政策过于重要且过于技术性，以至于不能由政治家来决定。联储独立性的反对者则认为，在民主政治中，当选官员应该制定公共政策。

复习题

2.1　联储是以何种方式遭遇外部压力的？

2.2　联储如何筹集其运作所需的资金？这种获得资金的方式不同于环境保护总署（EPA）或联邦调查局（FBI）获得资金的方式吗？

2.3　给出财政部与联储之间冲突的两个例子。

2.4　什么是联储动机的公共利益观？什么是委托—代理观？这两种观点与政治经济周期理论的关系是什么？

2.5　简要讨论支持和反对联储独立性的理由。

问题和应用

2.6　【与本章开始的导入案例有关】评价下述陈述："联邦储备系统独立于美国的政治过程。"

2.7　评价下述陈述："由于联储并不需要向国会请求资金以融通其运作，联储动机的委托—代理观不会是正确的。"

2.8　【与第 385 页的**联系实际**有关】Michael McAvoy 对选择联邦储备银行的所在城市的解释与如何决策的公共利益观更为一致还是与公共选择观更为一致？简要解释。

2.9　美国在 20 世纪 70 年代经历的高通货膨胀率与联储动机的公共利益观相一致吗？

2.10　2009 年末，在《多德-弗兰克法案》的争论期间，一篇报纸文章指出：

　　　　去年夏天，中央银行聘用了一位经验丰富的民主党雇员和前说客 Linda Robertson 来协助对付国会议员……不要忘了，现在是民主党控制着白宫和国会，伯南克先生实际上并没有对奥巴马总统建立一个新的会接管联储对消费者贷款问题权力的消费者机构的提议表现出反对。

文章提到的几点清楚地显示了联储的动机吗？简要解释。

资料来源：Edmund L. Andrews, "Under Attack, Fed Chief Studies Politics," *New York Times*, November 10, 2009.

2.11 【与第 396 页的**联系实际有关**】假定美国《宪法》被修改以包括下述内容："国会将建立一家对执行美国的货币政策负责的中央银行。"这样的修改很可能对联储造成什么影响？

13.3 美国之外的中央银行独立性

讨论与美国之外的中央银行独立性有关的问题。

小结

中央银行独立性程度各国间大不相同。在大部分国家，中央银行治理委员会成员都比联储理事会成员供职较短的任期，但中央银行首脑比联储主席供职较长的任期。研究表明，一国中央银行的独立性程度越高，该国的通货膨胀率越低。近年来，争取中央银行独立性以追求低通货膨胀目标的努力增加了。欧洲中央银行（ECB）被责令为使用欧元作为其共同货币的 16 个成员国执行货币政策。在 2007—2009 年的金融危机期间，ECB 在规划所有 16 个成员国都接受的政策时遇到了困难。

复习题

3.1 比较美国联邦储备与外国中央银行的中央银行首脑及中央银行治理委员会成员的任期。

3.2 比较英格兰银行、日本银行和加拿大银行的独立性程度。

3.3 有一个并不独立于其他政府部门的中央银行的主要问题是什么？

3.4 欧洲中央银行是如何组织的？其面对的特殊问题是什么？其在 2007—2009 年的金融危机期间遇到了什么困难？

问题和应用

3.5 中央银行在高收入国家还是低收入国家更容易独立？你的答案对于高收入国家相对于低收入国家可能的平均通货膨胀率的大小有什么含义？

3.6 2010 年 7 月，一篇描述在德国举行的中央银行家会议的报纸文章包含如下内容：

由于主要的经济学家和分析师就其危机管理甚至欧元的可行性批评 ECB 的行长让-克劳德·特里谢和治理委员会的其他成员，会议有时候像一场货币政策对质。

a. 欧洲中央银行在金融危机期间及其之后遇到了哪些导致其领导权受到批评的问题？

b. "欧元的可行性"的意思是什么？为什么欧元的可行性会受到质疑？

资料来源：Jack Ewing, "European Bank's Economist Is Optimistic on Sovereign Debt, but Critics Are Wary," *New York Times*, July 9, 2010.

3.7 下述内容出现在路透社的一篇文章中：

日本银行受到来自政府的压力，要求其在明年国会上院的选举之前采取更多的措施来支持经济并避免另一场衰退的风险……中央银行行长 Masaaki Shirakawa 与首相鸠山由纪夫（Yukio Hatoyama）在星期三举行了会面，但他说，鸠山由纪夫先生在他们会面的时候并没有要求他采取新的宽松措施……鸠山由纪夫先生在会后向记者发言时避开了对中央银行的批评。

为什么中央银行首脑和日本政府首脑都不希望看起来是政府在左右着日本银行的政策行动？

资料来源："Japan's Central Bank Open to More Steps on the Economy," *Reuters*, December 2, 2009.

3.8 英格兰银行货币政策委员会成员 Adam Posen 在一次演讲中说：

中央银行对政府债务的购买……非但不是削弱其独立性……反而是提升其可信性……Posen 先生说……"对我们的独立性重要的是我们说并不那样做的能力，以及对我们何时选择说是负责的能力。"

a. 为什么购买政府债务会被视为削弱中央银行的独立性？

b. 中央银行需要有独立性对哪些行动说"不"？为什么中央银行有时候想要对这些行动说"是"？

资料来源：Natasha Brereton，"BOE's Posen Defends ECB's Actions，"*Wall Street Journal*，June 15，2010.

数据练习

D13.1   前往 sdw. ecb. europa. eu 并选择 "Monetary Aggregate M3"。什么是 M3？自 2008 年以来欧元区的 M3 发生了哪些变化？

D13.2   前往 sdw. ecb. europa. eu 并选择 "Inflation Rate（HICP）和 M3"。通货膨胀率与 M3 之间有关系吗？第 2 章讨论过的货币数量论认为这一关系应该是怎样的？

D13.3   前往 sdw. ecb. europa. eu 并选择 "Government Debt（as a ％ of GDP）"。欧元区当前的债务—GDP 比率是多少？赤字—GDP 比率是多少？

第 14 章 联储的资产负债表和货币供给过程

学习目标

学完本章之后，你应该能够：

14.1 解释联储的资产负债表和基础货币

14.2 导出简单存款乘数并理解其含义

14.3 解释银行和非银行公众的行为是如何影响货币乘数的

14A 附录：描述 M2 的货币供给过程

乔治·索罗斯，"金迷"

在美国和其他工业化国家，黄金曾一度是货币供给的基础，然而，那已经成为过去。美国在 1933 年脱离了金本位并停止铸造金币作为通货。但美国铸币厂（U. S. Mint）确实还在生产用于向收藏者销售的纪念著名人物和历史事件的金币。铸币厂也生产用于向投资者销售的美国鹰徽金条（American Eagle Bullion）。在 2010 年的时候，这类钱币异常地抢手。2010 年 5 月，1 盎司的美国鹰徽金币的销售量达到了 190 000 块，这是十多年中销售量最大的。网络销售公司金条库公司（Bullion Vault）允许投资者购买储藏在纽约、伦敦和苏黎世的地下金库中的金条的所有权，该公司也报告了非常强劲的销售记录。虽然一部分投资者喜欢直接拥有黄金的所有权，但其他投资者更喜欢通过购买黄金的交易所交易基金（ETFs）来下赌注。黄金 ETFs 可以在金融市场上买卖并被设计成用于跟踪黄金价格。当每盎司黄金的价格在10月份飙升到创纪录的1 370美元时，投资于黄金似乎是非常成功的。

虽然一部分被称为"金迷"个人投资者总是想持有黄金，但是，2009—2010年间对黄金需求的激增还是令很多经济学家大为震惊。在2009年，用于投资的黄金销售量首次超过了用于珠宝首饰的黄金销售量。在2010年，不仅仅是个人投资者在推高黄金价格。在2010年年中，亿万富翁对冲基金经理乔治·索罗斯持有了价值超过6亿美元的金块以及黄金开采企业的股票。索罗斯因其在1992年下注英镑币值从而获利超过10亿美元而闻名退迹。因此，他购买黄金引起了很多投资者的注意。类似地，在2007—2008年间通过下注房价下跌而获利数十亿美元的对冲基金经理约翰·保尔森也持有了30亿美元的黄金ETFs。底格里斯金融集团（Tigris Financial Group）的经理托马斯·卡普兰在黄金开采企业和地质学家认为可能存在黄金储量的17个国家的土地购买上总共投资了超过20亿美元。

为什么人们投资于黄金的兴趣如此之大呢？投资者的动机各不相同，然而，很多人关心的是金融危机期间政府行为的后果：在包括美国在内的很多国家，货币供给出现了快速的增长。此外，银行也保有创纪录数量的准备金。到2010年晚些时候，虽然通胀率仍然比较低，但很多投资者预测通胀率在来年会出现飙升并将持有黄金作为对冲此类风险的最佳方法。

第430页的政策透视将讨论联储从源于其在2007—2009年的金融危机期间的政策导致的准备金和货币供给的增加中的"退出策略"。

资料来源：Nelson Schwartz, "Uncertainty Restores Glitter to an Old Refuge, Gold," *New York Times*, June 12, 2010; Liam Pleven and Carolyn Cui, "A Billionaire Goes All-In on Gold," *Wall Street Journal*, May 22, 2010; "Store of Value," *Economist*, July 8, 2010; and United States Mint, *American Eagle Bullion Sales Totals*, *1986 - 2010*, July 2010.

关键议题和问题

在第1章的结尾，我们指出，始于2007年的金融危机提出了关于金融体系的一系列重要问题。在回答这些问题的时候，我们将讨论金融体系的一些非常重要的方面。下面是本章的关键议题和问题：

议题：在金融危机期间以及紧随其后，在美国，银行准备金出现了快速上升。

问题：在2007—2009年的金融危机期间和之后，为什么银行准备金会快速上升？决策者应该关心准备金的上升吗？

在第430页回答

经济学家、决策者和投资者都对货币供给感兴趣，因为货币供给可以影响利率、汇率、通货膨胀率以及经济中商品和服务的产出。因此，中央银行——不管是欧洲中央银行、美国的联储、日本银行还是英格兰银行——都试图管理货币供给。为了理解中央银行是如何管理货币供给的，你需要知道哪些因素决定着货币供给以及中央银行是如何增加或减少流通中的货币数量的。在本章，我们构建一个解释货币供给规模的模型并解释为什么货币供给会波动。一国的货币供给是如何被创造的被称为货币供给过程（money supply process）。我们在这一章致力于理解美国的货币供给过程。在我们的讨论过程中，我们将会明白为什么美国的银行准备金在2007—2009年的金融危机期间会出现飙升。

14.1 联储的资产负债表和基础货币

我们通过首先描述基础货币进而确定基础货币与货币供给如何联系来开始我们对货币供给过程的考察。我们关于货币供给如何决定的模型包括了三位参与者：

1. **联储**，联储负责控制货币供给和监管银行体系。
2. **银行体系**，银行体系创造支票账户，支票账户是 M1 度量的货币供给的最重要的组成部分。
3. **非银行公众**，非银行公众指的是所有的家庭和企业。非银行公众决定其希望以何种形式持有货币——例如，以通货的形式还是以支票账户余额的形式。

图 14—1 清楚地说明了货币供给过程并指出了经济中的哪些参与者影响过程中的每一个变量。简言之，这一图形展示了模型的组成部分而且是我们在本章进行分析的支柱。货币供给过程始于**基础货币**（monetary base），基础货币也被称为**高能货币**（high-powered money）。基础货币等于流通中的通货的数量加上银行体系的准备金：

基础货币＝流通中的通货＋准备金

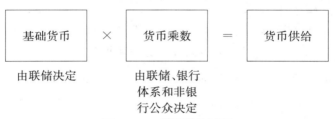

图 14—1　货币供给过程

三个参与者决定了货币供给：中央银行（联储）、非银行公众和银行体系。

正如我们将会看到的，联储可以很好地控制基础货币。货币乘数将基础货币与货币供给联系起来了。只要货币乘数的数值是稳定的，联储就可以通过控制基础货币来控制货币供给。

我们的货币供给模型适用于货币总量 M1，M1 是联储的狭义的货币度量。本章末的附录描述了广义的货币供给度量 M2 的货币供给过程。

联储的资产负债表

基础货币和联储的资产负债表之间存在着紧密的联系，资产负债表列出的是联储的资产和负债。在表 14—1 中，我们不仅展示了完整的联储资产负债表，而且展示了仅包含与联储增减基础货币最为相关的四个项目的简化的资产负债表。在大多数年份里，联储最为重要的资产是其持有的美国国库债券（国库券、国库票据和国债）及其发放给银行的贴现贷款。正如我们在第 12 章已经讨论过的，在 2007—2009 年的金融危机期间，联储采取了几项不同寻常的政策行动，这些行动的后果在 2010 年的联储资产负债表上仍然清晰可见。首先，联储购买了大量的由房地美和房利美担保的抵押贷款支持证券。联储采取这些行动是为了通过增加抵押贷款市场的可得资金和帮助维持较低的抵押贷款利率而救助面临困难的住房市场。其次，联储参与这些行动是为了拯救投资银行贝尔斯登和保险公司 AIG 免于破产，与这些行动有关的证券还在联储的账面上。再次，联储参与了与外国中央银行的流动性互换并积累了与这些互换有关的资产。最后，联储参与了旨在救助资产支持证券市场的计划，资产支持证券是由除房地产之外的资产支持的证券化贷款。

表 14—1 的（a）部分展示了联储的主要负债是流通中的通货和商业银行的准备金。在其作为政府的银行的作用中，联储也持有美国财政存款以及外国政府和国际机构存款。作为其公开市场操作的一部分，我们在第 15 章会更详细地讨论公开市场操作，联储引起了一项逆回购协议形式的负债。最后，资产"待收项目"和负债"递延可得现金项目"是与联储的支票清算作用有关的。

表 14—1 的（b）部分从联储的资产负债表中剥离出了细节并把注意力放在了与联储的增减基础货币行为最为直接相关的两项资产和两项负债上。

表 14—1   **联储的资产负债表**

（a）联邦储备资产负债表，2010 年 7 月

资产		负债和资本	
证券		流通中的通货	902 259
美国国库债券	777 013	逆回购协议	61 467
联邦机构债务证券	159 381	商业银行准备金	1 052 526
抵押贷款支持证券	1 124 590	财政存款	243 827
对银行的贴现贷款	65 551	外国政府和国际组织存款	1 448
黄金	16 237	递延可得现金项目	2 182
AIG 和贝尔斯登——关联持有	92 840	其他负债	15 238
资产支持证券	541		
待收项目	405	总负债	2 278 947
建筑物	2 231		
硬币	2 033		
中央银行流动性互换	1 246	资本	56 840
其他资产	93 719		
总资产	2 335 787	总负债和资本	2 335 787

(b) 简化的联储资产负债表

资产	负债
美国政府债券	流通中的通货
对银行的贴现贷款	银行准备金

(a) 部分中的数值是以百万美元为单位的。

资料来源：panel（a）：*Federal Reserve Statistical Release H. 4. 1*, *Factors Affecting Reserve Balances of Depository Institutions and Condition Statement of Federal Reserve Banks*, July 22, 2010.

基础货币

需要注意的是，表14—1 的（b）部分中显示的联储的两项负债，即流通中的通货和银行准备金之和等于基础货币。① 联储印刷的所有纸币，或称联邦储备券（Federal Reserve Notes）的总的价值被称为未偿还的联邦储备通货。流通中的通货（currency in circulation）不包括银行持有的被称为备用现金（vault cash）的通货。因此，流通中的通货等于未偿还的联邦储备通货减去备用现金：

流通中的通货＝未偿还的联邦储备通货－备用现金

联储资产负债表上的银行准备金（bank reserve）等于商业银行在联储的存款加上备用现金：

准备金＝银行在联储的存款＋备用现金

准备金存款是银行的资产，但却是联储的负债，因为银行可以随时要求联储用联邦储备券偿还存款。这种情况类似于你的支票账户是你的一项资产但却是你的开户银行的一项负债。

总的准备金是由被称为**法定准备金**（required reserve）的联储强迫银行持有的数量和被称为**超额准备金**（excess reserve）的银行选择持有的额外数量构成的：

准备金＝法定准备金＋超额准备金

联储规定银行必须持有其支票存款的一定比例作为准备金，这一比例被称为**法定准备金比率**（required reserve ratio）。例如，如果法定准备金比率是10%，那么银行必须留出其支票存款的10%作为在联储的准备金存款或备用现金。2008 年10 月，联储首次开始向银行支付其准备金账户的利息，但是利率相对有限（在2010 年是0.25%）。在过去，银行并不持有很多的超额准备金。然而，在2007—2009 年的金融危机期间以及危机之后，银行显著地增加了其超额准备金的持有。关键的原因似乎是：虽然联储为准备金支付的利率较低，但这一投资是无风险的，利率相对于银行可以做出的其他安全的短期投资的收益率是具有竞争力的。另外，考虑到金融体系前所未有的高度不确定性，很多银行希望提高其流动性。

----

① 严格地说，基础货币也包括流通中的美国财政部的通货，美国财政部的通货主要是硬币。由于流通中的硬币的价值相对于联储的流通中的通货或银行准备金是很小的，我们可以忽略它。

联储如何改变基础货币

联储是通过改变其资产的数量来增加或减少基础货币的，换言之，联储是通过买卖政府证券或向银行发放贴现贷款来改变基础货币的。我们将在第 15 章讨论关于公开市场操作和贴现贷款的更多的细节。现在，我们感兴趣的是联储如何利用这些工具来改变基础货币。

公开市场操作

联储用于改变基础货币的最直接的方法是**公开市场操作**（open market operations），公开市场操作需要购买或出售证券，而证券通常是美国政府证券。公开市场操作是由联储位于纽约联邦储备银行的交易专柜来实施的。交易专柜的联储员工通过电子方式与**一级证券商**（primary dealer）买卖证券。在 2010 年，共有包括商业银行、投资银行和证券商在内的 18 个一级证券商。在增加基础货币的公开市场购买（open market purchase）中，联储买入政府证券。假定联储从美国银行买入价值 100 万美元的国库券。美国银行会通过电子方式将国库券的所有权转移到联储，联储会通过向美国银行在联储的准备金账户中存入 100 万美元来完成支付。

我们可以通过利用 **T 账户**（T-account）来说明联储公开市场购买的影响，T 账户是资产负债表的剥离形式。我们使用 T 账户只是要说明一项交易是如何改变资产负债表的。虽然在我们的例子中，联储仅从一家银行购买证券，实际上，联储通常是同时从多家银行购买证券。因此，我们利用整个银行体系的 T 账户来说明联储的公开市场购买的结果：银行体系的资产负债表显示证券持有减少了 100 万美元，而准备金增加了相同的数量（请注意，银行体系的资产负债表只是把美国所有商业银行的资产和负债加起来）：

银行体系

资产		负债
证券	−100 万美元	
准备金	＋100 万美元	

我们可以利用另一个 T 账户来说明联储资产负债表的变化，联储的证券持有（一项资产）增加了 100 万美元，银行准备金存款（一项负债）也增加了 100 万美元：

联邦储备

资产		负债	
证券	＋100 万美元	准备金	＋100 万美元

联储从美国银行的公开市场购买增加了准备金 100 万美元，因此，基础货币增加了 100 万美元。关键之处在于，基础货币增加了一次公开市场购买的美元数量。

类似地，联储可以通过政府证券的**公开市场出售**（open market sale）来减少基础货币。例如，假定联储向巴克莱银行（Barclays Bank）出售了 100 万美元的政府证券。联储将证券转让给巴克莱银行，巴克莱银行用其准备金账户的资金进行支付。其结果是，银行体系的证券持有会增加 100 万美元，其准备金会下降 100 万美元，正如如下的 T 账户所展示的：

银行体系

资产		负债
证券	+100 万美元	
准备金	−100 万美元	

联储的证券持有会减少 100 万美元，银行准备金也是如此：

联邦储备

资产		负债	
证券	−100 万美元	准备金	−100 万美元

因为准备金已经下降了 100 万美元，所以基础货币也下降了 100 万美元。我们可以得出结论：基础货币减少了一次公开市场出售的美元数量。

正如我们将会看到的，非银行公众在货币供给过程中发挥的关键作用是决定与支票存款相比他希望持有多少通货。然而，与支票存款相比，公众对通货的偏好并不影响基础货币。为了明白这一点，考察一下如果家庭和企业决定从其支票账户提取 100 万美元会发生什么。如下的 T 账户展示了非银行公众资产负债表的变化（请注意，非银行公众的资产负债表只是把美国所有非银行公众的资产和负债加起来）：

非银行公众

资产		负债
支票存款	−100 万美元	
通货	+100 万美元	

由于银行体系从其在联储的准备金中提取了 100 万美元来向家庭和企业提供通货，银行体系的资产负债表会发生如下变化：

银行体系

资产		负债	
准备金	−100 万美元	支票存款	−100 万美元

由于流通中的通货增加了而银行准备金降低了，联储的资产负债表也会变化：

联邦储备

资产	负债	
	通货	+100 万美元
	准备金	−100 万美元

请注意，虽然基础货币的一个组成部分（准备金）下降了 100 万美元，但另一个组成部分（的通货）上升了 100 万美元。因此，基础货币未受影响。这一结论是非常重要的，因为这意味着联储可以通过公开市场操作增加和减少基础货币，而与支票存款相比，非银行公众希望持有多少通货并不会影响基础货币的变化。

贴现贷款

虽然在管理基础货币时联储通常采用公开市场操作，联储也可以通过向商业银行发放贴现贷款（discounted loans）来增加或减少准备金。银行准备金的变化会改变基础货币。

假定银行增加其来自联储的贴现贷款 100 万美元。联储通过增加银行的准备金账户而向银行提供资金。对联储而言，资产由于新增贷款而上升了 100 万美元，负债由于新增银行准备金也上升了 100 万美元。因此，贴现贷款的增加同时影响联储资产负债表的两端：

联邦储备

资产		负债	
贴现贷款	＋100 万美元	准备金	＋100 万美元

银行体系资产负债表的两边也受到了影响。银行增加了其准备金形式的资产 100 万美元，同时也增加了应付给联储的贴现贷款形式的负债 100 万美元：

银行体系

资产		负债	
准备金	＋100 万美元	贴现贷款	＋100 万美元

由于联储发放了 100 万美元的贴现贷款，银行准备金和基础货币都增加了 100 万美元。

如果银行向联储偿还了 100 万美元的贴现贷款，从而减少了贴现贷款的总数量，那么前面的交易会发生逆转。

联邦储备

资产		负债	
贴现贷款	－100 万美元	准备金	－100 万美元

银行体系

资产		负债	
准备金	－100 万美元	贴现贷款	－100 万美元

比较公开市场操作和贴现贷款

虽然公开市场操作和贴现贷款都可以改变基础货币，然而，相对于贴现贷款，联储对公开市场操作具有更大的控制能力。联储完全地控制了公开市场操作的数量,因为联储通过吩咐在纽约联储的交易专柜向一级证券商发出指令而发起证券的购买或出售。联储乐于以任何价格买卖证券来成功地完成其公开市场操作。

与联储对公开市场操作的控制能力相比,联储对贴现贷款的控制能力要弱得多,因为银行决定着是否从联储借款。联储对贴现贷款具有一定的控制能力是因为联储可以设定**贴现率**(discount rate),贴现率是联储对贴现贷款所收取的利率。事实上,贴现率不同于大多数的利率,因为它是由联储设定的,而大多数利率是由金融市场上的需求和供给决定的。

由于联储对公开市场操作的控制能力和对贴现贷款的控制能力之间存在差异,经济学家将基础货币视为具有两个组成部分:非借入基础货币,B_{non},以及借入准备金,BR,借入准备金是贴现贷款的别名。我们可以把基础货币 B 表示为

$$B = B_{non} + BR$$

虽然联储和银行的决策共同决定了贴现贷款的数量,但联储对非借入基础货币具有控制能力。

联系实际:解释基础货币的激增

如下图所示,在 2008 年秋季,基础货币出现了急剧的增加,在 9—12 月末之间翻了一倍。直到 2010 年秋季,基础货币一直保持在高位。图形也表明,在金融危机开始之前,准备金仅构成了基础货币的大约 5%,而到 2009 年春季,准备金占比超过了 50%。换言之,基础货币增加中的大部分是由于银行准备金部分的增加而不是流通中的通货部分的增加。

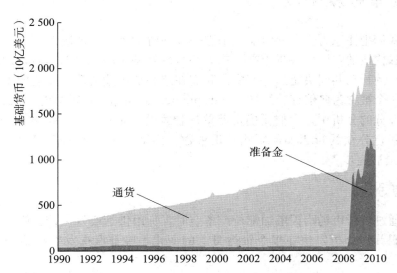

资料来源:Federal Reserve Bank of St. Louis.

我们已经看到,联储具有通过政府证券的公开市场购买增加银行准备金从而增加基

第 14 章 联储的资产负债表和货币供给过程

础货币的能力。于是，基础货币的大幅增加通常意味着联储购买了大量的国库券或其他政府证券。然而，在这种情况下，虽然基础货币在激增，但联储的政府证券持有量实际上却下降了。联储在 2007 年 1 月持有的各种政府证券的数量是 7 790 亿美元，但在 2009 年 1 月却仅有 4 750 亿美元。联储的国库券持有量从 2007 年 1 月的 2 770 亿美元暴跌到 2009 年 1 月的仅仅 180 亿美元。

因此，基础货币的增加并不是通常的公开市场购买的结果。相反，这反映了我们在第 12 章已经讨论过的联储的创新性政策措施。随着联储开始购买抵押贷款支持证券、商业票据以及与贝尔斯登和 AIG 有关的资产，其资产负债表的资产方扩张了，基础货币也扩张了。存在一个对于理解与这一事件有关的基础货币增加过程的要点：无论何时联储购买任意的资产，基础货币都会增加。资产是国库券、抵押贷款支持证券还是计算机系统并不重要。例如，如果达拉斯联邦储备银行（Federal Reserve Bank of Dallas）用 1 000 万美元从当地的一家信息技术公司购买了一套计算机系统，它会用支票为计算机付款。当信息技术公司将支票存入其开户银行时，银行会把支票送到联储，而联储又会增加 1 000 万美元的银行准备金。结果是基础货币增加了 1 000 万美元。如果信息技术公司决定将支票兑换为现金，结果还是一样的：流通中的通货会上升 1 000 万美元，而信息技术公司的开户银行的准备金不会变动，因此基础货币仍然会上升 1 000 万美元。

在 2008 年秋季的时候，联储开始购买价值数千亿美元的抵押贷款支持证券和其他金融资产，基础货币的增加就不可避免了。

资料来源：William T. Galvin, "More Money: Understanding Recent Changes in the Monetary Base," *Federal Reserve Bank of St. Louis Review*, Vol. 91, No. 2 March/April 2009, pp. 49-59.

通过做第 433 页本章末的问题和应用 1.10 来检查一下你的理解。

14.2 简单存款乘数

现在，我们把注意力转向货币乘数来进一步理解货币供给的决定因素。我们的分析是由三个步骤构成的，以反映货币乘数的大小是由经济中的三位参与者，即联储、非银行公众和银行的行动共同决定这一事实。我们在这一节讲述的第一步说明了，货币供给是如何通过一个被称为**多倍存款扩张**（multiple deposit expansion）的过程被增加或减少的。在这一部分的分析中，我们要确定**简单存款乘数**（simple deposit multiplier）。第二步说明了非银行公众的行为如何影响货币乘数，而第三步引入了银行的行为。我们在 14.3 节讲述最后两步。

多倍存款扩张

当联储通过公开市场购买增加银行准备金时，货币供给会发生什么呢？为了回答这一问题，我们首先分析发生在单个银行身上的变化，接着审视发生在整个银行体系的变化。

单个银行如何对准备金的增加做出反应

假定联储从美国银行购买了 100 000 美元的国库券（T-bills），美国银行的准备金增加了 100 000 美元。我们可以利用 T 账户来说明美国银行的资产负债表如何变化以反映这些交易：

美国银行

资产		负债
证券	－100 000 美元	
准备金	＋100 000 美元	

联储从美国银行购买国库券增加了银行的超额准备金而非法定准备金。其原因在于，法定准备金是由银行支票存款的一个百分比确定的。由于这项交易对美国银行的支票存款没有影响，这不会改变银行被要求持有的准备金的数量。对于从国库券销售中获得的新增准备金，美国银行只能从联储获得较低的利率，因此，美国银行就具有将这些资金贷放出去或用于投资的动机。

假定美国银行向罗西面包房（Rosie's Bakery）贷出了 100 000 美元使其可以安装两台新的烤箱。我们假定，美国银行是通过为罗西面包房创造一个支票账户并存入 100 000 美元的贷款本金来提供贷款的。美国银行资产负债表的资产方和负债方同时增加了 100 000 美元：

美国银行

资产		负债	
证券	－100 000 美元	支票存款	＋100 000 美元
准备金	＋100 000 美元		
贷款	＋100 000 美元		

我们还记得用 M1 定义的货币供给等于流通中的通货加上支票存款。通过向罗西面包房贷出货币，美国银行创造了支票存款，因此，增加了货币供给。假定罗西面包房接着通过开出一张 100 000 美元的支票来购买鲍伯面包房设备公司（Bob's Bakery Equipment）的烤箱而花掉了贷款收入。鲍伯面包房设备公司将支票存入其在 PNC 银行的账户。支票一经兑现，PNC 银行就会从美国银行收到资金，美国银行就会失去 100 000 美元的准备金和支票存款：

美国银行

资产		负债	
证券	－100 000 美元	支票存款	＋0 美元
贷款	＋100 000 美元		
准备金	＋0 美元		

现在，美国银行心满意足了，因为美国银行已经将其部分低息的国库券持有转换成了高息的贷款。然而，公开市场购买对银行体系的影响还没有结束。

银行体系如何对准备金的增加做出反应

我们可以通过考察 PNC 银行在收到鲍伯面包房设备公司的 100 000 美元的支票后的情况而发现公开市场操作进一步的影响。在 PNC 银行兑现了支票并收到来自美国银行的资金之后，PNC 银行的资产负债表的变化如下：

PNC 银行

资产		负债	
证券	＋100 000 美元	支票存款	＋100 000 美元

PNC 银行的存款和准备金同时增加了 100 000 美元。为了简单起见，我们假定，在收到鲍伯面包房设备公司存款的时候，PNC 银行没有超额准备金。如果法定准备金率是 10%，PNC 银行必须为其支票存款增加的 100 000 美元而持有 10 000 美元（＝0.10×100 000 美元）的准备金。PNC 银行获得的剩下的 90 000 美元的准备金是超额准备金。PNC 银行知道它将失去等于其发放的任意一笔贷款金额的准备金，因为贷款的资金会被花掉，而且资金将被存入其他的银行。因此，PNC 只能有把握地贷出等于其超额准备金的数量。假定 PNC 银行向杰罗姆印刷公司（Jerome's Printing）发放了 90 000 美元的贷款用于购买办公设备。最初，PNC 银行的资产（贷款）和负债（支票存款）同时上升了 90 000 美元。然而，这只是暂时的，因为杰罗姆公司会通过为购自宇宙电脑公司（Computer Universe）的设备开出一张 90 000 美元的支票而用掉贷款收入，而宇宙电脑公司在阳光信托银行（SunTrust Bank）拥有一个账户。当阳光信托银行兑现了 90 000 美元的支票时，PNC 银行的资产负债表的变化如下：

PNC 银行

资产		负债	
准备金	＋100 000 美元	支票存款	＋100 000 美元
贷款	＋90 000 美元		

阳光信托银行的资产负债表的变化如下：

阳光信托银行

资产		负债	
准备金	＋90 000 美元	支票存款	＋90 000 美元

至此，银行体系的支票存款因联储 100 000 美元的公开市场购买已经增加到了 190 000 美元。

阳光信托银行面临着与美国银行和 PNC 银行相同的决策问题。阳光信托也想利用准备金的增加来扩张其贷款，然而，它只能有把握地贷出增加的超额准备金。由于法定准备金率为 10%，阳光信托必须增加 90 000 美元×0.10＝9 000 美元的法定准备金而只能贷出 81 000 美元。假定阳光信托银行向霍华德理发店（Howard's Barber Shop）贷出 81 000 美元用于店面的改造扩建。最初，阳光信托银行的资产（贷款）和负债（支票存款）同时上升了 81 000 美元。然而，当霍华德理发店花掉了贷款收入，81 000 美元的支票被兑现后，阳光信托银行的资产负债表的变化如下：

阳光信托银行

资产		负债	
准备金	＋9 000 美元	支票存款	＋90 000 美元
贷款	＋81 000 美元		

如果霍华德理发店的贷款收入被存入了另一家银行，银行体系的支票存款将再上升 81 000 美元。至此，由联储供给的 100 000 美元的准备金增加已经使支票存款数量增加：100 000 美元＋90 000 美元＋81 000 美元＝271 000 美元。这一过程被称为**多倍存款创造**（multiple deposit creation）。货币供给随着每一笔贷款的发放而增加。银行准备金和基础货币的初始增加会导致货币供给的多倍变动。

这一过程仍然没有完成。来自霍华德理发店的 81 000 美元的支票的接受者还会将支票存入银行，另外的银行的支票存款也会扩张。这一过程会继续传导到银行体系和整个经济。我们在表 14—2 中说明了这一结果。从表中注意到，每次当支票被存入银行且银行发放新的贷款后，新的支票存款都会被持续地创造出来，然而，每次增加的规模越来越小，因为在每一阶段银行都必须持有部分的存款作为法定准备金。

表 14—2　多倍存款创造，假定 100 000 美元的联储公开市场购买和 10％的法定准备金率　单位：美元

银行	存款的增加	贷款的增加	准备金的增加
PNC 银行	100 000	90 000	10 000
阳光信托银行	90 000	81 000	9 000
第三银行	81 000	72 900	8 100
第四银行	72 900	65 610	7 290
第五银行	65 610	59 049	6 561
⋮	⋮	⋮	⋮
总的增加	1 000 000	900 000	100 000

计算简单存款乘数

表 14—2 表明，联储 100 000 美元的公开市场购买增加了 100 000 美元的银行体系准备金并最终增加了 1 000 000 美元的支票存款。银行创造的存款的数量与新创造的准备金的数量之比被称为**简单存款乘数**（simple deposit multiplier）。在这个例子中，简单存款乘数等于 1 000 000 美元/100 000 美元＝10。为什么是 10 呢？我们怎么知道 100 000 美元的银行准备金的初始增加最终会导致 1 000 000 美元的存款增加？

存在两种方法来回答这一问题。首先，在这一过程中的每一个银行都保留恰好等于其存款的 10％的准备金，因为我们假定没有银行持有超额准备金。就银行体系整体而言，准备金的增加是 100 000 美元，即联储公开市场购买的数量。因此，整个银行体系

将以 1 000 000 美元的存款而告终，因为 100 000 美元是 1 000 000 美元的 10%。

回答这一问题的第二种方法是通过导出简单存款乘数的表达式。根据表 14—2，我们可以写下总的存款增加的表达式：

$$\Delta D = \$100\ 000 + [0.9 \times \$100\ 000] + [(0.9 \times 0.9) \times \$100\ 000]$$
$$+ [(0.9 \times 0.9 \times 0.9) \times \$100\ 000] + \cdots$$

或简化为：

$$\Delta D = \$100\ 000 \times [1 + 0.9 + 0.9^2 + 0.9^3 + \cdots]$$

代数法则告诉我们，形如表达式中的无限序列共计：

$$\frac{1}{1 - 0.9} = \frac{1}{0.10} = 10$$

因此，$\Delta D = 100\ 000$ 美元 $\times 10 = 1\ 000\ 000$ 美元。注意到 10 是 1 除以法定准备金率，rr_D，在这个例子中，法定准备金率是 10%，或者说 0.10。这又给我们提供了表示简单存款乘数的另一种方式：

$$简单存款乘数 = \frac{1}{rr_D}$$

因此，我们现在获得了一个说明存款的变化，ΔD，是如何与准备金的初始变化，ΔR，相关联的方程：

$$\Delta D = \frac{\Delta R}{rr_D}$$

或者说，在我们的例子中，

$$\Delta D = \frac{\$100\ 000}{0.10} = \$1\ 000\ 000$$

如果银行决定将其全部或部分超额准备金投资于市政债券或其他证券而不是发放贷款，存款扩张过程与银行发放贷款的情形是完全一致的。假定 PNC 银行决定从投资银行高盛公司购买价值 90 000 美元的市政债券而不是向杰罗姆公司发放 90 000 美元的贷款。PNC 银行会给高盛开出一张金额为 90 000 美元的支票，而高盛会把支票存入其开户银行。于是，高盛的开户银行就拥有了可以贷出或投资的超额准备金，等等。银行利用超额准备金发放贷款还是购买证券对多倍存款创造的影响是相同的。

一开始你可能认为是个别银行在创造货币，然而，个别银行只能贷出等于其超额准备金的数量。当借款人花掉他们从银行借入的资金且资金接着被存回银行体系时，新的存款就被创造出来了。多倍存款创造指的是整个银行体系的行为而不是个别银行的行为。

最后，需要注意的是，虽然联储可以通过增加准备金而扩张银行体系的支票存款的数量，联储也可以通过减少准备金来收缩支票存款的数量。联储是通过在**公开市场出售**（open market sale）中卖出政府证券来降低准备金的。这种行为具有一种类似于银行体系中的存款扩张的连锁效应，但方向却是相反的。公开市场出售的结果是**多倍存款收缩**（multiple deposit contraction）。假定联储向美国银行出售了 100 000 美元的国库券，由此降低了该银行 100 000 美元的准备金。由于简单存款乘数等于 10，我们知道，准备金下降 100 000 美元最终会导致支票存款下降 1 000 000 美元。

14.3 银行、非银行公众和货币乘数

理解简单存款乘数是理解货币供给过程的重要一步，然而这并不完整。在推导货币乘数的过程中，我们做了两个关键假定：

1. 银行并不持有超额准备金。
2. 非银行公众并不增加其通货的持有量。

换言之，我们在前一节假定了无论何时只要银行拥有超额准备金，银行就会将其全部贷放出去。我们也假定了如果非银行公众，即家庭和企业，收到一张支票，它们会把全部的金额存入支票账户而不保留任何现金。然而，这些假定都是不符合实际情况的：银行会持有部分超额准备金，而当其支票账户余额上升时，非银行公众通常会增加其通货的持有量。在这一节，我们要弄清楚如果我们放松这些假定条件，货币供给过程会发生什么情况。

通货持有量增加和超额准备金增加的影响

在上一节的货币供给过程的详情中，一旦美国银行由于向联储出售国库券而获得 100 000 美元的超额准备金，银行会把全部的金额贷放给罗西面包房。罗西面包房接着通过向鲍伯面包房设备公司开出一张 100 000 美元的支票而花掉贷款收入，鲍伯面包房设备公司会将全部的 100 000 美元的支票存入其在 PNC 银行的账户。支票一经兑现，PNC 银行会获得 100 000 美元的准备金。然而，假定鲍伯面包房设备公司不是存入全部的 100 000 美元，而是存入 90 000 美元并取出 10 000 美元的现金，情况又会怎么样呢？在这种情况下，PNC 银行会获得 90 000 美元的准备金而不是 100 000 美元，从而降低了 PNC 银行可用于贷款的资金数量。

在银行发放贷款和创造新的支票存款的整个过程中，家庭和企业会持有部分的新增资金作为通货而不是存款。存入银行的资金会参与多倍存款创造过程，而作为通货持有的资金却不能。我们可以得出结论：与支票存款相比，非银行公众持有的通货越多，多倍存款创造过程就会越小。

现在，假定鲍伯面包房设备公司将 100 000 美元存入其在 PNC 银行的账户中，银行决定不是持有 10 000 美元的法定准备金并把剩下的 90 000 美元贷放出去，而是持有全部的 100 000 美元作为超额准备金。如果 PNC 银行采取了这样的行动，由于不再有贷款被发放和存款被创造，多倍存款创造过程会突然停止。联储 100 000 美元的公开市场购买不是导致了 1 000 000 美元的存款增加，而只是引起了 100 000 美元的存款增加。存款乘数会从 10 下降到 1。我们可以得出结论：与其支票存款相比，银行持有的超额准备金越多，多倍存款创造过程就会越小。

图 14—1 说明了我们理解货币供给过程的最终目标：找到一个将基础货币和货币供给联系起来的稳定的货币乘数。我们已经看到了联储可以通过公开市场操作控制基础货币的规模。假如货币乘数是稳定的，联储对基础货币的控制使其也可以控制货币供给。简单存款乘数在理解准备金创造如何导致贷款和存款的增加上是非常有用的，而且也是货币供给过程的关键。然而，我们需要从三个方面对简单存款乘数详加说明：

1. 我们需要的不是准备金与存款之间的联系，而是基础货币与货币供给之间的联系。

2. 我们需要包括非银行公众相对于支票存款而持有通货的意愿的变化对货币供给过程的影响。

3. 我们需要包括银行相对于存款而持有超额准备金的意愿的变化对货币供给过程的影响。

在下一小节，为了建立货币供给过程的完整描述，我们把这些变化引入简单存款乘数的情形中。

推导现实的货币乘数

我们需要推导联系基础货币 B 和货币供给 M 的货币乘数 m：

$$M=m\times B$$

这个方程告诉我们，货币乘数等于货币供给与基础货币之比：

$$m=\frac{M}{B}$$

回忆一下，货币供给等于流通中的通货 C 与支票存款 D 之和，基础货币等于流通中的通货 C 与银行准备金 R 之和。由于我们应该考虑银行持有超额准备金的决策，我们可以把银行准备金分成两部分：法定准备金 RR 和超额准备金 ER。因此，我们可以把货币乘数的表达式扩展为：

$$m=\frac{C+D}{C+RR+ER}$$

请记住，我们感兴趣的是，非银行公众相对于支票存款而持有通货的意愿以及银行相对于支票存款而持有超额准备金的意愿。为了在货币乘数中表现这些行为，我们应该包括**通货—存款比率**（currency-to-deposit ratio，C/D），其度量的是非银行公众相对于其支票存款持有量的通货持有量，和**超额准备金—存款比率**（excess reserve-to-deposit ratio，ER/D），其度量的是银行相对于其支票存款的超额准备金持有量。为了在货币乘数表达式中包括这些比率，我们可以依靠基本的算术法则，即分数的分子和分母同时除以相同的变量时分数的值保持不变。因此，我们可以把存款比率引入货币乘数表达式中：

$$m=\left(\frac{C+D}{C+RR+ER}\right)\times\frac{(1/D)}{(1/D)}=\frac{(C/D)+1}{(C/D)+(RR/D)+(ER/D)}$$

回忆一下，法定准备金与支票存款之比是法定准备金率，rr_D。我们可以利用这一事实来得到货币乘数的最终表达式：

$$m = \frac{(C/D)+1}{(C/D)+rr_D+(ER/D)}$$

因此，我们可以说，因为：

货币供给＝货币乘数×基础货币

所以，

$$M = \left(\frac{(C/D)+1}{(C/D)+rr_D+(ER/D)}\right) \times B$$

例如，假定我们拥有如下的数值：

$C=\$5\ 000$ 亿

$D=\$10\ 000$ 亿

$rr_D=0.10$

$ER=\$1\ 500$ 亿

因此，通货—存款比率＝5 000亿美元/10 000亿美元＝0.50，超额准备金—存款比率＝1 500亿美元/10 000亿美元＝0.15，因此，货币乘数的值为：

$$m = \frac{0.5+1}{0.5+0.10+0.15} = \frac{1.5}{0.75} = 2$$

由于货币乘数等于2，基础货币每增加10亿美元将引起货币供给增加20亿美元。

关于联系基础货币和货币供给的货币乘数，有几点需要说明：

1. 不管是基础货币上升还是货币乘数上升，货币供给都会增加；不管是基础货币下降还是货币乘数下降，货币供给都会减少。

2. 通货—存款比率（C/D）的上升会导致货币乘数的下降，如果基础货币未发生变动，那么货币供给就会下降。例如，在前面的例子中，如果C/D从0.5上升到0.6，那么货币乘数的值会从1.5/0.75＝2下降到1.6/0.85＝1.88。这一结论是具有经济意义的：如果家庭和企业相对于其支票存款持有量而增加其通货持有量，银行将会拥有相对较少的可贷资金量，这又会降低多倍存款创造。

3. 法定准备金率rr_D的提高会引起货币乘数的下降，如果基础货币未发生变动，那么货币供给就会下降。这一结论的数学计算是非常简单易懂的：由于rr_D在货币乘数表达式的分母中，随着rr_D值的提高，m的值会下降。从经济学上看，rr_D的上升意味着，对于银行收到的准备金的任意增加，更大的部分必须被作为法定准备金而持有，从而不能贷放出去作为多倍存款创造过程的一部分。

4. 超额准备金—存款比率的上升会引起货币乘数的下降，如果基础货币未发生变动，那么货币供给就会下降。由于ER/D也是在货币乘数表达式的分母中，因而这一结论的数学计算也是非常简单的。从经济学上看，ER/D的上升意味着银行正在持有相对较多的超额准备金，因此，银行并没有利用这些资金来发放作为多倍存款创造过程的一部分的贷款。

 解决问题 14.1：应用货币乘数表达式

考虑如下的信息：

$$银行准备金＝\$5\,000\,亿$$
$$通货＝\$4\,000$$

a. 如果银行正持有 800 亿美元的法定准备金，法定准备金率是 0.10，支票存款是多少？

b. 考虑到这些信息，货币供给（M1）是多少？货币乘数是多少？

解决问题

第一步 复习本章的内容。这个问题是关于货币乘数的，因此，你也许需要复习"推导现实的货币乘数"这一小节。

第二步 通过计算支票存款的数值来回答（a）部分的问题。法定准备金的数值等于支票存款的数值乘以法定准备金率：

$$RR=D\times rr_D$$
$$\$800\,亿=D\times0.10$$
$$D=(\$800\,亿/0.10)=\$8\,000\,亿$$

第三步 通过计算货币供给、基础货币和货币乘数来回答（b）部分的问题。货币供给的 M1 度量等于流通中的通货的数值加上支票存款的数值：

$$M=C+D=\$4\,000\,亿+\$8\,000\,亿=\$12\,000\,亿$$

基础货币等于流通中的通货的数值加上银行准备金的数值：

$$B=C+R=\$4\,000\,亿+\$5\,000\,亿=\$9\,000\,亿$$

我们可以用两种方法来计算货币乘数。首先，注意到货币乘数等于货币供给与基础货币之比：

$$m=\frac{M}{B}=\frac{\$12\,000\,亿}{\$9\,000\,亿}=1.33$$

或者，我们可以利用前面导出的表达式来计算货币乘数的数值：

$$m=\frac{(C/D)+1}{(C/D)+rr_D+(EF/D)}$$

为了运用这个表达式，我们需要计算超额准备金的数值。因为我们知道总准备金等于 5 000 亿美元，法定准备金等于 800 亿美元，超额准备金的数值必然等于 4 200 亿美元，把这些数值代入货币乘数表达式中可得：

$$m = \frac{(\$4\,000\,\text{亿}/\$8\,000\,\text{亿})+1}{(\$4\,000\,\text{亿}/\$8\,000\,\text{亿})+0.01+(\$4\,200\,\text{亿}/\$8\,000\,\text{亿})} = \frac{1.5}{1.125} = 1.33$$

因此，计算货币乘数的数值的两种方法给出了相同的结论。

为了进行更多的练习，做一下第 436 页本章末的问题和应用 3.7 和 3.8。

我们在本章前面已经了解到，经济学家把基础货币看作是由两个组成部分构成的，即非借入准备金 B_{non} 和借入准备金 BR，借入准备金是贴现贷款的别称，因此，$B = B_{non} + BR$。由于联储和银行的行为共同决定了贴现贷款的数量，联储对非借入基础货币具有更大的控制能力。我们可以通过重写货币供给和基础货币之间的关系来确认这一事实：

$$M = \left(\frac{(C/D)+1}{(C/D)+rr_D+(ER/D)} \right) \times (B_{non}+BR)$$

现在，我们拥有了货币供给过程的完整描述：

1. 货币供给等于基础货币乘以货币乘数。

2. 基础货币等于非借入基础货币与贴现贷款之和。非借入基础货币主要由联储通过公开市场操作决定，而贴现贷款是由联储和银行共同决定的。

3. 货币乘数取决于法定准备金率（由联储决定）、超额准备金—存款比率（由银行决定）以及通货—存款比率（由非银行公众，即家庭和企业决定）。

表 14—3 概括了决定货币供给的变量。请注意，第一列中列出的变量的减小会对第三列的货币供给造成与表中截然相反的影响。

表 14—3   货币供给过程中的变量

变量的增加	基于下列主体的行为	对货币供给的影响	原因
非借入基础货币，B_{non}	联储通过公开市场操作	增加	基础货币增加，更多的准备金可用于存款扩张
法定准备金率，rr_D	联储通过变动准备金要求	减少	较少的准备金可被贷出，货币乘数下降
通货—存款比率（C/D）	非银行公众	减少	货币乘数下降，降低了存款扩张
超额准备金—存款比率（ER/D）	银行	减少	货币乘数下降，降低了存款扩张

我们之前说的是：联储控制着货币供给。现在，我们知道这一表述并不是很准确。联储可以设定其选择的任意水平的非借入基础货币的数值。然而，非银行公众的行为通过通货—存款比率影响货币供给，银行的行为通过贴现贷款的数量和超额准备金—存款比率影响货币供给。在下一小节，我们可以利用这一分析来理解 2007—2009 年金融危机期间的基础货币和货币供给的变化。

2007—2009 年金融危机期间的货币供给、货币乘数和基础货币

我们已经目睹了从 2008 年秋季开始，为了应对金融危机，联储购买了包括抵押贷款

支持证券在内的大量金融资产。图 14—2（a）表明，基础货币的数量因此而出现了飙升。M1 也增加了，但远非同步增长。如图 14—2（b）所示，在同一时期，货币乘数的值急剧下降。货币乘数的值一直趋于下降，从 1990 年初的大约 3 下降到 2007 年初的大约 1.7。接着，在金融危机期间，货币乘数的值下降了超过 50％，到 2008 年晚些时候下降到了 1 以下。事实上，由于基础货币的值已经上升到了货币供给的值之上，货币乘数已经变成了货币**除数**（divider）。

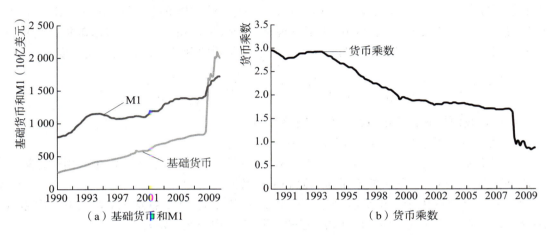

图 14—2　基础货币、M1 和货币乘数的变动，1990—2010 年

图（a）表明，从 2008 年秋季开始，基础货币的规模出现了飙升。M1 也增加了，但远非同步增长。如图（b）所示，在同一时期，货币乘数的值急剧下降。

资料来源：Federal Reserve Bank of St. Louis.

为什么基础货币较 M1 上升了如此之多呢？图 14—3 有助于解开这一谜团。该图表示的是通货—存款比率（C/D）和超额准备金—存款比率（ER/D）的变动。虽然通货—存款比率自 1990 年起一直逐渐地趋于上升，然而，由于家庭和企业将资金从其认为风险已经上升的货币市场共同基金和其他资产转换为支票存款，通货—存款比率在金融危机期间下降了。回忆一下我们关于（C/D）变化对货币乘数之影响的讨论，在保持其他不变的情况下，（C/D）的下降会导致货币乘数值的上升，对于任意给定的基础货币的值，M1 的值也会上升。我们从图 14—2（b）了解到，事实上，货币乘数的值下降了。其原因在于，（ER/D）的值出现了飙升，从 2008 年 9 月的近乎为 0（由于银行几乎没有持有任何超额准备金）上升到了 2009 年秋季的大约 1.3。换言之，较其拥有的支票存款，银行开始持有更多的超额准备金。

由于（ER/D）的上升明显大于（C/D）的下降，货币乘数的值下降了，基础货币的上升只引起了较如果货币乘数的值保持在金融危机之初的水平上 M1 可能会出现的上升要小得多的上升。

银行持有的超额准备金在 2008 年秋季期间出现了飙升，而且，由于若干原因，直到 2010 年秋季一直保持在高位。首先，2008 年 10 月，联储首次开始向银行支付其超额准备金的利息。虽然利率相当低，仅有 0.25％ 的水平，然而其他的名义利率也急剧下降了，而在联储的存款收益是无风险的。其次，在金融危机期间，银行遭受了沉重的损失，尤其是在其持有的抵押贷款支持证券和商业房地产抵押贷款上。由于银行试图恢复其资本，这些损失成为银行保持流动性的诱因。最后，银行在面临着借款人的信誉的不确定性上升的情况下也收紧了贷款标准。由于几乎没有好的替代品，持有在联储的资金变得更具吸引力。

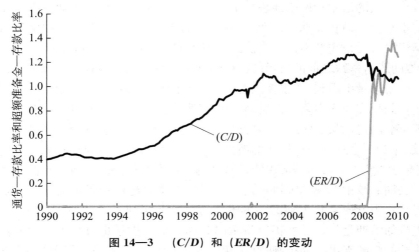

图 14—3　（C/D）和（ER/D）的变动

通货—存款比率（C/D）自 1990 年起一直逐渐地趋于上升，然而，在 2007—2009 年的金融危机期间，通货—存款比率下降了。与此同时，超额准备金—存款比率（ER/D）出现了飙升，从 2008 年 9 月的近乎为 0（由于银行几乎不持有任何的超额准备金）上升到了 2009 年秋季的大约 1.3。较其拥有的支票存款，银行开始持有更多的超额准备金。

资料来源：Federal Reserve Bank of St. Louis.

✔ **联系实际：联储对超额准备金的担忧导致了 1937—1938 年的衰退吗？**

如果联储担心银行体系的超额准备金水平，一种解决方法是通过提高法定准备金率而将超额准备金变成法定准备金。这正是联储在 20 世纪 30 年代中期的大萧条期间所做的。如下图所示，随着 1933 年早些时候银行恐慌的结束，银行体系的超额准备金急剧上升。

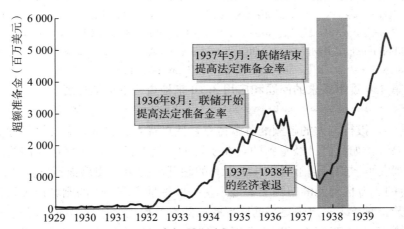

资料来源：Banking and Monetary Statistics of the United States.

银行在 20 世纪 30 年代中期积累超额准备金的原因类似于银行在 2008—2010 年期间积累超额准备金的原因。虽然银行恐慌随着 FDIC 的成立已经结束了，然而，很多银行已经遭受了沉重的损失，因而具有保持流动性的强烈意愿。名义利率也已经下降到了非常低的水平，这就降低了持有在联储的准备金的机会成本。最后，考虑到大萧条的严重性，大多数借款人的信用状况已经恶化了。到 1935 年晚些时候，失业率维持在超过 14% 的非常高的水平上，通货膨胀率仍然在小于 2% 的低水平上。然而，联储理事会的部分成员却在担忧股价无视委靡不振的经济的快速上升，他们感到这可能是一个类似于 1929 年 10 月惨烈的股市暴跌之前的情形的投机性泡沫。部分成员也在担心通胀率的上升。联储成员的一份备忘录中提到："很多人对当前水平的超额准备金迟早会引发通胀力量抱有普遍的担忧，如果在通胀力量全面启动之前处理不当，后果将是难以控制的……"

联储理事会决定，从 1936 年 8 月开始，通过分四个阶段将支票存款的法定准备金率从 10% 提高到 20% 来降低银行体系的超额准备金。理事会也将定期存款的法定准备金率从 3% 提高到了 6%。上页的图形表明，联储的行动在开始的时候成功地降低了超额准备金。然而，联储的政策忽视了银行在这一期间想要持有超额准备金的反应。随着法定准备金率的提高，银行恢复其先前的超额准备金持有量的唯一方法就是发放更少的贷款，进而持有更少的活期存款。随着银行贷款的收缩，货币供给也收缩了。无法获得信贷的家庭和企业开始削减支出，经济在 1937 年陷入了衰退。失业率仍然远离 1929 年大萧条开始之前的充分就业水平并再一次开始上升。

通过将支票存款和定期存款的法定准备金率分别从 20% 调低到了 17.5% 和从 6% 调低到了 5%，在 1938 年 4 月，联储在一定程度上转变了政策方向。大部分经济学家认为，联储提高法定准备金率的行为明显地促成了经济衰退。联储误判了银行持有超额准备金的愿望，因此，未能预见到银行会无视急剧上升的准备金要求而采取行动恢复其超额准备金持有量。联储的一位经济学家最近评论道："（20 世纪 30 年代的）经验证明，提高法定准备金率肯定不是消除超额准备金的最佳方法。"

注：在 20 世纪 30 年代，联储对银行设置取决于其规模和位置的不同的准备金要求。这里讨论的准备金要求是针对城市银行的。

资料来源：David Weelock，"How Not to Reduce Excess Reserve," *Federal Reserve Bank of St. Louis Economic Synopses*，No. 38，2009；Board of Governors of the Federal Reserve System, *Banking and Monetary Statistics of the United States*，1914 - 1941，Washington，DC，November 1943；the quote from the 1935 Fed memorandum is from Milton Friedman and Anna Schwartz，A *Monetary History of the United States*，1867 - 1960，Princeton，NJ：Princeton University Press，1963，p. 523.

通过做第 436 页本章末的问题和应用 3. 10 来检查一下你的理解。

在 2010 年，银行庞大的超额准备金持有量使投资者、决策者和经济学家开始关心未来通胀的后果。正如我们已经看到的，在正常的经济时期，在不存在联储为银行准备金支付利息的情况下，银行通常贷出几乎所有的超额准备金。如果银行突然贷出其在 2010 年 12 月持有的 1 万亿美元的超额准备金，其结果将是货币供给的剧增以及可能的通货膨胀的快速上升。对于未来出现更高通胀率的可能性的担忧促使部分投资者在 2010 年购买了黄金。在第 15 章，我们将更为全面深入地审视联储正在考虑的应对超额准备金的政策选项，因为联储一直在设法恢复金融体系的正常状态。

联系实际：担心通胀吗？黄金有多好呢？

在 2010 年，由于担心准备金和货币供给的上升可能会导致未来出现更高的通货膨胀率，许多投资者购买了黄金。但是，黄金是一项多好的投资呢？黄金作为一项投资明显地存在一些缺点：不同于债券，黄金并不支付利息；不同于股票，黄金也并不支付股息。在包括大部分的股票和债券在内的很多投资逐渐都以电子形式存在的情况下，黄金却是一种必须被储藏和保管的实际的有形资产。例如，拥有美国铸币厂发行的鹰徽金币的个人投资者必须找到一个场所来储藏它们，也许要为使用银行的安全存款箱而向银行支付费用，而且可能必须为它们支付保险费。投资者可以通过购买黄金 ETFs 而规避这些成本，然而，由于担心金融体系未来的崩溃而购买黄金的人们宁可持有实物黄金。

由于黄金不支付利息，确定其作为一项投资的内在价值是非常困难的。最终，黄金的最小价格是由其作为具有一定的工业用途以及可以被用于珠宝首饰的一种金属的价值而被确定。黄金作为一项投资的价值取决于其价格在未来上升的可能性，因为黄金的收益率完全来自资本利得。由于在一般价格水平上升时，黄金价格肯定会上涨，因此，很多个人投资者认为黄金是一项很好的避免通货膨胀损失的套期保值。然而，这种看法正确吗？下图中的灰线表示的是黄金从 1975 年 1 月到 2010 年 6 月的月度价格。

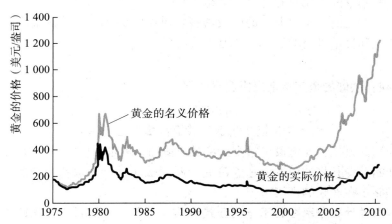

黄金的实际价格是通过除以按 1975 年 1 月＝100 作为基数的消费价格指数计算得到的。

资料来源：U. S. Bureau of Labor Statistics.

图形表明，黄金的价格在 20 世纪 70 年代后期的高通胀年份出现了飙升。黄金在 1975 年 1 月的售价是每盎司大约 175 美元，而在 1980 年 9 月上升到了 670 美元。然而，对于拥有黄金的投资者而言，不幸的是，虽然整体价格水平在 1980 年之后的年份里继续上升，黄金的价格实际上却下降了。在 1999 年 8 月，黄金的售价只有大约每盎司 255 美元，或者说几乎还不到大约 20 年前的峰值的 60％。与此同时，由消费者价格指数度量的价格水平已经翻了一番。图中的黑线表示的是黄金的实际价格，黄金的实际价格是由黄金的名义价格除以消费者价格指数计算得到的。黑线表明，即使在 2009 年和 2010 年强劲的名义价格上涨之后，黄金的实际价格仍然比 1980 年 9 月的价格水平低了 30％。换言之，从长期来看，黄金被证明是一项糟糕的避免通货膨胀损失的套期保值。虽然在 2010 年夏季购买了黄金作为避免通货膨胀损失的套期保值的投资者可能在做着一项精明的投资，然而，过去 30 年的记录并不令人鼓舞。

通过做第 436 页本章末的问题和应用 3.11 来检查一下你的理解。

回答关键问题

续第 408 页

在本章开始的时候，我们提出了如下问题：

"在 2007—2009 年的金融危机期间和之后，为什么银行准备金会快速上升？决策者应该关心准备金的上升吗？"

正如我们在本章中已经看到的，始于 2008 年秋季的银行准备金的快速上升是联储资产购买的结果。无论联储什么时候购买资产，基础货币都会增加。基础货币的两个组成部分在 2008 年都上升了，然而，准备金的上升格外大。由于联储对准备金支付利息以及资金的其他用途的风险上升，银行满足于持有大量的超额准备金余额。直到 2010 年中期，通货膨胀率一直非常低，但部分决策者也在担心，如果银行最终开始贷出其持有的超额准备金，通胀率的未来上升就很有可能。

在进入下一章之前，阅读下面的政策透视，讨论联储从源于其在金融危机期间的政策导致的准备金和货币供给增加中的"退出策略"。

政策透视：联储的资产负债表需要平衡行动

《华盛顿邮报》

联储希望明确的退出战略能提振市场信心

当你已经用数万亿美元淹没了整个经济时，清扫却不是一件容易的事。

当联储开始解释其将如何取消在经济处于深度触底时所采取的积极的增长支持措施时，这正是联储正在面临的现实……

ⓐ经济学家预计失业率在若干年内还是会居高不下……而且，如果联储行动太过鲁莽，联储会使得情况更糟……

联储主席本·伯南克正在下注如果中央银行对其如何逐渐停止扩张性措施保持公开……这就会为联储不会允许通货膨胀在一段时间之后突然出现提供信心……

"你在试图为你知道你在做什么而鼓舞信心……"直到去年之前还是联储经济学家的 Karen Dynan 说。

但该策略是有风险的……投资者也许会将减少货币供给的谈话解读为这是这些措施即将来临的迹象。这会促使利率比联储希望的更早上升……

联储很可能会通过提高对银行超额准备金支付的利率来从经济中回收货币。银行通常将其不用的资金存放在联储……如果通货膨胀变成威胁，联储可以提高利率……

只有从对准备金支付利息的权力被作为一部分包括在 2008 年 10 月创造了不良资产救助计划的法律中开始，联储才可以对准备金支付利息。联储的官员们将这一权力视为中央银行管理经济工具箱中的一项关键组成部分。

ⓑ在联储的退出战略中，"准备金的利息是关键，并打算作为主要的工具"。圣路易斯联邦储备银行行长 James Bullard 说道。

"以往的制度总是关于联邦基金利率，"Bullard 说，"长期以来你们都知道联邦基金利率变动对经济的影响。但我们现在不知道了……"

纽约联邦储备银行一直在试着用其他的也许可以使其回收货币供给的工具，包括"定期存款"。这些本质上会给予银行将资金存入联储一段时间的激励。

ⓒ联储终止了几项在金融危机最严重时期启动的非常规贷款计划……而且，联储会停止对 1.25 万亿美元的抵押贷款支持证券的购买……一个更棘手的问题是，联储何时会在公开市场上出售一些这类证券？

出售这些证券会从经济中回收货币并收缩联储 2.2 万亿美元的资产负债表……让联储从补贴抵押贷款的业务中走出来。但是，出售资产很可能会推高抵押贷款利率……

迄今为止，联储已经让市场相信了"如何"结束对经济的支持与"何时"结束对经济的支持是有区别的……如果复苏失败，中央银行会等待更长的时间……如果投资者开始预期会爆发通货膨胀，联储很可能很快会提高利率。

在联储从金融体系中回收货币的能力中，伯南克的战略的关键之处是赢得市场参与者的信心。

"我想，市场会希望对退出战略计划有更大的透明度。"瑞士再保险的首席经济学家 Kurt Karl 说道。

文中要点

在采取了积极的措施来刺激脆弱的经济两年之后，为了降低通货膨胀风险，联邦储备不得不决定如何逐渐停止其政策主动。降低货币供给增长并提高利率有可能延缓遭受高失业的经济。联储期待提高银行超额准备金的利率——国会在不良资产救助计划（TARP）中赋予联储的一个选项。分析家们认为，改变准备金的利率会成为一项控制货币供给增长的更为重要的工具。虽然联储已经停止了在金融危机期间开始的非常规的贷款计划，但联储必须决定如何处置其持有的 1 万亿美元的抵押贷款支持证券。出售证券会冒着抬高利率的风险从经济中回收货币。联储主席本·伯南克的战略的关键之处是要在联储从金融体系回收资金的能力中赢得市场参与者的信心。

新闻解读

ⓐ联储在 2010 年面临的挑战是当失业率在未来的几年里仍然会居高不下的时候逐步退出其在金融危机期间采取的政策主动。下页表说明了联储在 2008 年 7 月—2010 年 7 月之间对联邦机构债务和抵押贷款支持证券持有的快速增加。与对美国国库债券的购买一道，国库债券是联储通常用于公开市场操作的工具，在这两年的时间里，其债务持有量

的增加超过了 1.5 万亿美元。联储主席本·伯南克认为，如果联储对其计划如何降低其资产负债表的规模保持公开，金融市场对于未来不会允许通货膨胀上升就会有信心。

联邦储备银行持有的证券　　　　　　　　　　　　　　　　单位：百万美元

	2008 年 7 月 30 日	2009 年 7 月 29 日	2010 年 7 月 29 日
美国国库债券	479 206	695 758	777 022
联邦机构债务	0	105 915	159 381
抵押贷款支持证券	0	542 888	1 117 629
总计	479 206	1 344 561	2 054 032

资料来源：*Federal Reserve Statistical Release H. 4. 1, Factors Affecting Reserve Balances of Depository Institutions and Condition Statement of Federal Reserve Banks*, July 31, 2010, July 20, 2009, August 5, 2010.

ⓑ联储自从 2008 年 10 月以后一直对银行支付的超额准备金的利率有望成为一项重要的货币政策工具。圣路易斯联邦储备银行行长 James Bullard 声称，这一利率较联邦基金利率会成为一项更为重要的货币政策工具。银行对隔夜的准备金贷款向其他银行收取的联邦基金利率在 2010 年已经接近于 0。通过调整其对超额准备金支付的利息，联储可以影响银行使用其准备金来获取新的贷款的程度并改变货币供给的增长。

ⓒ虽然联储结束了其对抵押贷款支持证券的购买，但关于其持有的证券的出售，联储却面临着困难的决定。出售证券会结束联储对抵押贷款的补贴，但却冒着在经济尚未完全从 2007—2009 年的衰退中复苏的时候提高利率的风险。

严肃思考

1. 解释为什么金融分析师们认为在经济经历着经济增长之时继续持有抵押贷款支持证券对联邦储备和美国财政部都是有成本的。

2. 一些分析师建议，联邦储备应该在从 2007—2009 年的经济衰退中复苏的早期阶段，在利率还相对低的时候，出售其持有的抵押贷款支持证券。这会降低通货膨胀风险，因为证券的出售会降低银行准备金数量和货币供给增长率。但其他分析师对这一建议持批评态度。作为联储的抵押贷款支持证券出售的结果而出现的不利后果会是什么？

本章小结和问题

关键术语和概念

银行准备金	超额准备金	公开市场出售
通货—存款比率	基础货币（高能货币）	法定准备金率
流通中的通货	多倍存款创造	法定准备金
贴现贷款	公开市场操作	简单存款乘数
贴现率	公开市场购买	库存现金

14.1 联储的资产负债表和基础货币

解释联储的资产负债表与基础货币的关系。

小结

一国的货币供给是如何被创造出来的被称为**货币供给过程**。货币供给过程中的三位主要参与者是（1）中央银行（在美国是联储），（2）银行体系，以及（3）非银行公众（即家庭和企业）。**基础货币**，也被称为高能货币，等于流通中的通货加上银行准备金。联储的资产负债表将其资产和负债列于表上。联储在金融危机期间采取的非同寻常的政策行动导致其资产负债表的规模大幅上升。**流通中的通货**等于发行在外的通货减去**库存现金**，而库存现金是银行持有的通货。联储资产负债表上的银行准备金等于库存现金加上银行在联储的存款。**总准备金**是由联储要求银行持有的被称为法定准备金的数量和银行选择持有的被称为超额准备金的数量共同构成的。联储指定银行必须作为准备金持有的存款的一个百分比被称为**法定准备金率**。联储改变基础货币的最为直接的方法是通过公开市场操作。在**公开市场购买**中，联储买入国库债券；在**公开市场出售**中，联储卖出国库债券。公开市场购买会增加银行准备金，公开市场出售会减少银行准备金。联储也可以通过提高对银行的贴现贷款来增加银行准备金。

复习题

1.1 什么是基础货币？基础货币与货币供给之间的区别是什么？

1.2 发行在外的通货与流通中的通货之间的区别是什么？

1.3 法定准备金与超额准备金之间的区别是什么？法定准备金率的定义是什么？

1.4 什么是公开市场操作？公开市场购买对基础货币的影响是什么？

1.5 利用一个美国银行的 T 账户和一个联储的 T 账户来说明联储从美国银行买入 100 万美元的国库券的结果。

1.6 基础货币与非借入基础货币之间的区别是什么？

问题和应用

1.7 Karen Dynan 之前是一位联储的经济学家，现供职于布鲁金斯学会，他曾经说过："联储的资产负债表规模自 2008 年金融危机以来已经扩张了超过一倍，大量的银行准备金闲置在联储，让中央银行的官员们感到紧张的是，一旦银行再次决定开始大量放贷，这会带来快速通胀的可能性。"

a. Dynan 所说的"联储的资产负债表规模"是什么意思？

b. 联储的资产负债表规模翻倍与银行准备金的大幅上升之间有联系吗？简要解释。

资料来源：Sewell Chan，"Fed in Hot Seat Again on Economic Stimulus," *New York Times*，July 20，2010。

1.8 联储在 2010 年 8 月宣布，随着其拥有的抵押贷款支持证券的到期，它会把资金再投资于购买美国国库债券。这些行动会对联储的资产负债表产生什么影响？在联储视美国未来的经济增长强劲还是虚弱的情况下，联储更可能采取这一行动？简要解释。

1.9 利用 T 账户说明下列行为对联储以及银行体系的资产负债表的影响：

a. 联储增加 20 亿美元的贴现贷款。

b. 联储实施 20 亿美元的公开市场出售。

1.10 【与第 415 页的**联系实际有关**】假定联储准备花费 1 000 万美元改造里士满联邦储备银行。这一支出会对基础货币产生什么影响？简要解释。

14.2 简单存款乘数

推导简单存款乘数的公式并理解其含义。

小结

公开市场购买增加了银行准备金。银行通常利用其超额准备金发放贷款。贷款的增加会带来支票存款的增加。银行利用其超额准备金发放贷款并创造出新的支票存款的过程被称为**多倍存款创造**。银行创造的存款的数量与创造的新的准备金的数量的比率被称为**简单存款乘数**，且等于 1 除以法定准备金率。

复习题

2.1 假定 PNC 银行向联储出售了 100 万美元的国库券，接着向戴维饼干商店和游艇修理发放了 100 万美元的贷款。利用 T 账户来说明这些交易对 PNC 银行的资产负债表的影响。

2.2 "多倍存款创造"这一术语的意思是什么？

2.3 什么是简单存款乘数？如果法定准备金率是 15%，简单存款乘数的值是多少？

问题和应用

2.4 假定美国银行向吉尔运动衫公司贷出 100 000 美元。利用 T 账户说明这笔交易如何记录在银行的资产负债表上。如果吉尔公司用这笔钱从扎克拉链公司购买了一批材料，该公司在 PNC 银行拥有一个支票账户，说明这笔交易对美国银行的资产负债表的影响。美国银行的资产和负债的总的变化是多少？

2.5 假定一家没有超额准备金的银行收到一笔以通货形式存入支票账户的存款。如果法定准备金率是 0.10，该银行可以贷出的最大数量是多少？

2.6 假定摩根大通银行向联储出售了 1 亿美元的国库券。

a. 利用 T 账户说明这笔出售对摩根大通银行和联储的资产负债表的直接影响。

b. 假定在卖出国库券之前，摩根大通银行没有超额准备金。假定法定准备金率是 20%。假定摩根大通银行用其出售国库券获得的资金发放最大数量的贷款。利用 T 账户说明发放贷款对摩根大通银行的资产负债表的最初影响。同时在这一 T 账户中包括（a）部分的交易。

c. 现在假定不管是谁在（b）部分中获得贷款，开出一张这一数量的支票，收到支票的人将其存入富国银行。说明在支票清算之后这些交易对摩根大通银行和富国银行的资产负债表的影响。（在摩根大通银行的 T 账户中包括（a）、（b）部分的交易。）

d. 如果流通中的通货是 4 000 亿美元，银行体系的总准备金是 6 000 亿美元，且总的支票存款是 21 000 亿美元，从（a）部分的交易中可以带来的货币供给的最大增加是多少？（也就是说，在（a）部分交易导致的所有行动都发生之后的最大增加。）

2.7 在下面的银行资产负债表中，单位是百万美元。第一个 3 000 万美元的支票存款的法定准备金率是 3%，超过 3 000 万美元的支票存款的法定准备金率是 12%。

资产		负债	
准备金	18.9	支票存款	180.0
贷款	150.0	净值	20.0
证券	31.1		
	200.0		200.0

a. 计算银行的超额准备金。

b. 假定银行出售了 500 万美元的证券来获得新的现金。说明这笔交易之后银行的资产负债表。银行的新的超额准备金是什么？

c. 假定银行将其（b）部分的超额准备金向当地企业发放贷款。说明在贷款已经发放但在企业花费贷款收入之前的银行的资产负债表。银行现在的超额准备金是多少？

d. 假定企业通过开列一张支票花费了贷款收入。修改银行的资产负债表并计算在支票清算之后的超额准备金。

2.8 在中世纪，金匠通常会提供储藏黄金的服务并收取一笔费用。他们向任何存入黄金的人提供一个仓库收据，仓库收据代表要求金匠用其上注明的黄金量交换收据的一项法定要求权。

　　a. 中世纪的金匠与现代的银行有哪些相似之处？有哪些不同之处？

　　b. 在这一体系下，多倍存款创造可能吗？你的答案取决于仓库收据是否可以被买卖以及是否可以被某个不是存入黄金的那个人的人兑现吗？

14.3 银行、非银行公众和货币乘数

解释银行和非银行公众的行为如何影响货币乘数。

小结

　　简单存款乘数假定在多倍存款创造过程中，银行并不持有超额准备金，非银行公众并不增加其通货持有量。我们可以通过考察**通货—存款比率**（C/D）和**超额准备金—存款比率**（ER/D）的变动，将银行持有超额准备金以及当支票存款持有量增加时，非银行公众通常提高其通货持有量这两种情况考虑进来。根据方程式 $M = m \times B$，货币乘数 m 将基础货币 B 与货币供给 M 联系起来了。**货币乘数**的方程是：

$$m = \frac{(C/D) + 1}{(C/D) + rr_D + (ER/D)}$$

因此，基础货币、货币乘数和货币供给之间的关系可以写为：

$$M = \left(\frac{(C/D) + 1}{(C/D) + rr_D + (ER/D)} \right) \times B$$

货币乘数或基础货币的上升都会导致货币供给的上升。（C/D）、（ER/D）或 rr_D 的上升都会降低货币乘数的值，如果基础货币保持不变，也会降低货币供给。在 2007—2009 年的金融危机期间，货币供给增加了，但基础货币增加得更多。基础货币实际上变得大于货币供给，导致货币乘数下降到小于 1。银行的超额准备金持有量在 2008 年秋出现飙升，而且直到 2010 年中期仍然保持在高位。超额准备金的增加是由联储开始对银行的准备金余额支付利息、银行保持流动性的愿望以及有信誉的借款人数量下降引起的。

复习题

3.1 简单存款乘数和货币乘数之间的关键区别是什么？

3.2 简要解释下列各项上升之后，货币乘数会上升还是下降：

　　a. 通货—存款比率（C/D）；

　　b. 超额准备金—存款比率（ER/D）；

　　c. 法定准备金率 rr_D。

3.3 简要解释在 2007—2009 年的金融危机期间，通货—存款比率（C/D）和超额准备金—存款比率（ER/D）发生了什么变化。这些变化对货币乘数的大小有什么影响？

问题和应用

3.4 解释你是否同意如下说法："如果法定准备金率为零，多倍存款扩张过程会永远继续下去。"

3.5 【与本章开始的导入案例有关】《经济学家》杂志上的一篇文章中指出："货币政策一直是保持……利率，从而持有黄金的机会成本，低且暂时似乎这么做了。"为什么利率是持有黄金的机会成本？低利率可能对黄金的价格产生什么影响？

　　资料来源："Store of Value," *Economist*，July 8, 2010.

3.6 如果银行不持有超额准备金、通货—存款比率为 1 且支票存款的法定准备金率是 100%，M1 货币

乘数的值会是多少？

3.7 【与第 424 页的**解决问题** 14.1 有关】考虑如下的数据（单位：十亿美元）：

通货	100
银行准备金	200
支票存款	800
定期存款	1 200
超额准备金	40

分别计算通货—存款比率、超额准备金—存款比率、基础货币、M1 货币乘数以及 M1 货币供给的值。

3.8 【与第 424 页的**解决问题** 14.1 有关】考虑如下的数据（单位：十亿美元）：

通货	850
支票存款	700
银行准备金	700

a. 分别计算通货—存款比率、超额准备金—存款比率、基础货币、M1 货币乘数以及 M1 货币供给的值。

b. 假定超额准备金—存款比率从你在（a）中计算的值变动到 2.0。（假定通货—存款比率保持不变。）现在，货币乘数的值是什么？

3.9 考虑如下的数据（单位：十亿美元）：

	1930 年 6 月	1931 年 6 月	1932 年 6 月
通货	3.681	3.995	4.959
支票存款	21.612	19.888	15.490
银行准备金	3.227	3.307	2.829

分别计算每一期的通货—存款比率、超额准备金—存款比率、基础货币、M1 货币乘数以及 M1 货币供给的值。你能解释为什么通货—存款比率和超额准备金—存款比率从 1930 年到 1932 年是如此变动的吗？

3.10 【与第 427 页的**联系实际**有关】卡内基·梅隆大学的艾伦·梅尔策写过如下关于联储理事会成员是如何分析银行在 20 世纪 30 年代中期持有大量超额准备金的可能影响的：

理事会成员……［假定］持有超额准备金并不是因为基于经验的安全动机。其结果是，对潜在的货币和信用扩张以及预期通货膨胀的显著高估，对较高的法定准备金率的影响的低估。

a. 为什么银行在 20 世纪 30 年代中期会出于"安全动机"持有准备金？

b. 梅尔策提到的"潜在的货币和信用扩张"的意思是什么？

c. 如果银行持有超额准备金是出于安全动机，为什么联储成员会高估潜在的货币和信用扩张？

d. 联储提高法定准备金率对银行的影响是什么？梅尔策对为什么联储成员低估提高法定准备金的影响提出了什么洞见？

资料来源：Allan H. Meltzer, *A History of the Federal Reserve*, *Volume* Ⅰ：*1913－1951*, Chicago：University of Chicago 2003，p. 496.

3.11 【与第 429 页的**联系实际**有关】一些经济学家认为，黄金的内在价值是由其作为珠宝的价值决定的。对黄金的投资需求在 2009 年首次超过了用于珠宝的对黄金的需求。一篇文章引用花旗集团首席经济学家 Willem Buiter 的话说，投资于"无内在价值的某些东西，其正的价值只不过是基于一些自我确认的信念的某些东西"是一个错误。他将黄金价格在 2010 年的上涨描述为一个泡沫。

a. 黄金具有内在价值吗？为什么 Buiter 会说黄金无内在价值？

b. 在何种意义上，一项资产的价格泡沫是源于"一些自我确认的信念"？

c. 如何判断出黄金价格的上涨是否表示泡沫？

资料来源："Store of Value," *Economist*，July 8, 2010.

数据练习

D14.1　登录圣路易斯联邦储备银行的网站 www. stlouisfed. org，选择"Research and Data"，接着选择"Economic Data-FRED"。前往利率并选择"FRB Rate-Discount, Fed Funds, Primary Credit"。从这一屏幕上，选择"DFF"从 1954 年到 2010 年的有效联邦基金利率（月度数据）。联邦基金利率的峰值是多少？联邦基金利率的最低值是多少？

D14.2　登录圣路易斯联邦储备银行的网站 www. stlouisfed. org，选择"Research and Data"，接着选择"Economic Data-FRED"。找到"Reserves and Monetary Base"。选择"Monetary Base"，接着选择"Board of Governors Monetary Base"（没有对法定准备金要求的变动做出调整）。画出从 1959 年到 2010 年的总的基础货币和基础货币的变化率。同时，回答如下问题：

a. 从 1959 年到 2008 年的趋势是什么？

b. 从 2008 年到 2010 年基础货币总量发生了什么变化？

c. 在变化率的图中，基础货币在哪些年份的波动率最大？

附录：M2 的货币供给过程

描述 M2 的货币供给过程

20 世纪 80 年代和 90 年代的金融创新的后果是，很多分析师和决策者开始认为 M1 不再能充分地表示发挥交易媒介功能的资产。因此，他们把更多的注意力放到了 M2 上。正如我们在第 2 章所看到的，M2 是一个比 M1 更广泛的货币总量，不仅包括了通货 C 和支票存款 D，而且包括了非交易账户。这些非交易账户是由我们将称之为 N 的储蓄存款和小额定期存款以及货币市场存款账户和类似账户 MM[①] 组成的。因此，我们可以把 M2 表示为：

$$M2 = C + D + N + MM$$

货币供给的 M2 度量较 M1 对家庭和企业（非银行公众）将资金从一种账户转移到另一种账户是不太敏感的。例如，假定非银行公众想要把资金从支票存款和储蓄账户转移到货币市场存款账户。在这种情况下，D 和 N 会下降，但 MM 会上升同样的金额，从而使得 M2 保持不变。然而，表示通货和支票存款之和的 M1 却会下降。

我们可以把 M2 表示为 **M2 乘数**（M2 multiplier）与基础货币的乘积：

$$M2 = (M2 乘数) \times 基础货币$$

---

　　① M2 中的货币市场项目包括了在商业银行的货币市场存款账户、多用途和证券经纪商货币市场共同基金、银行发行的隔夜回购协议以及美国银行的国外分支机构向美国居民发行的隔夜欧洲美元。

我们可以推导出一个类似于 M1 乘数表达式的 M2 乘数表达式：

$$M2\ 乘数 = \frac{1+(C/D)+(N/D)+(MM/D)}{(C/D)+rr_D+(ER/D)}$$

由于分子中增加了（N/D）和（MM/D）两项，M2 乘数明显大于 M1 乘数。因为非交易账户和货币市场类账户的金额均大于支票存款的金额，因此，（N/D）和（MM/D）是大于 1 的。由于对这些账户没有准备金要求，由基础货币变化导致的 M2 货币扩张大于 M1 货币扩张。自 1980 年以来，M2 乘数一直比 M1 乘数稳定得多。

　　M2 乘数的组成部分以一种类似于影响乘数的方式影响乘数的大小。法定准备金率和通货—存款比率的上升会降低存款扩张的程度，从而降低了乘数。然而，与支票存款相比，非银行公众对非交易账户和货币市场类账户偏好的上升会提高货币乘数。

　　联储的观察员们通过与预测 M1 增长完全相同的方式来预测 M2 的增长。他们预测基础货币的变化，尤其是非借入基础货币的变化，以及 M2 乘数组成部分的变化。

第 15 章　货币政策

学习目标

学完本章之后，你应该能够：

15.1　描述货币政策的最终目标

15.2　理解联储如何利用货币政策工具影响联邦基金利率

15.3　探讨不同的货币政策工具的重要性是如何随时间而演变的

15.4　解释货币指标制在货币政策中的作用

伯南克的两难

在 2010 年夏季，联储主席本·伯南克处境尴尬。在 2007—2009 年金融危机期间，联储曾采取了非同寻常的政策行动以避免金融体系崩溃。正如我们在第 14 章中所看到的，随着投资银行雷曼兄弟的破产，金融危机在 2008 年秋季深化了。这一次，联储进行了大量的资产购买，大幅提高了其资产负债表、银行准备金和基础货币的规模。联储的愿望是，在两年的时间里，经济会进入强劲复苏的中途，联储可以开始伯南克所称的"退出战略"。尽管联储从未详细地描述过它，但退出战略是联储借以收缩其资产负债表并将银行准备金和基础货币恢复到更为正常的水平的过程。

不幸的是，当伯南克 2010 年 7 月末在国会作证时，经济从 2007—2009 年的衰退中复苏的速度比联储希望的要慢得多。以年率计算的实际 GDP 在 2010 年第二季度仅增长了 1.7%。这一增长率太过缓慢，以至于无法充分扩张就业来降低依然高于 9% 的失业率。经济在下半年的增长会有所提高吗？伯南克称经济前景为"非同寻常地不确定"。虽然实际 GDP 的增长在 2010 年第二季度提高到了 2.0%，但联储在 11 月初还是宣布了第二轮的量化宽松（quantitative easing）政策，在这一政策下，联储将购买 6 000 亿美元的长期国库债券。

公众将目光投向伯南克及其在联储的同事们是很正常的。虽然国会和巴拉克·奥巴马总统在 2009 年初已经制定了涉及大幅增加政府支出和削减税收的财政政策行动，但大多数宏观经济政策是由联储发起的货币政策组成的。财政政策牵涉到需要由总统和 535 名国会议员采取行动的政府支出和税收的改变——这会是一个费力且耗时的过程。然而，货币政策集中在联储理事会和联储公开市场委员会（FOMC）的手中。实际上，货币政策的权力更为集中，因为理事会和公开市场委员会通常都服从联储主席的政策建议。因此，在经济奋力摆脱 2010 年的缓慢复苏之时，伯南克成为关注的焦点是毫不奇怪的。

阅读第 466 页的政策透视，讨论联储可以采取的政策选项。

资料来源：Sudeep Reddy，"Bernanke Prepared to Take New Steps，"*Wall Street Journal*，July 22，2010.

关键议题和问题

在第 1 章的结尾，我们指出，始于 2007 年的金融危机提出了关于金融体系的一系列重要问题。在回答这些问题的时候，我们将讨论金融体系的一些非常重要的方面。下面是本章的关键议题和问题：

议题： 在金融危机期间，联储采取了一系列新的政策工具力图稳定金融体系。

问题： 价格稳定仍然应该是中央银行最为重要的政策目标吗？

在第 466 页回答

正如本·伯南克在 2010 年的时候所承认的，虽然我们可以容易地确定货币政策的各种目标，但制定实现这些目标的政策却并不总是那么容易。联储在实现其目标时拥有有限数量的可用的货币政策工具。联储利用其政策工具主要是来改变货币供给和短期利率。然而，在金融危机期间，当联储力图实现其政策目标时，联储不得不超越对货币供给和短期利率的关注。在本章，我们描述联储如何执行货币政策并识别出联储在设计有效的货币政策时遇到的困难。

15.1 货币政策的目标

大多数经济学家和决策者承认货币政策的整体目标是提升全体人民的经济福利。虽然存在很多评估经济福利的方法，但经济福利通常是由个人可享用的物品和服务的数量和质量决定的。经济福利源于劳动和资本的有效利用以及产出的稳定增长。此外，稳定的经济环境——生产和就业的最小波动、稳定的利率以及平稳运行的金融市场，是提升经济福利的基本条件。联储提出了旨在促进一个运行良好的经济的六大货币政策目标

（monetary policy goals）：（1）价格稳定；（2）高度就业；（3）经济增长；（4）金融市场和机构稳定；（5）利率稳定；以及（6）外汇市场稳定。联储和其他中央银行试图制定货币政策来实现这些目标。

价格稳定

通货膨胀，或者说持续不断上涨的价格，侵蚀了货币作为交换媒介和记账单位的价值。尤其是自 20 世纪 70 年代通货膨胀出乎意料地大幅上升后，大多数工业化国家的决策者已经将价格稳定设定为一项政策目标。在市场经济中，价格将成本和对商品与服务的需求信息传递给了家庭和企业，通货膨胀使得价格作为资源配置的信号不再有用。当整体价格水平变化时，家庭在决定为孩子的教育和退休储蓄多少时会遇到麻烦，面对不确定的未来价格，企业不愿与供应商或顾客达成长期合约。通货膨胀的波动也会恣意地再分配收入，就像在通货膨胀高于预期时贷款人会遭受损失那样。

严重的通货膨胀甚至会造成更大的经济成本。每年百分之几百或几千的通货膨胀率——大家熟知的**恶性通货膨胀**（hyperinflation）会严重地伤害经济的生产能力。在极端情况下，货币的价值损失如此之快，以至于不再行使价值贮藏和交换媒介的职责。人们需要满满一推车的现金来购买杂货。在德国 20 世纪 20 年代的恶性通货膨胀时期，生产暴跌，失业飙升，因此发生的经济的不稳定为 10 年后希特勒的法西斯主义政权上台铺平了道路。通货膨胀导致的问题的范围——从不确定性到经济毁灭，使得价格稳定成为一个关键的货币政策目标。

高度就业

高度就业（high employment），或者说低失业率，是另一个关键的货币政策目标。工人失业以及工厂和机器的未充分利用会降低产出。失业会导致财务困境并降低没有工作的工人的自尊。国会和总统对高度就业目标共同负有义务。国会制定了 1946 年的《就业法案》（Employment Act）以及 1978 年的《充分就业和平衡增长法案》（Full Employment and Balanced Growth Act）（也称《汉弗莱-霍金斯法案》）以促进高度就业和价格稳定。

虽然联储致力于高度就业，但并不寻求零失业率。即使在最好的经济情况下，一些工人也会进入或退出就业市场，或正处于两次就业之间。工人有时候会离职并寻找另一份工作，在这期间就会处于失业状态。个人还会离开劳动力队伍以便获得更多的教育和培训或抚养家庭，而再次进入劳动力队伍是需要时间的。这种类型的**摩擦性失业**（frictional unemployment）使得工人们可以搜寻能最大化其福利的职位。**结构性失业**（structural unemployment）指的是由经济的结构变化导致的失业，如制造业技术的变动、计算机的广泛应用以及服务生产而不是产品生产的提高等。货币政策工具旨在影响整个经济中的经济条件，因此，货币政策工具在降低摩擦性和结构性失业水平上是无效的。相反，联储试图降低**周期性失业**（cyclical unemployment）水平，周期性失业是与商业周期衰退有关的失业。有时候，经济学家在区别结构性失业和周期性失业时存在困难。例如，在 2010 年，一些经济学家认为，虽然高失业水平具有一个大的周期性成分，但结构性失业可能也已经上升了，因为预期房地产建筑业的下滑会持续数年。然而，结构性失业上升对高失业率贡献几何是一个未知数。当所有想工作的工人都得到了工作（除了摩擦性和结构性失业），且劳动的需求和供给处于均衡状态，经济学家说失业处于其**自然失业率**（natural rate）水平（有时候被称为**充分就业失业率**（full-employment rate of unemployment））。经济学家对自然失业率的准确值存在分歧，有合理的理由认为，自然失业率随时间而变化，从而对劳动力的性别和年龄构成的变化以及政府关于税收、最低工资和失业保险补偿的政策变化做出反应。当前，大多数经济学家估计自然失业率处于5%～6%之间，或者说，远低于美国在2010年10月正在经历的9.6%的失业率。

经济增长

政策制定者寻求稳定的**经济增长**（economic growth），或者说经济的商品和服务的产出随时间的推移而增加。经济增长提供了家庭收入持续地实际增加的唯一来源。经济增长取决于高度就业。在高度就业下，工商企业很可能通过投资于能提高利润、生产率和工人收入的新的厂房和设备而实现增长。在高度失业下，工商企业拥有未利用的生产能力，几乎不可能投资于资本改进。政策制定者试图实现稳定的经济增长，因为稳定的商业环境使得企业和家庭可以准确地规划并鼓励持续增长所必需的长期投资。

金融市场和机构稳定

当金融市场和机构在匹配储蓄者和借款人上是无效率的，经济就会损失资源。具有生产高质量的产品和服务的潜在能力的企业无法获得设计、开发和营销这些产品和服务所必需的融资。储蓄者会把资源浪费在寻找满意的投资上。金融市场和机构的稳定性使得有效匹配储蓄者和借款人成为可能。

国会和总统创建了联储来应对19世纪末和20世纪初的金融恐慌。正如我们在第12章所看到的，联储未能阻止20世纪30年代初加剧了大萧条严重程度的银行恐慌。在第二次世界大战后的时期，联储在避免商业票据、股票和商品市场上的潜在恐慌方面取得了巨大的成功。联储对金融稳定的关注在其1987年的股市崩盘和2001年9月11日的恐怖袭击之后的干预中表露无遗。虽然联储也对始于2007年的金融危机做出了有力的反应，但联储最初低估了危机的严重性并无法阻止2007—2009年的深度衰退。金融危机导致关于联储是否应该采取行动提前阻止资产价格泡沫的争论再次出现，比方说与美国股票市场20世纪90年代末的互联网繁荣和21世纪初美国房地产有关的资产价格泡沫。联储的决策者和很多经济学家通常认为，资产泡沫事前是难以识别的，紧缩资产价格的行为有可能是反生产性的。然而，2007—2009年的经济衰退的严重性导致部分经济学家和决策者开始重新评估这一立场。金融稳定显然已经成为一个更为重要的联储政策目标。

利率稳定

像价格水平的波动一样，利率的波动也使得家庭和企业在做规划和投资决策时遇到困难。利率的上升和下降使得企业难以规划厂房和设备投资，家庭在长期住房投资上更为犹疑不决。由于人们通常因利率上升而责备联储，联储的利率稳定目标的出现不仅源于政治压力，而且源于人们渴望一种稳定的储蓄和投资环境。此外，正如我们已经看到的，剧烈的利率波动会给银行和其他金融企业带来问题。因此，稳定利率有助于稳定金融体系。

外汇市场稳定

在全球经济中，外汇市场稳定，或者说美元的对外交换价值的有限波动，是联储的一项重要的货币政策目标。稳定的美元简化了对商业和金融交易的规划。此外，美元价值的波动改变了美国产业的国际竞争力。美元价值的不断上升使得美国的产品在国外更为昂贵，降低了美国的出口，而美元价值的不断下降则使得外国产品在美国更为昂贵。实践中，虽然是联储在实施这些政策变动，但通常是美国财政部发起外汇政策变动。

联储能实现这些货币政策目标吗？在下一节，我们将考察联储可用于实现其目标的货币政策工具。

15.2 货币政策工具和联邦基金利率

在 2007—2009 年的金融危机之前，联储主要依靠三大货币政策工具。在金融危机期间，联储宣布了几项新的政策工具。这些新的政策工具中的两个在 2010 年秋季还在起作用。我们首先考察联储的三大传统的政策工具：

1. 公开市场操作。**公开市场操作**（open market operations）是联储在金融市场上对证券的买卖。传统上，联储集中于国库券的买卖，其目的在于影响银行准备金和短期利率的水平。在金融危机期间，联储开始购买更为广泛的各种证券来影响长期利率水平并支持金融体系中的信贷流动。

2. 贴现政策。**贴现政策**（discount policy）包括设定贴现率和贴现贷款的条件。当国会在 1913 年通过《联邦储备法案》时，国会预期贴现政策会成为联储的主要货币政策工具。**贴现窗口**（discount window）是联储借以向银行发放贴现贷款的手段并充当满足银行短期流动性需要的渠道。

3. 准备金要求。联储要求银行将其支票存款的一定比例以库存现金或在联储的存款的形式持有。[①] 这些**准备金要求**（reserve requirements）是联储的三大传统货币政策工具中的最后一个。在第 14 章，我们指出，法定准备金率是货币供给过程中的货币乘数的一个决定因素。

在金融危机期间，联储引入与银行的准备金账户有关的两大新的政策工具，这两大政策工具在 2010 年秋季还在起作用。

1. 准备金余额的利息。2008 年 10 月，当联储首次开始对银行的法定准备金和超额准备金存款支付利息时，联储引入了一种新的政策工具。[②] 正如我们在第 14 章指出的，

---

① 法定准备金随着支票存款水平的变化而变化。从 2010 年 11 月开始，银行对其首笔 107 万美元不必持有准备金。银行必须对其接下来的 445 万美元的支票存款持有 3% 的准备金，并对超过 552 万美元的支票存款持有 10% 的准备金。

② 从技术上说，联储可以对法定准备金余额和超额准备金余额分别设定利率。从 2010 年 11 月开始，这两类余额的利率均为 0.25%。

准备金要求对银行征收了一种隐性的税收，因为不然的话，银行可以通过贷放或投资这些资金而获得这些资金的利息。联储通过对准备金余额支付利息而降低了这一税收的大小。同时，联储也获得了影响银行准备金余额的一种更大的能力。通过提高其支付的利率，联储可以提高银行的准备金持有量，潜在地限制了银行发放贷款和增加货币供给的能力。通过降低利率，联储可以达到相反的效果。

2. 定期存款便利。2010 年 4 月，联储宣布其将向银行提供购买定期存款的机会，这类似于银行向家庭和企业提供的存单。联储在定期拍卖中向银行提供定期存款。利率是由拍卖决定的且一直略高于联储对准备金余额支付的利率。例如，2010 年 10 月，联储 50 亿美元的 28 天定期存款的拍卖利率是 0.27%，高于联储对准备金存款支付的 0.25% 的利率。定期存款便利赋予联储另一个管理银行准备金持有量的工具，正如我们在第 14 章所看到的，准备金持有量在 2010 年末处于超过 1 万亿美元的非常高的水平。银行放在定期存款上的资金越多，其可用于扩张贷款和货币供给的资金就越少。

联邦基金市场和联储的目标联邦基金利率

在 2007—2009 年金融危机之前的数十年中，联储政策的焦点是设定一个**联邦基金利率**（federal fund rate）的目标，联邦基金利率是银行之间对非常短期的贷款互相收取的利率。联邦基金利率的目标是在联邦公开市场委员会（FOMC）的会议上设定的，该会议每年在华盛顿特区举行八次。虽然联储设定一个联邦基金利率的目标，但实际利率是由**联邦基金市场**（federal funds market）上对银行准备金的需求和供给的互动决定的。

为了分析联邦基金利率的决定因素，我们需要考察银行体系的准备金需求和联储的准备金供给。我们利用一幅准备金需求和供给的图形来看一下联储是如何利用其政策工具来影响联邦基金利率和货币供给的。

准备金需求

银行需求准备金不仅是为了满足其持有法定准备金的法定义务，而且因为银行可能希望持有超额准备金以满足其短期的流动性需要。如图 15—1 所示，准备金需求曲线 D 包括银行对法定准备金 RR 和超额准备金 ER 的需求。需求曲线是在假定除联邦基金利率（如其他市场利率和法定准备金率）之外的影响银行准备金需求的因素不变的情况下画出的。就其他类型的贷款而言，我们预期利率越高，需求的贷款数量越少。随着联邦基金利率 i_{ff} 的上升，银行持有超额准备金的机会成本上升了，因为银行贷放这些准备金可以获得的收益上升了。因此，随着联邦基金利率的上升，准备金需求量下降。其结果是银行的准备金需求曲线是向下倾斜的。

注意到，在图 15—1 中，准备金的需求曲线在利率 i_{ib} 处变为水平（或者说，完全弹性），这一利率是联储对银行的准备金余额支付的利率。联储对准备金支付的利率为联邦基金利率设置了一个下限。要明白个中缘由，假定联储对银行的准备金余额支付 0.25% 的利率，但联邦基金利率仅为 0.10%。银行可以按 0.10% 的利率从联邦基金市场借入资金，将资金存入其在联储的准备金余额，并获得 0.15% 的无风险利率。银行之间为了获得资金来从事这一无风险套利活动的竞争会将联邦基金利率推高至 0.25%，这也是银行不再能获得套利利润的利率水平。

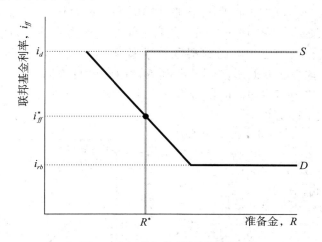

图 15—1　联邦基金市场的均衡

联邦基金市场的均衡出现在准备金需求曲线 D 和准备金供给曲线 S 的交点处。联储决定了准备金水平 R、贴现率 i_d 以及银行在联储的准备金余额的利率 i_{rb}。均衡的准备金是 R^*，均衡的联邦基金利率是 i_{ff}。

准备金供给

图 15—1 也展示了准备金的供给曲线 S。联储以贴现贷款的形式供给**借入准备金**（borrowed reserve），通过公开市场操作供给**非借入准备金**（nonborrowed reserve）。供给曲线的垂直部分反映了联储可以将准备金 R 设定在为满足其目标所需要的任意水平这一假定。因此，准备金的数量并不取决于联邦基金利率，使得供给曲线的这一部分是垂直的。然而，需要注意的是，供给曲线在 i_d 处变为水平（或者说，完全弹性），i_d 是联储设定的贴现率。在低于贴现率的联邦基金利率处，从联储的借款等于零，因为银行可以更为廉价地从其他银行借款。因此，在这种情况下，所有的银行准备金均为非借入准备金。贴现率是联邦基金利率的上限，因为银行不会支付比从联储借款所支付的贴现率更高的利率从其他银行借款。

联邦基金市场的均衡

均衡的联邦基金利率和准备金水平出现在图 15—1 中的需求曲线和供给曲线的交点处。均衡准备金等于 R^*，均衡联邦基金利率等于 i_{ff}^*。

公开市场操作和联储的目标联邦基金利率

制定联储政策的核心机构一直是联邦公开市场委员会（FOMC）的会议。虽然只有银行可以按联邦基金利率借贷，但联邦基金利率的变动会对经济产生广泛的影响。例如，当联邦公开市场委员会降低目标联邦基金利率时，银行较低的资金成本通常导致家庭和企业较低的银行贷款利率。作为对较低的利率的反应，企业增加其对机器、设备和其他资本品的支出，家庭增加其对汽车、家具和其他耐用消费品的支出。

联储利用公开市场操作来达到其目标联邦基金利率。例如，2008 年 10 月 29 日，为了帮助缓解金融危机和经济衰退，联邦公开市场委员会将其目标联邦基金利率从

1.5％降至1％。为了实现这一目标，联储必须从事国库债券的**公开市场购买**（open market purchases）。在联储降低其目标联邦基金利率的同时，联储也将贴现率从1.75％降低到了1.25％。图15—2（a）说明了联储行动的后果。如果联邦基金市场的其他情况均未改变，一次公开市场购买导致准备金供给曲线向右移动，从 S_1 移动到 S_2，增加了银行准备金，降低了联邦基金利率。由于贴现率降低了，准备金供给曲线的水平部分也向下移动了。均衡的银行准备金水平从 R_1^* 上升到 R_2^*，均衡的联邦基金利率从1.5％下降到1％。

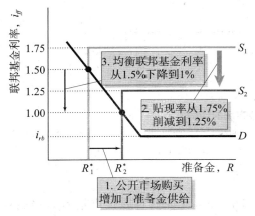 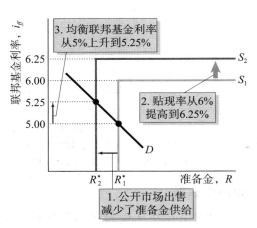

（a）利用公开市场购买降低联邦基金利率指标　　（b）利用公开市场出售提高联邦基金利率指标

图 15—2　公开市场操作对联邦基金市场的影响

在图（a）中，联储对债券的公开市场购买增加了银行体系的准备金，导致供给曲线从 S_1 向右移动到 S_2，均衡的准备金水平从 R_1^* 增加到 R_2^*，而均衡的联邦基金利率从1.5％下降到1％。贴现率则从1.75％削减到1.25％。在图（b）中，联储对债券的公开市场出售减少了准备金，导致供给曲线从 S_1 向左移动到 S_2，均衡的准备金水平从 R_1^* 减少到 R_2^*，而均衡的联邦基金利率从5％上升到5.25％。贴现率则从6％提高到6.25％。

为了提高其目标联邦基金利率，联储从事国库债券的公开市场出售。例如，2006 年 6 月 29 日，联邦公开市场委员会将其目标联邦基金利率从5％提高到5.25％。与此同时，联储将贴现率从6％提高到6.25％。联储在面对住房泡沫和通货膨胀率的不断上升时希望推高利率来放缓经济。图15—2（b）说明了公开市场出售的结果。准备金供给曲线向左移动，从 S_1 移动到 S_2，均衡的银行准备金水平从 R_1^* 降低到 R_2^*，均衡的联邦基金利率从5％提高到5.25％。由于贴现率提高了，准备金供给曲线的水平部分也向上移动了。（需要注意的是，由于这些事件发生在联储开始对银行准备金存款支付利息之前，我们忽略了准备金需求曲线的水平部分。）

概言之，联储对证券的公开市场购买降低了联邦基金利率，而对证券的公开市场出售则提高了联邦基金利率。

贴现率和准备金要求变动的影响

联储几乎完全通过公开市场操作来调整目标联邦基金利率，但我们可以简要地考察一下贴现率的变化和法定准备金率的变化对准备金市场的影响。

贴现率的变化

自 2003 年以来，联储一直维持贴现率高于目标联邦基金利率。这使得贴现率成为一种惩罚利率（penalty rate），这意味着银行从联储借款而不是从联邦基金市场中的其他银行借款要支付一个惩罚利率。通常，联储在其提高或降低目标联邦基金利率的同时会提高或降低贴现率。[①] 其结果是，贴现率的变化对联邦基金利率没有独立的影响。在准备金市场的图形中，供给曲线的水平部分总是高于均衡联邦基金利率。

法定准备金率的变化

联储很少改变法定准备金率。最近的一次发生在 1992 年 4 月，当时，法定准备金率从 12% 降低到了 10%。然而，联储在未来改变法定准备金率还是有可能的。改变法定准备金率但并不从事公开市场操作会导致均衡联邦基金利率变动。我们在图 15—3（a）中说明了这一结果。如果准备金需求和供给曲线背后的其他因素保持不变，法定准备金率的提高将导致需求曲线从 D_1 向右移动到 D_2，因为银行必须持有更多的准备金。其结果是，均衡的联邦基金利率从 i_{ff1}^* 上升到 i_{ff2}^*，而均衡的准备金水平保持在 R_1^* 不变。

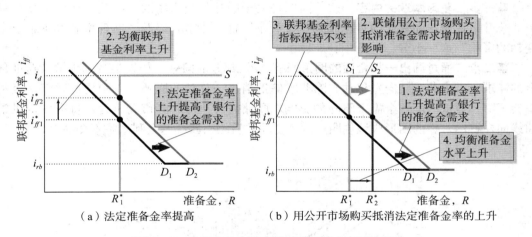

（a）法定准备金率提高　　　　　（b）用公开市场购买抵消法定准备金率的上升

图 15—3　法定准备金率变动对联邦基金市场的影响

在图（a）中，联储提高法定准备金率，导致准备金的需求曲线从 D_1 向右移动到 D_2。均衡的联邦基金利率从 i_{ff1}^* 上升到 i_{ff2}^*。在图（b）中，联储提高法定准备金率，导致准备金的需求曲线从 D_1 向右移动到 D_2。联储通过公开市场购买抵消法定准备金率提高的影响，供给曲线从 S_1 移动到 S_2，准备金水平从 R_1^* 增加到 R_2^*，而目标联邦基金利率保持在 i_{ff1}^* 不变。

联储不太可能会利用法定准备金率的变动作为改变其目标联邦基金利率的一种方法。更为可能的是，如果联储改变了法定准备金率，联储会执行抵消性的公开市场操作以保持目标联邦基金利率不变。图 15—3（b）展示了联储将提高法定准备金率和公开市场购买相结合从而保持其目标联邦基金利率不变的情形。像在图 15—3（a）中一样，提高法定准备金率将导致需求曲线从 D_1 向右移动到 D_2，但在这一情形中，公开市场购买将导

---

① 这一惯例的一个例外来自 2010 年 2 月，当时，联储将贴现率从 0.50% 提高到 0.75%，但却维持目标联邦基金利率不变。

致供给曲线从 S_1 向右移动到 S_2，而目标联邦基金利率保持在 i_{ff1}^* 不变。均衡的准备金水平从 R_1^* 上升到 R_2^*。

 解决问题 15.1：分析联邦基金市场

利用联邦基金市场的需求和供给图形分析下述两种情形。确保你的图形清晰地展示了均衡联邦基金利率和均衡准备金水平的变化，同时，还要清晰地展示需求和供给曲线的任何变动。

a. 假定银行减少了其对准备金的需求。说明联储为了保持均衡联邦基金利率不变会如何通过公开市场操作抵消这一变化。

b. 假定在均衡时，联邦基金利率等于联储对准备金支付的利率。如果联储执行了一次公开市场购买，说明对均衡联邦基金利率的影响。

解决问题

第一步　复习本章的内容。这一问题是关于联邦基金市场的，因此，你也许需要复习"公开市场操作和联储的目标联邦基金利率"这一小节，以及"贴现率和准备金要求变动的影响"这一小节。

第二步　通过画出一幅合适的图形回答（a）部分的问题。如果银行减少了其对准备金的需求，需求曲线会向左移动。除非联储抵消这一移动的影响，否则均衡联邦基金利率会下降。要抵消准备金需求下降的影响，联储需要执行公开市场出售，将准备金供给曲线向左移动。你的图形应该说明这两个变动之后均衡联邦基金利率是不变的。

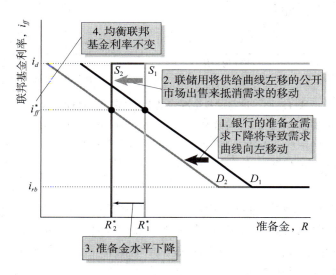

第三步　通过画出一幅合适的图形回答（b）部分的问题。如果均衡的联邦基金利率等于联储对银行的准备金余额支付的利率，那么供给曲线一定是与需求曲线相交于需求曲线的水平部分。一次公开市场购买将导致供给曲线向右移动，这提高了均衡的准备金水平，但由于供给曲线已经位于需求曲线的水平部分，均衡联邦基金利率不会改变。

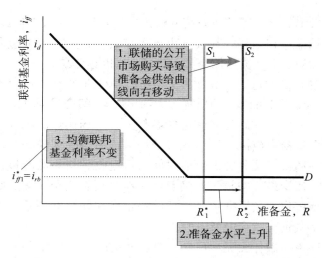

为了进行更多的练习，做一下第 471 页本章末的问题和应用 2.10 和 2.11。

15.3 联储的货币政策工具详述

既然我们已经考察了联储的货币政策工具如何影响联邦基金利率，我们可以更为广泛地考察每一种工具。

公开市场操作

最初的《联邦储备法案》并没有具体地提及公开市场操作，因为金融市场参与者在当时还没有很好地理解公开市场操作。联储在 20 世纪 20 年代开始使用公开市场购买作为一种政策工具，当时，联储向银行购买了第一次世界大战时美国所发行的自由公债，使得银行可以融通更多的商业贷款。在 1935 年之前，地区联邦储备银行在证券市场执行有限的公开市场操作，但这些交易缺乏集中协调且并不总是被用于实现货币政策目标。20 世纪 30 年代的银行危机期间联储协调干预的缺失导致国会在 1935 年成立了联邦公开市场委员会来指导公开市场操作。

当联储执行国库债券的公开市场购买时，这些债券的价格上升，从而降低了其收益率。由于公开市场购买会增加基础货币，货币供给会扩张。公开市场出售降低了国库债券的价格，从而提高了其收益率。公开市场出售减少了基础货币和货币供给。由于公开市场购买降低了利率，因此被视为**扩张性政策**（expansionary policy）。公开市场出售提高了利率并被视为**紧缩性政策**（contractionary policy）。

执行公开市场操作

联储如何执行公开市场操作？在每次会议结束的时候，联邦公开市场委员会发布一份包括其目标联邦基金利率和其对经济的评估的声明，尤其是关于其对价格稳定和经济增长的政策目标。此外，联邦公开市场委员会还向联邦储备系统的账户经理发布一份**政**

策指示（policy directive），联邦储备系统的账户经理是纽约联邦储备银行的一位副行长，并负有执行公开市场操作和达到联邦公开市场委员会的目标联邦基金利率的职责。公开市场操作是每天早晨在纽约联邦储备银行的公开市场交易台（Open Market Trading Desk）执行的。交易台是通过一个被称为交易室自动处理系统（Trading Room Automated Processing System，TRAPS）的系统与大约 18 个**一级交易商**（primary dealer）电子化地连接在一起的，一级交易商是联储选择参与公开市场操作的私人证券公司。每天早晨，交易台通知一级交易商被执行的公开市场购买或出售的规模并要求它们提交买卖国库债券的报价。交易商仅有几分钟的反应时间。一旦收到交易商的报价，联储的账户经理将仔细检查清单，接受最好的报价，接着让交易台买卖债券，直到准备金的数量达到联储的理想目标。这些债券是根据各个联邦储备银行在联邦储备系统总资产中的份额被加入其资产组合或从其资产组合中减去的。

　　账户经理怎么知道该做什么呢？账户经理解读联邦公开市场委员会最近的政策指示，与 FOMC 的两位成员举行日常会议，并自己分析金融市场情况。接着，账户经理将银行体系的准备金水平与交易台工作人员估计的达到（或维持）目标联邦基金利率所必需的水平进行比较。如果准备金水平需要提高到当前水平之上，账户经理命令交易台买入债券。如果准备金水平需要被降低，账户经理命令交易台卖出债券。

　　在执行联储的公开市场操作时，交易台既执行能动性或永久性的公开市场操作，也执行防御性或临时性的公开市场操作。**能动性公开市场操作**（dynamic open market operations）旨在变动由 FOMC 指导的货币政策。**防御性公开市场操作**（defensive open market operations）旨在抵消准备金需求或供给的临时性波动，而不是实现货币政策的变动。能动性公开市场操作很可能是以直接的国库债券买卖的方式执行——也就是说，通过从一级交易商买入或向一级交易商卖出。防御性公开市场操作比能动性公开市场操作要常见得多。防御性公开市场购买是通过回购协议执行的。在这些协议下，联储从一级交易商买入证券，交易商同意在一个指定的未来日期、按一个既定的价格将这些债券买回，通常在一星期之内。事实上，政府债券充当了短期贷款的抵押品。对于防御性的公开市场出售，交易台通常从事**匹配出售—购买交易**（matched sale-purchase transactions）（有时候被称为**逆回购**（reverse repos）），在这一交易中，联储向一级交易商出售债券，交易商同意在不久的将来向联储卖回这些债券。诸如自然灾害之类的经济扰动也会引起通货和银行准备金需求的意外波动。联储的账户经理必须对这些事件做出反应并买卖债券来维持由 FOMC 的指导方针所制定的货币政策。

✓ 联系实际：公开市场交易台一个上午的工作

　　下面是对纽约联邦储备银行公开市场交易台的业务活动的一个概览。

　　上午 7:00　账户经理收到研究人员对当天以及当前维持期（maintenance period）内剩余时间的准备金供给的估计。维持期是联储计算银行的法定准备金余额的两周时间。

　　上午 8:00—9:00　账户经理与市场参与者开始正式讨论，以评估政府债券市场的情况。根据这些讨论以及 FOMC 的研究人员提供的数据，账户经理估计准备金需求以及政府债券的价格在该交易日会如何变动。账户经理的工作人员与财政部政府金融办公室的工作人员比较关于财政存款的预测和关于未来财政部债券出售时机的信息。财政部的这些业务活动会影响银行准备金水平和基础货币。

上午9：10　在审查了来自各位工作人员的信息之后，账户经理研究 FOMC 的政策指引。这一指引确定了理想的联邦基金利率水平。账户经理必须设计能动性公开市场操作来实现 FOMC 所要求的变动以及防御性公开市场操作来抵消由工作人员预测的对准备金的临时性扰动。账户经理要与至少两位 FOMC 成员召开每日的电话会议讨论交易策略。

上午9：30　交易策略一经批准，纽约联邦储备银行的交易员就会通知政府债券市场的一级交易商联储的意愿交易。如果交易员打算进行公开市场购买，他们请求要价的报价。如果交易员打算进行公开市场出售，他们请求出价的报价。（要价是交易商愿意出售债券的价格，出价是交易商愿意购买债券的价格。）

上午9：40　一级交易商向交易台提交其交易提议。

上午9：41　交易台在进行购买时选择最低的报价，在进行出售时接受最高的报价，并将结果返回给交易商。

上午10：30　到这个时间，交易已经完成，纽约联邦储备银行的交易室归于平静。然而，对账户经理和工作人员而言，并没有很长的咖啡时间或三杯马提尼的午餐时间，因为在当天的剩余时间里，他们还要忙于监视联邦基金市场的情况和银行的准备金水平，以便为下一天的交易做好准备。

资料来源：Adapted from "A Morning at the Desk" from *Implementing Monetary Policy*：*The Federal Reserve in the 21st Century* by Christopher Burke. Federal Reserve Bank of New York，January 13，2010.

通过做第 472 页本章末的问题和应用 3.8 来检查一下你的理解。

公开市场操作与其他政策工具的比较

公开市场操作具有其他政策工具所没有的几大优点：可控性、灵活性和便于实施。由于是联储发起公开市场购买和出售，联储完全控制买卖的数量。贴现贷款部分取决于银行要求贷款的意愿，因此，并不是完全在联储的控制之下。

公开市场操作具有灵活性，因为联储可以进行大型或小型的公开市场操作。通常，能动性操作要求大量的购买或出售，而防御性操作要求少量的购买或出售。其他的政策工具缺乏这种灵活性。反向公开市场操作对联储是很容易的。例如，如果联储判断其公开市场出售使得准备金增长过于缓慢，联储可以迅速批准公开市场购买。贴现贷款和准备金要求变动的迅速反向则要困难得多。这是联储自 1992 年以来一直维持准备金要求不变的一个关键原因。

联储可以在没有管理延迟的情况下快速实施公开市场操作。需要的只是交易台向一级交易商发出买入或卖出指令。改变贴现率和准备金要求需要较长时间的商议。

"量化宽松"：联储在 2007—2009 年的金融危机期间的债券购买

在最近的几十年中，联储的公开市场操作集中在买卖短期国库债券上，目的是影响银行准备金市场和均衡联邦基金利率。但是，到 2008 年 12 月，当金融危机和经济衰退深化的时候，联储将目标联邦基金利率压低至接近于零的水平。这些持续的问题导致联储采取了前所未有的措施，在 2009 年和 2010 年初购买了超过 1.7 万亿美元的抵押贷款支持证券和长期国库债券。中央银行通过购买长期证券试图刺激经济的这一政策被称为**量化宽松**（quantitative easing）。联储的目标是降低抵押贷款和 10 年期国库票据的利率。较低的抵押贷款利率有助于刺激新住房的销售。较低的 10 年期国库票据利率有助于降低公司债券的利率，从而提高实物资本的投资支出。联储在 2010 年 11 月宣布了第二轮的量化宽松（称为 QE2）。在 QE2 下，直到 2011 年 6 月，联储还会再购买 6 000 亿美元的长期国库债券。正如我们在本章开始的导入案例中所看到的，QE2 源于经济从衰退中的缓慢复苏。由于这些债券购买活动会大幅扩张基础货币，一些经济学家和决策者担心它们最终会导致较高的通货膨胀。

联系实际：为什么联储不能总是达到其联邦基金利率目标？

虽然媒体报道例行公事地称联储为设定联邦基金利率，事实上，我们知道，联储只能设定联邦基金利率的目标（target）。实际的联邦基金利率是由联邦基金市场上对准备金的需求和供给决定的。由于联储无法控制对准备金的需求，联储因此也无法确保实际的联邦基金利率等于其目标利率。利用公开市场操作来尽量保持实际联邦基金利率尽可能地接近于目标利率是纽约联储交易台的事情。下图展示了从 1998 年 1 月到 2010 年 7 月目标和实际的联邦基金利率每周的值。

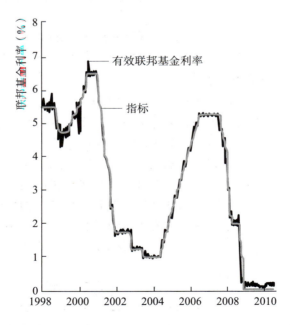

总的看来，交易台在保持实际的利率接近于目标利率上表现不错。上图说明了从 2008 年 12 月开始目标利率为 0。事实上，在当时，FOMC 宣布目标是 0～0.25％的一个范围，实际的联邦基金利率直到 2010 年 10 月每周一直保持在该范围内。但是在大部分

的周里，实际的联邦基金利率低于 0.25%，即使 0.25% 是银行就其准备金存款从联储收到的利率。当银行把钱留在其在联储的存款中可以获得较高的利率时，为什么银行显然愿意在联邦基金市场上贷出资金？答案是，能在联邦基金市场上借贷的某些金融机构并不符合在联储的存款可以获得利息的条件。尤其是，房地产抵押贷款的主要购买者的政府担保企业房地美和房利美在准备金市场上供给充足的资金，不时地将均衡联邦基金利率压低至准备金存款利率之下。

然而，大体上，交易台拥有保持联邦基金利率接近 FOMC 设定的目标的工具。

通过做第 472 页本章末的问题和应用 3.12 来检查一下你的理解。

贴现政策

除了 1966 年的一个短暂时期外，在 1980 年以前，联储只向联邦储备系统的成员银行发放贴现贷款。银行视通过贴现窗口向联储借款的能力为成员银行的一种优势，这种优势部分地抵消了联储的准备金要求的成本。自 1980 年以来，所有存款性机构均有权使用贴现窗口。虽然所有的联储银行收取相同的贴现率，但每一个联邦储备银行各自维持自己的贴现窗口。

贴现贷款的种类

联储对银行的贴现贷款分为三大类：（1）一级信贷，（2）二级信贷，和（3）季节信贷。

一级信贷（primary credit）对具有充足的资本和合格的监管评级的银行是可用的。银行可以因任何目的而使用一级信贷，在从**一级信贷便利**（primary credit facility）或**备用贷款便利**（standing lending facility）请求贴现窗口贷款之前，银行并不一定要从其他来源寻求资金。贷款通常是非常短期的——通常是隔夜的——但也可以是长达数周的。一级信贷的利率被设定在联邦基金利率之上，因此只是一种后备的资金来源，因为健康的银行会选择以较低的利率从联邦基金市场或其他来源借入资金。一级信贷的主要目的是便于银行获得资金应付临时性的流动性问题。在这个意义上，一级信贷展现了联储作为最后贷款人这一角色的行为。当经济学家和决策者提及贴现率时，他们指的就是一级信贷的利率。

二级信贷（secondary credit）是为不满足一级信贷标准的银行而准备的，因为它们资本不充足或监管评级较低。这种类型的信用通常被用于那些遭遇严重的流动性问题的银行，包括那些可能不久会被关闭的银行。联储会仔细监视银行在如何使用从这些贷款中获得的资金。二级信贷利率被设定为高于一级信贷利率，通常高出 0.50 个百分点。

季节信贷（seasonal credit）包括为满足农业或旅游业非常重要的地理区域的较小银行的季节性需要的临时性短期贷款。例如，通过利用这些贷款，佛蒙特州滑雪旅游区的一家银行在冬季的几个月里不必保持超额现金或出售贷款和投资来满足当地企业的借款需要。季节信贷利率取决于存单的利率和联邦基金利率的平均值。由于信贷市场的改善使得即使是小银行也可以利用市场贷款，很多经济学家质疑季节信贷便利是否还有必要。

2007—2009 年的金融危机期间的贴现贷款

从联储 1913 年的创建一直到 1980 年，除了少数几次短暂的例外，联储都是仅对联邦储备系统的成员银行发放贷款。国会在 1980 年批准联储可以向所有存款性金融机构发放贷款。然而，正如我们在第 11 章所看到的，到 2007 金融危机开始的时候，由投资银行、货币市场共同基金、对冲基金和其他非银行金融企业组成的影子银行体系已经成长为与商业银行体系一样大了。金融危机的初始阶段牵涉到这些影子银行而不是商业银行。在金融危机开始的时候，联储在其作为最后贷款人的作用上受到妨碍，因为联储在近期只有向银行发放贷款的传统。

然而，联储的确拥有发放更为广泛的贷款的权力。《联邦储备法案》第 13（3）条款批准联储在"不寻常和紧急的情况下"可以向任何能够提供可接受的抵押品且能够证明无法从商业银行获得贷款的"个体、合伙和公司"发放贷款。联储利用这一授权设立了几项临时性的贷款便利（lending facilities）：

● **一级交易商信贷便利**（Primary Dealer Credit Facility）。在这一便利下，一级交易商可以利用抵押贷款支持证券作为抵押品借入隔夜贷款。这一便利旨在允许作为一级交易商的投资银行和大型证券公司获得紧急贷款。这一便利在 2008 年 3 月建立并于 2010 年 2 月结束。

● **定期证券贷款便利**（Term Securities Lending Facility）。在这一便利下，联储可以贷出高达 2 000 亿美元的国库债券以交换抵押贷款支持证券。到 2008 年初，出售抵押贷款支持证券已经变得非常困难。这一便利旨在允许金融企业以那些非流动资产为抵押来获得借款。这一便利在 2008 年 3 月建立并于 2010 年 2 月结束。

● **商业票据融资便利**（Commercial Paper Funding Facility）。在这一便利下，联储购买非金融公司发行的三个月的商业票据。正如我们在第 11 章讨论过的，当雷曼兄弟在 2008 年 10 月对其商业票据违约时，很多货币市场共同基金遭遇了巨大的损失。随着投资者开始赎回其在这些基金中的份额，这些基金停止购买商业票据。很多公司依靠出售商业票据来满足其短期融资需要，包括对其存货和工资的融资。通过直接从这些公司购买商业票据，联储使得这些公司可以继续正常的经营活动。这一便利在 2008 年 10 月建立并于 2010 年 2 月结束。

● **定期资产支持证券贷款便利**（Term Asset-Backed Securities Loan Facility，TALF）。在这一便利下，纽约联邦储备银行发放三年或五年的贷款来为投资者购买资产支持证券的融资提供帮助。资产支持证券是除了住房抵押贷款之外的证券化的消费者和工商企业贷款。例如，一些资产支持证券包括已经被捆绑在一起作为一种证券来重新出售给投资者的消费者汽车贷款。随着金融危机的爆发，资产支持证券市场基本上枯竭了。这一便利于 2007 年 11 月宣布，最后一笔贷款是在 2010 年 6 月发放的。

除了这些新的贷款便利，联储还在**定期拍卖便利**（Term Auction Facility）中为银行建立了一种新的方式来获得抵押贷款。在这一便利中，联储首次开始按照由银行对资金的需求决定的利率来拍卖贴现贷款。有资格在正常的一级信贷计划下借款的所有银行均可以参与拍卖。存款性机构可以用抵押贷款支持证券为抵押品获得贷款，包括那些如若不然的话已经无法出售的证券。贷款的期限是 28 天或 84 天。通常，这些拍卖的利率低于官方的贴现率。贷款期限的延长、较低的利率以及抵押品更广泛的可接受性使得这些贷款在危机中对很多银行非常具有吸引力。这一便利在 2007 年 12 月建立，2010 年 3 月结束。

由于金融体系已经度过了危机最严峻的时期，联储在 2010 年结束了这些创新性的贴现计划。

准备金余额的利息

银行长期以来一直抱怨联储未能对银行的准备金存款支付利息就相当于是一种税收。为了对银行的抱怨做出回应以及赋予联储对银行准备金更大的控制力，国会批准联储从 2011 年 10 月开始对银行的准备金存款支付利息。在金融危机期间，国会于 2008 年 10 月允许联储立刻开始支付利息，联储也确实这样做了。对准备金余额支付利息赋予联储另一项货币政策工具。通过提高利率，联储可以提高银行愿意持有的准备金水平，从而抑制银行贷款和货币供给的增加。降低利率会有相反的影响。

15.4 货币指标制和货币政策

中央银行在执行货币政策时的目的是利用其政策工具实现货币政策的目标。但是，联储在试图达到其目的时通常面临着权衡取舍，尤其是高经济增长和低通货膨胀。为了说明这一问题，假定旨在刺激经济增长的联储利用公开市场购买降低目标联邦基金利率并使得其他市场利率下降。公开市场购买也增加了基础货币和货币供给。低利率短期内通常提高消费者和企业的支出。但较大的货币供给会潜在地提高长期的通货膨胀率。因此，旨在实现一个货币政策目标（经济增长）的一项政策可能会对另一个货币政策目标（低通货膨胀）产生相反的影响。

2010 年秋，本·伯南克与其在联储的同事们正好面临着这一权衡。由于经济增长已经放缓，失业率似乎黏在 9% 以上，联储企图采取进一步的扩张性行动，如再次购买抵押贷款支持证券或国库票据和债券。然而，这样做会进一步增加基础货币并潜在地提高对未来较高的通货膨胀率的担忧。

联储在实现其货币政策目标时还面临另一个问题。虽然联储希望实现经济增长和物价稳定，但联储对实际产出和价格水平并没有直接的控制力。家庭和企业之间的互动决定了实际产出和价格水平。联储要影响价格水平或产出就只能通过利用其货币政策工具——公开市场操作、贴现政策、准备金要求以及银行准备金利息。但这些工具并不允许联储直接实现其货币政策目标。

联储在利用其货币政策工具时还面临时机选择困难。妨碍联储迅速行动的第一个障碍是**信息时滞**（information lag）。信息时滞是指联储无法瞬时观察到 GDP、通货膨胀或其他经济变量的变化。如果缺乏及时的信息，联储也许会制定一项并不与实际经济情况相匹配的政策，其行动实际上还会恶化其试图纠正的问题。例如，一些经济学家认为，信息时滞导致联储在房地产泡沫破灭之后的 2006 年和 2007 年降低目标联邦基金利率过于缓慢。第二个时机问题是**冲击时滞**（impact lag）。这是要求货币政策变动来影响产出、就业和通货膨胀的时间。利率和货币供给变动对经济的影响是逐步的而不是立即的。由于这一时滞，联储的行动可能会在错误的时间影响经济，联储也许不能足够快地认识并纠正其错误。在 2010 年，一些经济学家和决策者认为，联储在维持接近于零的目标联邦基金利率更长的时期时疏于考虑冲击时滞。堪萨斯城联邦储备银行行长 Thomas Hoenig 在 2010 年 9 月认为，联储应该将目标联邦基金利率提高到 1％，以避免引起未来通货膨胀的上升。

对联储而言，由信息时滞和冲击时滞导致的问题的一个可能的解决方法是利用指标（targets）来实现目标（goals）。指标部分地解决了联储无法直接控制决定经济表现的变量这一问题，指标降低了在观察并对经济波动做出反应时的时机延迟。遗憾的是，指标也存在问题，一些传统的指标制方法在过去 20 年的联储中已经失宠。在这一节的余下部分，我们将描述指标、指标的优点和缺点以及指标在制定货币政策中的应用。

利用指标实现目标

指标是联储可以直接影响并有助于实现货币政策目标的变量。传统上，联储依赖于两类指标：政策指标（policy instruments）——有时候被称为操作指标（operating targets）——以及中介指标（intermediate targets）。虽然利用政策指标和中介指标在联储已经不再受到重视，但回顾一下它们如何起作用可以提供一些关于联储在执行货币政策时面临的困难的洞见。

中介指标

中介指标通常要么是货币总量，如 M1 或 M2，要么是利率。联储可以用作中介指标的要么是一个短期利率，如国库券的利率，要么是一个长期利率，如公司债券或住房抵押贷款的利率。联储通常选择一个其认为会直接帮助其实现目的的中介指标。其想法是，通过利用一个中介指标——比方说，诸如 M2 之类的货币总量——较只是集中在目标上可能得到的结果而言，联储更有可能实现一个不在其直接控制之下的诸如价格稳定或充分就业之类的目标。利用一个中介指标还可以提供关于其政策行动与实现目标之间是否一致的反馈。例如，从统计研究中，联储可能已经估计出，以一个稳定的每年 3％的比率增加 M2 是与其价格稳定目标一致的。如果 M2 实际上以 6％的比率增长，联储立即就会知道，这是在一个会失去其长期价格稳定目标的过程中。接着，联储可以利用其货币政策工具（最可能是公开市场操作）将 M2 的增长率放慢到 3％的目标增长率。达到 M2 中介指标本身并无价值，这只会帮助联储来实现其规定的目标。

政策指标，或操作指标

联储只是间接地控制中介指标变量，如抵押贷款利率或 M2，因为私人部门决策也会影响这些变量。因此，联储需要一个将其政策工具和中介指标更好地联系起来的指标。政策指标，或操作指标是联储通过其货币政策工具直接控制的且与中介指标密切相关的变量。政策指标的例子包括联邦基金利率和非借入准备金。正如我们已经看到的，在最近几十年中，联邦基金利率是联储最为常用的政策指标，因为深受联储影响的银行准备金市场决定了联邦基金利率。大多数主要的中央银行将利率用作政策指标。

图 15—4 说明了利用政策指标和中介指标实现其目标的传统方法。图 15—4 还有助于解释为什么我们对指标的大量讨论的措辞是用过去时态的。虽然是联储选定目标，但联储最终只能控制政策工具。要使得我们刚才概述过的指标方法有效，政策工具和政策指标之间、政策指标和中介指标之间以及中介指标和政策目标之间的联系必须是可靠的。然而，随着时间的推移，这些联系中的某些联系已经被打破了。例如，在 1980 年以前，在经过大约两年的时滞后，M1 和 M2 增长率的提高与通货膨胀率的提高之间存在一个相当一致的联系。这一联系使得一些经济学家认为联储应该全神贯注于货币总量作为其中介指标。不幸的是，自 1980 年以来，货币供给变动与通货膨胀变动之间的联系一直是不稳定的。货币供给增长的变动幅度较大，而通货膨胀率的变动幅度要小得多。大体上，近年来，很多经济学家和决策者不再认为各种中介指标与联储的政策目标之间存在稳定的关系。

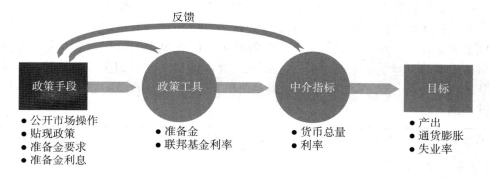

图 15—4　完成货币政策目标

联储为诸如通货膨胀率和失业率之类的经济变量建立了目标。联储只能直接控制其政策工具。联储可以利用指标——中介指标和政策工具——这是联储可以影响的变量，来实现货币政策目标。近年来，联储已经不再重视这种类型的指标程序的运用。

然而，关于联储是否应该选择准备金总量或联邦基金利率作为其政策指标的讨论还在继续。我们在下一节分析这一讨论。

联系实际：货币与价格之间的联系怎么样了？

在美国，货币供给增长较快的那些十年也是通货膨胀率相对高的那些十年。然而，几十年来一直成立的一种经济关系对于试图在短期内驾驭经济的决策者们并不总是有用的。在 1980 年之前，存在明显的证据表明，货币和价格之间短期内的联系会持续 1～2 年。事实上，很多经济学家确信，20 世纪 60 年代末和 70 年代的通货膨胀加速是由于联储在那些年中让货币供给增长率大幅提高。

最有力地支持这一论点的经济学家是众所周知的货币主义者（monetarists）。最著名的货币主义者是芝加哥大学的诺贝尔经济学奖得主米尔顿·弗里德曼。货币主义者似乎是在 1979 年 7 月得宠的，当时的吉米·卡特总统任命保罗·沃克尔为联邦储备系统理事会的主席。沃克尔致力于降低通货膨胀并选择货币总量作为中介指标。在沃克尔时期，联储将其政策转向强调非借入准备金作为一个政策指标，或操作指标。这一时期有时候也被称为"伟大的货币主义实验"（The Great Monetarist Experiment）。起先，联储的政策看似是成功的，随着联储降低货币供给增长率，在一个时滞之后，通货膨胀也下降了。然而，一场严重的经济衰退在1981年7月开始了，货币供给增长率到年末的时候提高了。从1981年第三季度到1983年第三季度，M1是以超过9％的年增长率在增长。弗里德曼预测，在一个时滞之后，这一高的货币供给增长率的结果会是更高的通货膨胀率。

为了支持他的论点，在《美国经济评论》（American Economic Review）的一篇文章中，弗里德曼提供了下表中的一些数据。首先看一下表中未加阴影的部分。弗里德曼认为，M1在两年内的增长率和两年后的通货膨胀率之间存在紧密的联系。表中未加阴影的区域表明这一关系对于1973—1981年这段时期是成立的。尤其需要注意的是，货币供给增长率从1977—1979年的8.6％下降到1979—1981年的6.1％——沃克尔政策的结果——是与通货膨胀率从9.4％下降到4.8％相联系的。因此，弗里德曼似乎是在正确地预测由于联储让货币供给增长率提高到了1981—1983年这一时期的9.2％，通货膨胀率很可能会大幅提高。然而，事实上，表中阴影区域的数值表明，尽管货币供给增加了，但通货膨胀率却下降了而不是上升了。此外，货币增长在随后的两年里维持在高水平，而通货膨胀率却进一步下降了。在随后的年份里，M1或M2的增长与通货膨胀率之间的联系并不强。

货币增长时期	M1的增长率（％）	两年后的通货膨胀率（％）	通货膨胀时期
1973年第三季度到1975年第三季度	5.2	6.3	1975年第三季度到1977年第三季度
1975年第三季度到1977年第三季度	6.4	8.3	1977年第三季度到1979年第三季度
1977年第三季度到1979年第三季度	8.6	9.4	1979年第三季度到1981年第三季度
1979年第三季度到1981年第三季度	6.1	4.8	1981年第三季度到1983年第三季度
1981年第三季度到1983年第三季度	9.2	3.3	1983年第三季度到1985年第三季度
1985年第三季度到1987年第三季度	8.1	2.8	1985年第三季度到1987年第三季度

为什么货币供给增长和通货膨胀之间的短期联系在1980年之后会崩溃呢？大部分经济学家认为，崩溃的出现是因为M1和M2的本质在1980年之后发生了变化。在1980年之前，不允许银行对支票存款支付利息。国会在1980年批准了银行可以支付利息的NOW账户，因此，M1从代表一种纯粹的交换媒介变为还代表一种价值贮藏。此外，银行的金融创新提高了家庭和企业愿意持有的支票存款的数量。储蓄自动转账（automated transfer of savings）账户每天晚上将支票账户余额转至高利息的 CDs 账户，到早晨又转回支票账户。Sweep 账户（Sweep Account）的定位是企业，每周末将企业的支票存款余额转至货币市场存款账户，在下一周开始的时候再将资金转回支票存款账户。（回忆一下监管要求禁止企业持有生息的支票［NOW］账户。）这些变化的结果是，M1 的快速上升不必直接转换为会带来较高通货膨胀的支出上升。

由于货币供给增长和通货膨胀之间关系的崩溃，自 1993 年以来，联储不再宣布 M1 和 M2 的指标。虽然投资者曾经密切关注联储每周对 M1 和 M2 的数据公布，寻找关于未来通货膨胀率的线索，但现在，这些发布对金融市场几乎没有任何影响。

资料来源：The table is adapted from Table 2 in Benjamin M. Friedman, "Lessons from Monetary Policy in the 1980s," *Journal of Economic Perspective*, Vol. 2, No. 3, Summer 1988, p. 62. The original article by Milton Friedman is "Lessons from the 1979–1982 Monetary Policy Experiment," *American Economic Review*, Vol. 74, No. 2, May 1984, pp. 397-440.

通过做第 474 页本章末的问题和应用 4.12 和 4.13 来检查一下你的理解。

准备金指标制和联邦基金利率指标制之间的选择

传统上，联储在评估可以被用作政策指标的变量时曾采用了三个标准。联储的主要政策指标曾是准备金总量（reserve aggregate），如总准备金或非借入准备金，以及联邦基金利率。我们可以简要评价一下这些指标在满足联储的三条标准方面到底怎么样：

1. **可测量的**（measurable）。变量在短的时间范围内必须是可测量的，以克服信息时滞。联储对准备金总量和联邦基金利率施加有效的控制且在需要的时候可以按小时度量它们。

2. **可控制的**（controllable）。虽然联储对准备金总量的水平和联邦基金利率缺乏完全的控制，因为这两项均取决于银行对准备金的需求，但纽约联邦储备银行的交易台可以利用公开市场操作来保持这两个变量接近于联储选定的任何指标。

3. **可预测的**（predictable）。联储需要一个对其政策目标具有可预测的影响的政策指标。无论是准备金还是联邦基金利率的变动对诸如经济增长或价格稳定之类的目标的影响都是复杂的。这也是联储曾依赖中介指标的原因之一。由于准备金或联邦基金利率是否满足最后一条标准还不是很清楚，经济学家还在继续探讨哪一个政策指标是最好的。

需要理解的一个要点是，联储可以选择准备金总量为其政策指标，或者它也可以选择联邦基金利率，但不能同时选择两个。要明白个中缘由，请看图 15—5，该图再次展示了联邦基金市场的准备金需求和供给。在图 15—5（a）中，我们假定联储通过保持准备金在 R^* 不变，已经决定将准备金水平用作政策指标。准备金需求是 D_1，均衡联邦基金利率是 i_{ff1}^*。如果家庭和企业决定持有更多的支票存款或者银行决定持有更多的超额准备金，准备金需求会向右移动，从 D_1 移动到 D_2。结果会是均衡联邦基金利率从 i_{ff1}^* 上升到 i_{ff2}^*。类似地，如果家庭和企业决定持有较少的支票存款或者银行决定持有较少的超额准备金，准备金需求会向左移动，从 D_1 移动到 D_3。其结果将是均衡联邦基金利率从 i_{ff1}^* 下降到 i_{ff3}^*。我们可以得出结论：利用准备金作为联储的政策指标会导致联邦基金利率因适应准备金需求的变动而波动。

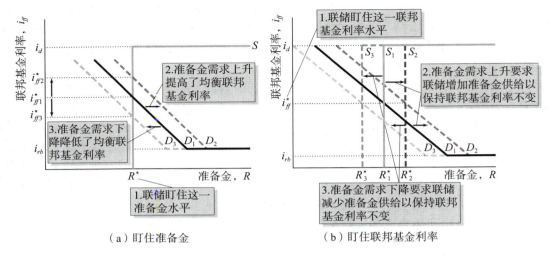

图 15—5　政策指标之间的选择

在图（a）中，联储通过保持准备金位于 R^* 不变，选择准备金水平作为其政策指标。准备金需求是 D_1，均衡联邦基金利率是 i_{ff1}^*。如果准备金需求向右移动，从 D_1 移动到 D_2，均衡联邦基金利率从 i_{ff1}^* 上升到 i_{ff2}^*。类似地，如果准备金需求向左移动，从 D_1 移动到 D_3，均衡联邦基金利率从 i_{ff1}^* 下降到 i_{ff3}^*。在图（b）中，联储通过保持联邦基金利率在 i_{ff}^* 不变，选择联邦基金利率作为其政策指标。如果准备金需求从 D_1 上升到 D_2，为了保持其目标联邦基金利率为 i_{ff}^*，联储将不得不增加准备金供给，从 S_1 增加到 S_2。如果准备金需求从 D_1 减少到 D_3，联储将不得不将准备金供给从 S_1 减少到 S_3，以保持其目标联邦基金利率不变。

在图 15—5（b）中，我们假定联储通过保持联邦基金利率在 i_{ff}^* 不变，已经决定利用联邦基金利率作为其政策指标。准备金需求是 D_1，均衡准备金水平是 R^*。如果准备金需求从 D_1 上升到 D_2，为了保持其目标联邦基金利率为 i_{ff}^*，联储将不得不增加准备金供给，从 S_1 增加到 S_2。供给曲线从 S_1 移动到 S_2 导致均衡准备金水平从 R_1^* 上升到 R_2^*。类似地，如果准备金需求从 D_1 减少到 D_3，联储将不得不将准备金供给从 S_1 减少到 S_3，以保持其目标联邦基金利率不变。其结果将是均衡准备金水平从 R_1^* 下降到 R_3^*。我们可以得出结论：利用联邦基金利率作为联储的政策指标会导致准备金水平因适应准备金需求的变动而波动。

因此，联储面临权衡取舍：选择准备金作为其政策指标并接受联邦基金利率的波动或者选择联邦基金利率作为其政策指标并接受准备金水平的波动。到 20 世纪 80 年代，联储已经得出结论：联邦基金利率与其政策目标之间的联系要比准备金水平与其政策目标之间的联系更为紧密。因此，在过去的 30 年中，联储一直利用联邦基金利率作为其政策指标。

泰勒规则：联储政策的概括性测度

联储减少使用传统指标制大体上与艾伦·格林斯潘担任联储主席的任期是一致的。格林斯潘于 1987 年 8 月被任命为联储主席并一直担任到 2006 年 1 月，继任者是本·伯南克。在国会的演讲和作证中，格林斯潘对其政策的解释是出了名的难以理解。在一次演讲中，他曾开玩笑说："我想我应该警告你们，如果我的话变得非常清楚，你们很可能误解了我说的话。"① 在这个时候，联储在利用联邦基金利率作为其政策指标，或者说操作指标已经是公开的知识。然而，FOMC 如何决定一个特定的联邦基金利率的目标值是不清楚的。

实际的联储考量是非常复杂的且涵盖了关于经济的很多因素。斯坦福大学的约翰·泰勒（John Taylor）在联邦基金利率目标制的泰勒规则（Taylor rule）中概括了这些因素。② 泰勒规则首先估计实际联邦基金利率值，实际联邦基金利率是经通货膨胀调整的且与实际 GDP 等于长期潜在实际 GDP 相一致的联邦基金利率。在实际 GDP 等于潜在实际 GDP 的情况下，周期性失业应该等于零，联储实现了其高度就业的政策目标。根据泰勒规则，联储应该设定其当前的联邦基金利率目标等于当前的通货膨胀率、均衡的实际联邦基金利率以及两个附加项。这两项中的第一项是**通货膨胀缺口**（inflation gap）——当前的通货膨胀率与目标通货膨胀率之间的差额，第二项是**产出缺口**（output gap）——实际 GDP 与潜在 GDP 之间的百分比差异。通货膨胀缺口和产出缺口各自被赋予反映其对联邦基金利率目标影响的"权重"。在每一个缺口的权重均为 1/2 的情况下，我们有如下的泰勒规则：

$$联邦基金利率目标＝当前的通货膨胀率＋均衡实际联邦基金利率$$
$$＋(1/2×通货膨胀缺口)＋(1/2×产出缺口)$$

因此，当通货膨胀率高于联储的目标通货膨胀率时，FOMC 会提高目标联邦基金利率。类似地，当产出缺口是负的——也就是说，当实际 GDP 小于潜在 GDP 时——FOMC 会降低联邦基金利率目标。在校准这一规则时，泰勒假定均衡实际联邦基金利率为 2%，目标通货膨胀率是 2%。图 15—6 展示了如果联储曾严格遵循泰勒规则会出现联邦基金利率水平以及目标联邦基金利率。图 15—6 表明，由于两条线在大多数年份里是紧紧贴在一起的，因此，泰勒规则合理地解释了联邦储备政策。存在一些两条线显著分离的时期。在 20 世纪 60 年代末和 70 年代初到中期，由泰勒规则预测的联邦基金利率一向高于目标联邦基金利率。这一差距是与大多数经济学家的观点一致的，即在面对那些年中不断恶化的通货膨胀率时，FOMC 应该是比过去更大地提高了目标联邦基金利率。图 15—6 还表明，在 1981—1982 年的严重经济衰退之后，FOMC 降低联邦基金利率比与泰勒规则相一致的联邦基金利率还要缓慢。最后，图 15—6 表明，在从 2001 年的经济衰退中复苏期间，FOMC 将联邦基金利率保持在由泰勒规则所预示的水平之下。一些经济学家和决策者还认为，通过将联邦基金利率长时期地维持在一个非常低的水平，联储助长了住房繁荣。其论据是：低的联邦基金利率导致低的抵押贷款利率，进而鼓励了住房繁荣。当时，联储主席艾伦·格林斯潘认为，需要低利率来预防经济滑入一段时期的通货紧缩的可能性。当前的联储主席本·伯南克曾认为，全球储蓄过剩，而非联储政策，是美国在 21 世纪初长期利率偏低的主要原因。最后，注意到泰勒规则预示着联邦基金利率在整个 2009

① Floyd Norris，"What if the Fed Chief Speaks Plainly?" *New York Times*，October 28，2005.

② Taylor's original discussion of the rule appeared in John B. Taylor，"Discretion Versus Policy Rules in Practice," *Carnegie-Rochester Conference Series on Public Policy*，Vol. 39，1993，pp. 195-214.

年应该为负的。这也是对 2007—2009 年经济衰退严重性的另一种暗示。

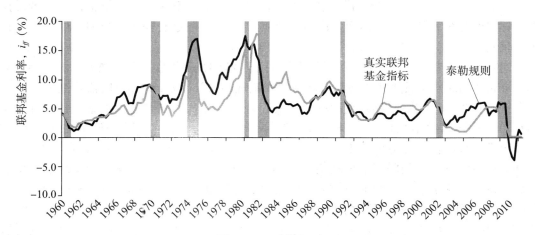

图 15—6　泰勒规则

黑线说明的是如果联储严格遵循泰勒规则会出现的联邦基金利率，灰线说明的是目标联邦基金利率。图形表明，泰勒规则在某些时期合理地解释了联邦储备政策，但图形也展示了目标联邦基金利率偏离了由泰勒规则所预测的利率的一些时期。阴影区域表示经济衰退时期。

资料来源：Federal Reserve Bank of St. Louis and Congressional Budget Office. 感谢昆尼皮亚克大学的同事马修·拉弗蒂为我们提供了关于目标联邦基金利率的数据。

泰勒规则非常好地吻合了实际的联邦基金利率确认了一个观点，即联储一直在试图通过直接操纵联邦基金利率而不是通过间接利用中介指标来实现其政策目标。

通货膨胀指标制

明显地，刚好在金融危机爆发之前的几年里，很多经济学家和中央银行家们对利用**通货膨胀指标制**（inflation targeting）作为一个执行货币政策的框架表现出浓厚的兴趣。在通货膨胀指标制下，中央银行公开设定一个明确的一段时期内的通货膨胀指标，政府和公众接下来根据其达到指标的成功程度来判断中央银行的表现。例如，一家中央银行可能会宣布其试图维持一个每年 2％ 的通货膨胀率。虽然联储从未超越使用一个未宣布的非正式的通货膨胀指标，但很多国家已经接受了正式的通货膨胀指标。作为普林斯顿大学的一位经济学家，本·伯南克从事过通货膨胀指标制方面的研究。从 2006 年 1 月开始作为联储主席，本·伯南克是一位明确的通货膨胀指标制的倡导者。对于联储和国会的决策者们而言，关于通货膨胀指标制的争论的关键部分涉及这样一个政策在实践中会如何起作用以及支持通货膨胀指标制的论据是否胜过反对这一体系的论据。

在通货膨胀指标制下，联储在处理特殊情况中还是可以采用相机抉择而不是遵循一种缺乏弹性的规则。不过，货币政策目标和操作会聚焦在通货膨胀和通货膨胀预测上。如果联储明确地关注低通货膨胀，联储将不得不决定如何将这一目标与其他目标相协调——比方说高度就业。支持联储采用一种明确的通货膨胀指标的论点集中在四点上：首先，宣布明确的通货膨胀指标会将公众的目光吸引到联储在实践中实际上可以实现什么这一问题上。大多数经济学家认为，在长期，货币政策对通货膨胀的影响比起对实际产出增长的影响更大。其次，在美国建立透明的通货膨胀指标能为通货膨胀预期提供一个锚。如果家庭、企业和金融市场参与者认为联储会达到2%的年通货膨胀指标，那么他们会预期，即使通货膨胀暂时地高于或低于通货膨胀指标，其最终还是会返回目标通货膨胀率。再次，宣布的通货膨胀指标有助于制度化有效的美国货币政策。最后，通货膨胀指标通过提供一个联储的表现得以衡量的标准能提高联储的责任感。

通货膨胀指标的反对者也提出了四点：首先，通货膨胀的刚性的数值指标降低了货币政策实现其他政策目标的灵活性。其次，由于货币政策影响通货膨胀是具有时滞的，通货膨胀指标制要求联储依靠对未来通货膨胀的预测，关于未来通货膨胀的不确定性会给政策的执行带来问题。再次，保持联储只对低的通货膨胀目标负责可能会使得当选的官员监督联储对整体好的经济政策的支持更为困难。最后，在一个通货膨胀指标面前，关于未来的产出和就业水平的不确定性会妨碍经济决策。也就是说，通货膨胀指标通过调整允许对通货膨胀指标的偏离时间可能会模糊这一不确定性。

联储应该接受通货膨胀指标吗？关于通货膨胀指标是否改进经济政策这一问题还没有定论。很多经济学家和中央银行家已经提出，通货膨胀指标制的透明度（transparency）和可解释性（accountability）的好处也可以在没有明确的通货膨胀指标的情况下得以实现，货币政策的可信性（credibility）可以通过实践更好地建立。通货膨胀指标需要与公众更好地沟通。虽然通货膨胀指标具有提高对政策目标的理解的潜在好处，但沟通的标准比在没有明确的目标的情况下变得更为严格。

关于美国是否需要通货膨胀指标制的争论自从金融危机在2007年爆发以来已经退居次席。争论被搁置是因为联储正在专注于恢复金融稳定并应对自大萧条以来最为严重的经济衰退的影响。

货币政策的国际比较

虽然在中央银行执行货币政策的方式上存在制度性差异，但在最近的实践中存在两个重要的相似性。首先，大多数工业化国家的中央银行已经日益使用短期利率——类似于美国的联邦基金利率——作为政策指标，或者说操作指标，通过政策指标来追求政策目标。其次，较特定的中介指标，很多中央银行对诸如低通货膨胀之类的最终目标更为关注。在这一节，我们讨论加拿大、德国、日本、英国和欧盟的货币政策执行实践和制度环境。

加拿大银行

像美国的联储一样，加拿大银行在20世纪70年代期间开始日益关注通货膨胀。加拿大银行在1975年宣布了一项逐步降低M1的增长率的政策。到20世纪70年代末，政策转向汇率指标。到1982年末，M1指标不再使用。然而，1988年，当时的加拿大银行总裁约翰·克劳通过宣布一系列不断降低的通货膨胀指标宣布了该行对价格稳定的承诺。为了达到通货膨胀指标，加拿大银行对隔夜利率（类似于联邦基金利率）设定了明确的操作指标区间。虽然联储主要关注通货膨胀缺口和产出缺口，但加拿大银行还将加拿大元的交换价值作为一个政策关注点。对汇率的这一关注——尤其是加拿大元和美元之间的汇率——反映了传统上出口在加拿大经济中所发挥的巨大作用。

在 2007—2009 年间，加拿大银行因帮助加拿大的金融体系比在美国发生的要小得多的不稳定性渡过了金融危机而获得了赞誉。尤其是，加拿大的银行体系避免了美国很多银行因投资抵押贷款支持证券和商业房地产所遭受的沉重损失。2010 年 6 月，加拿大银行是工业化国家中第一个提高其对隔夜银行贷款利率的目标的中央银行。这是加拿大经济在全球经济低迷中表现相对健康的另一个迹象。

德国中央银行

德国中央银行——德意志联邦银行在 20 世纪 70 年代末开始实验货币指标来对抗通货膨胀。其选定的货币总量**中央银行货币**（central bank money），或者说 M3，被定义为通货、支票存款以及定期和储蓄存款的加权和。德意志联邦银行认为，中央银行货币的波动对名义 GDP 具有可预测的影响，且通过利用货币政策工具，这一货币总量是显著可控的。德意志联邦银行在 20 世纪 70 年代末和整个 80 年代每年逐步设定较低的 M3 增长的指标范围。在 20 世纪 80 年代的前半部分，中央银行成功地达到了指标。但是，由于官员们希望降低当时的德国马克相对于美元的价值，从 1986 年到 1988 年，偏离指标变得更为常见。要实现这一目的，德意志联邦银行将货币增长提高到快于其宣布的指标。

德国在 1991 年统一为德意志联邦银行对其宣布的指标的承诺造成了问题。两大压力尤其明显：首先，联邦德国货币交换价值较低的民主德国货币带来了通货膨胀压力。其次，统一后经济增长的政治目标唤起了对保持低通胀的决心日益弱化的担忧。对德意志银行操作程序的这些压力产生了一种更为灵活的方法，类似于联储所采用的方法。

德国自 1975 年以来曾拥有一个非正式的通货膨胀指标，1999 年欧洲中央银行成立之前，德国维持每年 2% 的通货膨胀目标。德意志联邦银行认为，盯住 M3 指标会保持通货膨胀可控。中央银行利用抵押贷款利率（lombard rate）（一种短期回购协议利率）的变动来达到其 M3 指标。

德国在货币政策执行中取得的明显成功也许来源于超出货币指标制的那些因素。很多分析家指出，德意志联邦银行曾在相当长的时间内允许对货币指标的显著偏离。德国货币政策的成功之处也许更多地在于清晰地传递了中央银行对控制通货膨胀的关注，而不是严格强调货币指标制，这为当前对通货膨胀指标制的争论提供了一个经验。自从德国在 2002 年与其他 11 个欧洲国家一道开始使用欧元之后，欧洲中央银行而不是德意志联邦银行开始对德国的货币政策负责。

日本银行

1973 年的第一次 OPEC 石油冲击的后果是日本经历了超过 20% 的通货膨胀率。这一高通货膨胀率导致日本银行采取了明确的货币增长指标。尤其是，日本银行于 1978 年初宣布了一个对应于 M2 的总量指标。在 1979 年的石油价格冲击之后，中央银行降低了货币增长。货币增长在从 1978 年到 1987 年这一时期的逐步下降是与通货膨胀比美国更快地下降相联系的。日本银行一以贯之地履行其承诺加强了公众对日本银行降低货币供给和通货膨胀的承诺的信心。在这一时期，日本银行利用日本银行间市场的一种短期利率——类似于美国的联邦基金利率——作为其操作指标。

与美国发生的一样，日本的银行和金融市场在 20 世纪 80 年代也经历了一波放松监管和金融创新。结果是，日本银行在执行货币政策中开始较少地依赖 M2 总量。从 1987 年到 1989 年，日本银行对日元对外交换价值的关注——日元汇率曾对美元大幅上升——主导了货币政策。这一时期快速的货币增长率带来了日本资产价格的繁荣，尤其是土地和股票。为了减少繁荣时期资产市场的投机活动，日本银行采取了紧缩性的货币政策，这又导致资产价格下降并最终带来日本经济增长的下滑。虽然日本银行在 1978—1987 年间的对抗通货膨胀中取得了成功，日本银行并没有采用正式的通货膨胀指标，尽管日本银行强调价格稳定为其目标之一。中央银行是利用短期利率和贴现率作为操作政策指标的。

很多金融市场评论家将 20 世纪 90 年代末和 21 世纪初持续紧缩的日本货币政策视为日本经济在这一时期的大部分时间里表现虚弱的一个重要因素。21 世纪头 10 年中期，较为扩张的货币政策同时刺激了经济增长和通货膨胀。日本银行于 2006 年开始收回其扩张性政策。日本银行也采取了一个新的政策框架，关注一年或两年后的预期通货膨胀率而不是当前的通货膨胀率。始于 2007 年的金融危机导致日本银行重回扩张性政策。为了逆转日元对美元价值的飙升，日本银行在 2010 年干预了外汇市场。高的日元价值妨碍了日本的出口并阻碍了日本经济的复苏。

英格兰银行

在英国，英格兰银行于 1973 年末宣布了货币供给指标以对通货膨胀压力做出反应。就英国的情况而言，货币指标——在这个例子中是广义货币总量 M3——并不是其严格追求的。为了应对 20 世纪 70 年代末加速的通货膨胀，玛格丽特·撒切尔首相的政府于 1980 年正式引入一种 M3 增长逐步减速的战略。正如金融创新使得美国追求 M1 指标变得更为复杂一样，英格兰银行达到 M3 指标也存在困难。1983 年初，英格兰银行将其重点转向盯住基础货币增长（同时也着眼于货币供给增长率的逐步下降）。英国于 1992 年接受了通货膨胀指标。与那些通货膨胀指标一致，短期利率是主要的货币政策指标。自 1984 年初，利率决策是在英格兰银行总裁与财政大臣的月度会议上做出的。当利率变动时，英格兰银行会提供一个详细的解释以强调该决定反映了货币政策对通货膨胀目标的重视。

在金融危机期间，英格兰银行被迫采取了数次引人注目的政策行动。英格兰银行在 2007 年秋季开始削减其**基准利率**（base rate），基准利率是英格兰银行就隔夜贷款向银行收取的利率——相当于联储的贴现率。到 2009 年 1 月，英格兰银行已经将基准利率降低到了 1.5%，这是自该行 1694 年成立以来的最低水平。到 2009 年 3 月，英格兰银行又将该利率降低到了 0.5%，到 2010 年秋季的时候依然维持在这一水平。英格兰银行在 2008 年 10 月初还迅速地降低了其对银行准备金支付的利率，到 2009 年 3 月，这一利率已经从 5% 降低到了 0.5%。英格兰银行也通过购买长期英国政府债券实行了量化宽松。英格兰银行在 2010 年中面临一个挑战：虽然英国经济只是缓慢地从经济衰退中复苏，但 6 月和 7 月的通货膨胀率却超过了 3%，这一水平高于政府 2% 的目标通货膨胀率。英格兰银行总裁 Mervyn King 认为，英格兰银行应该保持其扩张性的货币政策，通货膨胀的上升只是由于临时性因素，如较高的石油和食品价格。

欧洲中央银行体系

欧洲中央银行体系（European System of Central Bank，ESCB）是由欧洲中央银行（European Central Bank，ECB）和欧洲联盟所有成员国的国家中央银行组成的，这一体系是在《马斯特里赫特条约》签署后的 1999 年 1 月开始运作的。仿照德国联邦银行的治理规则，欧洲中央银行体系的首要目标是保持价格稳定。作为一个次要的目标，欧洲中央银行体系还必须支持欧洲联盟整体的经济政策。欧洲中央银行赋予货币总量一个重要的角色——尤其是 M3 总量的增长率。此外，欧洲中央银行还强调了一个价格稳定目标，定义为一个 0~2％的通货膨胀范围。事实上，欧洲中央银行的策略并不总是很清楚的，因为欧洲中央银行既没有承诺一种货币指标制方法，也没有承诺一种通货膨胀指标制方法。

在金融危机期间以及金融危机之后，欧洲中央银行努力创造一种适合于成员国非常不同的需要的货币政策。虽然一些国家，尤其是德国，在 2010 年开始从经济衰退中强劲复苏，但其他国家，如希腊、爱尔兰和西班牙，却在与高失业率做斗争。此外，欧洲中央银行被迫于 2010 年春季干预市场购买希腊政府债券，当时看似希腊政府可能对其债务违约。这一**主权债务危机**（sovereign debt crisis）对欧洲中央银行造成了进一步的压力。

回答关键问题

续第 440 页

在本章开始的时候，我们提出了如下问题：

"价格稳定仍然应该是中央银行最为重要的政策目标吗？"

正如我们在本章看到的，经济学家对中央银行是否应该有明确的通货膨胀率指标是存在争议的。这样做会使得价格稳定成为中央银行最为重要的目标。虽然价格稳定本身可以提高经济福利，但大部分经济学家和决策者视价格稳定为具有更为广泛的优点。尤其是，几乎还没有经济学家曾设法在无须保持价格稳定的情况下维持了长期的高经济增长率和高就业率。不管将价格稳定作为货币政策的焦点有什么好处，金融危机和经济衰退的严重性使得联储进一步考虑接受一个明确的通货膨胀率指标退居次要。

在进入下一章之前，阅读下面讨论联储可用的一些政策选项的**政策透视**。

政策透视：联储也许会购买更多的债券以提振萧条的经济

《华盛顿邮报》

联邦储备要购买美国国债，因复苏放缓而改变政策

随着复苏失去动力，联邦储备在星期四行动起来以推动增长……

联储承诺保持其持有的资产数量不变……

该决定更大的重要性是发出了关于联储官员们对经济的看法和他们在情况恶化时进一步行动的意愿的信号。

ⓐ联储的领导者们开始与经济复苏会延缓和价格甚至会下降的风险做斗争。在通货紧缩性螺旋中……不断下降的价格导致人们窖藏现金……且债务变得……更为沉重。

大部分的联储领导者都曾说过这不太可能……然而，官员们在其会议之后的确说过："产出和就业复苏的步伐在近几个月已经放缓了"。他们还说扩张的步伐"在近期很可能会比曾预期的更为乏力"……

联储政策变化的即时影响是有限的，基准国库债券的利率只下降了 0.07 个百分点。

ⓑ"信号效应比实际效应要大得多，"摩根大通私人财富管理部门的首席经济学家 Anthony Chan 说，"这表明，如果有必要，他们会展开更大的火力。"……如果经济确实恶化且重新回到衰退似乎即将来临，中央银行会通过其对长期国库债券的购买来做出反应——不只是购买足够置换其购买的到期的抵押证券，而是实际上增加其总的持有量……

然而……低利率也许还不够。

"他们已经为被其视为经济放缓的证据的投资者、消费者和企业疲惫的神经提供了一些信心。"Key Private Bank 的首席投资策略师 Bruce McCain 说。

联储现在持有 1.4 万亿美元的抵押贷款相关证券……中央银行并没有打算一旦标的抵押贷款还清就置换那些证券……

因而，联储的资产负债表规模在来年会收缩大约 2 000 亿美元……事实上，创纪录的低利率已经鼓励了大量的人们来为其住房再融资，这意味着联储对经济增长的支持在减弱。

星期四宣布的行动意味着要阻止这种情况。

ⓒ联储官员们用国库债券置换到期的抵押证券的决定……还标志着政策变动。如果联储继续投资于抵押证券，那会通过将抵押贷款利率维持在低水平而有利于住房市场。虽然……但抵押贷款市场现在运转得相当好，且联储的领导者们说他们并不喜欢寻求对一个部门相对于其他部门更有利的政策。

尽管如此，购买更多的国库债券有其自身的缺陷。事实上，联储是在印钱来为美国的预算不足融资……这又会形成通货膨胀失去控制的威胁。

像自 2008 年 12 月以来的每次会议一样，联邦公开市场委员会……选择保持其长期利率指标接近于零……联储的领导者们并没有采取任何其他措施来支持经济增长，如……强调之前的"长期"保持利率极低的承诺……

文中要点

作为对美国经济从 2007—2009 年的经济衰退中复苏放缓的反应，联邦公开市场委员会（FOMC）在 2010 年 8 月的会议之后宣布其打算采取措施来推动增长。如果衰退似乎近在眼前，联储就会增加其对长期国库债券的持有量，而不是置换其持有的到期的抵押贷款证券。用国库债券取代抵押证券标志着一种政策转变：联储的领导者们宁愿相对于经济中的其他部门更偏好住房市场，尤其因为抵押贷款市场看似运转得相当良好。然而，对国库债券的购买形成了更高的通货膨胀的威胁，因为事实上，联储是在印钱来为美国政府的预算赤字融资。正如自 2008 年 12 月以来那样，FOMC 选择将其长期利率指标维持在接近于零的水平，但并没有强调其之前的"长期"保持利率接近于零的承诺。

新闻解读

ⓐ虽然美国经济已经开始从 2007—2009 年的经济衰退中复苏，但在 2010 年夏季有迹象表明增长在放缓，甚至价格有下跌的风险。在正常情况下，联储会降低其联邦基金利率指标、降低贴现率或同时降低两者。但自 2008 年以来，联储曾大量购买了抵押贷款支持证券和国库债券并将其联邦基金利率的目标范围保持在 0～0.25％之间。贴现率是 0.75％。联储无法进一步大幅降低任何一种利率。

ⓑ虽然联储无法利用传统的货币政策工具来刺激经济，但联邦公开市场委员会 2010 年 8 月会议之后所做的声明具有一种"信号效应"。联储向金融市场发出了如果另一场衰退迫在眉睫其准备做出积极行动的信息。联储时刻准备着购买长期国库债券，这不只是为了替换到期的证券，而是为了扩张其业已巨大的持有量。

ⓒ通过同意用国库债券来替换其抵押贷款支持证券的持有，联储向金融市场发出了另一个信号：房地产市场运转足够好，以至于无须来自联储的进一步支持。但是，购买更多的国库债券增加了货币供给并冒着提高通货膨胀率的风险。这会迫使联储转向紧缩性的货币政策。下图说明了联储可以选择的一个选项：为了达到一个更高的联邦基金利率目标来提高贴现率和出售证券。该图形说明了联储对更高的通货膨胀威胁的可能的反应。联储可以出售国库债券来将联邦基金利率从 i_{ff1}^* 提高到更高的目标利率 i_{ff2}^*。公开市场出售会将对准备金的供给曲线从 S_1 移动到 S_2，这会将均衡的银行准备金水平从 R_1^* 降低到 R_2^*。该图形还说明了贴现率从 i_{d1} 上升到了 i_{d2}。

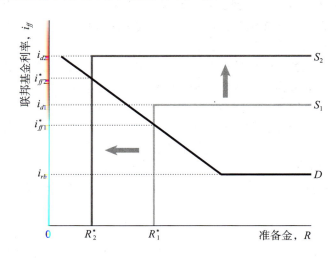

严肃思考

1. 假定国会和总统达成了减少预计的未来赤字的联邦预算。这会对货币政策产生什么影响？

2. 上面的图形说明了对政府证券出售做出反应的联邦基金利率上升和联储提高贴现

率的影响。联储可以利用的另一项政策工具是提高银行准备金存款的利率。画出一幅说明这一利率上升的影响的图形。

本章小结和问题

关键术语和概念

贴现政策	公开市场操作	季节信贷
贴现窗口	一级信贷	二级信贷
经济增长	量化宽松	泰勒规则
联邦基金利率	准备金要求	

15.1 货币政策的目标

描述货币政策的目标。

小结

一国货币政策的总体目的是提升该国居民的经济福利。经济福利是由个人可以享用的商品和服务的数量和质量决定的。联储具有六大旨在促进一个经济运行良好的**货币政策目标**：（1）价格稳定，（2）高度就业，（3）**经济增长**，（4）金融市场和机构稳定，（5）利率稳定，（6）外汇市场稳定。

复习题

1.1 货币政策的目的是什么？经济福利是什么意思？

1.2 简要定义下列各个货币政策目标：

    a. 价格稳定

    b. 高度就业

    c. 经济增长

    d. 金融市场和机构稳定

    e. 利率稳定

    f. 外汇市场稳定

1.3 联储寻求降低的是哪一种类型的失业——摩擦性、结构性还是周期性？为什么联储并不寻求将通货膨胀率降低到零？

1.4 为什么利率波动使得家庭和企业的投资决策更为困难？

1.5 如果你拥有一家从事国际业务的企业，为什么美元对外交换价值的过度波动使得商业和金融交易的规划更为困难？

1.6 在过去的几年中，联储的六大货币政策目标中的哪一个已经成为更为重要的联储政策目标？解释你认为哪一个目标应该具有最高的优先级。

问题和应用

1.7 给定通货膨胀侵蚀货币的价值，联储应该追求一个通货紧缩的目标吗？就价格变化所传递的信息和恣意的收入再分配而言，通货紧缩会带来某些与通货膨胀一样的问题吗？简要解释。

1.8 自然失业率随时间而变化，随着人口结构、经济结构和政府政策的变化而变化。对于其高度就业的目标而言，为什么联储对自然失业率的变化保持警惕是至关重要的？

1.9 实现具有低且稳定的通货膨胀的价格稳定目标使得联储可以实现其他目标，如稳定的利率和稳定的汇率。如果联储未能实现低且稳定的通货膨胀，为什么实现稳定的利率会有困难？

1.10 如果联储未能实现低且稳定的通货膨胀，为什么实现稳定的汇率会有困难？在回答的时候，把汇率的购买力平价理论考虑进来。

1.11 如果日元和美元之间的汇率从85日元＝1美元变为95日元＝1美元，这会使得美国的产业相对于日本的产业或多或少更具竞争力吗？简要解释。

15.2 货币政策工具和联邦基金利率

理解联储如何利用货币政策工具影响联邦基金利率。

小结

在2007—2009年的金融危机以前，联储主要依靠三大货币政策工具：（1）**公开市场操作**，或者说国库债券的购买和出售；（2）**贴现政策**，包括设定贴现率和在**贴现窗口**的贷款条件，贴现政策是联储向银行发放贴现贷款的方法；和（3）**准备金要求**，准备金要求决定了支票存款中银行必须作为准备金持有的百分比。公开市场操作一直是联储最为重要的政策工具。与银行的准备金账户有关的两大新的政策工具在金融危机期间被引入且在2010年中期还在起作用：（1）准备金余额的利息，这一工具于2008年10月被引入且涉及联储对银行的法定和超额准备金支付利息；以及（2）定期存款便利，这一工具于2010年4月被引入，在这一工具下，银行有机会购买在联储的定期存款。在最近几十年里，联储政策的焦点一直是**联邦基金利率**，联邦基金利率是银行互相之间对非常短期的贷款所收取的利率。均衡联邦基金利率是由联邦基金市场上的准备金需求和供给相交确定的。联邦公开市场委员会(FOMC)设定一个联邦基金利率的目标。联储利用公开市场操作达到其联邦基金利率目标。

复习题

2.1 联储的三大传统货币政策工具是什么？简要描述三大货币政策工具。哪一个是最重要的？

2.2 哪两个新的政策工具在2010年对联储是可用的？

2.3 在联邦基金市场上交易的是什么金融资产？什么是联邦基金利率？联邦基金利率与贴现率有何不同？

2.4 什么是联邦公开市场委员会？联邦公开市场委员会在货币政策制定中发挥着什么作用？

2.5 银行需求准备金的两个原因是什么？为什么联邦基金利率上升降低了准备金需求量？在什么利率水平上准备金需求曲线变为完全弹性的？

2.6 简要解释什么决定了准备金的供给曲线？为什么供给曲线具有一个水平的部分？

问题和应用

2.7 为什么联储对准备金支付的利率为联邦基金利率设定了一个下限？如果联邦基金利率低于准备金的利率，银行会怎么做？

2.8 解释并用图形说明下列各项联储的政策行动对准备金需求或准备金供给的影响：

　　a. 法定准备金率下降；

　　b. 贴现率下降；

　　c. 对准备金支付的利率下降；

　　d. 政府证券的公开市场出售。

2.9 假定联邦公开市场委员会决定降低其目标联邦基金利率。FOMC如何利用公开市场操作来完成这一目标？FOMC如何利用公开市场操作提高其目标联邦基金利率？利用一幅联邦基金市场的图形来说明你的答案。

2.10 【与第 448 页的**解决问题** 15.1 有关】利用联邦基金市场的需求和供给图形分析下列三种情形。确保你的图形清楚地说明了均衡联邦基金利率的变化、均衡准备金水平的变化以及需求和供给曲线的任何变化。

a. 假定联储决定将其目标联邦基金利率从 2% 提高到 2.5%，同时也将贴现率从 2.5% 提高到 2.75%。说明联储如何利用公开市场操作导致了一个更高的联邦基金利率。

b. 假定银行提高了其对准备金的需求。说明为了保持均衡联邦基金利率不变，联储如何通过公开市场操作抵消这一变化。

c. 假定联储决定提高法定准备金率，但并不希望这一提高影响其目标联邦基金利率。说明联储如何利用公开市场操作完成这一政策。

2.11 【与第 448 页的**解决问题** 15.1 有关】假定在均衡的时候，联邦基金利率等于联储对准备金支付的利率。利用一幅联邦基金市场的需求和供给图形来分析一次国库债券的公开市场出售对均衡联邦基金利率的影响。

2.12 联邦公开市场委员会在 2005 年 12 月 13 日的新闻稿中声明，FOMC "今天决定将其目标联邦基金利率提高 25 个基点到 4.25%。"新闻稿中还声明："在一次相关行动中，理事会一致通过将贴现率提高 25 个基点到 5.25%。"

a. 利用一幅联邦基金市场的需求和供给图形，说明在 2005 年 12 月 13 日的政策行动之前的均衡联邦基金利率和贴现率，当时的联邦基金利率是 4%，贴现率是 5%。

b. 利用你的图形解释联储会如何将联邦基金利率提高 25 个基点（0.25%）。在你的图形中说明贴现率 25 个基点的提高。联储会利用什么政策行动导致目标联邦基金利率的这一提高？

资料来源：Board of Governors of the Federal Reserve System, "Press Release," December 13, 2005, www. federalreserve. gov/boarddocs/press/monetary/2005/20051213/.

2.13 联邦公开市场委员会在 2008 年 1 月 22 日的新闻稿中声明，FOMC "决定将其目标联邦基金利率降低 75 个基点到 3.25%。"新闻稿继续说道："理事会在一次相关行动中一致通过将贴现率降低 75 个基点到 4%。"

a. 利用一幅联邦基金市场的需求和供给图形说明在 2008 年 1 月 22 日的政策行动之前的均衡联邦基金利率和贴现率，当时的联邦基金利率是 4.25%，贴现率是 4.75%。

b. 利用你的图形解释联储会如何将联邦基金利率降低 75 个基点（0.75%）。在你的图形中说明贴现率 75 个基点的降低。联储会利用什么政策行动来降低联邦基金利率 75 个基点？

资料来源：Board of Governors of the Federal Reserve System, "Press Release," January 22, 2008, www. federalreserve. gov/newsevents/press/monetary/20080122b. htm.

15.3 联储的货币政策工具详述

描述不同货币政策工具的重要性是如何随时间而变化的。

小结

在每次会议结束的时候，联邦公开市场委员会向联邦储备系统的账户经理发布一份**政策指引**，账户经理是纽约联邦储备银行的一位副行长。账户经理负责利用公开市场操作实现 FOMC 的联邦基金利率目标。公开市场操作是由通过电脑与大约 18 家一级交易商连接起来的纽约联储交易台的雇员执行的，**一级交易商**是联储选定参与公开市场操作的私人证券公司。**能动性公开市场操作**旨在在 FOMC 的指示下改变货币政策。**防御性公开市场操作**旨在抵消准备金需求和供给的暂时性波动。能动性公开市场操作是通过直接购买和出售国库债券执行的。防御性公开市场操作是通过回购协议和逆回购协议执行的。公开市场操作具有其他政策工具所缺乏的几大优点：可控性、灵活性和易于实施。在 2007—2009 年的金融危机期间，联邦公开市场委员会进行了**量化宽松**，或者说购买了长期证券。联储在 2010 年 11 月初进行了第二轮的量化宽松。存在三种类型的贴现贷款：（1）**一级信贷**对于具有充足的资本和合格的监管评级的健康银行是可用的；（2）**二级信贷**是为不符合一级信贷标准的银行准备的，因为它们资本不够充足或监管评级较低；以及（3）**季节信贷**，包括满足较小银行的季节性要求的临时的短期贷款。在金融危机期间，联储引入了几项新的贷款计划，但到 2010 年中期结束了这些计划。

复习题

3.1　简要定义下列各项：

　　a. 政策指示；

　　b. 账户经理；

　　c. 交易台；

　　d. 一级交易商。

3.2　联储的国库债券公开市场出售如何影响国库债券的价格、国库债券的收益率、基础货币以及货币供给？

3.3　能动性公开市场操作与防御性公开市场操作之间的区别是什么？这两类公开市场操作的执行方式有什么不同？

3.4　公开市场操作较其他政策工具具有什么优点？

3.5　什么是量化宽松？为什么联储在 2007—2009 年的金融危机期间采取这一政策？

3.6　简要描述贴现贷款的三种类型。当经济学家和政策制定者提到贴现率时，他们指的是这几类贷款中的哪一类利率？

3.7　在 1980 年以前，哪些银行可以获得贴现贷款？在 1980 年以后，哪些银行可以获得贴现贷款？在 2007—2009 年的金融危机期间，联储的贴现贷款是如何扩张的？

问题和应用

3.8　【与第 450 页的**联系实际**有关】为了达到 FOMC 的政策指引中给出的目标联邦基金利率，账户经理是调节准备金的需求、准备金的供给还是同时调节两者？账户经理是利用什么货币政策工具来达到目标联邦基金利率的？在大多数时间里，纽约联邦储备银行的交易台是执行能动性公开市场操作还是防御性公开市场操作？

3.9　量化宽松如何不同于联储通常的公开市场操作？在 2007—2009 年的金融危机期间，为什么联储求助于量化宽松？量化宽松政策如何唤起了对未来较高的通货膨胀率的担忧？

3.10　【与本章开始的导入案例有关】随着 2007—2009 年金融危机的缓和，联邦储备需要一项"退出战略"来收缩其资产负债表并将银行准备金和基础货币恢复到更为正常的水平。联储是如何利用其对银行准备金支付的利率来限制银行贷出大量的超额准备金和过度地增加货币供给的？此外，定期存款便利，即联储的其他新政策工具，是如何抑制银行突然贷出大量超额准备金的？

3.11　下述内容出现在《纽约时报》的一个特写中，提出了对联邦储备系统的总的看法："联邦基金利率是由联储的公开市场委员会设定的，联邦公开市场委员会是由主席、其他 6 位理事和 12 个区域银行行长中的 5 个在轮流的基础上组成的。"你同意联邦基金利率是由 FOMC 设定的吗？简要解释。

　　资料来源："Federal Reserve System," *New York Times*，August 27, 2010.

3.12　【与第 452 页的**联系实际**有关】不像商业银行，并不是所有可以在联邦基金市场借贷的金融机构都符合对在联储的存款获得利息的条件。如果只有银行（它们的确可以获得准备金存款的利息）可以在联邦基金市场上借贷，解释为什么实际的联邦基金利率不会下降到联储对准备金存款支付的利率之下？

3.13 在 2007—2009 年的金融危机期间，联储建立了下列的临时性贷款便利：一级交易商信贷便利、定期证券贷款便利、商业票据融资便利和定期资产支持证券贷款便利。回顾正文中对每一种贷款便利的讨论。说明每种贷款便利计划帮助了哪些类型的金融机构以及每种贷款便利涉及哪些类型的金融资产。

15.4 货币指标制和货币政策

解释货币指标制在货币政策中的作用。

小结

指标是联储可以直接影响且有助于实现货币政策目标的变量。传统上，联储曾依靠两类指标：**政策指标**，有时候被称为**操作指标**和**中介指标**。中介指标通常要么是货币总量，如 M1 和 M2，要么是利率。政策指标通常要么是联邦基金利率，要么是**准备金总量**，如总准备金或非借入准备金。政策指标应该满足如下标准：（1）可度量的，（2）可控制的，和（3）可预测的。如果联储选择准备金作为其政策指标，联邦基金利率会波动以适应准备金需求的变动。如果联储选择联邦基金利率作为其政策指标，准备金会波动以适应准备金需求的变动。在过去 30 年中，联储曾利用联邦基金利率作为其政策指标。**泰勒规则**是一个决定联邦基金利率指标的货币政策指引方针。在经济从 2001 年的衰退中复苏的过程中，FOMC 将联邦基金利率维持在明显低于由泰勒规则所预示的水平。一些经济学家认为联储这样做助长了房地产泡沫。某些经济学家和决策者认为联储应该采取一个明确的通货膨胀指标。

复习题

4.1 联储在试图实现其目标时面临怎样的权衡，尤其是在短期？

4.2 联储在利用其货币政策工具时面临着哪两个时机选择上的困难？

4.3 为什么联储会追求指标——不管是中介指标还是政策指标（或者说操作指标）——而不是直接追求其政策目标？

4.4 从联储具有最大的影响力到联储具有最小的影响力按次序排列下列各项：政策目标、政策工具、政策指标、中介指标。

4.5 当选择一个政策指标时，联储的标准是：政策指标是可度量的、可控制的和可预测的。这些标准中的哪一个曾导致联储利用联邦基金利率作为其政策指标而不是准备金水平？

4.6 什么是泰勒规则？泰勒规则是如何被用作评估联储货币政策随时间而变化的指南的？

4.7 什么是通货膨胀指标制？联储有一个明确的通货膨胀指标吗？为什么关于通货膨胀指标制的争论在金融危机期间退居次要了？

4.8 简要描述指标制在加拿大银行、英格兰银行、日本银行以及欧洲中央银行的货币政策中的作用。

问题和应用

4.9 联储是在通货膨胀率高还是通货膨胀率低的时候更可能努力降低高的周期性失业？简要解释。

4.10 陈述下列各个变量更可能是一个目标、一个中介指标、一个操作指标还是一个货币政策工具：

a. M2；

b. 基础货币；

c. 失业率；

d. 公开市场操作；

e. 联邦基金利率；

f. 非借入准备金；

g. M1；

h. 实际 GDP；

i. 贴现率；

j. 通货膨胀率。

4.11 如果联储利用联邦基金利率作为一项政策指标，准备金需求上升会导致联邦基金利率上升还是下降？利用一幅准备金需求和供给的图形来支持你的答案。

4.12 【与第 457 页的**联系实际有关**】1979 年之后发生的哪些立法变化和金融创新将 M1 代表一种纯粹的交换媒介变为还代表一种价值贮藏？为什么 M1 的这一变化会打破货币和通货膨胀之间的短期联系？

4.13 【与第 457 页的**联系实际有关**】《经济学家》杂志的一篇文章中提到："中央银行跟踪'广义货币'的增长以帮助预测通货膨胀。"

a. 在美国，什么被称为货币供给的广义定义？

b. 货币供给的变化对预测通货膨胀有什么作用？预测是短期预测还是长期预测有关系吗？

资料来源："Broad Money Supply," *Economist*, April 8, 2010.

4.14 在《华尔街日报》的一篇专栏中，对外关系委员会的两位经济学家认为："简言之，联储必须在管理准备金水平和管理利率之间做出选择。联储不能同时做这两件事情。"你同意吗？简要解释。

资料来源：Benn Steil and Paul Swartz, "Bye-Bye to the Fed-Funds Rate," *Wall Street Journal*, August 19, 2010.

4.15 利用泰勒规则计算 2010 年 7 月的目标联邦基金利率，利用下列信息：2% 的均衡实际联邦基金利率、2% 的通货膨胀率指标、1.2% 的当前通货膨胀率以及 −7% 的当期产出缺口。在你的计算中，如果当前的通货膨胀率低于通货膨胀率指标，通货膨胀缺口是负的。利用泰勒规则计算的联邦基金利率指标与 0～0.25% 的实际联邦基金利率相比怎么样？

4.16 约翰·泰勒曾认为："在房地产繁荣的先导时期，存在明显的货币超发的证据。"

a. 什么是"货币超发"？

b. 存在哪些货币超发的证据？

资料来源：John Taylor, *Getting Off Track*, Stanford, CA：Hoover Institution Press, 2009, p. 2.

数据练习

D15.1 登录联邦储备理事会的网站 www.federalreserve.gov, 阅读最新的联邦公开市场委员会新闻稿。在该网站中，选择屏幕最上方的 "Monetary Policy"，接下来选择屏幕最左方的 "Federal Open Market Committee"。再选择 "Meeting Calendars, Statement, and Minutes"。最后，向下滚动并选择最新的 FOMC 会议日期的声明。根据 FOMC 的新闻稿回答下列问题：

a. FOMC 需要的联邦利率指标是什么？

b. 总而言之，FOMC 看似更关心缓慢的经济增长还是高的通货膨胀？

c. FOMC 改变了对银行准备金支付的利率了吗？FOMC 使用了定期存款便利还是其他的贷款便利？

d. 联储宣布其将执行量化宽松——也就是说购买长期证券了吗？

D15.2 登录由圣路易斯联邦储备银行维护的 FRED（Federal Reserve Economic Data）数据库的网址 http://research.stlouisfed.org/fred2/。在 "Categories" 下选择 "Interest Rates"，接着选择 "FRB Rates—Discount, Federal Funds, Primary Credit"（FRB 表示联邦储备银行），接下来选择 "DFED-TARU" 的序列 ID（Title（variable）Federal Funds Target Range—Upper Limit with series）。

a. 在过去的一年里，FOMC 曾如何变更过联邦基金利率指标的上限？（注：在图形的下面，就 Range，选择一年。）

b. 回到之前的 FRD Rates 页面，选择序列"ID DEF"（Title（variable）Effective Federal Funds Rates）。在图形的下方，选择一年的范围。在过去的一年里，有效日联邦基金利率一直不变吗？

第 16 章　国际金融体系与货币政策

学习目标

学完本章之后，你应该能够：

16.1　分析联储的外汇市场干预如何影响美国的基础货币

16.2　分析联储的外汇市场干预如何影响汇率

16.3　理解国际收支是如何计算的

16.4　讨论汇率制度的演变

欧元能幸存吗？

从一开始，欧元就是一场赌博。12 个主权国家在 2002 年致力于使用统一货币的决定是一次史无前例的实验。虽然存在小国放弃本国货币而使用大国货币的先例，然而，像德国、法国和意大利那样大的经济体同意使用一种共同货币还是前所未有的。在欧洲四大经济体中，只有英国拒绝加入"欧元区"并继续使用本国货币。到 2010 年，已有 16 个国家接受了欧元。正如我们所看到的，每个国家都希望其中央银行采取货币政策行动来达到诸如价格稳定和充分就业之类的核心政策目标。然而，要执行货币政策，一国需要控制其货币供给。随着法国法郎、德国马克、意大利里拉以及其他 13 种货币不复存在，这些国家已经将货币政策的控制权让渡给了欧洲中央银行（European Central Bank，ECB）。不是成员国的中央银行而是欧洲中央银行决定着诸如隔夜银行贷款利率和基础货币规模之类的核心货币政策变量。

在头五年，欧元这场赌博看似取得了成功。由于可以跨国买卖商品和服务而不必进行货币兑换或担心货币价值的波动，工商企业和家庭受益于成本的节约。由于产出和就业的稳步增长，很少听到关于欧洲中央银行货币政策实施方式的抱怨。不过，2007—2009 年的金融危机随即降临了。虽然欧元区的所有国家都受到了负面影响并遭遇了产出和就业的下降，但一些国家受到了比其他国家更为严重的冲击。希腊、西班牙、葡萄牙和爱尔兰这些经济体遭受的打击尤为严重。在欧元诞生之前，这些国家的中央银行会通过允许其货币减值而对经济衰退做出反应，由此促进出口和降低进口。每个国家也会扩张其基础货币。然而，这些对抗经济衰退的政策选项不再可行。令问题严重的是，不断下降的政府收入和不断增加的政府支出导致了只能通过出售债券（即主权债务）来弥补的巨大的政府预算赤字。希腊的情况尤其如此，投资者开始担心政府出售了如此多的债务，以至于政府可能会对债务的利息或本金偿还违约。欧洲中央银行及法国和德国政府面临着为缓解这一主权债务危机而提供援助的压力。一些经济学家和决策者认为，如果希腊或另一个欧元区国家对其债务违约，那么其停止使用欧元也是可能的并有可能导致欧元体系的崩溃。然而，似乎欧元体系团结一致的可能性更大。

无论结果如何，欧元的传奇故事说明了一国在何种程度上愿意追求汇率稳定以及这些国家可能会遇到的困难。

为了对欧元的优点和缺点进行讨论，请阅读第 499 页的政策透视。

关键议题和问题

在第 1 章的结尾，我们指出，始于 2007 年的金融危机提出了关于金融体系的一系列重要问题。在回答这些问题的时候，我们将讨论金融体系的一些非常重要的方面。下面是本章的关键议题和问题：

议题：金融危机引发了关于欧洲中央银行的货币政策的争论。

问题：欧洲国家应该放弃使用共同货币吗？

在第 498 页回答

在第 8 章，我们描述了外汇市场如何运作。在这一章，我们把注意力集中于联储和其他中央银行如何干预外汇市场。我们也会描述诸如欧元之类的不同的汇率制度以及这些汇率制度如何影响本国的货币政策。我们通过考察联储和其他中央银行的行为如何影响汇率来开始这一章。

16.1 外汇市场干预和基础货币

在货币供给过程的分析中，我们描述了三位参与者的行为，即中央银行、银行体系和非银行公众的行为。然而，由于国际金融市场是相互联系的，外国的中央银行、外国的银行以及外国的储蓄者和借款人也会影响到美国的货币供给。尤其是当中央银行或政府试图影响本国货币的对外交换价值时，国际金融交易就会影响到货币供给。因此，这类外汇市场干预可能会导致外汇市场稳定的政策目标与国内价格稳定和经济增长的政策目标之间的冲突。

联储和其他中央银行偶尔会参与到国际金融市场以影响本国货币的对外交换价值。**外汇市场干预**（foreign exchange market intervention）是由一国中央银行为影响汇率而采取的有意的行动。外汇市场干预会改变一国中央银行的**国际储备**（international reserves）持有量，而国际储备是以一种外国货币计价并被用于国际交易的资产。

如果联储想让美元的对外交换价值上升，联储可以通过出售外国资产并在国际货币市场上买入美元来增加对美元的需求。如果联储想让美元的对外交换价值下降，联储可以通过出售美元和买入外国资产来增加美元的供给。这类交易不仅影响到美元的价值，而且影响到本国的基础货币。通过利用 T 账户来描述外汇市场干预对联储资产负债表的影响，我们可以说明基础货币是如何受到影响的。

假定为了降低美元的对外交换价值，联储购买了价值 10 亿美元的外国资产，比方说外国政府发行的短期证券。这笔交易使得联储的国际储备增加了 10 亿美元，因此，联储资产负债表的外国资产项目增加了 10 亿美元。如果联储通过开出一张 10 亿美元的支票来支付外国资产，联储增加了 10 亿美元的在联储的银行准备金存款，而在联储的银行准备金存款是联储的负债。我们可以将这笔交易对联储资产负债表的影响概括如下：

联邦储备

资产		负债	
外国资产（国际储备）	＋10 亿美元	在联储的银行准备金	＋10 亿美元

作为一项替代选择，联储可以用 10 亿美元的通货来支付外国资产。由于流通中的通货也是联储的一项负债，其负债仍然上升了 10 亿美元：

联邦储备

资产		负债	
外国资产（国际储备）	＋10 亿美元	流通中的通货	＋10 亿美元

由于基础货币等于流通中的通货与银行准备金之和，上述任何一项交易都会导致基础货币增加购买的外国资产（国际储备）的数量。换言之，中央银行对外国资产的购买与对政府债券的公开市场购买对基础货币具有相同的影响。当一国的中央银行购买外国资产时，国际储备和基础货币会增加购买的外国资产的数量。

类似地，如果联储为了提高美元的对外交换价值而出售外国资产，基础货币会下降，而美元的价值会上升。例如，如果联储出售了 10 亿美元的外国政府发行的短期证券，联储的外国资产持有量就会下降 10 亿美元。与此同时，如果联储所出售的外国资产的购买人用其在美国银行的支票账户支付，在联储的银行准备金下降了 10 亿美元。这笔交易对联储的资产负债表的影响如下：

联邦储备

资产		负债	
外国资产（国际储备）	－10 亿美元	在联储的银行准备金	－10 亿美元

相反，如果联储用其外国资产出售所得购买了美元，流通中的通货（另一项联储负债）会减少相当于外国资产出售的数量。由于基础货币是流通中的通货与准备金之和，基础货币也下降了外国资产（国际储备）出售的数量。因此，国内的在联储的银行准备金或通货下降了。换言之，中央银行的外国资产销售和政府债券的公开市场出售对基础货币具有相同的影响。中央银行通过外国资产销售所获得的融资来实施的本国货币购买减少了与外国资产销售数量等量的国际储备和基础货币。

当中央银行允许基础货币随着外汇市场上本币的购买或出售而变动时，这一交易被称为**非冲销式外汇市场干预**（unsterilized foreign exchange intervention）。作为替代选择，中央银行可以利用国内的公开市场操作来抵消由外汇市场干预导致的基础货币的变动。为了进行说明，考虑联储的 10 亿美元的外国资产出售。当不存在任何抵消性干预时，基础货币下降了 10 亿美元。然而，与此同时，联储可以执行 10 亿美元的国库券的公开市场购买以消除由外汇市场干预导致的基础货币的下降。如下的 T 账户说明了这一交易：

联邦储备

资产		负债	
外国资产（国际储备）	－10 亿美元	在联储的银行准备金	－10 亿美元
国库券	＋10 亿美元		

当外汇市场干预伴随着保持基础货币不变的抵消性国内公开市场操作时，这被称为**冲销式外汇市场干预**（sterilized foreign exchange intervention）。

16.2 外汇市场干预和汇率

即使外汇市场干预会影响到本国的货币供给，中央银行偶尔还是要干预外汇市场，因为中央银行试图最小化汇率波动。不断减值的本国货币提高了外国商品的价格并可能导致通货膨胀。正如我们在前一节所看到的，中央银行可以通过购买本币计价的资产和出售外币计价的资产来努力降低本币的减值。不断增值的本国货币会使得一国的商品在国际市场上缺乏竞争力。中央银行是通过出售本币计价的资产来努力降低本币的增值。在这一节，我们考察冲销式和非冲销式外汇市场干预对汇率的影响。

非冲销式干预

在第 8 章，我们了解到，汇率是由外汇市场上对美元的需求和供给决定的。我们可以利用这一分析来说明中央银行的外汇市场干预对汇率的影响。假定联储试图通过非冲销式干预来提高美元对日元的交换价值。联储出售短期日本政府证券会降低美国的基础货币。联储降低了外汇市场上的美元供给，然而，正如我们在第 15 章所看到的，基础货币的下降也会提高美国的利率。随着美国利率相对于日本利率的上升，外国投资者为了购买美国的金融资产会需求更多的美元，而美国投资者想要购买更少的日本金融资产，因此，其对美元兑换日元的供给也会下降。图 16—1（a）说明了美元兑换日元的需求曲线右移（从 D_1 移动到 D_2）和供给曲线左移（从 S_1 移动到 S_2）的结果。均衡汇率从 E_1 提高到了 E_2，这意味着联储成功地提高了美元的交换价值。因此，如果其他条件不变，中央银行出售外国资产买交换本国货币的非冲销式干预会导致国际储备和基础货币的下降以及本国货币的增值。

为了通过非冲销式外汇市场干预降低汇率，联储将购买短期日本政府证券，这就增加了美国的基础货币。随着基础货币的增加，美国的利率会下降，这又会导致美元兑换日元的需求曲线左移、美元的供给曲线右移。如图 16—1（b）所示，其结果是均衡汇率的下降。因此，如果其他条件不变，中央银行用本币购买外国资产的非冲销式干预会导致国际储备和基础货币的增加以及本国货币的减值。

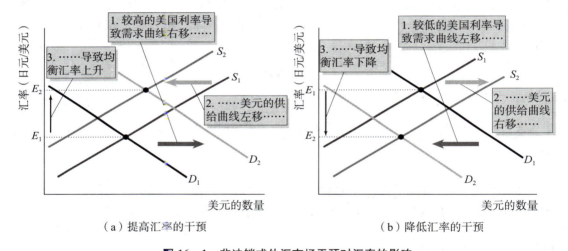

图 16—1　非冲销式外汇市场干预对汇率的影响

在图（a）中，联储是通过出售短期日本政府证券来干预外汇市场的。这就降低了美国的基础货币并提高了美国的利率。因此，美元兑换日元的需求曲线右移，从 D_1 移动到 D_2，且供给曲线左移，从 S_1 移动到 S_2。均衡汇率从 E_1 上升到了 E_2。在图（b）中，联储是通过购买短期日本政府证券来干预外汇市场的。这就提高了美国的基础货币并降低了美国的利率。因此，美元兑换日元的需求曲线左移，从 D_1 移动到 D_2，且供给曲线右移，从 S_1 移动到 S_2。均衡汇率从 E_1 下降到了 E_2。这两个都是非冲销式干预的例子。

冲销式干预

正如我们已经看到的，对于冲销式外汇市场干预，中央银行是利用公开市场操作来抵消外汇市场干预对基础货币的影响的。由于基础货币未受影响，国内利率不会变化。因此，如果联储卖出了短期日本政府证券，但同时又通过购买国库券冲销了外汇市场干预，美国的利率就不会受到影响。因此，美元兑换日元的需求曲线和供给曲线也不会受到影响，汇率也不会变化。我们可以得出结论：冲销式干预不影响汇率。为了行之有效，旨在改变汇率的中央银行外汇市场干预不需要被冲销。

❓ 解决问题 16.1：日本银行抵消汇率不断上升的日元

2010 年 8 月，美元和日元之间的汇率下跌到了 85 日元＝1 美元之下。《华尔街日报》的一篇文章援引瑞士信贷投资银行的一位策略分析师的话说："诸如丰田汽车公司和索尼公司之类的日本绩优出口企业……在应对 1 美元兑换 85 日元时会存在一段困难的时期。"该文猜测，日本银行会采取行动"有效地扩大日本和美国之间利率的差距，对日元施加向下的压力。"

a. 为什么丰田和索尼"在应对 1 美元兑换 85 日元时会存在一段困难的时期"？

b. 为什么日本银行为了降低日元对美元的价值需要扩大日本和美国之间的利率差距？利率差距必须在哪个方向上扩大？利用日元兑换美元市场的图形来说明你的答案。

c. 日本银行可以通过购买美元计价的资产但不改变利率来降低日元的价值吗？简要解释。

解决问题

第一步　复习本章的内容。这一问题是关于中央银行的外汇市场干预如何影响汇率的，因此，你也许需要复习"外汇市场干预和汇率"这一节。

第二步　通过解释为什么较高的日元价值伤害了日本的出口企业来回答（a）部分的问题。当日元价值上升时，诸如丰田和索尼之类的日本出口企业面临着困难的选择：提高其产品的美元价格并容忍销售量的下滑或者保持其产品的美元价格不变并承担利润的下滑。例如，假定索尼就其出售的每台游戏机 Playstation 3 会从百思买（Best Buy）和其他美国零售商处获得 200 美元。如果汇率是 110 日元＝1 美元，索尼能获得 22 000 日元。然而，如果汇率是 85 日元＝1 美元，索尼只能获得 17 000 日元——可观的利润和损失之间的差别。

第三步　通过解释为什么日本银行为了降低日元的交换价值而需要降低日本相对于美国的利率来回答（b）部分的问题。画图来说明你的答案。如果日本银行可以降低日本相对于美国的利率，日本的金融投资相对于美国的金融投资会变得不太可取。图形表明，较低的日本利率使得美元兑换日元的需求从 D_1 降低到了 D_2，而美元兑换日元的供给则从 S_1 增加到了 S_2。其结果是，均衡汇率从 E_1 下降到了 E_2。需要注意的是，由于你是从日本银行的角度来画这幅图形的，纵轴应该被标示为"美元/日元"而不是"日元/美元"。

第四步　通过解释若日本银行实施了冲销式干预则汇率不会变化来回答（c）部分的问题。如果日本银行是通过购买诸如国库券之类的美元计价的资产来实施外汇市场干预的，其对日本的基础货币的影响等同于公开市场操作：日本的基础货币上升，日本的利率下降。这就是非冲销式干预而且降低了日元的交换价值。然而，如果日本银行在购买美国国库券的同时通过实施公开市场出售而保持利率不变，那么这一冲销式干预就不会降低日元的交换价值。

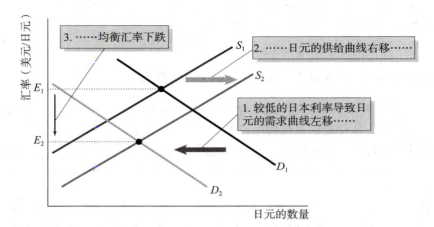

资料来源：Takashi Nakamichi, Tomoyuki Tachikaw, and Kana Inagaki, "Japan Hints at Yen Intervention," *Wall Street Journal*, August 12, 2010.

为了进行更多的练习，做一下第 503 页本章末的问题和应用 2.8。

资本管制

墨西哥在 1994—1995 年间遭遇了**货币危机**（currency crisis），几个东亚国家在 1997—1998 年间也遭遇了货币危机。在危机期间，卷入危机的国家遭遇了其货币兑换价值的急剧下跌，这又导致了经济混乱。这些危机的触发部分源于金融投资的急剧流入和流出，或者说，**资本流入**（capital inflows）和**资本流出**（capital outflows），这就导致了新兴市场国家的部分经济学家和决策者主张对资本流动进行限制。这些被称为**资本管制**（capital controls）的限制措施是政府对外国投资者购买本国资产或本国投资者购买外国资产所施加的限制。资本管制也限制了国内投资者在国际范围内分散化其投资组合的能力，导致了这些投资者对国内资产较国外资产要求较高的期望收益率。

虽然资本流出是货币危机发生的一大要素——导致了像当时的马来西亚总理马哈蒂尔之类的一些政治领导人对资本流出进行限制——大多数经济学家对此类管制措施对本国经济的影响持怀疑态度。资本管制存在显著的问题。首先，由于存在资本管制，国内企业和投资者将本国货币兑换为外国货币时必须获得政府的许可。负责发放这一许可的政府官员在发放之前可能会要求得到贿赂。已经实施了资本管制的大多数发展中国家发现，资本管制措施导致了大量的政府腐败行为。其次，跨国企业可能不愿意投资于存在资本管制的国家，因为如果跨国企业不能将本国货币兑换为外国货币，跨国企业将其获得的利润返回母国时就会存在困难。这一问题非常重要，因为要获得高的增长率，很多发展中国家依赖于跨国企业在其国内建设工厂和其他设施的意愿。最后，实际上，很多国家发现资本管制措施被求助于黑市的个人和企业规避了，在黑市上，货币商愿意非法地将本币兑换为外币。

相对于对资本流出的限制而言，对资本流入的限制获得了部分经济学家更多的支持，部分由于资本流入经常会导致本国的信贷激增和本国银行的过度冒险。其他经济学家指出，通过改进新兴市场国家的银行监管和监督，这一问题可以变得不太严重。这样，资本流入仍然可以充当引导外国投资流向存在有前景的投资机会的国家的重要的金融机制。

16.3　国际收支

在描述联储的外汇市场干预时，我们只是注意到联储资产负债表上的国际储备的增加或减少，而没有讨论为什么联储要持有国际储备或者哪些因素可以解释其储备持有量的大小。国际储备交易是美国与其他国家间的几大资本流动之一。为了理解联储如何积累国际储备及其可以用于外汇市场干预的储备数量，我们必须考虑美国与外国间的更广泛的资金流动。我们可以利用国际收支账户来理解国际资本流动。**国际收支账户**（balance-of-payments account）度量了本国（本例中的美国）与所有其他国家之间的所有的私人和政府的资金流动。

美国的国际收支是一个类似于家庭或企业可以用于记录收入和支出的簿记过程。在国际收支中，从外国人到美国的资金流入是收入，被记录为正的数字。收入包括由于购买美国生产的商品和服务（美国的出口）、获取美国的资产（资本流入）以及美国居民收到的馈赠（单边转移）所带来的资金流入。

从美国到外国人的资金流出是支出，支出用负号记录。支出包括：（1）购买外国的商品和服务（进口），（2）美国家庭或企业购买外国资产的货币支出（资本流出）以及（3）对外国人的馈赠，包括对外援助（单边转移）。国际收支账户的主要组成部分概括了与商品和服务的购买和销售有关的交易（经常账户余额，包括贸易余额）以及与国际借贷有关的资金流动（金融账户余额，包括官方结算）。

每一笔国际交易代表了商品、服务或资产在家庭、企业或政府之间的交换。因此，交换的双方必须总是平衡的。换言之，国际收支账户的收入和支出必须等于0，或者说，经常账户余额＋金融账户余额＝0。

经常账户

经常账户概括了一国与其外国贸易伙伴之间由当期生产的商品和服务的购买和销售所带来的交易。如果美国存在经常账户盈余（正的数字），这意味着，与向外国人购买的进口商品相比，美国居民向外国人销售了更多的商品和服务。因此，美国居民拥有了可向外国人贷出的资金。通常，美国的经常账户存在负的余额，或者说处于赤字状态。美国2009年的经常账户赤字是3 784亿美元。当存在经常账户赤字时，美国必须借入这一差额以支付购自国外的商品和服务。总而言之，经常账户盈余或赤字必须由国际借贷或官方储备交易的变动来平衡。决策者一直担忧美国在20世纪80年代、90年代和21世纪初的庞大的经常账户赤字已经导致了美国严重依赖于来自国外的储蓄以融通国内的消费、投资和联邦预算赤字。尤其令人担忧的是自21世纪头10年中期以来不断提高的对来自外国中央银行而不是私人投资者的资金的依赖。

美国 21 世纪初的经常账户赤字的一大原因可能是我们在第 4 章讨论过的全球储蓄过剩。储蓄过剩在一定程度上是诸如日本之类的国家高储蓄率的结果，这些国家存在不断老龄化的人口，从而提高了其为退休而准备的储蓄。此外，全球储蓄水平提高了，因为自 20 世纪 90 年代后期开始，诸如中国、韩国和其他亚洲国家之类的发展中国家以及一些东欧国家随着其收入水平开始上升也提高了储蓄。由于高的储蓄率和相对有限的投资机会，资金从这些国家流入美国，抬高了美元的价值。高的美元币值减少了美国的出口、增加了进口，导致了经常账户赤字。

金融账户

金融账户度量了现有的金融或实物资产在国家间的交易。当一国的某个人向外国投资者出售了一项资产（例如，摩天大楼、债券或股票份额）时，该交易被作为一项资本流入记入国际收支账户，因为资金流入该国以购买资产。当一国的某个人从国外购买了一项资产时，该交易被作为资本流出记入国际收支账户，因为资金从该国流出以购买资产。例如，当一位富有的中国企业家在纽约的川普大楼购买了一套复式公寓时，这笔交易被记录为中国的资本流出和美国的资本流入。

金融账户余额等于资本流入量减去资本流出量，再加上**资本账户**（capital account）交易的净值，资本账户主要由债务减免和当移民进入美国时的金融资产转移所构成。[①] 如果与向外国人购买的资产相比，美国居民向外国人出售了更多的资产，金融账户就是盈余的。如果与向外国人出售的资产相比，美国居民向外国人购买了更多的资产，金融账户就是赤字的。美国在 2009 年的资本流入是 3 565 亿美元，资本流出是 1 405 亿美元，再加上 1 亿美元的净资本账户交易，其净的金融账户余额（由外国人持有的美国资产的增加）是 2 159 亿美元。

官方结算账户

并非国家间所有的资本流动都代表了家庭和企业的交易。政府和中央银行的资产持有量的变化为私人资本流动提供了补充。**官方储备资产**（official reserve assets）是中央银行持有的用于国际支付以结算国际收支和执行国际货币政策的资产。历史上，黄金是主要的官方储备资产。现在的官方储备主要是美国和其他工业化国家的政府证券、在外国银行的存款以及由国际货币基金组织（我们在本章后面会讨论的一家国际机构）创造的被称为**特别提款权**（special drawing rights，SDRs）的特殊资产。官方结算等于一国的官方储备资产的净增加（本国持有量减去外国持有量）。

官方结算余额有时候也被称为国际收支盈余或赤字（balance-of-payments surplus or

---

① 资本账户是国际收支的第三个且不太重要的部分。资本账户记录了相对较少的交易，如债务减免、移民的转移（包括了当人们进出一国时所携带的商品和金融资产）以及非生产、非金融资产的买卖。非生产、非金融资产是版权、专利、商标或自然资源开采权。金融账户和资本账户的定义经常被误解，因为 1999 年之前的资本账户记录了现在既包括在金融账户又包括在资本账户的所有交易。换言之，资本账户交易从国际收支的一个非常重要的部分变为一个相对不重要的部分。由于现在所称的资本账户的余额是如此之小，为了简单起见，我们在这里将其与金融账户合并在一起。

deficit）。需要注意的是，这一术语有些令人费解。我们前面已经看到，国际收支等于经常账户与金融账户之和，因此总是等于零。考察国际收支的另一种方法是将官方结算余额从金融账户中剔除。这一剔除使得一国具有国际收支顺差和逆差成为可能。从这一角度看，美国在 2009 年存在巨大的国际收支逆差。当一国具有这个意义上的国际收支顺差时，该国获得了国际储备，因为其收入超过了其支出。换句话说，外国中央银行向该国的中央银行提供了国际储备。当一国具有这个意义上的国际收支逆差时，该国损失了国际储备。由于美元和美元计价的资产充当了国际储备的最大的组成部分，美国的国际收支逆差可以通过美国国际储备的减少和外国中央银行持有的美元资产的增加来融通。类似地，美国国际储备的增加和外国中央银行持有的美元资产的减少相结合可以抵消美国的国际收支顺差。

账户间的关系

我们可以回忆一下，原则上，经常账户余额和金融账户余额之和等于零。实际上，度量问题使得这一关系无法准确地成立。对度量误差和统计不一致的调整是在国际收支账户的金融账户部分报告的。2009 年，这一调整等于 1 625 亿美元（资本流入）。很多分析家认为，一国国际收支巨大的统计不一致反映了与非法活动、避税或政治风险导致的资本外逃有关的隐秘的资本流动。

总结一下，国际贸易和金融交易同时影响国际收支中的经常账户和金融账户。为了结清一国国际收支的国际交易，该国中央银行和外国中央银行从事会影响到基础货币的官方储备交易。

16.4 汇率制度和国际金融体系

联储和其他中央银行从事外汇市场干预以维持其本国货币的对外交换价值。政治协议会影响到各国中央银行购买和出售国际储备的规模和时机。具体来说，各国达成协议参与到一种特定的**汇率制度**（exchange-rate regime）中，或者说调整汇率及国家间的商品和资本流动的体系。有时候，各国同意固定其主权货币间的汇率，这些协议委托其中央银行采取行动以维持这些汇率。在其他时候，虽然各国中央银行仍然可以采取行动来限制汇率波动，但各国还是允许汇率根据对不同货币的需求和供给的变动而波动。在这一节，我们从三个方面来分析汇率制度：（1）协议是如何把体系结合在一起的；（2）汇率是如何调整以维持协议的；（3）中央银行如何采取行动来维持国际货币和金融体系中的均衡。我们也会评价每一种体系的成败。

固定汇率和金本位

在过去，大部分汇率制度是**固定汇率体系**（fixed exchange rate systems），在固定汇率体系中，汇率被设定在由政府决定和维持的水平。在**金本位**（gold standard）下，参与国的货币被转换为达成一致的黄金数量。任意两国的货币间的汇率由其相对含金量所固定。盛行于从 19 世纪后期到 1914 年第一次世界大战爆发之间的古典金本位说明了固定汇率体系的成败。图 16—2 说明了在 1870—1913 年间金本位的流行。

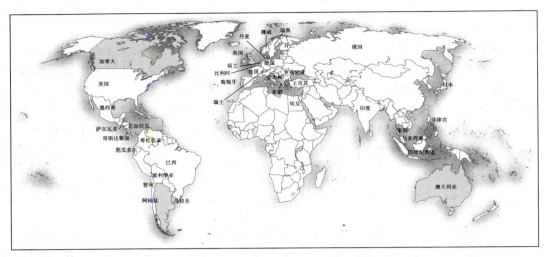

（a）1870年实行金本位的国家

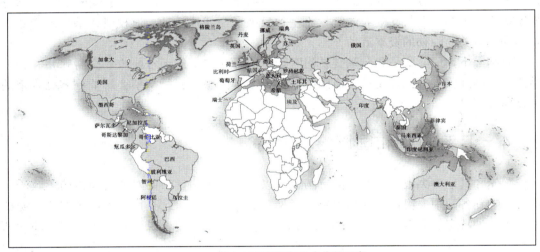

（b）1913年实行金本位的国家

图 16—2　金本位的盛行

图中加阴影的国家为实行金本位制的国家。1870 年，实行金本位的国家只有六个：英国、加拿大、澳大利亚、葡萄牙、阿根廷和乌拉圭。到 1913 年，欧洲和西半球的大部分国家都实行了金本位。到 20 世纪 30 年代后期，金本位消失了。需要注意的是，各国是按其 2010 年的边界来说明的。

资料来源：Maps prepared by authors from information in Christopher M. Meissner, "A New World Order: Explaining the International Diffusion of the Classical Gold Standard, 1870 - 1913," *Journal of International Economics*, Vol 66, No. 2, July 2005, Table 1, p. 391.

考虑一个关于金本位如何运作的例子：如果 1 美元可以被兑换为 1/20 盎司的黄金，而 1 法郎可以被兑换为 1/80 盎司的黄金，汇率就是 1 美元＝4 法郎，或者说，0.25 美元＝1 法郎。现在，我们通过考察一个法国和美国之间的贸易和资本流动的例子来说明这一固定汇率体系是如何运作的。在金本位下，一位美国进口商可以通过两种方式从一位法国出口商那里购买商品，要么（1）在法国将美元兑换为法郎并购买商品，要么（2）在美国将美元兑换为黄金并将黄金运往法国来购买法郎和法国商品。

假定相对于对美国商品的需求，对法国商品的需求上升了，这会导致对法郎需求的上升和对美元需求的下降。其结果是，每一美元兑换的法郎数存在下降的压力，比方说，从1美元＝4法郎下降到1美元＝3法郎。在这种情况下，只要美国政府和法国政府继续按照协定的汇率将货币兑换为黄金，美国进口商可以通过将黄金运往法国并购买法郎而获利。

因此，如果费城的一位布料进口商萨利·夏普想从巴黎的德鲁克斯购买价值5 000法郎的布料，她可以采用上面描述的任何一种策略。首先，如果她试图在外汇市场上卖出美元、买入法郎，她会发现，她必须为其购买的布料支付5 000法郎 ÷（3法郎/1美元）＝1 666.67美元。另外，她还可以把1 250美元兑换为黄金，将金条运往法国，要求法国银行按固定的汇率将黄金兑换为法郎。按1美元＝4法郎的官方汇率，她可以从黄金中获得5 000法郎，这足以购买布料了。第二种策略为萨利提供了更有利的解决方法。只要将黄金从费城运往法国的成本不超过416.67美元，萨利从这笔交易中节约的416.67美元就使得第二种策略成为购买布料的最好的方法。

随着像萨利·夏普那样的美国进口商将黄金运往巴黎，在法国会发生什么呢？黄金流入法国，由于黄金最终被兑换为法郎，扩张了法国的国际储备。由于美元被交给了政府以兑换黄金，美国失去了等量的国际储备。一国国际储备的增加提高了其基础货币，而国际储备的减少则降低了其基础货币。法国的基础货币上升和美国的基础货币下降会对法国的价格水平形成向上的压力，而对美国的价格水平则形成向下的压力。法国商品相对于美国商品变得更为昂贵。因此，对法国商品的相对需求下降了，这就恢复了贸易平衡并导致汇率上升到1美元＝4法郎的官方汇率。

另外，如果对美国商品的相对需求上升了，市场力量会对汇率形成向上的压力。黄金接着会从法国流向美国，这会减少法国的基础货币、增加美国的基础货币。在这种情况下，伴随着美国价格水平相对于法国价格水平的上升，使得法国商品更具吸引力，这就恢复了贸易平衡。汇率回到1美元＝4法郎的固定汇率。因此，我们可以得出结论：金本位具有一种使得汇率反映一国货币所代表的含金量的自动机制。这一自动机制被称为**价格铸币流动机制**（price-specie-flow mechanism）。

金本位下的经济调整过程的一个问题是：具有贸易逆差和黄金外流的国家经历了价格水平的下降，或者说通货紧缩。无法预料到的和明显的通货紧缩时期导致了经济衰退。在19世纪70年代、80年代和90年代，美国发生了几次通货紧缩导致的经济衰退。不断下降的价格水平提高了家庭和企业的名义债务的实际价值，这导致很多经济部门陷入了财务困境。

金本位下的固定汇率的另一个后果是：一国对其本国的货币政策几乎不具有控制力。其原因在于黄金流动导致了基础货币的变化。因此，一国会面临着源自国际贸易的无法预料的通货膨胀和通货紧缩。此外，黄金的发现和生产强烈地影响着世界货币供给的变化，这又使得情况更为糟糕。例如，在19世纪70年代和80年代，几乎没有发现黄金和快速的经济增长导致了价格水平的不断下降。通货紧缩在美国中西部和大平原（Great

Plains）的各州的农场主中引发了严重的政治骚乱，因为他们发现其抵押贷款的实际利率上升了。另一方面，在19世纪90年代，阿拉斯加和现在的南非的淘金热又提高了世界的价格水平。

理论上，金本位要求所有国家维持其按固定汇率将通货自由地转换为黄金的承诺。实际上，是英国让汇率制度的承诺可信。英国的经济力量、经常的贸易顺差以及大量的黄金储备使得英国成为国际货币和金融体系之锚。在第一次世界大战期间，国际贸易体系的崩溃导致各国放弃通货兑换黄金的承诺。金本位在两次世界大战之间的时期存在过一段短暂的复兴，但最终在20世纪30年代的大萧条（Great Depression）期间崩溃了。

✓ 联系实际：金本位恶化了大萧条吗？

当大萧条在1929年开始的时候，各国政府迫于压力同意放弃金本位以便允许其中央银行实行扩张性的货币政策。1931年，英国成为第一个放弃金本位的重要国家。就在这一年，很多其他国家也放弃了金本位。美国将金本位维持到了1933年，包括法国、意大利和比利时的少数国家维持金本位的时间甚至更长。到20世纪30年代后期，金本位崩溃了。

一国离开金本位越早，其拥有的通过扩张性的货币政策对抗大萧条的时间就越充裕。如下图所示，1933年之前放弃金本位的国家在1929—1934年间遭受了平均只有3％的工业生产下降。继续留在金本位直到1933年或之后的国家遭受了平均超过30％的下降。

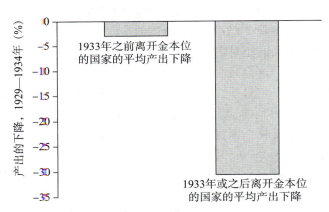

为什么继续留在金本位的国家遭受了来自大萧条的更糟糕的影响呢？一个关键原因是，为了维持金本位，中央银行经常必须采取紧缩生产和就业而不是扩张生产和就业的行动。例如，美国在1930—1931年间经历了黄金外流。联储试图通过提高贴现率来阻止黄金外流，因为较高的利率会使得美国的金融投资对外国投资者更具吸引力。较高的利率虽然在阻止黄金外流和保持美国的金本位方面是有效的，但却与刺激国内支出所需要的较低的利率相反。美国直到1933年3月才开始从大萧条中复苏，即其离开金本位的同一月份。

20世纪30年代继续留在金本位时间最长的那些国家的毁灭性的经济表现是决策者

后来不再试图恢复古典金本位的一个关键原因。

资料来源：Ben Bernanke and Harold James，"The Gold Standard，Deflation，and Financial Crisis in the Great Depression：An International Comparison，" in R. Glenn Hubbard，ed.，*Financial Markets and Financial Crises*，Chicago：University of Chicago Press，1991；Barry Eichengreen，*Golden Fetters：The Gold Standard and the Great Depression 1919 - 1939*，New York：Oxford University Press，1992；图中使用的放弃金本位的数据来自 Melchior Palyi，The Twilight of Gold，1914 - 1936，Chicago：Henry Regnery，1972，Table Ⅳ-Ⅰ，pp.116-117；图中产出变化的数据主要指工业产业的变化，参见 *World Production and Prices*，*1925 - 1934*，Geneva：League of Nations，1935，Appendix Ⅱ，Table 1，p.133.

通过做第 505 页本章末的问题和应用 4.9 来检查一下你的理解。

改进的固定汇率：布雷顿森林体系

尽管金本位消亡了，但很多国家依然对固定汇率的想法感兴趣。随着第二次世界大战的渐近结束，美国、英国、法国和其他同盟国政府的代表们聚集在美国新罕布什尔州的布雷顿森林（Bretton Woods）开始设计全新的国际货币和金融体系。其产生的被称为**布雷顿森林体系**（Bretton Woods system）的协议从 1945 年一直持续到 1971 年。其制定者们打算恢复固定汇率体系，但认为应该允许比金本位下更平滑的短期经济调整。美国同意按照每盎司 35 美元的价格把美元兑换为黄金——但只在与外国中央银行做交易的时候。美国居民不能用美元赎回黄金。该体系所有其他成员的中央银行保证按与美元固定的汇率买卖其本国货币。通过固定本国货币与美元的汇率，这些国家也固定了其货币彼此间的汇率。由于当时在全球经济中的主导地位以及拥有世界黄金中的大部分，美国在该体系中被赋予了特殊的作用。由于各国中央银行把美元资产和黄金作为国际储备，美元又被称为**国际储备货币**（international reserve currency）。

在布雷顿森林体系下，只有当一国出现基本面失衡时，即固定汇率下国际收支的持续顺差或逆差，汇率才应该调整。在维持固定汇率的情况下，为了有助于各国对国际收支的逆差或顺差做出短期经济调整，布雷顿森林协议创建了**国际货币基金组织**（International Monetary Fund，IMF）。总部位于华盛顿特区的这一跨国组织从 1945 年的 30 个成员国发展到了 2010 年的 187 个成员国。原则上，IMF 的职责是管理布雷顿森林体系并作为最后贷款人以确保短期经济混乱不会破坏固定汇率体系的稳定。实际上，在布雷顿森林体系消亡之后幸存下来的 IMF 也支持与汇率稳定相一致的国内经济政策，收集和统一国际经济和金融数据以用于监督成员国。

虽然国际货币基金组织不再试图鼓励固定汇率（布雷顿森林体系的核心功能），但其作为国际最后贷款人的业务活动却发展起来了。在 20 世纪 80 年代的发展中国家债务危机期间，国际货币基金组织向这些国家提供了信贷以帮助它们偿还贷款。国际货币基金组织在 1994—1995 年的墨西哥金融危机和 1997—1998 年的东亚金融危机期间的贷款激起了有关其在国际金融体系中的作用的重大争议。

IMF 干预的拥护者认为在新兴市场金融危机中需要一个最后贷款人。而 IMF 的批评者则提出了两个反驳的论点。第一个是 IMF 通过救助国外贷款人而助长了过度冒险形式的道德风险行为。根据这一观点，IMF 在墨西哥金融危机中对国外贷款人的救助行为助长了其向东亚国家提供高风险的贷款，加剧了那次危机。第二个论点是，与 IMF 对国外贷款人的态度相比，该机构在发展中国家的"严厉"计划把重点放在了削减政府支出和提高利率上，而这些正是可能导致失业和政治动荡的宏观经济政策。

布雷顿森林体系下的固定汇率

中央银行在外汇市场上买卖美元资产的干预活动维护了布雷顿森林体系的固定汇率。在各国被要求干预市场以稳定汇率之前，汇率可以在固定水平上下变动 1％。如果一种外国货币相对于美元增值了，该国的中央银行就会卖出本国货币、买入美元，从而迫使汇率返回固定水平。如果一种外国货币相对于美元减值了，中央银行就会从其国际储备中卖出美元资产并买入其本国货币以推动汇率返回到固定水平。

一般而言，只要中央银行能够并愿意买卖维持汇率稳定所必需的本币数量，中央银行就可以维持固定汇率。当一家外国中央银行买入本币时，它是在卖出美元（国际储备）。当一家外国中央银行卖出本币时，它是在买入美元。其结果是，中央银行对汇率的市场压力做出反应的调整存在着显著的不对称性。具有国际收支顺差的国家对其卖出本币、买入美元以维持固定汇率的能力不存在约束。然而，具有国际收支逆差的国家买入本国货币（提高其相对于美元的价值）的能力受到该国国际储备存量的限制。因此，由国际收支逆差引起的储备外流对被布雷顿森林体系所束缚的中央银行造成了问题。当一国的国际储备存量耗尽时，中央银行和政府将不得不实施诸如提高利率之类的限制性的政策以降低进口和贸易赤字，或者放弃稳定对美元汇率的政策。

布雷顿森林体系下的贬值和升值

在布雷顿森林体系下，一国可以通过买入或卖出储备或改变国内的经济政策来保卫固定汇率，或者，它也可以请求 IMF 允许其改变汇率。如果其货币的价值相对于美元被高估，在 IMF 同意的情况下，该国可以使其货币**贬值**（devalue），即降低其货币相对于美元的官方价值。而货币价值相对于美元被低估的国家可以使其货币**升值**（revalue），即提高其货币相对于美元的官方价值。[①]

实际上，各国并不是经常寻求**贬值**（devaluation）或**升值**（revaluation）。在布雷顿森林体系下，各国政府宁愿推迟贬值也不愿意面对针对其货币政策缺陷的政治指控。升值是一项更不受欢迎的政策选择。当本国货币的价值被允许对美元上升时，国内生产商及其工人就会提出强烈的抗议，因为本国商品在世界市场上变得缺乏竞争力了，这又会降低利润和就业。反对升值或贬值的政治压力意味着政府只有在应对外汇市场的严重失衡时才会改变其汇率。

布雷顿森林体系中的投机攻击

当投资者开始认为一国政府不能或不愿意维持其汇率时，他们就会试图通过卖出一种弱势货币或买入一种强势货币来获利。这类被称为**投机攻击**（speculative attacks）的行为可以迫使该货币贬值或升值。投机攻击可以导致国际金融危机。当英镑在 1967 年相

---

① 我们还记得在弹性汇率体系中，不断下降的汇率值被称为减值（depreciation），而不断上升的汇率值则被称为增值（appreciation）。

对于美元被高估时，投机攻击就发生了。图 16—3 说明了针对英镑所发生的投机攻击。英镑兑换美元的需求和供给的交点发生在 E_1 点，E_1 点低于 1 英镑＝2.80 美元的固定汇率。其结果是存在过剩的英镑兑换美元。为了保卫高估的汇率，英格兰银行（Bank of England）不得不利用其国际储备中的美元来买入等于 $Q_2 - Q_1$ 的过剩的英镑。

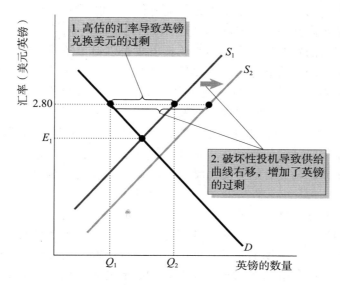

图 16—3　对英镑的投机攻击

英镑兑换美元的需求和供给的交点发生在 E_1 点，E_1 点低于 1 英镑＝2.80 美元的固定汇率。其结果是存在过剩的英镑兑换美元。为了保卫高估的汇率，英格兰银行不得不利用其国际储备中的美元来买入等于 $Q_2 - Q_1$ 的过剩英镑。投机者确信英国将对英镑贬值，这导致了英镑的供给从 S_1 移动到了 S_2，提高了英镑的高估程度。

随着英格兰银行的国际储备的下降，货币交易员们知道，在某个时点，英格兰银行将不得不放弃其稳定性努力。投机者们是通过按 2.80 美元/1 英镑的固定汇率向英格兰银行卖出包括从银行借入的英镑做出反应的，并预期英镑对美元的价值会下降。当英镑的价值最终的确出现下降时，投机者们用美元买回现在更为便宜的英镑，从而可以获得大量的利润。就我们的图形分析而言，投机者们使得英镑的供给从 S_1 移动到了 S_2，这又导致了英镑的高估程度进一步提高。固定汇率和市场汇率之间的差距迫使英格兰银行买入更多的英镑，直至其耗尽美元。1967 年 11 月 17 日，英格兰银行失去了超过 10 亿美元的国际储备（除了先前几十亿美元的损失之外）。11 月 18 日，英格兰银行将英镑贬值了 14％。

当中央银行**不能**（unable）保卫汇率时，贬值是由投机攻击强行促成的，如英国 1967 年的危机。另一方面，当中央银行**不愿意**（unwilling）保卫汇率时，升值可以被投机攻击强行促成。1971 年对低估的德国马克的投机攻击导致了马克对美元的升值并加速了布雷顿森林体系的消亡。

对德国马克的投机攻击和布雷顿森林体系的崩溃

到 1970 年，美国的国际收支逆差已经出现了显著的增加。到 1971 年第一季度，美国之外的巨大的国际收支顺差在国际金融市场上引起了恐慌，因为很多货币相对于美元被低估了。由于德意志联邦银行（德国中央银行）追求保持低通胀率的政策，因此联邦德国的担忧是最大的。德意志联邦银行面临着两难处境。因为德国马克对美元被低估了，如果德意志联邦银行要保卫固定汇率，它就不得不在外汇市场上出售马克并买入美元。这样做的话，德意志联邦银行就会获得国际储备，这又会提高德国的基础货币并对德国的价格水平施以向上的压力。如果德国让马克升值，这会避免通胀压力但会违反其在布雷顿森林体系下的承诺并会扰乱依赖于向美国出口的德国企业。

德意志联邦银行的左右为难为对马克的投机攻击创造了条件。在这种情况下，当投机者预期马克对美元的价值会上升时，投机者就会用美元买入马克。当马克的价值的确出现上升时，投机者用马克买回现在更为便宜的美元，从而获得可观的利润。到1971年，很多投资者确信，德意志联邦银行不久将不得不放弃0.27美元＝1德国马克的固定汇率。1971年5月5日，德意志联邦银行购买了超过10亿的美元，其基础货币也扩张了相同的数量。由于担心持续的基础货币增加会导致通货膨胀，德意志联邦银行在那天的晚些时候中止了干预。马克开始对美元浮动（float），其价值完全由外汇市场上的需求和供给的力量所决定。

虽然德意志联邦银行做出的放弃对美元的固定汇率的决定是对布雷顿森林体系的一记重击，然而，该体系存在更多的根本性问题。随着美国通货膨胀的上升和美国国际收支赤字在20世纪60年代后期的攀升，外国中央银行获取了大量美元计价的资产。布雷顿森林体系是由美国按每盎司35美元的价格将外国中央银行的美元兑换为黄金这一承诺结合在一起的。然而，到1971年，外国中央银行所拥有的美元资产总计超过了按每盎司黄金等于35美元的兑换率计算的美国官方黄金持有量的三倍。1971年8月15日，尼克松政府试图迫使其他货币对美元升值。美国中止了美元与黄金的可兑换性并对进口商品施加了关税，而且，只有当一国汇率升值时，关税才会降低。这一对美元的升值过程是在1971年12月的史密森会议（Smithsonian Conference）上完成的。

然而，在史密森会议上达成的汇率条件在面临世界性事件时并不稳定。实际上，虽然各国中央银行在干预市场以阻止汇率的大幅波动，但很多货币还是开始浮动了。在1976年1月的牙买加会议上，IMF正式同意允许各国货币开始浮动。在此次会议上，IMF的成员国们也同意取消黄金在国际货币体系中的官方作用。

甚至在各国正式放弃布雷顿森林体系之前，IMF在1970年就已经开始发行一种黄金的纸质替代品。IMF在其作为最后贷款人的角色中创建了这些被称为**特别提款权**（Special Drawing Rights，SDRs）的国际储备。现在，与其他商品价格的决定方式相同，黄金的价格也是由市场中的需求和供给力量决定的。

概括一下，布雷顿森林体系是一个在应对国际收支逆差时存在一个最后贷款人来平滑短期经济调整的固定汇率体系。由于缺乏美国对价格稳定的承诺以及其他国家不愿意其货币对美元升值给固定汇率带来了巨大的市场压力，这一体系最终崩溃了。

后布雷顿森林体系的中央银行干预

自布雷顿森林体系消亡后，美国已经正式接受了**浮动汇率体系**（flexible exchange rate system），在浮动汇率体系下，美元的对外交换价值是在货币市场中决定的。其他很多国家也已经采取了相同的做法并允许其汇率浮动，或者说由需求和供给来决定。然而，当联储和外国中央银行认为其货币被明显高估或低估时，它们并没有放弃干预外汇市场的权利。例如，2010 年 9 月，日本银行介入了外汇市场，买入美元、卖出日元，试图降低日元对美元的价值。当前的国际金融体系可以被称为**管理浮动汇率制度**（managed float regime），也被称为**肮脏浮动汇率制度**（dirty float regime）。在这一体系下，各国中央银行偶尔会干预外汇市场，影响货币的对外交换价值。因此，维护汇率的国际努力会继续影响国内的货币政策。

政策权衡

当中央银行干预外汇市场时，它们通常会对国内的货币供给失去一定的控制力。为了提高汇率，即让本币增值，中央银行必须卖出国际储备并买入本国货币，由此就减少了国内的基础货币和货币供给。为了降低汇率，或者说让本币减值，中央银行必须买入国际储备并卖出本国货币，由此就增加了国内的基础货币和货币供给。因此，中央银行经常必须在实现其国内基础货币和利率目标的行动与实现其汇率目标的行动之间做出决定。

美元的情况

由于美元作为国际储备货币的传统作用，美国的货币政策并没有被外汇市场交易所妨碍。在布雷顿森林体系崩溃之后，美元保持了其在国际货币和金融体系中作为一种储备货币的作用。在 21 世纪初，欧元和日元作为储备货币的重要性提高了。然而，到 2010 年，美元仍然占据了国际储备的大部分。大部分经济学家认为，在下一个十年，美元还不太可能失去其作为主要储备货币的作用。

在不拥有其货币作为储备货币的特权的情况下，很多工业化经济体仍然具有很高的生活水平。然而，随着美元在 2010 年作为储备货币的重要性已经不及其在 1960 年甚至 1990 年的重要性，很多分析家认为，如果美元从其储备货币基础的地位上倒下，美国将会失去某些东西。为什么？

首先，美国家庭和企业可能会失去用美国货币在全世界范围内交易和借款的有利条件。这一优势转化为较低的交易成本和减少的汇率风险敞口。其次，外国人持有美元钞票的意愿给予了美国居民一笔横财，因为外国人本质上是在提供一笔无息贷款。同样，美元的储备货币地位使得外国投资者更愿意持有美国的政府债券，这就降低了政府的借款成本。最后，如果美元不再是储备货币，纽约作为一个金融中心的重要国际作用可能会受到损害。

欧洲的固定汇率

固定汇率的一大好处在于其在国际商业和金融交易中降低了与汇率有关的不确定性的成本。由于欧洲国家之间存在着大量的商业和金融交易，这些国家中的很多政府试图降低汇率波动的成本。固定汇率也被用于约束具有通货膨胀倾向的货币政策。购买力平价理论指出，如果一国具有较贸易伙伴国更高的通胀率，那么该国的汇率就会减值。因此，当一国政府对固定汇率作出承诺时，它也隐含地对约束通货膨胀作出了承诺。

汇率机制和欧洲货币联盟

欧洲经济共同体的成员国在 1979 年组成了**欧洲货币体系**（European Monetary System）。此时，八个欧洲国家也同意参与**汇率机制**（Exchange Rate Mechanism，ERM）以限制其货币相互之间价值的波动。具体而言，各成员国承诺将其货币价值维持在一个以 ecu 为单位的固定的范围集内，ecu 是一个复合的欧洲货币单位。它们同意将汇率维持在这些范围内，同时允许汇率对美元和其他货币联合浮动。汇率机制的锚货币是德国马克。法国和英国同时通过将其货币绑定德国马克来降低通货膨胀率。

由于外汇市场历史上最为著名的投机攻击之一，英国最终在 1992 年撤出了汇率机制。虽然将英镑与德国马克联系起来迫使英国政府采取了行动来降低通货膨胀率，但通胀率仍然保持在远高于德国的水平。由于如此不同的通货膨胀率，根据购买力平价，英镑与马克维持固定汇率将是非常困难的。此外，由于两德统一，德国政府保持了高利率以吸引民主德国重建所需要融通的外国投资。高利率将投资者吸引到了德国证券上，抬高了马克相对于英镑的价值。货币交易员们确信，英格兰银行将无法在达成的汇率水平上保卫英镑与马克的汇率。虽然英国政府提高了利率并强调其将保卫英镑的价值，但货币交易员们还是坚持卖出英镑、买入马克，直到 1992 年 9 月 16 日的黑色星期三（Black Wednesday），英国政府放弃了汇率机制并允许英镑的价值浮动。货币交易员中一位有名的赢家是乔治·索罗斯。这位生于匈牙利的对冲基金经理被认为通过对赌英镑赚到超过 10 亿美元。一些评论家将其称为"击败英格兰银行的人"。然而，索罗斯辩称其行为与英国政府放弃 ERM 的决定没有任何关系："市场决定了货币的汇率，因此，不管我是否存在，发生在英镑身上的事情终究会发生，因此责任并不在我。"[1]

作为 1992 年欧洲单一市场倡议的一部分，欧共体（European Community，EC）国家起草了**欧洲货币联盟**（European Monetary Union）计划。在欧洲货币联盟中，汇率将会通过使用一种共同货币——欧元而被固定下来。在单一货币的情况下，货币转换的交易成本和承担的汇率风险将会被消除。此外，跨境贸易中较高的交易成本的消除会通过提供规模经济的有利条件而提高生产的效率。

实践中的欧洲货币联盟

1989 年，欧共体发布的一份报告建议设立一个共同的中央银行——**欧洲中央银行**（European Central Bank，ECB）来执行货币政策并最终管理一种单一货币。1999 年 1 月正式开始运作的欧洲中央银行是参照美国的联邦储备系统来组织的，执行委员会（类似于联储的理事会）由欧盟委员会任命，理事来自联盟中的个别国家（类似于联邦储备银行的行长）。像联储一样，欧洲中央银行是独立于成员国政府的。执行委员会成员被指定了不可延长的八年任期以提高其政治独立性。《欧洲中央银行宪章》声明欧洲中央银行的主要目标是价格稳定。

1991 年 12 月，在荷兰的马斯特里赫特，各成员国一致同意采取渐进的方式过渡到货币联盟，其目标是，到 20 世纪 90 年代中期各国实现趋同的货币政策，到 1999 年 1 月

---

[1]　Louise Story, "The Face of a Prophet," *New York Times*, April 11, 2008.

1日最终完成欧洲货币联盟。要实现单一货币和统一的货币政策，各国的国内通货膨胀率和预算赤字要比20世纪90年代中期的情况更为趋同。到1999年货币联盟启动的时候，11个成员国在通货膨胀率、利率和预算赤字方面满足入盟条件。英国拒绝加入货币联盟。图16—4展示了2010年使用欧元作为其共同货币的16个国家。

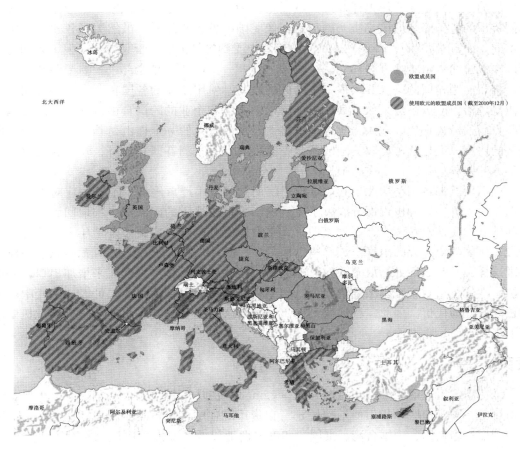

图16—4　使用欧元的国家

到2010年12月，接受欧元作为共同货币的欧盟16个成员国是用灰色条纹标记的。尚未接受欧元的欧盟成员国是用黑色标记的。白色区域的国家是非欧盟成员国。

正如在本章开始的导入案例中所指出的，在其早期阶段，欧元看似是相当成功的。从2002年1月欧元引入一直到2007年金融危机爆发，欧洲大部分国家都度过了一个经济相对稳定的时期。低利率、低通胀率以及生产和就业的扩张，欧元的优点似乎是相当明显的。在欧元体系下，某些低收入的欧洲国家看似相当繁荣。从1999年到2007年，西班牙经济的年增长率达到了3.9%。西班牙的失业率从20世纪90年代中期的将近20%下降到了2007年的不到8%。在这一时期，爱尔兰和希腊也经历了快速的经济增长。

当2007—2009年的金融危机降临且欧洲进入衰退时，受打击最为严重的国家无法寻求比欧洲中央银行愿意为整个欧元区所实施的更为扩张性的政策。这些国家无法通过货币贬值和出口扩张来复苏本国经济，因为它们接受了欧元，而且其大部分出口是面向其他欧元区国家的。在金本位年代，类似地，各国也无法实施扩张性的货币政策且无法令其汇率贬值。正如我们所看到的，这些缺陷导致 20 世纪 30 年代各国陆续放弃金本位，直至金本位体系崩溃。

金本位所发生的事情会在欧元身上重演吗？在 2010 年的时候，部分经济学家认为是有可能的，尤其是那些最先怀疑接受欧元是否为一个好的想法的国家。理想上说，使用相同货币的各国经济应该是协调融洽的，像美国的各个州那样。虽然美国各州的经济有所不同，而且某些州在 2007—2009 年的衰退中受到的打击要大于其他州，但工人和企业可以在各州间自由转移，联邦立法协调了一些州——虽然不是全部——的劳动和税收立法，各州使用相同的语言并选举一个共同的政府。使用欧元的各国在所有这些方面都远未协调融洽。欧洲已经采取了某些措施来帮助工人和企业的跨国自由流动，协调各国在某些方面的劳动和税收立法，等等。事实上，赞成欧元的一个理由是其有助于欧洲各国经济的协调。但显然，比起美国的各州，使用欧元的欧洲各国在经济、政治和文化上存在很大的差异。

然而，欧洲各国是如此不同，以至于使用共同货币严重地妨碍了各国应对大幅经济衰退的能力吗？答案也许部分取决于受衰退影响最为严重的国家能多快地回到较高的增长和较低的失业。在放弃金本位之前，大多数国家已经步入大萧条若干年了。此外，也许最有可能放弃欧元的国家——希腊、葡萄牙、西班牙和爱尔兰的决策者们似乎并没有发现这样做有什么好处。放弃欧元可能会使得这些国家通过本币贬值来增加出口，并通过扩张性的货币政策来刺激经济复苏。然而，这些举动将以牺牲各国可以从欧元中获得的长期好处为代价。因此，虽然欧元在 2010 年末受到攻击，但很可能会从这场危机中幸存下来。

货币盯住制

维持固定汇率的一种方法是盯住（pegging）。在盯住制度下，一国（地区）保持其货币对另一国（地区）货币的汇率固定。在货币盯住中，并不需要两国（地区）达成一致。例如，当韩国、中国台湾、泰国、印度尼西亚以及其他发展中国家在 20 世纪 90 年代将其货币盯住美元时，维持盯住的义务完全由这些发展中国家（地区）承担。盯住其货币的各国（地区）获得了固定汇率的好处：汇率风险得以下降、通货膨胀得以控制、借入外币贷款的企业得以保护。最后一种好处在 20 世纪 90 年代对很多亚洲国家（地区）是非常重要的，因为这些国家（地区）的很多企业是从美国和境外银行借入美元计价的贷款。例如，在不存在货币盯住的情况下，如果韩元对美元的价值下跌，借有美元贷款的韩国企业会发现按韩元计价的利息和本金偿还增加了。

然而，盯住会陷入布雷顿森林体系下各国面临的问题：由需求和供给决定的一国货币的均衡汇率可能会显著不同于盯住汇率。其结果是，从美元的角度看，盯住货币可能会被高估或低估。本币高估的很多亚洲国家在 20 世纪 90 年代遭遇了投机攻击。在因此而发生的东亚货币危机（East Asian currency crisis）期间，这些国家试图通过用美元买入本币、减少基础货币并提高国内利率来保卫盯住。较高的利率使经济陷入衰退，在保卫盯住时最后还是无效的，所有这些国家最终都放弃了盯住。

1997 年和 1998 年从泰国蔓延到亚洲，直至俄罗斯和拉丁美洲新兴市场经济的令人眼花缭乱的货币贬值和债务违约令经济学家和决策者们想知道到底是哪里出了问题。当泰铢在 1997 年 7 月贬值后，一石激起千层浪，货币贬值和产出收缩在泰国、印度尼西亚、韩国和马来西亚接踵而至，甚至日本和中国也感受到了冲击波的影响。俄罗斯在 1998 年的债务违约触发了另一轮从新兴市场的资本外逃，并导致一家美国大型对冲基金——长期资本管理公司的备受瞩目的倒闭。马来西亚是通过谴责货币投机者和实施资本管制来应对危机的，这导致很多经济学家担心新兴经济体会出现资本管制和交易限制的下降螺旋。

哪里出问题了？在亚洲金融危机之前，私人短期资本流动充斥于亚洲各国，刺激了大量的国内借款（通常是以外币计价的债务）。泰国、韩国、马来西亚、印度尼西亚和菲律宾的净私人资本流动从 1996 年到 1998 年间的逆转是非常巨大的——大约占到危机前 GDP 的 11%。总而言之，随后市场预期和信心的转变是初始危机的主要原因，IMF 和国际金融社会苛刻的政策反应进一步恶化了危机。

根据另一种观点，亚洲各国是带着脆弱的经济和金融基本面进入 1997 年的。在这些国家，松懈的金融监管和糟糕的风险管理带来的虚弱的银行为道德风险行为提供了土壤——银行的过度冒险和为不赚钱的投资项目提供贷款。由于在危机之前，国际银行向该地区的国内银行提供了大量的贷款，因此，从国际范围看，也存在道德风险问题。（以这一方式累积的债务主要是由外币计价的贷款和债券组成。）资本不足的金融体系的脆弱性导致了不良贷款的累积，资本管制的迅速取消和金融市场的放松监管增加了来自国外的资金供给进一步加剧了这一问题。

国际银行为什么会发放这些高风险的贷款呢？在此看来，因为国际贷款人主要是向外国的银行发放了短期贷款，因此在国际银行看来风险很小。此外，国际贷款人认为，这些贷款可以由救助债务人的显性的政府干预或 IMF 的间接救助获得担保。包括普林斯顿大学的诺贝尔经济学奖获得者保罗·克鲁格曼在内的几位一流经济学家认为，对未来救助的预期给予国际投资者在向亚洲国家发放贷款中过度冒险的强大激励。

哪一种关于危机发生原因的观点是正确的？十有八九，这两个方面的因素都起了作用。亚洲经济和金融体系的脆弱基本面激发了从泰国到日本的各国改革的努力。虽然大多数经济学家反对监管资本流动的政策，但对 IMF 的作用却充满了刺耳的批评之声。尤其是，很多经济学家鼓励 IMF 遵守向中央银行发放国际贷款的原则——作为一个最后贷款人并坚持要求国内银行体系保持强大的缓冲以降低金融危机发生的可能性。

通过做第 505 页本章末的问题与应用 4.13 来检查一下你的理解。

中国和盯住美元

21 世纪头 10 年末期，关于中国政府将其货币盯住美元的政策存在着巨大的争议。中国从 1978 年开始从中央计划经济迈向市场经济体制。中国的经济政策的一个非常重要的方面是，1994 年做出将其货币的价值按 1 美元兑换 8.28 元人民币的固定汇率盯住美元的决策。盯住美元保证了中国的出口商向美国出口的商品具有稳定的美元价格。21 世纪头 10 年早期，很多经济学家认为，人民币对美元的价值被低估了，甚至被严重地低估了。一些美国企业抱怨人民币低估赋予中国企业在与美国企业竞争时不公平的优势。

2005 年 7 月，中国政府宣布从人民币盯住美元转向将人民币的价值与一篮子货币——美元、日元、欧元、韩元以及若干其他货币的平均价值相联系。直接的影响是人民币价值出现相当小幅的上升，从 8.28 元兑换 1 美元升至 8.11 元兑换 1 美元。中国的中央银行宣布已经从盯住汇率制度转向了管理浮动汇率制度。然而，部分经济学家和决策者对实际发生的变化持怀疑态度，因为人民币的价值在开始的时候上升很小，而且中国的中央银行并没有解释关于人民币如何与一篮子货币挂钩的细节。

图 16—5 展示了从 2005 年 7 月到 2008 年 7 月，元对美元的价值的确是逐步上升了（即购买 1 美元需要更少的元），当汇率稳定在大约 6.83 元兑换 1 美元时，表明中国显然回到了"硬盯住"。政策上的这一转变导致了来自美国决策者的再次批评。2010 年中期，巴拉克·奥巴马总统辩称："市场决定的汇率是全球经济活动的基本要求"。中国的中央银行在几天之后回应说，将恢复允许元的价值基于一篮子其他货币价值的变动而变动。在每天早晨设定元的价值时，中央银行说它也会关注外汇市场上需求和供给的变动。然而，到 2010 年末，元和美元之间的汇率几乎没有变动。由于中国继续与美国保持巨额的贸易顺差，关于中国的汇率政策的争议看似肯定要继续下去。

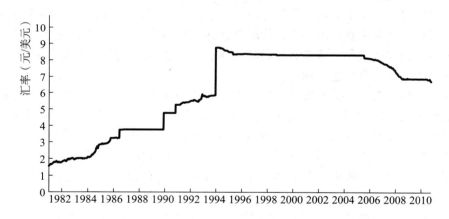

图 16—5　元—美元汇率

中国从 1994 年开始明确地将元的价值盯住美元。从 2005 年 7 月到 2008 年 7 月，在回到大约 6.83 元兑换 1 美元的"硬盯住"之前，中国允许元的价值对美元升值。虽然中国中央银行在 2010 年 6 月宣布将会回到允许元的价值对美元升值，但开始的时候并没有出现显著的上升。

资料来源：Federal Reserve Bank of St. Louis.

回答关键问题

续第 477 页

在本章开始的时候，我们提出了如下问题：

"欧洲国家应该放弃使用共同货币吗？"

正如我们在本章所看到的，在欧洲大部分地区拥有共同货币使得家庭和企业的跨国买卖和投资更为容易。从欧元在 2002 年作为一种货币引入直到 2007 年金融危机的爆发，欧洲经济大体上表现不错，经历了低通胀下的经济增长。在金融危机时期，关于欧洲中央银行政策的争议出现了。经济遭受严重打击的国家也无法让其货币像在以前的衰退中所发生的那样通过贬值来刺激出口。欧元体系在 2010 年崩溃的可能性仍然存在。然而，欧元体系看起来可能会团结一致，因为很多欧洲的经济学家和决策者对共同货币的好处超过不足深信不疑。

阅读下面的**政策透视**，讨论欧元的优点和缺点。

政策透视：欧元的收益抵得上成本吗？

《全国公共广播》
因欧元危机郁积而令人不平的夏季

ⓐ**欧洲中央银行本周警告说，希腊和其他欧元区国家的债务危机会使该地区的银行遭受又一轮的损失。**

一些专家担心，我们熟知的一群 PIGS（葡萄牙、意大利、希腊和西班牙）国家过多的政府债务会拖累整个欧元区经济，并有可能伤害到美国的经济复苏。

好像要强调风险，惠誉评级机构上周五下调了西班牙的信用评级，正好在西班牙国会通过紧缩计划一天之后——旨在将政府债务降低到可维持水平的大幅的支出削减。

欧洲走向财政大决战了吗？

ⓑ**"我并不认为这是最可能的情形，"经济学家 Uri Dadush 说，"但我会确定地将其视为一场风险。"Dadush 是卡内基国际和平基金会下设的国际经济事务部主任。他说欧元危机是"一个比很多人所认为的要更深层次的问题"。**

对欧元区而言，最糟糕的情形是像希腊和可能的葡萄牙那样的国家对其债务违约，这就像你翻出自己的口袋并告诉汉堡销售台前的人说你没钱支付你刚才所吃的东西。

这会给欧洲中央银行造成明显的压力，通过购买它们的政府债券，欧洲中央银行向 PIGS 贷出了大量的资金。同样，这也会对德国和法国的国有银行以及持有 PIGS 债务的欧洲私人银行形成打击。

如果四个 PIGS 国家对其债务违约，美国企业研究所的经济学家 Desmond Lachman 说："这对欧洲银行体系会是一场冲击，因为存在价值高达 2 万亿美元的此类债务。你会遭遇一场非常巨大的衰退。"

放弃欧元？

欧元区的财政部长们和国际货币基金组织正在试图阻止这种情形出现。上个月，他们批准了一个 9 250 亿美元的贷款基金以帮助希腊和其他潜在的欧元区国家留在欧元区内。

相对于其在国际市场上借款的利率，这些资金会以更优惠的利率贷放给希腊，但却是有代价的。希腊政府必须拿出一套旨在减少其债务的严厉的减少支出和增加税收的方案。

这些支出减少对希腊人而言是痛苦的，因为该国正经历着衰退，痛苦很可能还会持续。

"这可能是一次非常长、非常深的减支，你需要极大的坚持。"哈佛大学的经济学教授和前 IMF 首席经济学家 Ken Rogoff 说。"它们被要求进入一场一年或两年的衰退，最终，它们会积累起比开始的时候更多的债务。"

ⓒ分析师们说，对诸如希腊之类的国家而言，诱惑是离开欧元体系并回到某种主权货币，接着可以对其进行贬值。

Lachman 说，如果要他给希腊政府提供建议，那就是他的建议。"钉死在欧元的十字架上并不符合希腊人的利益。"他说。

转向主权货币的吸引力在于，该货币的价值可以被允许相对于欧元和美元而下降。实际上，在货币价值高时招致的债务可以用价值下降的货币来偿还，Lachman 说："把困难留给外国贷款人。"

资料来源：ⓒ2010 National Public Radio，Inc. NPR® news report titled "Summer of Discontent As Euro Crisis Smolders" by NPR's Corey Flintoff was originally published on NPR. org on June 2，2010 and is used with the permission of NPR. Any unauthorized duplication is strictly prohibited.

文中要点

2010 年夏季，欧洲中央银行警告说，希腊的债务危机会带来该地区银行的进一步损失。葡萄牙、意大利、希腊和西班牙的大量政府债务会伤害到欧元区经济并对美国的经济复苏造成损害。最糟糕的情况将是一个国家对其债务违约。这会给欧洲中央银行造成压力并伤害到德国和法国的国有银行以及持有 PIGS 债务的欧洲私人银行。为了预先阻止出现这种情况，欧元区的财政部长们和国际货币基金组织批准了一项 9 250 亿美元的贷款基金来帮助希腊和其他潜在的欧元区国家。要获得资金，希腊政府必须在衰退期间拿出一套削减支出和增加税收的方案。希腊也许有离开欧元体系并回到主权货币的诱惑，接着主权货币可以被贬值。在货币价值高时招致的债务可以用价值已经下降的货币予以偿还。

新闻解读

ⓐ欧元区国家放弃其主权货币以交换共同货币的好处——例如，较低的交易成本和汇率风险。它们还同意将其政府赤字的规模限制到占国内生产总值的 3% 并达到其他宏观经济指标。到 2010 年的时候，显而易见，希腊和其他一些国家无法达到这些指标。向这些国家贷出资金的银行要求大幅的政府支出削减和税收增加。

ⓑ希腊的财政危机开启了欧元对美元汇率的下跌。在 3 月份的第 1 天，欧元汇率是 1.363 70 美元。随着投资者开始担心危机会扩展到其他国家，在外汇市场上，对欧元的需求减少了，欧元的供给增加了。尽管美国经济正在经历着从衰退中的缓慢复苏，但欧元的价值相对于美元下降了。到 2010 年 8 月末，欧元汇率跌至 1.276 80 美元。下图概括了欧元市场从 3 月到 8 月的变化。

ⓒ很多分析师质疑保持在欧元区内的收益是否抵得上成本。对希腊而言，另一个选项是放弃欧元并回到使用其自己的货币。希腊会失去使用共同货币的收益，但会重新获得对其货币政策的控制权。美元是"安全港"，只不过是因为美国的经济问题不像希腊和其他债务沉重的欧洲国家那样严重而已。持续上升的赤字和缓慢的经济增长某一天也会迫使美国政府作出与希腊政府被迫作出的一样痛苦的选择。

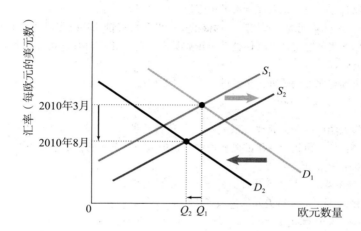

严肃思考

1. 上面的图形说明了欧元市场从 2010 年 3 月到 8 月的变动。画出一幅说明在同一时期以欧元衡量的美元的汇率如何变动的图形。

2. 欧元汇率从 2010 年 3 月到 8 月下跌了。这意味着欧元出现了贬值吗？

本章小结和问题

关键术语和概念

国际收支账户	汇率制度	国际储备
布雷顿森林体系	固定汇率体系	管理浮动汇率制度
资本管制	浮动汇率体系	盯住汇率制度
贬值	外汇市场干预	升值
欧元	金本位	冲销式外汇干预
欧洲中央银行	国际货币基金组织（IMF）	非冲销式外汇干预
欧洲货币联盟		

16.1 外汇市场干预和基础货币

分析联储的外汇市场干预如何影响美国的基础货币。

小结

外汇干预是一国中央银行为影响汇率而采取的有意的行动。外汇市场干预改变了一国的**国际储备**持有量，国际储备是以外币标价并被用于国际交易的资产。联储可以通过在国际货币市场上买卖外国资产和买卖美元来改变美元的对外交换价值。当一国中央银行允许基础货币随外汇市场上本币的买卖而变动时，这一交易被称为**非冲销式外汇干预**。伴随着抵消性的国内公开市场操作从而保持基础货币不变的外汇市场干预被称为**冲销式外汇干预**。

复习题

1.1 什么是外汇市场干预？

1.2 什么是国际储备？给出一个联储持有的国际储备的例子。

1.3 如果联储出售 20 亿美元的外国资产，联储的国际储备持有量和基础货币会发生什么变化？

1.4 联储公开市场购买外国资产与联储公开市场购买政府债券相比对基础货币的影响是更大、相同还是更小？简要解释。

1.5 冲销式外汇干预与非冲销式外汇干预的区别是什么？

问题和应用

1.6 卡内基·梅隆大学的一位经济学家艾伦·梅尔茨曾经说道："我直到现在才看到一项说明冲销式干预，即联储在外汇市场上使用的最普通的干预类型，对美元的价值根本没有任何影响的研究。"

  a. 什么是"冲销式干预"？

  b. 联储会如何在外汇市场上实施冲销式干预？

  c. 为什么冲销式干预不会对美元的价值产生任何影响？

  资料来源：Joel Kurtzman, "Fed vs. Treasury on Dollar's Value," *New York Times*, March 28, 1990.

1.7 利用 T 账户说明联储出售 50 亿美元日元计价的日本政府债券对联储的资产负债表的影响。联储的国际储备和基础货币发生了什么变化？这是一次冲销式还是非冲销式的外汇干预？

1.8 利用 T 账户说明联储在购买 20 亿美元欧元计价的德国政府债券的同时执行公开市场购买 20 亿美元的美国国库债券对联储的资产负债表的影响。基础货币发生了怎样的变化？这是一次冲销式还是非冲销式的外汇干预？

1.9 下列各项对美国的基础货币有什么影响？

  a. 联储购买 100 亿美元的外国资产；

  b. 联储出售 100 亿美元的外国资产并购买 100 亿美元的国库债券；

  c. 联储执行一次冲销式外汇干预；

  d. 联储出售 100 亿美元的外国资产且出售 100 亿美元的国库债券。

16.2 外汇市场干预和汇率

分析联储的外汇市场干预如何影响汇率。

小结

中央银行买入或卖出外国资产以交换本国货币的非冲销式外汇干预导致国际储备和基础货币的增加或减少以及本国货币的增值或减值。冲销式干预并不影响汇率。因此，若要行之有效，旨在影响汇率的中央银行干预应该是非冲销式的。资本管制是一国政府对外国投资者购买本国资产或本国投资者购买外国资产施加的限制。

复习题

2.1 中央银行为什么要干预外汇市场？

2.2 美国利率相对于欧洲利率上升如何影响美元的需求和美元的供给？

2.3 为了提高汇率，中央银行会买入还是卖出外国资产？对基础货币的影响会是怎样的？对本国利率的影响会是怎样的？

2.4 冲销式的中央银行干预如何影响一国货币的需求曲线和供给曲线？

2.5 什么是资本管制？一国为什么会施加资本管制？施加资本管制的不利之处是什么？

问题和应用

2.6 在外汇市场上，谁需求美元——美国投资者还是外国投资者？为什么美国利率相对于日本利率上升会提高对美元的需求？既然持有美国货币的投资者并没有获得任何利息，为什么当美国的利率上升时对美元的需求会上升？

2.7 假定日本银行出售了 50 亿美元的美国国库债券。利用一幅展示日元兑换美元的需求和供给的图形来说明对日元和美元之间的汇率的影响。简要解释在你的图形中发生了什么。（注意：汇率是每一日元的美元数。）

2.8 【与第 481 页的**解决问题 16.1 有关**】《彭博商业周刊》2010 年 8 月的一篇文章中提到："面对威胁到经济稳定的瑞士法郎的飙升，瑞士国民银行自 2009 年 3 月以来的外汇持有量已经增加了四倍，以放缓本币的升值并保护出口商。"在汇率已经从 2009 年 11 月的超过 1.5 瑞士法郎对 1 欧元上升到了 2010 年 8 月的 1.3 瑞士法郎对 1 欧元的情况下，瑞士国民银行一直尤为关心瑞士法郎对欧元的升值。

　　a. 放慢瑞士法郎的上涨——即其增值，会如何保护出口商？

　　b. 瑞士国民银行外汇持有量翻了四倍会如何影响对瑞士法郎的需求和供给以及瑞士法郎与欧元之间的汇率？利用一幅图形来说明你的答案。

　　c. 此处引用的文章继续说道："中央银行面临的新的困境是何时开始提高借款成本。将基准利率保持在当前 0.25% 的水平太长时间可能会引起国内的通货膨胀，提高它可能会…… 伤害出口商。"为什么提高基准利率会伤害瑞士的出口商？

　　资料来源："Swiss Currency Flight Pays Off as SNB Adds to Reserves," *Bloomberg Businessweek*，August 4，2010.

2.9 如果联储并没有改变其目标联邦基金利率，那么联储的外汇干预可以改变汇率吗？如果联储想在保持目标联邦基金利率不变的情况下执行外汇市场干预，联邦储备系统的账户经理需要做什么来维持目标联邦基金利率？

16.3 国际收支

　　理解国际收支是如何计算的。

小结

　　国际收支账户是对本国与所有其他国家之间的所有的私人和政府资金流动的度量。在国际收支中，来自外国人流入美国的资金是收入，作为正的数字记录；资金流出是支出，作为负的数字记录。国际收支账户的收入和支出必须等于零，或者说，经常账户＋金融账户＝0。

　　经常账户概括了一国与其外国交易伙伴之间因当期生产的商品和服务的买卖而发生的交易。**金融账户**度量了国家间对现有金融或实物资产的交易。**官方储备资产**是中央银行持有的可被用于国际支付以结算国际收支，而且可被用于执行国际货币政策的资产。**官方结算余额**通常被称为国际收支盈余或赤字。当一国有国际收支盈余时，它会得到国际储备；当一国有国际收支赤字时，它会失去国际储备。

复习题

3.1 国际收支账户度量的是什么？

3.2 区别经常账户和金融账户记录的交易的类型。如果一国存在经常账户赤字，其商品和服务的出口是大于还是小于其商品和服务的进口？简要解释。

3.3　为什么经常账户余额加上金融账户余额必须等于零？

3.4　简要解释在何种意义上一国可以存在国际收支盈余或国际收支赤字。

3.5　给出一个金融账户中资本流入的例子，同时再给出一个资本流出的例子。

3.6　什么是官方储备资产？中央银行如何使用官方储备资产？

问题和应用

3.7　如果美国的经常账户赤字是4 000亿美元，而且统计差异是0，金融账户余额是多少？这一金融账户余额表示净资本流入还是净资本流出？

3.8　假定一家美国企业按每辆20 000美元的价格购买了10辆大众汽车，该德国公司在国库债券拍卖中用这笔钱购买了200 000美元的美国国库债券。这两笔交易是如何记录在美国的国际收支账户的？

3.9　假定美国政府向日本出售了价值3 000万美元的旧军舰，日本政府用其官方持有的美元资本支付这笔交易。这笔交易是如何记录在美国的经常账户的？

3.10　美国融通国际收支赤字的方式与其他国家融通国际收支赤字的方式之间有什么重要的区别？

3.11　如果一国施加了导致其金融账户余额等于0的资本管制，那么该国经常账户可能存在赤字吗？简要解释。

16.4　汇率制度和国际金融体系

讨论汇率制度的演变。

小结

汇率制度是调整汇率以及商品和资本在国家间流动的一种体系。在过去，大部分的汇率制度是**固定汇率体系**，在该体系中，汇率被设定在由政府决定和维持的水平。在**金本位**下，参与国货币可兑换为达成一致的黄金数量。金本位在1870—1914年间广为传播，但在20世纪30年代的大萧条时期崩溃了。固定汇率的**布雷顿森林体系**从1945年持续到1971年。布雷顿森林体系建立了国际货币基金组织（IMF）来监视这一体系并作为遭遇国际收支困难的国家的最后贷款人。虽然布雷顿森林体系允许各国**贬值或升值**其汇率，但调整是罕见的，1971年对联邦德国低估的汇率的投机攻击导致该体系的消亡。自布雷顿森林体系解体后，美国官方遵循一种**浮动汇率体系**。联储和其他中央银行偶尔干预外汇市场，因此，当前的国际金融体系可以被描述为**管理浮动汇率制度**。欧洲共同体国家在1992年起草了**欧洲货币联盟**计划，包括共同的中央银行——**欧洲中央银行**，以及共同的货币——欧元。在2007—2009年的金融危机期间，共同货币遭遇了压力。保持固定汇率的另一种方式是盯住制，在盯住制中，一国保持其对另一国货币的汇率固定。中国对美元的盯住一直备受争议。

复习题

4.1　简要解释金本位是如何运转的。金本位和布雷顿森林体系之间的关键区别是什么？

4.2　简要回答关于金本位的下列问题：

　　a. 金本位是一种固定汇率体系还是一种浮动汇率体系？

　　b. 各国可以实行积极的货币政策吗？

　　c. 遭遇贸易赤字的国家经历了黄金流入还是黄金流出？

　　d. 黄金流入会如何影响一国的基础货币及其通货膨胀率？

　　e. 在大萧条期间，金本位如何阻碍了经济复苏？

4.3　布雷顿森林体系下的贬值和升值是什么？贬值（devaluation）和减值（depreciation）之间的区别

是什么？为什么各国不愿实行贬值？为什么各国更不愿实行升值？

4.4 什么是对一国货币的投机攻击？为什么一国中央银行可能无法维持高估的货币，例如，英格兰银行在1967年无法维持高估的英镑？为什么一国中央银行可能不愿维持低估的货币，例如，德意志联邦银行在1971年不愿维持低估的德国马克？

4.5 固定汇率是如何约束通货膨胀性的货币政策的？

4.6 什么是欧洲货币联盟（EMU）？欧洲货币联盟的各国是如何从使用单一货币中获益的？使用单一货币以何种方式存在问题？

4.7 什么是盯住制？盯住制提供了哪些有利之处？这一制度可能会遇到什么问题？关于中国盯住元的价值的争议是什么？

问题和应用

4.8 在金本位下，通胀可能吗？考虑单个国家的情形和整个世界的情形。

4.9 【与第488页的**联系实际有关**】在讨论各国在20世纪30年代放弃金本位，或者说"单边贬值"时，加州大学伯克利分校的巴里·艾肯格林以及哥伦比亚大学的杰弗里·萨克斯认为："在所有单边贬值的案例中，货币贬值提高了贬值国的产出和就业。"解释20世纪30年代的放弃金本位如何会导致一国产出和就业的增长。

资料来源：Barry Eichengreen and Jeffrey Sachs, "Exchange Rates and Economics Recovery," *Journal of Economic History*, Vol. 45, No. 4, December 1985, p. 934.

4.10 评价下述论断："美国在1933年并没有真正放弃金本位。在布雷顿森林体系下，美国时刻准备着按固定的价格将美元兑换为黄金，这正是金本位的基本要求。"

4.11 为什么欧洲对固定汇率体系的支持趋向于高于美国？

4.12 【与本章开始的导入案例有关】2010年《经济学家》杂志上的一篇文章中写道：

关于如何拯救欧洲单一货币免于瓦解的争论是胶着的，因为欧元区的主导大国法国和德国同意欧元区内部需要更大的协调一致，但并不同意协调什么。

什么是"协调一致"？必须做什么才能使欧元得以幸存？

资料来源："Starting Into the Abyss," *Economist*, July 8, 2010.

4.13 【与第497页的**联系实际有关**】《纽约时报》1997年的一篇文章中写道：

韩国政府今天走向寻求来自国际货币基金组织的巨额救助。……该国电台报道的600亿美元的救助数字大约是国际货币基金组织上个月给予印度尼西亚救助的三倍以及几乎是国际货币基金组织8月份给予泰国的一揽子救助的四倍。

a. 什么是国际货币基金组织？IMF在"救助"一个国家的意思是什么？

b. 为什么IMF会在1997年救助韩国、印度尼西亚和泰国？救助的目的是什么？

资料来源：Nicholas Kristof, "South Korea Moves Closer to Requesting IMF Aid," *New York Times*, November 21, 1997.

4.14 总统巴拉克·奥巴马在2010年早期辩论中国的元对美元被高估时说，他想"证实我们的商品在价格上没有人为的膨胀，它们的商品在价格上没有人为的紧缩，这让我们处于巨大的竞争劣势。"

a. 元的价值与美国商品被"价格上人为的膨胀"或中国商品被"价格上人为的紧缩"有什么关系？

b. 为什么价格上的这一"膨胀"和"紧缩"会让美国商品处于竞争劣势？

资料来源：Edward Wong and Mark Landler, "China Rejects U. S. Complaints on Its Currency," *New York Times*, February 4, 2010.

数据练习

D16.1 只要中国的元被明显低估（元也被称为人民币——人民币是货币，元是主要的单位），中国的汇率政策就会受到争议。当本书在 2010 年 9 月开始印刷时，汇率是 6.807 7 元对 1 美元。登录 www. bloomberg. com，滚动到页面底端的红色区域，前往"Market Data"列，选择"Curren-cies"。利用货币转换器，在"from"行选择美元（USD），在"to"行选择中国人民币（CNY）。自 2010 年 9 月，元和美元之间的汇率是如何变化的？

D16.2 登录圣路易斯联储的经济数据网站（www. research. stlouisfed. org/fred2），报告美国的经常账户在过去的五年和过去的一年发生了什么变化。选择"U. S. Trade & International Transac-tions"，接着选择"Trade Balance"。在"Series ID"这一列下，从 BOPBCAA 中找出年度数据，从 BOABCA 中找出季度数据。

第 17 章　货币理论Ⅰ：总需求和总供给模型

学习目标

学完本章之后，你应该能够：

17.1　解释总需求曲线是如何推导出来的

17.2　解释总供给曲线是如何推导出来的

17.3　运用总需求和总供给模型说明宏观经济均衡

17.4　运用总需求和总供给模型说明货币政策的影响

美国面临较高失业率的"新常态"吗？

国民经济研究局（National Bureau of Economic Research，NBER）关于经济周期的时间测定被广泛接受。根据 NBER，已经被一致称为"大衰退"的经济衰退是从 2007 年 12 月开始并于 2009 年 7 月结束的。然而，失业率实际上在衰退结束之后却上升了：失业率在 2009 年 7 月已经是非常高的 9.4% 的水平，但到 2010 年 10 月已经上升到了 9.6%。失业率的广义度量把已经气馁并放弃寻找工作的一些人和由于无法找到全职工作而打零工的人也算作失业。失业率的这一度量指标在 2010 年 10 月是 17%，仅仅稍微低于其一年前的水平。同样，失业的人在更长的时间里依然处于失业状态。42% 的失业人口在 2010 年 10 月已经至少失业了 6 个月，一年前的这一数字是 36%，而 2007 年 4 月的这一数字仅为 17.5%。大约 150 万人已经失业了超过 99 周，这意味着他们不能再从政府获得失业保险的好处。

经济预测表明，经济增长不会快到在不久的将来将这些高的失业率降下来。联储预测，到 2011 年末，失业率仍然会在 8.5% 左右徘徊，而且直到 2013 年或更晚，失业率都不会回到 5%~5.5% 的充分就业水平。白宫经济学家的预测甚至更为悲观，其预计到经济衰退结束四年半之后的 2013 年末的失业率会在 6.8%。一些经济学家认为，即使这些悲观的预测也可能是乐观的。这些经济学家开始谈论"新常态"，即失业率会在若干年内一直维持在较高的水平。

较 2007 年之前的经济扩张时期，为什么失业率回到充分就业水平要缓慢得多？一些经济学家将原因指向了经济中的结构变化。在 2004—2005 年间，房地产建设平均占到了 GDP 的 6%。到 2010 年上半年，房地产建设仅占 GDP 的大约 2.5%。这一下降可能看起来并不大，但却相当于在新房支出上减少了超过 4 500 亿美元。毫不奇怪，建筑业的就业量从 2006 年春季的峰值到 2010 年 9 月减少了超过 200 万个岗位。经济衰退期间失去的工作岗位中的大约四分之一来自建筑业。房地产建设遭受的打击尤为严重，工作数量减少了毁灭性的 44%。由于收入和利润下降、家庭对投资于新的住宅更为谨慎以及企业削减工厂和办公建筑上的支出，住宅和商业建筑在经济衰退期间通常会萎缩。一些经济学家认为，在这种情况下，住宅建设支出再次回到 2005 年的水平需要若干年的时间。因此，过去在这一部门就业的很多人需要到其他地方寻找新的工作。这样做的话，工人们可能需要去学习新的技能或移居到国内其他地方。对于曾在依赖于建筑业的其他行业中就业的人，情况是类似的，如房地产抵押贷款、房地产评估以及家具、家电和建筑设备制造等行业。

在美国的汽车业，产出和就业也发生了类似的下降，2010 年的生产比 2005 年的峰值下降了大约 30%。通用汽车和克莱斯勒已经经历过破产并关闭了很多家工厂，其供应商也是如此。汽车业中失去的很多工作也可能一去不复返了。在做出必要的结构调整时，经济遇到的困难之一来自一些家庭在移居时遇到问题。由于房地产价格在国内很多地方下降了 20% 或更多，一些人发现，他们所欠的住房抵押贷款比他们的住房的价值还要多，这就使得出售住房和移居变得困难。

明尼阿波利斯联邦储备银行行长 Narayana Kocherlakota 在 2010 年声称，美国的劳动市场处于非同寻常的情形，某些行业中遭遇了高失业率，而与此同时，在其他行业中却存在大量的岗位空缺，尤其是制造业、石油开采业以及其他一些要求更为熟练的工人的行业。换言之，Kocherlakota 认为，在工人的技能和空缺岗位之间存在异乎寻常大的失谐。若无这一异乎寻常大的失谐，Kocherlakota 计算得到的失业率在 2010 年 8 月应是 6.5%，而不是 9.6%。经济结构变化的调整过程可能需要相当长的时间。

当联储在 2010 年思虑货币政策之时，它正在与一堆异常复杂的问题作斗争。

阅读第 529 页的政策透视，讨论联储对未来失业的预测。

资料来源：U. S. Bureau of Labor Satistics, Employment Situation Summary, August 2010, September 3, 2010; Board of Governors of the Federal Reserve System, Monetary Policy Report to the Congress, July 21, 2010; U. S. Bureau of Economic Analysis; Narayana Kocherlakata, "Back Inside the FOMC," speech delivered in Missoula, Montana, September 8, 2010; and Nelson D. Schwartz, "Jobless and Staying That Way," *New York Times*, August 7, 2010.

关键议题和问题

在第1章的结尾，我们指出，始于2007年的金融危机提出了关于金融体系的一系列重要问题。在回答这些问题的时候，我们将讨论金融体系的一些非常重要的方面。下面是本章的关键议题和问题：

议题： 在从金融危机复苏的过程中，失业率顽固地处于高水平。

问题： 如何解释始于2009年的经济扩张时期的高失业率？

在第528页回答

到目前为止，我们尚未直接考察货币政策的变化如何影响实际GDP和价格水平。在这一章和下一章，我们探讨货币理论（monetary theory）。货币理论涉及利用宏观经济模型探究货币供给和利率的变化与实际GDP和价格水平的变化之间的关系。在这一章，我们先从**总需求和总供给模型**（the aggregate demand and aggregate supply model，*AD-AS* model）开始。

17.1 总需求曲线

我们先考察对商品和服务的需求与价格水平之间的关系。经济学家从总支出的角度分析家庭、企业和政府对商品和服务的需求。对经济中商品和服务的产出的**总支出**（aggregate expenditure）等于下列各项之和：（1）家庭对商品和服务的消费支出，C；（2）企业对资本商品（如工厂、办公大楼和机床等）以及家庭对新住房的计划支出，I；（3）地方、州和联邦政府对商品和服务的购买（不包括诸如社会保障支出之类的对个人的转移支付），G；以及（4）净出口，NX，净出口是外国的企业和家庭对产自美国的商品和服务的支出减去美国的企业和家庭对产自其他国家的商品和服务的支出。因此，我们可以把总支出 AE 写为：

$$AE = C + I + G + NX$$

我们可以利用总支出的概念来构造**总需求曲线**（aggregate demand curve，*AD* curve），总需求曲线说明了家庭、企业和政府对商品和服务的总支出与价格水平之间的关系。在图17—1中，我们利用纵轴为价格水平 P、横轴为总产出 Y 的图形说明了总需求曲线。在下一节，我们通过分析价格水平变化对总支出各个组成部分的影响来推导出总需求曲线。

货币市场和总需求曲线

总需求曲线的形状和位置在决定产出和价格水平的均衡值中是非常重要的。

总需求曲线是向下倾斜的，因为如果其他条件不变，价格水平的上升减少了对商品和服务的总支出。我们可以通过简要地考察**货币市场**（market for money）来理解为什么价格水平的上升具有这一效应。[①] 货币市场涉及家庭和企业对M1（通货加支票存款）的

---

① 混淆警告：当经济学家提到"货币市场"（money market）时，他们通常指的是到期日等于或小于1年的债券市场，如国库券。有时候，经济学家也把货币需求和货币供给的分析称为"货币市场"。为了降低混淆的可能性，我们应用"货币市场"（money for market）这一措辞。

需求与由联储决定的 M1 的供给之间的相互作用。对货币市场的分析有时候又被称为**流动性偏好理论**（liquidity preference theory），这一术语是由英国经济学家约翰·梅纳德·凯恩斯（John Maynard Keynes）发明的。

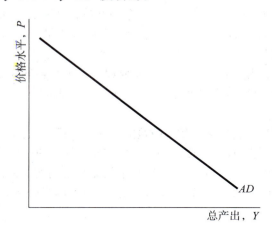

图 17—1　总需求曲线

总需求（AD）曲线说明了价格水平和总支出水平之间的关系。

　　家庭和企业对 M1 的需求量取决于价格水平。100 年前，那时的价格水平要低得多，家庭和企业需要较少的美元来完成其买卖活动。随着价格水平的上升，家庭和企业需要更大数量的美元。经济学家通过假定家庭和企业需求且联储供给**实际货币余额**（real money balances）M/P 来表达这一思想，此处的 M 是货币总量，如 M1，而 P 是价格水平的度量，如消费者价格指数或 GDP 价格紧缩指数（或称 GDP 价格指数）。

　　图 17—2（a）通过纵轴为短期名义利率，如国库券的利率，横轴为实际货币余额的数量的图形说明了货币市场。该图表明，家庭和企业对实际货币余额的需求是向下倾斜的。我们假定家庭和企业需求货币的首要原因是经济学家所称的**交易动机**（transactions motive），即持有货币作为一种交易媒介以方便买卖。然而，家庭和企业面临着在持有货币带来的便利和从货币上获得很低或零的收益之间的权衡取舍。诸如国库券之类的短期资产的利率越高，家庭和企业持有大量货币余额所放弃的收益就越多。因此，短期名义利率是**持有货币的机会成本**（opportunity cost of holding money）。利率越高，家庭和企业想要持有的实际余额的数量就越小。利率越低，家庭和企业想要持有的实际余额的数量就越大。因此，对实际余额的需求是向下倾斜的。我们把实际余额的供给表示为一条垂直线，因为我们假定联储可以完全地控制 M1 的水平。我们从第 14 章的讨论中知道，银行和公众的行为也会影响到 M1 的水平，但我们这里的简化并不显著影响分析。

　　在图 17—2（b）中，假定名义货币供给，即通货加上支票存款的美元价值保持不变，我们说明了价格水平上升对货币市场的影响。价格水平的上升减少了实际余额的供给，供给曲线从 $(M/P)_1^S$ 左移至 $(M/P)_2^S$。在供给曲线已经移动之后，在原来的均衡利率 i_1 处，实际余额的需求量就会大于供给量。家庭和企业就会通过出售短期资产，如国库券，来试图恢复其意愿的实际余额持有量。这一国库券供给的增加会压低其价格并提高国库券的利率。不断上升的短期利率会导致家庭和企业提升实际余额的需求曲线，直

至均衡在利率 i_2 得以恢复。我们可以得到结论：在保持其他条件不变的情况下，价格水平上升会导致利率上升。

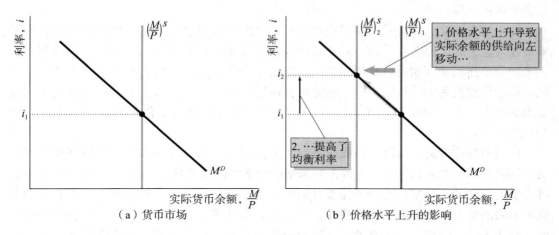

图 17—2 货币市场

在图（a）中，对实际余额的需求是向下倾斜的，因为较高的短期利率提高了持有货币的机会成本。实际余额的供给是一条垂直线，因为出于简化起见，我们假定联储可以完全控制 M1。在图（b）中，我们说明了价格水平上升引起实际余额的供给曲线从 $(M/P)^s_1$ 左移至 $(M/P)^s_2$，从而将均衡利率从 i_1 提高到了 i_2。

不断上升的利率使得企业不愿意投资于厂房和设备，而且对消费者产生了储蓄而不是支出的激励。如果我们在 AE 的表达式中包含这一行为，那么 C 和 I 会下降，AE 随着 P 的上升而下降。由于不断上升的利率对汇率的影响，因此也存在着净出口的变化。较高的本国利率使得本国金融资产的收益率相对于外国金融资产的收益率更具吸引力，这又提高了对本国货币的需求。对本国货币需求的上升提高了汇率，这又增加了进口并减少了出口，从而降低了 NX 和 AE。

相反，价格水平的下降提高了实际货币余额，导致了货币市场上利率的下降。较低的利率降低了储蓄（从而增加了消费）并提高了投资和净出口，因此，总支出水平上升。

我们可以从图 17—1 中看到，总需求曲线向右下方倾斜，产生了一个像个别商品的需求曲线一样的斜率。然而，从我们的分析中知道，总需求曲线倾斜的原因显然不同于个别商品需求曲线倾斜的原因。沿着总需求曲线的各点表示的是价格水平和总产出的均衡组合。正如我们在后面将会看到的，经济中哪一个均衡点实际上会成立取决于产出的供给。

总需求曲线的位移

图中总需求曲线的位置对于理解政策措施的影响是至关重要的。当对经济中的总产出的总支出在一个特定的价格水平下上升或下降时，总需求曲线就会发生位移。总需求曲线右移是扩张性的，因为每一个价格水平都与更高的总支出水平联系起来了。总需求曲线左移是紧缩性的，因为每一个价格水平都与更低的总支出水平联系起来了。

我们现在来回顾导致总需求曲线移动的关键因素。如果联储增加了名义货币供给，至少在初始的时候，价格水平并不会上升同样多，那么实际货币余额就会上升。接着货币市场的利率就会下降，这又会导致消费 C、投资 I 和净出口 NX 的同时增加。结果是，总支出上升了，总需求曲线右移。相反，如果联储减少了名义货币供给，实际货币余额在短期就下降了。结果是，均衡利率上升且消费、投资和净出口同时下降。总支出下降，总需求曲线左移。

　　如果消费者减少储蓄并增加消费支出 C，总需求曲线也会右移。如果消费者预期其未来收入会上升，那么储蓄的下降就可能发生。很多经济学家认为，减税带来的当期收入增加会提高消费。如果企业预期资本未来的盈利能力会上升或者营业税会下降，企业就会增加计划投资 I。政府购买 G 的提高直接增加了总支出。对美国生产的商品的国外需求的上升提高了净出口 NX。C、I、G 和 NX 中每一个的变化都会增加总支出并使 AD 曲线右移。

　　计划消费或投资、政府购买或净出口的下降都会使得 AD 曲线左移。消费的下降反映了预期的未来收入的下降或者可能对未来的经济情况缺乏信心。在 2007—2009 年的经济衰退期间及其后，家庭增加了储蓄并减少了消费，从而减少了总支出。如果企业预期资本未来的盈利能力会下降或者营业税会上升，企业就会减少计划投资。同样有证据表明，经济不确定性程度的上升可以导致企业推迟或取消投资项目。政府购买的下降直接减少了总支出，对美国生产的商品的国外需求的下降同样如此。表 17—1 概括了导致总需求曲线位移的因素。

表 17—1　　　　　　　　　　　　总需求曲线位移的决定因素

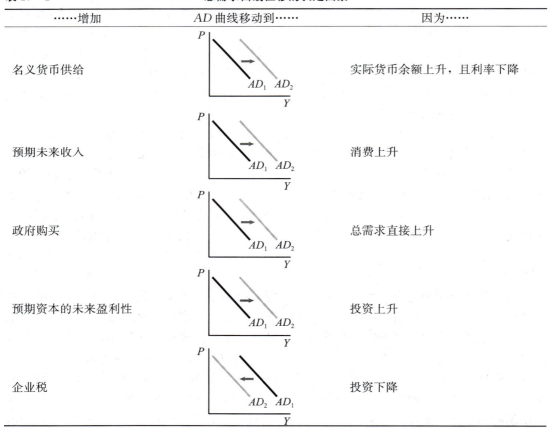

……增加	AD 曲线移动到……	因为……
名义货币供给		实际货币余额上升，且利率下降
预期未来收入		消费上升
政府购买		总需求直接上升
预期资本的未来盈利性		投资上升
企业税		投资下降

17.2　总供给曲线

AD-AS 模型的第二个组成部分是**总供给**（aggregate supply），即企业在给定的价格水平下愿意供给的总的产出量或实际 GDP。我们的初始目标是构造**短期总供给曲线**（short-run aggregate supply curve，*SRAS* curve），短期总供给曲线说明了价格水平和企业在短期愿意供给的总产出量或实际 GDP 之间的关系。

我们感兴趣的是短期总供给曲线的斜率和位置，然而，我们的分析并不像分析总需求曲线那样简单易懂。企业在短期和长期对价格水平变化的反应是不同的。因此，我们根据企业面临的时间范围来划分我们对总供给的分析。我们首先考察短期总供给曲线，接着转向长期总供给曲线。此外，经济学家对企业行为，尤其是短期的企业行为的看法并不完全一致。大多数经济学家认为，短期供给的总产出量随着价格水平的上升而增加。而且，大多数经济学家还认为，在长期，价格水平的变化对供给的总产出量不存在影响。然而，经济学家将这些模式归结为不同的原因。

虽然短期总供给曲线或许看起来很像一家个别企业面对的供给曲线，但它却代表着不同的行为。个别企业愿意供给的产出量取决于其产出的价格相对于其他商品和服务的价格。相比之下，短期总供给曲线将供给的总的产出量和价格水平联系起来了。

短期总供给曲线

关于短期总供给曲线（*SRAS* 曲线）为什么向上倾斜的一种解释被称为**新古典观点**（new classical view），并由芝加哥大学的诺贝尔经济学奖获得者小罗伯特·E·卢卡斯首次提出。这一方法因其强调企业在辨别其产品价格的相对上涨和价格水平的普遍上涨时存在困难，故有时也被称为**错觉理论**（misperception theory）。例如，假定你是一位玩具生产商，你看到玩具价格上涨了 15%。如果玩具的价格相对于其他价格上涨了，那么你可以得出对玩具的需求上升了而且你应该增加生产的结论。然而，如果经济中所有的价格都上涨了 15%，那么玩具的相对价格并未发生变化，你不太可能通过生产更多的玩具而增加利润。

当然，你只是众多生产商中的一位。通过一般化以包括经济中的所有生产商，我们发现了为什么错觉理论会提出供给的总产出的数量与价格水平之间的那种关系。假定经济中的所有价格均上升了 15%，但相对价格并没有变化。如果个别生产商未能认清形势，那么总产出会上升。产出的这一变化之所以会发生，是因为生产商认为价格上涨中的一部分代表了其产品的相对价格的上涨，因此它们增加了供给的产品数量。根据新古典主义的观点，对价格变化拥有完美信息的供应商，在遇到玩具价格上涨时，只有当这一上涨不同于预期的经济中一般价格水平的上涨时，才会通过提高供给的玩具数量来做出反应。如果所有的生产商都预期价格水平会上涨 10%，而你看到玩具的价格只上涨了 5%，你会减少你的玩具生产。如果价格水平实际上只上涨了 5%，（预期价格水平会上涨 10% 的）生产商会集体削减生产。

从对企业行为的这一描述中，我们可以得到一个短期内供给的总产出的方程式。新古典主义观点认为，在实际和预期价格水平之差与商品的总供给之间存在正向的关系。如果 P 是实际价格水平，P^e 是预期价格水平，根据新古典主义的观点，总产出和价格水平之间的关系为：

$$Y=Y^P+a(P-P^e)$$

其中，

$Y=$ 实际总产出或实际 GDP；

$Y^P=$ 潜在 GDP，或者说在经济处于充分就业时生产的实际产出水平（Y^P 有时也被称为充分就业 GDP）；

$a=$ 一个表示当实际价格水平不同于预期价格水平时产出会做出多大反应的正的常数。

当实际价格水平和预期价格水平相等时，方程表明供给的产出 Y 等于潜在 GDP，Y^P。当实际价格水平大于预期价格水平时，企业会提高产出；当实际价格水平小于预期价格水平时，企业会降低产出。因此，在短期，产出可能会高于或低于充分就业的产出水平，直到企业可以将相对价格的变化与一般价格水平的变化区别开来。因此，在短期内，对于一个特定的预期价格水平，实际价格水平的上升提高了供给的产出的总量。短期总供给曲线（SRAS）从而向上倾斜。

对于短期总供给曲线（SRAS）为什么向上倾斜的另一种解释来自约翰·梅纳德·凯恩斯及其追随者的论断，即短期内价格对总需求的变化做出反应时调整缓慢。也就是说，价格在短期是**黏性的**（sticky）。在价格黏性的最为极端的观点中，我们会看到一条水平的 SRAS 曲线，因为价格对总需求的上升或下降完全不做出调整。相反，企业会在不改变其价格的情况下调整其产出水平以适应新的需求水平。追随凯恩斯的价格黏性观点的当代经济学家已经寻找到一些价格在短期内调整失灵的原因。赞同新凯恩斯主义观点的经济学家利用很多现实世界中市场的特征（长期合约的刚性和不完美竞争）来解释价格行为。

刚性的一种形式源于工资（企业和工人之间）或中间品价格（企业与其供应商之间）的长期名义合约。在长期名义合约的情况下，工资率或价格是以名义的形式提前数月或数年设定的。当这一形式的合约存在时，企业无法轻易地改变价格以对需求的变化做出反应，因为其生产成本是固定的。虽然经济中存在大量的此类长期安排，但在一个特定期间，并非所有的合约同时面临更新，因为它们是交叠的（overlapping）或交错的（staggered）。因此，在当前时期，仅有一部分工资和价格可以调整。在长期，企业和工人会调整合约以适应需求的变化，但他们无法立即调整所有的合约。

新凯恩斯主义者也将价格黏性归因于市场结构的差异以及不同类型的市场上发生的价格设定决策。在小麦或国库券市场，产品是标准化的，众多交易者相互影响，价格对需求和供给的变动自由而迅速地作出调整。在此类竞争性市场中，个别交易者的买卖数量相对于总的市场交易量是很小的。例如，少数几个小麦农场主无法将其价格提高到其他小麦农场主的价格之上，因为没有人会买他们的小麦。然而，经济中的很多市场，如十分流行的服装、艺术品和医疗保健市场，并不像小麦或国库券那样有一个可连续调整的价格接受（price-taking）市场，因为其产品是非标准化的。当产品具有个体属性且每一种产品只有少数几个出售者时，垄断竞争就发生了。一位提高价格的出售者可能会发现需求的数量下降了，但不会下降到零。在垄断竞争市场中，出售者并不将价格视为既定，因为它们就是价格设定者。新凯恩斯主义经济学家认为，当改变价格存在成本时，在垄断竞争市场中，价格只是逐渐地调整。改变价格的成本——有时被称为**菜单成本**（menu costs），包括通知现在和潜在的顾客以及重新标记产品目录和商店货架上的价格。这些成本可能看起来并不大，那么为什么新凯恩斯主义者认为这些成本非常重要呢？

再次回想一下完全竞争市场：当一位在交易所（如小麦或普通股的交易所）中交易的产品或资产的出售者要求一个稍微高于其他出售者要求的价格时，这位出售者将会什么也卖不出去。然而，如果它的价格稍微高于市场价格，一家垄断竞争企业（如一家专卖流行衣服的小商店）不会失去很多顾客。若潜在的利润相对于改变价格的成本很小，则企业不会改变其价格。

不是在短期内连续地调整价格，一家垄断竞争企业可能会通过按报出的价格出售更多或更少的产品以适应需求的波动。对垄断竞争企业而言，这是一个合理的策略，因为产品价格高于边际成本，即生产额外一单位的成本。因此，当需求上升时，企业愿意出售额外的产出。在不调整价格的情况下对需求水平做出反应的后果是，企业产出的上升或下降取决于总需求。

当企业的价格具有黏性时，价格水平的上涨在短期内会提高这些企业的利润，从而引导企业提高产出。新凯恩斯主义观点隐含的短期总供给曲线是向上倾斜的：当前产出的上升导致短期内价格水平的上涨。经济中具有黏性价格的企业的比例越高，短期总供给曲线就越平坦。一方面，如果所有企业在短期内都具有黏性价格，那么短期总供给曲线将是水平的。另一方面，如果所有企业在短期内都具有完全弹性（灵活）的价格，那么短期总供给曲线将是垂直的。

长期总供给曲线

在新古典主义和新凯恩斯主义对总供给曲线的解释中，短期总供给曲线（SRAS）都是向上倾斜的，但这一关系在长期并不成立。在新古典主义的观点中，企业最终可以将其产品的相对价格的变化与价格水平的变化区别开来。在那一刻，实际的和预期的价格相等，即 $P = P^e$。前面说明当期产出 Y 的决定因素的新古典主义方程式表明，当实际价格水平等于预期价格水平时，当期产出等于潜在 GDP，Y^P。因此，长期总供给曲线（long-run aggregate supply curve, $LRAS$ curve）垂直于 Y^P 点。在新凯恩斯主义的观点中，短期内，很多投入成本是固定的，因此，企业可以在不经历投入成本上升与其产品价格等比例上升的情况下扩张产出。然而，随着时间的流逝，投入成本与价格水平同步上升，因此，长期内，具有黏性价格的企业和具有弹性价格的企业都会调整其价格以适应需求的变化。这与新古典主义的观点是一致的，长期总供给曲线垂直于潜在 GDP，或者说 $Y = Y^P$。

图 17—3 概括了价格水平和总产出之间的短期和长期总供给关系。

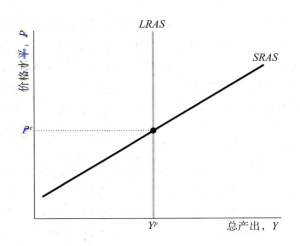

图 17—3   短期和长期总供给曲线

SRAS 曲线是向上倾斜的：当价格水平 P 超过预期价格水平 P^e 时，供给的产出的数量上升。在长期，实际和预期的价格水平是相同的。因此，LRAS 曲线在潜在 GDP 水平 Y^P 处是垂直的。

短期总供给曲线的位移

总供给曲线的位移可以解释产出在短期的变化。存在三种导致短期总供给曲线发生位移的主要因素：

1. **劳动成本的变化**   劳动通常占据了生产产出的大部分成本。当产出 Y 超过潜在 GDP 水平 Y^P 时，高产出量提高了对劳动的需求。较高的劳动需求接着推高了工资，提高了企业的劳动成本。因此，短期总供给曲线最终会向左位移，因为在任何给定的价格水平，当其成本较高时，企业会供给较少的产出。在产出下降到低于潜在 GDP 的情况下，企业开始解雇工人，工人的工资也会下降。生产成本的相应下降最终将导致短期总供给曲线向左位移。

2. **其他投入成本的变化**。价格或原材料的可得性或者生产技术的未预期到的变化会影响生产成本或短期总供给曲线。此类变化被称为供给冲击（supply shock）。供给冲击包括技术、天气或者石油及其他原材料的价格发生未预期到的变化。正面的供给冲击，如劳动节约技术的进步或者好的成长季节导致较低的食品价格，将导致短期总供给曲线向右位移。负面的供给冲击，如石油价格的上涨，将导致短期总供给曲线向左位移。

3. **预期价格水平的变化**。当工人就工资水平讨价还价时，他们将工资与他们购买的商品和服务的成本作比较。当工人预期价格水平会上涨时，他们会要求较高的名义工资以保持实际工资不变。类似地，企业也是通过将其产出的价格与其他商品和服务的预期价格作比较来做出供给多少产出的决策的。当预期的价格水平上升时，企业会提高价格以抵消较高的劳动和其他成本。预期价格水平的上升将导致短期总供给曲线向左位移。预期价格水平的下降将导致短期总供给曲线向右位移。这一位移的发生是因为随着名义工资和其他成本的下降，企业会降低价格，从而在每一给定的价格水平下都会供给更多的产出。

在西方经济顾问开出"休克疗法"药方的三年之后，1992年的结束给陷入困境的波兰经济带来了假日般的欢乐。像东欧的其他前共产主义国家一样，波兰也努力转变其中央计划经济并通过寻求激进的经济改革来去除价格管制，但波兰的改革比其他大部分国家都要激进得多。解除维持价格水平不变的价格管制提高了预期价格水平，导致短期总供给曲线向左位移。由于名义货币供给增长率的下降和很多补贴的消除也导致总需求曲线向左位移，短期总供给曲线的位移导致了产出在短期内的大幅下降。工厂的产出在1990年和1991年比1989年面临严重挫折的共产主义制度期间的产出水平下降了将近40%。

由于短期总供给曲线的位移，"休克疗法"的直接后果是价格水平的上涨和产出的下降。到1992年，波兰不断下降的总产出对通货膨胀产生了向下的压力。比起产出的短期变化，波兰的决策者们更为关心的是经济增长的长期前景。长期的价格管制和政府对生产的控制降低了波兰经济生产和分配商品和服务的效率。因此，重要的问题是改革是否会改善长期总供给的前景。

虽然专家们认为价格管制和政府配置资源的结束会带来更富效率和竞争力的企业，但显然很多个人的境况在短期内会恶化。波兰的这场赌博在于，认为这些短期成本会从波兰人民生产和消费可能性的长期收益中得到慷慨的补偿。

很多经济学家，尤其是哥伦比亚大学的杰弗里·萨克斯认为，波兰经济在1992年的反弹正是波兰长期总供给发生可喜转变的开始。中央计划的清除和工厂生产率的改进导致长期总供给曲线右移，提高了产出并缓和了通货膨胀压力。这些长期进步支配了波兰经济的未来增长，波兰经济在20世纪90年代剩下的时间里以及直到2007年金融危机前的整个21世纪初通常都显示出强劲的经济增长和持续下降的通货膨胀。

通过做第533页本章末的问题和应用2.11来检查一下你的理解。

长期总供给曲线的位移

长期总供给（LRAS）曲线说明了在一个特定的时间里经济中潜在的实际产出或GDP水平。LRAS曲线随时间而发生位移以反映潜在产出水平的增长。这一经济增长的源泉包括：（1）资本和劳动投入的增加；及（2）生产率增长的提高（每单位投入生产的产出）。

投入的增加提高了经济的生产能力。当企业投资于新的厂房和设备时——超过和高于仅仅替换旧的厂房和设备，它们增加了可供生产的资本存量。当人口增长或更多的人参与到劳动力队伍时，劳动投入增加了。对美国和其他国家产出增长的研究表明，在长期，产出增长的步伐也显著地受到生产率增长的影响。

此外，当企业每单位的投入可以生产更多的产出时，生产率增长发生了，如性能更好的计算机或更为训练有素的工人使得企业可以增加其产出时。

生产率增长变化的主要源泉是技术进步、工人培训和教育、政府对生产的调节以及能源价格的变化。石油价格在1973年的大幅上涨降低了高耗能行业的生产率，如货车运输业和塑料制品行业，在很多经济学家看来，导致了世界范围生产率增长的放缓。技术进步，如通信技术和计算机的进步，提高了生产率。很多经济学家认为，政府对环境、健康和安全的监管降低了实测的生产率增长，因为资本和劳动被投入于这些活动，而不是生产商品和服务。然而，政府监管的这些后果不一定意味着其不符合社会利益。例如，人类社会必须在清洁的空气或提高工作场所安全所带来的好处与生产率降低的潜在成本之间做出权衡。

表 17—2 概括了导致短期和长期总供给曲线位移的各种因素。

表 17—2   短期和长期总供给曲线位移的决定因素

……的上升	SRAS 曲线移动到……	因为……
劳动成本		生产成本上升
其他投入成本		生产成本上升
预期价格水平		工资和其他生产成本上升

……的上升	LRAS 曲线移动到……	因为……
资本和劳动投入		生产能力上升
生产率		用于生产产出的要素的效率上升

17.3　总需求和总供给模型中的均衡

总需求及短期和长期总供给是可以用于决定经济中的均衡产出水平和均衡价格水平

的**总需求和总供给模型**（aggregate demand and aggregate supply model，*AD-AS*）的组成部分。

由于企业供给产出的行为在短期和长期存在差异，我们拥有两个产出和价格水平的均衡值——短期均衡和长期均衡。

短期均衡

为了决定短期的产出和价格水平，我们将总需求（*AD*）曲线和短期总供给（*SRAS*）曲线结合起来。图 17—4 展示了这两条曲线。

经济的短期均衡发生在 *AD* 曲线和 *SRAS* 曲线相交的 E_1 点。没有其他点表示均衡。例如，*A* 点位于 *AD* 曲线上，但当价格水平为 P_2 时，企业会供给超过家庭和工商企业的需求的产出。价格水平会下降以恢复 E_1 点的均衡。*B* 点位于 *SRAS* 曲线上。然而，当价格水平为 P_3 时，家庭和工商企业对产出的需求超过了企业愿意生产的产出。价格水平会上升到 P_1，以平衡产出的需求量和产出的供给量。

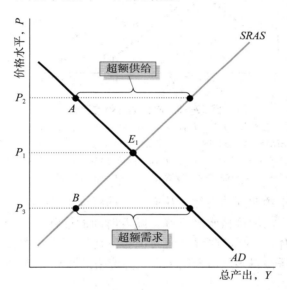

图 17—4　短期均衡

经济的短期均衡是由 *AD* 曲线和 *SRAS* 曲线相交的 E_1 点表示的。均衡的价格水平是 P_1。较高的价格水平对应于产出的超额供给（如 *A* 点），较低的价格水平对应于产出的超额需求（如 *B* 点）。

长期均衡

我们对经济短期均衡的分析提出了很多可能的产出和价格水平的组合，取决于总需求曲线和短期总供给曲线相交于何处。然而，在长期，价格水平调整将经济带到位于潜在 GDP 水平 Y^P 点的均衡。因此，经济的长期均衡发生在 *AD*、*SRAS* 和 *LRAS* 三条曲线相交的地方。在图 17—5 中，总供给曲线 AD_1 和短期总供给曲线 $SRAS_1$ 在 Y^P 点相交，价格水平为 P_1。

现在，假定总需求发生未预期到的扩张，将总需求曲线从 AD_1 右移到 AD_2。产出和价格水平短期内同时上升。新的短期均衡 E_2 位于 AD_2 曲线和 $SRAS_1$ 曲线的交点。但是随着时间的流逝，由于企业获悉一般价格水平已经上升了且随着投入成本的上升，$SRAS$ 曲线从 $SRAS_1$ 左移到 $SRAS_2$，这是因为在新的价格水平下，企业只愿意供给较少的产出。在长期，$SRAS$ 曲线将必须移动足够大的距离从而与 AD_2 相交于 Y^P。长期均衡位于 E_3 点，价格水平为 P_2，产出为 Y^P。

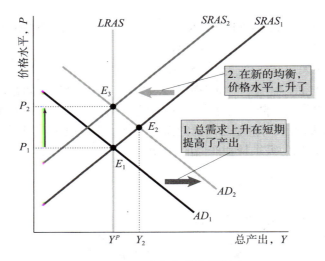

图 17—5　向长期均衡的调整

从一个初始均衡 E_1 开始，总需求上升将 AD 曲线从 AD_1 位移到 AD_2，产出从 Y^P 上升到 Y_2。由于 Y 大于 Y^P，价格上涨，将 $SRAS$ 曲线从 $SRAS_1$ 位移到 $SRAS_2$。经济的新均衡位于 E_3 点。产出已经返回到 Y^P，但价格水平上涨到了 P_2。$LRAS$ 曲线垂直于潜在 GDP 水平 Y^P 点。AD 曲线的位移只在短期内影响产出水平。虽然在新古典主义观点中，价格调整更为迅速，但这一结果在新古典和新凯恩斯主义中都是成立的。

如果总需求发生未预期到的萎缩，从而 AD 曲线向左位移，这一过程刚好与上面的相反。初始的时候，产出和价格水平下降。随着时间的推移，由于企业获悉价格水平已经下降且投入成本下降，$SRAS$ 曲线会向右位移。比起新古典主义，在新凯恩斯主义看来，这一调整过程要缓慢得多（由于很多企业的价格黏性）。在新的长期均衡，产出等于 Y^P，价格水平低于 P_1。

在长期，$LRAS$ 曲线垂直于潜在 GDP 水平 Y^P 点。经济会生产 Y^P，价格水平会对总需求的变动进行调整以确保经济处于均衡状态。由于 $LRAS$ 曲线是垂直的，经济学家通常认为，在长期，总需求的变动影响价格水平而不是产出水平。AD 的变动与价格水平之间的这一长期关系导致了**货币中性**（money neutrality）。例如，如果联储试图通过增加货币供给来刺激经济，在短期，产出和价格水平都会上升，但在长期，只有价格水平上涨，因为产出水平回到了 Y^P。相反，名义货币供给的下降在长期降低了价格水平，但对产出没有影响。因此，我们可以得出结论：货币供给的变动最终对产出没有影响。

美国的经济波动

我们可以利用 AD-AS 模型来解释过去的事件并预期未来的经济发展。当期产出的波动可以被总需求曲线或总供给曲线的位移所解释。现在，利用 AD-AS 分析来帮助我们解释美国的三次经济波动事件：（1）1964—1969 年的总需求冲击；（2）供给冲击、1973—1975 年的负面冲击以及 1995 年之后的正面冲击；（3）1990—1991 年对总需求的信贷收缩（credit crunch）冲击。接着，我们利用 *AD-AS* 分析来预测投资税收改革对产出和价格的影响。

总需求冲击，1964—1969 年。 到 1964 年，美国对越南冲突的参与已经发展到了准备一场大战，实际的政府购买——主要是军事装备和人员，自 1960 年以来已经扩张了 9％。这些支出从 1964 年到 1969 年间还会增长 21％。联储担心的是，由政府购买增加导致的总需求上升会提高货币需求和利率。为了避免利率上升，联储实施了扩张性的货币政策：M1 的年增长率从 1963 年的 3.7％提高到 1964 年的 7.7％。

财政扩张和货币扩张的组合导致总需求曲线向右的一系列移动。持续上升的总需求导致产出在 20 世纪 60 年代中期超过了潜在 GDP，对生产成本和价格水平造成了向上的压力。正如我们在用 *AD-AS* 图分析短期和长期均衡中所展示的，当产出上升到潜在 GDP 之上时，*SRAS* 曲线最终会向左移动，在一个更高的价格水平上恢复经济的充分就业均衡。

供给冲击，1973—1975 年及 1995 年之后。 到 20 世纪 70 年代早期，很多经济学家和决策者认为，通货膨胀倾向于发生在产出增长时期——当经济的均衡产出和价格水平的变化由总需求的变化驱动时，这是一个合理的结论。接着，美国和其他工业化国家的经济学家和决策者们对 1973 年和 1974 年发生的负面的供给冲击造成的一段时期内持续上升的价格和不断下降的产出感到大为震惊。在 1973 年，石油输出国组织（Organization of Petroleum Exporting Countries，OPEC）在世界石油市场上大幅减少了石油供给，试图惩罚美国和其他国家在 1973 年的阿以冲突中支持以色列。伴随着上涨了四倍的世界石油价格的是全世界糟糕的农作物收成导致食品价格的大幅上涨。在美国，这两项负面的供给冲击被 1971 年生效的政府工资和物价管制的取消强化了。随着这些管制措施的结束，企业提高价格，工人奋力争取在管制时期无法获得的高工资从而追上价格和工资的上涨。

在 *AD-AS* 分析中，这一组负面的供给冲击导致短期总供给曲线向左移动，提高了价格并降低了产出。事实上，产出在 1974 年和 1975 年下降了，而通胀却上升了。持续上升的通货膨胀与不断下降或陷入停滞状态的产出的这一组合被称为滞胀（stagflation）。不断下降的产出和持续上升的价格表明总供给冲击和总需求冲击都会改变经济的短期均衡。由 1978—1980 年间不断上涨的石油价格导致的负面的供给冲击产生了与上面类似的模式。

我们也可以考察有利的供给冲击，如美国经济在 20 世纪 90 年代后期和 21 世纪初期所经历的生产率增长的加速。很多经济学家认为，信息技术上的投资，尤其是与互联网"新经济"有关的技术，解释了生产率增长的这一上升。利用 *AD-AS* 分析可以说明这一有利的供给冲击。*SRAS* 和 *LRAS* 均向右移动，导致了产出提高并引起了价格水平的上涨小于通常情况下的上涨幅度。一些经济学家担心，与 2001 年 9 月 11 日的恐怖袭击和 2005 年的卡特里娜飓风有关的负面的供给冲击会削弱生产率增长，但即使在 2007—2009 年的经济衰退期间，潜在的生产率增长依然强劲。

信贷收缩与总需求，1990—1991 年。 正如我们在前面章节中讨论过的，**信贷收缩**（credit crunch），或者说银行放贷能力和意愿的下降，可以导致产出的下降。很多分析师认为，信贷收缩深化了 1990—1991 年的经济衰退。回想一下像银行那样的金融机构可能是那些几乎没有替代的融资来源的借款人的重要的资金供给者。在这次衰退中，两个事件可能导致了信贷收缩。首先，更为严厉的银行监管降低了银行的放贷能力。其次，房地产价值的下降和众多企业巨大的债务负担降低了银行在任意预期的实际利率水平下向借款人放贷的意愿。由于家庭和中小企业无法用其他的资金来源取代银行信贷，耐用消费品以及企业的厂房和设备投资下降了。

在 AD-AS 分析中，支出的下降转化为总支出的减少，AD 曲线向左移动。随着时间的推移，总需求的下降对价格产生了向下的压力，SRAS 曲线下移。事实上，产出增长在 1990—1991 年的衰退期间下跌了，通货膨胀从 1989 年的 4.3％下降到 1992 年的 2.9％。

投资与 2001 年的衰退。 始于 1991 年 3 月的美国经济扩张在恰好十年后终结了。2001 年相对短暂的衰退从 3 月持续到 11 月。经济衰退是商业投资下降导致的结果。在 20 世纪 90 年代末期，企业必须替换由于 2000 年到来会存在问题的电脑和软件——旧的电脑是用两位数存储年份的，这使得它们会混淆 2000 年和 1900 年。由于互联网的普及创造出许多新的商业机会，很多企业也大量投资于信息技术。然而，很多企业高估了建立网站和投资于快速数据传输的光纤电缆的盈利性。其结果是，当对未来盈利性的预期在 2000 年之后下降时，美国经济的资本积累超过企业的意愿水平。美国股票价格在 2000 年和 2001 年的大幅下挫反映了预期盈利性的下跌。实际资本存量超过意愿资本存量的这一过剩意味着商业投资暂时必须大幅下降。在 AD-AS 分析中，计划投资的下降使 AD 曲线左移，在衰退期间同时降低了产出增长和通货膨胀。

这一时期生产率增长的持续快速步伐导致 SRAS 和 LRAS 曲线向右移动，缓解了原来由于 AD 曲线移动会带来的产出下降。总供给的上升也增援了由于总需求下降带来的通货膨胀下行的压力。事实上，在 2002 年和 2003 年，一些经济学家担心美国会经历通货紧缩，即不断下降的一般价格水平，但这并没有发生。

投资激励是通货膨胀性的吗？ 20 世纪 90 年代末期，很多经济学家和决策者力劝考虑有助于刺激商业投资的税收改革。乔治·W·布什总统在 2002 年提出投资激励并赢得了国会的批准。这些改革包括：（1）费用的引入——企业立刻而不是逐步地注销新的厂房和设备购买；（2）降低资本成本的股息和资本利得税的削减。很多经济学家认为，这些改革会显著地提高商业投资需求和资本产品的产出。它们会提高通货膨胀吗？

在 AD-AS 分析中，对投资的刺激转化为总需求的上升，AD 曲线右移。然而，随着新的厂房和设备被安装，经济的生产能力提高了，SRAS 和 LRAS 曲线右移，降低了源于投资税收改革带来的通货膨胀压力。最近的证据表明，供给反应是明显的，投资激励不可能是通货膨胀性的。

2010 年 9 月，由于美国经济努力从 2007—2009 年的衰退中复苏，为了刺激总需求，巴拉克·奥巴马总统提出并在国会立法通过的《2010 年小企业就业法案》允许企业直到 2011 年末都可以将投资品支出计入费用。

17.4 货币政策的作用

商业周期（business cycle）是指交替出现的经济扩张时期和经济衰退时期。在一个商业周期中，产出在扩张期间增长，直到商业周期的顶峰。随着经济进入收缩或衰退，产出下降，直到产出再次开始扩张的谷底。这一模式的改变从几个月到几年，扩张和衰退在强度上有所不同。在第二次世界大战后的时期，1981—1982 年和 2007—2009 年的衰退尤其严重。

当经济进入衰退时，产出下降，失业上升。这些问题给个人和企业带来了困难。大多数经济学家认为，货币供给上升和利率下降可以提高短期产出。既然如此，那么联储利用货币政策通过降低经济衰退的严重程度和平滑产出的短期波动来稳定经济就是可能的。这样的**稳定性政策**（stabilization policy）通过改变货币供给和利率试图移动 AD 曲线。国会和总统采取诸如改变政府购买和税收水平来稳定经济的财政政策（fiscal policy）行动也是可行的。

扩张性的货币政策

假定经济受到总需求冲击的打击，如 2007 年所发生的新房支出的崩溃。图 17—6 说明了这一结果。在图（a）中，经济开始处于 E_1 点的均衡位置，E_1 点位于 AD、$SRAS_1$ 和 LRAS 三条曲线的交点。产出位于 Y^P，价格水平位于 P_1。作为总需求冲击的结果，总需求曲线从 AD_1 移动到 AD_2。经济进入了位于 E_2 的衰退，产出从 Y^P 下降到 Y_2，价格水平从 P_1 下降到 P_2。

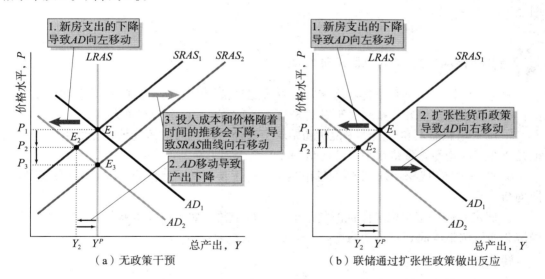

图 17—6　货币政策的作用

图（a）表明，从一个位于 E_1 点的初始充分就业均衡开始，一次总需求冲击将总需求曲线从 AD_1 移动到了 AD_2，产出从 Y^P 下降到了 Y_2。在 E_2 点，经济处于衰退中。随着时间的推移，价格水平向下调整，将经济恢复到位于 E_3 点的充分就业均衡。图（b）表明，从一个位于 E_1 点的初始充分就业均衡开始，一次总需求冲击将总需求曲线从 AD_1 移动到了 AD_2。在 E_2 点，经济处于衰退中。联储利用扩张性货币政策加速经济复苏，AD 曲线从 AD_2 移回 AD_1。相对于非干预的情形，经济恢复到充分就业更为迅速，但却带来了较高的长期价格水平。

此时，联储必须决定是否实施扩张性的货币政策。如果联储什么也没有做，我们从之前的分析中知道，经济最终会自我纠正。在 E_2 点，由于产出低于充分就业水平，随着时间的推移，投入成本和价格会下降，短期总供给曲线会向右移动，从 $SRAS_1$ 移动到 $SRAS_2$，并把经济带回位于 E_3 点的潜在 GDP 水平。经济最终会返回价格水平位于 P_3 点的潜在 GDP，但必要的成本和价格调整可能需要数年的时间，在这段时间，一些工人会遭遇失业，一些企业会遭受损失。

作为另一种选择，如图 17—6（b）所指出的，联储可以设法通过实施扩张性的货币政策来加速经济复苏。如我们在第 15 章所看到的，联储可以通过利用公开市场操作降低联邦基金利率的目标水平来实施扩张性的货币政策。扩张性政策会将总需求曲线右移，从 AD_2 移回 AD_1。经济会从位于 E_2 点的衰退移回位于 E_1 点的初始充分就业均衡。相对于如果联储采取了克制而不采用积极性政策的替代选择，在上述情形中，经济回到潜在 GDP 水平更为迅速。然而，稳定性政策也存在副作用：导致一个较在不采取任何行动的情况下更高的价格水平。

在 20 世纪 60 年代，很多经济学家鼓吹使用货币和财政政策平滑经济波动。然而，由于在形成和实施稳定性政策时存在可能的较长时滞，其他一些经济学家对试图**微调**（fine-tune）经济的有效性持怀疑态度。现在，大多数经济学家认为，由于这些时滞的存在，决策者不要指望能成功地平衡每一次经济波动。因此，经济学家通常提倡决策者关注如较低的通货膨胀或平稳的经济增长之类的长期目标。很多经济学家认为，决策者应该对使用激进主义政策应对大的经济低迷有所限制。当然，大的经济低迷正如 2007 年美国经济所经历的那样。

 解决问题 17.1：应对总需求和总供给冲击

假定经济初始位于充分就业均衡。接着假定经济同时遭遇负面的总需求和总供给冲击：石油价格大幅上升，家庭由于对其未来收入变得悲观，消费支出大幅下降。

a. 画一幅总需求和总供给图说明初始均衡和经过冲击后的短期均衡。我们能否确切地知道在新的均衡点价格水平上升还是下降？

b. 假定联储决定不用扩张性的货币政策进行干预。说明经济会如何调整以回到其长期均衡。

c. 假定联储决定采取扩张性的货币政策进行干预。如果联储的政策是成功的，说明经济会如何调整以回到其长期均衡。

解决问题

第一步　复习本章的内容。这一问题是关于联储实施扩张性货币政策的，因此，你也许需要复习"扩张性的货币政策"这一小节。

第二步　通过画出一幅合适的图形并解释我们能否知道价格水平是上升还是下降来回答（a）部分的问题。负面的总供给冲击会导致总供给曲线向左移动，从 $SRAS_1$ 移动到 $SRAS_2$，负面的总需求冲击会导致总需求曲线向左移动，从 AD_1 移动到 AD_2。你的图形应该看似这样的：

注意到由于我们已经画好了图形，价格水平从 P_1 上升到了 P_2，但也可能 AD 曲线向左移动的幅度大于 SRAS 曲线向左移动的幅度。在这种情况下，价格水平会下降。因此，如果经济同时遭遇到总供给和总需求冲击，我们就无法确切地判断价格水平会上升还是会下降。

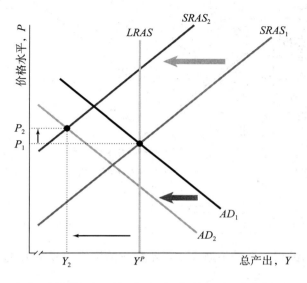

第三步 通过画出合适的图形回答（b）部分的问题。 我们从（a）部分描述的短期均衡出发，产出位于 Y_2，价格水平位于 P_2。由于产出 Y_2 低于充分就业水平，随着时间的推移，价格水平和投入成本会下降，短期总供给曲线向右移动，从 $SRAS_2$ 移动到 $SRAS_3$，最终会将经济带回到位于较低价格水平 P_3 的潜在 GDP 水平 Y^P。

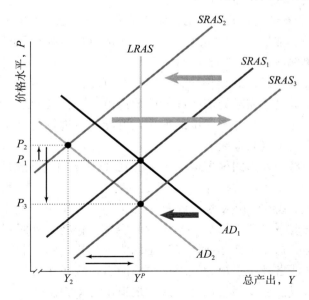

第四步 通过画出合适的图形回答（c）部分的问题。 我们再次从（a）部分描述的短期均衡出发，扩张性的货币政策会将总需求曲线从 AD_2 移动到 AD_3，经济会恢复到位于较高价格水平 P_3 的潜在 GDP 水平 Y^P。

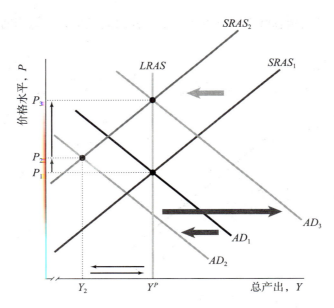

为了进行更多的练习，做一下第 534 页本章末的问题和应用 4.8。

货币政策在 2007—2009 年的经济衰退中无效吗?

正如我们在本章开始的时候所看到的，到 2010 年末，美国的失业率依然顽固地处于高位，实际 GDP 的上升还是令人失望地微乎其微。这些事实说明货币政策失灵了吗? 不一定。联储的确无法实现快速而平稳地恢复到图 17—6 (b) 所描述的充分就业。然而，正如我们在第 12 章所看到的，研究表明，无论是在美国还是其他国家，由金融危机引发的经济衰退几乎总是非常严重。正如我们在本章开始的时候所看到的，2007—2009 年的经济衰退并不是简单地由总需求的暂时性下降引起的。相反，非常重要的住宅建筑和汽车业产出的下降似乎源于经济的结构变化，因此很可能会持续很长时间，甚至也许是永久性的。因此，旨在提高总需求的扩张性货币政策可能不会成功地让从这些行业中失去工作的人再次就业。相反，这些工人中的很多人可能需要进行适应新岗位的再培训或者移居到就业正在上升的国内其他地区。

换言之，联储内部和外部的很多经济学家在 2010 年感到疑惑的是久居不下的高失业率是否会导致总供给在长期内的下降。一些经济学家认为，在大家所熟知的**滞后作用**(hysteresis) 过程中，总需求较大的、负面的位移实际上降低了充分就业的产出水平。在存在滞后作用的情况下，图 17—6 (a) 所示的经济在长期自动回到之前的充分就业产出水平的过程中断了。这一中断之所以发生是因为，如果高的失业率持续下去，更多的工人会失去能力——或者被雇主视为缺乏现时的能力，从而在重新就业时存在困难。此外，长期失业的工人可能会变得气馁并永久性地退出劳动力队伍。寻找新工作时遇到的这些障碍导致了长期的高失业水平和较低的产出水平。

一些经济学家认为，很多欧洲国家在 20 世纪 80 年代和 90 年代发生的持久性的高失业率正反映了滞后作用。根据这一分析，在 20 世纪 70 年代的石油价格冲击之后，这些国家的失业率上升了。当失业率持久性地保持在之前的充分就业水平之上时，滞后作用开始出现，失业率顽固地保持在高水平上。其他经济学家并不认可滞后作用对欧洲的持久性失业的解释并对此持怀疑的态度。这些经济学家将矛头指向了政府政策，如慷慨的失业保险金、高税率以及对企业雇佣和解雇工人的限制，以此来解释为什么这些国家的就业增长如此缓慢。

在2010年，一些经济学家认为，与总供给有关的问题可能不是来自滞后作用，而是源于联储主席本·伯南克所称的经济环境中的"异常不确定性"。当企业考虑新的资本支出、增加雇佣或引入新产品时，他们很自然地更喜欢宏观经济环境中的不确定性尽可能地小。由于2007—2009年的金融危机和经济衰退比二战后的任何一次都更为严重，不确定性程度的上升是不可避免的。然而，在2010年，另外的不确定性来源可能已经导致一些企业比在正常情况下生产了较少的产出和雇用了较少的工人。在2010年3月，国会通过了《可负担的医疗法案》（Affordable Care Act），这一法案大幅修改了美国的医疗保健系统。一些中小企业的业主担心法案提高了雇佣工人的成本，因为这一法案要求企业要么为工人提供健康保险，要么接受政府的处罚。在2010年中期，对国会可能会中止2001—2003年间通过税收减免也存在忧虑，提高了很多小企业的业主就其利润缴纳的个人税率。最后，正如我们在前述各章讨论过的，很多中小企业发现它们无法获得银行贷款以扩展其业务。经济学家对这些因素在何种程度上——胜过总需求不足——阻碍了雇佣和产出增长争论不休。

因此，联储发现自己进退维谷：只有当经济遇到的主要问题是总需求不足时，采取传统的提高产出增长率的扩张性货币政策才会有效。然而，如果问题在于总供给，传统政策就会失效。由于经济在很大程度上正行驶在未知水域，是总需求还是总供给是更大的问题并不清楚。

☑ 联系实际：这像 1939 年吗？

在2007—2009年的经济衰退及其之后，经济学家和决策者考虑到来自20世纪30年代大萧条的事件是否可以为正在发生的事情提供某些洞见。大萧条也涉及一场金融危机并持续了超过十年的时间，决策者们在2010年并不希望这一模式重演。我们已经看到，本·伯南克对20世纪30年代早期的银行恐慌的学术研究引导他在2008年采取了积极的行动来拯救大型金融企业。

大萧条的一个显著特征是20世纪30年代末期的高失业率。正如我们在第14章讨论过的，这一高失业率部分源于1937—1938年的经济衰退，联储通过一系列提高法定准备金的行动在不经意间助长了这次衰退。西北大学的罗伯特·戈登将目光投向了美国在1939年的情形。虽然估计数字有所不同，但戈登认为，那一年的失业率超过了17%，超过三分之一的失业工人已经在超过一年的时间里没有找到工作了。虽然失业率高企，但几乎不存在工资和价格下降并通过图17—6（a）所展示的过程推动经济回到充分就业的迹象。一些经济学家认为，1939年的高失业率是由于总需求出了问题，而另一些经济学家却认为是总供给出了问题。赞同总供给解释的经济学家将矛头指向了国会在20世纪30

年代制定的大幅提高税率的法律；工会化、罢工和劳工的不安定；以及在富兰克林·罗斯福总统的新政下被他们视为是对私有产权的破坏的那些东西。这一争论对应了经济学家在分析 2010 年的经济形势时提出的一些观点。

戈登并不同意总供给的论断，相反，其观点认为美国经济正在遭受由总需求不足带来的滞后作用的影响。他认为，当国会在 1940 年为了准备美国参与第二次世界大战而开始大幅度提高军事产品的支出时，总产出迅速扩张了，失业下降了。换言之，一旦总需求出现足够大的上升，产出和就业扩张的障碍就消失了。然而，戈登的解释遭到了挑战。经济学家罗伯特·希格斯（Robert Higgs）认为，20 世纪 30 年代的高失业率是由新政政策带来的制度不确定性造成的。他认为，由于 1940—1945 年的产出增长主要来自战争物资和军事工业，失业下降是由于征兵和军事工业就业的增长，真正的繁荣直到 1945 年战争结束后才到来。战后的繁荣是由于：

罗斯福的去世和哈里·S·杜鲁门及其政府的接任，完成了从一个投资者认为充满不确定性的政治制度到一个他们感到对其私有产权的安全性充满信心的制度的转变。……虽然联邦政府支出从异常高的战时水平大幅削减，但投资者主导了刺激经济重返持续繁荣的投资热潮。

希格斯的论断也受到一些经济学家的批评，这些经济学家认为，从罗斯福到杜鲁门政府的政治转变并不像希格斯所说的那样富有戏剧性。毫无疑问，经济学家会继续探讨 20 世纪 30 年代的美国经济和始于 2007 的金融危机之后的美国经济之间存在的惊人的相似之处。

资料来源：Robert J. Gordon, "Back to the Future: European Unemployment Today Viewed from America in 1939," *Brookings Papers on Economic Activity*, Vol. 19, No. 1, 1988, pp. 271-312; and Robert Higgs, *Depression, War, and Cold War: Challenging the Myths of Conflict and Prosperity*, Oakland, CA: Independent Institute, 2009.

通过做第 535 页本章末的问题和应用 4.11 和 4.12 来检查一下你的理解。

回答关键问题

续第 509 页

在本章开始的时候，我们提出了如下问题：

"如何解释始于 2009 年的经济扩张时期的高失业率？"

正如我们在本章所看到的，失业率在 2010 年末依然在 9% 以上，这一数字在二战后的时期非同寻常地高。经济学家对失业率为什么如此之高的意见并不一致。一些经济学家认为，这是由于总需求不足并提出通过传统的宏观经济稳定政策可以实现产出和就业的扩张。然而，其他经济学家却认为是总供给出了问题，要么由于住宅建设和汽车业的重要性在长期内潜在的下降，要么由于经济不确定性的上升。

阅读下面的**政策透视**，讨论联储对未来失业率的预测。

政策透视：虽然有低利率加上财政刺激，但失业率还是居高不下

《国际商业时报》

联储官员认为高失业还会持续数年

失业很可能会长期居高不下，两位联储官员在星期三说道，这表明美国的中央银行并不急于……改变其超低利率政策。

芝加哥联邦储备银行行长 Charles Evans 和联邦储备理事 Elizabeth Duke 的这一稳健评论是在一份预期表明美国的非农工资在 6 月下降的政府报告出台的两天前做出的。如果真的发生了，那么 6 月份会标志着今年月度非农工资的首次下降……

ⓐ**与此同时，失业率是 9.7%，"失业率下降到我们可接受的水平还需要许多年的时间。"Evans 在 CNBC 一次罕见的 30 分钟的现场采访中说道。**

整体看来，低通胀和高失业的组合意味着，联储当前的扩张性货币政策还是有必要的，他说。

联储在 2008 年 12 月将利率削减至接近于零的水平以帮助逆转几十年来最严重的经济衰退，通过购买抵押贷款支持资产向金融体系注入了超过 1 万亿美元。上周，联储重申会保持低利率"更长的时间"。

芝加哥联储的 Evans 说："我们已经提供了巨量的信贷供给。"

"我打算密切关注形势，如果不管需要向哪个方向调整政策，我都会做出反应。"他补充道。

ⓑ**联储理事 Duke 在星期三也持谨慎的态度，并认为美国的劳动市场在经济的缓慢反弹中很可能只会缓慢地复苏。**

"以这种复苏的速度，你不会非常快地创造工作岗位。"她在俄亥俄州首府哥伦布举行的银行业会议中回答问题时说道。"我认为，劳动市场要得以恢复还需要很长的时间。"

"政策制定者可以采取的提高企业和家庭的信贷可获得性的最重要的步骤是实现稳定的经济复苏。"她说。

联储曾"强力地"制定了信贷供给政策，Duke 说道。

Duke 是联储的政策制定机构——联邦公开市场委员会的投票成员……

尽管金融危机正在减弱，Duke 说，贷款却并没有恢复。

随着经济活动的恢复和前景的明朗，信贷的需求和供给很可能会改善，她说。但是，在贷款重新回到危机前的水平之前还需要数年的时间。

期货交易员完全不认为今年的利率会上升，并没有看到短期贷款利率上升的可能性……直到明年 3 月份的 FOMC 会议之前。

在联储内部，Evans 说，最具争议性的问题围绕着对未来通货膨胀的看法，一些人担心未来价格上涨过快，其他人担心的是价格上涨放缓，也就是通货紧缩。

Evans 支持美国政府去年的巨额财政刺激计划，并认为其在逆转经济和心理方面是有效的。

在复苏过程的这一时刻提供更多的刺激会是"相当艰难的"，他说……

ⓒ欧洲的债务灾难对美国的经济增长造成了风险，美国的企业仍然徘徊于"重置需求"，而不是推动经济增长所需的"扩张性需求"，Evans 说道。

资料来源：Excerpted from "Fed Officials See High Unemployment For Years" by Ann Saphir. *International Business Times*, June 30，2010. Reprinted with permission.

文中要点

联邦储备官员 Charles Evans 和 Elizabeth Duke 在其 2010 年 6 月所做的演说中承认美国的失业率在未来几年内仍然会居高不下。他们强调，联邦储备会维持宽松的货币政策，该政策已经向经济中注入了超过 1 万亿美元。虽然金融危机正在退却，但 Duke 说，贷款并没有恢复，贷款要重新回到危机前的水平尚需数年的时间。交易员们并没有预期利率在 2011 年 3 月之前会上升。Evans 说，一些联邦储备官员担心价格会过快上升，而其他一些官员则担心通货紧缩的可能性。虽然 Evans 为美国政府 2009 年的财政刺激计划做了辩护，但他还说，让国会通过更多的财政刺激会是"相当难的"。Evans 认为欧洲债务危机对美国经济增长是一种风险并解释说企业当前的反应是"置换性投资"，而不是经济增长所需的"扩张性投资"。

新闻解读

ⓐ2010 年 6 月，很多经济学家预测，在美国的失业率重新回到"可接受的"水平之前还需要若干年的时间。随着从 2007—2009 年的经济衰退中缓慢复苏，当时的失业率是9.7%。经济学家估计的自然失业率大约是 5%。在 2010 年夏，国内的劳动力大约是1.54 亿，因此，对于 5% 的失业率，失业的数量应该等于 770 万。实际的失业数量要高得多，大约是 1 460 万。

ⓑ下图说明了经济衰退前的经济位于 E_1 点（产出＝Y^P，价格水平＝P_1）的长期均衡。经济衰退是由住房和金融危机引起的，将总需求从 AD_1 移动到了 AD_2。从衰退中的复苏受到建筑业和金融业中的结构变化的阻碍。工人受雇的时间越长，对他们来说找到工作就越困难，因为他们需要重新培训和重新定位。虽然有积极的货币和财政政策，总需求还是没有增加到足以使经济返回其长期均衡。最终，短期总供给曲线会从 $SRAS_1$ 移动到 $SRAS_2$，经济会回到 E_3 点的均衡，但这需要若干年的时间，联储的官员们担心，这所需的制止通货膨胀（disinflation）——或者说通货紧缩（deflation）——会带来又一场衰退。

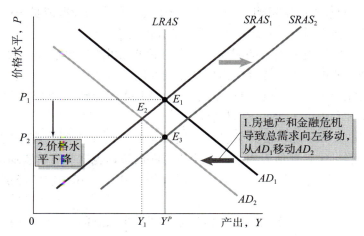

ⓒ美国无法依靠自身尚陷入债务危机的欧洲国家来提高对美国的进口需求。企业一直在为已经折价的资本进行置换而支出（"置换性需求"），但并没有在新的资产上支出很多（"扩张性需求"）。

严肃思考

1. 解释为什么一些经济学家声称在从 2007—2009 年的经济衰退中复苏期间的高失业率持久性正是"滞后作用"的证据。

2. Charles Evans 说，一些联邦储备官员担心通货膨胀率会因扩张性的货币和财政政策而上升。但他又声称，其他官员担心出现通货紧缩的可能性，即通货膨胀率的下降。经济学家早已认识到了通货膨胀率上升对经济造成的伤害，但他们为什么还担心通货膨胀率会下降？

本章小结和问题

关键术语和概念

总需求曲线	长期总供给曲线	短期总供给曲线
总供给	货币中性	稳定政策
商业周期	实际货币余额	供给冲击

17.1 总需求曲线

解释总需求曲线是如何推导出来的。

小结

对经济产出的**总支出**是消费支出、计划投资支出、政府采购和净出口之和：$AE=C+I+G+NX$。**总需求**曲线说明了总支出和总的价格水平之间的关系。货币市场说明了实际货币余额的供给和需求之间的相互影响，**实际货币余额**是家庭和企业持有的对价格水平的变化做过调整的货币的价值，或者说 M/P。总需求曲线是向下倾斜的，因为价格水平的上升导致了货币市场上更高的利率水平，较高的利率降低了消费、计划投资和净出口。联储可以通过实施扩张性的货币政策引起总需求曲线向右移动，通过实施紧缩性的货币政策引起总需求曲线向左移动。

复习题

1.1　什么是总支出？简要描述总支出的四大组成部分。

1.2　为什么总需求曲线是向下倾斜的？

1.3　什么是实际货币余额？家庭和企业需要货币的主要原因是什么？为什么对实际货币余额的需求是向下倾斜的？

1.4　利率上升如何影响下列每一种类型的对总产出的支出？

　　a. 企业对厂房和设备的投资支出；

　　b. 家庭的消费支出；

　　c. 净出口。

1.5　简要解释下列每一种总需求曲线是向右还是向左移动？

　　a. 联储出售 100 亿美元的美国国库债券；

b. 联邦政府发起重建全国高速公路的庞大计划；

c. 联邦政府削减公司利润税；

d. 美元的对外交换价值上升；

e. 企业对厂房和机器支出的未来盈利性变得悲观。

问题和应用

1.6　为什么价格水平的上升不是导致实际货币余额的需求曲线向右移动？随着价格的上升，难道企业和家庭不需要更多的货币吗？

1.7　在货币市场，利用一幅图形解释价格水平下降对均衡利率的影响。利率变动如何影响计划投资支出、消费支出和净出口？

1.8　利用一幅实际货币余额的需求和供给图形说明联储公开市场购买美国国库债券的影响。利用你的图形中的结论来解释为什么当联储购买国库债券时总需求曲线会移动。

1.9　从 21 世纪头 10 年早期到中期，股票价格和住房价格显著上升了。家庭财富的这一上升会对储蓄率和消费支出产生什么影响？股票价格和住房价格的上涨会如何影响总需求？

1.10　在离开其职位之前不久，奥巴马政府的总统经济顾问委员会主席克里斯蒂娜·罗默说道："对决策者而言，在短期内增加总需求的唯一不会出错的方法是政府多支出、少征税。"罗默指的是哪一个决策者？简要解释为什么政府多支出、少征税会提高总需求。

资料来源：Deborah Solomon，"Romer：'Spend More，Tax Less' to Boost Economy，"*Wall Street Journal*，*September* 1，2010．

17.2　总供给曲线

解释总供给曲线是如何推导出来的。

小结

短期总供给曲线表示短期内企业在每一价格水平下供给的总产出或 GDP 的数量。长期总供给曲线垂直于潜在的 GDP 水平。**长期总供给曲线**随着时间的推移而移动以反映潜在 GDP 的增长。这一经济增长的来源包括：（1）资本存量和劳动投入的增加；以及（2）生产率增长的上升（每单位投入生产的产出）。短期总供给曲线是向上倾斜的。在新古典主义看来，总体价格水平未预期到的上升在短期内提高了企业愿意供给的产出的数量。在新凯恩斯主义看来，短期总供给曲线是向上倾斜的，因为很多企业具有黏性价格。新古典主义和新凯恩斯主义都认为，短期总供给曲线的移动反映了预期价格水平或企业的生产成本的变动。**供给冲击**是引起短期总供给曲线移动的生产成本或技术上的未预期到的变化。

复习题

2.1　什么是总供给？短期总供给曲线与长期总供给曲线的斜率有何不同？

2.2　在新古典主义看来，为什么企业无法区别一般价格水平的上涨与其产品的相对价格的上涨？

2.3　在新凯恩斯主义的观点中，术语**价格黏性**（price stickiness）指的是什么？什么可以解释价格黏性？

2.4　哪些因素会导致短期总供给曲线移动？

2.5　哪些因素会导致长期总供给曲线移动？

问题和应用

2.6　利用方程式 $Y=Y^P+a(P-P^e)$ 来解释为什么在新古典主义看来短期总供给曲线是向上倾斜的、长期总供给曲线是垂直的。

2.7　用图形说明下列各项对短期总供给曲线的影响：

a. 预期价格水平下降；

b. 石油价格下降；

c. 比现在的电脑快十倍的个人电脑的开发；

d. 由于产出超过充分就业的产出水平，工资上涨；

e. 严重的冬季暴风雪影响到美国的大片地区。

2.8 在为《纽约时报》的撰稿中，乔治·梅森大学的泰勒·科文认为，投资税收优惠，即允许企业减少其一定比例的新实物资本支出的税收，"会鼓励投资并同时提升总需求和总供给。这种政策被肯尼迪总统在 20 世纪 60 年代和里根总统在 20 世纪 80 年代成功地运用过。"解释为什么投资税收优惠可能会引起总需求和总供给的同时上升。

资料来源：Tyler Cowen, "Cut Taxes, Print More Money," *New York Times*, June 24, 2010.

2.9 《经济学家》杂志上的一篇文章中提到："经济供给商品和服务的潜力是由诸如劳动力和资本存量以及通货膨胀预期之类的因素决定的。"你同意这一系列潜在 GDP 的决定因素吗？简要解释。

资料来源："Money's Muddled Message," *Economist*, May 19, 2009.

2.10 如果长期总供给曲线发生位移，短期总供给曲线也必须移动吗？如果短期总供给曲线发生位移，长期总供给曲线也必须移动吗？（提示：考虑导致每一条曲线移动的因素并决定这些因素是否也导致其他曲线移动。)

2.11 【与第 517 页的**联系实际有关**】东欧在采取计划经济时期，政府对工资和物价实施了管制。在这些管制措施下，某些价格每次都是数年不变。大多数经济学家坚信，随着时间的推移，价格管制扭曲了经济的资源配置。假定价格管制的这一观点是正确的，它们会如何影响长期总供给？随着东欧各国走向市场导向的经济，它们取消了大部分的工资和物价管制。这些管制措施的取消会如何影响总需求和总供给？

17.3 总需求和总供给模型中的均衡

利用总需求和总供给模型说明宏观经济均衡。

小结

经济的短期均衡产出和价格水平出现在 AD 曲线和 SRAS 曲线的交点。经济的长期均衡出现在 AD 曲线、SRAS 曲线和 LRAS 曲线的交点。在短期，AD 曲线的移动可以使总产出离开其潜在 GDP 水平，但在长期，产出总是等于潜在 GDP。经济表现出**货币中性**意味着货币供给的变动在长期内对产出没有影响。

复习题

3.1 在一幅图形中说明 AD-AS 模型，短期均衡发生在哪里？长期均衡发生在什么产出水平？

3.2 当经济处于产出大于潜在 GDP 的短期均衡时，短期总供给曲线会怎么样？简要解释为什么会这样。

3.3 假定经济初始处于位于潜在 GDP 水平的均衡状态。如果总需求出现下降，利用一幅 AD-AS 图形说明其在短期和长期对价格水平和产出水平的影响。

3.4 简要解释经济从短期均衡向长期均衡的调整是在新古典主义观点还是新凯恩斯主义观点中更快一些？

3.5 什么是货币中性？

问题和应用

3.6 经济可以处于短期宏观经济均衡而不是长期宏观经济均衡吗？经济可以处于长期宏观经济均衡而

不是短期宏观经济均衡吗？利用一幅 *AD-AS* 图形来支持你的答案。

3.7 《经济学家》杂志上的一篇文章中写道："造成更大的通胀比听起来要困难得多……这需要总需求返回或超过潜在产出。"利用一幅 *AD-AS* 图形来说明为什么大于潜在 GDP 的总需求会导致通货膨胀。在 *AD-AS* 模型中，总需求大于潜在 GDP 是导致通货膨胀出现的唯一途径吗？简要解释。
资料来源："A Winding Path to Inflation," *Economist*，June 3, 2010.

3.8 假定在第 1 年，价格水平等于 110，产出水平等于 14 万亿美元；在第 2 年，价格水平等于 104，产出水平等于 13 万亿美元。在 *AD-AS* 模型中，总需求曲线或总供给曲线的何种移动能解释价格水平和产出水平从第 1 年到第 2 年所发生的变动？

3.9 假定经济在初始的时候处于位于潜在 GDP 的均衡状态。利用一幅 *AD-AS* 图形来说明政府购买增加在短期和长期对价格水平和产出水平的影响。解释在你的图形中发生了什么。

3.10 假定经济在初始的时候处于位于潜在 GDP 的均衡状态。假定欧洲出现了导致其对美国生产的产品的需求减少的收入下降。利用一幅 *AD-AS* 图形来说明欧洲的收入下降在短期和长期对美国的产出和价格水平的影响。

17.4 货币政策的作用

利用总需求和总供给模型说明货币政策的作用。

小结

在商业周期中，产出在扩张时期增长，在衰退时期收缩。稳定性政策试图通过 *AD* 曲线的移动来抵消商业周期的影响。扩张性的政策会导致 *AD* 曲线向右移动，紧缩性的政策会导致 *AD* 曲线向左移动。大多数经济学家质疑稳定性政策可以微调经济从而使得产出总是处于充分就业水平，但稳定性政策在应对经济的大幅衰退时是有作用的。经济学家对从 2007—2009 年的经济衰退中缓慢复苏是应归因于总需求的问题还是总供给的问题争论不休。

复习题

4.1 什么是商业周期？

4.2 什么是稳定性政策？在总需求和总供给模型中，稳定性政策试图移动哪一条曲线？

4.3 为什么微调经济的企图可能是无效的？除了微调，经济学家通常建议决策者做什么？

4.4 联储可能会用什么政策来抵消总需求冲击？

4.5 什么是滞后作用？其对经济造成了什么问题？

问题和应用

4.6 联储可以采用扩张性或紧缩性政策来移动总需求曲线。利用一幅 *AD-AS* 图形说明货币政策应被如何使用来将产出恢复到潜在 GDP，当：
  a. 总需求曲线在潜在 GDP 的左边与短期总供给曲线相交。简要解释联储会如何执行这一政策。
  b. 总需求曲线在潜在 GDP 的右边与短期总供给曲线相交。简要解释联储会如何执行这一政策。

4.7 假定经济可以自我纠正并返回到潜在 GDP，为什么在负面的需求冲击发生后联储还会执行扩张性的货币政策？联储执行扩张性货币政策如何才能优于经济的自我调整？另一方面，在给定货币政策行动存在时滞的情况下，联储的扩张性货币政策会如何伤害经济？

4.8 【与第 524 页的**解决问题** 17.1 有关】假定经济在初始的时候处于潜在 GDP 的均衡状态。接着，假定经济同时遭遇到正面的总需求冲击和负面的总供给冲击：石油价格大幅上涨，美国向欧洲的出口大幅上升。
  a. 利用一幅 *AD-AS* 图形说明初始的均衡和经过冲击之后的短期均衡。我们能确切地知道在新的均衡产出水平是高于还是低于潜在 GDP 吗?

b. 假定联储决定不用货币政策进行干预。说明经济将会如何调整从而回到长期均衡。

c. 现在假定联储决定利用货币政策进行干预。如果联储的政策是成功的,说明经济会如何调整从而回到长期均衡。

4.9 我们通常认为导致 AD 曲线移动的因素不同于导致 LRAS 曲线移动的因素。在出现滞后作用 (hysteresis) 的情况下,这仍然成立吗?简要解释。

4.10 【与本章开始的导入案例有关】在 2010 年 9 月的一次演讲中,明尼阿波利斯联邦储备银行的行长 Narayana Kocherlakota 提到:

2009 年 7 月到 2010 年 6 月间,岗位空缺率上升了大约 20%。在这种情形下,我们预期失业率会下降,因为人们发现找到工作很容易。然而,在这一时期,失业率实际上却略微上升了。岗位空缺率被定义为岗位空缺的数量——即可得的未满岗位,除以岗位空缺与就业之和。如果岗位空缺率在 2009 年 7 月—2010 年 6 月间上升了,为什么失业率没有下降?

资料来源:Narayana Kocherlakota,"Back inside the FOMC," speech delivered in Missoula, Montana,September 8,2010.

4.11 【与第 527 页的**联系实际**有关】在为《纽约时报》的撰稿中,乔治·梅森大学的经济学家泰勒·科文认为:"简言之,不是众所周知的新政政策,而主要是扩张性的货币政策以及战时来自欧洲的订单使美国经济走出了萧条。"科文的观点是与罗伯特·戈登还是罗伯特·希格斯的更为一致?简要解释。

资料来源:Tyler Cowen,"The New Deal Didn't Always Work Either," *New York Times*,November 21,2008.

4.12 【与第 527 页的**联系实际**有关】经济学家罗伯特·戈登写过如下的话:

更甚于凄凉的十年萧条中的其他年份,1939 年的美国经济显示出滑入低就业陷阱的各种迹象。虽然失业率居高不下,但价格依然高企,而且没有任何下降的趋势。

a. 戈登所说的"低就业陷阱"的意思是什么?(提示:回想一下戈登对 1939 年的高失业率的解释,如在联系实际中讨论过的。)

b. 为什么从失业率高企,而价格却不下降这一事实中可以得到经济处于低就业陷阱的结论?

资料来源:Robert J. Gordon,"Back to the Future:European Unemployment Today Viewed from America in 1939," *Brookings Papers on Economic Activity*,Vol. 19,No. 1,1988,pp. 272.

4.13 2010 年 4 月,当时还是总统经济顾问委员会主席的克里斯蒂娜·罗默提到:"压倒一切的证据表明当前非常高的——非常令人不安的——整体和长期失业不是一个单独的结构性问题,而主要是周期性问题。"罗默认为 2010 年的高失业主要是由于总需求的问题还是总供给的问题?简要解释。

资料来源:Sewell Chan,"Unemployment Tied to Big Drop in Demand," *New York Times*,April 17,2010.

数据练习

D17.1 登录《总统经济报告:2010 年报告电子表格》网址 www.gpoaccess.gov/eop/tables10.html。(如果想要 2010 年之后的报告,在网址里把 10 改成 11 或 12,取决于具体的年份。)在表格中,使用表格 B.2,"Real Gross Domestic Product,1960 - 2009"来获得实际国内生产总值,以及表格 B.3,"Quantity and price indexes for gross domestic product,and percent changes,1960 - 2009"来获得 GDP 隐含的价格紧缩指数。

a. 在一幅 AD-AS 图形中,利用来自《总统经济报告》的真实 GDP 的实际值和 GDP 隐含的价格紧缩指数来说明 1960 年和 2007 年的均衡。假定经济在这两年均处于潜在 GDP 的均衡水平。长期总供给从 1960 年到 2007 年发生了什么变化？给定 GDP 隐含的价格紧缩指数的上升，总需求比长期总供给增长得更慢还是更快？

b. 在一幅 *AD-AS* 图形中，利用来自《总统经济报告》的真实 GDP 的实际值和 GDP 隐含的价格紧缩指数来说明 1973 年和 1975 年的均衡。假定经济在 1973 年处于潜在 GDP 的均衡水平，但在 1975 年只是处于短期均衡。给定真实 GDP 的变动以及 GDP 隐含的价格紧缩指数，短期总供给从 1973 年到 1975 年发生了什么变化？

第 18 章　　货币理论Ⅱ：*IS-MP* 模型

学习目标

学完本章之后，你应该能够：

18.1　理解什么是 *IS* 曲线及其是如何推导出来的

18.2　解释 *MP* 曲线和菲利普斯曲线的重要性

18.3　运用 *IS-MP* 模型来说明宏观经济均衡

18.4　讨论货币政策的非传统渠道

18A　运用 *IS-LM* 模型来说明宏观经济均衡

联储预测经济

当联储在 2010 年 7 月向国会报告说，它正在调低对经济在 2010 年剩余时间的增长预测时，这并不是一个好消息。联储在这之前一直预测在整个 2010 年实际 GDP 的增长将是大约 3.5%，但现在却将增长调低到了 3.25%。这是一年多来联储首次调低对经济增长的预测。在向国会作证时，联储主席本·伯南克指出："住房市场仍然非常脆弱"，"对家庭支出最重要的拖累因素是劳动市场的缓慢复苏以及对于工作预期的不确定性。"伯南克也指出了另一个导致联储调低经济预测的因素："金融状况——虽然自金融危机以来已经获得了显著改善——但最近几个月以来变得对经济增长缺乏支持作用。"

联储并非唯一一家在 2010 年中期调低经济增长预测的机构。较该年早些时候的预测，很多私人机构也预期经济在 2010 年的剩余时间和 2011 年会增长较慢。英格兰银行也将其对英国在随后三年的年度实际 GDP 增长从 3.6％调低到了 3.0％，并指出美国经济的缓慢增长将会降低英国的出口。法国总统尼古拉斯·萨科齐（Nicholas Sarkozy）宣布，法国政府正在将法国经济在 2011 年的实际 GDP 增长率从 2.5％调低到 2.0％。这些对经济增长率预测的小幅调整可能看似并不是一个大问题。然而，在 2010 年中期，即使在 2007—2009 年的经济衰退在 2009 年 7 月已经结束之后，美国的失业率水平仍然位于 9.5％以上。如果没有产出的显著快速增长，在若干年已经过去之后，经济也不会有重新回到充分就业水平的希望。

在决定货币政策时，联储对未来经济增长的预测是至关重要的。联储知道，利率和货币供给的变化对经济的影响存在滞后，因此，今天实施的政策在一年或更长的时间内不会对经济产生充分的影响。因此，对于经济在未来可能出现的状态有所了解有助于今天的政策制定。在进行经济预测时，联储、外国中央银行和私人预测机构通常依赖于宏观经济模型。在这一章，我们考察一个有助于我们分析联储的政策如何影响关键的宏观经济变量的模型。

第 565 页的政策透视讨论了联储在 2010 年晚些时候正在考虑实行的四种政策选项以对美国经济实施进一步的刺激。

资料来源：Ben S. Bernanke, "Semiannual Monetary Policy Report to the Congress," Committee on Banking, Housing, and Urban Affairs, U.S. Senate, July 21, 2010; Board of Governors of the Federal Reserve System, "Monetary Policy Report to the Congress," July 21, 2010; Julia Werdigier and Hiroko Tabuchi, "Blaming a Slow Recovery, the Bank of England Trims Its Economic Forecast," *New York Times*, August 11, 2010; and William Horobin, "France Dims Outlook for 2011," *Wall Street Journal*, August 21-22, 2010.

关键议题和问题

在第 1 章的结尾，我们指出，始于 2007 年的金融危机提出了关于金融体系的一系列重要问题。在回答这些问题的时候，我们将讨论金融体系的一些非常重要的方面。下面是本章的关键议题和问题：

议题：到 2008 年 12 月，美联储已经将目标联邦基金的利率推至接近于 0 的水平。

问题：在何种情况下，通过降低目标联邦基金利率来应对衰退不太可能有效？

在第 565 页回答

在第 17 章，我们讨论了基本的总需求和总供给（AD-AS）模型。虽然这一模型提供了关于价格水平和实际 GDP 水平在短期内如何决定的洞见，但其存在一些重要的缺陷。首先，AD-AS 模型隐含地假定实际 GDP 的充分就业水平保持不变，而实际上它每年都在增长。其次，模型提供了对价格水平的解释，但没有提供对价格水平变化，即通货膨胀率的解释。然而，相对于价格水平，我们通常对通货膨胀率更感兴趣。最后，模型并没有明确地考虑联储如何对不断变化的经济条件作出反应。在这一章，我们构建 IS-MP 模型，这一模型提供了一个关于实际 GDP、通胀率和利率的更为完备的解释。

18.1　*IS* 曲线

在这一章，我们将构建 *IS-MP* 模型（*IS-MP* model），相对于总需求和总供给（*AD-AS*）模型，这一模型是一个更为完备的宏观经济模型。[①] 我们将利用 *IS-MP* 模型来分析联储政策的影响。我们应该强调，"完备"是一个相对的术语。为了便于使用，每一个模型都必须简化现实。*IS-MP* 模型较 *AD-AS* 模型更为完备，并可以回答 *AD-AS* 模型无法回答的一些问题。然而，*IS-MP* 模型相对于很多其他的宏观经济模型仍然是不完备的，包括联储用于预测经济的一些模型。决定一个模型是否太过简化——或者不够简化——取决于模型被应用的环境。就我们的目的而言，*IS-MP* 模型对于解释联储政策的关键方面已经足够完备了。

IS-MP 模型包括如下三个部分：

1. **IS 曲线**（*IS* curve），这一曲线表示商品和服务市场的均衡。

2. **MP 曲线**（*MP* curve），这一曲线表示联储的货币政策。

3. **菲利普斯曲线**（Phillips curve），这一曲线表示产出缺口（产出缺口是实际的和潜在的真实 GDP 之间的差额）与通货膨胀率之间的短期关系。

我们首先分析 *IS* 曲线。

产品市场的均衡

我们从第 17 章中看到，经济学家将全部产品和服务上的**总支出**（aggregate demand），或者说实际 GDP，视为等于消费需求 C；企业的厂房和设备、存货以及住房的投资需求 I；政府对产品和服务的购买 G；以及净出口（或者说，产品和服务的出口减去产品和服务的进口）NX 之和。因此，我们可以将总支出 AE 写为：

$$AE = C + I + G + NX$$

回忆一下，国内生产总值（GDP）是一国在一段时期内，通常是一年，生产的所有最终产品和服务的市场价值。名义 GDP 是利用当年的价格计算的，而实际 GDP 是利用基年的价格计算的。由于实际 GDP 给出了关于一国产出的一个很好的度量，且根据价格水平的变化做出了修正，因此，实际 GDP 是我们在本章中将要使用的总产出的度量标准。**产品市场**（goods market）包括经济在某一特定时点生产的所有最终产品和服务的交易，即包括在实际 GDP 中的所有产品。当对产品和服务的需求的价值（总支出，AE）等于生产的产品和服务的价值（实际 GDP，Y）时，产品市场的均衡就出现了。因此，在均衡时：

$$AE = Y$$

总支出小于实际 GDP 时会怎样呢？在这种情况下，生产的某些产品未被出售，且未被出售的产品的存货就会增加。例如，如果通用汽车公司（General Motors）在某一特定月

---

① 经济学家喜欢使用缩写词，即使缩写词有时会令人感到神秘。在该种情形中，*IS* 代表投资和储蓄，而 *MP* 代表货币政策。关于这一模型的历史起源的讨论，参见后面的联系实际。

份生产并向经销商供应了 250 000 辆汽车，但该月仅出售了 225 000 辆汽车，那么通用汽车经销商的汽车场地上的汽车存货将会增加 25 000 辆汽车。（请注意，由于存货是被作为投资的一部分来计算的，在这一情形中，**实际投资支出**（actual investment spending）将会超过**计划投资支出**（planned investment spending）。）如果需求的下降不仅影响到汽车，而且也影响到其他的产品和服务，那么企业可能会减少生产并解雇工人：实际 GDP 和就业就会下降，经济就会陷入衰退。

然而，如果总支出大于 GDP，那么支出将会超过生产，企业会出售超过之前预期的更多的产品和服务。如果通用汽车公司生产了 250 000 辆汽车，但出售了 300 000 辆汽车，那么汽车经销商的汽车场地上的汽车存货就会减少 50 000 辆。（在这一情形中，由于企业意外地出现了存货下降，实际投资支出将会小于计划投资支出。）经销商很可能会增加向通用汽车工厂的订单。如果销售超过生产不仅出现在汽车上，而且也出现在其他产品和服务上，企业可能就会增加生产并雇用更多的工人：实际 GDP 和就业就会上升，经济就会进入扩张。

只有当总支出等于 GDP 时，企业才会出售其愿意出售的数量。在这种情形中，企业不会遇到未预期的存货变化，它们也就没有增加或减少生产的动机了。产品市场将处于均衡状态。表 18—1 概括了总支出和 GDP 之间的关系。

表 18—1 总支出和 GDP 之间的关系

如果总支出……	那么……	而且……
等于 GDP	不存在未预期到的存货变动	产品市场处于均衡状态
小于 GDP	存货上升	GDP 和就业下降
大于 GDP	存货下降	GDP 和就业上升

请回忆一下你的经济学原理课程，利用 **45°线交叉图**（45°-line diagram）是说明产品市场均衡的一种方法。45°线交叉图分析是基于简化的假定，即在总支出的四个组成部分（C，I，G 和 NX）中，实际 GDP 的变化仅仅影响消费支出 C。为了明白为什么消费取决于 GDP，请回忆一下，当我们在度量总生产的价值时，我们同时也在度量总收入的价值。事实的确如此。例如，当你用 10 美元在百思买购买了一台 DVD 时（不考虑你所支付的销售税），全部的 10 美元成为某个人的收入。10 美元中的一部分成为操作现金出纳机的人员的工资，一部分成为百思买的利润，一部分成为生产 DVD 的工人的工资，等等。如果我们加总购买的所有产品和服务的价值，我们也加总了经济在该时期产生的所有当期收入。（销售税和其他一些相对不重要的项目使得在 GDP 的价值和国民收入（national income）的价值之间存在一些差异，正如在联邦政府的统计数据中所表现的。但这一差异并不影响我们的目的。）

研究表明，当家庭的当期收入上升时，其支出更多；当家庭的当期收入下降时，其支出更少。[1] 当期消费支出与当期收入（或 GDP）之间的关系被称为消费函数（con-

---

[1] 很多经济学家认为，消费可以由一个家庭的持久收入（permanent income）而不是当期收入更好地解释。一个家庭的持久收入是其预期的整个时期的收入水平。一个家庭的当期收入可能不同于其持久收入，这是由于暂时的失业、生病、中奖、某一年相当高或相当低的投资收入，等等。就我们的目的而言，在此处可以忽视这一复杂性。

sumption function）。从代数上看，我们可以写作：

$$C=MPC\times Y$$

其中，MPC 表示边际消费倾向且是 0~1 之间的一个数字。如果我们考察 GDP 变化对消费的影响，那么 $MPC=\Delta C/\Delta Y$，或者说，消费的变动除以 GDP 或收入的变动。例如，如果 MPC 等于 0.90，那么家庭花费其额外赚到的每一美元中的 0.90 美元。

由于我们在集中考察 GDP 变化对总支出的影响，假定 I、G 和 NX 不依赖于 GDP 等同于假定其值是固定的。我们可以指定其上带有一横杠的一个变量具有一个固定的值。因而，我们有如下的关于总支出的表达式，代入上述 C 的表达式：

$$AE=(MPC\times Y)+\bar{I}+\bar{G}+\overline{NX}$$

图 18—1 利用 45°线交叉图通过图形说明了产品市场的均衡。在纵轴上，我们度量了经济中的全部支出，或者说总支出，AE。在横轴上，我们度量了实际 GDP，或者说实际总收入，Y。45°线表示到两个坐标轴距离相等的所有点，或者在该情形中 $AE=Y$ 的所有点。因此，沿着 45°线的任何一点都是产品市场上潜在的一个均衡点。然而，在任意给定的时间，均衡是总支出线与 45°线相交的一点。我们将总支出线画为向上倾斜的，这是因为，随着 GDP 的增加，消费支出会上升，而总支出的其他组成部分保持不变。

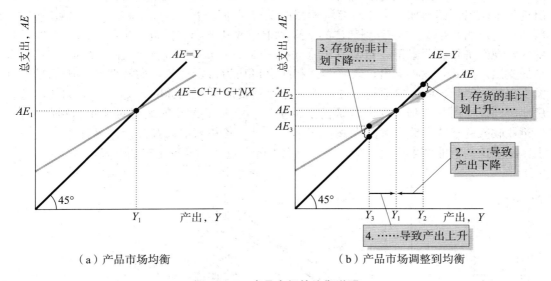

（a）产品市场均衡　　　　　　（b）产品市场调整到均衡

图 18—1　产品市场的均衡说明

图（a）说明产品市场的均衡出现在产出水平 Y_1，此处的 AE 线与 45°线相交。在图（b）中，如果初始的产出水平是 Y_2，总支出是 AE_2。由于支出小于生产，存在未预料到的存货增加。不断上升的存货导致企业削减生产，经济会沿着 AE 线下移直到其达到位于 Y_1 产出水平的均衡点。如果初始的产出水平位于 Y_3，总支出是 AE_3。由于支出大于生产，存在未预料到的存货减少。不断下降的存货导致企业增加生产，经济会沿着 AE 线上移直到其达到位于 Y_1 产出水平的均衡点。

图 18—1（a）表明，产品市场的均衡出现在产出水平 Y_1，此处的 AE 线与 45°线相交。图（b）说明了为什么产品市场在其他产出水平下并不处于均衡状态。例如，如果初始的产出水平是 Y_2，而总支出仅为 AE_2。由于支出小于生产，存在未预料到的存货增

加。不断上升的存货导致企业削减生产，经济会沿着 AE 线下移直到其达到位于 Y_1 产出水平的均衡点。如果初始的产出水平位于 Y_3，总支出是 AE_3。由于支出大于生产，存在未预料到的存货减少。不断下降的存货导致企业增加生产，经济会沿着 AE 线上移直到其达到位于 Y_1 产出水平的均衡点。

潜在 GDP 和乘数效应

在图 18—1 中，Y_1 是均衡的 GDP 水平，但其不一定是决策者想要实现的水平。联储的目标是让均衡的 GDP 接近于**潜在的 GDP**（potential GDP），潜在的 GDP 是当所有企业都充分利用其生产能力时可以获得的实际 GDP 水平。一家企业的生产能力并不是该企业能够生产的最大产出。相反，是该企业在正常的运营时间、利用正常的劳动规模时的产出。在潜在的 GDP 水平，经济实现了充分就业，周期性失业被降低到了 0。因此，潜在的 GDP 有时也被称为**充分就业的 GDP**（full-employment GDP）。随着劳动力的增长、新工厂和办公建筑的建造、新机器和设备的安装以及技术变化的出现，潜在的 GDP 随时间的推移而上升。

在图 18—2 中，如果经济的初始均衡位于潜在的 GDP 水平，Y^P，接着总支出出现了下降，我们看一下会发生什么。假定房地产建设的支出下降了，因而，总支出中的投资部分 I 下降了。因此，总支出线从 AE_1 移动到了 AE_2。由于现在的支出低于生产，存货出现了未预料到的增加。企业对存货积累的反应是削减生产，经济将 AE 线下移到一个新的均衡产出水平 Y_2。注意到产出的下降大于导致其下降的投资支出的下降。在这一基础的宏观经济模型背景下，**自发支出**（autonomous expenditure）是并不依赖于 GDP 水平的支出。因此，投资支出、政府购买和净出口均为自发性的，而消费支出则不是。自发支出的下降导致收入的等量下降，这又导致消费的**引致**（induced）下降。例如，随着房地产建设支出的下降，住房建筑商削减生产、解雇工人并削减其对建筑材料的需求。建筑业收入的下降导致家庭减少其在汽车、家具、各种家电以及其他产品和服务上的支出。随着这些行业中生产的下降，收入也会下降，进一步导致生产的下降，等等。

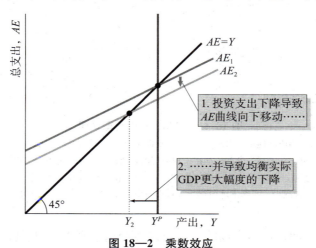

图 18—2　乘数效应

经济初始位于潜在 GDP，Y^P 点的均衡，接着，总支出中的投资部分 I 下降了。结果是，总支出线从 AE_1 移动到 AE_2。经济将 AE 线向下移动到新的均衡产出水平 Y_2。产出的下降大于导致其下降的投资支出的下降。

由于初始的自发支出的变化引致的消费支出的系列变化被称为**乘数效应**（multiplier effect）。**乘数**（multiplier）是均衡 GDP 的变化除以一次自发支出的变化。用符号表示，投资支出的一次变化的乘数是：

$$乘数 = \frac{\Delta Y}{\Delta I}$$

乘数有多大呢？在我们的这一简单模型中，乘数是相当大的。为了明白这一点，回忆一下我们将总支出表达为：

$$AE = (MPC \times Y) + \bar{I} + \bar{G} + \overline{NX}$$

在均衡时：

$$Y = AE$$

因此，代入后我们得到：

$$Y = (MPC \times Y) + \bar{I} + \bar{G} + \overline{NX}$$

重新整理各项得：

$$Y = \frac{\bar{I} + \bar{G} + \overline{NX}}{1 - MPC}$$

如果投资变动了，而政府购买和净出口保持不变，那么我们有：

$$\Delta Y = \frac{\Delta I}{1 - MPC}$$

重新整理各项得：

$$\frac{\Delta Y}{\Delta I} = \frac{1}{1 - MPC}$$

如我们之前所假定的，如果 MPC 等于 0.90，那么乘数的值等于：

$$\frac{\Delta Y}{\Delta I} = \frac{1}{1 - 0.90} = \frac{1}{0.10} = 10$$

换言之，投资支出下降 10 亿美元会导致均衡的实际 GDP 下降 100 亿美元。当乘数分析法由英国经济学家约翰·梅纳德·凯恩斯及其追随者在 20 世纪 30 年代首次提出时，他们认为，较大的乘数效应有助于解释大萧条的严重性：如果乘数较大，一次相对较小的投资支出下降可以导致像美国和欧洲经历过的较大的 GDP 下降。

❓ 解决问题 18.1：计算均衡的实际 GDP

利用下面的数据计算均衡的实际 GDP 水平和投资支出乘数的值：

$$C = MPC \times Y = 0.8 \times Y$$
$$\bar{I} = 16\ 000\ 亿美元$$

$$\overline{G} = 13\ 000\ 亿美元$$
$$\overline{NX} = -4\ 000\ 亿美元$$

解决问题

第一步 **复习本章的内容**。这一问题是关于计算均衡实际 GDP 值和乘数值的，因此，你也许需要复习"产品市场的均衡"这一小节，以及"潜在 GDP 和乘数效应"这一小节。

第二步 **利用数据来计算均衡的实际 GDP**。我们知道，在均衡时，总支出等于实际 GDP。总支出的表达式为：

$$AE = (MPC \times Y) + \overline{I} + \overline{G} + \overline{NX}$$

因此，在均衡时：

$$Y = AE = (MPC \times Y) + \overline{I} + \overline{G} + \overline{NX}$$

代入上述数据可以得到：

$$Y = 0.8Y + 16\ 000\ 亿美元 + 13\ 000\ 亿美元 + (-4\ 000\ 亿美元)$$
$$0.2Y = 25\ 000\ 亿美元$$
$$Y = \frac{25\ 000}{0.2} = 125\ 000\ 亿美元$$

第三步 **从给定的数据中计算乘数的值**。投资支出乘数的表达式为：

$$\frac{\Delta Y}{\Delta I} = \frac{1}{1 - MPC}$$

由于 $MPC = 0.8$，乘数的值为：

$$\frac{1}{1 - 0.8} = \frac{1}{0.2} = 5$$

为了进行更多的练习，做一下第 568 页本章末的问题和应用 1.7。

凯恩斯及其追随者认为乘数的值较大，这导致其对财政政策的有效性持乐观主义的观点。**财政政策**（fiscal policy）指的是旨在实现宏观经济政策目标的联邦政府的购买和税收的变化。正如存在一个投资支出乘数，同样存在一个政府购买乘数：

$$\frac{\Delta Y}{\Delta G} = \frac{1}{1 - MPC}$$

因此，如果 MPC 等于 0.9，那么政府购买乘数也是 10。在这个例子中，如果实际 GDP 低于其潜在水平 2 000 亿美元，那么国会和总统可以利用财政政策，通过增加政府购买 200 亿美元（＝2 000 亿美元/10），从而将实际 GDP 恢复到其潜在水平。

然而，事实上，早期对乘数大小的一些估计得到了过大的乘数值。我们的简单模型——类似于凯恩斯及其追随者在 20 世纪 30 年代所使用的——忽视了几项会引起乘数的大小小于我们这里所给出的数值的因素。这些现实世界的复杂因素包括 GDP 增加对进口、价格水平、利率和个人所得税等的影响。

在 2009 年早些时候，奥巴马政府提出并在国会通过了《美国经济复苏和再投资法案》（American Recovery and Reinvestment Act），这一法案涉及总额达 7 870 亿美元的政府购买增加和减税，这是到目前为止美国历史上最大的一次财政政策行动。在提出这一政策行动时，白宫的经济学家估计政府购买乘数的值为 1.57，这意味着每增加 10 亿美元的政府购买将会增加 15.7 亿美元的均衡实际 GDP。这一估计值与我们之前计算出来的大小为 10 的简单乘数存在很大的差距。然而，一些经济学家认为，即使是 1.57 的估计值也太高了。少数经济学家甚至认为，政府购买乘数的值小于 1。估计出一个准确的乘数值是非常困难的，因为经济中发生的很多事情都会影响实际 GDP。因此，分离出政府购买变动的影响并非一件容易的事情，关于乘数大小的争论很可能会持续下去。

构造 *IS* 曲线

正如我们在第 15 章中所看到的，联储政策的焦点通常是建立一个联邦基金利率的目标并预期联邦基金利率的变化会引起其他市场利率的变化。因此，我们需要将利率变化的影响考虑进我们的产品市场模型中。

正如我们在第 17 章中所讨论的，利率的变动影响总支出的三个组成部分：消费，C；投资，I 和净出口，NX。此处，我们感兴趣的是实际利率，实际利率是这一背景下与家庭和企业决策最为相关的利率。回忆一下，实际利率等于名义利率减去预期通货膨胀率。实际利率的上升使得企业不愿意投资于厂房和设备并使得家庭不太可能购买新的住房，因此，I 下降。类似地，实际利率的上升激发了消费者的储蓄动机而不是支出，因此，C 下降。较高的本国实际利率使得本国金融资产的收益相对于外国金融资产的收益更具吸引力，这又会提高汇率。汇率的上升会增加进口并减少出口，从而减少 NX。实际利率的下降将会产生相反的影响——提高 I、C 和 NX。

图 18—3（a）利用 45°线交叉图说明了实际利率变化对产品市场均衡的影响。初始的实际利率为 r_1，总支出线为 $AE(r_1)$，均衡产出水平为 Y_1（A 点）。如果利率从 r_1 下降到 r_2，总支出线从 $AE(r_1)$ 上移至 $AE(r_2)$，均衡产出水平从 Y_1 提高到 Y_2（B 点）。如果利率从 r_1 上升到 r_3，总支出线从 $AE(r_1)$ 下移至 $AE(r_3)$，均衡产出水平从 Y_1 下降到 Y_3（C 点）。

在图（b）中，我们利用图（a）中的结论来构造 IS 曲线，IS 曲线说明的是，当产品市场处于均衡状态时，实际利率和总产出的组合。我们知道，在图（a）中的 45°线交叉图上的每一个均衡点上，总支出等于总产出，或 GDP。在图（b）中，我们在纵轴表示实际利率、横轴表示总产出的一幅图中描绘出这些点。图（a）中的 A、B 和 C 点对应于图（b）中的 A、B 和 C 点。IS 曲线是向下倾斜的，因为较高的利率导致总支出的下降和较低的均衡产出水平。

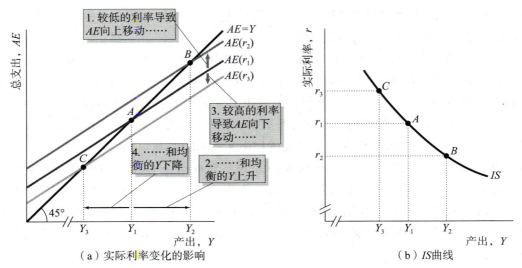

图18—3 导出 IS 曲线

图（a）利用 45°线交叉图说明了实际利率变化对产品市场均衡的影响。初始的实际利率为 r_1，总支出线为 $AE(r_1)$，均衡产出水平为 Y_1（A 点）。如果利率从 r_1 下降到 r_2，总支出线从 $AE(r_1)$ 上移至 $AE(r_2)$，均衡产出水平从 Y_1 提高到 Y_2（B 点）。如果利率从 r_1 上升到 r_3，总支出线从 $AE(r_1)$ 下移至 $AE(r_3)$，均衡产出水平从 Y_1 下降到 Y_3（C 点）。在图（b）中，我们从图（a）中描绘出这些点从而构造出 IS 曲线。图（a）中的 A、B 和 C 点对应于图（b）中的 A、B 和 C 点。IS 曲线是向下倾斜的，因为较高的利率导致总支出的下降和较低的均衡产出水平。

产出缺口

在第 15 章，我们指出，联储关于联邦基金利率目标的选择可以被**泰勒规则**（Taylor rule）很好地解释。关于泰勒规则，联储拥有一个实际联邦基金利率的目标并基于以下两个变量的变化来调整该目标：通货膨胀缺口和产出缺口。**通货膨胀缺口**（inflation gap）是当前的通货膨胀率与目标通货膨胀率之间的差额。**产出缺口**（output gap）是实际 GDP 与潜在 GDP 之间的百分比差额。图 18—4 展示了从 1950 年到 2010 年第二季度产出缺口的变动。

在衰退时期，产出缺口是负的，这是因为实际 GDP 低于潜在 GDP。在扩张时期，一旦实际 GDP 上升到潜在 GDP 之上，产出缺口就是正的。图 18—4 表明，当根据产出缺口的大小衡量时，1981—1982 年和 2007—2009 年的经济衰退是二战后最为严重的。

由于联储关注的是产出缺口而不是实际 GDP 水平，因此，将产出缺口考虑进我们的宏观经济模型是非常有用的。图 18—3（b）的 IS 曲线图的横轴表示的是实际 GDP 水平，而不是产出缺口。我们可以在 IS 曲线图中将实际 GDP 水平替换为产出缺口吗？是的，我们可以，依据如下：我们应该将实际利率的变化视为**相对于潜在 GDP**（relative to potential GDP）影响消费支出、投资支出和净出口的水平。例如，当实际利率下降，C、I 和 NX 上升时，总支出的上升会引起实际 GDP，Y 相对于潜在 GDP，Y^P 而上升。在这种情况下，当我们用纵轴表示实际利率、横轴表示产出缺口来描绘 IS 曲线时，IS 曲线仍然是向下倾斜的。

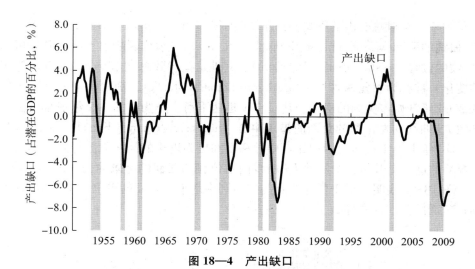

图 18—4 产出缺口

产出缺口是实际 GDP 与潜在 GDP 之间的百分比差额。产出缺口在经济衰退时期是负的，因为实际 GDP 低于潜在 GDP。

资料来源：Congressional Budget Office，U. S. Bureau of Economic Analysis.

图 18—5 展示了横轴表示产出缺口的 IS 曲线图。我们采用符号 $\tilde{Y}$ 来将产出缺口与实际 GDP，Y，区别开来。作为参考，我们在 $Y=Y^P$ 处加进了一条垂直线，这也是产出缺口为 0 的点。通常，我们是在纵轴始于横轴上的 0 点的情况下画图的，然而，在这种情况下，如果我们将纵轴左移，让 0 点位于横轴的中间位置，我们的图形是容易理解的。注意到横轴上 0 点左边的值表示产出缺口的负值——或者说衰退时期，横轴上 0 点右边的值表示产出缺口的正值——或者说扩张时期，是很重要的。

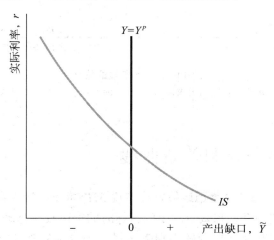

图 18—5 采用产出缺口的 IS 曲线

该图用横轴表示产出缺口，而不是实际 GDP 水平来展示 IS 曲线。横轴上 0 点左边的值表示产出缺口的负值——或者说衰退时期，横轴上 0 点右边的值表示产出缺口的正值——或者说扩张时期。垂直线 $Y=Y^P$ 处也是产出缺口为 0 的点。

IS 曲线的位移

我们已经在保持所有其他可能影响家庭、企业和政府支出意愿的因素不变时，通过考察实际利率变化对总支出的影响导出了 IS 曲线。因此，实际利率的上升和下降导致了**沿着 IS 曲线的移动**（a movement along the IS curve）。改变影响总支出的其他因素会引起 **IS 曲线的位移**（a shift of the IS curve）。其他这些导致总支出变化的因素（除了实际利率的变化）被称为**总需求冲击**（aggregate demand shock）。例如，正如我们已经看到的，从 2006 年开始，美国的房地产建设支出迅速下滑。作为 I 的一个组成部分的下降是一个导致 IS 曲线向左位移的**负面的需求冲击**（negative demand shock）。在 2009 年晚些时候和 2010 年上半年，与美国相比，中国和欧洲更为迅速的经济复苏导致了美国出口的上升。NX 的这一上升是一个导致 IS 曲线向右位移的**正面的需求冲击**（positive demand shock）。图 18—6 表明，对于任意给定的实际利率水平，正面的需求冲击导致 IS 曲线向右位移，负面的需求冲击导致 IS 曲线向左位移。

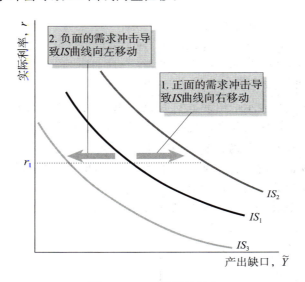

图 18—6　IS 曲线的位移

对于任意给定的实际利率水平，正面的需求冲击导致 IS 曲线向右位移，负面的需求冲击导致 IS 曲线向左位移。

18.2　MP 曲线和菲利普斯曲线

IS-MP 模型的第二部分是货币政策，或者说 MP 曲线。MP 曲线表示联储在通过联邦公开市场委员会设定一个联邦基金利率的目标时的货币政策行动，正如我们在第 15 章中所讨论的。我们假定联储根据泰勒规则来选择一个目标的联邦基金利率。回忆一下第 15 章中的泰勒规则的表达式：

目标联邦基金利率＝当前的通胀率＋均衡的实际联邦基金利率
＋(1/2×通胀缺口)＋(1/2×产出缺口)

泰勒规则告诉我们，当通货膨胀率上升到联储的大约 2% 的目标通货膨胀率之上时，如 2005 年晚期和 2006 年早期那样，联邦公开市场委员会（FOMC）会提高目标联邦基金利率。当产出缺口为负时，即当实际 GDP 小于潜在 GDP 时，如从 2007 年开始的情形，联邦公开市场委员会会降低目标联邦基金利率。

尽管联邦公开市场委员会可以控制目标联邦基金利率，但这只是一个短期的名义利率，而长期实际利率在决定总支出水平方面是更为相关的。例如，当人们决定是否购买一幢新房子时，他们考虑的是 30 年期的抵押贷款的实际利率，当企业借款来融通新的投资时，它们关注的是长期公司债券的实际利率。正如我们随后将会看到的，在实施货币政策时，这些因素有时候是非常重要的。然而，我们从第 5 章中了解到，短期利率和长期利率趋向于共同升降。因此，当联邦公开市场委员会提高或降低其目标联邦基金利率时，长期利率通常也会上升或下降。类似地，虽然联邦基金利率是一个名义利率，如果对未来的通货膨胀保持稳定，那么通过提高或降低其名义联邦基金利率的目标，联邦公开市场委员会通常可以提高或降低实际利率。

MP 曲线

考虑到上一节所描述的各种原因，我们假定在 IS-MP 模型中，联储可以通过改变目标联邦基金利率来控制实际利率。图 18—7 将 MP 曲线表示为在联储决定的实际利率水平处的一条水平线，因为我们假定联储可以保持利率不变，而不管产出缺口是上升还是下降。当联储将实际利率从 r_1 提高到 r_2 时，MP 曲线从 MP_1 上移至 MP_2，消费支出、投资支出和净出口都会下降，经济上移 IS 曲线，由于实际 GDP 相对于潜在 GDP 下降了，产出缺口的值从 $\tilde{Y}_1$ 变为 $\tilde{Y}_2$。当联储将实际利率从 r_1 降低到 r_3 时，MP 曲线从 MP_1 下移至 MP_3，消费支出、投资支出和净出口都会上升，经济下移 IS 曲线，由于实际 GDP 相对于潜在 GDP 上升了，产出缺口的值从 $\tilde{Y}_1$ 变为 $\tilde{Y}_3$。

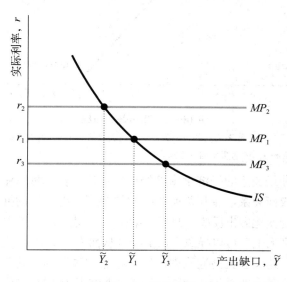

图 18—7　MP 曲线

MP 曲线是联储决定的实际利率水平处的一条水平线。当联储将实际利率从 r_1 提高到 r_2 时，MP 曲线从 MP_1 上移至 MP_2，经济上移 IS 曲线，产出缺口的值从 $\tilde{Y}_1$ 变为 $\tilde{Y}_2$。当联储将实际利率从 r_1 降低到 r_3 时，MP 曲线从 MP_1 下移至 MP_3，经济下移 IS 曲线，产出缺口的值从 $\tilde{Y}_1$ 变为 $\tilde{Y}_3$。

菲利普斯曲线

泰勒规则指出，当通胀缺口为正时，即当目前的通货膨胀率大于联储的大约 2% 的目标通货膨胀率时，联储通常会提高实际利率。提高实际利率会导致实际 GDP 相对于潜在 GDP 下降。当实际 GDP 低于其潜在水平时，企业在低于生产能力下运营，失业率上升，这又对成本和价格施以向下的压力，最终导致较低的通货膨胀率。联储依靠通货膨胀率与经济状态之间的反向关系：当产出和就业上升时，通货膨胀率趋于上升；当产出和就业下降时，通货膨胀率趋于下降。

第一位系统地分析这一反向关系的是新西兰经济学家 A. W. 菲利普斯。菲利普斯画出了关于英国的通货膨胀率和失业率的数据，并画出了一条展示其平均关系的曲线。自此之后，反映通货膨胀率和失业率之间短期关系的图形一直被称为**菲利普斯曲线**（Phillips curve）。① 图 18—8 中的图形类似于菲利普斯所画的图形。菲利普斯曲线上的每一点表示一个可以在特定年份观察到的通胀率和失业率的组合。例如，A 点表示某一年 4% 的失业率和 4% 的通胀率的一个组合，B 点表示另一年 7% 的失业率和 1% 的通胀率的一个组合。

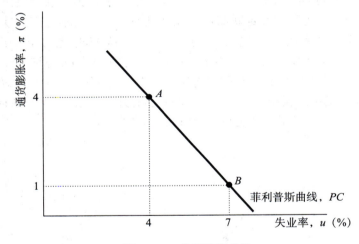

图 18—8　菲利普斯曲线

菲利普斯曲线说明了失业率和通胀率之间的短期关系。A 点表示某一年 4% 的失业率和 4% 的通胀率的一个组合，B 点表示另一年 7% 的失业率和 1% 的通胀率的一个组合。

研究过菲利普斯曲线关系的经济学家已经得出结论：在通货膨胀和失业之间并不存在一个单一的、稳定的权衡关系，菲利普斯曲线的位置可以随时间的推移而移动以对供给冲击和通货膨胀率预期的变化做出反应。我们在第 17 章中看到，一次负面的供给冲击，如石油价格的一次未预期到的上升可以导致产出下降（从而失业上升），与此同时，也会对价格水平产生向上的压力，这又会提高通胀率。通货膨胀和失业同时处于高位意味着菲利普斯曲线已经上移了。家庭和企业对于通货膨胀率的预期的变化也会导致菲利普斯曲线的位置

---

① 实际上，菲利普斯是通过工资的百分比变化，而不是价格的百分比变化来度量通货膨胀的。由于工资和价格通常大致一起变动，这一差异对于我们的讨论并不重要。

移动。例如，如果工人和企业预期通货膨胀率是每年 2%，但他们经历了一次较长时期的 4% 的通货膨胀率，他们可能会将其对未来通货膨胀的预期从 2% 调整到 4%。

对通货膨胀的预期内嵌于经济中。例如，如果工人认为，未来的通货膨胀率是 4% 而不是 2%，他们知道，除非他们的名义工资提高至少 4%，否则他们的实际工资（他们的名义工资除以价格水平）就会下降。类似地，我们在第 4 章中看到，费雪效应表明，预期通货膨胀率的上升会引起名义利率的上升。随着工人、企业和投资者将 2% 的通胀率预期调整到 4% 的通胀率预期，在任意给定的失业率水平，通胀率都会比原来高出 2%。换言之，菲利普斯曲线已经上移了 2%。

最后，大多数经济学家认为，反映失业率变化对通货膨胀率影响的最好的方法是考察当前的失业率与经济处于充分就业时的失业率之间的缺口，经济处于充分就业时的失业率也被称为自然失业率（natural rate of unemployment）。当前的失业率与自然失业率之间的缺口代表周期性失业（cyclical unemployment），因为这一失业是由将失业率提高到其充分就业水平之上的一次经济周期衰退引起的。当目前的失业率等于自然失业率时，在保持通货膨胀的预期和供给冲击的影响不变的情况下，通货膨胀率通常不会改变。当目前的失业率大于自然失业率时，劳动市场处于不景气状态，因此，工资增长受限，企业的生产成本也是如此。因此，通货膨胀率就会下降。当目前的失业率小于自然失业率时，劳动市场处于景气状态，工资可能会上升，这又会推高企业的生产成本。因此，通货膨胀率就会上升。

将所有这些因素考虑进来，我们会得到如下的菲利普斯曲线的方程：

$$\pi = \pi^e - a(U - U^*) - s$$

其中，

π＝当前的通货膨胀率；

π^e＝预期的通货膨胀率；

U＝当前的失业率；

U^*＝自然失业率；

s＝一个反映供给冲击的变量（对于负面的供给冲击，s 的值为负；对于正面的供给冲击，s 的值为正）；

a＝一个表示当前的失业率与自然失业率之间的缺口对通货膨胀影响程度的常数。

该方程告诉我们，预期通胀的上升或负面的供给冲击会导致菲利普斯曲线上移，而预期通胀的下降或正面的供给冲击会导致菲利普斯曲线下移。

什么可能导致预期通货膨胀率的变化呢？很多经济学家认为，家庭和企业调整其通货膨胀预期的主要原因是，如果它们经历过持续性的高于它们之前预期的通货膨胀率的实际通货膨胀率。例如，20 世纪 60 年代平均的通货膨胀是大约每年 2%，但从 1970 年到 1973 年，加速到每年 5%，从 1974 年到 1979 年，每年为 8.5%。这些持续性的高通货膨胀率导致家庭和企业向上修正其通货膨胀预期，菲利普斯曲线上移了。请注意，一旦菲利普斯曲线上移，通货膨胀和失业之间的短期权衡关系就恶化了。也就是说，每一个失业率都对应于一个更高的通货膨胀率。正如我们在第 15 章中讨论过的，保罗·沃克尔在 1979 年 8 月是带着吉米·卡特总统降低通货膨胀的要求就任美联储主席的。当经济在 1981—1982 年经历过严重的经济衰退时，通货膨胀率随着失业率的飙升而大幅下降，企业经历了产能的过剩。从 1983 年到 1986 年，通货膨胀率每年平均为 3.5%。相应地，家庭和企业降低了其对未来通货膨胀的预期，菲利普斯曲线下移了。

图 18—9 展示了引起菲利普斯曲线移动的因素。

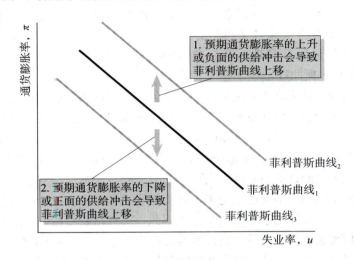

图 18—9　菲利普斯曲线的位移

预期通货膨胀的上升或负面的供给冲击会导致菲利普斯曲线上移。预期通货膨胀的下降或正面的供给冲击会导致菲利普斯曲线下移。

奥肯定律与产出缺口菲利普斯曲线

菲利普斯曲线说明了通货膨胀率和失业率之间的短期关系。我们在图 18—7 中看到，可以利用 IS 曲线和 MP 曲线来说明联储是如何运用货币政策影响产出缺口的。如果我们能够说明产出缺口与通货膨胀率之间的关系，我们就能将菲利普斯曲线与 IS-MP 模型统一起来。这就使得我们可以说明通货膨胀率变化对联储政策的影响，以及联储政策的变化对通货膨胀率的影响。幸运的是，存在一个直接修正菲利普斯曲线的方法，从而将通货膨胀率和失业率之间的关系变为通货膨胀率和产出缺口之间的关系。

以在 20 世纪 60 年代担任总统经济顾问委员会主席的阿瑟·奥肯（Arthur Okun）的名字命名的**奥肯定律**（Okun's law），很方便地概括了产出缺口与当前和自然失业率（或者说周期性失业）之间缺口之间的关系：

$$\widetilde{Y} = -2 \times (U - U^*)$$

图 18—10 展示了实际的周期性失业率以及利用奥肯定律计算的 1950 年以来的周期性失业率。由于这些值在大多数年份是如此地接近，我们可以非常有信心地在菲利普斯曲线中用产出缺口代替周期性失业（$U - U^*$），从而反映产出缺口的变化对通货膨胀率的影响：

$$\pi = \pi^e + b\widetilde{Y} - s$$

其中，系数 b 表示产出缺口的变化对通货膨胀率的影响。

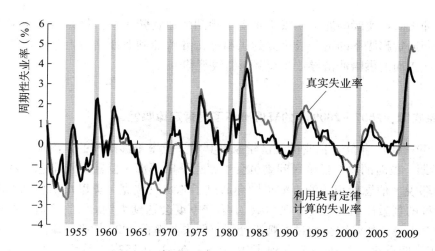

图 18—10　利用奥肯定律预测周期性失业率

奥肯定律指出，产出缺口等于-2乘以当前失业率与自然失业率之间的缺口。图形表明奥肯定律成功地解释了周期性失业率。

资料来源：Congressional Budget Office，U. S. Bureau of Economic Analysis.

图 18—11 用横轴表示产出缺口、纵轴表示通货膨胀率说明了修正的菲利普斯曲线 *PC*。注意到，在用产出缺口表示的菲利普斯曲线的版本中，菲利普斯曲线是向上倾斜的，而不是像图 18—8 中那样向下倾斜。斜率发生这一变化是因为，当失业率上升时，通货膨胀通常下降，当实际 GDP 上升时，通货膨胀通常也上升。当产出缺口等于 0 且不

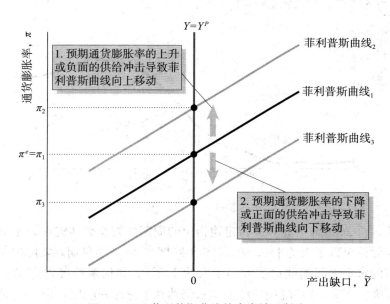

图 18—11　菲利普斯曲线的产出缺口版本

这一菲利普斯曲线通过将产出缺口而不是失业率放在横轴上，从而不同于图 18—8 中所展示的菲利普斯曲线。因此，菲利普斯曲线向上倾斜，而不是向下倾斜。当产出缺口等于 0 且不存在供给冲击时，实际的通货膨胀率等于预期的通货膨胀率。预期通货膨胀率的上升或负面的供给冲击导致菲利普斯曲线上移，预期通货膨胀率的下降或正面的供给冲击导致菲利普斯曲线下移。

存在供给冲击时,实际的通货膨胀率将等于预期的通货膨胀率。就原始的菲利普斯曲线而言,预期通货膨胀率的上升或负面的供给冲击导致菲利普斯曲线上移,预期通货膨胀率的下降或正面的供给冲击导致菲利普斯曲线下移。

联系实际:2007—2009 年的衰退破坏了奥肯定律吗?

在 2009—2010 年间,白宫的经济学家因其对失业率不够准确的预测而备受批评。在 2009 年早期,彼时的总统经济顾问委员会主席克里斯蒂娜·罗默以及副总统乔·拜登的经济顾问耶锐·伯恩斯坦预测,如果国会通过了总统巴拉克·奥巴马的更高的联邦政府支出和减税的刺激计划,失业率在 2009 年第三季度会达到大约 8% 的峰值,接着在随后的季度中会下降。尽管国会通过了刺激计划,但失业率在 2009 年第三季度达到了 9.7%。在 2009 年第四季度,失业率上升到了 10.0%,在 2010 年第二季度,失业率仍然保持在 9.7%。

在 2009—2010 年间,罗默和伯恩斯坦并非少数未能成功预测到失业的严重程度的人。预测错误的一个原因是,失业率显著高于根据奥肯定律从产出缺口的大小中预期的失业水平。图 18—10 表明,对于自 1950 年以来的整个时期,奥肯定律成功地解释了失业率的变动。仅包括从 2007 年第一季度到 2010 年第二季度的下图表明,奥肯定律并不能很好地解释在 2007—2009 年的经济衰退期间的失业率变动情况及其直接后果。

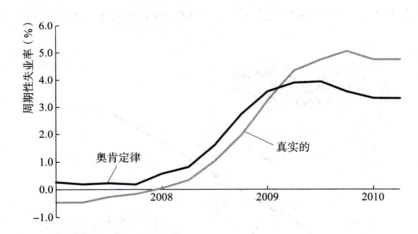

上图表明,自 2009 年开始,奥肯定律指出的周期性失业率(实际失业率与自然失业率之差)比实际情况低了大约 1%。在 2009 年晚期和 2010 年早期,实际的周期性失业与奥肯定律预示的水平之间的缺口扩大到了大约 1.5%。如何解释奥肯定律在这一时期相对糟糕的表现呢?在 2010 年晚期,经济学家仍然在争论这一问题,但一些经济学家视自 2009 年至 2010 年早期这一期间的劳动生产率上升为主要的解释因素。当劳动生产率(或者说,每个工人生产的产出数量)上升时,企业或者在给定的工人数量下可以生产更多的产出,或者使用较少的工人可以生产相同数量的产出。在自 2009 年至 2010 年早期这一期间,很多企业似乎采纳了第二个选项(用更少的工人来维持其产出水平),从而导

致失业较很多经济学家之前的预测出现了更大幅度的上升。

经济学家对 2009—2010 年间的生产率飙升是否为暂时性的以及奥肯定律是否会重新可靠地解释失业率变动观点不一。西北大学（Northwestern University）的经济学家罗伯特·J·戈登（Robert J. Gordon）认为，工会联合和其他一些因素的下降提高了企业在经济衰退期间解雇工人的意愿，从而使得奥肯定律很可能会在解释衰退期间的失业上升时继续存在困难。其他一些经济学家认为，经济衰退非同寻常的严重性可以解释奥肯定律在 2009—2010 年间的不准确性。奥肯定律在解释 1981—1982 年严重经济衰退之后的失业率方面也存在类似的困难。

资料来源：Christina Romer and Jered Bernstein, "The Job Impact of the American Recovery and Re-investment Plan," January 10, 2009; Mary Daly and Bart Hobjin, "Okun's Law and the Unemployment Surprise of 2009," Federal Reserve Bank of San Francisco *Economic Letter*, March 8, 2009; and Robert J. Gordon, "The Demise of Okun's Law and of Procyclical Fluctuations in Conventional and Unconventional Measures of Productivity," Paper presented at the NBER Summer Institutek, July 21, 2010.

通过做第 570 页本章末的问题和应用 2.10 来检查一下你的理解。

18.3　*IS-MP* 模型中的均衡

我们现在已经构建了 *IS-MP* 模型的三个部分：*IS* 曲线、*MP* 曲线和菲利普斯曲线。图 18—12 利用这一模型说明了一种长期经济均衡的情形。在图（a）中，*IS* 曲线和 *MP* 曲线在产出缺口为 0 的地方相交，且实际利率位于联储的目标水平。在图（b）中，菲利普斯曲线表明，由于产出缺口为零，实际的和预期的通货膨胀率相等。

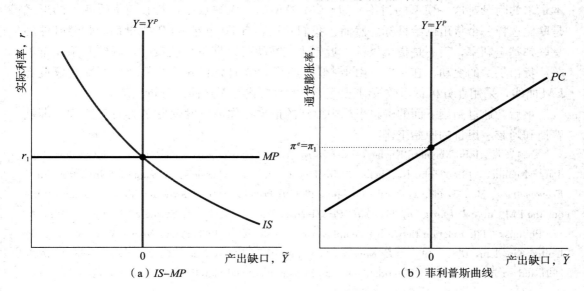

图 18—12　*IS-MP* 模型中的均衡

在图（a）中，*IS* 曲线和 *MP* 曲线在产出缺口为 0 的地方相交，且实际利率位于联储的目标水平。在图（b）中，菲利普斯曲线表明，由于产出缺口为零，实际的和预期的通货膨胀率相等。

联系实际：*IS-MP* 模型源自何处？

我们在本章中一直讨论的宏观经济模型具有深刻的历史根源。英国经济学家约翰·梅纳德·凯恩斯在其 1936 年出版的名著《就业、利息和货币通论》（*The General Theory of Employment, Interest, and Money*）中提出了 *IS* 曲线背后的基本思想。凯恩斯是第一位详细地讨论总生产会上升和下降以适应总支出的波动这一思想的经济学家。他认为，始于 1929 年的总支出崩溃导致了大萧条。

凯恩斯在《就业、利息和货币通论》一书中并没有明确地画出 *IS* 曲线。*IS* 曲线首次出现在约翰·希克斯（John Hicks）在 1937 年所写的一篇论文中。我们对 *IS* 曲线的讨论对其为什么被贴上 *IS* 的标签是作为谜题留下来的。通过遵循希克斯分析产品市场均衡的替代方法，这一谜题可以获得解决。如果我们考虑一个封闭经济（不存在进口或出口的经济），那么总支出等于 $C+I+G$。在均衡时，$Y=C+I+G$。我们可以将这一表达式重新整理为：$Y-C-G=I$。由于 $Y-C-G$ 表示当前时期未被家庭和政府消费的产出，我们可以视其为国民储蓄（national savings），S。因此，我们可以说，当投资等于国民储蓄时，或者 $I=S$ 时，产品市场处于均衡状态，这正是希克斯将反映产品市场均衡的曲线称为 *IS* 曲线的原因。产品市场均衡的两种分析方法：（1）总产出＝总支出；以及（2）投资＝储蓄，是完全等价的。

希克斯在其模型中并未使用 *MP* 曲线。相反，他使用的是众所周知的 *LM* 曲线，而 *LM* 分别表示"流动性"（liquidity）和"货币"（money）（在其原始论文中，希克斯将曲线标记为 *LL*）。*LM* 曲线表示的是导致货币市场处于均衡状态的利率和产出的组合（我们在第 17 章中讨论过货币市场）。希克斯的方法被称为 *IS-LM* 模型（*IS-LM* model）（见本章末的附录对这一模型的讨论）。*IS-LM* 模型的一大缺点是，其假定货币政策的形式是联储选择一个货币供给目标。然而，我们知道，自 20 世纪 80 年代早期，联储盯住的是联邦基金利率，而不是货币供给。近年来，在执行短期货币政策时，联储几乎完全不关注货币供给的变动。在 2000 年的时候，加州大学伯克利分校的戴维·罗默建议放弃 *LM* 曲线，采用在分析货币政策时已经变得更为权威的 *MP* 曲线分析法。

最后，通过阅读下面的资料来源中提到的论文，你可以发现更多的关于 A. W. 菲利普斯和阿瑟·奥肯的原始工作。

资料来源：John Maynard Keynes, *The General Theory of Employment, Interest, and Money*, London: Macmillan, 1936; John R. Hicks, "Mr. Keynes and the 'Classic's: A Suggested Interpretation," *Econometrica*, Vol. 5, No. 2, April 1937, pp. 147-159; David Romer, "Keynesian Macroeconomics Without the LM Curve," *Journal of Economic Perspective*, Vol. 14., No. 2, Spring 2000, pp. 149-169; A. W. Phillips, "The Relation Between Unemployment and the Rate of Change of Money Wage Rates in the United Kingdom, 1861–1957," *Economica*, New Series, Vol. 25, No. 100, November 1958, pp. 283-299; and Arther M. Okun, "Potential GDP: Its Measurement and Significance," *Proceedings of the Business and Economic Statistics Section of the American Statistical Association*, 1962.

通过做第 570 页本章末的问题和应用 3. 6 和 3. 7 来检查一下你的理解。

利用货币政策应对衰退

假定从图18—12中展示的情形开始，经济遭遇到一次需求冲击，如2007年发生的房地产建设支出随着住房泡沫的破灭而下降。图18—13（a）表明，需求冲击导致IS曲线从IS_1左移到IS_2。实际GDP下降到潜在GDP之下，因此，经济存在一个位于$\tilde{Y}_1$点的负的产出缺口并进入了一场衰退。图（b）表明，负的产出缺口推动经济沿着菲利普斯曲线向下移动，将通胀率从π_1降低到π_2。联储通常是通过降低目标联邦基金利率来应对衰退的。这一行动降低了实际利率，将货币政策曲线从MP_1移动到了MP_2。较低的实际利率导致消费支出、投资支出和净出口上升，使经济沿着IS曲线向下移动。实际GDP回到其潜在水平，产出缺口从而再次为0。在图（b）中，通货膨胀率上升，从π_2返回到π_1。

应对2007—2009年经济衰退的复杂因素

正如我们在之前讨论2007—2009年经济衰退期间的联储政策时所看到的，如图18—13中所展示的平稳地回到潜在GDP的情形并没有出现。原因之一在于，虽然我们在IS-MP模型中一直假定联储控制实际利率，事实上，联储可以控制联邦基金利率，但通常并不试图直接影响其他的市场利率。通常，联储可以指望的是，当联邦基金利率下降时，长期实际利率下降；当联邦基金利率上升时，长期实际利率上升。然而，2007—2009年的经济衰退并非正常时期。

在第5章，我们讨论过违约风险溢价，或者说，投资者因持有存在一定的违约风险的债券时所要求的额外收益。在金融危机期间，尤其是雷曼兄弟2008年9月破产之后，由于投资者担心企业在偿还贷款或支付债券的本息时会遇到困难，违约风险溢价出现了飙升。图18—14展示了投资者购买穆迪评级为Baa的公司债券所要求的违约风险溢价上升情况的两种度量。灰线展示了Baa评级的公司债券的利率与10年期的美国国库票据（U. S. Treasury notes）的利率之间的利差。黑线展示了Baa评级的公司债券的利率与Aaa评级的公司债券的利率之间的利差。Baa是穆迪公司给出的最低的投资级评级，较Aaa评级，大多数企业的债券都满足这一评级。例如，在2010年中期，只有四家非金融企业获得了穆迪的Aaa评级。因此，当Baa评级的公司债券的利率与10年期美国国库票据的利率之间的利差从金融危机之前的大约1.5%飙升到危机高潮时期的超过6%时，这就对很多通过发行债券融资的公司的融资能力造成了冲击。请注意，图18—14表明，在2007—2009年的经济衰退期间的违约风险溢价的上升幅度远大于2001年衰退时的上升幅度。

正如我们所看到的，到2008年末，联储使得联邦基金利率下降到了接近于0的水平，但风险溢价的上升抵消了联储扩张性政策的影响。通过采取非同寻常的方式直接购买10年期国库票据和抵押贷款支持证券，联储企图降低长期利率，但联储并不能完全抵消风险溢价上升的影响。

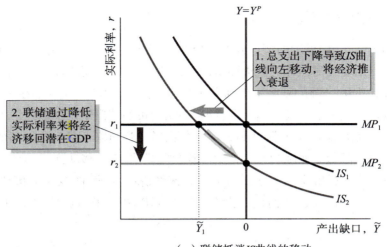

（a）联储抵消IS曲线的移动

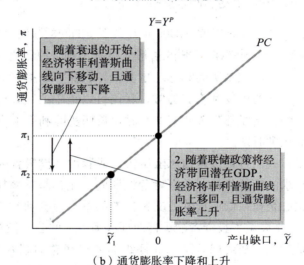

（b）通货膨胀率下降和上升

图18—13　扩张性货币政策

　　在图（a）中，一次需求冲击导致IS曲线从IS_1左移到IS_2。实际GDP下降到潜在GDP之下，因此，经济存在一个位于$\tilde{Y}_1$点的负的产出缺口并进入了一场衰退。图（b）表明，负的产出缺口推动经济沿着菲利普斯曲线向下移动，将通胀率从π_1降低到π_2。联储降低实际利率，将货币政策曲线从MP_1移动到了MP_2。较低的实际利率导致消费支出、投资支出和净出口上升，将经济沿着IS曲线向下移动。实际GDP回到其潜在水平，产出缺口从而再次为0。在图（b）中，通货膨胀率上升，从π_2返回到π_1。

　　图18—15展示了联储在2008年实施扩张性货币政策时遇到的问题。房地产建设支出的崩溃导致IS曲线从IS_1移至IS_2，实际GDP下降到位于潜在GDP之下的$\tilde{Y}_1$。联储的反应是将实际利率从r_1降低到r_2，在正常情况下，这足以将经济恢复到潜在GDP水平。然而，实际上，风险溢价的上升导致实际利率上升到了r_3，经济被推进了位于$\tilde{Y}_2$的更深度的衰退。只有在风险溢价开始下降到更为正常的水平之后，经济在2009年中期才开始复苏。通过采取非传统的货币政策，如购买房地美和房利美发行的抵押贷款支持证

券，联储帮助降低了风险溢价。

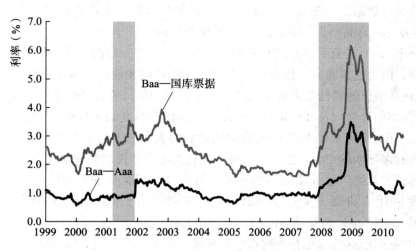

图 18—14　2007—2009 年衰退期间持续上升的风险溢价

在 2007—2009 年的金融危机期间，违约风险溢价出现飙升，提高了 Baa 评级的公司债券相对于 Aaa 评级的公司债券和 10 年期的美国国库票据的利率。

资料来源：Federal Reserve Bank of St. Louis.

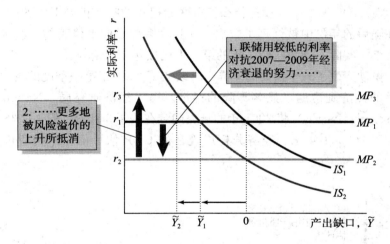

图 18—15　面对不断上升的风险溢价时的扩张性货币政策

在 2007—2009 年的经济衰退期间，房地产建设支出的崩溃导致 IS 曲线从 IS_1 移至 IS_2，实际 GDP 下降到位于潜在 GDP 之下的 $\tilde{Y}_1$。联储的反应是将实际利率从 r_1 降低到 r_2，在正常情况下，这足以将经济恢复到潜在 GDP 水平。然而，实际上，风险溢价的上升导致实际利率上升到了 r_3，经济被推进了位于 $\tilde{Y}_2$ 的更深度的衰退。

联系实际：设法击中移动目标：用"实时数据"预测

我们在本章开始的时候看到，联储依靠从宏观经济模型中得到的预测来指导其决策。联储使用的模型类似于我们在本章中所构建的 *IS-MP* 模型。为了利用这些模型来分析当前的经济状态以及预测诸如实际 GDP 和通货膨胀率之类的核心经济变量的未来值，联储要依靠多个联邦政府机构收集的数据。

关键的经济数据之一是 GDP 数据，GDP 数据是由隶属于商务部的经济分析局（Bureau of Economic Analysis，BEA）按季度来测算的。一个季度的 GDP 的预先估计值（advance estimate）是直到该季度结束后的大约一个月才公布的。这一延迟对于联储来说是一个问题，因为这意味着，比方说，直到 4 月末联储才能收到从 1 月到 3 月这一时期的 GDP 的估计值。给联储带来的更大的困难是，预先估计值要经过数次修正。一个季度的 GDP 的初步估计值（preliminary estimate）是在该季度结束后的大约两个月公布的。最终估计值（final estimate）是在该季度结束后的大约三个月公布的。然而，最终估计值是一个具有误导性的命名，因为经济分析局会在整个年份里继续修正其估计值。例如，经济分析局在"最终"估计值之后的一年、两年和三年会分别发布第一个年度估计值、第二个年度估计值和第三个年度估计值。这仍然没有结束，因为估计值的基期修正（benchmark revisions）是在随后的年份里进行的。

对 GDP 数据的这些修正有影响吗？有时候是有影响的，如下面的例子中所表现的那样。在 2001 年年初，存在一些美国经济将会陷入衰退的迹象。互联网股票市场的泡沫在上一年的春季已经破灭了并席卷了股票持有人数万亿美元的财富。信息技术的过度建设也给经济造成了巨大的负担。然而，第一季度的 GDP 预先估计值却显示出相当健康的年率 1.98％的实际 GDP 增长率。没有什么值得联储担忧的吗？正如下面的图中所展示的，这一估计值在随后的年份中被修正了数次，而且大多数是向下修正的，经济分析局的数据表明，事实上，实际 GDP 在 2001 年的第一季度按年率计算下降了 1.31％。超过 3 个百分点的这一摆动产生了一个很大的差异——改变了 2001 年第一季度的真实图景，从经历了适度增长的经济到遭遇了显著下降的经济。国民经济研究局（National Bureau of Economic Research，NBER）将 2001 年的衰退确定在始于 3 月份，但一些经济学家认为，衰退实际上始于 2000 年年末。经济分析局现在的 GDP 估计值在一定程度上支持这一观点。

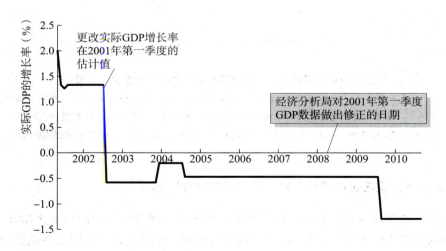

这个例子表明，在成功地执行货币政策时，联储除了面临其他一些问题外，它还必

须使用可能需要做出重大修正的数据用于预测。

资料来源：Federal Reserve Bank of Philadelphia，"Historical Data Files for the Real-Time Data Set，" August 24，2010；and Bruce T. Grimm and Teresa Weadock，"Gross Domestic Product：Revisions and Source Data，"*Survey of Current Business*，Vol. 86，No. 2，February 2006，pp. 11-15.

通过做第 571 页本章末的问题和应用 3.8 来检查一下你的理解。

〜〜〜〜〜〜〜〜〜〜〜〜〜〜〜〜〜〜〜〜〜〜〜〜〜〜〜〜〜〜〜〜〜〜

 解决问题 18.2：利用货币政策应对通货膨胀

我们在第 15 章中看到，保罗·沃克尔在 1979 年是肩负着降低通货膨胀率的使命就任美联储主席的。利用 *IS-MP* 模型来分析联储是如何可以通过改变通货膨胀预期来永久性地降低通货膨胀率的。确保你的图形中包括 *IS* 曲线、*MP* 曲线和菲利普斯曲线。同样，确保你的图形中展现了联储政策对产出缺口和通货膨胀率的初始影响。最后，确保你的图形说明了经济是如何返回到较低通货膨胀率的长期均衡水平的。

解决问题

第一步　复习本章的内容。这一问题是关于利用 *IS-MP* 模型以及菲利普斯曲线移动的原因的，因此，你也许需要复习"菲利普斯曲线"这一小节，以及"*IS-MP* 模型中的均衡"这一节。

第二步　描述联储为降低通货膨胀率会采取的政策并用图形来说明你的答案。为了永久性地降低通货膨胀率，联储需要降低预期通货膨胀率。如果家庭和企业经历过持续地低于其预期的通货膨胀率，预期的通货膨胀就会下降。菲利普斯曲线告诉我们，如果实际 GDP 落在了潜在 GDP 之下，通货膨胀率就会下降。联储可以通过提高实际利率来引起实际 GDP 的下降。你的图形应该说明，*MP* 曲线从 MP_1 上移至 MP_2，新的均衡产出缺口为 $\tilde{Y}_1$，以及通货膨胀率沿着菲利普斯曲线从 π_1 降低到 π_2。

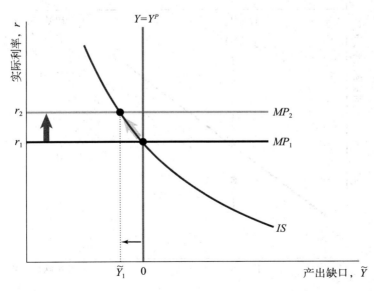

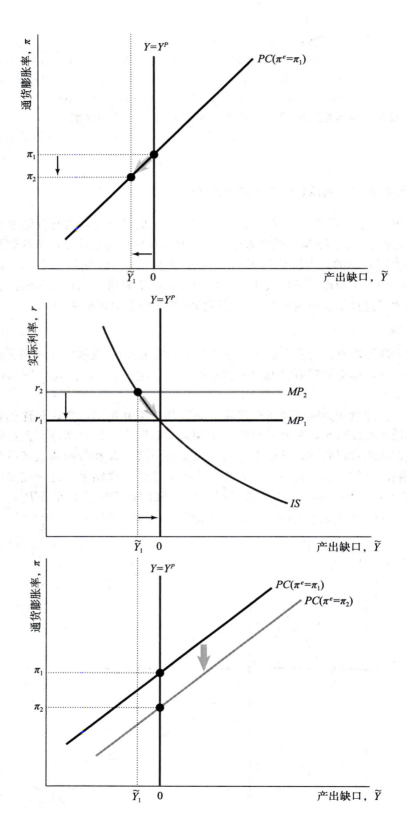

第三步　说明在菲利普斯曲线下移之后，联储如何能以较低的通货膨胀率使经济返回到潜在产出水平。如果通货膨胀率持续地位于 π_2，家庭最终会将其通货膨胀预期从 π_1 降低到 π_2。一旦出现这种情况，联储可以将实际利率从 r_2 降回 r_1，并将经济恢复到潜在 GDP 水平。

为了进行更多的练习，做一下第 571 页本章末的问题和应用 3.9。

18.4　利率是货币政策的一切吗？

经济学家将货币政策影响产出和价格的方式称为**货币政策渠道**（channels of monetary policy）。在 *IS-MP* 模型中，货币政策通过利率渠道发生作用：通过公开市场操作，联储改变了实际利率，实际利率影响总支出的各个组成部分，进而改变产出缺口和通货膨胀率。我们称这一渠道为**利率渠道**（interest rate channel）。这一方法的一个潜在假定是，借款人对于如何以及从何处融资是无差异的，并视资金的替代来源为近似的替代品。在这一渠道中，银行贷款并无特殊作用。

银行贷款渠道

正如我们在前面章节中所看到的，家庭和很多企业依靠银行贷款获得信用，因为他们几乎没有或者完全没有替代的资金来源。货币政策的**银行贷款渠道**（bank lending channel）强调依靠银行贷款的借款人的行为。在银行贷款渠道中，银行的贷款能力或贷款意愿的变化会影响到依靠银行的借款人为其支出计划融资的能力。这一渠道的焦点放在银行贷款上也提出了一种货币政策如何影响经济的修正的观点。在这一渠道中，货币扩张提高了银行的放贷能力，对银行依赖型借款人放贷的增加提高了其支出能力。货币紧缩降低了银行的放贷能力，对银行依赖型借款人放贷的减少降低了其支出能力。

在利率渠道中，联储通过公开市场购买提高银行准备金，进而降低实际利率水平并提高短期产出水平。产出增加之所以发生是因为，联邦基金利率的下降接着导致对家庭和企业的支出决策非常重要的其他利率的下降。银行贷款渠道的预见在一个方面类似于利率渠道的预见：当联储通过公开市场购买增加银行准备金时，银行准备金的增加导致了较低的贷款利率。很多借款人可以在银行贷款和非银行资金来源中做出选择，因此，较低的银行贷款利率导致了金融市场上较低的利率。

然而，银行贷款渠道进一步认为，货币政策是通过银行放贷的数量以及银行依赖型借款人支出的数量来影响经济的。在银行贷款渠道中，扩张性的货币政策引起总支出上升是源于以下两种原因：（1）利率的下降引起的家庭和企业支出的增加；（2）银行贷款的可获得性上升。换言之，如果银行通过降低贷款利率扩张了存款，那么，在任何实际利率水平下，银行依赖型借款人可以借入和支出的数量都上升了。因此，在银行贷款渠道中，扩张性的货币政策并不是由其降低利率的有效性决定的。类似地，紧缩性的货币政策也不是由其提高利率的有效性决定的。

资产负债表渠道：货币政策与净值

货币政策也可以通过其对企业的资产负债表状况的影响而影响经济。经济学家已经尝试了通过描述货币政策对企业的资产和负债的价值以及资产负债表的流动性状况（即家庭和企业持有的流动性资产相对于其负债的数量）的影响来将这一渠道模型化。根据这些经济学家的观点，资产负债表的流动性状况是商业投资、住房以及耐用消费品支出的一项决定因素。**资产负债表渠道**（balance sheet channel）描述了通过改变利率和货币政策影响借款人的净值（net worth）和支出决策的方式。我们知道，当放贷的信息成本很高时，高水平的净值和流动性有助于借款人实现其计划支出。

货币政策如何影响借款人的资产负债表呢？回忆一下，随着净值的下降，信息问题提高了外部资金和内部资金之间的成本差距。也就是说，借款人净值的下降提高了资本投资的融资成本。紧缩性货币政策导致的利率上升增加了拥有可变利率贷款的借款人偿还债务所支出的数量，通过降低其资产的现值减少了借款人的净值。净值的下降提高了外部融资的成本，相对于由较高的利率水平暗含的成本上升，这一成本上升得更多，而且降低了企业投资于厂房和设备的能力。这正是资产负债表渠道所强调的效应。即使货币政策对银行的放贷能力没有影响，货币紧缩后的借款人净值下降也会降低总需求和产出。此外，资产负债表渠道意味着，在货币紧缩之后，低净值企业的支出更可能下降。

资产负债表渠道与利率渠道和银行贷款渠道的相同之处是，扩张性货币政策最初降低利率、提高产出，而紧缩性货币政策最初提高利率、降低产出。资产负债表渠道强调的是家庭和企业的净值及流动性与其支出之间的联系。当信息成本出现时，净值和流动性的变化可能会显著地影响放贷的数量和经济活动。

大多数经济学家认为，接受银行贷款渠道或资产负债表渠道并不要求拒绝利率渠道的含义，即货币政策通过利率发挥作用。相反，银行贷款和资产负债表渠道提供了金融体系和货币政策借以影响经济的另外的方法。

表18—2概括了这三种货币政策渠道的关键点。

表 18—2　　　　　　　　　　　　　　货币政策渠道

渠道	聚焦于……	货币扩张……	货币紧缩……
利率渠道	利率	降低利率，引起总支出上升	提高利率，引起总支出下降
银行贷款渠道	银行贷款	提高银行向银行依赖型借款人放贷的能力，引起总支出上升	降低银行向银行依赖型借款人放贷的能力，引起总支出下降
资产负债表渠道	净值与家庭和企业的流动性及其支出之间的联系	提高净值和流动性，引起总支出上升	降低净值和流动性，引起总支出下降

回答关键问题

在本章开始的时候，我们提出了如下问题：

"在何种情况下，通过降低目标联邦基金利率来应对衰退不太可能有效？"

正如我们在整本书中所看到的，2007—2009 年的经济衰退伴随着金融危机，从而使其尤为严重。到 2008 年秋季，联储意识到其通常主要通过降低目标联邦基金利率来应对危机的政策不太可能有效。这一章构建的 *IS-MP* 模型为此提供了一种解释。虽然联储将目标联邦基金利率降低到了接近于零的水平，但投资者要求的风险溢价的上升导致很多企业支付的利率（如 Baa 评级的公司债券的利率）上升了，联储的努力无济于事。

阅读下面的**政策透视**，讨论联储在 2010 年晚些时候考虑采取的以进一步刺激美国经济的四个政策选项。

> 🦅 **政策透视：尽管利率很低，但增长还是缓慢，联储被迫寻求新选项**
>
> 《华尔街日报》
> **联储考虑采取更大胆的行动**
>
> 联储主席本·伯南克打开了中央银行的大胆行动之门，如果经济继续徘徊不前的话……
>
> ⓐ在对聚集在怀俄明州的全球货币政策制定者的演说中……，他说，若有必要，对美国经济"提供进一步刺激的政策选项有待采用"。
>
> 经济困境的最新迹象在星期五出现了，商务部向下修正了其对国内生产总值在第二季度的增长的估计……
>
> 蹒跚的 GDP 增长给业已由暴跌的住房销售和消费者正在避免支出的其他迹象所造成的阴霾进一步蒙上了一层阴影……
>
> "产出和就业的复苏步伐近几个月以来已经多少有些放缓，"伯南克先生在他的演讲中说道……他还明确指出，如果……产出继续徘徊不前的话……，联储会做出反应……
>
> ⓑ伯南克先生概略地叙述了联储会采取的提升经济的四个选项。排在第一位的选项是重启联储的长期证券购买计划，这会帮助进一步压低业已很低的长期利率。联储无法使用其传统的压低短期利率的杠杆，因为短期利率已经被压低到了接近于零的水平。
>
> 另一个选项是降低银行从它们保留在联储的准备金上得到的利率，即使该利率已经相当低了，伯南克先生说道……，联储可以承诺将短期利率保持在低水平的时间比当前市场预期的时间更长。伯南克先生排除的最后的选项……是将联储的通货膨胀指标提高到超过 2%，从其当前非正式的 1.5% 的指标到 2%……
>
> 最大的潜在挑战之一是雇佣的停滞，或者说重新回到减薪——这会扼杀私人部门增长的动力。"如果劳动市场再次开始收缩，这会对工人的信心及其收入同时产生影响，而且往往会加剧下降趋势。"高盛的经济学家 Ed McKelvey 说道……
>
> 很多公司都是把钱存放起来，而不是投资于新的项目，部分地是为了预防它们认为正在出现的风险……

ⓒ "这正是企业一直试图告诉政策制定者的——信心并不高、不确定性很大且不愿意冒险。"重型设备制造商特雷克斯公司（Terex）的首席执行官 Ronald DeFeo 说道。

DeFeo 先生……还没有转回紧缩模式。"所有我们正在做的，"他说道，"都是努力前往全世界那些业务和机会比美国更匹配的市场。"

Miro Electronics 公司的首席执行官 Richard Mershad……说，美国的消费者在其支出上仍然极为谨慎……

联储的官员们对是否需要更多的行动以及联储主席描述的措施是否会有效的观点并不一致。在他评估是否需要采取更多行动时，联储首脑正在考虑对联储的政策有发言权的 12 个地区联储银行首脑和其他 4 个联储理事会成员的意见。

"没有哪个联储选项会对经济或通货紧缩风险产生哪怕轻微的影响。"哈佛大学教授马丁·费尔德斯坦说道。……利率已经非常低了，他指出，但并没有带来大量的消费者需求或投资需求。"它正处于困境中……"

资料来源：*The Wall Street Journal*，from "Fed Ponders Bolder Move" by Jon Hilsenrath and Sudeep Reddy. Copyright 2010 by Dow Jones & Company, Inc. Reproduced with permission of Dow Jones & Company, Inc. via Copyright Clearance Center.

文中要点

在全世界的政策制定者会议上，本·伯南克描述了联邦储备正在考虑为美国经济提供额外刺激的四种政策选项：（1）重新开始长期证券购买；（2）降低银行在其保留在联储的准备金上收到的利率；（3）承诺保持低的短期利率比市场预期的更长的时间；和（4）提高联储的通货膨胀指标。由于新出现的风险，很多公司持有现金，而不是将其投资于新的项目。联储的官员们对是否需要采取更多的行动以及联储主席描绘的措施是否会有效，意见并不一致。为了实现政策的意见一致，伯南克平衡了联邦储备银行行长和中央银行理事会其他成员提出的理由。哈佛大学的经济学家马丁·费尔德斯坦表达了他的观点：任何一项联储政策都不能显著推动经济或降低通货紧缩风险。

新闻解读

ⓐ联储在怀俄明州的杰克逊小镇为来自美国和其他国家的政策制定者举办了一年一次的聚会。在 2010 年的聚会，本·伯南克描述了联储可用于刺激美国经济的四种政策选项。大约在同一时间，商务部宣布已经将其对第二季度的实际 GDP 增长的估计从 2.4% 修改到了 1.6%。

ⓑ伯南克先生的政策选项包括购买长期证券，这会提高证券的价格并降低其收益率。降低联邦基金利率——其在 8 月份还不到 0.20%——并不是一个现实的选项。上面的图形类似于图 18—13（a）。图形表明，初始的长期均衡位于 $Y=Y^P$。总支出的下降导致 IS 曲线向左移动，造成了等于 $\tilde{Y}_1$ 的产出缺口。这表明了导致 2007 年经济衰退的房地产和金融危机的影响。从 MP_1 到 MP_2 的移动说明扩张性货币政策在将实际利率从 r_1 降低到 r_2 中的效果。图 18—15 包括 MP 曲线因违约风险溢价在 2008 年的上升而向上移动，但图 18—14 表明，这一风险溢价到 2010 年已经下降了。上面的图形说明了联储面临的问题：联储可以努力将实际利率降低至 r_2 之下，但即使是零的利率也不足以消除产出缺口。

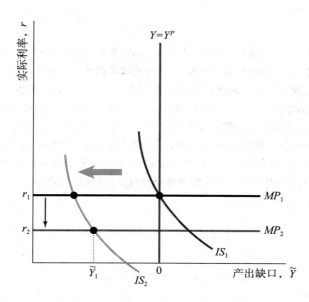

©Ronald DeFeo 和 Richard Mershad 所做的评论意味着，经济的萧条表现并不是因为实际利率太高，而是因为经济中的风险和不确定性程度正在导致企业和消费者在支出上犹豫不前，尤其是新的投资。企业和消费者预期的改善可以导致 IS 曲线向右移动并最终消除产出缺口。

严肃思考

1. 画出一幅类似于图 18—13（a）且与此处的图形一致的图形。你的图形应该包括一条菲利普斯曲线。菲利普斯曲线表示通货膨胀与失业之间的短期关系，但图 18—13（b）沿着横轴度量的是产出缺口而不是失业。菲利普斯曲线怎么能包含在并不表示通货膨胀与失业率之间关系的图形中？

2. 该文章提到，本·伯南克排除了使用联储的政策选项之一，即提高联储的目标通货膨胀率。为什么联邦储备主席会不愿意让通货膨胀指标上升？

本章小结和问题

关键术语和概念

总需求冲击	IS-MP 模型	产出缺口
资产负债表渠道	MP 曲线	菲利普斯曲线
银行贷款渠道	乘数	潜在 GDP
财政政策	乘数效应	
IS 曲线	奥肯定律	

18.1 IS 曲线

理解什么是 IS 曲线以及它是如何推导出来的。

小结

IS-MP 模型是一个比总需求和总供给模型（*AD-AS*）更为完备的宏观经济模型。*IS-MP* 模型包括三个部分：（1）*IS* 曲线，（2）*MP* 曲线，以及（3）菲利普斯曲线。产品市场的均衡出现在总需求等于实际 GDP 的地方。自发性支出是不依赖于 GDP 水平的支出。自发性支出的初始变动导致消费支出的一系列引致变动被称为乘数效应。均衡 GDP 的变化除以自主性支出的变化被称为乘数。财政政策是指旨在实现宏观经济政策目标的联邦政府购买和税收的变动。决策者具有一个将经济恢复到实际 GDP 等于潜在 GDP 的均衡位置的目标，潜在 GDP 是当所有企业充分利用产能时可以获得的实际 GDP 水平。*IS* 曲线说明的是产品市场处于均衡状态时的产出或实际 GDP 与实际利率的所有组合。产出缺口是实际 GDP 与潜在 GDP 之间的百分比差额。总需求冲击会导致 *IS* 曲线的位移，总需求冲击是除了实际利率变化之外的可以导致总支出变化的因素。

复习题

1.1　定义如下的术语：

　　　a. *IS* 曲线；

　　　b. *MP* 曲线；

　　　c. 菲利普斯曲线。

1.2　什么是存货？简要解释当总支出大于实际 GDP 时存货水平会如何变化，以及当总支出等于实际 GDP 时如何变化。

1.3　画出一个说明产品市场均衡的 45°线交叉图。标记均衡实际 GDP 水平为 Y_1。现在，在你的图形中说明当实际 GDP 等于 Y_2、Y_2 大于 Y_1，以及当实际 GDP 等于 Y_3 且 Y_3 小于 Y_2 时的情形。确保你的图形说明了总支出的水平以及在 Y_1、Y_2 和 Y_3 处存货水平未预料到的变化。

1.4　什么是乘数？简要描述乘数效应。什么是 *MPC*？*MPC* 与乘数之间的关系是什么？

1.5　什么是 *IS* 曲线？什么导致了沿着 *IS* 曲线的移动？什么导致了 *IS* 曲线的位移？

1.6　什么是潜在 GDP？什么是产出缺口？

问题和应用

1.7　【与第 543 页的解决问题 18.1 有关】利用下列数据计算均衡产出值以及投资支出乘数：

$$C = MPC \times Y = 0.75 \times Y$$
$$\overline{I} = 23\,000 \text{ 亿美元}$$
$$\overline{G} = 17\,000 \text{ 亿美元}$$
$$\overline{NX} = -5\,000 \text{ 亿美元}$$

1.8　简要解释你是否同意下述论断：

　　　潜在 GDP 是当所有企业都充分利用产能时可以获得的实际 GDP 水平。如果必需的话，企业具有每天运营 24 小时的能力，但它们很少这样做。因此，企业几乎总是能生产较其实际生产的更多的产出，实际 GDP 几乎总是位于潜在 GDP 之下。

1.9　为什么在 45°线交叉图中，实际利率的变动导致总支出线而不是 *IS* 曲线位移？

1.10　在下述各情形中，简要解释 *IS* 曲线是否会位移，若其的确位移了，它会向哪个方向位移：

　　　a. 消费者对其未来的收入变得更为乐观；

　　　b. 联邦政府削减公司利润税；

　　　c. 实际利率上升；

　　　d. 企业对新信息技术支出的未来盈利性变得悲观。

1.11　乘数的大小会如何影响 *IS* 曲线的斜率？（提示：在 45°线交叉图中，对于一个给定的实际利率变化，乘数如何影响均衡实际 GDP 水平的变化？)

1.12 除了对实际利率的变化做出反应外，在 45°线交叉图中，如果总支出线发生位移，IS 曲线也必须位移吗？简要解释。

1.13 某些经济学家认为，在经济衰退期间，企业对工厂、办公建筑和机器的投资需求变得对实际利率的变化不太敏感。如果这些经济学家是正确的，IS 曲线在经济扩张时期和经济衰退时期会有何不同？通过画一个 IS 曲线图来说明你的答案。

18.2 MP 曲线和菲利普斯曲线

解释 MP 曲线和菲利普斯曲线的重要性。

小结

MP 曲线代表联储的货币政策行动。MP 曲线是位于由联储决定的实际利率水平上的一条水平线。菲利普斯曲线是一个说明通货膨胀率和失业率之间短期关系的图形。根据**奥肯定律**，产出缺口等于-2 乘以当前失业水平和自然失业率之差。我们可以利用奥肯定律将菲利普斯曲线从一个通胀率和失业率之间的关系修改为一个通胀率和产出缺口之间的关系。

复习题

2.1 联邦基金利率是一个短期名义利率，其变化如何引起短期实际利率的变化？联邦基金利率的变化如何引起长期实际利率的变化？

2.2 什么是 MP 曲线？为何它是一条水平线？联储如何能改变 MP 曲线的位置？

2.3 当联储提高实际利率时，经济是沿着 IS 曲线向上还是向下？产出缺口的值是上升还是下降？

2.4 什么是菲利普斯曲线？为何在通货膨胀和失业之间存在一个反向的关系？就菲利普斯曲线而言，当失业率等于自然失业率时，实际的通货膨胀率等于什么？

2.5 什么因素引起了菲利普斯曲线的位移？

2.6 什么是奥肯定律？奥肯定律如何能被用于推导产出缺口版本的菲利普斯曲线？

问题和应用

2.7 《华尔街日报》的一位专栏作家认为："不管你是借款人还是储蓄者，要紧的不是名义利率，而是'实际的'、扣除通胀的收益率。"你同意吗？简要解释。

资料来源：Brett Arends, "What Deflation Means for Your Wallet," *Wall Street Journal*, July 7, 2010.

2.8 在《纽约时报》的一个专栏里，哈佛大学的经济学家 Edward Glaeser 认为："理论和数据都预示，美国在 1996—2006 年间经历的实际利率 1.2 个百分点的下降会导致略小于 10% 的（住房）价格上升……"

a. 联储如何能引起实际利率的上升或下降？

b. 为什么实际利率的下降会导致住房价格的上升？

资料来源：Edward Glaeser, "Did Low Interest Rates Cause the Great Housing Convulsion?" *New York Times*, August 3, 2010.

2.9 在下列各种情况下，简要解释用横轴表示失业率的短期菲利普斯曲线是否会位移，如果它的确位移了，那么会向哪个方向位移：

a. 预期通货膨胀率下降；

b. 实际通货膨胀率上升；

c. 石油的价格显著下降；

d. 周期性失业上升；

e. 有利的气候条件导致农作物丰收。

2.10 【与第 554 页的**联系实际有关**】《纽约时报》的一位专栏作家写道："因此，根据奥肯定律，失业率应该从 2009 年初的 7.4％上升到一年后的 9％。相反，在 2009 年 12 月达到了 10％，而且到 2010 年 1 月也没有下降。"

    a. 什么是奥肯定律？

    b. 什么可以解释专栏作家提到的数据？

    资料来源：Louise Uchitelle，"A Broken Economic Law," *New York Times*，February 22，2010.

2.11 如果家庭和企业从温和的通货膨胀预期变为温和的通货紧缩预期，菲利普斯曲线会如何位移？画一幅产出缺口版本的菲利普斯曲线图来说明你的答案。

2.12 自然失业率有时候也被称为非加速通货膨胀失业率（nonaccelerating inflation rate of unemployment）。利用菲利普斯曲线分析法，如果失业率不同于自然失业率，经济中的通货膨胀率会变化吗？

2.13 为什么菲利普斯曲线上的通货膨胀率和失业率之间的反向关系仅在短期成立？在长期，当实际通货膨胀率不同于预期通货膨胀率时会发生什么？

2.14 正如第 17 章所解释的，建筑业和汽车业在 21 世纪头 10 年中后期的结构变化可能已经导致了一个新的更高的自然失业率。自然失业率的上升会如何影响短期菲利普斯曲线？同时考虑失业率版本的菲利普斯曲线和产出缺口版本的菲利普斯曲线。

18.3 *IS-MP* 模型中的均衡

利用 *IS-MP* 模型来说明宏观经济均衡。

小结

在 *IS-MP* 模型中，*IS* 曲线和 *MP* 曲线在产出缺口为零的地方相交且实际利率位于联储的目标水平。如果经济遭遇到使得 *IS* 曲线向左位移的需求冲击，联储可以通过降低实际利率努力将经济恢复到潜在 GDP 水平，从而导致 *MP* 曲线下移。在 2007—2009 年的经济衰退期间，联储将其目标联邦基金利率降低到了接近于 0 的水平，但扩张性效应被违约风险溢价的上升所抵消。

复习题

3.1 在 *IS-MP* 模型中画图说明长期的宏观经济均衡。你的图形之一应该说明产出缺口版本的菲利普斯曲线。在长期均衡中，产出缺口等于什么？实际通货膨胀率和预期通货膨胀率的真实情况是什么？

3.2 当联储降低实际利率时，*MP* 曲线会位移吗？*IS* 曲线会位移吗？产出缺口版本的菲利普斯曲线会位移吗？简要解释。

3.3 当联储降低实际利率时，产出缺口和实际通货膨胀率会怎么样？

3.4 什么是违约风险溢价？为什么它在 2007—2009 年的衰退期间显著上升了？这一上升如何影响 *MP* 曲线和产出缺口？

问题和应用

3.5 利用 *IS-MP* 模型（包括产出缺口版本的菲利普斯曲线）来分析联储对显著的正向的需求冲击会如何做出反应。假定在需求冲击之前，经济处于长期宏观经济均衡。利用一幅图形来说明正向需求冲击的影响以及联储可能会做出的反应。

3.6 【与第 556 页的**联系实际有关**】约翰·梅纳德·凯恩斯和约翰·希克斯构造了一个经济模型，在这一模型中，总产出是由总支出唯一决定的，几乎没有或根本没有考虑经济的供给（生产）面。为什么凯恩斯和希克斯在大萧条期间的著作会构造一个仅仅考虑总支出的经济模型？

3.7 【与第 556 页的**联系实际有关**】约翰·希克斯在其原始的宏观经济模型，即 *IS-LM* 模型中，构造

了 *LM* 曲线来说明导致货币市场均衡的实际利率和产出的组合。*LM* 曲线假定货币政策的形式是联储选择一个货币供给目标。为什么保罗·罗默在 2000 年会建议放弃传统的 *LM* 曲线，而代之以 *MP* 曲线？

3.8 【与第 559 页的**联系实际**有关】第 17 章讨论过联储和政府是否应该利用稳定性政策来"微调"经济——平滑几乎每一次的 GDP 或通货膨胀波动，或者相反，是否应该关注诸如低通货膨胀或平稳经济增长等长期目标，并限制使用激进主义政策来对付经济低迷。联储和政府必须依靠有待修正的"实时数据"这一事实弱化还是强化了反对利用激进主义的稳定性政策来微调经济的证据？简要解释。

3.9 【与第 561 页的**解决问题** 18.2 有关】假定联储关心通货紧缩在长期内会对经济有害。利用 *IS-MP* 模型（在所有的图形中包含产出缺口版本的菲利普斯曲线）分析联储会如何对付通货紧缩。

a. 利用 *IS-MP* 模型的图形来说明通货紧缩率为 2% 的长期宏观经济均衡。

b. 如果联储希望经济返回到通货膨胀率为 2% 的长期均衡，联储应该如何改变其目标联邦基金利率？利用一个 *IS-MP* 模型的图形来说明联邦基金利率目标这一变化的影响。产出缺口和实际通货膨胀率会怎么样呢？

c. 利用一个 *IS-MP* 模型的图形来说明和解释在高通货膨胀率的情况下经济如何返回长期均衡。

3.10 【与本章开始的导入案例有关】艾伦·布兰德（Alan Blinder）教授，当时的联邦储备系统理事会副主席，在《货币政策的策略》一文中提出了如下的反问：

为什么我们（联储）不只是等待和观察会发生什么？如果通货膨胀开始上升，较高的利率会打击经济。如果失业开始上升，准备金也会上升。我（布兰德教授）把这称为 Bunker Hill（参考美国革命战争在围攻波士顿期间的战役）策略：一直等到你看到他们的眼睛再开火。为什么我们不那么做？

a. 大体上，为什么联储不能使用布兰德所称的 Bunker Hill 策略？

b. 为什么联储需要对经济相当准确的预测来制定和实施成功的货币政策？

资料来源：Alan S. Blinder, "The Strategy of Monetary Policy," Federal Reserve Bank of Minneapolis, *The Region*, September 1995.

18.4 利率是货币政策的一切吗？

讨论货币政策的其他渠道。

小结

经济学家将货币政策可以影响产出和价格的方式称为货币政策的渠道。在 *IS-MP* 模型中，货币政策通过利率渠道发生作用。家庭和很多企业依靠银行贷款来获得信贷。货币政策的银行贷款渠道强调依靠银行贷款的借款人的行为。在这一渠道中，扩张性货币政策并不取决于其降低利率的有效性。资产负债表渠道描述了源于货币政策的利率变动如何影响借款人的净值。

复习题

4.1 经济学家所说的货币政策的渠道的意思是什么？

4.2 什么是利率渠道？

4.3 什么是银行贷款渠道？这一渠道聚焦的关键经济事实是什么？

4.4 什么是资产负债表渠道？利率上升如何降低企业的净值？企业净值的下降如何影响外源融资的成本，尤其是对低净值（low-net-worth）企业？

问题和应用

4.5 当联储改变实际利率以影响产出缺口和通货膨胀率时，银行贷款渠道和资产负债表渠道是加强还是部分抵消了实际利率变化的影响？简要解释。

4.6 在银行贷款渠道中，扩张性货币政策并不取决于其降低利率的有效性，紧缩性货币政策也不取决于其提高利率的有效性。在不降低利率以刺激支出的情况下，扩张性货币政策如何起作用？在不提高利率以放缓支出的情况下，紧缩性货币政策如何起作用？

4.7 与美国相比，你预期货币政策的银行贷款渠道在诸如巴西或印度之类的新兴市场经济中会有较大还是较小的影响？简要解释。

4.8 随着时间的流逝，由于我们的金融体系为中小企业扩展和发展了额外的融资来源，如资产支持证券，银行贷款渠道会变得更大还是更小？简要解释。

数据练习

D18.1 登录《总统经济报告》的网站 www. gpoaccess. gov/eop/。在屏幕的左方，前往 "Downloadable Reports/Tables" 并在 "Statistical Tables" 处点击 2010。在表格中，使用 Table B.42，"Civilian Unemployment Rate，1962–2009" 来获得年度失业率，以及 Table B.60，"Consumer Price Indexes for Major Expenditure Classes，1965–2009" 来获得年度消费者价格指数（CPI）。利用所有项目的 CPI 值，计算从 1966 年到现在的年度通货膨胀率。注意，《总统经济报告》中的表格是 Excel 电子表格，因此，利用 Excel 的公式栏的通货膨胀率公式很容易计算年度的通货膨胀率。对于下列每一个时间段，年度失业率和年度通货膨胀率之间的关系是支持沿着短期菲利普斯曲线的移动还是菲利普斯曲线的位移？如果支持菲利普斯曲线的位移，那么是一项负面的冲击还是一项正面的冲击？

　　a. 1966—1969 年

　　b. 1973—1975 年

　　c. 1992—1994 年

　　d. 2000—2002 年

附录：*IS-LM* 模型

18A 利用 *IS-LM* 模型说明宏观经济均衡

　　本章构建的 *IS-MP* 模型假定联储盯住联邦基金利率并通过公开市场操作调整银行体系的准备金水平以达到其目标。我们使用 *IS-MP* 模型是因为，当今的联储和很多中央银行将一个短期银行贷款利率，如联邦基金利率，作为其货币政策目标。然而，在过去，一些中央银行盯住的是货币供给而不是短期利率。我们在前面的**联系实际**中提到的 *IS-LM* **模型**（*IS-LM* model）是由英国经济学家约翰·希克斯在 1937 年首先提出来的，这一模型类似于 *IS-MP* 模型。其区别在于，*IS-LM* 模型假定联储盯住的是货币供给而不是联邦基金利率。

　　IS-MP 模型和 *IS-LM* 模型都是利用 IS 曲线来说明产品和服务市场上实际利率与支出之间的负向关系。*IS-LM* 模型不同于 *IS-MP* 模型是因为其包括了货币市场，我们在第 17 章介绍过货币市场。*IS-LM* 模型假定联储盯住的是货币存量的水平，因此用 LM 曲线代替了 MP 曲线。LM 曲线展示了导致货币市场出现均衡状态的利率和产出缺口的组合。

推导 *LM* 曲线

　　为了推导 *LM* 曲线，我们利用第 17 章的货币市场模型。在第 17 章，我们假定货币市场均衡决定了短期名义利率。由于 *IS* 曲线展示的产品市场均衡取决于实际利率，我们将做出简化假定，即预期通货膨胀率保持不变，从而名义利率的变化等价于实际利率的变化。此外，我们还假定，短期利率的变动导致对消费和投资决策非常重要的长期利率发生相应的变动。如果这些假定条件成立，那么均衡的长期实际利率是由货币市场决定的。

为了推导 *LM* 曲线，我们考虑当产出缺口（或者说实际 GDP 与潜在 GDP 之间的百分比差额）上升时，对实际余额的需求会出现什么变化。（请注意，为了与 *IS-MP* 模型保持一致，我们是用产出缺口度量产出，而不是用产出水平。）在图 18A—1（a）中，经济开始处于均衡 *A* 点。产出缺口从 $\tilde{Y}_1$ 变化到 $\tilde{Y}_2$ 导致对实际余额的需求从 M_1^D 移动到 M_2^D。对实际余额的需求随着产出的增加而上升，这是因为家庭和企业需要更大的货币余额来融通由于更高的产出水平导致的交易量的上升。随着实际余额需求的上升，为了保持货币市场的均衡位于 *B* 点，实际利率必须从 r_1 上升到 r_2。这一分析告诉我们，当保持实际余额的供给不变时，在货币市场上，更高水平的产出对应于更高水平的实际利率。图 18A—1（b）画出了来自图（a）中的均衡 *A* 和 *B* 点的利率和产出缺口的组合。如果我们在图（a）中继续改变产出的水平，我们会在图（b）中描绘出 *LM* 曲线展示的各种组合。换言之，*LM* 曲线展示了导致货币市场处于均衡状态的所有实际利率和产出缺口的组合。

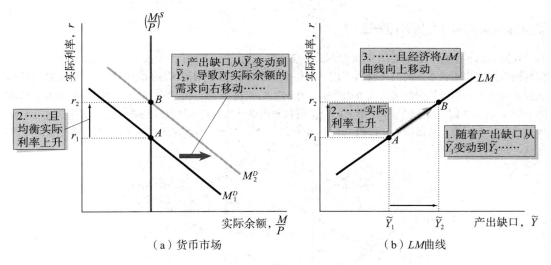

（a）货币市场　　　　　　　　　　（b）*LM* 曲线

图 18A—1　推导 *LM* 曲线

在图（a）中，经济开始处于均衡 *A* 点。产出缺口从 $\tilde{Y}_1$ 变化到 $\tilde{Y}_2$ 导致对实际余额的需求从 M_1^D 移动到 M_2^D。为了保持货币市场的均衡位于 *B* 点，实际利率必须从 r_1 上升到 r_2。图（b）画出了来自图（a）中的均衡 *A* 和 *B* 点的利率和产出缺口的组合。*LM* 曲线展示了导致货币市场处于均衡状态的所有实际利率和产出缺口的组合。

移动 *LM* 曲线

如果除了产出之外的影响对实际余额的需求或供给的因素发生变化，那么 *LM* 曲线会发生位移。例如，图 18A—2 展示了货币供给增加对 *LM* 曲线的影响。在图（a）中，货币市场开始处于均衡 *A* 点。接着，联储将实际余额的供给从 $(M/P)_1^S$ 增加到 $(M/P)_2^S$。实际利率从 r_1 下降到 r_2。货币市场均衡在 *B* 点得以恢复。在图（b）中，我们展示了实际余额增加的结果是将 *LM* 曲线向右位移，从 LM_1 移动到 LM_2。与 *A* 点相比——对应于图（a）中的 *A* 点，在 *B* 点，产出缺口保持不变，而实际利率却下降了。

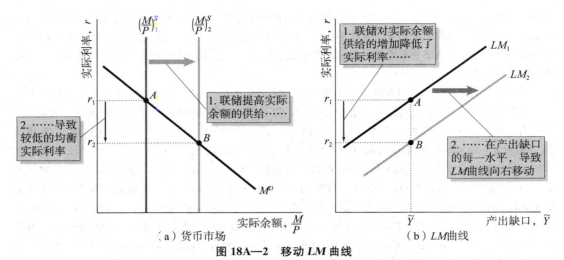

（a）货币市场　　　　　　　　　　　　（b）LM曲线

图 18A—2　移动 LM 曲线

在图（a）中，货币市场开始处于均衡 A 点。接着，联储将实际余额的供给从 $(M/P)_1^S$ 增加到 $(M/P)_2^S$。实际利率从 r_1 下降到 r_2。在图（b）中，我们展示了实际余额增加的结果是将 LM 曲线向右位移，从 LM_1 移动到 LM_2。

IS-LM 模型中的货币政策

在图 18A—3 中，我们把 IS 曲线和 LM 曲线放在一起。在两条曲线相交的地方，产品市场和货币市场同时处于均衡状态。我们可以利用这一图形来说明联储通过增加实际余额的供给而不是降低目标联邦基金利率来执行扩张性货币政策的影响。在初始的均衡 A 点，位于 $\tilde{Y}_1$ 的实际 GDP 低于潜在的实际 GDP。正如我们在图 18A—2 中看到的，实际余额供给的增加将 LM 曲线向右位移。如果联储充分地增加实际货币余额，从而将 LM 曲线从 LM_1 位移到 LM_2，均衡将会移动到实际 GDP 位于其潜在水平的 B 点，而实际利率则从 r_1 下降到了 r_2。

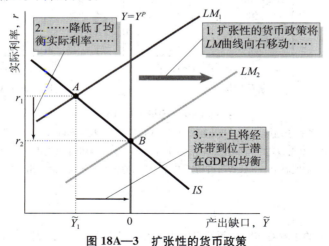

图 18A—3　扩张性的货币政策

在初始均衡 A 点，实际 GDP 低于潜在实际 GDP。增加实际余额供给将 LM 曲线从 LM_1 位移到 LM_2，均衡将会移动到实际 GDP 位于其潜在水平的 B 点，而实际利率则从 r_1 下降到了 r_2。

关键术语

IS-LM 模型　　　　　　　　　　　　　　LM 曲线

术语表

适应性预期（Adaptive expectations）：人们在对一个变量的未来值做预测时只利用该变量的过去值的假定。

逆向选择（Adverse selection）：在做出投资之前，投资者在区分低风险的借款人和高风险的借款人时遇到的问题；在保险中，那些最可能购买保险的人也是最可能申请索赔的人所带来的问题。

总需求（AD）曲线（Aggregate demand (AD) curve）：说明商品和服务上的总支出与价格水平之间关系的曲线。

总需求冲击（Aggregate demand shock）：导致 IS 曲线位移的总支出的组成部分之一的变动。

总供给（Aggregate supply）：在既定的价格水平下企业愿意供给的产出或 GDP 总量。

增值（Appreciation）：一种货币交换另一种货币的价值的上升。

资产（Asset）：个人或企业拥有的多少有些价值的东西；特别是，一种金融要求权。

不对称信息（Asymmetric information）：交易的一方比另一方拥有更好的信息的情形。

资产负债表（Balance sheet）：说明个人或企业在某一特定日期的金融头寸的报表。

资产负债表渠道（Balance sheet channel）：对源于货币政策的利率变动影响借款人的净值和支出决策的方式的描述。

国际收支账户（Balance-of-payments account）：对本国经济与所有外国之间的所有的私人和政府资金流动的一种度量。

银行资本（Bank capital）：银行资产价值与其负债价值之差，也被称为所有者权益。

银行贷款渠道（Bank lending channel）：对货币政策影响依赖于银行贷款的借款人的支出决策的方式的描述。

银行杠杆（Bank leverage）：银行资产价值与其资本价值之比，其倒数（资本与资产）则被称为银行的杠杆比率。

银行恐慌（Bank panic）：很多银行同时遭遇挤兑的情形。

银行准备金（Bank reserves）：银行在联储的存款加库存现金。

银行挤兑（Bank run）：对银行失去信心的存款人同时提取足够多的资金从而迫使银行关闭的过程。

物物交换（Barter）：一种交换体系，其中个人直接将商品和服务交换为其他的商品和服务。

《巴塞尔协议》（Basel accord）： 关于银行资本要求的国际协议。

行为金融学（Behavioral finance）： 应用来自行为经济学的概念来理解人们在金融市场中如何做决策。

理事会（Board of Governors）： 联邦储备系统的治理委员会，包括由美国总统任命的七位成员。

债券（Bond）： 公司或政府发行的、代表偿还固定数量的货币的承诺的一种金融证券。

债券评级（Bond rating）： 一个单一统计量，该统计量概括了评级机构关于发行人对其债券进行必要的支付的可能能力的看法。

布雷顿森林体系（Bretton Woods system）： 从 1945 年一直持续到 1971 年的一种汇率体系，在该体系下，各国保证按照对美元固定的汇率买卖其货币，美国保证在外国中央银行要求时将美元兑换为黄金。

泡沫（Bubble）： 资产价格上涨到远大于资产内在价值的情形；一类资产价格的不可持续的上涨。

商业周期（Business cycle）： 经济扩张和经济衰退的交替时期。

看涨期权（Call option）： 给予买方在规定的时段按规定的价格购买标的资产权利的一类衍生品合约。

资本管制（Capital control）： 政府对外国投资者购买本国资产和本国投资者购买外国资产施加的限制。

资本利得（Capital gain）： 资产的市场价格的上涨。

资本损失（Capital loss）： 资产的市场价格的下跌。

支票（Check）： 随时支付存于银行或其他金融机构的货币的承诺。

支票存款（Checkable deposits）： 存款人可以签发支票的账户。

封闭经济（Closed economy）： 家庭、企业和政府并不进行国际借贷的经济。

抵押品（Collateral）： 借款人向贷款人抵押的资产，若借款人对贷款违约，则贷款人可以没收。

商业银行（Commercial bank）： 通过吸收存款并利用存款发放贷款来充当金融中介的金融企业。

商品货币（Commodity money）： 具有独立于其作为货币的用途的被用作货币的商品。

复利（Compounding）： 因储蓄随时间积累而获得利息上的利息的过程。

传染（Contagion）： 对一家银行的挤兑扩展至其他银行导致银行恐慌的过程。

契约型储蓄机构（Contractual saving institution）： 因合约而从个人收到支付并利用资金来进行投资的诸如养老基金和保险公司之类的金融中介。

公司（Corporation）： 企业的一种法律形式，保护所有者不会在企业破产时失去比其投资的更多。

交易对手风险（Counterparty risk）： 交易对手——交易另一方的个人或企业——违约的风险。

息票债券（Coupon bond）： 要求定期的多次的利息支付和在到期日的面值支付的债务工具，如半年一次或一年一次。

信用违约互换（Credit default swap）： 在标的证券价格下降时要求卖方向买方进行支付的衍生品；事实上，是一种保险。

信用配给（Credit rationing）： 贷款人对信用的限制，使得借款人在给定的利率下无法获得其想要的资金。

信用风险（Credit risk）： 借款人可能对其贷款违约的风险。

信用风险分析（Credit-risk analysis）： 银行贷款官员用于筛选贷款申请者的过程。

信用互换（Credit swap）： 交换利率支付的合约，目的在于降低违约风险。

流通中的通货（Currency in circulation）： 非银行公众持有的纸币和硬币。

货币互换（Currency swap）： 交易各方同意交换以不同货币标价的本金数量的合约。

通货—存款比率（C/D）（Currency-to-deposit ratio（C/D））： 非银行公众持有的通货 C 与支票存款 D 之比。

债务工具（也被称为信用市场工具或固定收益资产）（Debt instruments）： 债务融资的方法，包括简易贷款、息票债券和固定支付贷款。

债务—通货紧缩过程（Debt-deflation process）： 欧文·费雪首先识别出的一个过程，在该过程中，不断下降的资产价格及不断下降的商品和服务价格形成的周期会加剧经济衰退的严重性。

违约风险（或信用风险）（Default risk）： 债券发行人未能履行利息或本金支付的风险。

通货紧缩（Deflation）： 价格水平的持续下降。

减值（Depreciation）： 一种货币交换另一种货币的价值的减少。

衍生品（Derivative）： 从诸如股票或债券之类的标的资产衍生其经济价值的一种资产，如期货合约或期权合约。

贬值（Devaluation）：降低一国货币相对于其他货币的官方价值。

贴现债券（Discount bond）：一种债务工具，借款人在到期日一次性支付来偿还贷款人贷款的数量，但在开始的时候收到的少于债券的面值。

贴现贷款（Discount loan）：联邦储备通常向商业银行发放的贷款。

贴现政策（Discount policy）：调整贴现率和贴现贷款条件的政策工具。

贴现率（Discount rate）：联邦储备对贴现贷款收取的利率。

贴现窗口（Discount window）：联储借以向商业银行发放贷款的手段，充当满足银行流动性需求的渠道。

贴现（Discounting）：得到未来会收到的资金的现值的过程。

非中介化（Disintermediation）：储蓄者和借款人退出银行转向金融市场。

分散化（Diversification）：在很多不同资产之间分配财富以降低风险。

股息（Dividend）：公司对其股东所做的支付，通常以季度为基础。

股息收益率（Dividend yield）：预期年股息除以股票的当前价格。

《多德-弗兰克华尔街改革和消费者保护法案》（Dodd-Frank Wall Street Reform and Consumer Protection Act）：2010 年通过的，旨在改革金融体系监管的立法。

二元银行体系（Dual banking system）：银行要么由州政府特许，要么由联邦政府特许的美国体系。

久期分析（Duration analysis）：关于银行资本对市场利率变化如何敏感的分析。

经济增长（Economic growth）：经济中的商品和服务随时间的增加；一项货币政策目标。

规模经济（Economies of scale）：生产的商品或服务数量的增加导致平均成本的下降。

有效市场假说（Efficient markets hypothesis）：理性预期在金融市场的应用；证券的均衡价格等于其内在价值的假说。

电子货币（E-money）：人们用于在互联网上购买商品和服务的数字现金；electronic money 的简写。

股权（Equity）：对企业之部分所有权的要求权；公司发行的普通股。

欧元（Euro）：16 个欧洲国家的共同货币。

欧洲中央银行（European Central Bank（ECB））：已经采用了欧元的那些欧洲国家的中央银行。

欧洲货币联盟（European Monetary Union）：作为1992 年欧洲单一市场倡议的一部分起草的计划，在该计划中，汇率被固定并最终采用共同货币。

超额准备金（Excess reserves）：银行持有的超过满足准备金要求所必需的那些准备金的所有准备金。

汇率制度（Exchange-rate regime）：调整汇率及各国间的商品和资本流动的制度。

汇率风险（Exchange-rate risk）：企业会因汇率波动而遭受损失的风险。

预期理论（Expectations theory）：一种利率期限结构理论，该理论认为，长期债券的利率是投资者预期在长期债券的生命期内的短期债券利率的平均。

预期收益（Expected return）：预期未来时期在资产上的收益；也是我们熟知的预期收益率。

联邦存款保险（Federal deposit insurance）：对高达250 000 美元的存款账户余额的政府担保。

联邦存款保险公司（FDIC）（Federal Deposit Insurance Corporation（FDIC））：国会于 1934 年建立的对商业银行的存款提供保险的联邦政府机构。

联邦基金利率（Federal funds rate）：银行对短期贷款互相收取的利率；由联邦基金市场上对准备金的需求和供给决定。

联邦公开市场委员会（Federal Open Market Committee（FOMC））：指导公开市场操作的 12 个成员组成的联邦储备委员会。

联邦储备（Federal Reserve）：美国的中央银行，通常被称为"联储"。

联邦储备银行（Federal Reserve Bank）：只执行贴现贷款的联邦储备系统的地区银行。

联邦储备系统（Federal Reserve System）：美国的中央银行。

不兑现纸币（Fiat money）：除了其作为货币的用途外并无价值的货币，如纸币。

金融公司（Finance company）：通过出售商业票据和其他证券来筹集资金并利用资金来向家庭和企业发放小额贷款的非银行金融中介。

金融套利（Financial arbitrage）：买卖证券以从价

格在短暂时段内的变化中获利的过程。

金融资产（Financial asset）：代表对其他人的支付的要求权的资产。

金融危机（Financial crisis）：从贷款人到借款人的资金流动的明显中断。

金融中介（Financial intermediary）：从储蓄者借入资金并将其贷放给借款人的金融企业，如银行。

金融负债（Financial liability）：个人或企业拥有的金融要求权。

金融市场（Financial market）：买卖股票、债券和其他证券的场所或渠道。

财政政策（Fiscal policy）：旨在实现宏观经济政策目标的联邦政府购买和税收的变动。

费雪效应（Fisher effect）：欧文·费雪提出的名义利率与预期通货膨胀率一一对应地升降的论断。

固定汇率制度（Fixed exchange rate system）：汇率被设定在由政府确定和维持的水平的制度。

固定支付贷款（Fixed-payment loan）：要求借款人向贷款人进行有规律的本金和利息定期支付的债务工具。

浮动汇率制度（Flexible exchange rate system）：货币的对外交换价值由外汇市场决定的制度。

外汇（Foreign exchange）：外国货币的单位。

外汇市场干预（Foreign exchange market intervention）：中央银行影响汇率的有意的行为。

外汇市场（Foreign-exchange market）：交易国际货币的场外市场。

远期合约（Forward contract）：以达成一致的价格在某一未来时间买入或卖出一项资产的一份协议。

终值（Future value）：现在做出的一项投资在某一未来时间的价值。

期货合约（Futures contract）：在特定的未来日期买入或卖出指定数量的商品或金融资产的标准化合约。

缺口分析（Gap analysis）：对银行的可变利率资产价值与其可变利率负债的美元价值之间的差异或者说缺口（gap）的分析。

金本位（Gold standard）：参与国的货币被转换为达成一致的黄金数量的固定汇率制度。

戈登增长模型（Gordon growth model）：利用当前支付的股利、预期股息增长率和股权必要收益率来计算股票价格的模型。

对冲（Hedge）：采取行动来降低风险，例如，通过购买当投资者资产组合中的其他资产价值下降时，其价值却上升的衍生品合约。

对冲基金（Hedge fund）：富有的投资者以合伙制组织的从事相对高风险、投机性投资的金融企业。

恶性通货膨胀（Hyperinflation）：每年超过100%的通货膨胀率。

异质性（非系统性）风险（Idiosyncratic (or unsystematic) risk）：与特定资产而不是整个市场有关的风险，如特定企业的股票价格因新产品的成功或失败而波动。

信息（Information）：关于借款人和对金融资产收益的预期的事实。

信息成本（Information costs）：储蓄者确定借款人的信誉和监控借款人如何使用获得的资金所招致的成本。

首次公开募股（IPO）（Initial public offering (IPO)）：企业首次向公众出售股票。

内部信息（Inside information）：关于证券的不是公开可得的信息。

无偿付能力的（Insolvent）：银行或其他企业资不抵债，从而净值为负的情形。

保险公司（Insurance company）：专门签署合约来保护投保人免于与特定事件有关的财务损失的风险的金融中介。

利率（Interest rate）：借入资金的成本（对贷出资金的支付），通常表示为借入金额的百分比。

利率平价条件（Interest-rate parity condition）：关于不同国家的类似债券的利率差异反映了对汇率未来变化的预期的命题。

利率风险（Interest-rate risk）：金融资产的价格随着市场利率的变动而波动的风险；市场利率变化对银行利润或资本的影响。

利率互换（Interest-rate swap）：交易各方同意在规定的时段交换被称为概念本金（notional principal）的确定的美元数量上的利息支付的一份合约。

国际货币基金组织（IMF）（International Monetary Fund (IMF)）：由布雷顿森林协定建立的、管理固定汇率体系并充当遭遇国际收支问题国家的最后贷款人的一个跨国组织。

国际储备（International reserves）：以外币标价并被用于国际交易的中央银行资产。

投资银行业务（Investment banking）：与承销新证

券发行并对兼并和收购提供建议有关的金融业务。

投资机构（Investment institution）：筹集资金来投资于贷款和证券的金融企业，如共同基金或对冲基金。

IS 曲线（IS curve）：IS-MP 模型中的一条曲线，说明了代表产品市场均衡的实际利率和总产出的组合。

IS-MP 模型（IS-MP model）：由表示产品市场均衡的 IS 曲线、表示货币政策的 MP 曲线和表示产出缺口（真实和潜在实际 GDP 之间的百分比差异）与通货膨胀率之间短期关系的菲利普斯曲线组成的一个宏观经济模型。

大型开放经济（Large open economy）：国内储蓄和投资的变动大到足以影响世界实际利率的经济。

一价定律（Law of One Price）：同一产品在任何地方都应以相同的价格出售的基本经济思想。

法定货币（Legal tender）：通货在税收支付被接受以及个人和企业在债务偿还中必须接受的政府规定。

最后贷款人（Lender of last resort）：担当银行体系的最终信贷来源的中央银行，以银行的优质但非流动的贷款为抵押，向有偿付能力的银行发放贷款。

杠杆（Leverage）：投资者在做出一项投资时采用了多少债务的一种度量。

负债（Liability）：个人或企业所欠的某些东西，尤其是对个人或企业的金融要求权。

有限责任（Limited liability）：保护公司所有者不会失去比其投入企业的还要多的法律条款。

流动性（Liquidity）：资产可以被交换为货币的难易程度。

流动性溢价理论（或期限优先理论）（Liquidity premium theory（or preferred habitat theory））：一种利率期限结构理论，该理论认为，长期债券的利率是投资者预期在长期债券的生命期内的短期债券利率的平均，加上随债券到期日的延长而增加的期限溢价。

流动性风险（Liquidity risk）：银行可能无法以合理的成本来出售资产或筹集资金以满足其现金需要的可能性。

贷款承诺（Loan commitment）：银行在某一指定的时段向借款人提供规定数量的资金的协议。

贷款销售（Loan sale）：银行同意向第三方出售来

自标的银行贷款的预期未来收益的金融合约。

多头（Long position）：在期货合约中，买方在规定的未来日期收到或买入标的资产的权利和义务。

长期总供给（LRAS）曲线（Long-run aggregate supply（LRAS）curve）：说明价格水平与企业供给的总产出量或实际 GDP 之间长期关系的曲线。

M1：货币供给的一种狭义定义；流通中的通货、支票账户存款和旅行支票持有量之和。

M2：货币供给的一种广义定义；包括在 M1 中的所有资产，同时还有价值小于 100 000 美元的定期存款、储蓄账户、货币市场存款账户和非机构货币市场共同基金份额。

管理浮动汇率制度（Managed float regime）：中央银行时而干预以影响外汇价值的一种汇率制度；也被称为肮脏浮动汇率制度。

保证金要求（Margin requirement）：在期货市场上，交易所要求的来自金融资产的买方和卖方的最低存款；降低违约风险。

市场（或系统性）风险（Market（or systematic）risk）：某一特定类型的所有资产共有的风险，如源于商业周期的股票价格的上涨和下跌。

盯市（Marking to market）：在期货市场上，交易所根据合约价格的变化将资金从买方的账户转移到卖方的账户或反之亦然的每日结算。

交易媒介（Medium of exchange）：通常被接受为对商品和服务的支付的某些东西；货币的一种功能。

货币总量（Monetary aggregates）：比通货更广义的货币数量的度量；M1 和 M2。

基础货币（或高能货币）（Monetary base（or high-powered money））：银行准备金与流通中的通货之和。

货币中性（Monetary neutrality）：货币供给变动在长期内对产出没有影响的命题，因为货币供给增加（减少）在长期内提高（降低）价格水平，但并不改变均衡产出水平。

货币政策（Monetary policy）：联储采取的管理货币供给和利率以追求宏观经济政策目标的行动。

货币市场共同基金（Money market mutual fund）：专门投资于诸如国库券、可转让存单和商业票据之类的短期资产的共同基金。

货币（Money）：通常被接受为对商品和服务或债务偿还的支付的任何东西。

货币供给（Money supply）：经济中货币的总数量。

道德风险（Moral hazard）：人们在达成交易之后会采取使得另一方境况更坏的行动的风险；在金融市场中，投资者遇到的问题是核实借款人像预定的那样使用其资金。

MP 曲线（*MP curve*）：IS-MP 模型中代表联储的货币政策行动的曲线。

多倍存款创造（Multiple deposit creation）：银行准备金增加导致多轮的银行贷款和支票存款创造以及相当于多倍的初始准备金增加的货币供给增加的货币供给过程的一部分。

乘数（Multiplier）：源于自发性支出变动的均衡 GDP 的变动。

乘数效应（Multiplier effect）：自发支出的变动导致均衡 GDP 的更大变动的过程。

市政债券（Municipal bonds）：州和地方政府发行的债券。

共同基金（Mutual fund）：通过向个人储蓄者出售股份筹集资金并将资金投资于股票、债券、抵押贷款和货币市场证券的资产组合的金融中介。

国民银行（National bank）：联邦特许银行。

净利息利润率（Net interest margin）：银行从其贷款和证券上收到的利率与其对存款和债务支付的利率之间的差额，除以其盈利性资产的总值。

净值（Net worth）：企业资产的价值与其负债的价值之间的差额。

名义汇率（Nominal exchange rate）：以一种货币表示的另一种货币的价格，也被称为汇率（exchange rate）。

名义利率（Nominal interest rate）：没有对购买力的变化做出调整的利率。

表外业务（Off-balance-sheet activities）：不影响银行的资产负债表的业务，因为它们既不增加银行的资产，也不增加银行的负债。

奥肯定律（Okun's law）：由阿瑟·奥肯发现的产出缺口与周期性失业率之间的统计关系。

开放经济（Open economy）：家庭、企业和政府国际化地借贷的经济。

公开市场操作（Open market operations）：联储在金融市场上的证券购买和销售，通常是国库债券。

公开市场购买（Open market purchase）：联储的证券购买，通常是国库债券。

公开市场出售（Open market sale）：联储的证券销售，通常是国库债券。

期权（Option）：买方有权按规定的价格在规定的时段内买入或卖出标的资产的一类衍生品合约。

期权费（Option premium）：期权的价格。

产出缺口（Output gap）：实际 GDP 与潜在 GDP 之间的百分比差异。

场外市场（Over-the-counter market）：由计算机连接起来的券商之间买卖金融证券的市场。

支付体系（Payments system）：经济中管理交易的机制。

盯住（Pegging）：一国保持其货币与另一国货币之间的汇率固定的决定。

养老基金（Pension fund）：将工人和企业的缴款投资于股票、债券和抵押贷款从而在工人退休期间提供养老金收益支付的金融中介。

菲利普斯曲线（Phillips curve）：说明产出缺口（或失业率）与通货膨胀率之间短期关系的曲线。

政治经济周期（Political business cycle）：关于政策制定者在选举之前会敦促联储降低利率来刺激经济的理论。

投资组合（Portfolio）：一组诸如股票和债券之类的资产。

潜在 GDP（Potential GDP）：当所有企业都在满负荷生产时获得的实际 GDP 水平。

现值（Present value）：未来会收到的资金在现在的价值。

一级信贷（Primary credit）：对遭遇到暂时流动性问题的健康银行可得的贴现贷款。

一级市场（Primary market）：股票、债券和其他证券首次被出售的金融市场。

银行优惠贷款利率（Prime rate）：以前，银行对高质量借款人就六个月的贷款收取的利率；现在，银行主要对较小的借款人收取的利率。

委托—代理问题（Principal-agent problem）：经理人（代理人）追求其自身的利益而不是股东（委托人）的利益的道德风险问题。

委托—代理观（Principal-agent view）：一种认为官员们最大化其个人福利而不是一般公众的福利的中央银行决策理论。

私募股权企业（或公司重组企业）（Private equity firm (or corporate restructuring firm)）：筹集股权

资本来获取其他企业的股份以降低搭便车和道德风险问题的企业。

公共利益观（Public interest view）：一种认为官员们代表公众的最大利益行动的中央银行决策理论。

上市公司（Publicly traded company）：在美国股票市场出售股票的公司，美国的 500 万家公司中只有 5 100 家是上市公司。

看跌期权（Put option）：给予买方按规定的价格在规定的时段内卖出标的资产的权利的一种衍生品合约。

量化宽松（Quantitative easing）：试图通过购买长期证券来刺激经济的一种中央银行政策。

货币数量论（Quantity theory of money）：假定货币流通速度是常数下的一种关于货币与价格之间关系的理论。

配额（Quota）：政府对可以被进口的商品的数量施加的限制。

随机游走（Random walk）：证券价格的不可预测的变动。

收益率（R）（Rate of return（R））：证券收益占初始价格的百分比，对债券而言，是息票支付加债券价格的变化除以初始价格。

理性预期（Rational expectations）：人们利用所有可得信息做出对变量未来值的预测的假定，正式地，预期等于利用所有可得信息的最优预测的假定。

实际汇率（Real exchange rate）：一国的商品和服务可以被交换为另一国的商品和服务的比率。

实际利率（Real interest rate）：对购买力的变化做出调整后的利率。

实际货币余额（Real money balances）：家庭和企业持有的对价格水平的变化做出调整后的货币的价值。

关系银行业务（Relationship banking）：银行根据关于借款人的私人信息评估信用风险的能力。

法定准备金率（Required reserve ratio）：联储规定银行必须作为准备金持有的存款的百分比。

法定准备金（Required reserves）：联储要求银行对活期存款和 NOW 账户余额持有的准备金。

股权必要收益率（r_E）（Required return on equities（r_E））：补偿投资于股票的风险所必需的收益率。

准备金要求（Reserve requirement）：要求银行持有支票存款的一定比例作为库存现金或在联储的存款的监管规则。

准备金（Reserves）：包括库存现金加上银行在联邦储备的存款在内的一项银行资产。

限制性条款（Restrictive covenant）：对借款人收到的资金的使用施加限制的债券合约条款。

收益（Return）：来自一项证券的总所得；对债券而言，是息票支付加上债券价格的变化。

资产收益率（ROA）（Return on assets（ROA））：银行税后利润的价值与其资产的价值之比。

股权收益率（ROE）（Return on equity（ROE））：银行税后利润的价值与其资本的价值之比。

升值（Revaluation）：一国货币相对于另一国货币的官方价值的提高。

风险（Risk）：一项资产收益的不确定性程度。

风险分担（Risk sharing）：金融体系提供的使得储蓄者可以分散和转移风险的服务。

利率的风险结构（Risk structure of interest rates）：具有不同到期日但相同属性的债券的利率之间的关系。

季节性信贷（Seasonal credit）：对农业或旅游业非常重要地区的较小银行的贴现贷款。

二级信贷（Secondary credit）：对不符合一级信贷的银行的贴现贷款。

二级市场（Secondary market）：投资者买卖现有证券的市场。

证券化（Securitization）：将不可交易的贷款和其他金融资产转换为证券的过程。

证券（Security）：可以在金融市场上被买卖的金融资产。

市场分割理论（Segmented markets theory）：一种利率期限结构理论，该理论认为，一种特定到期日债券的利率只由对该到期日债券的需求和供给决定。

结算日（Settlement date）：远期合约中规定的商品或金融资产的交割必须发生的日期。

空头（Short position）：在期货合约中，卖方在规定的未来时期出售或交割标的资产的权利和义务。

短期总供给（$SRAS$）曲线（Short-run aggregate supply（SRAS）curve）：说明价格水平与企业供给的实际产出或实际 GDP 数量之间短期关系的曲线。

简单存款乘数（Simple deposit multiplier）：银行创

造的存款数量与新准备金数量之比。

简易贷款（Simple loan）：借款人从贷款人那里收到一笔被称为本金的数量并同意在贷款到期时的指定日期偿还贷款人本金加利息的一种债务工具。

小型开放经济（Small open economy）：总储蓄太小而无法影响世界实际利率水平的经济。

专业化（Specialization）：个人生产其具有相对最佳能力的商品或服务的体系。

投机（Speculate）：因试图从资产价格波动中获利而下金融赌注，如买入期货或期权合约。

现货价格（Spot price）：商品或金融资产在当前日期可以被出售的价格。

稳定政策（Stabilization policy）：旨在降低商业周期严重性和稳定经济的货币政策或财政政策。

延期支付标准（Standard of deferred payment）：货币借以便利跨时交换的一种属性。

备用信用证（Standby letter of credit）：若有必要，银行在商业票据到期时向商业票据的卖方贷出资金的承诺。

冲销式外汇市场干预（Sterilized foreign exchange intervention）：中央银行抵消其对基础货币之影响的外汇市场干预。

股票（Stock）：代表企业部分所有权的金融证券，也被称为股权（equities）。

股票交易所（Stock exchange）：股票在交易场地面对面买卖的有形场所。

股票市场指数（Stock market index）：被用于度量股票市场整体表现的股票价格平均。

价值储藏（Store of value）：通过持有可被用于在未来购买商品或服务的美元或其他资产的财富积累；货币的一种功能。

协议价格（或执行价格）（Strike price (or exercise price)）：期权买方有权买入或卖出标的资产的价格。

供给冲击（Supply shock）：导致短期总供给曲线位移的生产成本或技术的未预期到的变化。

互换（Swap）：两方或多方之间在某一未来时期交换几组现金流的一份协议。

辛迪加（Syndicate）：联合承销一次证券发行的一组投资银行。

系统性风险（Systemic risk）：对整个金融体系而不是个别企业或投资者的风险。

T-账户（T-account）：用于说明资产负债表项目变化的会计工具。

关税（Tariff）：政府对进口征收的一种税收。

泰勒规则（Taylor rule）：经济学家约翰·泰勒提出的一种确定联邦基金利率指标的货币政策方针。

期限溢价（Term premium）：为了让投资者愿意购买长期债券而不是可比较的一系列短期债券，其所要求的额外利息。

利率的期限结构（Term structure of interest rates）：其他的都类似但具有不同到期日的债券利率之间的关系。

购买力平价理论（PPP）（Theory of purchasing power parity (PPP)）：汇率变动以均等化不同货币的购买力的理论。

货币的时间价值（Time value of money）：支付的价值随何时收到支付而变化的情形。

大而不倒政策（Too-big-to-fail policy）：由于担心伤害到金融体系，联邦政府不允许大型金融企业倒闭的政策。

交易成本（Transactions costs）：各方在达成与完成商品和服务的交换过程中所招致的时间和其他资源成本。例如，对买卖金融资产所收取的经纪佣金。

不良资产救助计划（TRAP）（Troubled Asset Relief Program (TARP)）：美国财政部购买数百家银行的股票以增加这些银行的资本的政府计划。

承销（Underwriting）：投资银行向发行企业保证新证券的价格，接着以一定的利润转售证券的业务。

记账单位（Unit of account）：一种用货币度量经济中的价值的情形；货币的一种功能。

非冲销式外汇市场干预（Unsterilized foreign exchange intervention）：一种中央银行并不抵消其对基础货币之影响的外汇市场干预。

备用现金（Vault cash）：银行手头的现金；包括ATMs中的通货和在其他银行的存款。

风险资本企业（Venture capital firm）：从投资者处筹集股权资本来投资于创业公司的企业。

财富（Wealth）：一个人的资产的价值之和减去此人的负债的价值。

到期收益率（Yield to maturity）：使得来自一项资产的支付的现值等于该资产现在的价格的利率。

关键符号和缩写

$*$：变量的均衡值

$\triangle$：变量的变动

$\triangle D$：存款的变动

$\triangle R$：准备金的变动

π：当前通货膨胀率

π^e：预期通货膨胀率

a：表示当前失业率与自然率之间的缺口对通货膨胀率影响大小的常数

AD：总需求

$AD\text{-}AS$ 模型：总需求和总供给模型

AE：总支出

B：基础货币

B_{non}：非借入基础货币

BR：借入准备金

C：消费支出

C：（债券的）息票

C：流通中的通货

C/D：通货—存款比率

D：支票存款

ER：超额准备金

ER/D：超额准备金—存款比率

FP：固定支付

FV：终值

g：戈登增长模型中的恒定股息增长率

G：地方、州和联邦政府购买

i：名义利率

i_{1t}：1 年期债券在时间 t 的利率

i_{nt}：n 年期债券在时间 t 的利率

i_D：贴现率，联储就贴现贷款向银行收取的利率

i_{ff}：联邦基金利率

i_{rb}：联储对银行的准备金存款支付的利率

I：（在实物资本上的）投资支出

IS 曲线：商品市场的均衡

$LRAS$：长期总供给

m：货币乘数

M：货币数量

M1：通货加支票存款，货币供给的狭义定义

M2：货币供给的广义定义

MP 曲线：货币政策

M/P：实际货币余额

MPC：边际消费倾向

n：年数

NX：净出口

P：价格水平

P^e：预期价格水平

PPP：购买力平价理论

r：实际利率

R：收益率

R：总准备金等于法定准备金（RR）加超额准备金（ER）

r_E：股权必要收益率

ROA：资产收益率

ROE：股权收益率

rr_D：法定准备金率

RR：法定准备金

s：表示供给冲击之影响的一个变量

$SRAS$：短期总供给

U：当前的失业率

U^*：自然失业率

V：货币流通速度

Y：实际总产出，或实际 GDP

Y^P：潜在 GDP，有时候也被称为充分就业 GDP（full-employment GDP）

方　程

基础货币＝流通中的通货＋准备金 第14章

$B = B_{non} + BR$ 第14章

货币乘数：$m = \dfrac{M}{B}$ 第14章

$m = \dfrac{(C/D)+1}{(C/D)+rr_D+(ER/D)}$ 第14章

货币供给＝货币乘数×基础货币 第14章

乘数 $= \dfrac{\Delta Y}{\Delta I}$ 第18章

投资支出乘数：$\dfrac{\Delta Y}{\Delta I} = \dfrac{1}{1-MPC}$ 第18章

奥肯定律：$\tilde{Y} = -2 \times (U-U^*)$ 第18章

菲利普斯曲线的方程：$\pi = \pi^e - a \times (U-U^*) - s$ 第18章

息票债券的收益率：$R = \dfrac{息票+资本利得}{购买价格}$ 第3章

投资股票一年的股票价格：$P_t = \dfrac{D_{t+1}}{1+r_E} + \dfrac{P^e_{t+1}}{1+r_E}$ 第6章

美元和英镑间的实际汇率 $= \dfrac{美国的消费者价格指数}{英国的消费者价格指数×每一英镑的美元数汇率（名义汇率）}$ 第8章

总产出与价格水平间的关系，新古典主义的观点：$Y = Y^P + a(P-P^e)$ 第17章

货币供给与基础货币之间的关系：$M = \left(\dfrac{(C/D)+1}{(C/D)+rr_D+(ER/D)}\right) \times (B_{non}+BR)$ 第14章

准备金＝银行在联储的存款＋备用现金 第14章

准备金＝法定准备金＋超额准备金 第14章

资产收益率：$ROA = \dfrac{税后利润}{银行资产}$ 第10章

股权收益率：$ROE = \dfrac{税后利润}{银行资本}$ 第10章

简单存款乘数 $= \dfrac{1}{rr_D}$ 第14章

货币流通速度：$V = \dfrac{PY}{M}$ 第2章

译 后 记

　　有幸受中国人民大学出版社的委托翻译了哈伯德和奥布赖恩两位教授合著的 *Money*，*Banking*，*and the Financial System* 一书。哈伯德教授不仅是一位学术成就斐然的著名经济学家，而且也曾在美国联邦政府部门和大型金融机构担任要职，从而对理论、政策和实践均有深刻的理解和认识。本书的另一位作者奥布赖恩教授也是一位研究和教学工作都极为出色的一流经济学家。此外，两位作者还合著过其他几本非常优秀和畅销的教科书，因此，毫无疑问，本书一定会成为一本非常优秀的教科书。本书在国内的出版必将有助于广大师生和其他读者理解和认识现代金融体系以及 2007—2009 年的金融危机。

　　席卷全球的 2007—2009 年金融危机至今已有五年之久，但世界经济仍未走出衰退的阴影。这次危机不仅给世界各国政府带来了前所未有的挑战，而且也为理论和政策研究提出了全新的课题。同时，深刻理解日益复杂的货币、银行和金融体系及其与实体经济的相互关系也是对货币银行学这门重要基础课程的重大挑战，所有这些问题都有待我们重新认识。

　　本书出版于 2007—2009 年金融危机之后，作者对现代金融体系的理解和金融危机中的鲜活案例自然就成为本书的一大特色之一。另外，本书也从其他方面展现了货币金融领域的理论进展和政策实践。例如，由于各国中央银行传统上主要关注货币总量，如 M1 和 M2 等，货币需求理论相应地在货币银行学中占有相对重要的地位，而对货币政策的分析则以 *IS-LM* 模型为主。然而，由于越来越多的中央银行开始主要关注短期利率水平，因此，本书用分析货币政策日益权威的 *IS-MP* 模型取代了传统的 *IS-LM* 模型，其中的 *MP*（monetary policy，*MP*）曲线表示货币政策，这条曲线来自泰勒规则和菲利普斯曲线，以反映当今很多发达国家的货币政策实践。事实上，希克斯的 *LM* 曲线和本书中反映现实政策行为的 *MP* 曲线都不过是货币政策 *MP* 曲线的一种特定形式。各国因经济发展水平和金融体系发育程度不同，在制定货币政策时会从本国国情出发，这就要求我们在学习时能够结合具体国情进行思考。

此外，本书正文中的"联系实际"专栏有助于激发读者对理论和现实的思考，提高读者对所学理论的理解和应用能力，而各章末则设有"政策透视"专栏，文章均选自著名的新闻媒体，可以极大地拓展读者的视野并提高读者对财经新闻的分析解读能力。

感谢复旦大学孙立坚教授、王永钦教授在翻译过程中给予的关心和帮助。尤其感谢中国人民大学出版社崔惠玲女士自始至终的理解和支持。

孙国伟

经济科学译丛

序号	书名	作者	Author	单价	出版年份	ISBN
1	投入产出分析:基础与扩展(第二版)	罗纳德·E. 米勒等	Ronald E. Miller	98.00	2019	978 - 7 - 300 - 26845 - 3
2	宏观经济学:政策与实践(第二版)	弗雷德里克·S. 米什金	Frederic S. Mishkin	89.00	2019	978 - 7 - 300 - 26809 - 5
3	国际商务:亚洲视角	查尔斯·W. L. 希尔等	Charles W. L. Hill	108.00	2019	978 - 7 - 300 - 26791 - 3
4	统计学:在经济和管理中的应用(第10版)	杰拉德·凯勒	Gerald Keller	158.00	2019	978 - 7 - 300 - 26771 - 5
5	经济学精要(第五版)	R. 格伦·哈伯德等	R. Glenn Hubbard	99.00	2019	978 - 7 - 300 - 26561 - 2
6	环境经济学(第七版)	埃班·古德斯坦等	Eban Goodstein	78.00	2019	978 - 7 - 300 - 23867 - 8
7	美国经济史(第12版)	加里·M. 沃尔顿等	Gary M. Walton	98.00	2018	978 - 7 - 300 - 26473 - 8
8	管理者微观经济学	戴维·M.克雷普斯	David M. Kreps	88.00	2019	978 - 7 - 300 - 22914 - 0
9	组织经济学:经济学分析方法在组织管理上的应用(第五版)	塞特斯·杜马等	Sytse Douma	62.00	2018	978 - 7 - 300 - 25545 - 3
10	经济理论的回顾(第五版)	马克·布劳格	Mark Blaug	88.00	2018	978 - 7 - 300 - 26252 - 9
11	实地实验:设计、分析与解释	艾伦·伯格等	Alan S. Gerber	69.80	2018	978 - 7 - 300 - 26319 - 9
12	金融学(第二版)	兹维·博迪等	Zvi Bodie	75.00	2018	978 - 7 - 300 - 26134 - 8
13	空间数据分析:模型、方法与技术	曼弗雷德·M. 费希尔等	Manfred M. Fischer	36.00	2018	978 - 7 - 300 - 25304 - 6
14	《宏观经济学》(第十二版)学习指导书	鲁迪格·多恩布什等	Rudiger Dornbusch	38.00	2018	978 - 7 - 300 - 26063 - 1
15	宏观经济学(第四版)	保罗·克鲁格曼等	Paul Krugman	68.00	2018	978 - 7 - 300 - 26068 - 6
16	计量经济学导论:现代观点(第六版)	杰弗里·M. 伍德里奇	Jeffrey M. Wooldridge	109.00	2018	978 - 7 - 300 - 25914 - 7
17	经济思想史:伦敦经济学院讲演录	莱昂内尔·罗宾斯	Lionel Robbins	59.80	2018	978 - 7 - 300 - 25258 - 2
18	空间计量经济学入门——在R中的应用	朱塞佩·阿尔比亚	Giuseppe Arbia	45.00	2018	978 - 7 - 300 - 25458 - 6
19	克鲁格曼经济学原理(第四版)	保罗·克鲁格曼等	Paul Krugman	88.00	2018	978 - 7 - 300 - 25539 - 9
20	发展经济学(第七版)	德怀特·H.波金斯等	Dwight H. Perkins	98.00	2018	978 - 7 - 300 - 25506 - 4
21	线性与非线性规划(第四版)	戴维·G.卢恩伯格等	David G. Luenberger	79.80	2018	978 - 7 - 300 - 25391 - 6
22	产业组织理论	让·梯若尔	Jean Tirole	110.00	2018	978 - 7 - 300 - 25170 - 7
23	经济学精要(第六版)	巴德、帕金	Bade，Parkin	89.00	2018	978 - 7 - 300 - 24749 - 6
24	空间计量经济学——空间数据的分位数回归	丹尼尔·P. 麦克米伦	Daniel P. McMillen	30.00	2018	978 - 7 - 300 - 23949 - 1
25	高级宏观经济学基础(第二版)	本·J. 海德拉	Ben J. Heijdra	88.00	2018	978 - 7 - 300 - 25147 - 9
26	税收经济学(第二版)	伯纳德·萨拉尼耶	Bernard Salanié	42.00	2018	978 - 7 - 300 - 23866 - 1
27	国际宏观经济学(第三版)	罗伯特·C. 芬斯特拉	Robert C. Feenstra	79.00	2017	978 - 7 - 300 - 25326 - 8
28	公司治理(第五版)	罗伯特·A. G. 蒙克斯	Robert A. G. Monks	69.80	2017	978 - 7 - 300 - 24972 - 8
29	国际经济学(第15版)	罗伯特·J. 凯伯	Robert J. Carbaugh	78.00	2017	978 - 7 - 300 - 24844 - 8
30	经济理论和方法史(第五版)	小罗伯特·B. 埃克伦德等	Robert B. Ekelund. Jr.	88.00	2017	978 - 7 - 300 - 22497 - 8
31	经济地理学	威廉·P. 安德森	William P. Anderson	59.80	2017	978 - 7 - 300 - 24544 - 7
32	博弈与信息:博弈论概论(第四版)	艾里克·拉斯穆森	Eric Rasmusen	79.80	2017	978 - 7 - 300 - 24546 - 1
33	MBA宏观经济学	莫里斯·A. 戴维斯	Morris A. Davis	38.00	2017	978 - 7 - 300 - 24268 - 2
34	经济学基础(第十六版)	弗兰克·V. 马斯切纳	Frank V. Mastrianna	42.00	2017	978 - 7 - 300 - 22607 - 1
35	高级微观经济学:选择与竞争性市场	戴维·M. 克雷普斯	David M. Kreps	79.80	2017	978 - 7 - 300 - 23674 - 2
36	博弈论与机制设计	Y. 内拉哈里	Y. Narahari	69.80	2017	978 - 7 - 300 - 24209 - 5
37	宏观经济学精要:理解新闻中的经济学(第三版)	彼得·肯尼迪	Peter Kennedy	45.00	2017	978 - 7 - 300 - 21617 - 1
38	宏观经济学(第十二版)	鲁迪格·多恩布什等	Rudiger Dornbusch	69.00	2017	978 - 7 - 300 - 23772 - 5
39	国际金融与开放宏观经济学:理论、历史与政策	亨德里克·范登伯格	Hendrik Van den Berg	68.00	2016	978 - 7 - 300 - 23380 - 2
40	经济学(微观部分)	达龙·阿西莫格鲁等	Daron Acemoglu	59.00	2016	978 - 7 - 300 - 21786 - 4
41	经济学(宏观部分)	达龙·阿西莫格鲁等	Daron Acemoglu	45.00	2016	978 - 7 - 300 - 21886 - 1
42	发展经济学	热若尔·罗兰	Gérard Roland	79.00	2016	978 - 7 - 300 - 23379 - 6
43	中级微观经济学——直觉思维与数理方法(上下册)	托马斯·J. 内契巴	Thomas J. Nechyba	128.00	2016	978 - 7 - 300 - 22363 - 6
44	环境与自然资源经济学(第十版)	汤姆·蒂坦伯格等	Tom Tietenberg	72.00	2016	978 - 7 - 300 - 22900 - 3
45	劳动经济学基础(第二版)	托马斯·海克拉克等	Thomas Hyclak	65.00	2016	978 - 7 - 300 - 23146 - 4
46	货币金融学(第十一版)	弗雷德里克·S. 米什金	Frederic S. Mishkin	85.00	2016	978 - 7 - 300 - 23001 - 6
47	动态优化——经济学和管理学中的变分法和最优控制(第二版)	莫顿·I. 凯曼等	Morton I. Kamien	48.00	2016	978 - 7 - 300 - 23167 - 9
48	用Excel学习中级微观经济学	温贝托·巴雷托	Humberto Barreto	65.00	2016	978 - 7 - 300 - 21628 - 7
49	宏观经济学(第九版)	N·格里高利·曼昆	N. Gregory Mankiw	79.00	2016	978 - 7 - 300 - 23038 - 2
50	国际经济学:理论与政策(第十版)	保罗·R·克鲁格曼等	Paul R. Krugman	89.00	2016	978 - 7 - 300 - 22710 - 8
51	国际金融(第十版)	保罗·R·克鲁格曼等	Paul R. Krugman	55.00	2016	978 - 7 - 300 - 22089 - 5
52	国际贸易(第十版)	保罗·R·克鲁格曼等	Paul R. Krugman	42.00	2016	978 - 7 - 300 - 22088 - 8
53	经济学精要(第3版)	斯坦利·L·布鲁伊等	Stanley L. Brue	58.00	2016	978 - 7 - 300 - 22301 - 8
54	经济分析史(第七版)	英格里德·H·里马	Ingrid H. Rima	72.00	2016	978 - 7 - 300 - 22294 - 3
55	投资学精要(第九版)	兹维·博迪等	Zvi Bodie	108.00	2016	978 - 7 - 300 - 22236 - 3

序号	书名	作者	Author	单价	出版年份	ISBN
56	环境经济学(第二版)	查尔斯·D·科尔斯塔德	Charles D. Kolstad	68.00	2016	978 - 7 - 300 - 22255 - 4
57	MWG《微观经济理论》习题解答	原千晶等	Chiaki Hara	75.00	2016	978 - 7 - 300 - 22306 - 3
58	现代战略分析(第七版)	罗伯特·M·格兰特	Robert M. Grant	68.00	2016	978 - 7 - 300 - 17123 - 4
59	横截面与面板数据的计量经济分析(第二版)	杰弗里·M·伍德里奇	Jeffrey M. Wooldridge	128.00	2016	978 - 7 - 300 - 21938 - 7
60	宏观经济学(第十二版)	罗伯特·J·戈登	Robert J. Gordon	75.00	2016	978 - 7 - 300 - 21978 - 3
61	动态最优化基础	蒋中一	Alpha C. Chiang	42.00	2015	978 - 7 - 300 - 22068 - 0
62	城市经济学	布伦丹·奥弗莱厄蒂	Brendan O'Flaherty	69.80	2015	978 - 7 - 300 - 22067 - 3
63	管理经济学:理论、应用与案例(第八版)	布鲁斯·艾伦等	Bruce Allen	79.80	2015	978 - 7 - 300 - 21991 - 2
64	经济政策:理论与实践	阿格尼丝·贝纳西-奎里等	Agnès Bénassy-Quéré	79.80	2015	978 - 7 - 300 - 21921 - 9
65	微观经济分析(第三版)	哈尔·R·范里安	Hal R. Varian	68.00	2015	978 - 7 - 300 - 21536 - 5
66	财政学(第十版)	哈维·S·罗森等	Harvey S. Rosen	68.00	2015	978 - 7 - 300 - 21754 - 3
67	经济数学(第三版)	迈克尔·霍伊等	Michael Hoy	88.00	2015	978 - 7 - 300 - 21674 - 4
68	发展经济学(第九版)	A.P. 瑟尔沃	A. P. Thirlwall	69.80	2015	978 - 7 - 300 - 21193 - 0
69	宏观经济学(第五版)	斯蒂芬·D·威廉森	Stephen D. Williamson	69.00	2015	978 - 7 - 300 - 21169 - 5
70	资源经济学(第三版)	约翰·C·伯格斯特罗姆等	John C. Bergstrom	58.00	2015	978 - 7 - 300 - 20742 - 1
71	应用中级宏观经济学	凯文·D·胡佛	Kevin D. Hoover	78.00	2015	978 - 7 - 300 - 21000 - 1
72	计量经济学导论:现代观点(第五版)	杰弗里·M·伍德里奇	Jeffrey M. Wooldridge	99.00	2015	978 - 7 - 300 - 20815 - 2
73	现代时间序列分析导论(第二版)	约根·沃特斯等	Jürgen Wolters	39.80	2015	978 - 7 - 300 - 20625 - 7
74	空间计量经济学——从横截面数据到空间面板	J·保罗·埃尔霍斯特	J. Paul Elhorst	32.00	2015	978 - 7 - 300 - 21024 - 7
75	国际经济学原理	肯尼思·A·赖纳特	Kenneth A. Reinert	58.00	2015	978 - 7 - 300 - 20830 - 5
76	经济写作(第二版)	迪尔德丽·N·麦克洛斯基	Deirdre N. McCloskey	39.80	2015	978 - 7 - 300 - 20914 - 2
77	计量经济学方法与应用(第五版)	巴蒂·H·巴尔塔基	Badi H. Baltagi	58.00	2015	978 - 7 - 300 - 20584 - 7
78	战略经济学(第五版)	戴维·贝赞可等	David Besanko	78.00	2015	978 - 7 - 300 - 20679 - 0
79	博弈论导论	史蒂文·泰迪里斯	Steven Tadelis	58.00	2015	978 - 7 - 300 - 19993 - 1
80	社会问题经济学(第二十版)	安塞尔·M·夏普等	Ansel M.Sharp	49.00	2015	978 - 7 - 300 - 20279 - 2
81	博弈论:矛盾冲突分析	罗杰·B·迈尔森	Roger B. Myerson	58.00	2015	978 - 7 - 300 - 20212 - 9
82	时间序列分析	詹姆斯·D·汉密尔顿	James D. Hamilton	118.00	2015	978 - 7 - 300 - 20213 - 6
83	经济问题与政策(第五版)	杰奎琳·默里·布鲁克斯	Jacqueline Murray Brux	58.00	2014	978 - 7 - 300 - 17799 - 1
84	微观经济理论	安德鲁·马斯-克莱尔等	Andreu Mas-Collel	148.00	2014	978 - 7 - 300 - 19986 - 3
85	产业组织:理论与实践(第四版)	唐·E·瓦尔德曼等	Don E. Waldman	75.00	2014	978 - 7 - 300 - 19722 - 7
86	公司金融理论	让·梯若尔	Jean Tirole	128.00	2014	978 - 7 - 300 - 20178 - 8
87	公共部门经济学	理查德·W·特里西	Richard W. Tresch	49.00	2014	978 - 7 - 300 - 18442 - 5
88	计量经济学原理(第六版)	彼得·肯尼迪	Peter Kennedy	69.80	2014	978 - 7 - 300 - 19342 - 7
89	统计学:在经济中的应用	玛格丽特·刘易斯	Margaret Lewis	45.00	2014	978 - 7 - 300 - 19082 - 2
90	产业组织:现代理论与实践(第四版)	林恩·佩波尔等	Lynne Pepall	88.00	2014	978 - 7 - 300 - 19166 - 9
91	计量经济学导论(第三版)	詹姆斯·H·斯托克等	James H. Stock	69.00	2014	978 - 7 - 300 - 18467 - 8
92	发展经济学导论(第四版)	秋山裕	秋山裕	39.80	2014	978 - 7 - 300 - 19127 - 0
93	中级微观经济学(第六版)	杰弗里·M·佩罗夫	Jeffrey M. Perloff	89.00	2014	978 - 7 - 300 - 18441 - 8
94	平狄克《微观经济学》(第八版)学习指导	乔纳森·汉密尔顿等	Jonathan Hamilton	32.00	2014	978 - 7 - 300 - 18970 - 3
95	微观经济学(第八版)	罗伯特·S·平狄克等	Robert S.Pindyck	79.00	2013	978 - 7 - 300 - 17133 - 3
96	微观银行经济学(第二版)	哈维尔·弗雷克斯等	Xavier Freixas	48.00	2014	978 - 7 - 300 - 18940 - 6
97	施米托夫论出口贸易——国际贸易法律与实务(第11版)	克利夫·M·施米托夫等	Clive M. Schmitthoff	168.00	2014	978 - 7 - 300 - 18425 - 8
98	微观经济学思维	玛莎·L·奥尔尼	Martha L. Olney	29.80	2013	978 - 7 - 300 - 17280 - 4
99	宏观经济学思维	玛莎·L·奥尔尼	Martha L. Olney	39.80	2013	978 - 7 - 300 - 17279 - 8
100	计量经济学原理与实践	达摩达尔·N·古扎拉蒂	Damodar N.Gujarati	49.80	2013	978 - 7 - 300 - 18169 - 1
101	现代战略分析案例集	罗伯特·M·格兰特	Robert M. Grant	48.00	2013	978 - 7 - 300 - 16038 - 2
102	高级国际贸易:理论与实证	罗伯特·C·芬斯特拉	Robert C. Feenstra	59.00	2013	978 - 7 - 300 - 17157 - 9
103	经济学简史——处理沉闷科学的巧妙方法(第二版)	E·雷·坎特伯里	E. Ray Canterbery	58.00	2013	978 - 7 - 300 - 17571 - 3
104	管理经济学(第四版)	方博亮等	Ivan Png	80.00	2013	978 - 7 - 300 - 17000 - 8
105	微观经济学原理(第五版)	巴德,帕金	Bade,Parkin	65.00	2013	978 - 7 - 300 - 16930 - 9
106	宏观经济学原理(第五版)	巴德,帕金	Bade,Parkin	63.00	2013	978 - 7 - 300 - 16929 - 3
107	环境经济学	彼得·伯克等	Peter Berck	55.00	2013	978 - 7 - 300 - 16538 - 7
108	高级微观经济理论	杰弗里·杰里	Geoffrey A. Jehle	69.00	2012	978 - 7 - 300 - 16613 - 1
109	高级宏观经济学导论:增长与经济周期(第二版)	彼得·伯奇·索伦森等	Peter Birch Sørensen	95.00	2012	978 - 7 - 300 - 15871 - 6

图书在版编目（CIP）数据

货币、银行和金融体系/哈伯德等著；孙国伟译. —北京：中国人民大学出版社，2013.8
（金融学译丛）
ISBN　978-7-300-17856-1

Ⅰ.①货…　Ⅱ.①哈…　②孙…　　Ⅲ.①货币银行学-研究　②金融体系-研究　Ⅳ.①F820
②F830.2

中国版本图书馆 CIP 数据核字（2013）第 175303 号

金融学译丛
货币、银行和金融体系
R·格伦·哈伯德
安东尼·帕特里克·奥布赖恩　　　　　著
孙国伟　译
Huobi Yinhang he Jinrong Tixi

出版发行	中国人民大学出版社			
社　　址	北京中关村大街 31 号		**邮政编码**	100080
电　　话	010 - 62511242（总编室）		010 - 62511770（质管部）	
	010 - 82501766（邮购部）		010 - 62514148（门市部）	
	010 - 62515195（发行公司）		010 - 62515275（盗版举报）	
网　　址	http://www.crup.com.cn			
经　　销	新华书店			
印　　刷	涿州市星河印刷有限公司			
规　　格	185 mm×260 mm　16 开本		**版　　次**	2013 年 12 月第 1 版
印　　张	37.75　插页 1		**印　　次**	2019 年 5 月第 3 次印刷
字　　数	858 000		**定　　价**	75.00 元

PEARSON

ALWAYS LEARNING

为了确保您及时有效地申请培生整体教学资源，请您务必完整填写如下表格，加盖学院的公章后传真给我们，我们将会在 2～3 个工作日内为您处理。

需要申请的资源（请在您需要的项目后划"√"）：

☐ 教师手册、PPT、题库、试卷生成器等常规教辅资源

☐ MyLab 学科在线教学作业系统

☐ CourseConnect 整体教学方案解决平台

请填写所需教辅的开课信息：

采用教材			☐中文版 ☐英文版 ☐双语版
作　者		出版社	
版　次		ISBN	
课程时间	始于　年 月 日	学生人数	
	止于　年 月 日	学生年级	☐专科　　☐本科 1/2 年级 ☐研究生　☐本科 3/4 年级

请填写您的个人信息：

学　校			
院系/专业			
姓　名		职　称	☐助教 ☐讲师 ☐副教授 ☐教授
通信地址/邮编			
手　机		电　话	
传　真			
official email(必填) (eg:XXX@ruc.edu.cn)		email (eg:XXX@163.com)	
是否愿意接受我们定期的新书讯息通知：　☐是　☐否			

系 / 院主任：＿＿＿＿＿＿（签字）

（系 / 院办公室章）

＿＿年＿＿月＿＿日

100013　北京市东城区北三环东路 36 号环球贸易中心 D 座 1208 室
电话: (8610)57355169
传真: (8610)58257961

Please send this form to：**Service.CN@pearson.com**
Website: www.pearsonhighered.com/educator